ACADÉMIE DE PARIS
PRIX DU CONCOURS GÉNÉRAL

HISTOIRE
DE
JULES CÉSAR

HISTOIRE
DE
JULES CÉSAR

TOME DEUXIÈME

GUERRE DES GAULES

PARIS
HENRI PLON, IMPRIMEUR-ÉDITEUR
10, RUE GARANCIÈRE

AMYOT, LIBRAIRE, 8, RUE DE LA PAIX

VIENNE	LONDRES
CHARLES GEROLD FILS	CASSELL, PETTER ET GALPIN

MDCCCLXVI

Tous droits réservés

L'éditeur déclare réserver ses droits de traduction et de reproduction en pays étrangers.

Ce volume a été déposé au Ministère de l'intérieur (division de l'imprimerie et de la librairie) en mai 1866.

Tout exemplaire qui ne sera pas revêtu des signatures ci-dessous sera réputé contrefait.

[Signatures: Henri Plon, Felix Pérénemesnil]

Les seules éditions et traductions approuvées par l'auteur sont celles que publient les éditeurs dont les noms suivent :

Langue française, M. Henri PLON, imprimeur-éditeur de l'*Histoire de Jules César*, rue Garancière, 10, à Paris.

Langue allemande, MM. Charles GEROLD fils, imprimeurs-éditeurs à Vienne (Autriche).

Langue anglaise, MM. CASSELL, PETTER et GALPIN, imprimeurs-éditeurs à Londres.

Langue italienne, M. LEMONNIER, imprimeur-éditeur à Florence.

Langue espagnole, M. Henri PLON, imprimeur-éditeur à Paris.

Langue portugaise, MM. V. AILLAUD, GUILLARD et Cie, à Paris, éditeurs-commissionnaires pour le Portugal et le Brésil.

Langue russe, M. B. M. WOLFF, libraire-éditeur à Saint-Pétersbourg.

Langues danoise-norvégienne et suédoise, M. Carl B. LORCK, consul général du Danemark, libraire-éditeur à Leipzig, représenté par :

M. O. H. DELBANCO, libraire-éditeur à Copenhague ;

M. A. BONNIER, libraire de la Cour à Stockholm.

Langue hongroise, M. Maurice RATH, libraire-éditeur à Pesth.

Langue hollandaise, MM. L. E. BOSCH et fils, libr.-éditeurs à Utrecht.

Langue arménienne, les RR. PP. Mékhitaristes du Collége arménien Moorat, à Paris.

PARIS. TYPOGRAPHIE DE HENRI PLON, RUE GARANCIÈRE, 8.

NOTE DE L'ÉDITEUR.

Il n'est peut-être pas sans intérêt, en publiant le second volume de l'Histoire de Jules César écrite par l'empereur Napoléon III, de rappeler les noms des souverains et des princes qui se sont occupés du même sujet.

Le roi de France Charles VIII montra un goût tout particulier pour les *Commentaires* de César, et le célèbre moine Robert Gaguin lui présenta, en 1480, la traduction qu'il avait faite en français des huit livres de la Guerre des Gaules. Cela est rappelé dans l'édition imprimée en 1500 de la *translation* du savant religieux. Cette édition, grand in-4°, est d'Antoine Verard. (Voyez J. Ch. Brunet, *Manuel du libraire et de l'amateur de livres*, 4ᵉ édit. t. I, p. 518, et *Biographie universelle*, article *Charles VIII*.)

Charles-Quint, qui professait une vive admiration pour César, laissa un exemplaire des *Commentaires* tout chargé de notes marginales écrites de sa main. C'est à son instigation que le vice-roi de Sicile Ferdinand Gonzagues envoya en France une mission scientifique pour étudier sur les lieux les campagnes de César. Les quarante plans qui furent levés par les membres de cette mission, et entre lesquels se trouve celui d'Alise, ont été publiés en 1575 dans l'édition de Jacques Strada.

Le sultan Soliman II, contemporain de Charles-Quint, qu'il avait pris pour modèle, fit rechercher dans toute l'Europe le plus d'exemplaires des *Commentaires* de César qu'il fût possible de trouver. Il en ordonna la collation et en fit faire, pour ses lectures quotidiennes, une traduction en langue turque.

Le roi de France Henri IV a traduit les deux premiers livres des *Commentaires* de César. Le manuscrit de cette traduction fut déposé à la bibliothèque du Roi, et M. Des Noyers l'en tira pour le remettre à Louis XIII, qui, à son tour, traduisit les deux derniers livres des *Commentaires*. L'une et l'autre traduction ont été réunies et imprimées au Louvre en 1630.

Louis XIV a traduit le livre premier des *Commentaires*; sa traduction fut imprimée à Paris en 1651, in-folio, avec figures. Cet ouvrage n'a point été réédité depuis; il est aujourd'hui fort rare. On peut consulter à ce sujet la *Méthode d'étudier l'histoire*, de l'abbé Lenglet-Dufresnoy, t. II, p. 481; et J. Ch. Brunet, *Manuel du libraire et de l'amateur de livres*, 4ᵉ édit. t. I, p. 519.

Le grand Condé, qui avait étudié avec soin les campagnes de César, encouragea la traduction des *Commentaires* entreprise par Nicolas Perrot d'Ablancourt : c'était la plus estimée et la plus répandue au siècle dernier.

Christine, reine de Suède, avait composé des *Réflexions sur la vie et les actions de César*, ainsi que nous l'apprend J. Arckenholz dans son ouvrage intitulé : *Mémoires concernant Christine, reine de Suède*, Amsterdam, 1751-1760, t. IV, n° 6, p. 4.

Louis-Philippe-Joseph d'Orléans, surnommé *Égalité*, avait beaucoup lu les *Commentaires;* il fit dresser une carte des campagnes de César dans la Gaule.

Enfin *l'empereur Napoléon Ier*, à Sainte-Hélène, dicta un *Précis des guerres de César* au comte Marchand, qui l'a fait paraître à Paris en 1836, in-8°.

HISTOIRE
DE
JULES CÉSAR.

LIVRE TROISIÈME.

GUERRE DES GAULES D'APRÈS LES COMMENTAIRES.

CHAPITRE PREMIER.

CAUSES POLITIQUES DE LA GUERRE DES GAULES.

<small>Caractère aventureux des Gaulois.</small>

I. Il y a des peuples dont l'existence dans le passé ne se révèle que par certaines apparitions brillantes, preuves irrécusables d'une énergie jusqu'alors ignorée. Dans l'intervalle, l'obscurité enveloppe leur histoire, et il en est d'eux comme de ces volcans longtemps silencieux qu'on croirait éteints si, de loin en loin, des éruptions ne venaient manifester le feu qui couve dans leur sein. Tels avaient été les Gaulois.

Les récits de leurs anciennes expéditions attestent une organisation déjà puissante et une ardeur aventureuse. Sans parler des migrations qui remontent peut-être à neuf ou dix siècles avant notre ère, nous voyons, au moment où Rome commençait à grandir, les Celtes se répandre hors de leurs frontières. A l'époque de Tarquin l'Ancien (ans de Rome de 138 à 176), deux expéditions partaient de la Gaule celtique : l'une traversait le Rhin et l'Allemagne méridionale pour s'abattre sur l'Illyrie et la Pannonie (aujourd'hui la *Hongrie occidentale*); l'autre, franchissant les Alpes, s'établissait en Italie, dans la contrée située entre ces montagnes et le Pô [1]. Bientôt les envahisseurs se transportèrent sur la rive droite de ce fleuve, et presque tout le territoire compris entre les Alpes et les Apennins prit le nom de *Gaule cisalpine*. Plus de deux siècles après, les descendants de ces Gaulois marchèrent sur Rome et la brûlèrent tout entière, à l'exception du Capitole [2]. Un siècle encore plus tard (475), on voit de nouvelles bandes sortir de la Gaule, gagner la Thrace par la vallée du Danube [3], ravager la Grèce septentrionale et rapporter à Toulouse l'or enlevé au temple de Delphes [4]. D'autres, parvenues à Byzance [5], passent en Asie, fondent leur domination sur toute la région en deçà du mont Taurus, appelée depuis *Gallo-Grèce* ou *Galatie*, et y maintiennent une sorte de féodalité militaire jusqu'à l'époque de la guerre d'Antiochus [6].

Ces faits, quelque obscurs qu'ils soient dans l'histoire, prouvent l'esprit d'aventure et le génie guerrier de la race gauloise; aussi inspirait-elle une terreur générale. Pendant près de deux siècles, de 364 à 531, Rome lutta contre les Gaulois cisalpins, et plus d'une fois la défaite de ses armées mit son existence en péril. C'est pour ainsi dire pied à pied que les Romains firent la conquête de l'Italie du nord, l'affermissant au fur et à mesure par l'établissement de colonies.

---

[1] Justin, XXIV, iv. — Tite-Live, V, xlviii.
[2] Polybe, II, xvii-xix. — Tite-Live, V, xxxv.
[3] Pausanias, X, xix-xxiii. — Diodore de Sicile, *Eclog.* XXII, xiii.
[4] Strabon, IV, p. 156, éd. Dübner et Müller. — Justin, XXXII, iii.
[5] Polybe, IV, xlvi.
[6] Justin, XXV, ii. — Tite-Live, XXXVIII, xvi. — Pausanias, VII, vi, § 5.

LIVRE III, CH. I. — CAUSES DE LA GUERRE DES GAULES.

Résumons ici les principales guerres contre les Gaulois cisalpins et transalpins dont il a déjà été question dans le premier volume de cet ouvrage. En 531, les Romains prirent l'offensive, passèrent le Pô et subjuguèrent une grande partie de la Cisalpine. Mais à peine le nord de l'Italie était-il placé sous la suprématie de la République, que l'invasion d'Annibal (536) souleva de nouveau les habitants de ces contrées, qui vinrent grossir son armée; et même, lorsque ce grand capitaine fut forcé de quitter l'Italie, ils défendirent encore pendant trente-quatre années leur indépendance. La lutte, renouvelée en 554, ne se termina qu'en 588, car nous ne comptons pas les insurrections partielles qui suivirent. Pendant ce temps, Rome eut non-seulement à combattre les Cisalpins aidés par les Gaulois d'au delà des Alpes, mais aussi à faire la guerre aux hommes de leur race en Asie (565) et en Illyrie. Près de cette dernière province la colonie d'Aquilée prit naissance (571), et plusieurs tribus sauvages de la Ligurie, qui gardaient les défilés des Alpes, furent soumises (588).

Guerres des Romains au delà des Alpes.

II. En 600, les Romains, appelés au secours de la ville grecque de Marseille, attaquée par les Oxybiens et les Déciates, peuplades ligures des Alpes maritimes [1], portèrent pour la première fois leurs armes de l'autre côté des Alpes. Ils suivirent la Corniche et passèrent le Var; mais il leur fallut, selon Strabon, quatre-vingts ans de lutte avant d'obtenir des Ligures une étendue de douze stades (2^{kil},22), étroit passage au bord de la mer pour se rendre, par la Gaule, en Espagne [2]. Cependant les légions poussèrent leurs entreprises entre le Rhône et les Alpes. Le territoire conquis fut donné aux Marseillais, qui bientôt, inquiétés de

---

[1] Polybe, XXXIII, vii, viii. — Tite-Live, *Epitome*, XLVII.
[2] Strabon, IV, p. 169.

nouveau par les populations des Alpes maritimes, implorèrent une seconde fois l'appui de Rome. En 629, le consul M. Fulvius Flaccus fut envoyé contre les Sallyens, et, trois ans après [1], le proconsul C. Sextius Calvinus les refoula loin des rivages de la mer, et fonda la ville d'Aix (*Aquæ Sextiæ*) [2].

En protégeant les Marseillais, les Romains avaient étendu leur domination sur le littoral ; en contractant d'autres alliances, ils pénétrèrent dans l'intérieur. Les Éduens étaient en guerre avec les Allobroges et les Arvernes. Le proconsul Cn. Domitius Ahenobarbus s'unit aux premiers et battit les Allobroges, en 633, à Vindalium, sur la Sorgue (*Sulgas*), non loin du Rhône. Plus tard, Q. Fabius Maximus, petit-fils de Paul-Émile, remportait, au confluent de l'Isère et du Rhône, une victoire décisive sur les Allobroges et sur Bituitus, roi des Arvernes. Ce succès valut à Q. Fabius le surnom d'*Allobrogique* [3]. Les Arvernes se disaient descendants des Troyens, et se vantaient d'une origine commune avec les Romains [4] ; ils restèrent indépendants, mais leur domination, qui des bords du Rhin s'étendait jusqu'au voisinage de Narbonne et de Marseille, fut restreinte à leur ancien territoire. Les Rutènes avaient été leurs alliés contre Fabius : ils obtinrent également de ne pas être soumis à la puissance romaine et furent exemptés de toute charge [5].

En 636, le consul Q. Marcius Rex fonda la colonie de Narbo Marcius, qui donna son nom à la Province romaine appelée *Narbonnaise* [6].

---

[1] Tite-Live, *Epitome*, LX.
[2] Tite-Live, *Epitome*, LXI.
[3] Strabon, IV, p. 154, 159. — Tite-Live, *Epitome*, LXI. — Florus, III, II. — Velleius Paterculus, II, x.
[4] Lucain, I, vers 427.
[5] César, *Guerre des Gaules*, I, xlv. — Strabon, IV, p. 158.
[6] Cicéron, *Discours pour Fonteius*, iv. — Eutrope, IV, xxiii. — Velleius Paterculus, I, xv ; II, viii.

LIVRE III, CH. I. — CAUSES DE LA GUERRE DES GAULES.

Le mouvement qui avait longtemps poussé vers le midi les peuples du nord s'était ralenti depuis plusieurs siècles; mais, au septième siècle de la fondation de Rome, il semble recommencer avec plus d'intensité. Les Cimbres et les Teutons [1], après avoir ravagé le Norique et l'Illyrie, et défait l'armée de Papirius Carbon envoyée pour couvrir l'Italie (641), avaient traversé la Rhétie, et, par la vallée du Rhin, pénétré chez les Helvètes. Ils entraînèrent avec eux une partie de ce peuple, se répandirent dans la Gaule et y portèrent, durant plusieurs années, la terreur et la désolation. Les Belges seuls leur résistèrent vigoureusement. Rome, pour protéger sa Province, fit marcher, soit contre eux, soit contre les peuplades helvètes, leurs alliées, cinq généraux qui furent successivement vaincus : le consul M. Junius Silanus, en 645; M. Aurelius Scaurus, en 646; L. Cassius Longinus, en 647 [2]; enfin, dans l'année 649, le proconsul Q. Servilius Cæpion [3] et Cn. Manlius Maximus. Ces deux derniers perdirent chacun leur armée [4]. L'existence de Rome était menacée. Marius, par les victoires remportées à Aix sur les Teutons (652), et aux champs Raudiens, non loin de l'Adige, sur les Cimbres (653), détruisit les barbares et sauva l'Italie.

Les anciens confondaient souvent les Gaulois avec les Cimbres et les Teutons; issus d'une même origine, ces peuples formaient comme l'arrière-garde de la grande armée d'invasion qui, à une époque inconnue, avait amené des bords de la mer Noire les Celtes dans les Gaules.

---

[1] Strabon, VII, p. 243.

[2] Cette victoire fut remportée par les Tigurins, peuplade de l'Helvétie, sur le territoire des Allobroges. D'après l'*Epitome* de Tite-Live, LXV, la bataille aurait eu lieu chez les Nitiobriges, peuple habitant au nord de la Garonne, ce qui est peu probable.

[3] Servilius avait pillé le temple de Toulouse.

[4] Tite-Live, *Epitome*, LXVII. — Tacite, *Germanie*, xxxvii.

Salluste [1] attribue aux Gaulois les défaites de Q. Cæpion et de Cn. Manlius, et Cicéron [2] désigne sous le même nom les barbares que détruisit Marius. C'est qu'en effet tous les peuples du Nord étaient prêts sans cesse à se réunir dans le même effort, lorsqu'il s'agissait de se précipiter vers le midi de l'Europe.

De 653 à 684, les Romains, occupés de guerres intestines, ne songèrent pas à augmenter leur puissance au delà des Alpes, et, lorsque la paix intérieure fut rétablie, les généraux tels que Sylla, Metellus Creticus, Lucullus, Pompée, préférèrent les conquêtes faciles et lucratives de l'Orient. Les peuples vaincus étaient abandonnés par le sénat aux exactions des gouverneurs, ce qui explique la facilité avec laquelle les députés des Allobroges entrèrent, en 691, dans la conjuration de Catilina; la crainte les engagea à dénoncer le complot, mais on ne leur sut aucun gré de leurs révélations [3]; les Allobroges s'insurgèrent, s'emparèrent de la ville de Vienne [4], dévouée aux Romains, et surprirent, en 693, Manlius Lentinus, lieutenant de C. Pomptinus, gouverneur de la Narbonnaise. Cependant, quelque temps après, celui-ci les battit et les soumit définitivement. « Jusqu'à
» l'époque de César, dit Cicéron, nos généraux s'étaient
» contentés de repousser les Gaulois, songeant plutôt à
» arrêter leurs agressions qu'à porter la guerre chez eux.
» Marius lui-même ne pénétra pas jusque dans leurs villes
» et leurs demeures; il se borna à opposer une digue à ces
» torrents de peuples débordant sur l'Italie; C. Pomptinus,
» qui apaisa la guerre suscitée par les Allobroges, s'est

---

[1] *Jugurtha,* cxiv.

[2] *Discours sur les provinces consulaires,* xiii.

[3] *Ibid.*

[4] Les fugitifs viennois allèrent fonder la ville qui plus tard prit le nom de *Lugdunum,* en un lieu appelé *Condate,* nom synonyme de confluent. — Dion-Cassius, XLVI, L.

» reposé après sa victoire. César seul a voulu soumettre la
» Gaule à notre domination ⁽¹⁾. »

<small>Constante préoccupation des Romains à l'égard des Gaulois.</small>

III. Il ressort de cet ensemble de faits que la pensée constante des Romains fut, pendant plusieurs siècles, de résister aux peuples celtiques établis en deçà comme au delà des Alpes. Les auteurs anciens signalent hautement la crainte qui tenait sans cesse Rome en éveil. « Les Ro-
» mains, dit Salluste, avaient alors, comme de nos jours,
» l'opinion que tous les autres peuples devaient céder à leur
» courage, mais qu'avec les Gaulois ce n'était plus pour la
» gloire, c'était pour le salut qu'il fallait combattre ⁽²⁾. »
De son côté, Cicéron s'exprime ainsi : « Dès le commence-
» ment de notre République, tous nos sages ont regardé la
» Gaule comme *l'ennemie la plus redoutable pour Rome.*
» Mais la puissance et la multitude de ces peuples nous
» avaient empêchés jusqu'à présent de les combattre
» tous ⁽³⁾. »

En 694, on s'en souvient, le bruit d'une invasion des Helvètes courut à Rome. Aussitôt cessa toute préoccupation politique, et on eut recours aux mesures exceptionnelles adoptées en semblables circonstances ⁽⁴⁾. En effet, dans le principe, lorsqu'il s'agissait d'une guerre contre les Gaulois, on procédait immédiatement à la nomination d'un dictateur et à des levées en masse. Dès lors nul n'était exempté du service militaire, et, dans la prévision d'une attaque de ces barbares, on avait même déposé au Capitole un trésor particulier auquel il n'était permis de toucher que dans cette éventualité ⁽⁵⁾. Aussi, lorsqu'en 705 César

---

(1) *Discours sur les provinces consulaires*, xiii.
(2) *Jugurtha*, cxiv.
(3) *Discours sur les provinces consulaires*, xiii.
(4) Cicéron, *Lettres à Atticus*, I, xix.
(5) Plutarque, *César*, xli. — Appien, *Guerres civiles*, II, xli.

s'en empara, il répondit aux protestations des tribuns que, la Gaule étant soumise, ce trésor était devenu inutile [1].

La guerre contre les peuples au delà des Alpes était donc, pour Rome, la conséquence d'un antagonisme séculaire qui devait amener une lutte suprême et la ruine de l'un des deux adversaires. C'est ce qui explique à la fois et l'ardeur de César et l'enthousiasme excité par ses succès. Les guerres entreprises d'accord avec le sentiment traditionnel d'un pays ont seules le privilége de remuer profondément la fibre populaire, et l'importance d'une victoire se mesure à la grandeur du désastre qu'aurait entraîné une défaite. Depuis la chute de Carthage, les conquêtes en Espagne, en Afrique, en Syrie, en Asie, en Grèce, agrandissaient la République, mais ne la consolidaient pas, et un échec dans ces différentes parties du monde aurait amoindri la puissance de Rome sans la compromettre. Avec les peuples du Nord, au contraire, son existence était en jeu, et de ses revers ou de ses succès dépendait le triomphe de la barbarie ou de la civilisation. Si César eût été vaincu par les Helvètes ou par les Germains, qui peut dire ce que Rome serait devenue, assaillie par les hordes innombrables du Nord se précipitant à l'envi sur l'Italie?

Aussi nulle autre guerre n'excita plus vivement l'opinion publique que celle des Gaules. Pompée avait eu beau porter les aigles romaines jusqu'aux bords de la mer Caspienne et, par les tributs imposés aux vaincus, doubler les revenus de l'État, ses triomphes n'avaient obtenu que dix jours d'actions de grâces. Le sénat en décréta quinze [2], et même vingt [3], pour les victoires de César, et, en

---

[1] Appien, *Guerres civiles*, II, xli.

[2] *Guerre des Gaules*, II, xxxv.

[3] *Guerre des Gaules*, IV, xxxviii; VII, xc.

leur honneur, le peuple fit des sacrifices pendant soixante jours [1].

Lors donc que Suétone attribue l'inspiration des campagnes de ce grand homme au seul désir de s'enrichir par le butin, il ment à l'histoire et au bon sens, il assigne à un noble dessein le but le plus vulgaire. Quand d'autres historiens prêtent à César l'unique intention de chercher dans les Gaules un moyen d'arriver par la guerre civile à la suprême puissance, ils montrent, ainsi que nous l'avons indiqué ailleurs, une fausse perspicacité : ils jugent les événements d'après leur résultat final, au lieu d'apprécier froidement les causes qui les ont produits.

La suite de cette histoire prouvera que toute la responsabilité de la guerre civile appartient, non à César, mais à Pompée. Et, quoique le premier eût sans cesse les yeux fixés sur ses ennemis à Rome, il n'en poursuivit pas moins ses conquêtes, sans les subordonner à son intérêt personnel. S'il n'avait cherché que sa propre élévation dans ses succès militaires, sa conduite eût été entièrement opposée. On ne l'aurait pas vu soutenir pendant huit années une lutte acharnée, tenter les hasards d'entreprises comme celles de la Grande-Bretagne et de la Germanie; il lui eût suffi, après ses premières campagnes, de venir à Rome profiter des avantages acquis, car, ainsi que le dit Cicéron [2], « il avait » déjà fait assez pour sa gloire, s'il n'avait pas assez fait » pour la République »; et le même orateur ajoute : « Pour- » quoi César lui-même voudrait-il rester dans sa province, si » ce n'est pour livrer accompli au peuple romain un ouvrage » déjà presque achevé? Est-il retenu par l'agrément des lieux, » par la beauté des villes, par la politesse et l'aménité des » individus et des peuples, par la cupidité de la victoire, par

---

[1] Cicéron, *Discours sur les provinces consulaires*, xi. — Dion-Cassius, XL, L.

[2] *Discours sur les provinces consulaires*, xiv.

» l'envie d'étendre les limites de notre empire ? Y a-t-il rien
» de plus inculte que ces pays, de plus sauvage que ces
» villes, de plus féroce que ces peuples, de plus admirable
» que la multiplicité des victoires de César ? Peut-il trouver
» des limites plus reculées que l'Océan ? Son retour dans sa
» patrie offenserait-il ou le peuple qui l'a envoyé, ou le sénat
» qui l'a comblé de distinctions ? Son absence augmenterait-
» elle le désir qu'on a de le revoir ? Ne contribuerait-elle pas
» plutôt à le faire oublier et à faner, par le laps de temps,
» ses lauriers cueillis au milieu des plus grands périls ? Si
» donc il en est qui n'aiment pas César, ils doivent se garder
» de le rappeler de sa province, puisque c'est le rappeler à
» la gloire, au triomphe, aux félicitations, aux suprêmes
» honneurs du sénat, à la faveur de l'ordre équestre, à
» l'affection du peuple [1]. »

Ainsi, dès la fin de 698, il pouvait ramener son armée en Italie, demander le triomphe et obtenir le pouvoir, sans avoir besoin de s'en emparer comme avaient fait Sylla, Marius, Cinna, et même Crassus et Pompée.

Si César avait accepté le gouvernement des Gaules dans la seule pensée de se créer une armée dévouée à ses projets, il faut admettre qu'un général aussi expérimenté aurait pris, pour commencer une guerre civile, la plus simple des mesures suggérées par la prudence : au lieu de se séparer de son armée, il l'aurait retenue auprès de lui, ou du moins rapprochée de l'Italie et échelonnée de manière à pouvoir la rassembler promptement ; il aurait conservé, sur le butin immense retiré de la Gaule, des sommes suffisantes pour subvenir aux frais de la guerre. César, au contraire, comme nous le verrons plus tard, renvoie d'abord à Pompée, sans hésitation, deux légions qui lui sont demandées sous le prétexte de l'expédition contre les Parthes. Il s'engage à licen-

---

[1] *Discours sur les provinces consulaires,* XII.

cier ses troupes si Pompée licencie les siennes, et il arrive à Ravenne à la tête d'une seule légion, laissant les autres au delà des Alpes, réparties depuis la Sambre jusqu'à la Saône [1]. Il se tient à la limite de son gouvernement sans faire aucun préparatif qui indique des intentions hostiles [2], voulant, comme le dit Hirtius, vider le différend par le droit plutôt que par les armes [3]; enfin il a si peu amassé d'argent dans la caisse de l'armée, que ses soldats se cotisent pour lui procurer les sommes nécessaires à son entreprise, et que tous renoncent volontairement à leur solde [4]. César offre à Pompée une franche réconciliation, et c'est seulement quand il voit ses avances repoussées, ses adversaires méditant sa perte, qu'il affronte audacieusement les forces du sénat et passe le Rubicon. Ce n'est donc pas le pouvoir suprême que César allait chercher dans les Gaules, mais la gloire pure et élevée qui s'attache à une guerre nationale, faite dans l'intérêt traditionnel du pays.

Plan suivi dans le récit de la guerre des Gaules.

IV. En reproduisant dans les chapitres suivants le récit de la guerre des Gaules, nous nous sommes souvenu des paroles de Cicéron : « César, dit-il, a écrit des Mémoires dignes
» de grands éloges; privé de tout art oratoire, son style, sem-
» blable à un beau corps dépouillé de vêtements, se montre
» nu, droit et gracieux. En voulant fournir des matériaux
» aux historiens futurs, il a peut-être fait plaisir à de petits
» esprits qui seront tentés de charger d'ornements frivoles
» ces grâces naturelles. Mais, pour les gens sensés, il leur a

[1] Il est dit dans les Commentaires que César mit en quartiers d'hiver quatre légions chez les Belges, et le même nombre chez les Éduens. (*Guerre des Gaules*, VIII, LIV.) « César n'avait auprès de lui que 5,000 hommes et 300 chevaux. Il avait laissé au delà des Alpes le reste de son armée. » (Plutarque, *César*, XXXVI. — Appien, *Guerres civiles*, II, XXXIV.)

[2] Appien, *Guerres civiles*, II, XXXV.

[3] *Guerre des Gaules*, VIII, LV.

[4] Suétone, *César*, LXVIII.

» ôté à jamais l'envie d'écrire, car rien n'est plus agréable
» dans l'histoire qu'une brièveté correcte et lumineuse[1]. »
Hirtius, de son côté, s'exprime en ces termes : « Ces Mé-
» moires jouissent d'une approbation tellement générale, que
» César a bien plutôt enlevé que donné la faculté d'écrire les
» événements qu'ils retracent. Nous avons plus de raisons
» encore de l'admirer que tous les autres, car les autres
» savent seulement combien ce livre est correct et exact;
» nous connaissons la facilité et la promptitude avec lesquelles
» il a été composé[2]. »

Pour suivre le conseil de ces auteurs il fallait s'écarter le moins possible des Commentaires, sans s'astreindre cependant à une traduction littérale. Nous nous sommes donc approprié la narration de César, tout en changeant parfois l'ordre des matières ; nous avons abrégé plusieurs passages, où les détails étaient prodigués, et développé ceux qui exigeaient quelques éclaircissements. Afin d'indiquer d'une manière plus précise les lieux témoins de tant de combats, nous avons employé les noms modernes, là surtout où la géographie ancienne n'offrait pas de noms correspondants.

La recherche des champs de bataille et des travaux de siége a amené la découverte de traces visibles et certaines des retranchements romains; le lecteur, en confrontant avec le texte les plans des fouilles, se convaincra de la rigoureuse exactitude de César à décrire les pays qu'il a parcourus et les travaux qu'il a fait exécuter.

[1] Cicéron, *Brutus*, LXXV. — Suétone, *César*, LVI.
[2] Préface d'Hirtius, livre VIII des Commentaires.

CHAPITRE DEUXIÈME.

ÉTAT DE LA GAULE A L'ÉPOQUE DE CÉSAR.

(Voir planche 1.)

Description géographique.

I. La Gaule transalpine avait pour limites l'Océan, les Pyrénées, la Méditerranée, les Alpes et le Rhin. Cette partie de l'Europe, si bien circonscrite par la nature, comprenait la France d'aujourd'hui, presque toute la Suisse, les Provinces rhénanes, la Belgique et le midi de la Hollande. Elle avait la forme d'un pentagone irrégulier, le pays des Carnutes (*l'Orléanais*) passait pour en être le centre [1].

Une chaîne non interrompue de hauteurs divisait la Gaule, comme elle divise la France actuelle, du sud au nord, en deux parties. Cette ligne commence aux monts Corbières, au pied des Pyrénées orientales, se continue par les Cévennes méridionales et par les monts du Vivarais, du Lyonnais et du Beaujolais (appelés Cévennes septentrionales); elle s'abaisse sans cesse avec les monts du Charolais et de la Côte-d'Or, jusqu'au plateau de Langres; à partir de ce plateau elle abandonne à l'est les monts Faucilles, qui la relient aux Vosges, et, inclinant au nord-ouest, elle se poursuit à travers les monts de la Meuse, les crêtes occidentales de l'Argonne et des Ardennes, et se termine en ondulations décroissantes, vers le cap Gris-Nez, dans le Pas-de-Calais.

Cette longue et tortueuse arête, plus ou moins accidentée, qu'on peut appeler l'épine dorsale du pays, est la grande ligne de partage des eaux. Elle sépare deux versants. Sur le

[1] *Guerre des Gaules*, VI, XIII.

versant oriental, le Rhin et le Rhône courent, dans des directions opposées, le premier vers la mer du Nord, le second vers la Méditerranée; sur le versant occidental, prennent naissance la Seine, la Loire et la Garonne, qui vont se jeter dans l'Océan. Ces fleuves coulent au fond de vastes bassins, dont les limites, comme on sait, sont indiquées par les lignes de faîtes reliant entre elles les sources de tous les affluents au fleuve principal.

Le bassin du Rhin est séparé de celui du Rhône par les monts Faucilles, l'extrémité méridionale des Vosges, appelée *la trouée de Belfort*, le Jura, le Jorat (hauteurs qui contournent au nord le lac de Genève), et la haute chaîne des Alpes helvétiques. Dans sa partie supérieure, il embrasse presque toute la Suisse, dont le Rhin forme la limite septentrionale, en coulant de l'est à l'ouest, du lac de Constance jusqu'à Bâle. Près de cette ville le fleuve tourne brusquement vers le nord. Le bassin s'élargit, borné à l'est par les montagnes qui le séparent du Danube et du Weser; à l'ouest, par la partie septentrionale de la grande ligne de partage des eaux (les monts de la Meuse, l'Argonne et les Ardennes occidentales). Il est coupé, de Mayence à Bonn, par des chaînes presque parallèles au cours du fleuve et qui séparent ses affluents. De Bonn jusqu'au point où le Rhin se divise en deux bras, le bassin s'ouvre encore davantage; il est plat et n'a plus de ceinture bien définie. Le bras méridional portait, déjà du temps de César, le nom de *Waal* (Vahalis) et s'unissait à la Meuse [1], au-dessous de Nimègue. A l'ouest du bassin du Rhin, l'Escaut forme un bassin secondaire.

Le bassin du Rhône, qui comprend celui de la Saône, est nettement limité, au nord, par l'extrémité méridionale des Vosges et les monts Faucilles; à l'ouest, par le plateau de Langres, la Côte-d'Or et les Cévennes; à l'est, par le

---

[1] *Guerre des Gaules*, IV, x.

Jura, le Jorat et les Alpes. Le Rhône traverse le Valais, le lac de Genève, suit une ligne brisée jusqu'à Lyon, et de là court du nord au sud, et se jette dans la Méditerranée. Parmi les bassins secondaires les plus importants, on peut compter ceux de l'Aude, de l'Hérault et du Var.

Les trois grands bassins du versant occidental sont compris entre la ligne de partage des eaux de la Gaule et l'Océan. Ils sont séparés l'un de l'autre par deux chaînes partant de cette ligne et se dirigeant du sud-est au nord-ouest. Le bassin de la Seine, qui embrasse celui de la Somme, est séparé du bassin de la Loire par une ligne de faîtes qui se détache de la Côte-d'Or sous le nom de monts du Morvan et se termine par les collines très-basses du Perche, à l'extrémité de la Normandie. Une suite de hauteurs, s'étendant du nord au sud, depuis les collines du Perche jusqu'à Nantes, ferment, à l'ouest, le bassin de la Loire et laissent en dehors les bassins secondaires de la Bretagne.

Le bassin de la Loire est séparé de celui de la Garonne par une longue chaîne partant du mont Lozère, comprenant les monts d'Auvergne, du Limousin, les collines du Poitou, le plateau de Gatine, et finissant en plaine, vers les côtes de la Vendée.

Le bassin de la Garonne, situé au sud de celui de la Loire, s'étend jusqu'aux Pyrénées. Il comprend les bassins secondaires de l'Adour et de la Charente.

La vaste contrée que nous venons de décrire est protégée, au nord, à l'ouest et au midi, par deux mers et par les Pyrénées. A l'est, où les invasions sont à craindre, on dirait que la nature, non contente de l'avoir défendue par le Rhin et les Alpes, s'est plu à la retrancher derrière trois groupes de montagnes intérieures : 1° les Vosges, 2° le Jura, 3° les monts du Forez, les monts d'Auvergne et les Cévennes.

Les Vosges courent parallèlement au Rhin, et semblent un rempart élevé en arrière de ce fleuve.

Le Jura, séparé des Vosges par la trouée de Belfort, se dresse comme une barrière dans l'intervalle que laissent entre eux le Rhin et le Rhône, empêchant jusqu'à Lyon les eaux de ce dernier fleuve de s'unir à celles de la Saône.

Les Cévennes, les monts d'Auvergne et du Forez forment, au centre méridional de la Gaule, comme une citadelle dont le Rhône serait l'avant-fossé. Les arêtes de ce groupe de montagnes partent d'un centre commun, prennent des directions opposées, et dessinent les vallées d'où sortent, au nord, l'Allier et la Loire ; à l'ouest, la Dordogne, le Lot, l'Aveyron et le Tarn ; au sud, l'Ardèche, le Gard et l'Hérault.

Les vallées, arrosées par des rivières navigables, offraient, grâce à la fécondité de leur sol et à leur accès facile, des voies naturelles de communication, favorables au commerce et à la guerre. Au nord, la vallée de la Meuse ; à l'est, la vallée du Rhin, conduisant à la vallée de la Saône, et, de là, à celle du Rhône, étaient les grandes voies suivies par les armées pour envahir le sud. Aussi Strabon remarque-t-il avec raison que la Séquanie (*Franche-Comté*) a toujours été le chemin des invasions germaniques de la Gaule en Italie [1]. De l'est à l'ouest, la chaîne principale de partage des eaux pouvait être aisément traversée dans ses parties les moins élevées, telles que le plateau de Langres et les montagnes du Charolais, qui, depuis, offrirent un passage au canal du Centre. Enfin, pour pénétrer de l'Italie dans la Gaule, les grandes lignes d'invasion étaient la vallée du Rhône et la vallée de la Garonne, par lesquelles on tourne le pâté montagneux des Cévennes, de l'Auvergne et du Forez.

La Gaule présentait cette même opposition de climats qu'on observe entre le nord et le midi de la France. Tandis que la Province romaine jouissait d'une douce température et d'une

---

[1] Strabon, IV, III, p. 160.

LIVRE III, CHAPITRE II. — ÉTAT DE LA GAULE.

extrême fertilité [1], la partie centrale et septentrionale était couverte de vastes forêts qui en rendaient le climat plus froid qu'il ne l'est aujourd'hui [2]; cependant le centre produisait abondamment du blé, du seigle, du millet et de l'orge [3]. De toutes ces forêts la plus grande était celle des Ardennes. Elle s'étendait, à partir du Rhin, sur un espace de deux cents milles, d'un côté jusqu'à la frontière des Rèmes, en traversant le pays des Trévires, et, d'un autre côté, jusqu'à l'Escaut à travers le pays des Nerviens [4]. Les Commentaires parlent aussi de forêts qui existaient soit chez les Carnutes [5], soit près de la Saône [6], ou chez les Ménapiens [7], les Morins [8],

---

[1] La Narbonnaise rappelle aux Romains le climat et les productions de l'Italie. (Strabon, IV, 1, p. 147.)

[2] Pomponius Mela, qui a rédigé au Ier siècle, d'après les anciens auteurs, une géographie abrégée, dit que la Gaule était riche en blé, en pâturages, et couverte d'immenses forêts : « Terra est frumenti præcipue ac pabuli ferax, et amœna lucis immanibus. » (*De situ orbis*, III, II. — *Guerre des Gaules*, I, XVI.) — L'hiver était précoce dans le nord de la Gaule. (*Guerre des Gaules*, IV, XX.) De là l'expression proverbiale à Rome *hiems gallica*. (Pétrone, *Sat.* XIX. — Strabon, IV, p. 147-161.) Voy. le mémoire à l'Académie des inscriptions et belles-lettres sur les forêts de la Gaule, par M. Alfred Maury.

[3] Strabon, IV, p. 147. — Diodore de Sicile, V, XXVI.

[4] César, après avoir dit (V, III) que la forêt des Ardennes s'étendait depuis le Rhin jusqu'à la frontière des Rèmes, *ad initium Remorum*, ajoute (VI, XXIX) qu'elle allait aussi jusque vers les Nerviens, *ad Nervios*. Néanmoins, d'après le chapitre XXXIII du livre VI, nous croyons que cette forêt s'étendait, à travers le pays des Nerviens, jusqu'à l'Escaut. Comment, d'ailleurs, César aurait-il assigné à la forêt des Ardennes une longueur de 500 milles si elle s'était arrêtée à la frontière orientale des Nerviens? Ce chiffre est, en tous cas, exagéré, car il n'y a du Rhin (à Coblentz) jusqu'à l'Escaut, vers Gand et Anvers, que 300 kilomètres, c'est-à-dire 200 milles.

[5] *Guerre des Gaules*, VIII, V.

[6] « Citra flumen Ararim... reliqui sese fugæ mandarunt atque in proximas silvas abdiderunt. » (*Guerre des Gaules*, I, XII.)

[7] « Menapii propinqui Eburonum finibus perpetuis paludibus silvisque muniti. » (*Guerre des Gaules*, VI, V.)

[8] « (Morini et Menapii)..... silvas ac paludes habebant, eo se suaque contulerunt. » (*Guerre des Gaules*, III, XXVIII.)

et les Éburons[1]. Dans le nord, l'élevage des bestiaux était la principale industrie[2], et les pâturages de la Belgique nourrissaient une race de chevaux excellents[3]. Au centre et au midi, des mines abondantes d'or, d'argent, de cuivre, de fer et de plomb, augmentaient la richesse du sol[4].

Le pays était, sans aucun doute, traversé par des chemins carrossables, puisque les Gaulois avaient un grand nombre de chariots de toute espèce[5], qu'il reste encore des vestiges de routes celtiques, et qu'enfin César signale l'existence de ponts sur l'Aisne[6], le Rhône[7], la Loire[8], l'Allier[9] et la Seine[10].

Il est difficile de connaître exactement le chiffre de la population; cependant on peut présumer, d'après les contingents fournis par les différents États, qu'elle s'élevait à plus de sept millions d'âmes[11].

---

[1] « (Sugambri) primos Eburonum fines adeunt...... non silvæ morantur. » (*Guerre des Gaules*, VI, xxxv.)

[2] Strabon, IV, p. 163, éd. Didot.

[3] *Guerre des Gaules*, IV, II.

[4] Strabon, III, p. 121; IV, 155, 170, édit. Didot.

[5] « Carpenta Gallorum. » (Florus, I, XIII.) — « Plurima gallica (verba) valuerunt, ut reda ac petorritum. » (Quintilien, *De institutione oratoria*, liv. I, ch. v, 57.) — « Petorritum enim est non ex Græcia dimidiatum, sed ortum transalpibus, nam est vox gallica. Id scriptum est in libro M. Varronis quarto decimo *Rerum divinarum;* quo in loco Varro, quum de petorrito dixisset, esse id verbum gallicum dixit. » (Aulu-Gelle, XV, xxx.) — « Petoritum et gallicum vehiculum esse, et nomen ejus dictum esse existimant a numero quatuor rotarum. Alii osce, quod hi quoque *petora* quatuor vocent. Alii græce, sed αἰολικῶς dictum. » (Festus, au mot *Petoritum*, p. 206, éd. Müller.) — « Belgica esseda, gallicana vehicula. Nam Belga civitas est Galliæ, in qua hujusmodi vehiculi repertus est usus. » (Servius, *Commentaires sur les Géorgiques de Virgile*, livre III, vers 204. — César, *Guerre des Gaules*, IV, xxxiii et *passim*.)

[6] *Guerre des Gaules*, II, v.

[7] *Guerre des Gaules*, I, vii.

[8] *Guerre des Gaules*, VII, xi.

[9] *Guerre des Gaules*, VII, xxxiv, liii.

[10] *Guerre des Gaules*, VII, lviii.

[11] Le relevé de ces contingents est l'élément le plus positif sur lequel on

LIVRE III, CHAPITRE II. — ÉTAT DE LA GAULE.

Divisions politiques.

II. La Gaule, suivant César, était divisée en trois grandes régions, distinctes par le langage, les mœurs et les lois : au nord, la Belgique, entre la Seine, la Marne et le Rhin; au centre, la Celtique, entre la Garonne et la Seine, s'étendant

puisse apprécier l'état de la population. Nous trouvons dans les Commentaires trois renseignements précieux : 1° l'état numérique de l'immigration helvète en 696 (*Guerre des Gaules*, I, xxix); 2° celui des troupes belges, dans la campagne de 697 (*Guerre des Gaules*, II, iv); 3° le dénombrement de l'armée gauloise qui, en 702, tenta de faire lever le blocus d'Alesia. (*Guerre des Gaules*, VII, lxxv.)

Sur 368,000 hommes, composant l'agglomération des Helvètes et de leurs alliés, 92,000 pouvaient porter les armes; soit le quart de la population. Dans la campagne de 697, la coalition belge comptait 296,000 combattants, et en 702, époque du blocus d'Alesia, l'effectif d'une grande partie de la Gaule s'élevait à 281,000 hommes. Mais, pour ne pas compter deux fois les différents contingents des mêmes États, nous supprimons de l'énumération de l'an 702 les contingents des pays déjà mentionnés dans le recensement de 697, ce qui réduit l'effectif à 201,000 hommes. Ce chiffre cependant ne saurait représenter la totalité des hommes propres à la guerre; il comprend seulement les troupes qui pouvaient être facilement envoyées hors du territoire, et qui étaient d'autant plus nombreuses que les peuples auxquels elles appartenaient se trouvaient plus rapprochés du théâtre des opérations militaires. Ainsi, César nous apprend que les Bellovaques, qui pouvaient mettre sur pied 100,000 hommes, n'en fournirent que 60,000 d'élite en 697, et 10,000 en 702. Le contingent des Atrébates, qui avait été de 15,000 hommes en 697, fut réduit à 4,000 en 702; celui des Nerviens, de 50,000, la première année, descendit à 5,000; celui des Morins, de 25,000, descendit à 5,000 également. De ces circonstances il est permis d'induire que les Gaulois armaient les trois cinquièmes de leur population virile lorsque l'ennemi était près de leur territoire, et seulement un cinquième, ou même un dixième lorsqu'il était plus éloigné.

Si donc on veut se rendre compte de la totalité des hommes en état de porter les armes dans la Gaule, il faudra augmenter les contingents réellement fournis, tantôt de deux cinquièmes, tantôt dans une proportion plus élevée, suivant les distances qui les séparaient du théâtre de la guerre. En faisant ce calcul, les levées de 697 représentent 513,600 hommes en état de porter les armes, et celles de 702, au moins 573,600; nous additionnons ces deux chiffres, puisque, ainsi que cela a été dit plus haut, chaque armée comprend des populations différentes, ce qui donne 1,087,200 hommes, auxquels il faut ajouter 92,000 Helvètes; de plus, il est indispensable de tenir compte de la part contributive des populations qui ne sont pas mentionnées dans les Commentaires parmi les belligérants aux deux époques indiquées ci-dessus, telles

depuis l'Océan jusqu'aux Alpes et comprenant l'Helvétie; au sud, l'Aquitaine, entre la Garonne et les Pyrénées[1]. (*Voir planche* 2.) Il faut néanmoins comprendre dans la Gaule la Province romaine ou la Narbonnaise; elle commençait à Genève, sur la rive gauche du Rhône, et se prolongeait, dans le midi, jusqu'à Toulouse; elle répondait assez exactement aux circonscriptions modernes de la Savoie, du Dauphiné, de la Provence, du bas Languedoc et du Roussillon. Les populations qui l'habitaient étaient d'origines diverses; on y rencontrait des Aquitains, des Belges, des Ligures, des Celtes, qui tous avaient depuis longtemps subi l'influence de la civilisation grecque et surtout des établissements fondés par les Phocéens sur les côtes de la Méditerranée[2].

que les Pictons, les Carnutes, les Andes, les Rèmes, les Trévires, les Lingons, les Leuques, les Unelles, les Rédons, les Ambivarites, les peuples de l'Armorique et de l'Aquitaine. En évaluant approximativement leur population virile d'après l'étendue de leur territoire, on atteindra le chiffre de 625,000 hommes. Additionnant ces quatre chiffres, pour déterminer le nombre total des hommes en état de porter les armes, on obtiendra $513,600 + 573,600 + 92,000 + 625,000 = 1,804,200$ hommes. Quadruplant ce nombre pour avoir, d'après la proportion appliquée aux Helvètes, le total de la population, nous obtiendrons 7,216,800 habitants pour la Gaule, non compris la Province romaine. De son côté, Diodore de Sicile, qui écrivait au premier siècle de notre ère, dit (liv. V, ch. xxv) que la population de chacune des nations de la Gaule varie de 200,000 à 50,000 hommes, ce qui ferait une moyenne de 125,000 hommes. Si l'on prend le mot ἄνδρες dans le sens d'habitants, et si l'on admet avec Tacite qu'il y avait en Gaule soixante-quatre nations différentes, nous aurons encore le chiffre de 8,000,000 d'habitants, très-rapproché du précédent.

[1] Pline s'exprime ainsi : « Le pays compris sous le nom de *Gaule chevelue* se partage en trois régions, généralement séparées par des fleuves. De l'Escaut à la Seine est la Belgique; de la Seine à la Garonne, la Celtique, appelée aussi *Lyonnaise;* de là jusqu'aux Pyrénées est l'Aquitaine. » (*Histoire naturelle*, IV, xxxi, 105.)

[2] PEUPLES COMPOSANT LA PROVINCE ROMAINE.

Les Albiques (*Albici*, sud du département des Basses-Alpes et nord du Var). (*Guerre civile*, I, xxxiv; II, ii.)

Les Allobroges, vraisemblablement d'origine celtique, habitaient le nord-ouest de la Savoie et la plus grande partie du département de l'Isère.

LIVRE III, CHAPITRE II. — ÉTAT DE LA GAULE.   21

Ces trois grandes régions se subdivisaient en beaucoup d'États, appelés *civitates*, expression qui, dans les Commentaires, est synonyme de *nations*[1], c'est-à-dire que chacun de ces États avait son organisation et son propre gouvernement. Parmi les peuples mentionnés par César, on peut en compter vingt-sept dans la Belgique, quarante-trois dans la Celtique, douze dans l'Aquitaine : en tout quatre-vingt-deux dans la Gaule proprement dite et sept dans la Narbonnaise. D'autres auteurs, admettant sans doute de plus petites subdivisions, portent ce chiffre de trois à quatre cents[2] ; mais il paraît que, sous Tibère, il n'y avait dans la Gaule que soixante-quatre États[3]. Peut-être comprenait-on dans

Les Helviens, habitants de l'ancien Vivarais (partie méridionale du département de l'Ardèche) (séparés des Arvernes par les Cévennes). (*Guerre des Gaules*, VII, viii.)

Les Rutènes de la Province (*Ruteni provinciales*), fraction de la nation celtique des Rutènes incorporée dans la Province romaine, et dont le territoire s'étendait sur une partie du département du Tarn.

Les Sallyens ou Salluviens (Bouches-du-Rhône et partie occidentale du Var). (*Guerre civile*, I, xxxv, éd. Nipperdey.)

Les Voconces (départements de la Drôme et des Hautes-Alpes, partie méridionale de l'Isère et septentrionale de l'Ardèche).

Les Volces occupaient tout le bas Languedoc, de la Garonne au Rhône ; ils avaient émigré du nord de la Gaule ; ils se subdivisaient en Volces-Tectosages, qui avaient Tolosa (*Toulouse*) pour ville principale, et en Volces-Arécomices.

Les Déciates (partie occidentale du département des Alpes-Maritimes),
Les Oxybiens (partie orientale du département du Var), } non cités par César.
Les Sordons, de la même race que les Aquitains, habitants des Pyrénées-Orientales et de l'Aude,

Les Caturiges,
Les Ceutrons, } peuples indépendants, des cours supérieurs de la Durance
Les Graïocèles, } et de l'Isère, et des montagnes de la Tarentaise.

[1] *Guerre des Gaules*, III, x.

[2] Quatre cents, suivant Appien (*Guerre civile*, II, cl); trois cent cinq, suivant Flavius Josèphe (*Guerre des Juifs*, II, xxviii, 5); trois cents, suivant Plutarque (*Vie de César*, xv); cent quarante environ, suivant Pline. (*Histoire naturelle*, III, v ; IV, xxxi-xxxiii.)

[3] « Cependant ce n'étaient pas seulement, disait-on, à Rome, les Trévires

ce nombre les États souverains seulement et non les États clients.

1° *Belgique.* Les Belges passaient pour plus belliqueux que les autres Gaulois[1], parce que, étrangers à la civilisation de la Province romaine et repoussant le commerce, ils n'étaient point efféminés par le luxe. Fiers d'avoir échappé à la mollesse gauloise, ils revendiquaient avec orgueil l'origine qui les rattachait aux Germains, peuple limitrophe, avec lequel cependant ils étaient continuellement en guerre[2] : ils se glorifiaient d'avoir défendu leur territoire contre les Cimbres et les Teutons, lors de l'invasion de la Gaule. Le souvenir des hauts faits de leurs ancêtres leur inspirait une grande confiance en eux-mêmes, et excitait leur esprit belliqueux.[3]

et les Éduens qui se révoltaient; c'étaient les soixante-quatre États de la Gaule. » (Tacite, *Annales*, III, xliv.) Il s'agissait de la révolte de Sacrovir, sous Tibère.

[1] Strabon, IV, p. 163, éd. Didot.

[2] « Quoique d'origine germanique, comme les Nerviens, et s'en faisant gloire... » (Tacite, *Germanie*, xxviii.) — « Les Trévires étaient souvent en guerre avec les Germains. » (César, *Guerre des Gaules*, VII, lxiii.)

[3] PEUPLES DE LA GAULE BELGIQUE.

Les Aduatuques, qui occupaient une partie de la province de Namur.

Les Ambiens, peuples du département de la Somme; leur ville principale était Samarobriva (*Amiens*).

Les Ambivarites, établis sur la rive gauche de la Meuse, au sud des marais de Peel.

Les Atrébates, peuple de l'ancien Artois et d'une partie de la Flandre française; leur oppidum principal était Nemetocenna (*Arras*).

Les Bellovaques, occupant la majeure partie du département de l'Oise (l'ancien Beauvaisis), et qui s'étendaient probablement jusqu'à la mer. (Pline, *Histoire naturelle*, IV, xvii, 31.)

Les Calètes, dont le territoire répondait à l'ancien pays de Caux (partie occidentale et centrale de la Seine-Inférieure).

Les Leuques, occupant la partie méridionale du département de la Meuse, la plus grande partie de celui de la Meurthe et le département des Vosges.

Les Médiomatrices; ils s'étendaient depuis le cours supérieur de la Meuse jusqu'au Rhin (département de la Moselle et partie des départements de la Meuse, de la Meurthe, du Haut-Rhin et du Bas-Rhin).

Les nations les plus puissantes parmi les Belges étaient les Bellovaques [1], qui pouvaient armer 100,000 hommes,

Les Ménapiens, qui occupaient le territoire compris entre le Rhin et les bouches de l'Escaut.

Les Morins, qui habitaient la partie occidentale du département du Pas-de-Calais et s'étendaient jusque vers les bouches de l'Escaut.

Les Nerviens, établis entre la Sambre et l'Escaut (Hainaut français et belge, provinces du Brabant méridional, d'Anvers et partie de la Flandre orientale). Les écrivains postérieurs à César citent Bagacum (*Bavay*) comme leur ville principale.

Les Ceutrons,
Les Geidunnes,
Les Grudiens,
Les Lévaques,
Les Pleumoxiens, } clients des Nerviens, dont les territoires paraissent avoir été situés à gauche de la Meuse, depuis Mézières jusque vers Hasselt.

Les Rèmes, dont le territoire embrassait la plus grande partie des départements de la Marne et des Ardennes, une fraction des départements de l'Aisne et de la Meuse, et de la province de Luxembourg; leur ville principale était Durocortorum (*Reims*).

Les Suessions, peuple de l'ancien Soissonnais, dont le territoire comprenait la plus grande partie du département de l'Aisne; principal oppidum : Noviodunum (*Soissons*).

Les Trévires, séparés de la Germanie par le Rhin, et occupant tout le bassin inférieur de la Moselle (Luxembourg, Prusse et Bavière rhénanes). Les Trévires avaient pour clients :

Les Condruses, établis au sud de la Meuse, dans l'ancien Condroz, et qui s'avançaient jusque vers Aix-la-Chapelle;

Les Éburons, occupant une partie des provinces de Liége et de Limbourg, et s'avançant jusqu'au Rhin par l'ancien duché de Juliers;

Les Cérèses,
Les Pæmanes,
Les Sègnes, } dont les territoires s'étendaient à l'est de la Meuse, au nord des Rèmes et des Trévires.

Les Triboques, établis sur les deux rives du Rhin, occupaient la partie centrale du grand-duché de Bade et le nord du département du Bas-Rhin, peut-être déjà envahi, sur la rive gauche. Leur présence sur la rive gauche du Rhin ressort de ce que dit César. (*Guerre des Gaules*, IV, x.)

Les Véliocasses, dont le territoire embrassait l'ancien Vexin, et qui occupaient une partie des départements de la Seine-Inférieure et de l'Eure.

Les Véromanduens, occupant l'ancien Vermandois, partie septentrionale de l'Aisne et partie orientale de la Somme.

[1] « Qui belli gloria Gallos omnes Belgasque præstabant. » (*Guerre des Gaules*, VIII, vi, et II, iv.)

et dont le territoire arrivait peut-être jusqu'à la mer[1], les Nerviens, les Rèmes et les Trévires.

2° *Gaule celtique*[2]. La partie centrale de la Gaule, désignée

---

[1] Pline, *Histoire naturelle*, IV, xvii, 31.

[2] PEUPLES DE LA GAULE CELTIQUE.

Les Arvernes s'étendaient sur une vaste région comprenant les départements actuels du Puy-de-Dôme et du Cantal, une partie de ceux de l'Allier et de la Haute-Loire. Gergovia était leur ville principale. Les Arvernes avaient pour clients :

> Les Cadurques éleuthères, dont le territoire répondait à l'ancien Quercy (département du Lot.) (Cette épithète d'Éleuthères, qu'on trouve dans César (*Guerre des Gaules*, VII, lxxv), fait croire qu'il existait dans le Quercy méridional des Cadurques placés sous la domination romaine.)
>
> Les Gabales, qui occupaient l'ancien Gévaudan (département de la Lozère);
>
> Les Vellaves, dont le territoire répondait à l'ancien Velay (département de la Haute-Loire).

Les Aulerques constituaient une nation étendue, qui se subdivisait en trois grandes tribus, établies depuis le cours inférieur de la Seine jusqu'à la Mayenne :

> 1° Les Aulerques-Cénomans, dont une fraction était, dès le vi° siècle de Rome, établie dans la Gaule cisalpine, entre l'Oglio et l'Adige, et qui occupaient, dans la Gaule, la plus grande partie du territoire répondant au département de la Sarthe;
>
> 2° Les Aulerques-Diablintes, partie septentrionale et centrale du département de la Mayenne;
>
> 3° Les Aulerques-Éburovices, partie centrale et méridionale du département de l'Eure.

Les Bituriges, nation qui avait plus de vingt villes. Avaricum (*Bourges*) était la principale. Leur territoire embrassait l'ancien Berry (départements du Cher, de l'Indre, partie de l'Allier).

Les Carnutes occupaient la plus grande partie des départements actuels d'Eure-et-Loir, Loir-et-Cher et Loiret. Genabum (*Gien*) était une de leurs villes les plus importantes.

Les Éduens occupaient les départements actuels de Saône-et-Loire et de la Nièvre, et une partie de ceux de la Côte-d'Or et de l'Allier. Leur oppidum principal était Bibracte (mont *Beuvray*), que remplaça plus tard Augustodunum (*Autun*); Cabillonum (*Châlon-sur-Saône*), Matisco (*Mâcon*), Noviodunum, depuis Nivernum (*Nevers*), étaient aussi

par les auteurs grecs sous le nom de *Celtique*, et dont les habitants constituaient pour les Romains les Gaulois proprement dits (*Galli*), était la plus étendue et la plus peuplée.

>> comptées parmi leurs places les plus importantes. Les Éduens avaient pour clients :
>>> Les Ambarres, peuplade située entre la Saône, le Rhône et l'Ain (département de l'Ain);
>>> Les Ambluarètes, peuple occupant un canton autour d'Ambierle (arrondissement de Roanne, département de la Loire); (?)
>>> Les Aulerques-Brannovices, peuplade qui habitait entre la Saône et la Loire, et occupait l'ancien pays de Brionnais ;
>>> Les Blannoviens, qui occupaient un territoire autour de Blanot (Saône-et-Loire); (?)
>>> Les Boïens, fraction d'une grande nation nomade de ce nom, d'origine celtique, autorisés par César à s'établir sur le territoire des Éduens, entre la Loire et l'Allier ;
>>> Les Ségusiaves, qui occupaient l'ancien Forez (départements du Rhône et de la Loire) et s'avançaient jusque sur la rive gauche de la Saône.
>
> Les Ésuviens, établis dans le département de l'Orne.
> Les Helvètes, qui se subdivisaient en quatre tribus ou *pagus;* leur territoire occupait la partie de la Suisse qui s'étend de la rive nord du Léman au lac de Constance.
> Les Lémovices, dont le territoire répondait au Limousin (département de la Haute-Vienne, la plus grande partie de la Corrèze et de la Creuse).
> Les Lingons, dont le territoire embrassait la plus grande partie du département de la Haute-Marne et une fraction des départements de l'Aube, de l'Yonne et de la Côte-d'Or.
> Les Mandubiens, établis entre les Éduens et les Lingons (département de la Côte-d'Or), occupaient l'ancien pays d'Auxois. Alesia (*Alise*) était leur principal oppidum.
> Les Meldes occupaient le nord du département de Seine-et-Marne et une faible partie du département de l'Oise.
> Les Nitiobriges occupaient la plus grande partie du département de Lot-et-Garonne et une fraction du Tarn-et-Garonne.
> Les Parisiens, dont le territoire embrassait le département de la Seine et une grande partie du département de Seine-et-Oise. Leur ville principale était Lutèce (*Paris*).
> Les Pétrocoriens, établis dans l'ancien Périgord (département de la Dordogne).

On comptait parmi les nations les plus importantes de la Celtique, les Arvernes, les Éduens, les Séquanes et les

Les Rauraques, dont l'origine est peut-être germaine, établis sur les deux rives du Rhin, vers le coude que ce fleuve forme à Bâle.

Les Rutènes occupaient l'ancienne province de Rouergue (département de l'Aveyron).

Les Sénonais, établis entre la Loire et la Marne. Leur ville principale était Agedincum (*Sens*). Leur territoire comprenait une partie des départements de l'Yonne, de la Marne, du Loiret, de Seine-et-Marne et de l'Aube.

Les Séquanes, dont le territoire embrassait l'ancienne Franche-Comté (Jura, Doubs, Haute-Saône et une partie du Haut-Rhin); ville principale Vesontio (*Besançon*).

Les Turons, qui occupaient la Touraine (département d'Indre-et-Loire).

Les peuples que César appelle *maritimes* ou *armoricains* étaient :

Les Ambibariens, établis au point de jonction des départements de la Manche et d'Ille-et-Vilaine;

Les Ambiliates, dont le territoire comprenait la partie du département de Maine-et-Loire située au sud de la Loire;

Les Andes, occupant l'Anjou (département de Maine-et-Loire et fraction du département de la Sarthe);

Les Curiosolites, occupant la plus grande partie du département des Côtes-du-Nord;

Les Lémovices armoricains, fixés au sud de la Loire, dans la partie méridionale du département de la Loire-Inférieure et occidentale de Maine-et-Loire;

Les Lexoviens (occupant le département du Calvados et fraction du département de l'Eure);

Les Namnètes, qui occupaient, dans le département de la Loire-Inférieure, la rive droite de la Loire;

Les Osismes, dont le territoire répondait au département du Finistère;

Les Pictons, occupant le Poitou (départements de la Vendée, des Deux-Sèvres et de la Vienne);

Les Rédons, dont le territoire embrassait la plus grande partie du département d'Ille-et-Vilaine;

Les Santons, occupant la Saintonge, l'Aunis et l'Angoumois (départements de la Charente et de la Charente-Inférieure, et une partie du département de la Gironde);

Les Unelles, peuple de l'ancien Cotentin (département de la Manche);

Les Vénètes, dont le territoire embrassait le département du Morbihan.

Helvètes. Tacite nous apprend que les Helvètes occupaient autrefois une partie de la Germanie [1].

Ces trois premiers peuples se disputaient souvent la suprématie de la Gaule. Quant aux Helvètes, fiers de leur indépendance, ils ne reconnaissaient point d'autorité supérieure à la leur. Au centre et au sud de la Celtique habitaient des peuples qui avaient cependant une certaine importance. A l'ouest et au nord-ouest se trouvaient diverses populations maritimes désignées sous le nom générique d'*armoricaines*, épithète qui avait, dans la langue celtique, le sens de maritime. A l'est, de petites tribus des Alpes habitaient les vallées du cours supérieur du Rhône à l'extrémité orientale du lac Léman, pays qui forme aujourd'hui le Valais.

3° *Aquitaine* [2]. L'Aquitaine commençait sur la rive gauche

A ces peuples maritimes il faut ajouter :

Les Calètes,
Les Ésuviens,   } cités plus haut.
Les Morins,

On peut rattacher aux populations celtiques :

Les Nantuates,
Les Sédunes,   } peuplades des Alpes établies sur le cours supérieur
Les Véragres, } du Rhône, dans le Valais et le Chablais.

[1] Tacite, *Germanie*, xxviii.

[2] PEUPLES DE L'AQUITAINE.

Les Ausques, qui occupaient la partie centrale du département du Gers, la plus puissante des nations de l'Aquitaine, selon Pomponius Mela (III, 11).

Les Bigerrions occupaient le Bigorre (département des Hautes-Pyrénées).

Les Cocosates, établis sur les bords du golfe de Gascogne, dans les Landes (partie méridionale du département de la Gironde et septentrionale du département des Landes).

Les Élusates occupaient la partie nord-ouest du département du Gers et partie du Lot-et-Garonne.

Les Gaites, au confluent du Gers et de la Garonne.

Les Garumnes, dans le midi du département de la Haute-Garonne.

Les Ptianes, vraisemblablement vers Pau et Orthez.

Les Sibuzates paraissent avoir occupé l'ancien pays de Soule (Basses-Pyrénées).

de la Garonne; elle était habitée par plusieurs peuplades et ne possédait pas de ces agglomérations comme il s'en rencontrait chez les Celtes et chez les Belges. Les Aquitains, qui avaient originairement occupé, au nord des Pyrénées, un vaste territoire, repoussés par les Celtes, n'en avaient plus, au temps de César, qu'un assez restreint.

Non-seulement, comme nous l'avons dit, les trois régions qui composaient la Gaule étaient divisées en un grand nombre d'États, mais encore chaque État (*civitas*) se subdivisait en *pagus*[1], représentant peut-être ce qu'est la tribu chez les Arabes. La preuve du caractère distinct de ces agglomérations, c'est qu'à l'armée chacune d'elles avait sa place séparée, sous le commandement de ses chefs. La plus petite subdivision se nommait *vicus*[2]. Telles sont du moins les dénominations employées dans les Commentaires, mais qui n'étaient certainement pas celles de la langue celtique. Il existait dans chaque État des villes principales, appelées

LES SOTIATES occupaient la partie sud-ouest du département de Lot-et-Garonne et une partie des départements des Landes et du Gers.

LES TARBELLES occupaient tout le territoire qui borde le fond du golfe de Gascogne (départements des Landes et des Basses-Pyrénées).

LES TARUSATES, établis sur l'Adour, dans l'ancien Tursan (partie sud-est du département des Landes).

LES VASATES ou VOCATES, établis dans le pays de Bazas (partie sud-est du département de la Gironde).

LES BITURIGES-VIVISQUES, les plus septentrionaux des peuples de l'Aquitaine (département de la Gironde),

LES CONVÈNES (confédération de petites populations établies dans les vallées des Hautes-Pyrénées, et la partie méridionale du département de la Haute-Garonne),

} non mentionnés par César.

[1] « Pagus... pars civitatis. » (*Guerre des Gaules*, I, xii.)

[2] César mentionne dans divers passages l'existence de vicus chez les Helvètes (I, v), les Allobroges *trans Rhodanum* (I, xi), les Rèmes (II, vii), les Morins (III, xxix), les Ménapiens (IV, iv), les Éburons (VI, xliii), les Boïens (VII, xiv), les Carnutes (VIII, v), les Véragres (III, i).

LIVRE III, CHAPITRE II. — ÉTAT DE LA GAULE.   29

indifféremment par César *urbs* ou *oppidum* ⁽¹⁾. Cependant on donnait de préférence ce dernier nom à des villes, d'un accès difficile et fortifiées avec soin, placées sur des hauteurs ou entourées de marais ⁽²⁾. C'était dans les oppidums qu'en cas d'attaque les Gaulois transportaient leurs blés, leurs provisions et leurs richesses ⁽³⁾. Les habitations, établies souvent dans les forêts, au bord de quelque rivière, étaient construites en bois et assez spacieuses ⁽⁴⁾.

Mœurs.   III. Les Gaulois étaient de haute stature ; ils avaient la peau blanche, les yeux bleus, les cheveux blonds ou châtains, qu'ils teignaient de façon à en rendre la couleur plus éclatante ⁽⁵⁾. Ils laissaient croître leur barbe ; les nobles seuls se rasaient et ne conservaient que de longues moustaches ⁽⁶⁾. Un pantalon ou braie, très-large chez les Belges,

---

⁽¹⁾ *Guerre des Gaules*, VII, xv, xxv, lxviii.

⁽²⁾ Les Commentaires nomment vingt et un oppidums : Alesia, Avaricum, Bibracte, Bibrax, Bratuspantium, Cabillonum, Cenabum, Genava, Gergovia, Gorgobina, Lutetia, Lemonum, Melodunum, Noviodunum Æduorum, Noviodunum Biturigum, Noviodunum Suessionum, Uxellodunum, Vellaunodunum, Vesontio, oppidum Aduatucorum et oppidum Sotiatum.

⁽³⁾ « Oppidum dictum quod ibi homines opes suas conferunt. » (Paul Diacre, p. 184, éd. Müller.)

⁽⁴⁾ Les Gaulois habitaient des maisons, ou plutôt des huttes, construites en bois et avec des claies, assez spacieuses et de forme ronde, surmontées d'un toit élevé. (Strabon, IV, 163, éd. Didot.) — Les Gaulois, pour éviter la chaleur, bâtissent presque toujours leurs habitations dans le voisinage des bois et des fleuves. (*Guerre des Gaules*, VI, xxx.)

⁽⁵⁾ Voir un passage très-curieux dans Solin, ch. xxv, sur le tatouage des Gaulois.

⁽⁶⁾ Diodore de Sicile (V, xxviii) dit que les Gaulois étaient de haute taille, blancs de chair et de constitution lymphatique. Quelques-uns se rasaient ; la majorité portait la barbe de moyenne grandeur. — Selon Tite-Live (XXXVIII, xvii, xxi), les Gaulois avaient la taille élevée (*procera corpora*), la chevelure flottante et d'un blond ardent (*promissæ et rutilatæ comæ*), le teint blanc (*candida corpora*). Ammien Marcellin (XV, xxii) ajoute que les Gaulois avaient, pour la plupart, la voix menaçante et effrayante, ce que dit aussi

plus étroit chez les Gaulois méridionaux; une chemise à manches, descendant au milieu des cuisses, composaient leur principal habillement[1]. Ils étaient vêtus d'une casaque ou saie [2], magnifiquement brodée d'or et d'argent chez les riches [3], et retenue au cou par une agrafe en métal. Les dernières classes du peuple la remplaçaient par une peau de bête. Les Aquitains se couvraient probablement, d'après l'usage ibérique, de tissus de laine grossière à longs poils [4].

Les Gaulois portaient des colliers, des boucles d'oreilles, des bracelets, des anneaux pour les bras, en or ou en cuivre, suivant leur rang, des colliers en ambre, des bagues, qu'ils mettaient au troisième doigt de la main [5].

Ils étaient naturellement agriculteurs, et on peut supposer que la propriété privée était constituée chez eux, puisque, d'une part, tous les citoyens payaient l'impôt, excepté les druides [6], et que, d'autre part, ceux-ci jugeaient les questions de limites [7]. Ils n'étaient pas étrangers à certaines industries. Dans quelques contrées, ils fabriquaient des saies renommées et des étoffes de drap ou de feutre [8];

Diodore de Sicile (V, xxxi). Les squelettes trouvés dans les fouilles de Saint-Étienne-au-Temple ont 1m,80 à 1m,90 de longueur.

[1] Strabon, IV, p. 163, éd. Didot.

[2] Isidore de Séville, *Origines*, I, 19, 24.

[3] Diodore de Sicile, V, xxx.

[4] Diodore de Sicile, V, xxxiii.

[5] Pline, XXXIII, xxiv. — L'or était très-abondant dans la Gaule; l'argent y était beaucoup moins commun. Les riches portaient des bracelets, des anneaux de jambe et des colliers faits de l'or le plus pur et assez massifs, ils avaient jusqu'à des cuirasses d'or. (Diodore de Sicile, V, xxvii.) On a retrouvé dans les sépultures gauloises un grand nombre de ces anneaux et cercles d'or d'un très-bon travail. Il y a au musée de Saint-Germain des bracelets et des boucles d'oreilles en or ciselé, trouvés, en 1863, dans un tumulus situé près de Châtillon-sur-Seine.

[6] *Guerre des Gaules*, VI, xiv.

[7] *Guerre des Gaules*, VI, xiii.

[8] Pline, *Histoire naturelle*, VIII, xlviii, lxxiii, p. 128, éd. Sillig.

LIVRE III, CHAPITRE II. — ÉTAT DE LA GAULE. 31

dans d'autres, ils exploitaient les mines avec habileté et s'adonnaient à la fabrication des métaux. Les Bituriges travaillaient le fer et connaissaient l'art de l'étamage [1]. Les ouvriers d'Alesia plaquaient le cuivre avec des feuilles d'argent pour en orner les mors et les harnais des chevaux [2].

Les Gaulois se nourrissaient principalement de viande de porc, et leurs boissons ordinaires étaient le lait, la bière et l'hydromel [3]; on leur reprochait d'être enclins à l'ivrognerie [4].

Ils étaient d'un caractère franc et ouvert, hospitaliers envers les étrangers [5], mais vains et querelleurs [6]; mobiles dans leurs sentiments, amoureux des choses nouvelles, ils prenaient des résolutions subites, regrettant le lendemain ce qu'ils avaient rejeté avec dédain la veille [7]; portés à la

---

[1] *Guerre des Gaules*, VII, xxii. — Pline, XXXIV, xvii, 162, éd. Sillig.

[2] « Deinde et argentum incoquere simili modo cœpere, equorum maxime ornamentis, jumentorumque ac jugorum, Alesia oppido. » (Pline, XXXIV, xvii, 162. — Florus, III, ii.)

[3] Le lait et la chair des animaux sauvages ou domestiques, surtout la chair de porc fraîche ou salée, formaient la principale nourriture des Gaulois. (Strabon, IV, p. 163.) — La bière et l'hydromel étaient la principale boisson des Gaulois. (Posidonius, cité par Athénée, IV, p. 151; *Fragmenta historicorum græc*. III, 260.) — C'est ce que dit aussi Diodore de Sicile (V, xxvi), qui nous apprend que cette bière était faite avec de l'orge.

[4] Cicéron signalait déjà le penchant des Gaulois à l'ivrognerie (*Discours pour Fonteius*), et Ammien Marcellin (XV, xii) leur adresse aussi ce reproche, qui se trouve encore consigné dans Diodore de Sicile (V, xxvi).

[5] « Très-hospitaliers, les Gaulois invitaient à leur repas l'étranger dès qu'il se présentait à eux, et ce n'était qu'après avoir bu et mangé avec lui qu'ils s'informaient de son nom et de son pays. » (Diodore de Sicile, V, xxviii).

[6] Strabon (IV, p. 162) dit que les Gaulois étaient d'un caractère franc et avaient bon cœur (mot à mot : sans méchanceté). — Ammien Marcellin (XV, xii), qui écrivait à la fin du v⁰ siècle, représente les Gaulois comme démesurément vains. — Strabon (IV, p. 165) assure qu'ils étaient très-enclins aux disputes, aux querelles.

[7] César nous parle souvent de la mobilité du caractère de ce peuple qui, pendant longtemps, créa de graves difficultés au peuple romain. « Omnes fere

guerre, recherchant les aventures, on les voyait fougueux à l'attaque, mais prompts à se décourager dans les revers [1]. Leur langage était très-concis et figuré [2]; en écrivant, ils employaient des lettres grecques.

Les hommes n'étaient pas exempts d'un vice honteux qu'on aurait cru moins commun dans ce pays que chez les peuples de l'Orient [3]. Les femmes unissaient à une rare beauté un courage remarquable et une grande force physique [4].

D'après la tradition transmise par les druides, les Gaulois se vantaient d'être issus du dieu de la terre, ou de Pluton (*Dis*), suivant l'expression de César [5]. C'est par cette raison qu'ils prenaient la nuit pour point de départ de toutes les divisions du temps. Dans les autres usages de la vie, ils avaient une coutume singulière : ils considéraient comme

---

Gallos novis rebus studere et ad bellum mobiliter celeriterque excitari. » (*Guerre des Gaules*, III, x.) — Lampride, dans sa *Vie d'Alexandre Sévère*, LIX, s'exprime ainsi : « Mais les Gaulois, ces esprits difficiles et qui regrettent ce qu'ils n'ont plus, créèrent souvent de graves soucis aux empereurs. » — « Gallorum subita et repentina consilia. » (*Guerre des Gaules*, III, VIII.)

[1] *Guerre des Gaules*, III, XIX.

[2] Diodore de Sicile (V, XXXI) dit que le langage des Gaulois était fort concis et très-figuré, que les Gaulois usaient beaucoup de l'hyperbole dans le blâme et dans la louange.

[3] Diodore de Sicile, V, XXXII. — Strabon, IV, p. 165. — Athénée, XIII, p. 603.

[4] *Guerre des Gaules*, VII, XLVII et XLVIII. Chez les Gaulois, les femmes égalent les hommes non-seulement pour la taille, mais encore pour le courage. (Diodore de Sicile, V, XXXII.) Les femmes des Gaulois étaient grandes et fortes. — Ammien Marcellin (XV, XII) écrit : « Plusieurs étrangers réunis ne pourraient pas lutter contre un seul Gaulois, s'ils prenaient querelle avec lui, surtout au cas qu'il appelât à son secours sa femme, qui l'emporte encore sur le mari par sa vigueur et par ses yeux hagards. Elle serait particulièrement redoutable si, enflant son gosier et grinçant des dents, elle agitait ses bras robustes et blancs comme la neige, prête à jouer des pieds et des poings pour en donner des coups aussi vigoureux que s'ils partaient d'une catapulte. »

[5] *Guerre des Gaules*, VI, XVIII : « Ab Dite patre prognatos. »

une chose inconvenante de paraître en public avec leurs enfants, avant que ceux-ci eussent atteint l'âge de porter les armes [1].

En se mariant, l'homme prenait sur sa fortune une part égale à la dot de la femme. Ces biens, mis en commun, augmentés de leurs produits, revenaient en totalité au survivant. Le mari avait droit de vie et de mort sur sa femme et sur ses enfants [2]. Quand le décès d'un homme considérable inspirait quelque soupçon, les femmes comme les esclaves étaient mis à la question, et brûlés, si leur culpabilité était reconnue. Le luxe de leurs funérailles contrastait avec la simplicité de leur existence. Tout ce que le défunt avait chéri pendant sa vie était jeté dans les flammes après sa mort; et même, avant la conquête romaine, on y joignait les esclaves et les clients qu'il avait préférés [3].

A l'époque de César, la plupart des peuples de la Gaule avaient pour armes de longues épées en fer, à deux tranchants (σπάθη), renfermées dans des fourreaux pareillement en fer, suspendues au côté par des chaînes. Ces épées étaient généralement faites pour frapper de la taille plutôt que de la pointe [4]. Les Gaulois, en outre, faisaient usage de lances

---

[1] *Guerre des Gaules*, VI, xviii.

[2] *Guerre des Gaules*, VI, xix.

[3] Les Gaulois, ainsi que la plupart des peuples barbares, se représentaient l'autre vie comme semblable à celle-ci. Aussi aux funérailles jetaient-ils dans le bûcher funèbre des lettres qui étaient envoyées à l'adresse du mort, et dont ils s'imaginaient que celui-ci prenait lecture. (Diodore de Sicile, V, xxviii.)

[4] Tite-Live nous dit (XXXVIII, xvii) que les Gaulois avaient de longues épées (*prælongi gladii*) et de grands boucliers (*vasta scuta*). Ailleurs (XXII, xlvi) il remarque que les épées des Gaulois étaient longues et sans pointe (*prælongi ac sine mucronibus*). — Leurs boucliers étaient longs, étroits et plats (*scuta longa, cæterum ad amplitudinem corporum parum lata et ea ipsa plana*). (Tite-Live, XXXVIII, xxi.) — « Et Biturix longisque leves Suessones in armis. » (Lucain, *Pharsale*, I, 423.) — Diodore de Sicile (V, xxx) dit que les Gaulois avaient des cottes de mailles en fer. Il ajoute : « Au lieu de glaive (ξίφος), ils ont de longues épées (σπάθη) qu'ils portent suspendues le

dont le fer, très-long et très-large, présentait quelquefois la forme ondulée (*materis*, σαύνιον)[1]; ils se servaient aussi de javelots légers sans *amentum*[2], de l'arc et de la fronde; leurs casques étaient en métal plus ou moins précieux, ornés de cornes d'animaux et d'un cimier représentant quelques figures d'oiseaux ou de bêtes féroces, le tout surmonté d'un panache haut et touffu[3]. Ils portaient un grand bouclier, une cuirasse en fer ou en bronze, ou bien une cotte de mailles, invention gauloise[4]. Les Leuques et les Rèmes étaient renommés pour lancer le javelot[5]. Les Lingons se

long du flanc droit par des chaînes de fer ou de bronze. Quelques-uns ceignent leurs tuniques de ceintures dorées ou argentées. »

« Ils ont des lances (λόγχη ou λογχίς) ayant un fer d'une coudée de long et quelquefois plus encore. Leur largeur atteint presque deux palmes, car la lame de ces *saunions* (javelot gaulois) n'est pas moindre que celle de notre glaive, et elle est un peu plus longue. De ces lames, les unes sont forgées droites, les autres présentent des courbes ondulées, de sorte que non-seulement elles coupent en frappant, mais, de plus, elles déchirent la blessure quand on les retire. »

[1] Strabon, IV, p. 163, éd. Didot. — Pseudo-Cicéron (*Ad Herennium*, IV, xxxii) écrit *materis*.

[2] L'amentum était une petite courroie dans laquelle on passait le doigt du milieu ou même les deux premiers doigts, qui servait à lancer le javelot et en doublait la portée, ainsi que des essais récents l'ont prouvé. Dans la *Guerre des Gaules*, V, xlviii, il est question d'un Gaulois lançant le javelot avec l'amentum; mais ce Gaulois était au service romain, ce qui explique son armement perfectionné. Strabon dit que les Gaulois ont des javelots comme les vélites romains, mais qu'ils les lancent avec la main, et non au moyen d'une courroie. (Strabon, II, 65, éd. Didot.) « Amentum digitis tende prioribus et totis jaculum dirige viribus. » (Sénèque le Tragique, *Hippolyte*, acte II, scène iv.)

[3] Diodore de Sicile, V, xxx.

[4] Diodore de Sicile, V, xxx. — Varron, *De lingua latina*, V, 116. — Le musée de Zurich possède une cuirasse gauloise formée de longues plaques de fer. Au Louvre et au musée de Saint-Germain il existe des cuirasses gauloises en bronze.

[5] « Optimus excusso Leucus Remusque lacerto. » (Lucain, *Pharsale*, I, 424.)

couvraient de cuirasses bariolées [1]. La cavalerie gauloise était meilleure que l'infanterie [2]; elle se composait de la noblesse suivie de ses clients [3]; les Aquitains cependant, célèbres pour leur agilité, jouissaient d'une certaine réputation de bons fantassins [4]. En général les Gaulois étaient très-aptes à imiter la tactique de leurs ennemis [5]. L'habitude d'exploiter les mines leur donnait une remarquable adresse dans tous les travaux souterrains, applicables à l'attaque et à la défense des places [6]. Leurs armées traînaient après elles une multitude de chariots et de bagages, même dans les expéditions les moins importantes [7].

Quoique ayant atteint, surtout dans le midi de la Gaule, un degré assez avancé de civilisation, ils conservaient des coutumes très-barbares : ils tuaient leurs prisonniers. « Quand leur armée est rangée en bataille, dit Diodore, on » en voit souvent s'avancer pour provoquer le plus vaillant » de leurs ennemis à un combat singulier. Si on répond à » leur appel, ils entonnent un chant de guerre où ils vantent » les hauts faits de leurs aïeux, exaltent leur propre valeur » et jettent l'injure à leur adversaire. Après la victoire, ils » coupent la tête de l'ennemi, l'attachent au cou de leur » cheval et la rapportent avec des chants de triomphe. Ils

---

[1] « Pugnaces pictis cohibebant Lingonas armis. » (Lucain, *Pharsale*, I, 398.)

[2] Strabon, IV, p. 163, éd. Didot.

[3] Pausanias (*Phocide*, XIX, 10, 11), parlant des anciens Gaulois qui avaient pénétré jusqu'à Delphes, dit : « Chacun de leurs cavaliers avait avec lui deux écuyers, montés aussi sur des chevaux; lorsque la cavalerie avait engagé le combat, ces écuyers se tenaient derrière le corps d'armée, soit pour remplacer les cavaliers tués, soit pour donner leur cheval à leur compagnon s'il perdait le sien, soit pour remplacer celui-ci, dans le cas où il était blessé, tandis que l'autre écuyer l'emportait hors de la mêlée. »

[4] *Guerre civile*, I, XXXIX.

[5] *Guerre des Gaules*, III, XX, et VII, XXII.

[6] *Guerre des Gaules*, III, XXI, et VII, XXII.

[7] *Guerre des Gaules*, VIII, XIV.

» gardent dans leur demeure ces hideux trophées, et les
» plus nobles les conservent précieusement, enduits d'huile
» de cèdre, dans des coffrets qu'ils montrent avec orgueil à
» leurs hôtes [1]. »

Lorsqu'un grand danger menaçait le pays, les chefs convoquaient un conseil armé, où les hommes devaient se réunir, au lieu et au jour indiqués, pour délibérer. La loi voulait que le dernier arrivé fût impitoyablement massacré sous les yeux de l'assemblée. Pour communiquer entre eux, ils s'échelonnaient de loin en loin dans les campagnes, et, par leurs cris répétés, transmettaient rapidement à de grandes distances les nouvelles importantes. Souvent aussi ils arrêtaient les voyageurs et les forçaient de répondre aux questions qu'ils leur adressaient [2].

Les Gaulois étaient très-superstitieux [3]. Persuadés qu'aux yeux des dieux la vie d'un homme ne peut être rachetée que par celle de son semblable, ils faisaient vœu, dans les maladies ou dans les dangers, d'immoler des êtres humains par le ministère des druides. Ces sacrifices avaient même un caractère public [4]. Ils construisaient parfois en osier des mannequins de grandeur colossale qu'ils remplissaient d'hommes vivants; on y mettait le feu, et les victimes périssaient étouffées par les flammes. Ces victimes étaient généralement prises parmi les criminels, comme plus agréables aux dieux; mais, à leur défaut, les innocents mêmes étaient sacrifiés.

---

[1] Diodore de Sicile, V, xxix. Voyez les bas-reliefs d'Entremonts, au musée d'Aix, représentant des cavaliers gaulois dont les chevaux ont des têtes humaines suspendues au poitrail.

[2] *Guerre des Gaules*, IV, v; VII, iii.

[3] Tite-Live (V, xlvi) représente les Gaulois comme très-religieux.

[4] L'usage des sacrifices humains chez les Gaulois est attesté par un grand nombre d'auteurs. (Cicéron, *Discours pour Fonteius*, xiv, 31. — Denys d'Halicarnasse, I, xxxviii. — Lucain, *Pharsale*, I, 444; III, 399 et suiv. — Solin, xxi. — Plutarque, *Sur la superstition*, p. 171. — Strabon, IV, p. 164, éd. Didot.)

LIVRE III, CHAPITRE II. — ÉTAT DE LA GAULE. 37

César, qui, suivant l'usage de ses compatriotes, donnait aux divinités des peuples étrangers les noms de celles de Rome, nous dit que les Gaulois honoraient surtout Mercure. Ils lui élevaient des statues, le regardaient comme l'inventeur des arts, le guide des voyageurs, le protecteur du commerce[1]. Ils rendaient encore un culte à des divinités que les Commentaires assimilent à Apollon, Mars, Jupiter et Minerve, sans nous faire connaître leur nom celtique. Lucain[2] nous a appris les noms de trois divinités gauloises, Teutatès, dans lequel il faut sans doute reconnaître le Mercure des Commentaires, Hésus ou Ésus, et Taranis. César fait observer que les Gaulois avaient sur leurs dieux à peu près les mêmes idées que les autres nations. Apollon guérissait les maladies, Minerve enseignait les éléments des arts, Jupiter était le maître du ciel, Mars l'arbitre de la guerre. Avant de combattre, souvent ils faisaient vœu de consacrer à ce dieu une partie des dépouilles de l'ennemi, et, après la victoire, ils immolaient tous les prisonniers. Le reste du butin était entassé dans des lieux consacrés, et personne n'eût été assez impie pour en dérober quelque chose. Les Gaulois rendaient, en outre, comme nous l'apprennent les inscriptions et des passages de divers auteurs, un culte aux fleuves, aux fontaines, aux arbres, aux forêts : ils adoraient le Rhin comme un dieu, et faisaient de l'Ardenne une déesse[3].

Institutions. IV. Il n'y avait dans la Gaule, dit César, que deux classes jouissant de la considération publique et des honneurs, c'étaient les druides et les chevaliers[4]. Quant au peuple,

---

[1] *Guerre des Gaules*, VI, xvii.

[2] *Pharsale*, I, vers 445-446.

[3] « Aussi, malgré leur amour de l'argent, les Gaulois ne touchaient jamais aux amas d'or déposés dans les temples et les bois sacrés, tant ils avaient horreur du sacrilège. » (Diodore de Sicile, V, xxvii.)

[4] *Guerre des Gaules*, VI, xiii et suiv.

privé de tous droits, accablé de dettes, écrasé d'impôts, en butte aux violences des grands, sa condition différait peu de celle des esclaves. Les druides, ministres des choses divines, présidaient aux sacrifices, conservaient le dépôt des doctrines religieuses. La jeunesse, avide d'instruction, s'empressait autour d'eux. Dispensateurs des récompenses et des peines, ils étaient les arbitres de presque toutes les contestations publiques et privées. Aux particuliers, et même aux magistrats rebelles à leurs décisions, ils interdisaient les sacrifices, sorte d'excommunication qui séquestrait de la société ceux qui en étaient frappés, les mettait au rang des criminels, les éloignait de tous les honneurs et les privait même de la justice. Les druides avaient un seul chef, et le pouvoir de ce chef était absolu. A sa mort, le premier en dignité lui succédait; si plusieurs avaient des titres égaux, ces prêtres recouraient à l'élection, et quelquefois même à une lutte armée. Ils s'assemblaient tous les ans dans le pays des Carnutes, en un lieu consacré, pour y juger les contestations. Leur doctrine, disait-on, venait de l'île de Bretagne, où, du temps de César, on allait encore la puiser comme à sa source[1].

---

[1] « Les Gaulois ont des poëtes qui célèbrent dans des paroles rhythmiques, sur une espèce de lyre, les hauts faits des héros, ou qui tournent en dérision les actions honteuses. » (Diodore de Sicile, V, xxxi.) Et il ajoute : « Ils ont des philosophes et des théologiens, qui sont en grand honneur et qu'on nomme *druides* (selon certains textes, *saronides*). Ils ont des devins dont les prédictions sont très-respectées. Ceux-ci interrogent l'avenir à l'aide des augures et des entrailles des victimes; et, dans les circonstances solennelles, ils recourent à des rites étranges et incroyables. Ils immolent un homme en le frappant avec une épée au-dessus du diaphragme, et ils tirent des présages de la manière dont il tombe, dont il se débat, dont le sang coule. L'autorité des druides et des bardes n'est pas moins puissante dans la paix que dans la guerre. Amis et ennemis les consultent et se soumettent à leur décision; souvent elle a suffi pour arrêter deux armées prêtes à en venir aux mains. » Strabon (VI, p. 164, éd. Didot) rapporte à peu près les mêmes faits. Il distingue aussi les bardes, les devins et les druides.

Les druides étaient exempts du service militaire et de l'impôt[1]. Ces priviléges leur attiraient beaucoup de disciples, dont le noviciat, qui durait quelquefois vingt ans, consistait à apprendre par cœur un grand nombre de vers renfermant leurs préceptes religieux. Il était interdit de les transcrire. Cette coutume avait le double but d'empêcher la divulgation de leur doctrine et d'exercer la mémoire. Leur dogme principal était l'immortalité de l'âme et sa transmigration dans d'autres corps. Une croyance qui bannit la crainte de la mort leur paraissait propre à exciter le courage. Ils expliquaient aussi le mouvement des astres, la grandeur de l'univers, les lois de la nature et l'omnipotence des dieux immortels. « On conçoit, dit l'éminent auteur » de l'*Histoire des Gaulois,* quel despotisme devait exercer » sur une nation superstitieuse cette caste d'hommes dépo- » sitaires de tout savoir, auteurs et interprètes de toute » loi divine et humaine, rémunérateurs, juges et bour- » reaux[2]. »

Les chevaliers, lorsque le besoin de la guerre l'exigeait, et cela arrivait presque annuellement, étaient tous tenus de prendre les armes; chacun, suivant sa naissance et sa fortune, se faisait accompagner par un plus ou moins grand nombre de serviteurs et de clients. Ceux qu'on appelait

---

[1] Voici ce que dit Ammien Marcellin (XV, ix) des anciens druides : « Les hommes de ce pays (la Gaule), s'étant peu à peu policés, firent fleurir les études utiles que les bardes, les euhages (prophètes) et les druides avaient commencé à cultiver. Les bardes chantèrent en vers héroïques, au son de leurs lyres, les hauts faits des hommes. Les euhages tâchèrent, par la méditation, d'expliquer l'ordre et les merveilles de la nature. Au milieu de ceux-ci se distinguaient les druides, qui, réunis en société, s'occupaient de questions profondes et sublimes, s'élevaient au-dessus des choses humaines et soutenaient l'immortalité de l'âme. » Ces détails, qu'Ammien Marcellin emprunte à l'historien grec Timagène, contemporain de César, et à d'autres auteurs, montrent également que la caste sacerdotale comprenait trois classes : 1° les bardes; 2° les prophètes; 3° les druides proprement dits.

[2] Amédée Thierry, II, 1.

ambacti [1] remplissaient, dans la guerre, le rôle d'écuyers [2]. En Aquitaine, ces suivants se nommaient *soldures;* ils partageaient la bonne comme la mauvaise fortune du chef auquel ils étaient attachés, et, lorsque celui-ci mourait, aucun d'eux ne voulait lui survivre. Leur nombre était considérable : on verra un roi des Sotiates en compter jusqu'à six cents [3].

Les États étaient gouvernés, soit par une assemblée que les Romains appelaient sénat, soit par un magistrat suprême, annuel ou à vie, portant le titre de roi [4], de prince [5] ou de vergobret [6].

Les différentes peuplades formaient entre elles des alliances permanentes ou accidentelles : les alliances permanentes étaient fondées, les unes sur la communauté des intérêts territoriaux [7], les autres sur les affinités de races [8],

---

[1] Voyez Paul Diacre, p. 4, éd. Müller.

[2] Diodore de Sicile, V, xxix.

[3] *Guerre des Gaules*, III, xxii.

[4] César cite le nom de dix rois : 1° Catamantaloedes, chez les Séquanes (I, iii); 2° Divitiacus et Galba, chez les Suessions (II, iv, xiii); 3° Commius, chez les Atrébates (IV, xxi, xxvii, xxxv; V, xxii; VI, vi; VII, lxxv, lxxvi, lxxix; VIII, vi, vii, x, xxi, xxiii, xlvii, xlviii); 4° Catuvolcus, chez les Éburons (V, xxiv, xxvi; VI, xxxi); 5° Tasgetius, chez les Carnutes (V, xxv, xxix); 6° Cavarinus, chez les Trévires (V, liv; VI, v); 7° Ambiorix, chez les Éburons (V, xxiv, xxvi, xxvii, xxix, xxxviii, xli; VI, v, vi, xix, xxix, xxx, xxxi, xxxii, xlii, xlvii; VIII, xxiv, xxv); 8° Moritasgus, chez les Sénonais (V, liv); 9° Teutomatus, chez les Nitiobriges (VII, xxxi, xlvi).

[5] *Guerre des Gaules*, VII, lxxxviii; VIII, xii.

[6] *Guerre des Gaules*, I, xvi.

[7] Ainsi les *Civitates Armoricæ* (V, liii; VII, lxxv; VIII, xxxi); le Belgium (V, xii, xxiv, xxv; VIII, xlvi, xlix, liv); les Aulerques-Cénomans et les Aulerques-Éburovices (II, xxxiv; III, xvii; VII, iv, lxxv; VIII, vii). Voyez l'intéressant mémoire de M. Valentin Smith (*Sur l'origine des peuples de la Gaule*, etc.).

[8] « Ambarri, necessarii et consanguinei Æduorum » (I, xi); « Suessiones, fratres consanguineosque Remorum, qui eodem jure et iisdem legibus utuntur » (II, iii); « Suessiones, qui Remis erant attributi » (VIII, vi).

LIVRE III, CHAPITRE II. — ÉTAT DE LA GAULE.   41

ou sur des traités [1], ou enfin sur le droit de patronage [2]. Les alliances accidentelles résultaient de la nécessité de s'unir contre un danger commun [3].

Dans la Gaule, non-seulement chaque État, chaque tribu (*pagus*), mais encore chaque famille, étaient divisés en deux partis (*factiones*); à la tête de ces partis étaient des chefs pris parmi les chevaliers les plus considérables et les plus influents. César les appelle *principes* [4]. Tous ceux qui acceptaient leur suprématie devenaient leurs clients, et, quoique les *principes* n'exerçassent pas une magistrature régulière, leur autorité était très-étendue. Cette organisation remontait à une haute antiquité; elle avait pour but d'offrir à tout homme du peuple une protection contre les grands, puisque chacun se trouvait sous le patronage d'un chef qui avait pour devoir de prendre en main sa cause, et qui eût perdu tout crédit s'il eût laissé opprimer un de ses clients [5]. On voit dans les Commentaires que cette classe des *principes* jouissait d'une très-grande influence. De leurs décisions dépendaient toutes les résolutions importantes [6], et leur réunion

---

[1] *In fide;* ainsi les Éduens avec les Bellovaques (II, xiv), avec les Sénonais (VI, iv), avec les Bituriges (VII, v).

[2] « Eburonum et Condrusorum, qui sunt Trevirorum clientes » (IV, vi); « Carnutes..... usi deprecatoribus Remis, quorum erant in clientela » (VI, iv); « imperant Æduis atque eorum clientibus Segusiavis, Ambluaretis, Aulercis Brannovicibus, Blannoviis » (VII, lxxv).

[3] Les fédérations de cette nature qui ont été signalées sont : 1° celle des Belges contre les Romains, en 697 (*Guerre des Gaules*, II, iv); 2° celle des Vénètes avec des peuplades voisines, en 698 (*Guerre des Gaules*, III, ix); 3° celle des Trévires, des Nerviens, des Aduatuques et des Ménapiens, en 701 (*Guerre des Gaules*, VI, ii); 4° celle des peuples qui investirent Camulogène du pouvoir suprême, en 702 (*Guerre des Gaules*, VII, lvii); 5° la grande fédération qui plaça toutes les forces de la Gaule sous le commandement de Vercingétorix (*Guerre des Gaules*, VII, lxiii).

[4] *Guerre des Gaules*, VI, xi.

[5] *Guerre des Gaules*, VI, xi.

[6] *Guerre des Gaules*, V, iii, liv; VI, xi; VII, lxxv; VIII, xxii.

formait l'assemblée de la Gaule entière (*concilium totius Galliæ*)[1]. Tout s'y décidait à la pluralité des voix [2].

Il n'était permis de traiter les affaires de l'État que dans ces assemblées. Il appartenait aux magistrats seuls de faire connaître ou de cacher les événements, selon qu'ils le jugeaient utile, et c'était un devoir sacré pour celui qui apprenait, soit de l'extérieur, soit par la rumeur publique, quelque nouvelle intéressant le pays, d'en avertir le magistrat, sans en instruire aucun autre. Cette mesure avait pour but d'empêcher que les faux bruits n'induisissent en erreur des hommes téméraires ou ignorants, et que, sous cette première impression, ils ne se laissassent aller à des résolutions extrêmes.

De même que chaque État était partagé en deux factions rivales, de même toute la Gaule (la Belgique et l'Helvétie exceptées) était divisée en deux grands partis [3] qui exerçaient sur les autres une espèce de souveraineté (*principatus*)[4]; et lorsque, dans des circonstances extraordinaires, un État particulier était parvenu à faire reconnaître sa prééminence, le chef de l'État privilégié prenait le nom de *princeps totius Galliæ,* comme l'avait été l'Arverne Celtillus, père de Vercingétorix [5].

Cette suprématie n'était cependant pas permanente; elle passait d'une nation à une autre, objet d'incessantes convoitises et de sanglants conflits. Les druides, il est vrai, étaient parvenus à établir un centre religieux, mais il n'existait point de centre politique. Malgré certains liens fédératifs, chaque État était bien plus préoccupé de son individualité que de la patrie en général. Cette incurie égoïste des intérêts collectifs,

---

[1] *Guerre des Gaules*, I, xxx.
[2] *Guerre des Gaules*, VII, lxiii.
[3] *Guerre des Gaules*, VI, xi.
[4] *Guerre des Gaules*, VI, xii.
[5] *Guerre des Gaules*, VII, iv.

cette rivalité jalouse entre les différentes peuplades, paralysèrent les efforts de quelques hommes éminents, désireux de fonder une nationalité, et les Gaulois offrirent bientôt à l'ennemi un moyen facile de les diviser et de les combattre. Aussi l'Empereur Napoléon Ier dit-il avec raison : « La prin- » cipale cause de la faiblesse de la Gaule était dans l'esprit » d'isolement et de localité qui caractérisait la population ; à » cette époque les Gaulois n'avaient aucun esprit national ni » même de province ; ils étaient dominés par un esprit de » ville. C'est le même esprit qui, depuis, a forgé les fers de » l'Italie. Rien n'est plus opposé à l'esprit national, aux idées » générales de liberté, que l'esprit particulier de famille ou » de bourgade. De ce morcellement il résultait aussi que les » Gaulois n'avaient aucune armée de ligne entretenue, » exercée, et dès lors aucun art ni aucune science militaire. » Toute nation qui perdrait de vue l'importance d'une armée » de ligne perpétuellement sur pied, et qui se confierait à » des levées ou des armées nationales, éprouverait le sort » des Gaules, sans même avoir la gloire d'opposer la même » résistance, qui a été l'effet de la barbarie d'alors et du » terrain, couvert de forêts, de marais, de fondrières, sans » chemins, ce qui le rendait difficile pour les conquêtes et » facile pour la défense [1]. » Avant que César vînt en Gaule, les Éduens et les Arvernes se trouvaient à la tête de deux partis opposés, s'efforçant chacun de l'emporter sur son concurrent. Bientôt ces derniers s'unirent aux Séquanes, qui, jaloux de la supériorité des Éduens, alliés du peuple romain, invoquèrent l'appui d'Arioviste et des Germains. A force de sacrifices et de promesses ils étaient parvenus à les attirer chez eux. A l'aide de ce concours, les Séquanes étaient restés vainqueurs dans plusieurs combats [2]. Les

---

[1] *Précis des guerres de César* par l'Empereur Napoléon Ier, page 53 ; Paris, 1836.

[2] L'inimitié qui régnait entre les Séquanes et les Éduens était encore aug-

Éduens avaient perdu leur noblesse, une partie de leur territoire, presque toute leur clientèle, et, après avoir livré en otage les enfants de leurs chefs, ils s'étaient engagés par serment à ne jamais rien entreprendre contre les Séquanes, qui avaient fini par obtenir la suprématie sur toute la Gaule. C'est dans ces circonstances que Divitiacus était allé à Rome implorer le secours de la République, mais il avait échoué [1]: le sénat était trop préoccupé de querelles intestines pour prendre envers les Germains une attitude énergique. L'arrivée de César allait changer la face des choses et rendre aux alliés de Rome leur ancienne prépondérance [2].

mentée, selon Strabon, par la raison suivante : « Ces deux peuples, séparés par l'Arar (*la Saône*), prétendaient chacun que la rivière lui appartenait, et réclamaient les droits de péage. » (Strabon, p. 160, éd. Didot.)

[1] « Divitiacus, introduit dans le sénat, exposa le sujet de sa mission. On lui offrit un siége, mais il refusa cet honneur, et prononça son discours, appuyé sur son bouclier. » (Eumenius, *Panégyrique de Constantin*, ch. III.)

[2] *Guerre des Gaules*, VI, XII.

CHAPITRE TROISIÈME.

CAMPAGNE CONTRE LES HELVÈTES.

AN DE ROME 696.

(Livre I des Commentaires.)

Projets d'invasion des Helvètes.

I. César, ainsi qu'on l'a vu, avait reçu du sénat et du peuple un commandement qui comprenait les deux Gaules (transalpine et cisalpine) et l'Illyrie [1]. Cependant l'agitation qui continuait à régner dans la République le retenait encore aux portes de Rome, lorsque tout à coup, vers le printemps de 696, on apprit que les Helvètes, reprenant leur projet, se préparaient à envahir la Province romaine. Cette nouvelle causa une vive émotion.

Les Helvètes, fiers de leurs anciens exploits, confiants dans leurs forces, gênés par l'excès de la population, se sentaient humiliés de vivre dans un pays dont la nature avait resserré les bornes, et méditaient depuis plusieurs années de le quitter pour se rendre dans le midi de la Gaule. Dès 693, il ne fut pas difficile à un chef ambitieux, Orgetorix, de leur inspirer l'envie de trouver ailleurs un territoire plus fertile et un climat plus doux. Ils résolurent

---

[1] Les limites de l'Illyrie, au temps de César, sont peu connues; cependant il paraît que cette province comprenait l'Illyrie actuelle, l'Istrie et une partie de la Carniole. Aquilée devait en être une des villes principales; elle est située au fond du golfe de la mer Adriatique, non loin de l'Isonzo. En effet, Strabon (I, p. 178) dit qu'Aquilée était située hors des frontières des Vénètes, dans le territoire desquels cette ville fut comprise sous Auguste. D'autre part, Tite-Live (XXXIX, LV) nous apprend que la colonie d'Aquilée avait été fondée en Istrie; et Hérodote (I, 196), comme Appien, compte les Istriens parmi les peuples de l'Illyrie.

d'aller s'établir dans le pays des Santons (*la Saintonge*), situé sur les côtes de l'Océan, au nord de la Gironde. Deux ans durent être employés en préparatifs, et, par un engagement solennel, le départ fut fixé à la troisième année. Mais Orgetorix, envoyé chez les peuples voisins pour contracter des alliances, conspira avec deux personnages influents, l'un du pays des Séquanes, l'autre du pays des Éduens : il les engagea à s'emparer de l'autorité, leur promit le secours des Helvètes, et leur persuada que ces trois puissantes nations liguées soumettraient facilement toute la Gaule. Ce complot échoua par la mort d'Orgetorix, accusé dans son pays de vouloir usurper le pouvoir. Les Helvètes n'en persistèrent pas moins dans leur projet d'émigration. Ils réunirent le plus grand nombre possible de chariots et de bêtes de somme ; et, afin de s'ôter toute idée de retour, ils brûlèrent leurs douze villes, leurs quatre cents bourgs et tout le blé qu'ils ne purent emporter. Chacun se munit de farine [1] pour trois mois, et, après avoir persuadé à leurs voisins les Rauraques [2], les Tulinges, les Latobriges [3], d'imiter leur exemple et de les suivre, après avoir attiré à eux ceux des Boïens qui du Norique s'étaient rapprochés du Rhin, ils fixèrent le rendez-vous sur les bords du Rhône, au 5 des calendes d'avril (24 mars, jour de l'équinoxe) [4].

---

[1] « Molita cibaria. » (*Guerre des Gaules*, I, v.)

[2] Les Rauraques habitaient un territoire qui répond à peu près à l'ancien évêché de Bâle. La ville de ce nom s'appela, sous les empereurs, *Augusta Rauracorum*.

[3] Habitants du sud du grand-duché de Bade. On croit que la ville de Stühlingen, près de Schaffhouse, tire son nom des Tulinges.

[4] *Guerre des Gaules*, I, vi. Les savants se sont donné beaucoup de peine pour déterminer la concordance du calendrier anté-Julien et du calendrier Julien ; malheureusement les résultats qu'ils ont obtenus laissaient beaucoup à désirer. Nous avons prié M. Le Verrier de résoudre ce difficile problème, et nous devons à son obligeance les tableaux placés à la fin de ce volume, *Appendice* A.

Ils n'avaient que deux chemins pour sortir de l'Helvétie : l'un traversait le pays des Séquanes, dont l'entrée était défendue par un défilé étroit et difficile, situé entre le Rhône et le Jura (le *Pas-de-l'Écluse*) et où les chariots ne passaient qu'avec peine un à un ; comme ce défilé était dominé par une très-haute montagne, une poignée d'hommes suffisait pour en interdire l'accès. L'autre chemin, moins resserré et plus facile, traversait la Province romaine après avoir franchi le Rhône, qui séparait les Allobroges des Helvètes, depuis le lac Léman jusqu'au Jura. Sur cette étendue, le fleuve était guéable en plusieurs endroits [1]. A Genève, extrême limite du territoire des Allobroges du côté de l'Helvétie, un pont établissait une communication entre les deux pays. Les Helvètes se décidèrent à prendre le chemin le plus commode ; ils espéraient d'ailleurs le concours de ce peuple voisin, qui, récemment soumis, ne devait avoir pour les Romains que des sympathies douteuses [2].

<small>Arrivée de César à Genève.</small>

II. César, apprenant que les Helvètes avaient l'intention de traverser la Province romaine, partit précipitamment de Rome, au mois de mars, se rendit à grandes journées dans la Gaule transalpine, et, selon Plutarque, arriva à Genève en huit jours [3]. Comme il n'avait dans la Province qu'une seule légion, il ordonna d'y lever le plus d'hommes possible et fit ensuite rompre le pont de Genève. Instruits de son arrivée, les Helvètes, qui probablement n'étaient pas encore tous rassemblés, envoyèrent les plus nobles d'entre eux demander le passage à travers le pays des Allobroges,

---

[1] Le lit du Rhône a changé sur quelques points depuis César ; aujourd'hui, d'après le dire des riverains, il n'existe de gués qu'entre Russin, sur la rive droite, et le moulin de Vert, sur la rive gauche. (*Voir planche 3.*)

[2] *Guerre des Gaules*, I, vi.

[3] Plutarque, *César*, xviii.

promettant de n'y commettre aucun dégât; ils n'avaient, disaient-ils, que ce chemin pour sortir de leur pays. César inclinait à repousser sur-le-champ leur demande, il se rappelait l'échec et la mort du consul L. Cassius ; mais, voulant se donner le temps de réunir les troupes dont il avait prescrit la levée, il fit espérer aux députés une réponse favorable, et l'ajourna aux ides d'avril (8 avril). Ce délai lui faisait gagner quinze jours; ils furent employés à fortifier la rive gauche du Rhône, entre le lac Léman et le Jura [1]. Si l'on évalue à cinq mille hommes la légion qui était dans la Province, et à cinq ou six mille le nombre des soldats nouvellement levés, on voit que César put disposer, pour défendre les bords du Rhône, de dix à onze mille hommes d'infanterie environ [2].

Description du retranchement du Rhône.

III. La distance du lac Léman au Jura est, en suivant les sinuosités du fleuve, d'un peu plus de 28 kilomètres ou de 19,000 pas romains (*millia passuum decem novem*) [3]. C'est sur l'espace compris entre ces deux points que fut élevé un retranchement appelé dans les Commentaires *murus fossaque*. Ce ne pouvait être un ouvrage continu, car le terrain qu'il fallait défendre est coupé par des rivières, des ravins, et les rives du Rhône sont presque partout tellement escarpées, qu'il eût été inutile de les fortifier. César, pressé par le temps, n'a dû faire des retranchements que sur les points les plus faibles de la ligne, là où le fleuve était facile à traverser : c'est ce que dit en effet Dion-Cassius [4].

[1] Cette partie du Jura sur la rive gauche du Rhône se nomme le *mont du Vuache*.

[2] *Guerre des Gaules*, I, viii.

[3] M. Queipo, dans son savant ouvrage sur les poids et mesures des anciens, assigne au pied romain, subdivisé en 12 pouces, une longueur de 0^m,29630. Le pas romain était de 5 pieds, de sorte que le mille équivalait à une longueur de 1481^m,50.

[4] Dion-Cassius dit que « César fortifia de murs et de fossés les points les plus importants. » (XXXVIII, xxxi.)

Les travaux romains n'ont fait que suppléer sur quelques points aux obstacles naturels que le Rhône présente dans la plus grande partie de son cours. Les seuls endroits où un passage puisse être tenté, parce que les hauteurs s'abaissent vers les bords du fleuve en pentes praticables, sont situés en face des villages actuels de Russin, Cartigny, Avully, Chancy et Cologny. Dans ces lieux, on tailla à pic la partie supérieure des versants, et l'on creusa ensuite un fossé dont l'escarpe acquit ainsi seize pieds de haut. Ces ouvrages, en reliant entre eux les escarpements du Rhône, formaient, de Genève au Jura, une ligne continue qui présentait une barrière infranchissable. En arrière et le long de cette ligne, de distance en distance, des postes et des redoutes fermées la rendaient inexpugnable. (*Voir planche* 3.)[1].

[1] Le retranchement que César nomme *murus fossaque* ne pouvait point être un mur, dans l'acception habituelle du mot; d'abord, parce qu'un mur n'eût été qu'un faible obstacle; ensuite, parce que les matériaux ne se trouvaient pas sur les lieux; et enfin, parce que, si une telle quantité de pierres eût été amassée au bord du Rhône, on en retrouverait encore des traces. J'ai alors cherché une autre explication, et j'ai pensé que *murus* pouvait s'entendre d'un escarpement naturel, rendu plus roide par un léger travail. Pénétré de cette idée, j'ai chargé M. le commandant d'artillerie baron Stoffel d'aller inspecter les lieux, et le résultat de ses recherches a pleinement confirmé mes suppositions. Voici le résumé de son rapport.

Considéré dans son ensemble, depuis Genève jusqu'au Pas-de-l'Écluse, le Rhône offre l'aspect d'un immense fossé de 100 à 120 mètres de largeur, à escarpe et contrescarpe abruptes et très-élevées. Les parties où il ne présente pas ce caractère sont en petit nombre et d'une étendue relativement assez restreinte. Ce sont les seules où des opérations de passage puissent être tentées, les seules, par conséquent, que César ait eu besoin de fortifier sur la rive gauche.

1° Depuis Genève jusqu'au confluent de l'Arve et du Rhône, étendue 1 kilomètre $\frac{1}{4}$. Largeur du fleuve, 90 à 100 mètres. — La rive gauche est plate dans toute cette étendue. La rive droite a des escarpements presque verticaux, dont la hauteur varie entre 15 et 35 mètres. (*Voir planche* 3, profil moyen entre Genève et le confluent de l'Arve.) Aucune tentative de passage n'a pu avoir lieu, ni à Genève, ni entre cette ville et l'Arve.

2° Depuis l'Arve jusqu'au plateau d'Aire-la-Ville, étendue 12 kilomètres $\frac{1}{2}$.
— A partir du confluent de l'Arve, les hauteurs de la rive droite du Rhône

Ce retranchement, qui n'exigeait que deux à trois jours de travail, était achevé lorsque les députés revinrent, à l'époque convenue, pour connaître la réponse de César.

augmentent d'élévation ; les escarpements deviennent formidables. — La rive gauche est bordée d'escarpements pareils, et le fleuve coule ainsi entre des berges hautes et abruptes, de toute part infranchissables. Il conserve ce caractère jusqu'à un kilomètre en amont du ravin d'Avril, près de Peney. — Les profils $a\,a$ et $b\,b$ donnent une idée des escarpements des rives depuis l'Arve jusqu'au ravin d'Avril. (*Voir planche* 3.) — Les hauteurs qui, sur la rive droite du Rhône, s'étendent de Vernier à Peney, s'abaissent graduellement de l'un de ces villages vers l'autre, et elles forment, à l'est du ravin d'Avril, un plateau, dont l'élévation au-dessus du lit du fleuve n'est moyennement que de 20 mètres. En face, sur la rive gauche, s'étend le plateau d'Aire-la-Ville. Longueur, 1,700 mètres ; largeur, 700 mètres ; élévation moyenne au-dessus du lit du Rhône, 20 à 25 mètres. Les hauteurs de Peney sont bien disposées pour qu'une armée puisse s'y établir, et le plateau d'Aire-la-Ville permettrait à cette armée, le Rhône une fois franchi, un déploiement facile. Malgré ces avantages, il est certain que les Helvètes ne tentèrent aucune opération de ce côté, car le Rhône coule au pied de talus élevés de 14 à 16 mètres et inclinés d'au moins 45 degrés.

3° Depuis le plateau d'Aire-la-Ville jusqu'à la pointe d'Épeisses, étendue 6 kilomètres. — En aval des escarpements de Peney, les hauteurs de la rive droite (hauteurs de Russin) forment avec celles de la rive gauche un immense amphithéâtre presque circulaire, dont l'arène serait le terrain représenté en vert sur la *planche* 3 (diamètre, 1 kilomètre $\frac{1}{2}$). On peut, des hauteurs de Russin, descendre dans la plaine jusqu'à l'eau du fleuve. Le Rhône, dans cette partie, n'a jamais été profond ni rapide. La rive gauche est peu élevée, tout à fait plate en face du moulin de Vert, et le versant des hauteurs qui la dominent est loin d'être impraticable.

D'après cela, il était possible que les Helvètes parvinssent à traverser le fleuve et à gravir les hauteurs de la rive gauche, si elles n'avaient été ni fortifiées ni gardées. Cette opération présentait le moins de difficultés dans la partie $t\,t\,o$. Aussi ne saurait-on douter que les Romains la fortifièrent, pour ajouter aux obstacles naturels, insuffisants dans cette étendue. (*Voir le profil c c.*)

L'examen attentif des lieux, la découverte de certains accidents de terrain, qu'il est permis de considérer comme des vestiges, conduisent à expliquer de la manière suivante l'expression *murum fossamque perducit*.

César profita des hauteurs moyennes au pied desquelles coule le Rhône, pour faire pratiquer dans le versant qui regarde le fleuve, et à partir de la crête, une tranchée longitudinale d'une profondeur telle que la grande paroi avait une élévation de 16 pieds. La terre provenant de l'excavation fut jetée le

Il leur refusa formellement le passage, déclarant qu'il s'y opposerait par tous les moyens.

Cependant les Helvètes et les peuples qui prenaient part

long de la pente du versant, et la crête fut garnie de palissades. (*Voir le profil du retranchement.*) C'est, à proprement parler, un fossé, dont l'escarpe est plus haute que la contrescarpe.

Les collines de la rive gauche, qui s'élèvent en face de Russin, sont accessibles surtout dans une étendue de 900 mètres, comptés à partir du point où le ravin qui descend d'Aire-la-Ville vient aboutir au fleuve. Elles y forment, entre autres accidents de terrain, une terrasse de 80 mètres de largeur, élevée de 13 à 14 mètres au-dessus de la plaine, et se raccordant avec celle-ci par un talus assez uniforme de 45 degrés.

Les Romains ont pu en défendre l'accès, au moyen de la tranchée décrite plus haut. Ils l'auront sans doute prolongée jusqu'au point *o*, où la terrasse cesse et où les hauteurs deviennent impraticables. Elle aurait eu ainsi de 800 à 900 mètres de longueur.

Si l'on continue à descendre le Rhône, on rencontre, sur la rive gauche, d'abord les escarpements à pic de Cartigny, qui ont 70 à 80 mètres de hauteur, puis des berges abruptes, jusque près d'Avully. Au-dessous de Cartigny, le Rhône entoure une petite plaine, très-peu inclinée vers le fleuve et qui présente un ressaut de terrain *v r*, de 5 à 6 mètres de hauteur, avec un talus de moins de 45 degrés. La rive étant peu élevée, les Helvètes auraient pu y aborder. Pour les en empêcher, les Romains ouvrirent dans le talus qui fait face au Rhône une tranchée pareille à la précédente. Elle avait 250 mètres de longueur.

Les hauteurs d'Avully et d'Épeisses laissent entre elles et le fleuve un assez vaste espace, composé de deux parties distinctes. La première est formée de pentes douces depuis Avully jusqu'à un ressaut de terrain *q p*; l'autre partie est une plaine comprise entre ce ressaut de terrain et la rive gauche du fleuve. Sur la rive droite, une rivière torrentueuse, la London, débouche dans un terrain plat, nommé *la Plaine*. Les Helvètes purent y faire des préparatifs de passage et diriger leurs efforts vers la pointe occidentale de *la Plaine*, vis-à-vis du terrain bas et plat compris entre la rive gauche et l'escarpement *q p*. Dans cette partie, la rive gauche n'a que 1 mètre et demi à 2 mètres de hauteur. D'ailleurs les pentes d'Avully ne sont pas difficiles à gravir; donc les Romains durent chercher à barrer le passage de ce côté. (*Voir le profil brisé d e f.*) L'escarpement *q p*, tant par sa position que par sa hauteur, est facile à fortifier. Sa longueur est de 700 mètres; son élévation moyenne au-dessus de la plaine, de 18. Il présente au fleuve un talus de moins de 45 degrés. Les Romains pratiquèrent dans ce talus, le long de la crête, une tranchée formant mur et fossé. Sa longueur était de 700 mètres.

4° Depuis la pointe d'Épeisses jusqu'aux escarpements d'Étournel, étendue

à leur entreprise s'étaient réunis sur la rive droite du Rhône. Apprenant qu'ils devaient renoncer à l'espoir de sortir de leur pays sans obstacles, ils résolurent de se

6 kilomètres. — D'Épeisses jusqu'à Chancy, le Rhône coule en ligne droite, et il présente l'aspect d'un vaste fossé de 100 mètres de largeur dont les parois auraient une inclinaison de plus de 45 degrés. (*Voir le profil g g*.)

A 200 mètres en amont de Chancy, en k, le caractère des rives change tout à coup. Les hauteurs de droite s'abaissent vers le fleuve, en pentes assez douces, dans une étendue de 2,300 mètres, comptés depuis k jusqu'aux escarpements d'Étournel. En face, sur la rive gauche, s'étend le plateau de Chancy. Il présente au Rhône, de k en z, sur une longueur de 1,400 mètres, une crête irrégulière, éloignée du fleuve de 50 à 60 mètres et le dominant de 20 mètres environ. Le versant qui regarde le Rhône, de k en z, a des pentes très-praticables. (*Voir le profil h h*.)

La position de Chancy fut certainement le théâtre des tentatives les plus sérieuses de la part des Helvètes. Campés sur les hauteurs de la rive droite, ils purent descendre facilement au Rhône, et y faire leurs préparatifs de passage sur une étendue de 1,500 mètres. Le fleuve une fois franchi, ils n'avaient devant eux, de k en z, que des pentes praticables pour déboucher sur le plateau de Chancy.

Les Romains eurent donc à barrer la trouée $k z$ en reliant les escarpements infranchissables qui se terminent en k à ceux qui commencent en z, et qui sont inaccessibles aussi. Pour y parvenir, ils ouvrirent d'un de ces points à l'autre, dans la partie supérieure du versant au bas duquel coule le Rhône, une tranchée longitudinale $k z$, pareille à celle dont il a déjà été parlé. Elle avait 1,400 mètres de longueur.

5° Depuis les escarpements d'Étournel jusqu'au Pas-de-l'Écluse, étendue 6 kilomètres. — Aux escarpements d'Étournel, le Rhône s'éloigne des hauteurs de droite; il ne s'en rapproche que vers le hameau des Isles, à 2 kilomètres plus loin. Ces hauteurs forment un vaste amphithéâtre semi-elliptique embrassant une plaine légèrement inclinée vers le fleuve. Elle est marquée d'une teinte verte sur la *planche* 3. On peut descendre de toutes parts et s'approcher du Rhône, dont la rive est plate. En face, la rive gauche offre des obstacles insurmontables jusqu'au-dessous de Cologny en s. Mais en aval de ce point, de s en y, la rive est plate et les hauteurs situées en arrière sont accessibles sur une étendue de 2 kilomètres.

Les Helvètes, établis sur les hauteurs de Pougny et de Collonges, purent descendre au Rhône et le traverser entre Étournel et le hameau des Isles. Les Romains eurent donc à relier les escarpements qui se terminent à Cologny, aux pentes impraticables du mont du Vuache. Ici encore, on va le voir, ils utilisèrent les accidents du terrain.

frayer un chemin par la force; à plusieurs reprises, tantôt le jour, tantôt la nuit, ils traversèrent le Rhône, les uns à gué, les autres à l'aide de bateaux joints ensemble ou d'un

Au village de Cologny, les hauteurs forment un plateau triangulaire sux, dont la pointe s s'avance comme un promontoire vers le Rhône, qu'elle domine à pic de 20 mètres au moins. Un ressaut de terrain, su, le limite en avant et le sépare d'une plaine qui s'étend jusqu'au fleuve. L'escarpement produit par ce ressaut de terrain présente au Rhône un versant d'environ 45 degrés. Il domine la plaine de 14 mètres vers son extrémité s, diminue de hauteur peu à peu, et n'a plus que 2 à 3 mètres près du point u. (*Voir le profil $n\,n$.*) Les Romains creusèrent, dans le versant de l'escarpement, de s en u, sur une longueur de 800 mètres, une tranchée formant mur et fossé. Le plateau de Cologny, situé en arrière, offrait une position favorable pour la défense de ce retranchement. (*Voir le profil pp.*) Ils prolongèrent leurs ouvrages vers l'ouest jusqu'en y : à partir de là les hauteurs opposent des obstacles naturels suffisants. On peut ainsi estimer que, depuis Cologny jusqu'au mont du Vuache, les Romains exécutèrent 1,600 à 1,700 mètres de retranchements.

En résumé, les travaux exécutés sur cinq points principaux, entre Genève et le Jura, représentent une longueur totale de 5,000 mètres environ, c'est-à-dire moins de la sixième partie du développement du cours du Rhône.

En admettant que César disposât de 10,000 hommes, on peut croire qu'il les distribua de la manière suivante : 3,000 hommes sur les hauteurs d'Avully, quartier général; 2,500 à Genève; 1,000 sur le plateau d'Aire-la-Ville, 2,000 à Chancy, 1,500 sur le plateau de Cologny. Ces 10,000 hommes purent être concentrés, en deux heures, sur les hauteurs entre Aire-la-Ville et Cartigny; en trois heures, sur les hauteurs d'Avully; en trois heures et demie, sur le plateau de Chancy; en trois heures et demie, ces troupes, moins celles campées à Genève, purent être réunies entre Cologny et le fort de l'Écluse. Il fallait cinq heures au détachement de Genève pour s'y porter.

Les détachements cités plus haut, celui de Genève excepté, furent établis dans ce que César appelle les *castella*. Ceux-ci furent construits sur les hauteurs et à proximité des retranchements qu'il s'agissait de défendre, savoir : à Aire-la-Ville, à Avully, à Chancy et à Cologny. Ils consistaient probablement en redoutes en terre, capables de contenir un certain nombre de troupes. On les a représentés par des carrés sur la planche 3.

César put connaître à chaque instant la marche et les projets des Helvètes, les hauteurs de la rive gauche du Rhône présentant un grand nombre de positions où il était facile de placer avantageusement des postes d'observation. Le commandant Stoffel en a signalé six, qui sont indiquées sur la *planche* 3. — Comme on le remarquera, les Helvètes, en traversant le Rhône, ne purent

grand nombre de radeaux, et essayèrent d'enlever les hauteurs ; mais, arrêtés par la solidité du retranchement (*operis munitione*) comme par les efforts et les traits des soldats qui

être inquiétés par des traits lancés du haut des retranchements, car ces traits n'auraient pas porté jusqu'à la rive gauche du fleuve. Or il existe aujourd'hui, entre cette rive et le pied des hauteurs dans lesquelles les tranchées furent creusées, des terrains plats plus ou moins étendus. En admettant donc que le Rhône ait coulé il y a dix-neuf siècles dans le même lit que de nos jours, on peut se demander si les Romains n'ont pas construit, dans ces parties basses, près de la rive, pour attaquer les Helvètes pendant le passage même du Rhône, des retranchements ordinaires, composés d'un fossé et d'un rempart. Les fouilles pratiquées par le commandant Stoffel ont révélé partout, dans ces plaines, l'existence de terrains d'alluvion, ce qui ferait croire que le Rhône les couvrait autrefois. Du reste, quand même, à cette époque, les petites plaines dont il s'agit auraient déjà été découvertes, soit en totalité, soit en partie, on ne comprendrait pas que César y eût fait élever des ouvrages, puisque les hauteurs situées en arrière lui permettaient, par un travail plus prompt, de créer une défense plus redoutable, celle des tranchées ouvertes le long des crêtes. Comme on le voit, l'obstacle pour les assaillants ne commençait qu'à ces tranchées mêmes, en haut des versants.

Quant aux vestiges qui paraissent exister aujourd'hui, voici ce qu'on en peut dire. Les pentes que les Romains fortifièrent à Chancy, de k en z, à Cologny, de s en y, offrent dans les parties supérieures, en quelques endroits, des ondulations de terrain dont la forme dénote le travail de l'homme. Au versant de Chancy, par exemple, le terrain présente un ressaut ii (*Voir le profil h h*), très-nettement accusé, et qui, particularité remarquable, a environ 11 pieds de hauteur et 8 à 9 pieds de largeur. Or n'est-il pas évident que, si l'un des fossés qui ont été décrits venait à se combler, soit naturellement par l'action du temps, soit par les travaux de la culture, il affecterait absolument la forme ii, avec les dimensions indiquées ci-dessus? Il n'y a donc aucune témérité à considérer les accidents de terrain, tels que ii, comme des traces des tranchées romaines.

On doit encore mentionner le ressaut de terrain $v r$, situé au-dessous de Cartigny. Sa forme est si régulière, si nette, de la crête jusqu'au pied du talus, qu'il est difficile de n'y pas voir les vestiges d'un travail fait de main d'homme.

Il est possible d'évaluer approximativement le temps qu'il fallut aux troupes de César pour construire les 5,000 mètres de tranchées qui s'étendaient, à intervalles séparés, de Genève au Jura.

On considérera, pour fixer les idées, un terrain A D V, incliné à 45 degrés, dans lequel serait pratiquée la tranchée A B C D. La grande paroi A B C avait

accouraient aux points menacés (*concursu et telis*), ils abandonnèrent l'attaque [1].

<small>Les Helvètes se mettent en marche vers la Saône. César réunit ses troupes.</small>

IV. Restait seul le chemin à travers le pays des Séquanes (le Pas-de-l'Écluse); mais cet étroit défilé ne pouvait être franchi sans le consentement des habitants. Les Helvètes chargèrent l'Éduen Dumnorix, gendre d'Orgetorix, de le solliciter pour eux. Fort en crédit chez les Séquanes, Dumnorix l'obtint; les deux peuples s'engagèrent, l'un à laisser le passage libre, l'autre à ne commettre aucun désordre, et, comme gages de leurs conventions, ils échangèrent des otages [2].

Lorsque César apprit que les Helvètes s'apprêtaient à traverser les terres des Séquanes et des Éduens, pour se rendre chez les Santons, il résolut de s'y opposer, ne voulant pas souffrir l'établissement d'hommes belliqueux et hostiles dans un pays fertile et ouvert, voisin de celui des Tolosates, qui faisait partie de la Province romaine [3].

<small>16 pieds romains de hauteur; on supposera que AB était inclinée à 5 sur 1 et que la petite paroi DC avait 6 pieds de hauteur.

Le calcul du déblai sera le suivant : Section ABCD = 64 pieds carrés, ou, par la réduction en mètres carrés : ABCD = 5 mètres 60 centimètres carrés.

Le mètre courant du déblai donne donc 5,60 mètres cubes.

Si l'on songe à la facilité du travail de la tranchée, puisque les terres se jettent le long du versant, on verra que deux hommes peuvent creuser 3 mètres courants de cette tranchée en deux jours. Donc, en admettant que les dix mille hommes dont César pouvait disposer n'aient été employés que par quarts, il aura suffi de deux à trois jours pour l'exécution du travail complet.

[1] *Guerre des Gaules*, I, VIII.

[2] *Guerre des Gaules*, I, IX. — Le pays des Séquanes comprenait le Jura, et sa limite méridionale était à plusieurs lieues au sud du Pas-de-l'Écluse. (*Voir planche 2, carte de la Gaule*.)

[3] On a prétendu que c'était une erreur de César d'avoir placé les Santons à proximité des Tolosates : les recherches modernes ont prouvé que les deux peuples n'étaient pas à plus de trente ou quarante lieues l'un de l'autre.</small>

Mais, comme il n'avait pas sous la main des forces suffisantes, il prit le parti de réunir toutes les troupes disponibles de son vaste commandement. Il confie la garde des retranchements du Rhône à son lieutenant T. Labienus [1], se rend en Italie à grandes journées, y lève en toute hâte deux légions (les 11° et 12°), fait venir d'Aquilée, ville d'Illyrie [2], les trois légions qui s'y trouvaient en quartiers d'hiver (7°, 8° et 9°), et, à la tête de cette armée, prend par les Alpes (*Voir planche* 4) le plus court chemin de la Gaule transalpine [3]. Les Ceutrons, les Graïocèles et les Caturiges (*Voir page* 20, *fin de la note* 2 *de la page* 21), postés sur les hauteurs [4], tentent de lui barrer le chemin : il les culbute dans plusieurs rencontres, et d'Ocelum (*Usseau*) [5], point extrême

[1] Voir la Biographie des lieutenants de César, *Appendice* D.

[2] Plusieurs auteurs ont avancé à tort que César s'était rendu en Illyrie; il nous apprend lui-même (*Guerre des Gaules*, III, vii) qu'il y alla, pour la première fois, dans l'hiver de 698.

[3] Nous croyons, avec le général de Gœler, d'après l'itinéraire marqué sur la table de Peutinger, que les troupes de César passèrent par Altinum (*Altino*), Mantoue, Crémone, Laus Pompei (*Lodi Vecchio*), Pavie, Turin; mais, à partir de ce dernier lieu, nous leur faisons suivre la route de Fenestrelle et Ocelum. De là elles se dirigèrent à travers les Alpes cottiennes, par Césanne, Brigantium (*Briançon*); puis, en suivant la voie qu'indique la même Table et qui paraît avoir longé la Romanche, elles se rendirent à Cularo (*Grenoble*), sur la frontière des Voconces, par Stabatio (*Chahotte* ou *le Monestier*, Hautes-Alpes), Durotincum (*Villards-d'Arenne*), Mellosectum (*Misoen* ou *Bourg-d'Oysans*, Isère) et Catorissium (*Bourg-d'Oysans* ou *Chaource*, Isère).

[4] « Locis superioribus occupatis. » (*Guerre des Gaules*, I, x.)

[5] On n'est pas d'accord sur l'emplacement d'Ocelum. M. E. Celesia, qui prépare un ouvrage sur l'Italie ancienne, avance ce qui suit : *Ocelum* voulait dire, dans l'ancienne langue celtique ou ibérienne, *passage principal*. On sait que dans les Pyrénées ces passages s'appellent *ports*. Il existait des localités du nom d'*Ocelum* dans les Alpes, dans les Gaules et jusqu'en Espagne. (Ptolémée, II, 6.) — Les itinéraires trouvés aux bains de Vicarello indiquent, entre Turin et Suse, un *Ocelum*, qui ne nous semble pas avoir été celui dont parle César; il y avait un endroit ainsi appelé dans la Maurienne, sur la rive gauche de l'Arc, à égale distance de la source de cette rivière et de la ville de Saint-Jean : c'est aujourd'hui *Usseglio*. Un autre existait dans la vallée

de la Cisalpine, atteint en sept jours le territoire des Voconces, faisant ainsi environ 25 kilomètres par jour. Il pénètre ensuite chez les Allobroges, puis dans le pays des Ségusiaves, limitrophe de la Province, au delà du Rhône [1].

Ces opérations durèrent deux mois [2] ; le même temps

du Lanzo, sur la rive gauche du Gara, d'où paraît être dérivé le nom de *Garaceli* ou *Graioceli* ; il s'appelait *Ocelum Lanciensium*. — L'Ocelum de César, d'après M. Celesia, qui adopte l'opinion de d'Anville, s'appelait *Ocelum ad Clusonem fluvium* ; il se trouvait dans la vallée de Pragelatto, sur la route allant de Pignerol au col de Fenestrelle. Ce lieu conserva toujours son nom primitif d'*Ocelum, Occelum, Oxelum, Uxelum* (*Charta Adelaidis*, ann. 1064), d'où l'on a fait par corruption *Usseau*. Dans cette hypothèse, César aurait passé de la vallée du Chiusone dans celle de Pragelatto, et de là, par le mont Genèvre, à Briançon, pour arriver chez les Voconces. — Polyen (*Stratagèmes*, VIII, xxiii, 2) raconte que César profita d'un brouillard pour échapper aux montagnards.

[1] « Segusiavi sunt trans Rhodanum primi. » (*Guerre des Gaules*, I, x.) On doit croire qu'il existait un pont sur le Rhône, près de Lyon ; on comptait de Rome à Lyon, pays des Ségusiaves, 700 mille pas, soit 933 kilomètres. (Cicéron, *Discours pour Quinctius*, xxv.)

[2] César avait ajourné sa réponse aux ides d'avril (8 avril). Si, dès lors, il s'est décidé à faire venir ses légions d'Aquilée, voici le temps qui leur fut absolument nécessaire pour ce trajet :

    6 jours employés par les courriers pour se rendre de Genève à Aquilée. Ce temps ne nous paraît pas trop court, puisque César avait mis 8 jours pour se rendre de Rome à Genève, et qu'il n'y a que 1,000 kilomètres de Genève à Aquilée, tandis qu'il y en a 1,200 de Genève à Rome ;

    8 jours pour réunir les légions ; en 581, il ne fallut que onze jours pour enrôler quatre légions (Tite-Live, XLIII, xv) ;

    28 jours d'Aquilée à Ocelum (*Usseau*) (681 kilom.), en comptant 24 kilomètres par étape ;

    6 séjours ;

    7 jours d'Ocelum à Grenoble (174 kilom.) (*Guerre des Gaules*, I, x) ;

    5 jours de Grenoble à Lyon (126 kilom.).

    60

D'après cela, il fallut à César 60 jours, à compter du moment où il prit sa résolution, pour amener ses légions d'Aquilée à Lyon, c'est-à-dire que, s'il envoya, comme cela est probable, des courriers dès le 8 avril, jour où il refusa aux Helvètes le passage, la tête de la colonne arriva à Lyon vers le 7 juin.

avait été nécessaire aux Helvètes pour négocier les conditions de leur passage chez les Séquanes, se transporter du Rhône à la Saône et commencer à traverser cette rivière. Ils avaient franchi le Pas-de-l'Écluse, longé la rive droite du Rhône jusqu'à Culoz, tourné ensuite à l'est par Virieu-le-Grand, Tenay et Saint-Rambert, et, traversant, à partir de là, les plaines d'Ambérieux, la rivière de l'Ain et le vaste plateau des Dombes, ils étaient parvenus à la Saône, dont ils occupaient la rive gauche, depuis Trévoux jusqu'à Villefranche. (*Voir planche* 4.) La lenteur de leur marche ne doit pas surprendre, si l'on considère qu'une agglomération de trois cent soixante-huit mille individus, hommes, femmes et enfants, traînant après eux huit à neuf mille chariots, par un défilé où les voitures ne pouvaient passer qu'une à une, dut employer plusieurs semaines à le franchir[1]. César calcula sans doute à l'avance, assez exacte-

---

[1] Pour évaluer le volume et le poids que représente un approvisionnement de trois mois de vivres, pour *trois cent soixante-huit mille* personnes des deux sexes et de tout âge, admettons que la ration de vivres était faible et ne constituait pour ainsi dire qu'une réserve en farine *trium mensium molita cibaria*, en moyenne de 3/4 de livre (3/4 de livre de farine donnent environ une livre de pain); à ce compte, les Helvètes auraient emporté 24,840,000 livres, soit 12,420,000 kilogrammes de farine. Admettons aussi qu'ils eussent de grandes voitures à quatre roues, pouvant porter 2,000 kilogrammes et traînées par quatre chevaux. Les 100 kilogrammes de farine brute cubent 2 hectolitres; 2,000 kilogrammes de farine cubent donc 4 mètres; ce qui conduit à ne pas supposer plus de 4 mètres cubes de charge moyenne par voiture à quatre chevaux. Sur nos bonnes routes de France, tracées en plaine et pavées, trois chevaux suffisent pour traîner au pas, pendant dix heures, une voiture à quatre roues portant 4,000 kilogrammes. C'est plus de 1,300 kilogrammes de charge par collier.

Nous supposons que les chevaux des émigrants ne traînaient que 500 kilogrammes en outre du poids mort, ce qui donnerait environ 6,000 voitures et 24,000 bêtes de trait pour transporter les trois mois de vivres.

Mais ces émigrants n'étaient pas seulement pourvus de vivres, ils avaient certainement encore des bagages. Il ne nous paraît pas exagéré de penser que chaque individu emportait, en sus de ses vivres, 15 kilogrammes de bagage

ment, le temps qu'ils mettraient à gagner les bords de la Saône, et on peut dès lors supposer qu'au moment où il se rendit en Italie, il espéra en ramener son armée assez vite pour les prévenir au passage de cette rivière.

Il établit son camp près du confluent du Rhône et de la Saône, sur les hauteurs de Sathonay; de là il pouvait également manœuvrer sur les deux rives de la Saône, tomber sur le flanc des Helvètes en marche vers cette rivière, ou les empêcher, s'ils la traversaient, de se rendre par la vallée du Rhône dans la Province romaine. C'est probablement sur ce point que Labienus le rejoignit avec les troupes qui lui avaient été laissées, ce qui portait à six le nombre de ses légions. Sa cavalerie, composée en grande partie d'Éduens et d'hommes levés dans la Province romaine, s'élevait à 4,000 hommes [1]. Pendant ce temps, les Helvètes ravageaient les terres des Ambarres, celles des Éduens et celles que les Allobroges possédaient sur la rive droite du

---

en moyenne. On est ainsi conduit à ajouter aux 6,000 voitures de provisions 2,500 autres voitures environ pour les bagages, ce qui fait un total de 8,500 voitures, traînées par 34,000 bêtes de trait. Nous disons bêtes et non chevaux de trait, une partie au moins des attelages se composant, sans nul doute, de bœufs, dont le nombre diminuait de jour en jour, car les émigrants devaient utiliser la chair de ces animaux pour leur propre alimentation.

Une telle colonne de 8,500 voitures, supposées marchant à la file, voiture par voiture, sur une seule route, ne pouvait pas occuper moins de *trente-deux* lieues de longueur, si l'on compte 15 mètres par voiture. Cette remarque explique quelles énormes difficultés rencontra l'émigration, et la lenteur de ses mouvements; on ne doit pas dès lors s'étonner des vingt jours qu'il fallut aux trois quarts de la colonne pour franchir la Saône.

Nous n'avons compris aucun approvisionnement de grains pour les bêtes de trait ou de somme des émigrants; il est cependant difficile de croire que les Helvètes, si prévoyants pour leurs propres besoins, aient négligé de pourvoir à ceux de leurs attelages, et qu'ils aient exclusivement compté pour les nourrir sur les fourrages qu'ils trouveraient en route.

[1] « Les Éduens rendaient les plus grands services à César; quartiers d'hiver, provisions, *fabriques d'armes*, cavalerie et fantassins, il trouvait tout chez eux. » (Eumène, *Panégyrique de Constantin*, III.)

Rhône. Ces peuples implorèrent le secours de César. Il était tout disposé à accueillir leurs prières [1].

<small>Défaite des Helvètes sur la Saône.</small>

V. La Saône, qui traversait le pays des Éduens et celui des Séquanes [2], coulait, alors comme aujourd'hui, en de certains endroits, avec une extrême lenteur. César rapporte qu'on ne pouvait distinguer le sens du courant. Les Helvètes, incapables de faire un pont, passèrent la rivière, entre Trévoux et Villefranche, sur des radeaux et des barques jointes entre elles. Dès que le général romain se fut assuré par ses éclaireurs que les trois quarts des barbares se trouvaient au delà de la rivière, et que les autres étaient encore en deçà, il partit de son camp vers minuit (*de tertia vigilia*) (*Voir la note de la page* 64) avec trois légions, atteignit au nord de Trévoux, dans la vallée du Formans, vers six heures du matin, après une marche de 18 kilomètres, les Helvètes restés sur la rive gauche, les surprit au milieu des embarras du passage, et en tua un grand nombre. Ceux qui purent échapper se cachèrent dans les forêts voisines. Ce désastre tomba sur les Tigurins (*habitants des cantons de Vaud, Fribourg et d'une partie du canton de Berne*), l'une des quatre peuplades dont se composait la nation des Helvètes, celle

---

[1] *Guerre des Gaules,* I, xi. — Dion-Cassius (XXXVIII, xxxii) dit que les ambassadeurs éduens avaient caché à César le traité en vertu duquel les Helvètes traversaient le territoire éduen. César, craignant de voir les Helvètes se diriger sur Toulouse, préféra les combattre ayant les Éduens pour alliés que d'avoir contre lui les deux peuples réunis.

[2] C'est à tort qu'on a traduit *Arar quod per fines Æduorum et Sequanorum in Rhodanum influit,* par ces mots : « la Saône qui forme la limite commune des Éduens et des Séquanes. » César entend toujours par *fines* « territoire », et non « limite ». Il s'exprime différemment lorsqu'il parle d'une rivière séparant des territoires. (*Guerre des Gaules,* I, vi, xxxiii; VII, v.) Aussi l'expression *per fines* confirme la supposition que les territoires de ces deux peuples s'étendaient sur l'une et l'autre rive de la Saône. (*Voir planche* 2.) L'opinion de Strabon (page 43, note 2) ne nous semble pas devoir infirmer cette interprétation.

qui, dans une expédition hors de l'Helvétie, avait jadis fait périr le consul L. Cassius et passer son armée sous le joug [1].

Après ce combat, César, afin de poursuivre l'autre partie de l'armée ennemie et l'empêcher de se diriger vers le sud, jeta un pont sur la Saône, et transporta ses troupes sur la rive droite. Les barques affectées au service des vivres durent nécessairement faciliter cette opération. Il est probable qu'un détachement établi dans les défilés de la rive droite de la Saône, à l'endroit où est Lyon aujourd'hui, interceptait la route qui aurait pu conduire les Helvètes vers la Province romaine. Quant aux trois légions restées au camp de Sathonay, elles rejoignirent bientôt César. Frappés de son approche soudaine et de sa promptitude à effectuer en un seul jour un passage qui leur avait coûté vingt jours de peines, les Helvètes lui envoyèrent une députation, dont le chef, le vieux Divicon, avait commandé dans les guerres contre Cassius. Dans un langage plein de jactance et de menaces, Divicon rappela à César l'humiliation infligée autrefois aux armes romaines. Le proconsul répondit que le sou-

[1] Les fouilles pratiquées en 1862, entre Trévoux et Riottier, sur les plateaux de la Bruyère et de Saint-Barnard, ne laissent aucun doute sur le lieu de cette défaite. Elles ont révélé l'existence de nombreuses sépultures, tant gallo-romaines que celtiques. Les tumulus ont fourni des vases d'argile grossière, beaucoup de fragments d'armes en silex, des ornements en bronze, des fers de flèche, des fragments de douille. Ces sépultures sont les unes par incinération, les autres par inhumation. Dans les premières, nulle part la crémation n'a été complète, ce qui prouve qu'elles ont été faites à la hâte et exclut toute idée d'un cimetière ordinaire. Deux fosses communes étaient divisées chacune en deux compartiments, dont l'un ne renfermait que des cendres, et l'autre des squelettes humains, entassés pêle-mêle, squelettes d'hommes, de femmes et d'enfants. Enfin, de nombreux fours de campagne jalonnent en quelque sorte la route suivie par les Helvètes. Ces fours, très-communs au pied des coteaux abrupts de Trévoux, Saint-Didier, Frans, Jassans et Mizérieux, se retrouvent sur la rive gauche de l'Ain et jusque dans le voisinage d'Ambronay.

venir des anciens affronts n'était pas sorti de sa mémoire, mais que les injures récentes suffisaient pour motiver sa conduite. Cependant il offrit la paix, à condition que des otages lui seraient donnés. « Les Helvètes, répliqua Divicon, ont appris de leurs ancêtres à recevoir, non à donner des otages ; les Romains doivent le savoir. » Cette fière réponse mit fin à l'entrevue.

Néanmoins les Helvètes paraissent avoir voulu éviter la bataille, car le jour d'après ils levèrent leur camp, et, privés de la possibilité de descendre le cours de la Saône pour se rendre dans le midi, ils prirent la voie la plus facile pour atteindre le pays des Santons, en se portant vers les sources de la Dheune et de la Bourbince. (*Voir planche 4.*) Ce pays accidenté leur permettait d'ailleurs de résister avec avantage aux Romains. Ils suivirent, à travers les montagnes du Charolais, la route gauloise, sur la trace de laquelle fut sans doute construite plus tard la voie romaine de Lyon à Autun, dont les vestiges existent encore ; celle-ci longeait la Saône jusqu'à Belleville, où elle s'en écartait brusquement, franchissait le col d'Avenas, parcourait la vallée de la Grosne jusqu'à Cluny, et se dirigeait par Saint-Vallier sur Autun. A Saint-Vallier ils devaient quitter cette route et s'acheminer vers la Loire, pour la passer à Decize [1].

---

[1] César fait connaître, à deux reprises différentes, l'intention bien arrêtée qu'avaient les Helvètes d'aller se fixer dans le pays des Santons (I, x et xi), et Tite-Live confirme ce fait en ces termes : « Cæsar Helvetios, gentem vagam, domuit, quæ, sedem quærens, in provinciam Cæsaris Narbonem iter facere volebat. » (*Epitome*, CIII.) Eurent-ils, pour exécuter ce projet, le choix entre plusieurs routes (le mot *route* étant pris dans le sens général) ? Quelques auteurs, ne tenant pas compte de la topographie de la France, ont cru que, pour se rendre chez les Santons, les Helvètes auraient dû marcher par la ligne la plus courte, de l'est à l'ouest, et passer la Loire vers Roanne. Mais ils auraient eu d'abord à traverser, dans des endroits presque infranchissables, les montagnes qui séparent la Saône de la Loire, et, y fussent-ils parvenus, ils auraient trouvé leur route barrée par une autre chaîne de montagnes, celle du Forez, qui sépare la Loire de l'Allier.

César suivit les Helvètes, et, pour surveiller leur marche, se fit précéder par toute sa cavalerie. Celle-ci, trop ardente à la poursuite, en vint aux mains avec la cavalerie ennemie, dans une position désavantageuse, et essuya quelques pertes. Fiers d'avoir repoussé 4,000 hommes avec 500 cavaliers, les Helvètes s'enhardirent au point d'oser parfois harceler l'armée romaine. Mais César évitait d'engager ses troupes, il se bornait à suivre chaque jour les ennemis à cinq ou six milles (8 kilomètres environ) de distance au plus, s'opposant aux dévastations qu'ils commettaient sur leur passage, et attendant une occasion favorable de leur faire éprouver une défaite.

Les deux armées continuaient leur marche avec une extrême lenteur, et les jours s'écoulaient sans que l'occasion tant désirée se présentât. Cependant le ravitaillement de l'armée romaine commençait à inspirer de sérieuses inquiétudes : les blés n'arrivaient plus par la Saône, car César avait été obligé de s'en éloigner pour ne pas perdre de vue les Helvètes. D'un autre côté, les Éduens ajournaient, sous de vains prétextes, l'envoi des grains qu'ils avaient promis. Or la moisson n'était pas encore mûre, le fourrage même manquait. Comme on approchait du jour de la distribution, César convoqua les chefs éduens, qui étaient en grand nombre auprès de lui, et les accabla de reproches.

Le seul moyen d'aller de la basse Saône en Saintonge consiste à s'acheminer d'abord au nord-ouest vers les sources de la Bourbince, où se trouve la plus grande dépression de la chaîne de montagnes qui sépare la Saône de la Loire, et de marcher ensuite à l'ouest, pour descendre vers ce dernier fleuve. Cela est si vrai, qu'à une époque voisine de nous, avant la construction des chemins de fer, les voitures publiques, pour aller de Lyon à la Rochelle, ne passaient pas à Roanne, mais se dirigeaient au nord-ouest sur Autun et de là sur Nevers, dans la vallée de la Loire. On s'explique, en explorant le pays compris entre la Loire et la Saône, que César ait été obligé de se borner à suivre les Helvètes, sans jamais pouvoir les attaquer. On n'y trouve pas un seul point où il eût pu les gagner de vitesse, ou exécuter une manœuvre quelle qu'elle fût.

L'un d'eux, Liscus, occupait dans son pays la magistrature suprême sous le nom de *vergobret;* il dénonça Dumnorix, frère de Divitiacus, comme s'étant opposé à l'envoi des approvisionnements; c'était ce même Dumnorix qui avait négocié secrètement le passage des Helvètes à travers le pays des Séquanes, et qui, placé à la tête du contingent éduen, venait, dans le dernier combat, en se retirant avec les siens, d'entraîner la fuite de toute la cavalerie. César manda Divitiacus, dévoué au peuple romain, et lui révéla la coupable conduite de son frère, qui méritait une punition exemplaire. Divitiacus en convint, et, fondant en larmes, implora la grâce de Dumnorix. César la lui accorda, et se borna à faire surveiller le coupable. Il était, en effet, très-politique de ne point s'aliéner le peuple éduen par une trop grande sévérité envers un homme puissant.

Les Helvètes, après s'être avancés vers le nord jusqu'à Saint-Vallier, avaient tourné à l'ouest pour atteindre la vallée de la Loire; arrivés vers Issy-l'Évêque, ils campèrent sur les bords d'un affluent de la Somme, au pied du mont Tauffrin, à huit milles de l'armée romaine. Informé de cette circonstance, César jugea le moment venu de les surprendre, et envoya reconnaître par quels circuits on pourrait atteindre les hauteurs. Il apprit que l'accès en était facile, ordonna à Labienus de gagner, avec deux légions, le sommet de la montagne, par des chemins détournés, sans donner l'éveil à l'ennemi, et d'attendre que lui-même, marchant à la tête des quatre autres légions par la même route que les Helvètes, apparût près de leur camp; alors tous les deux devaient les assaillir à la fois. Labienus partit à minuit, en prenant pour guides les hommes qui venaient d'explorer les chemins. César, de son côté, se mit en marche à deux heures du matin (*de quarta vigilia*)[1], précédé de sa cava-

---

[1] Les Romains mettaient peu de précision dans la division du temps. Forcellini (*Lex.* voc. *Hora*) remarque que les jours, c'est-à-dire le temps entre le

lerie. A la tête de ses éclaireurs était P. Considius, que ses services antérieurs sous L. Sylla et ensuite sous M. Crassus signalaient comme un homme de guerre expérimenté.

Au point du jour, Labienus occupait les hauteurs, et César n'était plus qu'à 1,500 pas du camp des barbares ; ceux-ci ne soupçonnaient ni son approche ni celle de son lieutenant ; tout à coup Considius vint bride abattue annoncer que la montagne dont Labienus devait s'emparer était au pouvoir des Helvètes ; il les avait reconnus, disait-il, à

---

lever et le coucher du soleil, étant divisés en douze parties, *en toute saison de l'année*, et la nuit de même, il en résulterait qu'en été les heures du jour étaient plus longues qu'en hiver, et *vice versa* pour les nuits. Galien (*De san. tuend.* VI, 7) observait qu'à Rome les plus longs jours équivalaient à quinze heures équinoxiales ; or, ces quinze heures ne comptant que pour douze, il arrivait que, vers le solstice, chaque heure était au delà d'un quart plus longue que vers l'équinoxe. Cette observation était ancienne, car elle est consignée dans Plaute ; un de ses personnages dit à un ivrogne : « Tu boirais bien quatre bonnes récoltes de massique en une heure ! » — « Ajoute, répond l'ivrogne, dans une heure d'hiver. » (*Pseudolus*, v. 1302, éd. Ritschl.) Végèce dit que le soldat doit faire vingt à vingt-quatre milles en cinq heures, et note qu'il s'agit d'heures d'été, qui, à Rome, selon le calcul précédent, équivaudraient à six heures un quart vers l'équinoxe. (*Mil.* I, IX.)

Pline (*Hist. nat.*, VII, LX) remarque « qu'au temps où furent rédigées les Douze Tables on ne connaissait d'autres divisions du temps que le lever et le coucher du soleil, et qu'au dire de Varron le premier cadran solaire public aurait été établi devant le temple de Quirinus, par le consul Papirius Cursor en 461 ; le second fut placé près des rostres, par Valerius Messala, qui le rapporta de Catane en 491, et ce fut en 595 que Scipion Nasica, collègue de M. Popilius Lænas, divisa les heures de la nuit et du jour au moyen d'une clepsydre ou horloge à eau, qu'il consacra dans un édifice couvert. »

Censorinus (*De die natali*, XXIII, opuscule daté de l'an 991 de Rome, 238 après Jésus-Christ) répète avec quelques additions les détails donnés par Pline. « Il y a, dit-il, le jour *naturel* et le jour *civil* : le premier, c'est le temps qui s'écoule entre le lever et le coucher du soleil ; au contraire la nuit commence au coucher et finit au lever du soleil ; le jour *civil* comprend une révolution du ciel, c'est-à-dire un jour vrai et une nuit vraie, en sorte que, si l'on dit qu'une personne a vécu trente jours, on doit entendre qu'elle a vécu autant de nuits. »

« On sait que le jour et la nuit sont partagés en douze heures. Les Romains

leurs armes et à leurs insignes militaires. A cette nouvelle, César, craignant de ne pas être en force contre toute leur armée, avec quatre légions seulement, renonça à ses projets, choisit une solide position sur une colline voisine et s'y rangea en bataille. Labienus, qui avait ordre de ne pas engager le combat avant d'avoir aperçu les troupes de César près du camp ennemi, restait immobile en les attendant. Il faisait grand jour lorsque César apprit que les siens s'étaient rendus maîtres de la montagne, et que les Helvètes avaient levé leur camp. Ils lui échappèrent ainsi, grâce au faux rapport de Considius, qu'une vaine terreur avait aveuglé.

En admettant que les Helvètes aient passé près d'Issy-l'Évêque, le mont Tauffrin, qui s'élève à quatre kilomètres à l'ouest de ce village, répond aux conditions du texte. Rien ne s'oppose à ce que Labienus et César aient pu, l'un en occuper le sommet, l'autre s'approcher du camp ennemi jusqu'à 1,500 pas sans être aperçus, et le terrain avoisinant présente des hauteurs qui permettaient à l'armée romaine de se ranger en bataille [1].

<small>Défaite des Helvètes près de Bibracte.</small>

VI. Ce jour-là les Helvètes continuèrent à s'avancer jusqu'à Remilly, sur l'Alène. Depuis le passage de la Saône, ils avaient marché pendant quinze jours environ, ne faisant pas en moyenne plus de onze à douze kilomètres par jour [2]. D'après notre calcul, on devait être arrivé à la fin du mois

---

furent trois cents ans sans connaître les heures. Le mot *heure* ne se trouve pas dans les Douze Tables. On disait alors : avant ou après midi. D'autres divisaient le jour, comme la nuit, en quatre parties, usage qui se conserve dans les armées, où l'on partage la nuit en quatre veilles. » D'après ce qui précède et d'après d'autres données, M. Le Verrier a bien voulu dresser une table, qu'on trouvera à la fin du volume, et qui indique l'accroissement ou la décroissance des heures avec les saisons, et le rapport des *veilles* romaines avec nos heures actuelles. (*Voir Appendice* B.)

[1] *Guerre des Gaules*, I, XXII.
[2] On compte de Villefranche à Remilly 170 kilomètres environ.

de juin. César suivit les Helvètes à la distance accoutumée, et établit son camp à trois milles du leur, sur la Cressonne, près de Ternant.

Le lendemain, comme il ne restait à l'armée romaine que pour deux jours de vivres [1], et que d'ailleurs Bibracte (le mont Beuvray) [2], la plus grande et la plus riche ville des Éduens, n'était pas á plus de dix-huit milles (27 kil.) de distance, César, pour se ravitailler, se détourna de la route que suivaient les Helvètes et prit celle de Bibracte. (*Voir planche* 4.) Les ennemis furent informés de cette circonstance par quelques transfuges de la troupe de L. Emi-

---

[1] Chaque soldat recevait vingt-cinq livres de blé tous les quinze jours.

[2] On admet généralement que Bibracte s'élevait sur l'emplacement d'Autun, à cause de l'inscription découverte dans cette dernière ville au xviie siècle, et conservée au cabinet des antiques, à la Bibliothèque impériale. Une autre opinion, qui identifie Bibracte avec le mont Beuvray (montagne d'une grande superficie, située à 13 kilomètres à l'ouest d'Autun), avait cependant trouvé, anciennement déjà, quelques rares défenseurs. On remarquera d'abord que les Gaulois choisissaient pour l'emplacement de leurs villes, quand ils le pouvaient, des lieux de difficile accès : dans les pays accidentés, c'étaient des montagnes escarpées (exemples : Gergovia, Alesia, Uxellodunum, etc.); dans les pays de plaines, c'étaient des terrains environnés de marais (exemple : Avaricum). Les Éduens, d'après cela, n'auraient pas bâti leur principale ville sur l'emplacement d'Autun, situé au pied des montagnes. On avait cru qu'un plateau aussi élevé que celui du mont Beuvray (son point culminant est à 810 mètres au-dessus de la mer) n'avait pu être occupé par une grande ville. Cependant l'existence de huit ou dix voies qui conduisent sur ce plateau, désert depuis tant de siècles, et dont quelques-unes sont dans un état de conservation vraiment surprenant, aurait dû faire penser le contraire. Ajoutons que des fouilles récentes ne peuvent laisser subsister aucun doute. Elles ont mis à découvert, sur une étendue de 120 hectares, des fondations de murailles gauloises, les unes rondes, les autres carrées; des mosaïques, des fondations de murailles gallo-romaines, des portes, des pierres de taille, des monceaux de tuiles à rebords, des débris d'amphores en quantité prodigieuse, un théâtre demi-circulaire, etc... Tout porte enfin à placer Bibracte au mont Beuvray : la ressemblance frappante des deux noms, la désignation de Φρούριον, que Strabon donne à Bibracte, et jusqu'à cette tradition vague et persistante qui, régnant parmi les habitants du pays, fait du mont Beuvray un centre vénéré.

lius, décurion [1] de la cavalerie auxiliaire. Croyant que les Romains s'éloignaient d'eux par crainte, ou espérant leur couper les vivres, ils revinrent sur leurs pas, et commencèrent à harceler l'arrière-garde.

Aussitôt César conduisit ses troupes sur une colline voisine, qui s'élève entre deux villages appelés le Grand-Marié et le Petit-Marié (*Voir planche* 5), et envoya sa cavalerie pour retarder la marche des ennemis, ce qui lui donna le temps de se mettre en bataille. Il rangea à mi-côte, sur trois lignes, ses quatre légions de vétérans, et sur le plateau supérieur les deux légions récemment levées dans la Cisalpine, ainsi que les auxiliaires, de sorte que son infanterie couvrait toute la hauteur. Les gros bagages et les fardeaux (*sarcinæ*) [2] dont les soldats étaient chargés furent rassemblés sur un même point, que fortifièrent les troupes de réserve. Pendant que César prenait ces dispositions, les Helvètes, qui arrivaient suivis de tous leurs chariots, les réunirent en un seul endroit; eux-mêmes, en ordre serré, repoussèrent la cavalerie, se formèrent en phalanges, et, gravissant les pentes de la colline occupée par l'infanterie romaine, s'avancèrent contre la première ligne [3].

[1] La cavalerie était divisée en *turmæ*, et la *turma* en trois décuries de dix hommes chacune.

[2] Le mot *sarcinæ*, dont le sens propre est celui de bagages ou fardeaux, était employé pour désigner, tantôt les fardeaux portés par les soldats (*Guerre des Gaules*, II, XVII), tantôt les gros bagages. (*Guerre civile*, I, LXXXI.) Ici il faut comprendre par *sarcinæ* les uns et les autres. Ce qui le prouve, c'est que les six légions de l'armée romaine étaient sur la colline; or, si César avait envoyé ses gros bagages en avant, vers Bibracte, comme le croit le général de Gœler, il les aurait fait escorter par les deux légions de nouvelle levée, comme il le fit, l'année suivante, dans la campagne contre les Nerviens. (*Guerre des Gaules*, II, XIX.)

[3] *Guerre des Gaules*, I, XXIV. Dans la phalange, les hommes du premier rang se couvraient de leurs boucliers, placés jointifs devant eux, tandis que ceux des autres rangs les tenaient horizontalement au-dessus de leurs têtes, disposés comme les tuiles d'un toit.

LIVRE III, CHAPITRE III. — CAMPAGNE DE 696.

César fait éloigner les chevaux des chefs et le sien même [1], pour rendre le péril égal et enlever à tous la possibilité de fuir, harangue ses troupes et donne le signal du combat. Les Romains, de leur position élevée, lancent le *pilum* [2], rompent les phalanges ennemies, se précipitent l'épée à la main. La mêlée s'engage. Les Helvètes se trouvent bientôt embarrassés dans leurs mouvements : leurs boucliers, percés et cloués ensemble par un même pilum, dont le fer, se recourbant, ne peut plus être arraché, paralysent leur bras gauche ; la plupart, après avoir longtemps agité inutilement les bras, jettent leur bouclier et combattent à découvert. Enfin, accablés de blessures, ils lâchent pied et se retirent sur la montagne du château de la Garde, éloignée d'environ mille pas ; mais, pendant qu'on les poursuit, les Boïens et les Tulinges, qui, au nombre de quinze mille environ, fermaient la marche des colonnes ennemies et composaient l'arrière-garde, arrivent sur le champ de bataille et, sans s'arrêter, se précipitent sur les Romains en tournant leur flanc droit [3]. Les Helvètes, réfugiés sur la hauteur,

---

[1] D'après Plutarque (*César*, xx), il aurait dit : « Je monterai à cheval quand l'ennemi aura pris la fuite. »

[2] Le *pilum* était une espèce de javelot qu'on lançait à la main ; il avait de 1^m,70 à 2 mètres de longueur totale ; son fer était une tige mince et flexible de 0^m,60 à 1 mètre de long, pesant de 300 à 600 grammes, terminée par une partie légèrement renflée qui formait une pointe quelquefois barbelée.

La hampe, tantôt ronde, tantôt carrée, avait un diamètre de 25 à 32 millimètres. Elle était fixée au fer, soit par des viroles, soit par des chevilles, soit au moyen d'une douille.

Tels sont les caractères qu'offrent les fragments de pilums trouvés dans les fouilles d'Alise. Ils répondent en général aux descriptions que nous trouvons dans Polybe (VI, xxiii), Denys (V, xlvi), et dans Plutarque (*Marius,* xxv). Des pilums forgés sur le modèle de ceux trouvés à Alise et pesant avec leur hampe de 700 grammes à 1$^{kilog.}$ 200, ont été lancés jusqu'à 30 et 40 mètres : on peut donc fixer à 25 mètres environ la portée moyenne des pilums.

[3] *Latere aperto*, côté droit, puisque le bouclier se tenait dans le bras gauche. On lit, en effet, dans Tite-Live : « Et cum in latus dextrum, quod patebat, Numidæ jacularentur, translatis in dextrum scutis, etc. » (XXII, L.)

aperçoivent ce mouvement, reviennent à la charge et recommencent le combat. César, pour parer à ces deux attaques, fait opérer un changement de front (*conversa signa bipartito intulerunt*) à sa troisième ligne, l'oppose aux nouveaux assaillants, tandis que les deux premières lignes résistent aux Helvètes qui avaient déjà été repoussés [1].

Ce double combat fut long et acharné ; ne pouvant plus résister à l'impétuosité de leurs adversaires, les Helvètes furent obligés de se retirer, comme ils l'avaient déjà fait, sur la montagne du château de la Garde ; les Boïens et les Tulinges, vers les bagages et les chariots. Telle fut l'intrépidité de ces Gaulois pendant toute l'action, qui dura depuis une heure de l'après-midi jusqu'au soir, qu'aucun ne tourna le dos. Fort avant dans la nuit, on se battit encore autour des bagages. Les barbares s'étant fait un rempart de leurs chariots, les uns lançaient d'en haut leurs traits sur les Romains ; les autres, placés entre les roues, les blessaient avec de longues piques (*mataræ ac tragulæ*). Les femmes et les enfants prirent part au combat avec acharnement [2]. A la suite d'une lutte opiniâtre, on s'empara du camp et des bagages. La fille et l'un des fils d'Orgetorix furent faits prisonniers.

Cette bataille réduisit à cent trente mille individus l'émigration gauloise ; ils battirent en retraite dès le soir même, et, après avoir marché sans interruption jour et nuit, arrivèrent le quatrième jour sur le territoire des Lingons, vers Tonnerre (*Voir planche* 4) ; ils avaient sans doute passé par Moulins-Engilbert, Lormes et Avallon. Défense fut faite aux

---

[1] Dion-Cassius (XXXVIII, xxxiii) dit à ce sujet que « les Helvètes n'étaient pas tous sur le champ de bataille, à cause de leur grand nombre et de la précipitation avec laquelle les premiers avaient attaqué. Tout d'un coup, ceux qui étaient restés en arrière vinrent assaillir les Romains, occupés déjà à poursuivre l'ennemi. César ordonna à sa cavalerie de continuer la poursuite ; lui-même, avec ses légions, se tourna contre les nouveaux venus. »

[2] Plutarque, *César*, xx.

Lingons de fournir aux fuyards soit des vivres, soit des secours, sous peine d'être traités comme eux. Au bout de trois jours, l'armée romaine, après avoir pris soin des blessés et enseveli les morts, se mit à la poursuite de l'ennemi [1].

Poursuite des Helvètes.

VII. Les Helvètes, réduits à l'extrémité, envoyèrent vers César pour traiter de leur soumission. Les députés le rencontrèrent en chemin, se jetèrent à ses pieds, et demandèrent la paix dans les termes les plus suppliants. Il les chargea de dire à leurs concitoyens qu'ils eussent à s'arrêter dans le lieu même où ils se trouvaient et à y attendre son arrivée : ceux-ci obéirent. Dès que César les eut rejoints, il exigea qu'on lui remît des otages, les armes et les esclaves fugitifs. Tandis qu'on s'apprêtait à exécuter ses ordres, la nuit étant survenue, six mille hommes environ d'une peuplade nommée Verbigène (*Soleure, Argovie, Lucerne et partie du canton de Berne*) s'échappèrent, soit frayeur, leurs armes une fois livrées, d'être massacrés, soit espoir de se sauver, inaperçus, au milieu d'une si grande multitude. Ils se dirigèrent vers le Rhin et les frontières de la Germanie.

A la nouvelle de la fuite des Verbigènes, César ordonna aux peuples dont ils devaient traverser le territoire, de les arrêter et de les ramener, sous peine d'être regardés comme

---

[1] *Guerre des Gaules,* I, XXVI. On n'a pas retrouvé jusqu'à ce jour le champ de bataille où César défit les Helvètes. L'emplacement que nous avons adopté, entre Luzy et Chides, satisfait à toutes les exigences du texte des Commentaires. Des auteurs ont proposé plusieurs autres localités, mais une première cause d'erreur dans leurs appréciations consiste à identifier Bibracte avec Autun, ce que nous ne saurions admettre, et, d'ailleurs, aucune de ces localités ne remplit les conditions topographiques nécessaires. Selon nous, il ne faut pas chercher le lieu de la rencontre à l'est de Bibracte, car les Helvètes devaient, pour se rendre de la basse Saône chez les Santons, passer à l'ouest, et non pas à l'est de cette ville. Cussy-la-Colonne, où l'on place le plus généralement le champ de bataille, ne convient donc nullement, et, d'ailleurs, Cussy-la-Colonne est trop près du territoire des Lingons pour que les Helvètes, après leur défaite, aient mis quatre jours à s'y rendre.

complices. Les fugitifs furent livrés et traités en ennemis, c'est-à-dire passés au fil de l'épée ou vendus comme esclaves. Quant aux autres, César agréa leur soumission; il obligea les Helvètes, les Tulinges et les Latobriges de retourner vers les lieux qu'ils avaient abandonnés, de rétablir les villes et les bourgs incendiés, et comme, après avoir perdu toutes leurs récoltes, ils n'avaient plus rien chez eux pour vivre, les Allobroges furent chargés de leur fournir du blé.[1] Ces mesures avaient pour but de ne pas laisser l'Helvétie sans habitants, la fertilité du sol pouvant y attirer les Germains d'outre-Rhin, qui seraient devenus ainsi limitrophes de la Province romaine. Il permit aux Boïens, connus par leur brillante valeur, de s'établir dans le pays des Éduens, qui avaient demandé à les recevoir; ceux-ci leur donnèrent des terres entre l'Allier et la Loire, et les admirent bientôt au partage de tous leurs droits et de leurs priviléges.

On trouva dans le camp des Helvètes des tables sur lesquelles était écrit en lettres grecques l'état nominatif de tous ceux qui étaient sortis de leur pays; d'un côté, le nombre des hommes capables de porter les armes, et, de l'autre, celui des enfants, des vieillards et des femmes. Le total s'élevait à 263,000 Helvètes, 36,000 Tulinges, 14,000 Latobriges, 23,000 Rauraques et 32,000 Boïens; ensemble 368,000 individus, dont 92,000 hommes en état de combattre. D'après le recensement ordonné par César, le nombre de ceux qui retournèrent chez eux fut de 110,000.[2] L'émigration était donc réduite à moins d'un tiers.

On ignore où se trouvaient les Helvètes lorsqu'ils firent leur soumission. Cependant tout conduit à placer le théâtre de cet événement dans la partie occidentale du pays des Lingons. Cette hypothèse paraît d'autant plus raisonnable

---

[1] « Il refoula ce peuple dans son pays comme un pasteur fait rentrer son troupeau dans le bercail. » (Florus, II, x, 3.)

[2] *Guerre des Gaules*, I, xxix.

que la marche de César, dans la campagne suivante, ne peut s'expliquer qu'en le faisant partir de cette région. Nous admettons donc que César reçut la soumission des Helvètes sur l'Armançon, vers Tonnerre; et c'est là que nous le supposerons campé pendant les événements dont le récit va suivre.

Observations.   VIII. Les forces des deux armées opposées étaient, à la bataille de Bibracte, à peu près égales; César avait six légions : la 10°, qu'il avait trouvée dans la Province romaine, les trois vieilles légions (7°, 8° et 9°) qu'il avait fait venir d'Aquilée, et les deux nouvelles (11° et 12°) levées dans la Cisalpine. L'effectif de chacune d'elles devait s'approcher du chiffre normal de 6,000 hommes, car la campagne commençait, et leurs rangs avaient dû se grossir par l'adjonction des vétérans et des volontaires dont nous avons parlé dans le 1ᵉʳ volume (page 403). Le nombre des légionnaires était donc de 36,000. En ajoutant 4,000 hommes de cavalerie, levés dans la Province romaine et chez les Éduens, et probablement 20,000 auxiliaires [1], on aura un total de 60,000 combattants, non compris les hommes servant les machines, conduisant les bagages, les valets d'armée, etc. Les Helvètes, de leur côté, ne comptaient que 69,000 combattants, puisque sur 92,000 ils en avaient perdu un quart près de la Saône.

Dans cette bataille, on doit le remarquer, César n'employa pas les deux légions de nouvelle levée, qui restèrent à la garde du camp, pour assurer la retraite en cas de malheur; l'année suivante, il assigna le même rôle aux plus jeunes troupes. La cavalerie ne poursuivit pas les ennemis dans leur déroute, sans doute parce que la nature montagneuse des lieux rendit son action impossible.

[1] César poursuivit les Helvètes, prenant pour auxiliaires environ 20,000 montagnards gaulois. (Appien, *De rebus gallicis*, IV, xv, éd. Schweigh.)

CHAPITRE QUATRIÈME.

CAMPAGNE CONTRE ARIOVISTE.

AN DE ROME 696.

(Livre I des Commentaires.)

Emplacement des Suèves et des autres peuplades germaines.

I. La guerre des Helvètes terminée, les chefs de presque toute la Gaule celtique vinrent féliciter et remercier César d'avoir à la fois vengé d'anciennes injures et délivré leur pays d'un immense danger; ils exprimèrent le désir de lui soumettre certaines affaires, et, afin de pouvoir se concerter préalablement, sollicitèrent la permission de convoquer une assemblée générale. César y consentit.

Les délibérations closes, ils revinrent, en secret et en larmes, solliciter son appui contre les Germains et leur roi Arioviste. Ces peuples étaient séparés des Gaulois par le Rhin, depuis son embouchure jusqu'au lac de Constance. Parmi eux, les Suèves occupaient le premier rang. Ils étaient de beaucoup les plus puissants et les plus belliqueux. On les disait divisés en cent cantons, dont chacun fournissait, tous les ans, mille hommes pour la guerre et mille hommes pour l'agriculture, se remplaçant alternativement: les laboureurs nourrissaient les soldats. Aucune limite, chez les Suèves, ne séparait la propriété des champs, qui restait commune, et personne ne pouvait prolonger son séjour sur les mêmes terres au delà d'une année. Ils ne vivaient guère d'ailleurs des produits du sol : ils consommaient peu de blé, ne buvaient pas de vin; le laitage et la viande étaient leur alimentation habituelle. Lorsqu'ils en manquaient, ils mangeaient même de l'herbe [1]. Maîtres d'eux-mêmes dès leur enfance, chasseurs intrépides, insensibles aux intempéries des saisons, se baignant dans les froides eaux des rivières, ils couvraient à peine de peaux exiguës une partie de leur corps; ils étaient de mœurs sauvages, d'une force et d'une taille prodigieuses. Ils dédaignaient le commerce et les chevaux étrangers, que les Gaulois recherchaient avec tant de soin; les leurs, quoique chétifs et difformes, devenaient infatigables par l'exercice, et se nourrissaient de broussailles. Méprisant l'usage de la selle, souvent, dans les engagements de cavalerie, ils sautaient à terre et combattaient à pied; leurs chevaux étaient dressés à rester en place [2]. La croyance au dogme de l'immortalité de l'âme fortifiait chez eux le dédain de la vie [3]. Ils se vantaient d'être entourés de vastes solitudes; ce fait, selon eux, prouvait qu'un grand nombre de leurs voisins n'avaient pu leur résister, et on rapportait qu'en effet, d'un côté (vers l'orient), leur territoire était borné, sur une étendue de 600 milles, par des campagnes désertes; de l'autre, ils étaient limitrophes des Ubiens, leurs tributaires, peuple le plus civilisé des Germains, parce que sa situation aux bords du Rhin le mettait en relation avec les marchands étrangers, et que, voisin des Gaulois, il s'était façonné à leurs mœurs [4].

Deux immenses forêts commençaient non loin du Rhin et s'étendaient, de l'ouest à l'est, à travers la Germanie : c'étaient les forêts Hercynienne et Bacenis. (*Voir pl.* 2.) La première, partant de la Forêt-Noire et de l'Odenwald,

---

[1] Appien, *Guerre celtique*, IV, 1, 3.

[2] Tacite (*Germanie*, VI, 32) parle de cet usage des cavaliers germains de combattre à pied. Tite-Live (XLIV, XXVI) attribue cette habitude aux Bastarnes (Moldaves).

[3] Appien, *Guerre celtique*, IV, 1, 3.

[4] *Guerre des Gaules*, IV, I, II, III. — Le général de Gœler, suivant nous, étend trop vers le midi le territoire des Ubiens.

couvrait tout le pays situé entre le haut Danube et le Main, et comprenait les montagnes qui, plus loin, vers l'orient, forment la ceinture septentrionale du bassin du Danube, c'est-à-dire, le Bœhmerwald, les montagnes de Moravie et les petits Carpathes. Elle avait une largeur que César représente par neuf fortes journées de marche [1]. L'autre, beaucoup plus étendue, prenait naissance à la forêt de Thuringe : elle embrassait toutes les montagnes du nord de la Bohême et cette longue chaîne qui sépare les bassins de l'Oder et de la Vistule de celui du Danube.

Les Suèves habitaient, au sud de la forêt Bacenis, les contrées situées entre la forêt de Thuringe, le Bœhmerwald, l'Inn et la Forêt-Noire, qui composent, de nos jours, les duchés de Saxe-Meiningen et de Saxe-Cobourg, la Bavière et la plus grande partie du Wurtemberg [2]. A l'est des Suèves se trouvaient les Boïens (*partie en Bohême, partie au nord-ouest de l'Autriche*); au nord, les Chérusques, séparés des Suèves par la forêt Bacenis; à l'ouest, les Marcomans (*cours supérieur et moyen du Main*), les Sédusiens (*entre le Main et le Neckar*); au midi, les Harudes (*au nord du lac de Constance*), les Tulinges et les Latobriges (*partie méridionale du grand-duché de Bade*).

Sur les deux rives du Rhin habitaient les Rauraques (*territoire de Bâle et partie du Brisgau*) et les Triboques (*partie de l'Alsace et du grand-duché de Bade*); sur la rive droite étaient les Némètes (*en face de Spire*), les Vangions (*en face de Worms*) et les Ubiens, ces derniers depuis l'Odenwald jusqu'à la ligne de partage des eaux de la Sieg et de la

---

[1] *Guerre des Gaules*, VI, xxv. Cette indication convient assez bien à la longueur de la Forêt-Noire et de l'Odenwald réunies, qui est de soixante lieues.

[2] Il est difficile de préciser les lieux qu'habitaient à cette époque les peuples germains, car ils étaient presque tous nomades, et se refoulaient les uns sur les autres. César (*Guerre des Gaules*, IV, 1) affirme que les Suèves n'occupaient jamais plus d'une année le même territoire.

Ruhr [1]. Au nord des Ubiens se trouvaient les Sicambres, établis dans le Sauerland et jusque vers la Lippe. Enfin, les Usipètes et les Tenctères étaient encore plus reculés au nord, vers l'embouchure du Rhin. (*Voir planche 2.*)

Les Gaulois appellent César à leur secours.

II. Les chefs gaulois qui étaient venus solliciter le secours de César exposèrent contre Arioviste les griefs suivants : « Le roi germain, disaient-ils, avait profité des querelles qui divisaient les différents peuples de la Gaule ; appelé autrefois par les Arvernes et les Séquanes, il avait remporté, avec leur concours, plusieurs victoires sur les Éduens, soumis alors aux conditions les plus humiliantes. Peu de temps après, son joug s'appesantit sur les Séquanes eux-mêmes, au point que, vainqueurs avec lui, ils sont aujourd'hui plus malheureux que les Éduens vaincus. Arioviste s'est emparé du tiers de leur territoire [2]; un autre tiers va être bientôt cédé, par ses ordres, à 24,000 Harudes, qui se sont joints à lui depuis quelques mois. Il se trouve 120,000 Germains dans la Gaule. Les contingents des Suèves sont déjà arrivés sur les bords du Rhin. Encore quelques années, et l'invasion des Gaules par les Germains sera générale. César seul peut l'arrêter par son prestige, par celui du nom romain, par la force de ses armes et l'éclat de sa victoire récente. »

La Gaule venait ainsi d'elle-même, par l'organe de ses chefs, se jeter dans les bras de César, le prendre pour

---

[1] Strabon (VII, p. 244) rapporte, d'après Posidonius, que les Boïens ont habité d'abord la forêt Hercynienne; autre part il dit (V, 177) que les Boïens s'établirent chez les Taurisques, peuple habitant près du Norique. Le même auteur place (VII, 243) les solitudes habitées par les Boïens à l'orient de la Vindélicie (*Bavière méridionale et Autriche occidentale*). Enfin il dit (IV, 171) que les Rhétiens et les Vindéliciens sont limitrophes des Helvètes et des Boïens. Les Némètes et les Vangions se transportèrent plus tard sur la rive gauche du Rhin, vers Worms et Spire, et les Ubiens vers Cologne.

[2] Ce qui formait la haute Alsace d'aujourd'hui.

arbitre de sa destinée et l'implorer comme son sauveur. Il leur adressa des paroles encourageantes, et leur promit son appui. Plusieurs considérations l'engageaient à donner suite à ces plaintes. Il ne pouvait souffrir que les Éduens, alliés de Rome, fussent asservis par les barbares. Il voyait un danger réel pour la République dans les immigrations nombreuses de peuples farouches, qui, une fois maîtres de la Gaule, ne manqueraient pas, à l'exemple des Cimbres et des Teutons, de se jeter sur la Province romaine et, de là, sur l'Italie. Résolu de conjurer ces périls, il proposa une entrevue à Arioviste, probablement occupé, depuis la défaite des Helvètes, à rassembler son armée chez les Triboques (vers Strasbourg)[1], tant pour s'opposer aux projets ultérieurs des Romains que pour protéger la partie du pays des Séquanes qu'il s'était appropriée. Arioviste, on s'en souvient, avait été déclaré, sous le consulat de César, allié et ami du peuple romain, et cette faveur devait faire croire que le chef des Germains se montrerait traitable; mais il refusa avec dédain l'entrevue proposée. Alors César lui envoya de nouveau des messagers pour lui signifier ses dernières conditions : « Si Arioviste tient à conserver son amitié, qu'il répare tout le mal fait aux alliés de Rome, et qu'il n'attire plus les barbares en deçà du Rhin; si, au contraire, il repousse ces propositions, tant de violences seront punies en vertu du décret rendu par le sénat, sous le consulat de M. Messala et de M. Pison, qui autorise le gouverneur de la Gaule à faire ce qu'il juge utile pour la République, et lui enjoint de défendre les Éduens et les autres alliés du peuple romain. »

---

[1] Nous regardons comme certain, d'après le chapitre x du livre IV des Commentaires, que les Triboques, placés ordinairement par les géographes sur la rive droite du Rhin, occupaient aussi déjà la rive gauche. Il est donc naturel de placer chez ce peuple germain le lieu de rassemblement de l'armée d'Arioviste. D'ailleurs, pour l'intelligence de la campagne dont le récit va suivre, il ne faut pas chercher ce lieu, dans la vallée du Rhin, plus haut que Strasbourg.

Par ce langage, César tenait à établir qu'il ne violait pas la loi portée, un an auparavant, sous son consulat, laquelle avait interdit aux gouverneurs de sortir de leurs provinces sans un ordre du sénat. Il rappelait à dessein un décret ancien qui donnait des pouvoirs illimités au gouverneur de la Gaule, province dont l'importance avait toujours nécessité des lois exceptionnelles [1]. La réponse d'Arioviste fut empreinte d'une égale fierté.

« César doit connaître comme lui le droit du vainqueur; il n'admet pas d'ingérance dans le traitement réservé aux vaincus; il a lui-même des griefs contre le proconsul, dont la présence diminue ses revenus; il ne rendra pas les otages aux Éduens; le titre de frères et d'alliés du peuple romain ne leur servira guère; les menaces le touchent peu; personne n'a jamais impunément bravé Arioviste; qu'on vienne l'attaquer, et on connaîtra la valeur d'un peuple qui, depuis quatorze ans, ne s'est jamais abrité sous un toit [2]. »

<small>Marche de César sur Besançon.</small>

III. Cette arrogante réponse et des nouvelles inquiétantes précipitèrent les décisions de César. En effet, d'un côté les Éduens se plaignaient à lui de la dévastation de leur pays par les Harudes, et, de l'autre, les Trévires annonçaient que les cent cantons des Suèves se préparaient à franchir le Rhin [3]. César, voulant prévenir la jonction de ces nouvelles

---

[1] Dans le discours que Dion-Cassius fait tenir à César avant d'entrer en campagne contre Arioviste, il s'étend sur le droit qu'a le gouverneur de la Province romaine d'agir suivant les circonstances et de ne prendre conseil que de lui-même. Ce discours est naturellement amplifié et arrangé par Dion-Cassius; mais les principaux arguments doivent être vrais. (Dion-Cassius, XXXVIII, xli. — *Guerre des Gaules*, I, xxxiii, xxxiv, xxxv.)

[2] *Guerre des Gaules*, I, xxxvi.

[3] Puisque cette nouvelle fut donnée à César par les Trévires, il est certain que les Suèves se réunirent sur le Rhin, en face ou non loin du pays des Trévires, et, selon toute probabilité, vers Mayence, où la vallée du Main présente un magnifique et facile débouché sur le Rhin.

bandes avec les vieilles troupes d'Arioviste, s'empressa de rassembler des vivres, et s'avança contre les Germains à grandes journées. Les négociations ayant probablement duré pendant tout le mois de juillet, on était au commencement d'août. Parti des environs de Tonnerre, où nous avons supposé qu'il était campé, César suivit la route, remplacée plus tard par une voie romaine dont on reconnaît encore les vestiges, et qui, passant par Tanlay, Gland, Laignes, Étrochey et Dancevoir, conduisait à Langres [1]. (*Voir pl. 4.*) Après trois fortes étapes, parvenu vers Arc-en-Barrois, il apprit qu'Arioviste était en mouvement avec toutes ses troupes pour s'emparer de Besançon, place la plus considérable de la Séquanie, et qu'il était déjà à trois jours de marche au delà de son territoire. César crut urgent de le prévenir, car cette place était abondamment pourvue de tout ce qui est nécessaire à une armée. Au lieu de continuer à se diriger vers le Rhin, par Vesoul, Lure et Belfort, il s'avança jour et nuit, à marches forcées, vers Besançon, s'en rendit maître, et y mit une garnison [2].

La description suivante des Commentaires s'applique encore à la position de la ville actuelle. « Elle était si bien fortifiée par la nature, qu'elle offrait toute facilité pour soutenir la guerre. Le Doubs, en traçant un cercle, l'environne presque en entier, et l'espace de seize cents pieds [3], que

---

[1] Entre Tanlay et Gland la voie romaine est encore appelée *route de César*. (*Voir la carte de l'État-major.*)

[2] Pour expliquer ce mouvement sur Besançon, il faut supposer que César, au moment où il reçut la nouvelle de la marche d'Arioviste, le crut déjà aussi près de Besançon qu'il l'était lui-même. En effet, César pouvait craindre que, pendant le temps que la nouvelle avait mis à lui parvenir, le roi germain, qui avait déjà fait trois étapes hors de son territoire, ne fût arrivé dans les environs de Mulhouse ou de Cernay. Or César se trouvait à Arc-en-Barrois, à 130 kilomètres de Besançon, et la distance de cette dernière ville à Cernay est de 125 kilomètres.

[3] Les Commentaires donnent ici le chiffre erroné DC : la largeur de l'isthme

l'eau ne baigne pas, est occupé par une haute montagne, dont la base touche, de chaque côté, aux bords de la rivière. Le mur qui enferme cette montagne en fait une citadelle et la relie à l'oppidum[1].

Tandis que s'opérait le mouvement rapide de l'armée romaine sur Besançon, Arioviste ne s'était avancé que très-lentement. On doit même croire qu'il s'arrêta quand la nouvelle de cette marche lui fut connue; car, une fois obligé de renoncer à prendre cette place, il devait ne pas s'éloigner davantage de ses renforts, ni surtout des Suèves, prêts à passer le Rhin vers Mayence, et attendre les Romains dans les plaines de la haute Alsace, où il pouvait se servir avantageusement de sa nombreuse cavalerie.

Panique de l'armée romaine.

IV. Pendant le peu de jours que César passa à Besançon (milieu d'août) afin d'assurer les subsistances, une panique générale s'empara de ses soldats. La rumeur publique représentait les Germains comme des hommes d'une taille gigantesque, d'une valeur indomptable, d'un aspect terrible. Or il y avait dans l'armée romaine beaucoup de jeunes gens sans expérience de la guerre, venus de Rome, les uns par amitié pour César, les autres dans l'espoir d'obtenir sans peine quelque célébrité. César n'avait pu s'empêcher de les accueillir. Il devait être difficile, en effet, à un général qui voulait conserver à Rome la bienveillance de ses amis, de se prémunir contre les sollicitations sans nombre des personnes influentes[2]. La panique avait commencé par ces volontaires;

---

que forme le Doubs à Besançon n'a pu varier sensiblement : elle est aujourd'hui de 480 mètres ou 1,620 pieds romains. Les copistes ont sans doute oublié un M avant DC.

[1] *Guerre des Gaules*, I, xxxviii.

[2] « ....qui ex Urbe, amicitiæ causa, Cæsarem secuti, non magnum in re militari usum habebant. » (*Guerre des Gaules*, I, xxxix.) — Nous voyons dans les guerres suivantes Appius se rendre auprès de César pour obtenir quel-

elle gagna bientôt toute l'armée. Chacun faisait son testament : les moins timides alléguaient, comme excuse de leur crainte, la difficulté des chemins, la profondeur des forêts, le manque de vivres, l'impossibilité des transports et même l'illégalité de l'entreprise [1].

César, frappé de cet état des esprits, assembla un conseil où il admit les centurions de toutes les classes. Il reprocha vivement aux chefs réunis de vouloir pénétrer ses desseins et de s'informer du pays où il se proposait de les mener; il leur rappela que leurs pères, sous Marius, avaient chassé les Cimbres et les Teutons; que plus récemment encore ils avaient défait la race germaine dans la révolte des esclaves [2]; que les Helvètes avaient souvent battu les Germains, et qu'eux, à leur tour, venaient de battre les Helvètes. A l'égard de ceux qui, pour déguiser leurs craintes, parlent de la difficulté des chemins et du manque de vivres, il les trouve bien insolents de supposer que leur général oubliera son devoir, ou de prétendre le lui prescrire. Les soins de la guerre lui appartiennent : les Séquanes, les Leuques, les Lingons fourniront le blé; déjà même il est mûr dans les campagnes (*jamque esse in agris frumenta matura*). Quant aux chemins, ils en jugeront bientôt par eux-mêmes. Les soldats, dit-on,

---

ques nominations de tribuns militaires, Cicéron lui recommander pour le même grade plusieurs personnes, entre autres M. Curtius, Orfius et Trebatius. « Je lui ai demandé le tribunat pour M. Curtius. » (*Lettres à Quintus*, II, xv; *Lettres familières*, VII, v, Lettre à César.) Trebatius, quoique mauvais soldat, fut traité avec bienveillance et nommé d'emblée tribun militaire. « Je m'étonne que vous ayez fait fi des avantages du tribunat, surtout lorsque l'on vous dispensait des fatigues du service militaire. » (Cicéron, *Lettres familières*, VII, viii.)
— « Résignez-vous au service militaire, et demeurez. » (Cicéron, *Lettres familières*, VII, xi.) Trebatius se montra peu satisfait, se plaignant de la rigueur du service, et, lorsque César passa en Bretagne, il resta prudemment sur le continent.

[1] Dion-Cassius, XXXVIII, xxxvi.

[2] Ceci prouve qu'alors, en Italie, un grand nombre d'esclaves étaient Germains.

n'obéiront pas, ne lèveront pas les enseignes (*signa laturi*)[1] : ces propos ne sauraient l'émouvoir ; le soldat ne méconnaît la voix de son chef que lorsque celui-ci est, par sa faute, abandonné de la fortune ou convaincu de cupidité ou de malversation. Pour lui, sa vie entière prouve son intégrité ; la guerre des Helvètes, son heureuse fortune ; c'est pourquoi, sans différer, il lèvera le camp dès le lendemain matin, car il est impatient de savoir si, chez le soldat, la crainte l'emportera sur l'honneur et le devoir. L'armée ne dût-elle pas le suivre, il partira seul avec la 10ᵉ légion, dont il fera sa cohorte prétorienne. César avait toujours affectionné cette légion, et, à cause de sa valeur, il avait en elle la plus grande confiance.

Ce langage où, sans recourir aux rigueurs de la discipline, César faisait appel à l'honneur, exaltant à la fois l'émulation et de ceux qu'il comblait d'éloges et de ceux dont il feignait de dédaigner les services, cette fière revendication des droits du commandement produisit une merveilleuse révolution dans les esprits et inspira aux troupes une vive ardeur de combattre. La 10ᵉ légion d'abord chargea ses tribuns de le remercier de la bonne opinion qu'il avait d'elle, et se déclara prête à marcher. Les autres légions lui adressèrent ensuite des excuses par leurs tribuns et leurs centurions de première classe, nièrent leurs hésitations et leurs craintes, et prétendirent n'avoir jamais porté sur la guerre un jugement qui n'appartenait qu'au général [2].

<small>Marche vers la vallée du Rhin.</small>

V. Cette agitation calmée, César s'informa des routes à suivre auprès de Divitiacus, qui, de tous les Gaulois, lui inspirait le plus de confiance. Pour se porter de Besançon dans la vallée du Rhin, à la rencontre d'Arioviste, l'armée romaine avait à parcourir le nord de la chaîne du Jura. Ce

---

[1] Cette expression latine indiquait la mise en marche des troupes.
[2] *Guerre des Gaules*, I, XLI.

pays se compose de deux parties bien distinctes. La première comprend la vallée du Doubs depuis Besançon jusqu'à Montbéliard, la vallée de l'Oignon et le pays intermédiaire, contrée montagneuse, accidentée, très-boisée, et sans doute, à l'époque de la guerre des Gaules, plus difficile qu'aujourd'hui. L'autre partie, celle qui commence au coude prononcé que le Doubs forme près de Montbéliard, se compose d'ondulations allongées qui diminuent graduellement jusqu'à s'effacer dans les plaines du Rhin. Elle est beaucoup moins boisée que la première et offre des communications plus faciles. (*Voir planche 4.*)

César, comme il l'avait annoncé, partit le lendemain du jour de son allocution, et, décidé à conduire son armée par un pays ouvert, il contourna la région montagneuse et tourmentée dont nous venons de parler, faisant ainsi un circuit de plus de cinquante milles [1] (75 kil.), qui est représenté par une demi-circonférence dont le diamètre serait la ligne menée de Besançon à Arcey ; elle suit la route actuelle de Besançon à Vesoul jusqu'à Pennesières, et se continue par

---

[1] On a beaucoup discuté sur les mots : *millium amplius quinquaginta circuitu*. Les uns prétendent que le chiffre de cinquante milles indique la totalité du trajet, et qu'ainsi César aurait mis sept jours à parcourir cinquante milles, ce qui ferait environ sept kilomètres par jour : cette supposition est inadmissible. D'autres prétendent, au contraire, qu'il faut allonger de cinquante milles le trajet direct. Un passage des Commentaires réfute cette dernière interprétation (*Guerre civile*, I, LXIV) ; on y lit en effet : *Ac tantum fuit in militibus studii, ut, millium VI ad iter addito circuitu, etc.* Ce qui montre que, lorsque César entend parler d'un détour à ajouter à la longueur totale du trajet direct, il a soin de l'indiquer. Nous croyons donc plus simple d'admettre que les cinquante milles ne sont qu'une partie du trajet effectué pendant les sept jours de marche, c'est-à-dire que, après avoir fait un détour circulaire de cinquante milles, qui exigea trois ou quatre jours, César eut encore à marcher quelque temps avant de rencontrer l'ennemi, en suivant la route directe de Besançon au Rhin. L'étude du terrain justifie complétement cette manière de voir, car il suffisait à César de faire un détour de cinquante milles (75 kil.) pour contourner le pâté montagneux qui s'étend de Besançon à Montbéliard.

Vallerois-le-Bois et Villersexel jusqu'à Arcey. Il put exécuter en quatre jours ce trajet; puis il reprit, à partir d'Arcey, la voie directe de Besançon au Rhin, par Belfort et Cernay.

Le septième jour d'une marche non interrompue depuis Besançon, il apprit par ses éclaireurs que les troupes d'Arioviste n'étaient plus qu'à vingt-quatre milles (36 kil.) de distance.

En supposant 20 kilomètres par étape, l'armée romaine aurait parcouru en sept jours 140 kilomètres, et serait parvenue sur la Thur, près de Cernay. (Il y a de Besançon à la Thur, par la route indiquée, 140 kilomètres environ.) A ce moment, Arioviste aurait été campé à 36 kilomètres des Romains, au nord, près de Colmar.

Instruit de l'arrivée de César, Arioviste lui envoya dire « qu'il consentait à une entrevue, maintenant que le général romain s'était rapproché, et que, pour lui-même, il n'y avait plus de danger à s'y rendre. » César ne rejeta point cette ouverture, supposant Arioviste revenu à des idées plus raisonnables.

L'entrevue fut fixée au cinquième jour suivant[1]. Dans l'intervalle, pendant que de fréquents messages étaient échangés, Arioviste, qui redoutait quelque embûche, stipula, comme condition expresse, que César n'amènerait avec lui aucun fantassin, et que des deux côtés on se contenterait de cavalerie pour escorte. Celui-ci, ne voulant fournir aucun prétexte à une rupture, y consentit, mais, n'osant pas com-

---

[1] On doit croire que pendant les pourparlers Arioviste se rapprocha du camp romain, afin de rendre les messages plus faciles, car s'il était resté à 36 kilomètres de César, il faudrait admettre que l'armée germaine, qui plus tard s'avança vers le camp romain, dans une seule journée, jusqu'à la distance de 9 kilomètres, aurait fait une marche de 25 kilomètres au moins, ce qui n'est pas probable, puisqu'elle traînait avec elle des chariots, des femmes et des enfants.

mettre la sûreté de sa personne aux cavaliers gaulois, il fit monter leurs chevaux par des hommes de la 10ᵉ légion, ce qui donna lieu à ce mot plaisant d'un soldat : « César va au delà de sa promesse : il devait nous faire prétoriens, il nous fait chevaliers [1]. »

<small>Entrevue de César et d'Arioviste.</small>

VI. Entre les deux armées s'étendait une vaste plaine, celle que traversent l'Ill et la Thur ; un tertre assez considérable s'y élevait à une distance presque égale de l'un et de l'autre camp [2]. Là eut lieu le rendez-vous des deux chefs. César plaça à deux cents pas du tertre sa légion montée. La cavalerie d'Arioviste se tint à la même distance. Celui-ci

[1] *Guerre des Gaules*, I, XLII.

[2] *Planities erat magna et in ea tumulus terrenus satis grandis......* (*Guerre des Gaules*, I, XLIII.) Cette phrase suffirait à elle seule pour prouver que la rencontre des deux armées eut lieu dans les plaines de la haute Alsace. On se demande comment, malgré un texte si formel, divers écrivains ont pu placer le champ de bataille dans les montagnes du Jura, où l'on ne trouve nulle part une plaine de quelque étendue. Ce n'est qu'à la hauteur de Mulhouse, au nord de la Doller, que s'ouvre la vaste plaine de la vallée du Rhin.

César emploie trois fois le mot *tumulus* pour désigner l'éminence sur laquelle eut lieu son entrevue avec Arioviste, et il ne l'appelle jamais *collis*. N'est-il pas évident, dès lors, qu'on doit se représenter ce *tumulus* comme un tertre arrondi, isolé dans la plaine ? Or il est à considérer que la plaine qui s'étend au nord de la Doller, entre Vosges et Rhin, renferme un assez grand nombre de petites éminences arrondies, auxquelles le mot *collis* ne conviendrait pas et que l'expression de tertre ou *tumulus* caractérise parfaitement. Les plus remarquables sont situées, l'une près de Feldkirch, l'autre, entre Wittenheim et Ensisheim. On peut croire que l'entrevue eut lieu sur un de ces tertres, cotés 231 sur la *planche* 6.

Le général de Gœler a adopté pour le lieu de l'entrevue une éminence qui s'élève sur la rive gauche de la petite Doller, au nord du village d'Aspach-le-Bas. César eût appelé *collis* cette éminence, car elle est assez vaste, et, par sa forme allongée, mais nullement arrondie, elle ne représente aucunement à l'œil ce qu'on nomme d'ordinaire un tertre ou un *tumulus*; de plus, cette hauteur n'est pas, à proprement parler, dans la plaine, contrairement au texte. Elle n'est séparée des collines situées au sud que par un ruisseau, et la plaine commence seulement à partir de la pente septentrionale.

demanda que l'entretien eût lieu à cheval, et que chacun des deux chefs ne se fît suivre que de dix cavaliers. Lorsqu'on fut en présence, César rappela à Arioviste ses bienfaits, ceux du sénat, l'intérêt que la République portait aux Éduens, et cette politique constante du peuple romain qui, loin de souffrir l'abaissement de ses alliés, veillait sans cesse à leur élévation. Il renouvela ses premières conditions.

Arioviste, au lieu de les accepter, fit valoir ses prétentions : « Il n'avait traversé le Rhin qu'à la prière des Gaulois ; les terres dont on l'accusait de s'être emparé lui avaient été cédées ; on était venu ensuite l'attaquer, et il avait dispersé ses ennemis ; s'il a cherché l'amitié du peuple romain, c'est dans l'espoir d'y trouver avantage ; si elle lui devient préjudiciable, il y renonce ; s'il a fait passer tant de Germains dans la Gaule, c'est pour sa sûreté personnelle ; la partie qu'il occupe est à lui, comme celle qu'occupent les Romains est à eux : ses droits de conquête sont antérieurs à ceux de l'armée romaine, qui jamais n'avait franchi les limites de la Province. César n'est dans la Gaule que pour le perdre. S'il ne se retire pas, il le regardera comme un ennemi, et sa mort lui vaudra, il en est certain, la reconnaissance d'un grand nombre des premiers et des plus illustres personnages de Rome ; ils lui ont fait savoir par des envoyés qu'à ce prix il gagnerait leur bienveillance et leur amitié. Mais si on lui laisse la libre possession de la Gaule, il se charge de toutes les guerres que César voudrait entreprendre. »

Celui-ci insista sur les raisons qu'il avait fait valoir : « Il n'était pas dans les principes de la République d'abandonner ses alliés ; il ne croyait pas que la Gaule appartînt à Arioviste plutôt qu'au peuple romain. Lorsque jadis Q. Fabius Maximus vainquit les Arvernes et les Rutènes, Rome leur fit grâce, ne réduisit pas leur pays en province et ne leur imposa point de tribut. Si donc on invoque la priorité de conquête, les droits des Romains à l'empire de la Gaule sont les plus justes; et si l'on préfère s'en rapporter au sénat, la Gaule doit être libre, puisque, après la victoire, le sénat a voulu qu'elle conservât ses lois. »

Pendant ce colloque, on avertit César que la cavalerie d'Arioviste s'approchait du tertre et lançait sur les Romains des pierres et des traits. César rompit aussitôt la conférence, se retira vers les siens et leur défendit de riposter, non par crainte d'un engagement avec sa légion d'élite, mais afin d'éviter, s'il venait à battre les ennemis, le soupçon d'avoir profité de leur bonne foi pour les surprendre dans une entrevue. Cependant l'arrogance d'Arioviste, la déloyale attaque de ses cavaliers, la rupture de la conférence, bientôt connues, excitèrent l'ardeur et l'impatience des troupes romaines.

Deux jours après, Arioviste fit proposer la reprise des pourparlers ou l'envoi d'un des lieutenants de César. Celui-ci refusa, d'autant plus que, la veille, les Germains étaient encore venus lancer des traits sur les Romains, et qu'ainsi son lieutenant n'aurait pas été à l'abri des injures des barbares. Il trouva plus prudent de députer Valerius Procillus, fils d'un Gaulois devenu citoyen romain, qui parlait la langue celtique, familière à Arioviste, et M. Mettius, lié avec le roi germain par les droits de l'hospitalité. A peine étaient-ils dans le camp d'Arioviste, que celui-ci les fit jeter dans les fers, en les traitant d'espions [1].

Manœuvres des deux armées.

VII. Le même jour, le roi germain leva son camp et vint l'établir au pied des Vosges (*sub monte*), à six mille pas de celui de César, entre Soultz et Feldkirch, non loin de la Lauch. (*Voir planche* 6.) Le lendemain il traversa la Thur, près de son confluent avec l'Ill, remonta la rive gauche de l'Ill et de la Doller, et, après avoir repoussé avec sa cava-

---

[1] *Guerre des Gaules*, I, XLVII.

lerie les Romains qui s'opposaient à sa marche[1], il ne s'arrêta qu'à Reiningen, après avoir dépassé de deux milles (3 kil.) le camp romain. Arioviste, par cette manœuvre, coupait les communications de César avec la Séquanie et le pays éduen, mais il laissait libres les communications avec le pays des Leuques et celui des Lingons[2]. (*Voir la carte de la Gaule, planche* 2.) Les deux armées campèrent ainsi à une faible distance l'une de l'autre. Pendant les cinq jours qui suivirent, César fit sortir chaque jour ses troupes et les rangea en bataille à la tête du camp (*pro castris suas copias produxit*), sans pouvoir attirer les Germains au combat; tout se bornait à des escarmouches de cavalerie, auxquelles ces derniers étaient fort exercés. A six mille cavaliers était adjoint un pareil nombre de fantassins d'élite, parmi lesquels chaque cavalier en avait choisi un chargé de veiller sur lui dans les combats. Selon les circonstances, les cavaliers se repliaient sur les hommes à pied ou ceux-ci se portaient à leur secours. Telle était leur agilité, qu'ils suivaient les chevaux à la course en s'attachant à la crinière[3].

César, voyant qu'Arioviste persistait à se renfermer dans son camp et à lui intercepter les communications, chercha à les rétablir, choisit une position avantageuse, à environ six cents pas (900 mètres) au delà de celle qu'occupaient les Germains, et y dirigea son armée rangée sur trois lignes. Il tint la première et la seconde sous les armes, et employa la troisième aux retranchements. L'emplacement sur lequel il

---

[1] Dion-Cassius (XXXVIII, xlviii) dit que la cavalerie germaine fit éprouver de grandes pertes aux Romains, et qu'alors seulement il fut possible à Arioviste de dépasser le camp de César.

[2] Il n'est pas sans intérêt de remarquer que les communications de César avec les Leuques et les Lingons restaient libres. On a vu dans son allocution de Besançon qu'il comptait demander à ces peuples une partie de ses approvisionnements.

[3] Tacite (*Germanie*, VI, xxxii) et Tite-Live (XLIV, xxvi) parlent de cette manière de combattre des Germains.

s'arrêta est peut-être l'éminence située sur la petite Doller, au nord de Schweighausen. Arioviste y envoya seize mille hommes environ de troupes légères et toute sa cavalerie pour effrayer les Romains et empêcher les travaux. Néanmoins la troisième ligne les continua et les deux premières repoussèrent l'attaque. Le camp une fois fortifié, César y laissa deux légions avec une partie des auxiliaires, et ramena les quatre autres au camp principal. Les deux camps romains étaient éloignés l'un de l'autre de 3,600 mètres.

Jusque-là César s'était contenté de faire sortir ses troupes et de les adosser à ses retranchements; le jour suivant, fidèle à sa tactique (*instituto suo*) d'attirer Arioviste au combat, il les disposa à une certaine distance en avant du grand camp et les mit en bataille (*paulum a majoribus castris progressus, aciem instruxit*). Malgré cette position avancée (*ne tum quidem*), celui-ci persista à ne pas se présenter. L'armée romaine rentra vers midi : aussitôt une partie des troupes germaines attaqua le petit camp. Des deux côtés on se battit vivement jusqu'au soir; il y eut beaucoup de blessés de part et d'autre. Étonné de voir, malgré cet engagement, Arioviste éviter une bataille générale, César interrogea les prisonniers et apprit que les mères de famille, chargées de consulter le sort, avaient déclaré que les Germains ne pouvaient être vainqueurs s'ils combattaient avant la nouvelle lune [1].

Bataille contre les Germains.

VIII. Le lendemain, laissant dans les deux camps une garde suffisante, César plaça tous ses auxiliaires à la vue de l'ennemi, en avant du petit camp; le nombre des légionnaires étant moindre que celui des Germains, il voulait dis-

---

[1] *Guerre des Gaules*, I, L. — Les prédictions de leurs prêtresses, qui prétendaient connaître l'avenir par le bruit des eaux, par les tourbillons que les courants font dans les rivières, leur défendaient de livrer bataille avant la nouvelle lune. (Plutarque, *César*, XXI.)

simuler son infériorité en étalant d'autres troupes. Pendant que les barbares prenaient ces auxiliaires pour les deux légions qui occupaient le petit camp, celles-ci sortirent par la porte Décumane, et, sans être aperçues, allèrent rejoindre les quatre autres. Alors il rangea ses six légions sur trois lignes, et, marchant en avant, il les conduisit jusqu'au camp ennemi (*usque ad castra hostium accessit*). Ce mouvement offensif ne permettait plus aux Germains d'éviter la bataille : ils sortirent de leur camp, descendirent dans la plaine [1], se mirent en ligne, par ordre de nations, à des intervalles égaux, Harudes, Marcomans, Suèves, Triboques, Vangions, Némètes, Sédusiens ; et, pour s'enlever toute possibilité de fuir, s'enfermèrent latéralement et en arrière par une enceinte de voitures et de chariots, sur lesquels ils firent monter leurs femmes ; échevelées et tout en pleurs, elles conjuraient les guerriers marchant au combat de ne pas les livrer en esclavage aux Romains. Dans cette position, l'armée romaine faisait face à l'est, l'armée germaine face à l'ouest, et leurs lignes s'étendaient dans un espace couvert aujourd'hui, en partie, par la forêt de Nonnenbruch [2].

César, pour animer encore plus ses soldats, crut devoir leur donner des témoins dignes de leur courage, et mit à la tête de chaque légion, soit un de ses lieutenants, soit son questeur [3]. Lui-même, avec son aile droite, engagea le

---

[1] « Ayant escarmouché contre leurs retranchements et les collines sur lesquelles ils étaient campés, il les exaspéra et excita à tel point leur colère qu'ils descendirent et combattirent à outrance. » (Plutarque, *César*, xxi.)

[2] Le général de Gœler adopte ce même champ de bataille, mais il diffère avec nous en ce qu'il place les Romains le dos au Rhin. Il serait impossible de comprendre en ce cas comment, après leur défaite, les Germains auraient pu s'enfuir vers ce fleuve, César leur coupant toute retraite, et comment Arioviste, comptant sur l'arrivée des Suèves, aurait mis César entre lui et les renforts qu'il attendait.

[3] Comme les légions étaient au nombre de six, la phrase ci-dessus prouve que dans cette campagne César avait un questeur et cinq lieutenants. (*Voir Appendice* D.)

combat du côté où les Germains semblaient moins forts. Au signal donné, les légions s'élancent en avant; l'ennemi, de son côté, se précipite à leur rencontre. De part et d'autre l'impétuosité est si grande que les Romains, n'ayant pas le temps de se servir du pilum, le jettent et combattent de près avec l'épée. Mais les Germains, suivant leur coutume, pour résister à une attaque de ce genre, se forment rapidement en phalanges de trois à quatre cents hommes [1] et couvrent leurs têtes nues de leurs boucliers. Ils sont si serrés que, même morts, ils restent encore debout [2]. Telle fut l'ardeur des légionnaires, que plusieurs s'élancèrent sur ces espèces de tortues, arrachant les boucliers et frappant d'en haut les ennemis [3]. L'épée courte et acérée des Romains avait l'avantage contre les longues épées des Germains [4]. Toutefois, d'après Appien, les légions durent surtout la victoire à la supériorité de leur tactique et à l'ordre qu'elles gardaient dans les rangs [5]. La gauche d'Arioviste ne résista pas longtemps; mais, tandis qu'elle était repoussée et mise en fuite, la droite, formée de masses profondes, pressait vivement les Romains. Le jeune P. Crassus, chef de la cavalerie, éloigné de la mêlée et mieux placé pour juger des incidents de la bataille, s'en aperçut, envoya la troisième ligne au secours des légions ébranlées et rétablit le

---

[1] Dion-Cassius, XXXVIII, XLIX. Nous avons adopté la version de Dion-Cassius, ne pouvant admettre avec Orose qu'une armée de plus de cent mille hommes ne formât qu'une seule phalange.

[2] Dion-Cassius, XXXVIII, XLIX.

[3] Orose s'exprime ainsi : « Réunis en une phalange et la tête protégée par leurs boucliers, ils tentèrent ainsi à couvert de rompre les lignes romaines; mais quelques Romains, non moins agiles qu'audacieux, se précipitèrent sur cette espèce de tortue, prirent les soldats germains corps à corps, leur arrachèrent leurs boucliers, dont ils étaient recouverts comme avec des écailles, et leur transpercèrent les épaules. » (Orose, VI, VII.)

[4] Dion-Cassius, XXXVIII, XLIX.

[5] Appien, *Guerre celtique*, IV, 1, 3.

combat. Bientôt la droite d'Arioviste dut céder à son tour : la déroute alors fut générale; les Germains ne cessèrent de fuir qu'en arrivant au Rhin, à cinquante milles du champ de bataille [1]. Ils descendirent sans doute la vallée de l'Ill jusqu'à Rhinau, parcourant ainsi de nouveau une partie du chemin par lequel ils étaient venus. (*Voir planche* 4.) César lança contre eux sa cavalerie; tous ceux qu'elle atteignit furent taillés en pièces; les autres tentèrent de passer le fleuve à la nage, ou cherchèrent leur salut sur des barques. De ce nombre fut Arioviste, qui se jeta dans une nacelle [2] qu'il trouva attachée à la rive. Suivant Plutarque et Appien [3], quatre-vingt mille hommes périrent dans le combat et pendant la déroute. Les deux femmes du roi germain eurent le même sort : la première était Suève, la seconde Norique;

[1] Les manuscrits suivis par les anciens éditeurs des Commentaires portaient, quelques-uns le chiffre de 50 milles, la plupart celui de 5 milles. Il nous semble que César a écrit 50 milles. Cela est prouvé par les termes mêmes qu'il emploie, *neque prius fugere destiterunt*..... qui ne sauraient se rapporter à une fuite de quelques milles seulement. De plus, le témoignage des anciens auteurs confirme le chiffre de 50 milles : Paul Orose rapporte que le carnage s'étendit sur un espace de 40 milles, Plutarque, sur 300 ou 400 stades, c'est-à-dire 35 ou 50 milles, selon les éditions, et J. Celsus (Pétrarque) (*De vita J. Cæsaris*, I, p. 40, éd. Lemaire) dit *usque ad ripam Rheni fuga perpetua fuit*, phrase où l'expression *perpetua* est significative.

Les écrivains modernes, comprenant à tort que César avait indiqué la distance, c'est-à-dire la ligne la plus courte du champ de bataille au Rhin, ont longuement discuté sur le chiffre à adopter. Ils n'ont pas vu que le texte latin fait connaître non pas précisément la distance du champ de bataille au Rhin, mais la longueur de la ligne de retraite depuis le champ de bataille jusqu'au fleuve. Cette ligne a pu être oblique par rapport au Rhin, car il est probable que les Germains se sont retirés en descendant la vallée de l'Ill, qu'ils avaient remontée précédemment. Il convient donc de chercher vers Rhinau le point où ils ont tenté de repasser le fleuve.

[2] D'après Dion-Cassius (XXXVIII, L), Arioviste, suivi de ses cavaliers, réussit à échapper. Sur la rive droite, il rassembla les fuyards; mais il mourut peu de temps après (*Guerre des Gaules*, V, XXIX), peut-être à la suite de ses blessures.

[3] Appien, *Guerre celtique*, IV, 1, 3. — Plutarque, *César*, XXI.

de ses deux filles, l'une fut tuée et l'autre prise. César dit qu'en poursuivant lui-même l'ennemi avec ses cavaliers, il éprouva un plaisir égal à celui de la victoire lorsqu'il retrouva d'abord Procillus, chargé d'une triple chaîne, et qui avait vu trois fois les barbares consulter le sort pour savoir s'ils le brûleraient vif, ensuite M. Mettius, tous deux, comme on sait, envoyés par lui auprès d'Arioviste.

Le bruit de ce glorieux fait d'armes s'étant répandu au delà du Rhin, les Suèves venus sur ses bords retournèrent chez eux. Les Ubiens, habitant près du fleuve, poursuivirent leurs bandes frappées de terreur, et tuèrent un nombre considérable de fuyards.

César, ayant terminé deux grandes guerres en une seule campagne, mit son armée en quartiers d'hiver chez les Séquanes, un peu plus tôt que la saison ne l'exigeait, vers le milieu de septembre, et la laissa sous les ordres de Labienus. Il partit ensuite et alla tenir les assemblées dans la Gaule cisalpine [1].

Observations.

IX. Plusieurs choses sont à remarquer dans cette dernière guerre :

1° La résolution prise par César de s'emparer de Besançon et d'y prévenir Arioviste. On voit l'importance qu'il attache à cette place d'armes comme point d'appui et comme centre de ravitaillement;

2° La facilité avec laquelle une légion tout entière se transforme en cavalerie;

3° L'emploi judicieux que César fait de ses troupes légères (*alarii*), les réunissant en masse, afin que l'ennemi croie à un plus grand nombre de légions;

4° Enfin, cette circonstance singulière que la troisième

[1] *Guerre des Gaules*, I, LIII. — La guerre contre Arioviste devint le sujet d'un poëme de P. Terentius Varron Atacinus (*De Bello Sequanico*). (Priscien, X, p. 877, P.)

ligne, qui sert de réserve et qui décide du sort de la journée, reçoit du jeune P. Crassus, et non du général en chef, l'ordre d'attaquer.

Les dates des principaux événements de cette année peuvent être indiquées de la manière suivante :

Rendez-vous des Helvètes sur les bords du Rhône (jour de l'équinoxe)...................	24 mars.
César leur refuse le passage à travers la Province..	8 avril.
Arrivée au confluent du Rhône et de la Saône des légions venues d'Italie et d'Illyrie............	7 juin.
Défaite des Tigurins sur la Saône..........	10 juin.
Passage de la Saône par César..........	12 juin.
15 jours de marche environ (*Guerre des Gaules*, I, xv)......................... du 13 au	27 juin.
Manœuvre de Labienus pour surprendre les Helvètes.	28 juin.
Bataille de Bibracte................	29 juin.
César reste 3 jours à enterrer les morts, se met en marche le 4ᵉ, emploie 6 jours à se rendre du champ de bataille chez les Lingons, y atteint les Helvètes en retraite.................... du 30 juin au	8 juillet.
Négociations avec Arioviste (un mois), du 8 juillet au	8 août.
Départ de César (de Tonnerre, à la rencontre d'Arioviste).........................	10 août.
Arrivée de César à Besançon............	16 août.
Séjour à Besançon............ du 16 au	22 août.
Départ de Besançon (« la moisson est mûre, » *Guerre des Gaules*, I, xl)..................	22 août.
Marche de 7 jours, de Besançon au Rhin, du 22 au	28 août.
Entrevue (5 jours après).............	2 septembre.
Manœuvres (8 jours environ)....... du 3 au	10 septembre.
Bataille de la Thur (livrée avant la nouvelle lune, qui eut lieu le 18 septembre).............	10 septembre.

CHAPITRE CINQUIÈME.

GUERRE CONTRE LES BELGES.

AN DE ROME 697.

(Livre II des Commentaires.)

Ligue des Belges. César s'avance de Besançon vers l'Aisne.

I. Les éclatants succès remportés par César sur les Helvètes et les Germains avaient délivré la République d'un immense danger, mais en même temps ils avaient éveillé la méfiance et la jalousie de la plupart des nations de la Gaule. Elles conçurent pour leur indépendance des craintes qu'augmenta encore la présence de l'armée romaine en Séquanie. L'irritation fut des plus vives parmi les Belges. Ils redoutaient d'être attaqués à leur tour, une fois la Gaule celtique pacifiée. Ils étaient en outre excités par des hommes considérables, qui comprenaient que, sous la domination romaine, il leur serait moins facile de s'emparer du pouvoir. Une ligue menaçante se forma entre les diverses peuplades de la Belgique; elles se donnèrent réciproquement des otages.

César apprit ces événements dans la Cisalpine, par le bruit public et par des lettres de Labienus. Inquiet de ces nouvelles, il leva deux légions en Italie, et, au commencement du printemps [1], les envoya dans la Gaule, sous la conduite du lieutenant Q. Pedius [2]. Il est probable que ces

---

[1] « Inita æstate » (*Guerre des Gaules*, II, II). — *Æstas*, d'après Forcellini, signifie l'époque comprise entre les deux équinoxes du printemps et de l'automne.

[2] Voir sa biographie, *Appendice* D.

troupes, pour se rendre plus promptement en Séquanie, franchirent le grand Saint-Bernard, car Strabon raconte qu'une des trois routes qui conduisaient de l'Italie en Gaule passait par le mont Pœninus (*grand Saint-Bernard*), après avoir traversé le pays des Salasses (*vallée d'Aoste*), et que ce dernier peuple offrit d'abord aux troupes de César de leur faciliter le passage des montagnes en aplanissant les routes et en jetant des ponts sur les torrents; mais que changeant tout à coup d'attitude, il avait roulé sur elles des rochers et pillé leurs bagages. C'est sans doute à la suite de cette défection que, vers la fin de l'année 697, César envoya, comme on le verra plus tard, Galba dans le Valais, pour se venger de la perfidie des montagnards et pour ouvrir une communication sûre avec l'Italie [1].

Dès que les fourrages furent assez abondants, il rejoignit ses légions, probablement à Besançon, puisque, on s'en souvient, elles avaient été mises en quartiers d'hiver dans la Séquanie. Il chargea les Sénonais et les autres Celtes voisins de la Belgique d'observer ce qui s'y passait et de l'en informer. Leurs rapports furent unanimes : on levait des troupes, une armée se rassemblait. César se décida alors à entrer immédiatement en campagne.

Son armée comptait huit légions, dont six anciennes et deux récemment levées dans la Cisalpine; elles portaient les n°s 7, 8, 9, 10, 11, 12, 13 et 14. Comme leur effectif, par suite des marches et des combats antérieurs, ne devait pas être au complet, on peut admettre en moyenne 5,000 hommes par légion, ce qui fait 40,000 hommes d'infanterie. En y ajoutant un tiers d'auxiliaires, archers crétois, frondeurs, Numides, le total de l'infanterie aurait été de 53,000 hommes. Il y avait de plus 5,000 hommes de cavalerie et un corps éduen sous les ordres de Divitiacus. Ainsi l'armée de César

---

[1] Strabon, IV, 171, V, 174.

s'élevait au moins à 60,000 soldats, sans compter les servants pour les machines, les conducteurs et les valets, qui, d'après l'exemple cité par Orose, montaient à un chiffre très-considérable [1].

Après avoir assuré les vivres, César partit de Besançon, dans la seconde quinzaine de mai, passa la Saône à Seveux (*Voir planche 4*), traversa le pays des Lingons dans la direction de Langres, à Bar-sur-Aube, et entra, vers Vitry-le-François, sur le territoire des Rèmes, ayant mis environ quinze jours à parcourir 230 kilomètres, distance de Besançon à Vitry-le-François [2].

Les Rèmes furent le premier peuple belge qu'il rencontra sur sa route (*qui proximi Galliæ ex Belgis sunt*). Frappés de sa soudaine apparition, ils envoyèrent deux députés, Iccius et Andecumborius, les premiers personnages du pays, pour faire leur soumission, offrir des vivres et toute espèce de secours. Ceux-ci lui apprirent que tous les Belges étaient en armes, que les Germains d'en deçà du Rhin s'étaient joints à la coalition; quant aux Rèmes, ils s'étaient refusés d'y prendre part, mais l'exaltation était si grande qu'ils n'avaient pas pu détourner de leurs projets belliqueux les Suessions eux-mêmes, qui cependant leur étaient unis par une communauté d'origine, de lois et d'intérêts. « Les Belges, ajoutaient-ils, fiers d'avoir été autrefois les seuls de la Gaule à préserver leur territoire de l'invasion des Cimbres et des Teutons, avaient la plus haute idée de

---

[1] « En l'an 642, le consul C. Manlius et le proconsul Q. Cæpion furent battus par les Cimbres et les Teutons, et il périt 80,000 Romains ou alliés et 40,000 valets (*calones* et *lixæ*). De toute l'armée il ne s'échappa que dix hommes. » (Orose, V, xvi.) Ces données sont sans doute exagérées, puisque Orose paraît avoir puisé ses renseignements dans Valerius d'Antium, et que celui-ci, selon Tite-Live (XXXIII, x; XXXVI, xxxviii), avait l'habitude de grossir ses chiffres.

[2] Ce trajet, le plus direct pour aller de Besançon chez les Rèmes, est indiqué encore aujourd'hui par de nombreux vestiges de la voie romaine qui joignit plus tard Vesontio à Durocortorum (*Besançon à Reims*).

leur propre valeur. Dans leur assemblée générale, les divers peuples s'étaient engagés à fournir les contingents suivants : les Bellovaques, les plus guerriers, pouvant mettre sur pied 100,000 hommes, en ont promis 60,000 d'élite; ils prétendent à la direction suprême de la guerre. Les Suessions, leurs voisins, maîtres d'une contrée vaste et fertile, où l'on compte douze villes, donnent 50,000 hommes : ils ont pour roi Galba, qui a reçu, du consentement des alliés, le commandement en chef. Les Nerviens, les plus éloignés de tous et les plus barbares d'entre ces peuples, fournissent le même nombre; les Atrébates, 15,000; les Ambiens, 10,000; les Morins, 25,000; les Ménapiens, 7,000; les Calètes, 10,000; les Véliocasses et les Véromanduens, 10,000; les Aduatuques, 19,000, enfin les Condruses, les Éburons, les Cérèses et les Pæmanes, compris sous la dénomination générale de Germains, doivent en envoyer 40,000; en tout, 296,000 hommes [1]. »

César campe à Berry-au-Bac.

II. César put juger, d'après ces renseignements, combien était formidable la ligue qu'il allait combattre. Son premier soin fut d'essayer de diviser les forces ennemies; à cet effet, il détermina Divitiacus, malgré les relations d'amitié qui, depuis longtemps, unissaient les Éduens aux Bellovaques, à envahir, avec les troupes éduennes, le territoire de ces derniers et à le ravager. Il exigea ensuite que le sénat des Rèmes se rendît auprès de lui et que les enfants des *principes* lui fussent amenés en otage; enfin, sur l'avis que Galba marchait à sa rencontre, il résolut de se porter au delà de l'Aisne, qui traversait la partie extrême du territoire des Rèmes (*quod est in extremis Remorum finibus*) [2];

---

[1] *Guerre des Gaules*, II, IV.

[2] Le mot *fines*, dans César, signifie toujours territoire. On doit donc entendre par *extremi fines* les parties du territoire les plus éloignées du centre, et non une ligne indiquant la frontière, comme l'ont pensé certains traduc-

et de camper dans une forte position pour y attendre l'ennemi. La route qu'il avait suivie jusqu'alors menait droit à l'Aisne et la franchissait sur un pont, à l'endroit où se trouve aujourd'hui le village de Berry-au-Bac. (*Voir planche* 7.) Il se dirigea en toute hâte vers ce pont, le fit passer à son armée et assit son camp à droite de la route, sur la colline située entre l'Aisne et la Miette, petit ruisseau aux bords marécageux, qui se déverse dans cette rivière, entre Berry-au-Bac et Pontavert. (*Voir planche* 8.) La colline, dite de Mauchamp, s'élève très-peu (de 25 mètres environ) au-dessus de la vallée de l'Aisne, et dans sa longueur, de l'est à l'ouest, elle présente un espace suffisant pour que l'armée romaine pût s'y déployer. Latéralement elle se raccorde par de faibles ondulations au terrain environnant, et le versant qui regarde la Miette descend en pente douce vers les bords du ruisseau. Cette position offrait plusieurs avantages : l'Aisne défendait un des côtés du camp; les derrières de l'armée étaient protégés, et les transports de vivres pouvaient arriver en toute sûreté du pays rémois et d'autres pays amis. César fit construire sur la rive droite de l'Aisne, à l'extrémité du pont, un ouvrage où il établit un poste (*Voir planches* 8 *et* 9) [1], et il laissa de l'autre côté de la rivière le lieutenant Q. Titurius Sabinus avec six cohortes. Le camp fut entouré d'un retranchement de douze pieds de haut, et d'un fossé de dix-huit pieds de large [2].

teurs. L'Aisne traversait la partie septentrionale du pays des Rèmes et n'en formait pas la limite. (*Voir planche* 2.)

[1] Les retranchements de cette tête de pont, particulièrement le côté parallèle à l'Aisne, se distinguent encore aujourd'hui à Berry-au-Bac. Les jardins de plusieurs habitants sont établis sur le rempart même, et le fossé apparaît à l'extérieur du village sous la forme d'une large cuvette. Les fouilles ont fait retrouver nettement le profil du fossé.

[2] Les fouilles exécutées en 1862, en faisant découvrir tous les fossés du

Cependant les Belges, après s'être concentrés dans le pays des Suessions, au nord de l'Aisne, avaient envahi le territoire des Rèmes. Sur leur route et à huit milles du camp romain (*Voir planche* 7) était une ville rémoise, appelée Bibrax (*Vieux-Laon*) [1]. Les Belges la pressèrent vivement; elle se défendit avec peine tout le jour. Ces peuples, comme les Celtes, pour attaquer les places, les entouraient d'une foule de combattants, et, lançant partout une grande quantité de pierres, ils écartaient les défenseurs des murs; puis, formant la tortue, ils s'avançaient contre les portes et sapaient la muraille. Lorsque la nuit eut suspendu l'attaque, Iccius, qui commandait dans la ville, fit dire à César qu'il ne pouvait tenir plus longtemps, à moins d'un prompt secours. Vers le milieu de la nuit, celui-ci fit partir pour Bibrax des Numides, des archers crétois et des frondeurs baléares, guidés par les messagers d'Iccius. Ce renfort releva le courage des assiégés et ôta l'espoir de s'emparer de la ville aux ennemis, qui, après

---

camp, ont montré qu'ils avaient 18 pieds de largeur sur 9 ou 10 de profondeur. (*Voir planches* 8 *et* 9.) Si donc on admet 10 pieds de largeur pour le terre-plein du parapet, il aurait mesuré 8 pieds de hauteur, ce qui, avec la palissade de 4 pieds, donnerait à la crête du parapet 21 ou 22 pieds de commandement sur le fond du fossé.

[1] On a cherché l'emplacement de Bibrax à *Bièvre, Bruyères, Neufchâtel, Beaurieux* et sur la montagne dite le *Vieux-Laon*. Aujourd'hui que le camp de César est retrouvé sur la colline de Mauchamp, il n'est plus permis d'hésiter qu'entre Beaurieux et le Vieux-Laon, car, de toutes ces localités, ce sont les seules qui, comme l'exige le texte, soient distantes de huit milles du camp romain. Mais Beaurieux ne saurait convenir, par la raison que, quand même l'Aisne eût passé, lors de la guerre des Gaules, au pied des hauteurs où la ville est située, on ne comprendrait pas comment les renforts envoyés par César auraient pu traverser la rivière et pénétrer dans la place, que l'armée belge eût certainement investie de tous les côtés. Ce fait se conçoit facilement, au contraire, si l'on place Bibrax sur la montagne de Vieux-Laon, qui présente vers le sud des escarpements inexpugnables. Les Belges l'auront entourée de toutes parts excepté au midi, et c'est par là sans doute que, pendant la nuit, les renforts de César seront entrés dans la ville.

avoir passé quelque temps autour de Bibrax, dévasté les terres des Rèmes, brûlé les bourgs et les maisons, se dirigèrent vers les lieux où était César et s'arrêtèrent à moins de deux milles de son camp. Leurs feux, allumés sur la rive droite de la Miette, indiquaient un front de plus de 8,000 pas (12 kilom.).

Le grand nombre des ennemis et leur haute réputation de bravoure décidèrent le proconsul à différer la bataille. Si ses légions avaient à ses yeux une supériorité incontestable, il tenait à savoir ce qu'il pouvait attendre de sa cavalerie, composée de Gaulois. A cet effet, et pour éprouver en même temps le courage des Belges, il engagea contre eux, tous les jours, des combats de cavalerie dans la plaine ondulée, au nord du camp. Une fois certain que les siens ne le cédaient pas en valeur à l'ennemi, il résolut d'en venir à une rencontre générale. En avant de ses retranchements s'étendait un terrain avantageux pour ranger l'armée en bataille. Cette position dominante était couverte sur son front et sur sa gauche par le marais de la Miette; la droite seule demeurait sans appui, et les Belges auraient pu prendre les Romains en flanc dans l'espace compris entre le camp et le ruisseau, ou les tourner en passant entre le camp et l'Aisne. Afin de parer à ce danger, César fit creuser sur chacun des deux versants de la colline un fossé perpendiculaire à la ligne de bataille, d'environ 400 pas (600 mètres) de longueur, le premier qui allait du camp à la Miette, le second qui le joignait à l'Aisne. Aux extrémités de ces fossés il établit des redoutes où furent placées des machines [1].

---

[1] *Guerre des Gaules*, II, viii. — (La *planche* 9 donne le plan du camp, qui a été retrouvé en entier, et celui des redoutes avec les fossés, tels que les fouilles les ont fait connaître; mais il nous a été impossible d'expliquer le tracé des redoutes.)

LIVRE III, CHAPITRE V. — CAMPAGNE DE 697.   103

Combat
sur l'Aisne.

III. Ces dispositions prises, laissant dans le camp les deux légions nouvellement levées, pour y servir de réserve au besoin, César mit les six autres en bataille, la droite appuyée aux retranchements. Les Belges firent également sortir leurs troupes et les déployèrent en face des Romains. Les deux armées s'observaient, chacune attendait pour attaquer avec avantage que l'autre passât les marais de la Miette. Cependant, tandis qu'elles demeuraient immobiles, la cavalerie se battait des deux côtés. Après une charge heureuse, César, voyant que l'ennemi persistait à ne pas s'engager dans les marécages, et ne voulant pas les traverser lui-même, fit rentrer ses légions. Aussitôt les Belges quittèrent leur position pour se porter vers l'Aisne, au-dessous du point où la Miette s'y déverse. Leur dessein était de franchir la rivière, entre Gernicourt et Pontavert, aux endroits guéables, avec une partie de leurs troupes, d'enlever, s'ils le pouvaient, la redoute commandée par le lieutenant Sabinus, et de couper le pont, ou au moins d'intercepter les convois de vivres et de ravager le pays des Rèmes, au sud de l'Aisne, d'où les Romains tiraient leurs approvisionnements.

Déjà les barbares s'approchaient de la rivière, lorsque Sabinus les aperçut des hauteurs de Berry-au-Bac[1]; il fit aussitôt avertir César, qui, avec toute sa cavalerie, les Numides armés à la légère, les frondeurs, les archers, passa le pont, et, en descendant la rive gauche, marcha à la rencontre des ennemis vers l'endroit menacé. Lorsqu'il y arriva, quelques-uns avaient déjà traversé l'Aisne. Une lutte opiniâtre s'engage. Surpris au passage, les Belges éprouvent des pertes sensibles; cependant ils s'avancent intrépidement sur les cadavres pour franchir la rivière,

---

[1] *Guerre des Gaules*, II, xii. — Sabinus commandait évidemment des deux côtés de la rivière.

mais sont repoussés par une grêle de traits ; ceux qui étaient parvenus sur la rive gauche, enveloppés par la cavalerie, sont massacrés.

Retraite des Belges.

IV. Les Belges n'ayant pu ni emporter l'oppidum de Bibrax, ni attirer les Romains sur un terrain désavantageux, ni traverser l'Aisne, pressés d'ailleurs par le manque de vivres, prirent le parti de retourner chez eux, après être convenus de se rassembler de nouveau pour secourir le pays qui serait envahi le premier par l'armée romaine. La principale cause de cette résolution fut la nouvelle de l'imminente invasion de Divitiacus et des Éduens dans le pays des Bellovaques ; ces derniers ne voulurent pas perdre un instant pour voler à la défense de leurs foyers. Vers dix heures du soir, les Belges se retirèrent dans un tel désordre, que leur départ ressemblait à une fuite. César en fut informé aussitôt par ses espions ; mais, craignant que cette retraite ne cachât un piège, il retint ses légions et même sa cavalerie dans le camp. Au point du jour, mieux instruit par ses éclaireurs, il fit partir toute sa cavalerie sous les ordres des lieutenants Q. Pedius et L. Aurunculeius Cotta [1], et les fit suivre par Labienus avec trois légions. Ces troupes tombèrent sur les fuyards et en tuèrent autant que le permit la durée du jour. Au coucher du soleil, elles cessèrent la poursuite, et, suivant l'ordre reçu, revinrent au camp [2].

La coalition de ces Belges, si renommés par leur valeur, se trouvait ainsi dissoute. Cependant il importait au général romain, pour assurer la pacification du pays, d'aller soumettre jusque chez eux les peuples qui avaient osé se liguer contre lui. Les plus rapprochés étaient les Suessions, dont le territoire confinait à celui des Rèmes.

---

[1] Voir les biographies des lieutenants de César, *Appendice* D.
[2] *Guerre des Gaules*, II, xi.

LIVRE III, CHAPITRE V. — CAMPAGNE DE 697.

Prises de Noviodunum et de Bratuspantium.

V. Le lendemain de la fuite de l'ennemi, avant qu'il fût remis de son effroi, César leva son camp, traversa l'Aisne, descendit la rive gauche, envahit le pays des Suessions, arriva après une longue journée de marche (45 kil.) devant Noviodunum (*Soissons*) (*Voir planche* 7), et, apprenant que cette ville avait une faible garnison, il essaya, le même jour, de l'enlever d'assaut; il échoua, à cause de la largeur des fossés et de la hauteur des murs. Alors il retrancha son camp, fit pousser en avant des galeries couvertes (*vineas agere*) [1] et rassembler tout ce qui était nécessaire pour un siége. Cependant la foule des fuyards suessions se jeta la nuit suivante dans la ville. Les galeries ayant été approchées rapidement des murs, on établit les fondements d'une *terrasse* [2] pour passer le fossé (*aggere jacto*), et l'on construisit des tours. Les Gaulois, étonnés de la grandeur d'ouvrages inconnus, si promptement exécutés, demandèrent à se rendre. Ils obtinrent la vie sauve, à la prière des Rèmes.

César reçut pour otages les principaux chefs du pays,

---

[1] Les *vineæ* étaient de petites baraques construites en charpentes légères et revêtues de claies ou de peaux d'animaux. (Végèce, l. IV, ch. xv.) Voyez aussi les dessins de la colonne Trajane.

Dans un siége régulier, les *vineæ* étaient construites hors de la portée des traits, puis on les poussait en file les unes derrière les autres vers le mur de la place attaquée, c'est ce que l'on appelait *agere vineas;* elles formaient ainsi de longues galeries couvertes qui, tantôt placées perpendiculairement au mur et tantôt parallèlement, remplissaient le même office que les boyaux de communication et les parallèles dans les siéges modernes.

[2] La terrasse (*agger*) était un remblai fait avec des matériaux quelconques dans le but d'établir soit des plates-formes pour dominer les remparts d'une ville assiégée, soit des viaducs pour amener les tours et les machines contre les murs, lorsque les abords de la place offraient des pentes trop difficiles à franchir. Ces terrasses servaient aussi parfois à combler le fossé. Le plus souvent les agger étaient faits de troncs d'arbres entre-croisés et empilés comme le sont les bois d'un bûcher. (Thucydide, *Siége de Platée*, II, LXXVI. — Lucain, *Pharsale*, III, vers 395. — Vitruve, X, XXII, *Colonne Trajane*.)

les deux fils mêmes du roi Galba, et se fit livrer toutes les armes ; il conduisit ensuite son armée dans le pays des Bellovaques, qui s'étaient enfermés, avec tout ce qu'ils possédaient, dans l'oppidum de Bratuspantium (*Breteuil*) [1]. L'armée n'en était qu'à cinq milles environ, lorsque tous les vieillards, sortant de la ville, vinrent, en tendant les mains, implorer la générosité du général romain ; arrivé sous les murs de la place, et pendant qu'il établissait son camp, il vit les femmes et les enfants demander aussi, du haut des murs, la paix en suppliants.

Divitiacus, au nom des Éduens, intercéda en leur faveur. Après la retraite des Belges et le licenciement de ses troupes, il était retourné près de César. Celui-ci, qui, à la prière des Rèmes, venait de se montrer clément envers les Suessions, usa, à la sollicitation des Éduens, d'indulgence envers les Bellovaques. Obéissant ainsi à la même pensée politique d'accroître aux yeux des Belges l'influence des peuples alliés de Rome, il leur pardonna ; mais, comme leur nation était la plus puissante de la Belgique, il exigea d'eux toutes leurs armes et six cents otages. Les Bellovaques déclarèrent que les promoteurs de la guerre, à la vue du malheur qu'ils avaient attiré sur leur pays, s'étaient enfuis dans l'île de Bretagne.

Il est curieux de remarquer les relations qui existaient à cette époque entre une partie de la Gaule et l'Angleterre. Nous savons, en effet, par les Commentaires, qu'un certain Divitiacus, chef suession, le plus puissant de toute la Gaule, avait étendu autrefois son pouvoir jusque dans l'île de Bre-

---

[1] On hésite entre Beauvais, Montdidier ou Breteuil. Nous adoptons Breteuil comme plus probable, d'après la Dissertation sur Bratuspantium par M. l'abbé Devic, curé de Mouchy-le-Châtel. Il faut remarquer cependant que M. l'abbé Devic ne place pas Bratuspantium à Breteuil même, mais tout près de cette ville, dans l'espace compris aujourd'hui entre les communes de Vaudeuil, Caply, Beauvoir et ses dépendances. — Paris, 1843, et Arras, 1865.

tagne, et l'on vient de voir que les chefs de la dernière lutte contre les Romains trouvaient un refuge dans ce pays.

César marcha ensuite de Bratuspantium contre les Ambiens, qui se soumirent sans résistance [1].

Marche contre les Nerviens.

VI. L'armée romaine allait rencontrer des adversaires plus redoutables. Les Nerviens occupaient un vaste territoire, qui, par une de ses extrémités, touchait à celui des Ambiens. Ce peuple sauvage et intrépide reprochait amèrement aux autres Belges de s'être donnés aux étrangers et d'avoir abjuré les vertus de leurs pères. Il avait résolu de ne pas envoyer de députés, et de n'accepter la paix à aucune condition. Prévoyant l'invasion prochaine de l'armée romaine, les Nerviens avaient attiré dans leur alliance deux peuples voisins, les Atrébates et les Véromanduens, afin de tenter avec eux la fortune de la guerre; les Aduatuques, en outre, étaient déjà en route pour se joindre aux coalisés. Les femmes et tous ceux que leur âge rendait impropres au combat avaient été mis en sûreté dans un lieu défendu par un marais et inaccessible à une armée, sans doute à Mons [2].

Les Ambiens soumis, César partit d'Amiens pour le pays des Nerviens, et, après trois jours de marche sur leur territoire, il arriva probablement à Bavay (*Bagacum*), qu'on regarde comme ayant été leur principale ville. Là il apprit par les prisonniers qu'il n'était plus qu'à dix milles (15 kil.) de la Sambre, et que l'ennemi l'attendait posté de l'autre côté de la rivière [3]. Il se trouvait ainsi sur la rive gauche,

[1] *Guerre des Gaules*, II, xv.

[2] *Guerre des Gaules*, II, xiv, xv, xvi. — Mons est, en effet, situé sur une colline complètement entourée de prairies basses traversées par les cours sinueux de la Haine et de la Trouille.

[3] Selon les érudits, la frontière entre les Nerviens et les Ambiens était vers Fins et Bapaume. En supposant que les trois jours de marche de l'armée romaine soient comptés à partir de ce dernier point, elle serait parvenue, en trois étapes de 25 kilomètres chacune, à Bavay.

et les Nerviens étaient réunis sur la rive droite [1]. (*Voir planche* 7.)

D'après les avis reçus, César envoya en reconnaissance des éclaireurs et des centurions chargés de choisir un endroit favorable pour l'assiette du camp. Un certain nombre de Belges récemment soumis et d'autres Gaulois le suivaient et faisaient route avec lui. Quelques-uns d'entre eux, comme on le sut plus tard par les prisonniers, ayant observé les jours précédents l'ordre de marche habituel de l'armée, passèrent, de nuit, chez les Nerviens, et leur rapportèrent qu'après chacune des légions il y avait une longue colonne de bagages; que la légion arrivée la première au camp se trouvant séparée des autres par un grand espace, il serait aisé d'assaillir les soldats encore chargés de leurs fardeaux (*sarcinæ*); que, cette légion une fois culbutée et ses bagages enlevés, les autres n'oseraient pas opposer de résistance. Ce plan d'attaque fut d'autant mieux accueilli par les Belges, que la nature des lieux pouvait en favoriser l'exécution. Les Nerviens, en effet, de tout temps faibles en cavalerie (l'infanterie faisait toute leur force), avaient l'habitude, pour arrêter plus facilement la cavalerie des peuples voisins, d'entailler et de courber horizontalement de jeunes arbres dont les branches nombreuses, entrelacées, mêlées de ronces et de broussailles, formaient des haies épaisses, véritable muraille que rien ne pouvait traverser, impénétrable même à la vue [2]. Comme ce genre d'obstacles gênait beaucoup la marche de l'armée romaine, les Nerviens résolurent de se cacher dans les bois qui couvraient alors les

---

[1] Si César était arrivé sur la rive droite de la Sambre, comme plusieurs auteurs l'ont prétendu, il aurait déjà rencontré cette rivière à Landrecies, et n'aurait pas eu besoin d'apprendre, au troisième jour de marche, qu'il n'en était qu'à 15 kilomètres.

[2] Il n'est pas inutile de remarquer qu'aujourd'hui encore les champs qui avoisinent la Sambre sont entourés de haies à peu près semblables. Strabon (II, p. 161) fait aussi mention de ces haies.

hauteurs d'Haumont, d'y épier le moment où elle déboucherait sur les hauteurs opposées de la Sambre, d'attendre qu'ils aperçussent la file des bagages, et de s'élancer aussitôt sur les troupes qui les précéderaient[1]. (*Voir planche* 10.)

Bataille sur la Sambre.

VII. Les centurions envoyés en reconnaissance avaient choisi pour l'établissement du camp les hauteurs de Neuf-Mesnil. Elles s'abaissent en pente uniforme jusqu'aux bords mêmes de la rivière. Celles de Boussières, auxquelles elles se relient, s'arrêtent au contraire à la Sambre par des escarpements assez prononcés, dont l'élévation varie entre cinq et quinze mètres, et qui, infranchissables près de Boussières, peuvent être escaladés un peu plus bas, en face du bois du Quesnoy. La Sambre, dans toute cette étendue, n'avait que trois pieds environ de profondeur. Sur la rive droite, les hauteurs d'Haumont, qui font face à celles de Neuf-Mesnil, descendent de toutes parts en pentes douces et régulières jusqu'au niveau de la rivière. Elles étaient découvertes dans leur partie inférieure, sur une largeur d'environ deux cents pas romains (300 mètres), comptés à partir de la Sambre; puis commençaient les bois, qui en couvraient les parties supérieures. C'est dans ces bois, profonds et touffus, que les Belges se tenaient cachés. Ils s'y étaient rangés en ordre de combat : à droite, les Atrébates; au centre, les Véromanduens; à gauche, les Nerviens, ces derniers faisant face aux escarpements de la Sambre. Sur la partie découverte, le long de la rivière, ils avaient placé quelques postes de cavalerie. (*Voir planche* 10.)

César, ignorant au juste où campaient les Belges, se dirigea vers les hauteurs de Neuf-Mesnil. Sa cavalerie le précédait, mais l'ordre de marche différait de celui que les transfuges avaient indiqué aux Nerviens; en approchant de

---

[1] *Guerre des Gaules*, II, xvii.

l'ennemi, il avait, selon sa coutume, réuni six légions et placé les bagages à la queue de la colonne, sous la garde des deux légions récemment levées.

La cavalerie, les frondeurs, les archers, passèrent la Sambre et en vinrent aux mains avec les cavaliers ennemis, qui tantôt se réfugiaient dans les bois, tantôt reprenaient l'offensive, sans être jamais poursuivis au delà du terrain découvert. Cependant les six légions débouchèrent. Arrivées sur l'emplacement choisi pour le camp, elles commencèrent à se retrancher et se partagèrent le travail. Les uns se mirent à creuser les fossés, les autres se répandirent dans la campagne pour y couper du bois et du gazon. A peine étaient-ils à l'œuvre, que les Belges, apercevant les premiers bagages ('c'était le moment fixé pour l'attaque), sortent soudain de la forêt avec toutes leurs forces, dans l'ordre de combat adopté, se précipitent sur la cavalerie, la mettent en déroute, et courent vers la Sambre avec une si incroyable rapidité, qu'ils semblent être partout à la fois, au bord du bois, dans la rivière et au milieu des troupes romaines ; puis, avec la même promptitude, gravissant la colline, ils s'élancent vers le camp, où les soldats sont occupés aux retranchements. L'armée romaine est prise en flagrant délit.

César devait pourvoir à tout en même temps. Il fallait élever l'étendard de pourpre pour donner le signal de courir aux armes [1], faire sonner les trompettes pour rappeler les hommes employés aux travaux, rassembler ceux qui s'étaient éloignés, former les lignes, haranguer les troupes, donner le mot d'ordre [2]. Dans cette situation grave, l'ex-

---

[1] « Le signal de la bataille est un manteau de pourpre qu'on déploie devant la tente du général. » (Plutarque, *Fabius Maximus*, xxiv.)

[2] *Signum dare* signifie « donner le mot d'ordre. » En effet, on lit dans Suétone : Primo etiam imperii die signum excubanti tribuno dedit : *Optimam matrem.* » (*Néron*, ix ; *Caligula*, lvi. — Tacite, *Histoires*, III, xxii.)

périence des soldats, acquise par tant de combats, et la présence des lieutenants auprès de chaque légion, vinrent suppléer au général et permettre à chacun de prendre de soi-même les dispositions qu'il croyait les meilleures. L'impétuosité des ennemis est telle qu'on n'a le temps ni de revêtir les insignes[1], ni d'ôter l'enveloppe des boucliers, ni même de mettre les casques. Chacun, abandonnant ses travaux, court se ranger en toute hâte sous la première enseigne venue.

L'armée, contrainte par la nécessité, était disposée sur la pente de la colline, bien plus d'après la nature du terrain et les exigences du moment que d'après les règles militaires. Les légions, séparées les unes des autres par des haies épaisses qui interceptaient la vue, ne pouvaient se prêter un mutuel appui; elles formaient une ligne irrégulière et interrompue : la 9º et la 10º légion étaient placées sur la gauche du camp, la 8ª et la 11ª au centre, la 7ª et la 12ª sur la droite. Dans cette confusion générale, où il devenait aussi difficile de porter secours aux points menacés que d'obéir à un seul commandement, l'imprévu domina.

César, après avoir pris les dispositions les plus urgentes, s'élance vers les troupes que le hasard lui présente, s'adresse à elles à mesure qu'il les rencontre sur son passage, les harangue, et, arrivé à la 10º légion, il lui rappelle en quelques mots son ancienne valeur. Comme les ennemis n'étaient plus qu'à portée du trait, il ordonne l'attaque; puis, se dirigeant vers un autre point pour encourager ses troupes, il les trouve déjà engagées.

Les soldats de la 9º et de la 10º légion lancent le pilum et fondent, l'épée à la main, sur les Atrébates, qui, exténués de leur course, hors d'haleine, percés de coups, sont bien-

---

[1] Les soldats portaient soit des peaux de bêtes sauvages, soit des plumets ou ornements désignant les grades. « Excussit cristas galeis. » (Lucain, *Pharsale*, VII, vers 158.)

tôt rejetés de la colline qu'ils viennent de gravir. Ces deux légions, conduites sans doute par Labienus, les culbutent dans la Sambre, en tuent un grand nombre, traversent la rivière sur leurs pas, et les poursuivent en remontant les pentes de la rive droite. L'ennemi, voulant alors profiter de la position dominante, se reforme, recommence le combat; mais les Romains le repoussent de nouveau, et, continuant leur marche victorieuse, s'emparent du camp gaulois. Au centre, les 8° et 11° légions, attaquées par les Véromanduens, les avaient refoulés sur les rives mêmes de la Sambre, jusqu'au pied des hauteurs, où le combat durait toujours.

Tandis qu'à la gauche et au centre la victoire se déclarait pour les Romains, à l'aile droite, les 7° et 12° légions étaient près de succomber sous les efforts de toute l'armée des Nerviens, composée de soixante mille hommes. Ces guerriers intrépides, conduits par leur chef, Boduognatus, s'étaient élancés dans la Sambre en face des escarpements de la rive gauche : ils les avaient audacieusement escaladés et s'étaient jetés, en ordre serré, sur les deux légions de l'aile droite. Ces légions se trouvèrent dans une position d'autant plus critique que les mouvements victorieux de la gauche et du centre, en dégarnissant presque entièrement cette partie du champ de bataille, les avaient laissées sans appui. Les Nerviens profitent de ces circonstances : les uns se portent vers le point culminant des hauteurs pour s'emparer du camp, les autres débordent les deux légions par leur aile droite (*aperto latere*).

Le hasard voulut qu'au même instant les cavaliers et les fantassins armés à la légère, qui avaient été repoussés à la première attaque, regagnassent le camp pêle-mêle; se retrouvant, sans s'y attendre, en face de l'ennemi, ils se troublent et se mettent de nouveau à fuir dans une autre direction. Les valets de l'armée, qui, de la porte Décumane et du sommet de la colline, avaient vu les Romains traverser la rivière en vainqueurs et étaient sortis dans l'espoir de piller, regardent en arrière ; apercevant les Nerviens dans le camp, ils se sauvent précipitamment. Le tumulte est encore augmenté par les cris d'effroi des conducteurs de bagages courant çà et là épouvantés. Il y avait dans l'armée romaine, parmi les auxiliaires, un corps de ces cavaliers trévires réputés chez les Gaulois pour leur valeur. Lorsqu'ils virent le camp envahi, les légions pressées et presque enveloppées, les valets, les cavaliers, les frondeurs, les Numides, séparés, dispersés, fuyant de tous côtés, ils crurent les affaires désespérées, prirent la route de leur pays, et publièrent partout la destruction de l'armée romaine.

De l'aile gauche, César s'était porté sur les autres points de la ligne. Arrivé à l'aile droite, il avait trouvé les 7e et 12e légions vivement engagées, les enseignes des cohortes de la 12e légion groupées sur le même point, les soldats serrés les uns contre les autres et s'embarrassant mutuellement, tous les centurions de la quatrième cohorte et le porte-drapeau tués ; le drapeau était perdu ; dans les autres cohortes, la plupart des centurions qui n'avaient pas péri étaient blessés, et parmi eux le primipile Sextius Baculus, homme d'une rare valeur, qui bientôt sauvera la légion de Galba dans le Valais. Les soldats qui résistaient encore étaient épuisés, et ceux des derniers rangs se débandaient pour se dérober aux traits ; de nouvelles troupes ennemies ne cessaient de gravir la colline, les unes s'avançant de front contre les Romains, les autres les débordant par les deux ailes. Dans cet extrême péril, César juge qu'il ne peut attendre de secours que de lui-même ; arrivé sans bouclier, il saisit celui d'un légionnaire des derniers rangs et s'élance à la première ligne ; puis, appelant les centurions par leurs noms, excitant les soldats, il entraîne la 12e légion en avant et fait mettre plus d'intervalle entre les files des manipules, afin de faciliter le maniement de l'épée. Son exemple, ses paroles rendent l'espoir aux combattants et raniment leur courage. Chacun, sous les yeux de son général, redouble d'énergie, et cet héroïque dévouement commence à ralentir l'impétuosité de l'ennemi. Non loin de là, la 7° légion était pressée par une multitude d'assaillants. César ordonne aux tribuns d'adosser peu à peu les deux légions l'une à l'autre, de manière que chacune d'elles fît face à l'ennemi d'un côté opposé. Ne craignant plus d'être prises à revers, elles résistent avec fermeté et combattent avec une nouvelle ardeur. Sur ces entrefaites, les deux légions d'arrière-garde qui escortaient les bagages (la 13° et la 14°), informées des événements, arrivent précipitamment et paraissent en vue des ennemis au sommet de la colline. De son côté, Labienus, qui, à la tête des 9° et 10° légions, s'était emparé du camp ennemi sur les hauteurs d'Haumont, découvre ce qui se passe dans le camp romain. Il juge, par la fuite des cavaliers et des valets, de la grandeur du péril qui menace César, et envoie à son secours la 10° légion, qui, traversant de nouveau la Sambre et gravissant les pentes de Neuf-Mesnil, accourt en toute hâte pour tomber sur les derrières des Nerviens.

A l'arrivée de ces renforts, tout change d'aspect : les blessés se relèvent et se soutiennent sur leurs boucliers afin de prendre part à l'action; les valets, voyant les ennemis terrifiés, se jettent sans armes sur les hommes armés, et les cavaliers [1], pour effacer la honte de leur fuite, cherchent dans le combat à devancer les légionnaires. Cependant les Nerviens, au désespoir, tentent un suprême effort. Ceux des premiers rangs viennent-ils à tomber, les plus proches les remplacent et montent sur leurs corps; ils sont tués à

---

[1] Excepté les cavaliers trévires, qui s'étaient retirés.

leur tour; les morts s'amoncellent; les survivants lancent, du haut de cette montagne de cadavres, des traits sur les Romains, et leur renvoient leurs propres pilums. « Com-
» ment donc s'étonner, dit César, que de tels hommes
» eussent osé franchir une large rivière, gravir ses rives
» escarpées et surmonter les difficultés du terrain, puisque
» rien ne semblait au-dessus de leur courage? » Ils se firent tuer jusqu'au dernier, et soixante mille cadavres couvrirent ce champ de bataille si disputé, où avait failli s'engloutir la fortune de César.

Après cette lutte, dans laquelle, suivant les Commentaires, la race et le nom des Nerviens furent presque anéantis, les vieillards, les femmes et les enfants, réfugiés au milieu des marais, ne trouvant plus de sûreté nulle part, se rendirent [1]. En rappelant le malheur de leur patrie, ils dirent que, de six cents sénateurs, il en restait trois, et que, de soixante mille combattants, cinq cents à peine avaient survécu. César, pour montrer sa clémence envers les malheureux qui l'imploraient, traita ces débris des Nerviens avec bienveillance; il leur laissa leurs terres et leurs villes, et enjoignit aux peuples voisins non-seulement de ne pas les molester, mais encore de les préserver de tout outrage et de toute violence [2].

Siége de l'oppidum des Aduatuques.

VIII. Cette victoire fut remportée, croyons-nous, vers la fin de juillet. César détacha la 7ᵉ légion, aux ordres du jeune P. Crassus, avec mission de soumettre les peuples maritimes des côtes de l'Océan : les Vénètes, les Unelles, les Osismes, les Curiosolites, les Ésuviens, les Aulerques et les Rédons. De sa personne, il se porta, avec les sept autres légions, en suivant le cours de la Sambre, à la rencontre

[1] D'après Tite-Live (*Epitome*, CIV), mille hommes armés auraient réussi à se sauver.
[2] *Guerre des Gaules*, II, xxviii.

des Aduatuques, qui, comme on l'a vu plus haut, étaient en marche pour se joindre aux Nerviens. C'étaient les descendants de ces Cimbres et de ces Teutons qui, avant de se jeter sur la Province romaine et sur l'Italie, en l'an 652, avaient laissé en deçà du Rhin six mille d'entre eux à la garde des bagages trop difficiles à emporter. Après la défaite de leurs compagnons par Marius, et bien des vicissitudes, ces Germains s'étaient établis vers le confluent de la Sambre et de la Meuse, et y avaient formé un État.

Dès que les Aduatuques apprirent le désastre des Nerviens, ils retournèrent dans leur pays, abandonnèrent leurs villes et leurs forts, et se transportèrent avec tout ce qu'ils possédaient dans un seul oppidum, remarquablement fortifié par la nature; environné de toutes parts de rochers à pic d'une grande hauteur, il n'était accessible que d'un seul côté par une pente douce, large de deux cents pieds au plus, défendue par un fossé et par un double mur très-élevé, sur lequel ils placèrent d'énormes quartiers de roches et des poutres pointues. La montagne où est située la citadelle de Namur[1] répond suffisamment à cette description. (*Voir planche* 11.)

Quand l'armée arriva, ils firent d'abord de fréquentes sorties et livrèrent de petits combats. Plus tard, lorsque la

---

[1] D'après les recherches auxquelles s'est livré le commandant de Locqueyssie dans le pays qu'on suppose avoir été occupé autrefois par les Aduatuques, deux localités, le mont Falhize et la partie de la montagne de Namur sur laquelle est bâtie la citadelle, paraissent seules convenir pour l'emplacement de l'oppidum des Aduatuques. Mais le mont Falhize n'est pas entouré de rochers sur tous les points, comme le veut le texte latin; la contrevallation aurait eu plus de 15,000 pieds de développement, et elle aurait coupé deux fois la Meuse, ce qui est difficile à admettre. Nous adoptons donc pour l'oppidum des Aduatuques la citadelle de Namur.

Une autre localité, Sautour, près de Philippeville, répondrait complétement à la description de César; mais l'enceinte de Sautour, qui renferme trois hectares seulement, est trop petite pour avoir pu contenir soixante mille individus; l'emplacement de la citadelle de Namur est déjà à nos yeux bien resserré.

place fut entourée d'une ligne de contrevallation de 12 pieds de hauteur sur un développement de 15,000 pieds [1], avec de nombreuses redoutes, ils se tinrent renfermés dans l'oppidum. Les Romains avancèrent les galeries couvertes, élevèrent une terrasse à l'abri de ces galeries, et construisirent une tour de bois destinée à être poussée contre la muraille. A la vue de ces préparatifs, les Aduatuques, qui, comme la plupart des Gaulois, méprisaient les Romains pour leur petite taille, apostrophèrent ironiquement les assiégeants du haut des murs, ne comprenant pas qu'une grande machine, placée très-loin, pût être mise en mouvement par des hommes d'une si médiocre stature. Mais dès qu'ils virent cette tour se mouvoir et s'approcher des murs, frappés de ce spectacle si étrange et si nouveau pour eux, ils envoyèrent implorer la paix, et demandèrent pour toute faveur qu'on leur laissât leurs armes : César s'y refusa, déclarant toutefois que, s'ils se rendaient avant que le bélier eût frappé la muraille, ils seraient placés, comme les Nerviens, sous la protection du peuple romain et préservés de tout outrage. Les assiégés jetèrent alors une telle quantité d'armes dans les fossés qu'elles atteignaient presque à la hauteur du mur et de la terrasse; cependant, comme on le découvrit depuis, ils en avaient retenu un tiers environ. Ils ouvrirent leurs portes, et ce jour-là demeurèrent tranquilles.

Les Romains avaient occupé la ville; vers le soir, César les en fit sortir, craignant les violences que pendant la nuit les soldats pourraient exercer contre les habitants. Mais ceux-ci, persuadés qu'après la reddition de la place les postes de la contrevallation seraient gardés avec moins de soin, reprennent les armes qu'ils avaient cachées, se

---

[1] Nous traduisons *quindecim millium* par « quinze mille pieds »; le mot *pedum*, employé dans le membre de phrase précédent, est sous-entendu dans le texte; d'ailleurs, lorsque César veut parler de *pas*, il emploie presque toujours le mot *passus*.

munissent de boucliers d'écorce d'arbre ou d'osier revêtus de peaux à la hâte, et, à minuit, s'élancent vers la partie des travaux qui leur paraît d'un accès plus facile. Des feux, préparés par ordre de César, signalent bientôt l'attaque. On accourt des redoutes les plus voisines ; et, quoique les ennemis s'acharnent à la lutte avec l'opiniâtreté d'hommes désespérés, les traits lancés du retranchement et des tours les dispersent, et ils sont rejetés dans la ville après avoir perdu quatre mille hommes. Le lendemain les portes furent brisées sans résistance, et, la ville une fois prise, les habitants vendus à l'encan au nombre de cinquante-trois mille [1].

Soumission de l'Armorique par P. Crassus.

IX. Vers l'époque où finissait ce siége (premiers jours de septembre), César reçut des lettres de P. Crassus. Ce lieutenant lui annonçait que les peuples maritimes des côtes de l'Océan, depuis la Loire jusqu'à la Seine, s'étaient tous soumis. A l'arrivée de ces nouvelles à Rome, le sénat décréta quinze jours d'actions de grâces [2].

Ces heureux faits d'armes et la pacification de la Gaule entière donnèrent aux peuples barbares une si haute opinion de la puissance romaine, que des nations d'au delà du Rhin, les Ubiens particulièrement, députèrent vers César, offrant de livrer des otages et d'obéir à ses ordres. Pressé de se rendre en Italie et en Illyrie, il enjoignit aux députés de revenir au commencement du printemps suivant, et mit ses légions, la 12ᵉ exceptée, en quartiers d'hiver chez les Carnutes, les Andes et les Turons, voisins des lieux où Crassus venait de faire la guerre [3]. Elles furent probablement échelonnées dans la vallée de la Loire entre Orléans et Angers.

[1] *Guerre des Gaules*, II, xxxiii.

[2] *Guerre des Gaules*, II, xxxv. — Plutarque, *César*, xx. — Cicéron, *Lettres familières*, I, ix, xvii, xviii.

[3] Ce passage a été généralement mal interprété. Il y a dans le texte : *Quæ*

LIVRE III, CHAPITRE V. — CAMPAGNE DE 697.

Expédition
de Galba
dans
le Valais.

X. Avant de partir pour l'Italie, César envoya Servius Galba, avec une partie de la cavalerie et la 12ᵉ légion, chez les Nantuates, les Véragres et les Sédunes (*peuples du Chablais et du bas et du haut Valais*), dont le territoire s'étendait depuis le pays des Allobroges, le lac Léman et le Rhône, jusqu'au sommet des Alpes. Son but était d'ouvrir une communication facile avec l'Italie par ces montagnes, c'est-à-dire par le Simplon et le Saint-Bernard, où les voyageurs étaient sans cesse rançonnés et inquiétés. Galba, après quelques combats heureux qui domptèrent tous ces peuples, se fit livrer des otages, plaça deux cohortes chez les Nantuates, et le reste de sa légion dans un bourg des Véragres, nommé Octodurus (*Martigny*). Ce bourg, situé dans une petite plaine, au fond d'un vallon entouré de hautes montagnes, était divisé en deux parties par une rivière (la *Drance*). Galba abandonna une rive aux Gaulois et établit ses troupes sur l'autre, qu'il fortifia d'un fossé et d'un rempart.

Plusieurs jours s'étaient écoulés dans la plus parfaite tranquillité, lorsque Galba apprit tout à coup que les Gaulois avaient évacué de nuit la partie du bourg qu'ils occupaient, et que les Véragres et les Sédunes se montraient en grand nombre sur les montagnes environnantes. La situation était des plus graves ; car non-seulement Galba ne pouvait compter sur aucun secours, mais il n'avait pas même achevé de se retrancher, ni rassemblé des vivres en quantité suffisante. Il réunit un conseil, où l'on décida qu'on défendrait le camp, malgré l'avis de quelques chefs qui proposaient d'abandonner les bagages et de se faire jour de vive force. Mais à peine les ennemis laissèrent-ils aux Romains le temps de

civitates propinquæ his locis erant ubi (Crassus) *bellum gesserat.* (*Guerre des Gaules*, II, xxxv.) Il faut ajouter le nom de Crassus, oublié par les copistes, car si l'Anjou et la Touraine sont près de la Bretagne et de la Normandie, où Crassus avait combattu, ils sont bien éloignés de la Sambre et de la Meuse, où César avait porté la guerre.

prendre les dispositions nécessaires. Soudain ils se précipitent de toutes parts vers les retranchements et lancent une grêle de traits et de javelots (*gœsa*). Les légionnaires garnissent le rempart et ripostent. Ayant à se défendre contre des forces qui se renouvellent à chaque instant, ils sont obligés de combattre tous à la fois et de se porter sans cesse aux points les plus menacés. Les hommes fatigués, les blessés eux-mêmes ne peuvent quitter la place. Il y avait six heures que le combat durait; les Romains étaient épuisés de lassitude. Déjà les traits commençaient à leur manquer; déjà les Gaulois, avec une audace croissante, comblaient le fossé et arrachaient les palissades. On en était réduit à la dernière extrémité, quand le primipile P. Sextius Baculus, le même qui avait montré tant d'énergie à la bataille de la Sambre, et C. Volusenus, tribun des soldats, démontrent à Galba qu'il n'y a plus de salut que dans une sortie. L'avis est adopté. Sur l'ordre des centurions, les soldats se bornent à parer les traits et reprennent haleine, puis, au signal donné, s'élançant par toutes les portes, ils fondent sur l'ennemi, le mettent en déroute et en font un immense carnage; sur trente mille Gaulois dix mille environ furent tués. Malgré cette victoire, Galba, ne se croyant pas en sûreté dans un pays si difficile, au milieu de populations hostiles, ramena la 12ᵉ légion chez les Allobroges, où elle hiverna [1].

---

[1] *Guerre des Gaules*, III, vi.

CHAPITRE SIXIÈME.

AN DE ROME 698.

(Livre III des Commentaires.)

GUERRE DES VÉNÈTES. — VICTOIRE SUR LES UNELLES.
SOUMISSION DE L'AQUITAINE.
MARCHE CONTRE LES MORINS ET LES MÉNAPIENS.

Insurrection des peuples maritimes.

I. Pendant que César visitait l'Illyrie et les différentes villes de la Cisalpine, telles que Ravenne et Lucques, la guerre éclata de nouveau dans la Gaule. Voici quelle en fut la cause : le jeune P. Crassus hivernait avec la 7ᵉ légion chez les Andes, près de l'Océan. Comme le blé manquait, il envoya plusieurs préfets et tribuns militaires demander des vivres aux peuples voisins. T. Terrasidius fut député chez les Unelles [1], M. Trebius Gallus, chez les Curiosolites, Quintus Velanius avec T. Silius, chez les Vénètes. Ce dernier peuple était le plus puissant de toute la côte par son commerce et par sa marine. Ses nombreux navires lui servaient à trafiquer avec l'île de Bretagne. D'une habileté consommée dans l'art de la navigation, il dominait sur cette partie de l'Océan. Les Vénètes arrêtèrent Silius et Velanius, dans l'espoir d'obtenir en échange la restitution des otages donnés à Crassus. Leur exemple fut bientôt suivi. Les Unelles et les Curiosolites se saisirent, dans le même dessein, de Trebius et de Terrasidius; ils s'engagèrent avec les Vénètes, par l'organe de leurs chefs, à courir la même fortune, excitèrent les autres peuples maritimes

---

[1] Des manuscrits portent *Esuvios*, mais nous adoptons *Unellos*, parce que la position géographique du pays des Unelles répond mieux au récit de la campagne.

voisins à recouvrer leur liberté, et tous ensemble firent signifier à Crassus de leur renvoyer les otages, s'il voulait que ses tribuns et ses préfets lui fussent rendus.

César, alors très-loin du théâtre de ces événements, les apprit par Crassus. Il ordonna aussitôt de construire des galères sur la Loire, de tirer des rameurs des côtes de la Méditerranée, de se procurer des matelots et des pilotes. Ces mesures promptement exécutées, il se rendit à l'armée dès que la saison le permit. A la nouvelle de son approche, les Vénètes et leurs alliés, se sentant coupables d'avoir jeté dans les fers des envoyés revêtus d'un caractère inviolable, firent des préparatifs proportionnés à la grandeur du péril dont ils se voyaient menacés. Ils s'occupèrent surtout d'armer leurs navires. Leur confiance était entière : ils savaient que les marées intercepteraient les chemins au bord de la mer; ils comptaient sur la difficulté de la navigation dans ces parages inconnus, où les ports sont peu nombreux, et sur le manque de vivres, qui rendrait impossible aux Romains un long séjour dans leur pays.

Leur détermination prise, ils fortifièrent les oppidums, y transportèrent le blé des campagnes. Persuadés que le pays des Vénètes serait le premier attaqué, ils rassemblèrent tous leurs navires, sans doute dans le vaste estuaire formé par la rivière d'Auray dans la baie de Quiberon. (*Voir planche* 12.) Ils s'associèrent aux peuples maritimes de la côte, depuis l'embouchure de la Loire jusqu'à celle de l'Escaut[1], et demandèrent des secours à l'île de Bretagne[2].

---

[1] Ils s'associèrent aux Osismes (*peuple du département du Finistère*), aux Lexoviens (*département du Calvados*), aux Namnètes (*Loire-Inférieure*), aux Ambiliates (*sur la rive gauche de la Loire, au sud d'Angers*), aux Morins (*Boulonnais et évêché de Saint-Omer*), aux Diablintes (*département de la Mayenne*), aux Ménapiens (*entre le Rhin et les bouches de l'Escaut*). (*Guerre des Gaules*, III, ix.)

[2] Orose (VI, viii) confirme ce fait rapporté dans les Commentaires. (*Guerre des Gaules*, III, ix et x.)

LIVRE III, CHAPITRE VI. — CAMPAGNE DE 698.

Malgré les difficultés de cette guerre, César n'hésita pas à l'entreprendre. De graves motifs l'y engageaient : la violation du droit des gens, la rébellion après la soumission, la coalition de tant de peuples; avant tout, la crainte que l'impunité ne fût pour d'autres un encouragement. Si l'on en croit Strabon, César, aussi bien que les Vénètes, avait d'autres raisons de désirer cette guerre : d'un côté, ces derniers, en possession du commerce de la Bretagne, soupçonnaient déjà le dessein du général romain de passer dans cette île, et voulaient lui en ôter les moyens; de l'autre, celui-ci ne pouvait tenter la dangereuse entreprise d'une descente en Angleterre qu'après avoir détruit la flotte des Vénètes, seuls maîtres de l'Océan [1].

Guerre contre les Vénètes.

II. Quoi qu'il en soit, afin de prévenir de nouveaux soulèvements, César divisa son armée de manière à occuper militairement le pays. Le lieutenant T. Labienus, à la tête d'une partie de la cavalerie, fut envoyé chez les Trévires, avec la mission de visiter les Rèmes et autres peuples de la Belgique, de les maintenir dans le devoir et de s'opposer à ce que les Germains, appelés, disait-on, par les Belges, franchissent le Rhin. P. Crassus fut chargé, avec douze cohortes légionnaires et un corps nombreux de cavalerie, de se rendre dans l'Aquitaine, afin d'empêcher les habitants de cette province de grossir les forces de l'insurrection. Le lieutenant Q. Titurius Sabinus fut détaché avec trois légions pour contenir les Unelles, les Curiosolites et les Lexoviens. Le jeune D. Brutus [2], venu de la Méditerranée avec des

---

[1] « Les Vénètes combattirent sur mer contre César; ils avaient fait leurs dispositions pour l'empêcher de passer dans l'île de Bretagne, parce qu'ils étaient en possession du commerce de ce pays. » (Strabon, IV, p. 162, éd. Didot.)

[2] Il ne faut pas le confondre avec M. Junius Brutus, le meurtrier de César. Decimus Junius Brutus était fils adoptif de A. Postumius Albinus. (Voir Drumann, IV, 9, et *Appendice* D.)

galères ⁽¹⁾, reçut le commandement de la flotte accrue des navires gaulois empruntés aux Pictons, aux Santons et aux autres peuples soumis. Ses instructions lui enjoignaient de faire voile le plus tôt possible pour le pays des Vénètes. Quant à César, il s'y rendit avec le reste de l'armée de terre.

Les huit légions de l'armée romaine furent donc ainsi réparties : au nord de la Loire, trois légions ; en Aquitaine, avec Crassus, une légion et deux cohortes ; une légion sans doute sur la flotte, et deux légions, plus huit cohortes, avec le général en chef, pour entreprendre la guerre des Vénètes ⁽²⁾.

On peut admettre que César partit des environs de Nantes et se dirigea sur la Roche-Bernard, où il passa la Vilaine. Parvenu dans le pays des Vénètes, il résolut de profiter du temps qui allait s'écouler jusqu'à l'arrivée de sa flotte pour s'emparer des principaux oppidums, lieux de refuge des habitants. La plupart de ces petites forteresses de la côte des Vénètes étaient situées à l'extrémité de langues de terre ou de promontoires ; à marée haute on ne pouvait y parvenir par la terre ferme, à marée basse les abords en étaient inaccessibles aux navires, qui restaient à sec sur les bas-fonds : double obstacle pour un siége.

Les Romains les attaquèrent de la manière suivante : ils construisirent, à marée basse, sur la terre ferme, deux digues parallèles servant en même temps de terrasses (*aggere ac molibus*) et se dirigeant vers la place. Durant le cours de la construction, l'espace compris entre ces deux digues continuait à être inondé à chaque haute mer ; mais dès qu'on était parvenu à les relier à l'oppidum, cet espace, où les eaux ne pouvaient plus pénétrer, restait définitive-

---

⁽¹⁾ Dion-Cassius, XXXIX, xl.

⁽²⁾ Nous supposons dans cette énumération que la légion de Galba, cantonnée l'hiver précédent chez les Allobroges, avait rejoint l'armée.

ment à sec et présentait alors aux assiégeants une sorte de place d'armes utile pour l'attaque [1].

A l'aide de ces longs et pénibles travaux, qui élevaient les digues à la hauteur des murailles, les Romains réussirent à s'emparer de plusieurs oppidums. Mais tant de fatigues étaient en pure perte; car, aussitôt que les Vénètes croyaient leur sûreté compromise, ils évacuaient la place, s'embarquaient avec tous leurs biens sur leurs nombreux vaisseaux et se retiraient dans les oppidums voisins, dont la situation leur offrait les mêmes avantages pour une résistance nouvelle.

La plus grande partie de la belle saison s'était ainsi écoulée. César, comprenant alors que le secours de ses navires lui était indispensable, résolut de suspendre, jusqu'à l'arrivée de sa flotte, ces opérations de guerre pénibles et infructueuses, et, pour être à portée de la recevoir, il s'établit au sud de la baie de Quiberon, près de la côte, sur les hauteurs de Saint-Gildas. (*Voir planche* 12.)

Les vaisseaux de la flotte, retenus par des vents contraires, n'avaient pas encore pu sortir de l'embouchure de la Loire. Comme les Vénètes l'avaient prévu, ils naviguaient avec peine sur cette vaste mer, sujette à de hautes marées et presque entièrement dépourvue de ports. L'inexpérience des matelots et la forme même des navires ajoutaient aux difficultés.

Les vaisseaux ennemis, au contraire, étaient faits et armés de manière à lutter contre tous les obstacles; plus plats que ceux des Romains, ils avaient moins à redouter les bas-fonds et la marée basse. Construits en chêne, ils étaient à l'épreuve des chocs les plus violents; l'avant et l'arrière, très-élevés, leur permettaient d'affronter les plus fortes lames. Les bordages (*transtra*) étaient fixés avec des clous

[1] J'emprunte cette interprétation des travaux des Romains au livre si instructif du général de Gœler.

en fer, de la grosseur d'un pouce, aux membrures, qui avaient un pied d'épaisseur, et les ancres étaient retenues par des chaînes de fer, au lieu de câbles ; des peaux molles, très-amincies, servaient de voiles, soit que ces peuples manquassent de lin ou en ignorassent l'usage, soit plutôt qu'ils regardassent la toile comme insuffisante pour supporter, avec des navires si pesants, l'impétuosité des vents de l'Océan. Les navires romains ne l'emportaient que par l'agilité et l'impulsion des rames. Pour tout le reste, ceux des Vénètes étaient mieux appropriés à la nature des lieux et à la grosse mer. Par la solidité de leur construction, ils résistaient aux éperons, et par leur hauteur ils étaient à l'abri des traits et difficilement saisissables aux grappins (*copulæ*) [1].

Combat naval contre les Vénètes.

III. La flotte romaine, grâce à un vent d'est ou de nord-est, put enfin mettre à la voile [2]. Elle déboucha de la Loire

---

[1] *Guerre des Gaules*, III, xiii. — Strabon, IV, p. 162.

[2] La flotte des Vénètes, supérieure à celle des Romains par le nombre, par la grandeur des bâtiments, par le gréement et la voilure, a dû, en sortant de la rivière d'Auray par le goulet du Morbihan, venir au-devant de Brutus pour le combattre, et non l'attendre au fond d'une baie, où elle n'avait plus de retraite possible. C'est ce qui résulte du récit de César : *Ex portu profectæ, nostris adversæ constiterunt*. D'après le mémoire de M. le comte de Grandpré, capitaine de vaisseau, inséré au *Recueil de la Société des antiquaires de France*, t. II, 1820, le vent devait être est ou nord-est, car on se trouvait vers la fin de l'été. Il paraît que ces vents règnent ordinairement à cette époque, et, lorsqu'ils ont soufflé le matin, il y a calme plat vers le milieu du jour ; c'est ce qui arriva lors de ce combat : le calme survint peut-être vers midi. Il fallait, d'ailleurs, que les vents fussent entre le nord et l'est pour permettre, d'un côté, à la flotte romaine de sortir de la Loire et de faire voile vers la pointe Saint-Jacques, et, de l'autre, à la flotte des Vénètes, de quitter la rivière d'Auray. Ces derniers, dans cette position, pouvaient, en cas d'échec, se réfugier dans la baie de Quiberon ou prendre la fuite vers la haute mer, où les Romains n'auraient pas osé les suivre.

Avec des vents soufflant d'aval, n'importe de quel point, les Romains ne pouvaient venir chercher leurs ennemis, ni ces derniers se porter à leur renet se dirigea vers la baie de Quiberon et la pointe Saint-Jacques. (*Voir planche* 12.) Dès que les Vénètes l'aperçurent, ils firent sortir du port formé par la rivière d'Auray deux cent vingt navires bien armés et bien équipés, qui s'avancèrent à sa rencontre. Pendant ce temps, la flotte romaine parvint à la pointe Saint-Jacques, où elle se rangea en ordre de combat près du rivage. Celle des Vénètes se plaça en face d'elle. La bataille s'engagea sous les yeux mêmes de César et de ses troupes, qui occupaient les hauteurs de la côte.

C'était la première fois qu'une flotte romaine paraissait sur l'Océan. Tout contribua à déconcerter Brutus, ainsi que les tribuns des soldats et les centurions qui commandaient chaque vaisseau : l'impuissance des éperons contre les navires gaulois, la hauteur des poupes ennemies, qui dominaient même les tours élevées des vaisseaux romains, enfin l'inefficacité des traits lancés de bas en haut. Les chefs militaires hésitaient et avaient déjà éprouvé quelques pertes[1], lorsque, pour remédier à l'infériorité de leurs

contre. En supposant que, dans une marée, la flotte romaine fût arrivée jusqu'à l'embouchure de la Loire vers cinq heures du matin, elle pouvait se trouver vers dix heures, moment où commença le combat, entre Haedik et Sarzeau. En supposant de même que, dès cinq heures du matin, on ait signalé aux Vénètes l'approche de la flotte romaine, ils ont pu, en cinq heures, sortir de la rivière d'Auray, défiler par le goulet du Morbihan, se rallier et marcher en bataille à la rencontre des Romains, dans les parages désignés ci-dessus.

Quant à l'endroit où campait César, il est très-probable, comme nous l'avons dit, que ce fut sur les hauteurs de Saint-Gildas; car de là il voyait les dispositions de l'ennemi, apercevait de loin l'arrivée de sa flotte ; en cas d'échec, les vaisseaux romains trouvaient, sous sa protection, un asile dans la Vilaine. Ainsi, il avait ses derrières assurés, s'appuyait sur les villes de la côte qu'il avait prises, pouvait rappeler, s'il le fallait, Titurius Sabinus, et, enfin, passer la Vilaine pour mettre cette rivière entre lui et ses ennemis. Placé, au contraire, de l'autre côté de la baie de Quiberon, il aurait été enfermé dans un pays ennemi, et n'aurait eu aucun des avantages que lui offrait la position de Saint-Gildas.

[1] Dion-Cassius, XXXIX, XLI.

navires, ils imaginèrent un moyen ayant quelque analogie avec celui auquel Duillius fut redevable de sa victoire sur les Carthaginois, en 492 : ils essayèrent de désemparer les bâtiments gaulois à l'aide de gaffes (*falces*) semblables à celles dont on se servait dans l'attaque des places (*non absimili forma muralium falcium*) [1]. La *falx* était un fer à pointe et à crochet aiguisé et emmanché à de longues poutrelles qui, suspendues aux mâts par des cordages, recevaient une impulsion semblable à celle du bélier. Un ou plusieurs navires s'approchaient d'un bâtiment gaulois, et, quand leur équipage était parvenu à accrocher avec ces gaffes les cordages qui attachaient les vergues à la mâture, les matelots faisaient force de rames pour s'éloigner, de manière à rompre ou à couper les cordages. Les vergues tombaient; le vaisseau désemparé était aussitôt entouré par les Romains, qui montaient à l'abordage : alors tout dépendait de la valeur seule. Cette manœuvre eut un plein succès. Les soldats de la flotte, sachant qu'aucun trait de courage ne pouvait rester inaperçu de César et des troupes de terre, rivalisèrent de zèle, et s'emparèrent de plusieurs bâtiments ennemis. Les Gaulois songèrent à chercher leur salut dans la fuite. Déjà ils avaient tourné leurs navires au vent, lorsque tout à coup survint un calme plat. Cet incident imprévu décida la victoire. Mis dans l'impossibilité de se mouvoir, les lourds vaisseaux gaulois furent capturés l'un après l'autre; un très-petit nombre put regagner la côte à la faveur de la nuit.

La bataille, commencée vers dix heures du matin, avait duré jusqu'au coucher du soleil. Elle termina la guerre des Vénètes et des peuples maritimes de l'Océan. Ils y perdirent

---

[1] On voit en effet, dans Végèce, que le mot *falx* s'appliquait à la tête d'un bélier armé d'une pointe et d'un crochet pour détacher les pierres des murs. « Quæ (trabs) aut adunco præfigitur ferro et falx vocatur ab eo quod incurva est, ut de muro extrahat lapides. » (Végèce, IV, xiv.)

d'un seul coup toute leur jeunesse, tous leurs principaux citoyens, toute leur flotte; sans refuge, sans moyens de défendre plus longtemps leurs oppidums, ils se rendirent corps et biens. César, voulant obliger les Gaulois à respecter désormais le droit des gens, fit mettre à mort tout le sénat et vendre à l'encan le reste des habitants.

Ce châtiment cruel lui a été justement reproché; cependant ce grand homme donna si souvent des preuves de sa clémence envers les vaincus, qu'il dut céder à des raisons politiques bien puissantes pour ordonner une exécution si contraire à ses habitudes et à son caractère. D'ailleurs c'était un triste effet de la guerre d'exposer sans cesse les chefs des États gaulois aux ressentiments des vainqueurs et aux colères de la foule. Tandis que le général romain punissait le sénat des Vénètes de sa défection et de sa résistance opiniâtre, les Aulerques-Éburovices et les Lexoviens égorgeaient le leur, qui voulait les empêcher de se joindre à l'insurrection [1].

Victoire de Sabinus sur les Unelles.

IV. En même temps que ces événements se passaient chez les Vénètes, Q. Titurius Sabinus remportait une victoire décisive sur les Unelles. A la tête de cette nation et des autres États révoltés était Viridovix, auquel s'étaient joints, depuis quelques jours, les Aulerques-Éburovices et les Lexoviens. Ses troupes s'étaient grossies d'une multitude d'hommes sans aveu accourus de tous les points de la Gaule, dans l'espoir du pillage. Sabinus, parti, croyons-nous, des environs d'Angers avec ses trois légions, arriva dans le pays des Unelles et y choisit, pour camper, une position avantageuse sous tous les rapports. Il s'établit sur une colline appartenant à la ligne des hauteurs qui séparent le bassin de la Sée de celui de la Célune, là où se voient

---

[1] *Guerre des Gaules*, III, xvii.

aujourd'hui les vestiges d'un camp dit *du Chastellier* [1]. (*Voir planche* 13). Cette colline est défendue, à l'ouest, par des escarpements; au nord, le terrain descend, à partir de son sommet, par une pente douce d'environ 1,000 pas (1,500 mètres) jusqu'aux bords de la Sée. Viridovix vint prendre position en face du camp romain, à deux milles de distance, sur les hauteurs de la rive droite du cours d'eau; chaque jour il déployait ses troupes, et présentait inutilement la bataille. Sabinus restant prudemment renfermé dans son camp, son inaction lui avait attiré les sarcasmes de ses soldats et à tel point le mépris des ennemis que ceux-ci s'avançaient jusqu'au pied des retranchements. Il estimait qu'en face de troupes si nombreuses, un lieutenant ne devait pas, en l'absence de son général en chef, livrer bataille, à moins d'avoir pour soi toutes les chances de succès. Mais, non content d'avoir convaincu les ennemis de son impuissance, il voulut encore user d'un stratagème; il décida un Gaulois adroit et rusé à se rendre auprès de Viridovix en se faisant passer pour déserteur, et à répandre le bruit que les Romains, la nuit suivante, quitteraient secrètement leur camp afin d'aller au secours de César. A cette nouvelle, les barbares s'écrient qu'il faut saisir une occasion favorable de marcher contre les Romains, et n'en laisser échapper aucun. Pleins d'ardeur, ils contraignent Viridovix à donner l'ordre de prendre les armes; déjà sûrs de la victoire, ils se chargent de branches et de broussailles pour combler les fossés, et s'élancent à l'assaut des retranchements. Dans l'espoir de ne pas laisser aux Romains le temps de se rassembler et de s'armer, ils s'y portent d'une course rapide et arrivent hors d'haleine; mais Sabinus se

---

[1] Cette position est à 7 kilomètres à l'est d'Avranches. Les vestiges encore visibles du Chastellier sont probablement ceux d'un camp fait à une époque postérieure à la guerre des Gaules, mais nous pensons que Sabinus avait établi le sien sur ce même emplacement.

tenait sur ses gardes; au moment opportun il commande de faire une brusque sortie par deux portes, et de tomber sur les ennemis embarrassés de leurs fardeaux. L'avantage du lieu, l'inhâbileté et la fatigue des Gaulois, la valeur des Romains, tout contribua au succès. Les barbares, poursuivis par la cavalerie, furent taillés en pièces. Les peuples voisins se soumirent aussitôt.

César et Sabinus apprirent en même temps, l'un la victoire sur les Unelles, l'autre l'issue du combat contre les Vénètes[1].

Conquête de l'Aquitaine par P. Crassus.

V. Presque à la même époque P. Crassus, détaché, comme on l'a vu, avec douze cohortes et un corps de cavalerie, arriva en Aquitaine, qui, d'après les Commentaires, formait la troisième partie de la Gaule[2]. Il crut ne pas pouvoir déployer trop de prudence dans un pays où, peu d'années auparavant, le lieutenant L. Valerius Prœconinus avait perdu son armée et la vie, et le proconsul L. Mallius subi un grand échec. Après avoir pourvu aux vivres, réuni des auxiliaires et choisi nominativement les hommes les plus courageux de Toulouse et de Narbonne, il fit entrer son armée sur les terres des Sotiates, qui, très-nombreux, et forts surtout en excellente cavalerie, attaquèrent l'armée romaine pendant sa marche. Leurs cavaliers furent d'abord repoussés et poursuivis; mais, démasquant tout à coup leur infanterie embusquée dans un défilé (*in convalle*), ils chargèrent les Romains dispersés, et le combat recommença avec acharnement.

Fiers de leurs anciennes victoires, les Sotiates croyaient par leur valeur sauver l'Aquitaine; de leur côté, les troupes de Crassus voulaient montrer ce qu'elles pouvaient faire

[1] *Guerre des Gaules*, III, xix.

[2] César, après avoir dit, dans le premier livre des Commentaires, que l'Aquitaine était une des trois parties de la Gaule, avance ici qu'elle en forme le tiers par son étendue et sa population; ce qui est inexact.

9.

sous un jeune chef, éloignées de leur général et des autres légions. Enfin, la victoire resta aux Romains. Crassus poursuivit sa marche, et, arrivé devant l'oppidum des Sotiates (*ville de Sos*), tenta de l'enlever par un coup de main; mais la résistance énergique qui lui fut opposée le força de recourir aux galeries couvertes et aux tours. Les ennemis tantôt faisaient des sorties, tantôt creusaient des galeries souterraines poussées jusque sous les ouvrages des assiégeants (travail familier aux Aquitains, à cause des nombreuses mines qu'ils exploitaient); toutefois, leurs efforts échouant contre l'activité des soldats romains, ils demandèrent à se rendre. Crassus accepta leur soumission, et les Sotiates livrèrent leurs armes. Sur ces entrefaites, Adiatunnus[1], chef suprême du pays, suivi de six cents hommes éprouvés, appelés *soldures*, tenta une sortie d'un autre côté de la ville. Aux clameurs qui s'élevèrent, les Romains coururent aux armes; et, après une lutte des plus vives, ils le rejetèrent dans l'oppidum; cependant Crassus lui accorda les mêmes conditions qu'aux autres.

Les armes et les otages reçus, Crassus partit pour le pays des Vasates et des Tarusates. Mais les barbares, loin de se décourager de la chute si prompte d'un oppidum fortifié par la nature et par l'art, se liguent entre eux, lèvent des troupes et demandent aux peuples de l'Espagne citérieure, limitrophe de l'Aquitaine, des secours et des chefs. Anciens compagnons d'armes de Q. Sertorius, ces chefs jouissaient d'une grande réputation militaire, et, dans leurs dispositions comme dans la manière de fortifier leurs camps, imitaient les Romains. Crassus avait trop peu de troupes pour les étendre au loin, tandis que les ennemis lançaient de tous côtés des détachements qui interceptaient les vivres.

---

[1] Nicolas de Damas (dans Athénée, *Banquet des Sophistes*, VI, 249) écrit ainsi le nom du roi, *Adiatomus*, et ajoute que les *soldurii* étaient vêtus d'habits royaux.

Enfin, leur nombre augmentant de jour en jour, il comprit que la bataille ne devait plus être différée. Le conseil assemblé fut de son avis, et le combat fixé au lendemain.

Au point du jour, les troupes romaines sortirent du camp et se formèrent sur deux lignes, avec les auxiliaires au centre; dans cette position, elles attendirent les barbares. Ceux-ci, confiants dans leur nombre, pleins du souvenir de leur ancienne gloire, pensaient avoir facilement raison de la faible armée romaine. Ils trouvèrent cependant plus prudent d'obtenir la victoire sans coup férir, persuadés qu'en interceptant les approvisionnements de Crassus, ils le forceraient à la retraite et l'attaqueraient avec avantage dans les embarras de sa marche. Renfermés dans leur camp, ils le laissèrent donc ranger ses troupes et offrir la bataille. Mais cette temporisation calculée, qui avait toute l'apparence de la crainte, alluma, au contraire, l'ardeur des Romains : ils demandèrent à grands cris à marcher sans retard contre l'ennemi. Crassus cède à leur impatience et les conduit en avant. Les uns remplissent le fossé, les autres chassent par une grêle de traits les barbares debout sur le rempart. Les auxiliaires, sur lesquels on ne pouvait guère compter pour l'action, rendent néanmoins d'utiles services : ils passent les pierres et les traits, ou portent des mottes de gazon pour combler le fossé. Cependant l'ennemi résistait avec opiniâtreté, lorsque des cavaliers vinrent informer Crassus que, du côté de la porte Décumane, le camp n'était pas aussi bien fortifié et que l'accès en était facile[1]. Il recommande alors aux préfets de la cavalerie d'exciter l'ardeur de leurs soldats par l'espoir des récompenses, leur ordonne de prendre les cohortes qui, laissées à la garde du camp, n'avaient pas encore combattu, et de les mener par un long détour au lieu indiqué comme étant le moins

---

[1] Ce combat a cela de remarquable, que c'est le seul de toute la guerre des Gaules où les Romains attaquent un camp gaulois fortifié.

134   HISTOIRE DE JULES CÉSAR.

défendu. Tandis que les barbares sont uniquement préoccupés de l'attaque principale, ces cohortes se précipitent dans le camp ; à la clameur qui s'élève, les assaillants, conduits par Crassus, redoublent d'efforts. Les barbares, enveloppés de toutes parts, perdent courage, s'élancent hors des retranchements et cherchent leur salut dans la fuite. La cavalerie les atteignit en rase campagne, et, de cinquante mille Aquitains ou Cantabres, un quart à peine lui échappa ; elle ne regagna le camp que fort avant dans la nuit.

A la nouvelle de cette victoire, la plus grande partie des peuples de l'Aquitaine [1] se rendirent à Crassus et lui envoyèrent spontanément des otages ; quelques-uns cependant, plus éloignés et comptant sur la saison avancée, ne voulurent pas faire leur soumission [2].

Marche contre les Morins et les Ménapiens.

VI. Vers le même temps César, malgré la fin prochaine de la belle saison, marcha contre les Morins et les Ménapiens, qui seuls, après l'entière pacification de la Gaule, restaient en armes et ne lui avaient pas envoyé de députés. Ces peuples n'avaient pas de villes ; ils demeuraient dans des cavernes [3] ou sous la tente [4]. Instruits par l'exemple de leurs voisins, ils se gardèrent de livrer des batailles rangées, et se retirèrent au milieu des bois et des marais. César, arrivé dans leur pays, fut surpris par eux au moment où il commençait à fortifier son camp. Il les rejeta dans les bois, non sans éprouver quelques pertes ; puis, pour se frayer un chemin spacieux dans la forêt devenue leur asile, il fit abattre les arbres qui se trouvaient entre lui et l'en-

---

[1] De ce nombre étaient les Tarbelles, les Bigerrions, les Ptianes, Vasates, Tarusates, Élusates, Gaites, Ausques, Garumniens, Sibuzates et Cocosates.

[2] *Guerre des Gaules*, III, xxvii.

[3] Pline, *Histoire naturelle*, III, x, 6.

[4] Dion-Cassius, XXXIX, xliv.

nemi, et, les entassant à droite et à gauche, il en forma deux remparts qui le garantissaient des attaques de flanc. Ce travail fut achevé en peu de jours sur une grande étendue, avec une incroyable célérité. Déjà César était parvenu à atteindre le refuge des Morins et des Ménapiens, qui s'enfonçaient de plus en plus dans l'épaisseur des forêts; déjà il s'était emparé de leurs troupeaux et des bagages demeurés en arrière, lorsque des pluies torrentielles, ne permettant plus de tenir les soldats sous la tente, l'obligèrent à se retirer [1]. Il ravagea le pays, brûla les habitations et ramena l'armée, qu'il mit en quartiers d'hiver (entre la Seine et la Loire) chez les Aulerques, les Lexoviens et les autres peuples récemment vaincus [2].

Observations. VII. La guerre de 698, dirigée presque exclusivement contre les peuples des côtes de l'Océan, démontre clairement que dès cette époque César avait l'intention de faire une expédition dans l'île de Bretagne, car non-seulement il détruit l'unique flotte importante qui puisse lui être opposée, celle des Vénètes, mais il subjugue par lui-même, ou par ses lieutenants, toutes les contrées qui s'étendent depuis Bayonne jusqu'à l'embouchure de l'Escaut.

Il est à remarquer combien les Romains étaient supérieurs aux barbares par la discipline, la tactique et l'art des sièges; avec quelle facilité ils élevaient des terrasses, des digues, ou abattaient promptement une forêt pour s'y frayer un passage. Certes, c'est au génie de César que revient la gloire de ces éclatants succès; mais il faut aussi reconnaître qu'il avait sous ses ordres la meilleure armée du monde et les hommes les plus expérimentés dans le métier de la

[1] César n'a jamais soumis entièrement le nord-ouest de la Gaule. (Voir Salluste, cité par Ammien Marcellin, XV, xii.) Encore, sous le règne d'Auguste, en 724 et 726, on a triomphé sur les Morins.

[2] *Guerre des Gaules*, III, xxix.

guerre. Parmi ceux-ci étaient les chefs préposés aux machines et aux travaux de siége, nommés *præfecti fabrum*. Ils lui rendirent les plus signalés services. On cite L. Cornelius Balbus [1], qui prépara le matériel de son armée pendant son consulat, et Mamurra [2], qui, malgré le mal qu'en dit Catulle dans ses satires, fit preuve de grand talent pendant la guerre des Gaules.

[1] « In prætura, in consulatu præfectum fabrum detulit. » (Cicéron, *Discours pour Balbus*, XXVIII.)

[2] Mamurra, chevalier romain, né à Formies. (Pline, *Histoire naturelle*, XXXVI, VII.)

CHAPITRE SEPTIÈME.

AN DE ROME 699.

(Livre IV des Commentaires.)

INCURSIONS DES USIPÈTES ET DES TENCTÈRES. — PREMIER PASSAGE DU RHIN.
PREMIÈRE DESCENTE EN BRETAGNE.
CHATIMENT DES MORINS ET DES MÉNAPIENS.

Marche de César contre les Usipètes et les Tenctères.

I. Les Usipètes et les Tenctères, peuples germains refoulés par les Suèves, erraient depuis trois ans dans diverses contrées de la Germanie, lorsque pendant l'hiver de 698 à 699 ils prirent le parti de passer le Rhin ; ils envahirent le territoire des Ménapiens, établis sur les deux rives, les surprirent, les taillèrent en pièces, traversèrent le fleuve non loin de son embouchure (vers Clèves [1] et

[1] Depuis Xanten jusqu'à Nimègue, sur une longueur de 50 kilomètres, s'étend une ligne de hauteurs, qui forment une barrière le long de la rive gauche du Rhin. Selon toute apparence, le fleuve coulait, du temps de César, au pied même de ces hauteurs, mais aujourd'hui il s'en éloigne, et à Emmerich, par exemple, il en est à 8 kilomètres. Cette chaîne, dont le versant oriental est escarpé, n'offre que deux passages : l'un par une large trouée à Xanten même, au nord de la montagne dite *le Furstenberg*, l'autre par une gorge d'un accès facile, s'ouvrant à Qualbourg, près de Clèves. Ces deux passages étaient tellement indiqués comme les entrées de la Gaule dans ces régions, qu'après la conquête, les Romains les fermèrent en fortifiant le Furstenberg (*Castra vetera*), et en fondant, dans deux îles que le Rhin formait en face de ces entrées, la *Colonia Trajana*, aujourd'hui Xanten, et *Quadriburgium*, aujourd'hui Qualbourg. L'existence de ces îles facilitait à cette époque le passage du Rhin, et, selon toute probabilité, c'est vis-à-vis des deux localités nommées ci-dessus que les Usipètes et les Tenctères franchirent le fleuve pour pénétrer dans la Gaule.

Xanten) (*Voir planche* 14), et, après s'être emparés de tout le pays, vécurent, le reste de l'hiver, des approvisionnements qu'ils y trouvèrent.

César comprit qu'il fallait se défier de l'impression que cette invasion produirait sur l'esprit des Gaulois. Il était à craindre qu'ils ne tentassent de se soulever avec l'assistance des Germains qui venaient de passer le Rhin.

Pour parer au danger, César franchit les monts plus tôt qu'à l'ordinaire (*maturius quam consuerat*) et rejoignit l'armée chez les Aulerques et les Lexoviens, entre Loire et Seine, où elle hivernait. Ses appréhensions n'étaient que trop fondées. Plusieurs peuples gaulois avaient engagé les Germains à quitter les rives du Rhin pour pénétrer plus avant dans l'intérieur. Empressés de répondre à cet appel, ces derniers s'étendirent bientôt au loin, et déjà quelques-uns d'entre eux étaient parvenus jusque chez les Éburons et les Condruses, ceux-ci, clients des Trévires. A cette nouvelle, César convoqua les chefs gaulois qui avaient attiré les Germains, feignit d'ignorer leur conduite, leur adressa de bonnes paroles, obtint d'eux de la cavalerie, et, après avoir assuré les vivres, se mit en marche contre cette nouvelle irruption de barbares. Il prévoyait une guerre redoutable, car le nombre des Tenctères et des Usipètes ne s'élevait pas à moins de quatre cent trente mille individus, hommes, femmes et enfants. Si l'on admet que chez ces peuples la proportion du nombre des hommes capables de porter les armes fût la même que dans l'émigration des Helvètes, c'est-à-dire du quart de la population totale, on voit que les Romains allaient avoir à combattre plus de cent mille ennemis [1].

---

[1] Le récit de cette campagne est fort obscur dans les Commentaires. Florus (III, x) et Dion-Cassius ajoutent aux obscurités; le premier, en plaçant le lieu de la défaite des Usipètes et des Tenctères vers le confluent de la Moselle et du Rhin, le deuxième, en écrivant que César atteignit les Germains dans le pays

Sans savoir exactement le chemin que parcourut César, on peut supposer qu'il concentra promptement son armée sur la basse Seine, pour la porter vers le nord, à Amiens, où il convoqua les chefs gaulois qui avaient sollicité l'appui des Germains. Il suivit, depuis Amiens, la route qui passe par Cambrai, Bavay, Charleroy, Tongres et Maëstricht, où il traversa la Meuse. (*Voir planche* 14.) Il n'était plus qu'à peu de journées des Germains, lorsque des députés vinrent, dans un langage assez fier, proposer un arrangement : « Chassés de leur pays, ils n'ont pas pris l'initiative de la guerre, mais ils ne chercheront pas à l'éviter. Les Germains ont appris de leurs ancêtres, quel que soit l'agresseur, à recourir aux armes, jamais aux prières; ils peuvent être des alliés utiles aux Romains, si on leur donne des terres ou si on leur laisse celles qu'ils ont conquises. D'ailleurs, hormis les Suèves, que n'égalent pas les dieux eux-mêmes, ils ne connaissent aucun peuple capable de leur résister. » César

des Trévires. Plusieurs auteurs ont attribué au récit de ces deux historiens plus de créance qu'à celui de César lui-même, et ils expliquent cette campagne tout autrement que nous. Le général de Gœler, entre autres, a compris que l'émigration des Germains s'était avancée jusque dans le pays des Condruses, où César les aurait atteints, et qu'il les avait refoulés de l'ouest à l'est, dans l'angle formé par la Moselle et le Rhin. Après les recherches dont a bien voulu se charger M. de Cohausen, major de l'armée prussienne, et qui ont donné le même résultat que celles de MM. Stoffel et de Locqueyssie, nous regardons cette explication de la campagne comme inadmissible. Il suffirait, pour justifier cette assertion, de considérer que le pays situé entre la Meuse et le Rhin, au sud d'Aix-la-Chapelle, est trop accidenté et trop aride pour que l'émigration germaine, composée de quatre cent trente mille individus, hommes, femmes et enfants, avec chariots, ait pu s'y mouvoir et y subsister. En outre, il ne s'y trouve aucune trace de voies anciennes, et si César avait pris cette direction, il aurait dû nécessairement traverser la forêt des Ardennes, ce qu'il n'eût pas manqué de faire connaître. D'ailleurs, n'est-il pas plus probable qu'à la nouvelle de l'approche de César, au lieu de se diriger vers les Ubiens, qui ne leur étaient pas favorables, les Germains, d'abord répandus sur un vaste territoire, se soient concentrés vers la partie la plus reculée du pays fertile dont ils s'étaient emparés, celui des Ménapiens?

leur imposa, pour première condition, de quitter la Gaule, en leur disant : « Ceux qui n'ont pas su défendre leurs terres ne doivent pas prétendre aux terres d'autrui; » et il leur offrit de se fixer chez les Ubiens, qui imploraient son appui contre les Suèves. Les députés promirent de rapporter dans trois jours la réponse à cette proposition; en attendant, ils le priaient de suspendre sa marche. César pensa que cette demande n'était qu'un subterfuge pour avoir le temps de rappeler leur cavalerie, envoyée depuis quelques jours faire du butin et des vivres chez les Ambivarites[1], au delà de la Meuse. Il rejeta leur prière et continua de s'avancer.

A l'époque fixée, César, ayant dépassé les lieux où se trouve aujourd'hui Venloo, n'était plus qu'à douze milles de l'ennemi; les députés revinrent comme ils l'avaient dit. Ils rencontrèrent l'armée en marche, et supplièrent avec de vives instances qu'elle n'allât pas plus loin. Ne pouvant obtenir cette concession, ils demandèrent qu'au moins la cavalerie, qui formait l'avant-garde, n'engageât pas l'action et qu'on leur accordât un délai de trois jours, pendant lesquels ils députeraient chez les Ubiens; si ces derniers s'obligeaient, par serment, à les recevoir, ils accepteraient les conditions de César. Celui-ci ne fut pas dupe de cette nouvelle ruse, et cependant leur promit de n'avancer ce jour-là que de quatre milles, pour trouver de l'eau. Il les invita, en outre, à se représenter le lendemain en grand nombre; sa cavalerie reçut l'ordre de ne pas provoquer le combat, de se borner, si elle était attaquée, à tenir ferme, et à attendre l'arrivée des légions.

En apprenant que César s'approchait de la Meuse et du Rhin, les Usipètes et les Tenctères s'étaient concentrés vers

---

[1] Les Ambivarites étaient établis sur la rive gauche de la Meuse, à l'ouest de Ruremonde, au sud des marais de Peel.

le confluent de ces deux fleuves, dans la partie la plus reculée du pays des Ménapiens, et ils s'étaient établis sur la rivière de la Niers, dans les plaines de Goch. César, de son côté, à partir de Venloo, avait appuyé à droite pour marcher à la rencontre de l'ennemi. Comme au nord de la Rœr il n'existe, entre le Rhin et la Meuse, aucun autre cours d'eau que la Niers, il dut évidemment s'avancer jusqu'à cette rivière pour trouver de l'eau : il en était à quatre milles lorsqu'il rencontra, vers StræLen, la députation germaine.

L'avant-garde, forte de cinq mille chevaux, marchait sans défiance, comptant sur la trêve convenue. Tout à coup huit cents cavaliers, les seuls dont disposassent les Germains, depuis que la majeure partie de leur cavalerie avait passé la Meuse, se précipitent sur celle de César du plus loin qu'ils l'aperçoivent. En un instant le désordre se met dans ses rangs. A peine s'est-elle reformée que, suivant leur coutume, les cavaliers germains s'élancent à terre, éventrent les chevaux, renversent les hommes, qui fuient épouvantés jusqu'à la vue des légions. Soixante et quatorze cavaliers périrent, parmi lesquels l'Aquitain Pison, homme d'une haute naissance et d'un grand courage, dont l'aïeul avait exercé le pouvoir souverain dans son pays et obtenu du sénat le titre d'ami. Son frère, en voulant le sauver, se fit tuer avec lui.

Cette attaque était une violation flagrante de la trêve, aussi César résolut-il de ne plus entrer en négociation avec un ennemi si déloyal. Frappé de l'impression produite, par ce seul combat, sur l'esprit mobile des Gaulois, il ne voulut pas leur laisser le temps de la réflexion, et se décida à ne plus différer la bataille; d'ailleurs donner aux Germains le loisir d'attendre le retour de leur cavalerie eût été insensé. Le lendemain matin leurs chefs vinrent au camp en grand nombre comme pour se justifier de l'attaque de la veille malgré la convention, mais, en réalité, pour obtenir par supercherie une prolongation de la trêve. César, satisfait de les voir se livrer d'eux-mêmes, crut devoir user de représailles, et ordonna de les arrêter. L'armée romaine, alors campée sur la Niers, n'était plus qu'à huit milles des Germains [1].

> Déroute des Usipètes et des Tenctères.

II. César fit sortir toutes les troupes de son camp, forma l'infanterie sur trois lignes [2], et plaça à l'arrière-garde la cavalerie, encore intimidée par le dernier combat. Après avoir parcouru rapidement la distance qui le séparait des Germains, il les atteignit à l'improviste. Frappés de terreur à l'apparition subite de l'armée, déconcertés par l'absence de leurs chefs, ils n'eurent le temps ni de délibérer ni de prendre les armes, et hésitèrent un moment entre le parti de la fuite et celui de la résistance [3]. Tandis que les cris et le désordre annoncent leur frayeur, les Romains, animés par la perfidie de la veille, fondent sur leur camp. Ceux des Germains qui peuvent assez promptement courir aux armes tentent de se défendre, et combattent entre les bagages et les chariots. Mais les femmes et les enfants se sauvent de tous côtés. César lance la cavalerie à leur poursuite. Dès que les barbares qui luttaient encore entendent derrière eux les cris des fuyards et voient le massacre des leurs, ils jettent les armes, abandonnent les enseignes, et se précipitent hors du camp. Ils ne cessent de fuir que, parvenus au confluent du Rhin et de la Meuse, où les uns sont massacrés et les

---

[1] *Guerre des Gaules*, IV, xiii.

[2] « Acie triplici instituta. » Quelques auteurs ont traduit ces mots par « l'armée fut formée en trois colonnes ; » mais César, opérant dans un pays totalement découvert et plat, et voulant surprendre une grande masse d'ennemis, devait marcher en ordre de bataille, ce qui n'empêchait pas chaque cohorte d'être en colonne.

[3] Atteints à l'improviste dans l'après-midi pendant qu'ils dormaient. (Dion-Cassius, XXXIX, xlviii.)

autres engloutis dans le fleuve [1]. Cette victoire, qui ne coûta pas un seul homme aux Romains, les délivra d'une guerre formidable. César rendit la liberté aux chefs qu'il avait retenus; mais ceux-ci, redoutant la vengeance des Gaulois, dont ils avaient ravagé les terres, préférèrent rester auprès de lui [2].

<small>Premier passage du Rhin.</small>

III. Après un succès si éclatant, César, pour en assurer les résultats, crut qu'il lui importait de franchir le Rhin et d'aller trouver les Germains chez eux. A cet effet il devait choisir le point de passage là où, sur la rive droite, habitait un peuple ami, les Ubiens. L'étude de cette campagne et des suivantes nous porte à croire que ce fut à Bonn [3]. Du

---

[1] L'étude des lits abandonnés du Rhin porte à croire que le confluent du Waal et de la Meuse, qui de nos jours est près de Gorcum, se trouvait alors beaucoup plus à l'est, vers le fort Saint-André. César ne se serait donc pas trompé en comptant 80 milles depuis la jonction du Waal et de la Meuse jusqu'à l'embouchure de ce dernier fleuve.

[2] *Guerre des Gaules*, IV, xiv, xv.

[3] Les raisons suivantes nous ont fait adopter Bonn comme le point où César a franchi le Rhin.

Les Commentaires nous apprennent qu'en 699 il déboucha dans le pays des Ubiens et que, deux ans après, ce fut un peu au-dessus (*paulum supra*) du premier pont qu'il en établit un autre, lequel joignait les territoires des Trévires et des Ubiens. Or tout porte à croire que, dans le premier passage comme dans le second, le pont fut jeté entre les frontières des mêmes peuples; car nous ne pouvons admettre avec quelques auteurs que les mots *paulum supra* s'appliquent à une distance de plusieurs lieues. Quant à ceux qui supposent que le passage s'est effectué à Andernach, parce que, changeant avec Florus la Meuse (*Mosa*) en Moselle, ils placent le lieu de la défaite des Germains au confluent de la Moselle et du Rhin, nous avons donné les raisons qui repoussent cette opinion. Nous avons cherché à prouver, en effet, que la bataille contre les Usipètes et les Tenctères a eu pour théâtre le confluent de la Meuse et du Rhin, et, puisqu'en traversant ce dernier fleuve César a passé du pays des Trévires dans celui des Ubiens, il faut reconnaître qu'après sa victoire il a dû nécessairement remonter la vallée du Rhin pour se rendre du territoire des Ménapiens chez les Trévires jusqu'à la hauteur du territoire des Ubiens, établis sur la rive droite.

Cela posé, il reste à déterminer, dans les limites assignées à ces deux der-

champ de bataille il remonta donc la vallée du Rhin ; il suivit une direction indiquée par les localités ci-après : Gueldres, Crefeld, Neuss, Cologne et Bonn. (*Voir planche* 14.) Avant tout, l'intention de César était d'arrêter cet entraînement des Germains à se jeter sur la Gaule, de leur inspirer des craintes pour leur propre sûreté, et de leur prouver que l'armée romaine oserait et pourrait franchir un grand fleuve. Il avait d'ailleurs un motif plausible pour pénétrer en Germanie, c'était le refus des Sicambres de lui livrer les cavaliers usipètes et tenctères qui s'étaient réfugiés chez eux après la bataille. A sa demande, les Sicambres avaient

niers peuples, le point de passage le plus probable. Jusqu'ici on avait adopté Cologne ; mais, pour répondre aux données des Commentaires, Cologne nous semble beaucoup trop au nord. Effectivement dans la campagne de 701, César, parti des bords du Rhin, traversa de l'est à l'ouest la forêt des Ardennes, passa à proximité des Sègnes et des Condruses, puisqu'ils le supplièrent d'épargner leur territoire, et se dirigea sur Tongres. S'il était parti de Cologne, il n'aurait pas traversé les contrées dont il est question. De plus, dans cette même année, 2,000 cavaliers sicambres franchirent le Rhin à 30 milles au-dessous du pont de l'armée romaine. Or, si ce pont avait été construit à Cologne, le point de passage des Sicambres à 30 milles en aval se serait trouvé à une très-grande distance de Tongres, où cependant ils semblent être arrivés assez rapidement.

Tout s'explique, au contraire, si l'on adopte Bonn comme point de passage. Pour aller de Bonn à Tongres, César se dirigeait, ainsi que le veut le texte, à travers la forêt des Ardennes ; il passait chez les Sègnes et les Condruses, ou tout près d'eux ; et les Sicambres, franchissant le Rhin à 30 milles au-dessous de Bonn, débouchaient par la ligne la plus courte du Rhin à Tongres. D'ailleurs on ne peut placer le point de passage de César, ni plus bas, ni plus haut que Bonn. Plus bas, c'est-à-dire vers le nord, les divers incidents relatés dans les Commentaires sont sans application possible au théâtre des événements ; plus haut, vers le sud, de Bonn à Mayence, le Rhin coule sur un lit rocheux où les pilots n'auraient pu être enfoncés, et n'offre, entre les montagnes qui le bordent, aucun point de passage favorable. Ajoutons que César se serait éloigné beaucoup trop du pays des Sicambres, dont le châtiment était le motif avoué de son expédition.

Un fait mérite aussi d'être pris en considération : c'est que, moins de cinquante ans après les campagnes de César, Drusus, pour se porter contre les Sicambres, c'est-à-dire contre le même peuple que César se proposait de combattre, traversa le Rhin à Bonn. (Florus, IV, xii.)

répondu que l'empire du peuple romain finissait au Rhin, qu'au delà César n'avait rien à prétendre. En même temps les Ubiens, qui, seuls des peuples d'outre-Rhin, avaient recherché son alliance, demandaient sa protection contre les Suèves, qui les menaçaient plus sérieusement que jamais. Il lui suffirait, disaient-ils, de se montrer sur la rive droite du Rhin pour garantir leur sécurité, tant était grand le renom de l'armée romaine chez les nations germaines les plus reculées, depuis la défaite d'Arioviste et la dernière victoire; ils lui offrirent des bateaux pour le passage du fleuve. César déclina cette offre. Il lui parut indigne de lui et du peuple romain d'avoir recours à des barbares, et peu sûr de faire transporter l'armée sur des bateaux. Aussi, malgré les obstacles qu'opposait un fleuve large, profond et rapide, il se décida à jeter un pont.

C'était la première fois qu'une armée régulière tentait de franchir le Rhin. Voici quel fut le mode de construction du pont. (*Voir planche* 15.) Deux arbres (probablement en grume) d'un pied et demi d'épaisseur, taillés en pointe à l'une de leurs extrémités, et d'une longueur proportionnée à la profondeur du fleuve, furent jumelés à deux pieds d'intervalle l'un de l'autre, au moyen de plusieurs traverses; descendus dans l'eau et mis en fiche à l'aide de machines placées sur des bateaux accouplés, ils furent enfoncés à coups de mouton, non verticalement comme des pieux ordinaires, mais obliquement, en les inclinant dans le sens du courant. En face, et à quarante pieds en aval, on disposa un autre couple de pilots assemblés de la même manière, mais inclinés dans un sens opposé, afin de résister à la violence du fleuve. Dans l'intervalle laissé entre les deux pilots de chaque couple, on logea une grande poutre, appelée *chapeau*, de deux pieds d'équarrissage; ces deux couples (*hæc utraque*) furent reliés entre eux de chaque côté, à partir de l'extrémité supérieure, par deux liens en bois (*fibulæ*), de sorte qu'ils ne pouvaient ni s'écarter ni se rapprocher l'un de l'autre, et présentaient, d'après les Commentaires, un ensemble d'une solidité si grande que la force de l'eau, loin de l'ébranler, en resserrait toutes les parties[1]. Ce système constituait une palée du pont; on établit autant de palées que l'exigeait la largeur du fleuve. Le Rhin à Bonn ayant environ 430 mètres de largeur, le pont devait se composer de cinquante-six travées, en supposant chacune de celles-ci de 26 pieds romains (7^m,70) de longueur. Par conséquent les palées étaient au nombre de cinquante-quatre. Le tablier fut formé de longerons allant d'un chapeau à l'autre, sur lesquels on plaça, en travers, des longuerines qu'on recouvrit de claies. Outre cela, on enfonça obliquement, en aval de chaque palée, un pilot qui, placé en arc-boutant (*pro ariete subjectæ*), et relié avec elle, augmentait sa résistance contre le courant. D'autres pilots furent également enfoncés à peu de distance, en amont des palées, de manière à former des estacades, destinées à arrêter les troncs d'arbres et les bateaux que les barbares pourraient lancer afin de rompre le pont.

Ces travaux furent achevés en dix jours, y compris le temps employé au transport des matériaux. César fit passer le fleuve à son armée, laissa une forte garde à chaque extrémité du pont, et s'avança vers le territoire des Sicambres, en remontant, semble-t-il, les vallées de la Sieg

---

[1] La phrase suivante a donné lieu à diverses interprétations :

« Hæc utraque, insuper bipedalibus trabibus immissis, quantum eorum tignorum junctura distabat, binis utrimque fibulis ab extrema parte distinebantur; quibus disclusis atque in contrariam partem revinctis, tanta erat operis firmitudo atque ea rerum natura, ut, quo major vis aquæ se incitavisset hoc artius illigata tenerentur. » (*Guerre des Gaules*, IV, xvii.)

On n'a pas observé jusqu'ici que les mots *hæc utraque* se rapportent aux deux couples d'une palée et non aux deux pilots d'un même couple. En outre, les mots *quibus disclusis, etc.* se rapportent à ces mêmes deux couples et non, comme on l'a cru, à *fibulis*.

et de l'Agger. (*Voir planche* 14.) Pendant sa marche, les députés de divers peuples vinrent solliciter son alliance. Il leur fit un accueil bienveillant et exigea des otages. Quant aux Sicambres, dès le commencement des travaux du pont ils avaient fui dans les déserts et dans les forêts, effrayés par les récits des Usipètes et des Tenctères, réfugiés chez eux.

César ne séjourna que dix-huit jours au delà du Rhin; pendant ce temps il ravagea le territoire des Sicambres, revint chez les Ubiens, et promit de les secourir s'ils étaient attaqués par les Suèves. Ceux-ci s'étant retirés au centre de leur pays, il renonça à les combattre, et crut ainsi avoir accompli son dessein.

Il est évident, d'après ce qui précède, que le but de César n'était pas de faire la conquête de la Germanie, mais de frapper un grand coup pour dégoûter les barbares de leurs fréquentes incursions au delà du Rhin. Sans doute il espérait rencontrer les Suèves et leur livrer bataille; mais, apprenant qu'ils s'étaient rassemblés très-loin du Rhin, il jugea plus prudent de ne pas s'aventurer dans un pays inconnu, couvert de forêts, revint dans la Gaule et fit rompre le pont.

Il ne suffisait pas à César d'avoir intimidé les Germains; il conçut un projet plus hardi; c'était de traverser la mer pour aller demander compte aux Bretons des secours que, dans presque toutes les guerres, et particulièrement dans celle des Vénètes, ils avaient envoyés aux Gaulois [1].

Description de la Bretagne au temps de César.

IV. Les Romains n'avaient sur la Bretagne que des informations imparfaites, dues à certains écrivains grecs, notamment à Pythéas, de Marseille, qui avait visité la mer du Nord au IVe siècle avant notre ère, et à Timée, de Tauromenium. Les Gaulois qui se rendaient en Bretagne pour y trafiquer ne connaissaient guère que la côte sud et sud-est.

[1] *Guerre des Gaules*, IV, xx.

Cependant, peu de temps avant l'arrivée des Romains, une des populations de la Gaule Belgique, les Suessions, alors gouvernés par Divitiacus, avait étendu sa domination jusque dans cette île [1].

Ce fut seulement après avoir abordé en Bretagne que César put se faire une idée assez exacte de sa configuration et de son étendue. « La Bretagne, dit-il, a la forme d'un
» triangle, dont la base, large d'environ cinq cents milles,
» fait face à la Gaule. Le côté qui regarde l'Espagne, c'est-
» à-dire le couchant, présente une longueur de sept cents
» milles environ. Dans cette direction, l'île est séparée de
» l'Hibernie (*Irlande*) par un bras de mer, dont la largeur
» est sensiblement la même que celle du bras de mer qui
» sépare la Bretagne de la Gaule ; » et il ajoute que « la
» superficie de l'Hibernie représente à peu près la moitié de
» la superficie de la Bretagne. Le troisième côté du triangle
» formé par cette dernière île est orienté au nord, et long de
» huit cents milles ; il ne fait face à aucune terre ; seulement
» l'un des angles que ce côté comprend regarde la Ger-
» manie [2]. » Ces évaluations imparfaites, qui, au siècle suivant, devaient faire place à d'autres moins inexactes [3], conduisirent le grand capitaine à attribuer à la Bretagne tout entière vingt fois cent mille pas de contour. Il recueillit, en outre, quelques renseignements plus vagues encore sur les petites îles qui avoisinent la Bretagne : « L'une d'elles,
» écrit-il, appelée Mona (*l'île de Man*), est située au milieu
» du détroit qui sépare la Bretagne de l'Hibernie. » Les Hébrides, les îles Shetland (*Acmodæ* des anciens), les Orcades, qui ne furent connues des Romains qu'au commencement de notre ère [4], se confondaient, dans l'esprit de

---

[1] *Guerre des Gaules*, II, IV.
[2] *Guerre des Gaules*, V, XIII.
[3] Pline, *Histoire naturelle*, IV, xxx, § 16.
[4] Pline, *Histoire naturelle*, IV, xxx, § 16. — Tacite, *Agricola*, x.

César et de ses contemporains, avec l'archipel des Féroë et la Scandinavie. La Calédonie (*Écosse*) même n'apparaissait que dans un obscur lointain.

César nous représente le climat de la Bretagne comme moins froid, plus tempéré, que celui de la Gaule. Excepté le hêtre (*fagus*) et le sapin (*abies*), on trouvait dans les forêts de cette île les mêmes essences que sur le continent voisin [1]. On y récoltait le blé et on y élevait de nombreux bestiaux [2]. « Le sol, s'il ne se prête pas à la culture de » l'olivier, de la vigne et des autres productions des pays » chauds, écrit d'autre part Tacite [3], produit en revanche » du grain et des fruits en abondance. Ils croissent promp- » tement, mais ils sont lents à mûrir. »

La Bretagne renfermait une population nombreuse ; la partie intérieure était habitée par des peuples qui se croyaient autochthones, et le littoral méridional et oriental, par une race émigrée de la Gaule Belgique et qui avait traversé la Manche et la mer du Nord, attirée par l'appât du pillage. Après avoir fait la guerre aux indigènes, elle s'était fixée dans l'île et y était devenue agricole [4]. César ajoute que presque toutes ces peuplades venues du continent avaient gardé le nom des cités dont elles étaient issues. Et en effet, parmi les peuples de la Bretagne que citent les géographes dans les siècles postérieurs à la conquête des Gaules, on rencontrait sur les bords de la Tamise et de la Severn les noms de Belges et d'Atrébates.

Les plus puissantes de ces populations d'origine belge se trouvaient dans le Cantiùm (*Kent*), que les relations commerciales mettaient en rapport habituel avec la Gaule [5].

[1] *Guerre des Gaules*, V, xii.
[2] Strabon, IV, p. 199.
[3] *Agricola*, xii.
[4] *Guerre des Gaules*, V, xii.
[5] *Guerre des Gaules*, V, xiii et xiv.

Les Commentaires ne citent qu'un petit nombre de nations bretonnes. Ce sont, dans les comtés de l'est, les Trinobantes (peuple de l'*Essex* et du *Middlesex*), qui se montrèrent les plus fidèles aux Romains [1], et dont le principal oppidum était vraisemblablement déjà, au temps de César, Londinium (*Londres*), mentionné par Tacite [2]; les Cénimagnes [3] (*Suffolk*, au nord des Trinobantes); les Ségontiaques (la plus grande partie du *Hampshire* et du *Berkshire*, comtés du sud); les Bibroques (habitant une région alors fort boisée et où s'étendait la célèbre forêt d'*Anderida* [4]; leur territoire comprenait une petite partie du *Hampshire* et du *Berkshire*, embrassait les comtés de *Surrey* et de *Sussex* et la partie la plus occidentale du *Kent*); les Ancalites (position plus incertaine, nord du *Berkshire*, partie occidentale du *Middlesex*); les Casses (*Hertfordshire, Bedfordshire, Buckinghamshire*, comtés du centre). Chacune de ces petites nations était gouvernée par un chef ou roi [5].

On retrouvait chez les Belges de la Bretagne les mœurs des Gaulois, mais l'état social y était moins avancé. Strabon [6] en donne cette preuve, que, ayant le lait en abondance, les Bretons ne savaient point faire de fromages, art fort perfectionné au contraire dans certaines parties de la Gaule. Le caractère national des deux populations, Bretons et Gaulois, présentait une grande analogie : « Même audace » à chercher le danger, même empressement à le fuir quand

---

[1] *Guerre des Gaules*, V, xx.

[2] *Annales*, XIV, xxxiii.

[3] Quoique la plupart des manuscrits portent *Cenimagni*, quelques auteurs en font deux noms, les *Iceni* et *Cangi*.

[4] L'*Anderida silva*, de 120 milles de long sur 30 de large, s'étendait dans les comtés de Sussex et de Kent, dans l'endroit appelé aujourd'hui *Wealds*. (Voir Camden, *Britannia*, éd. Gibson, I, col. 151, 195, 258, éd. 1753.)

[5] Diodore de Sicile, V, xxi. — Tacite, *Agricola*, xii.

[6] Strabon, IV, p. 200.

» il est devant eux, écrit Tacite; toutefois le courage des
» Bretons a quelque chose de plus fier [1]. » Cette ressemblance des deux races se manifestait aussi dans les formes
extérieures. Cependant, selon Strabon, la taille des Bretons
était plus élevée que celle des Gaulois, leurs cheveux étaient
d'un blond moins ardent. Ils n'avaient pour demeures que
de chétives cabanes faites de chaume et de bois [2]; ils déposaient leur blé dans des silos; leurs oppidums étaient situés
au milieu des forêts, défendus par un rempart et un fossé, et
servaient de refuges en cas d'attaque [3].

Les peuplades de l'intérieur de l'île vivaient dans un état
plus barbare que celles de la côte; vêtues de peaux d'animaux, elles se nourrissaient de lait et de chair [4]. Strabon
les représente même comme des cannibales, et assure que
l'usage existait chez eux de manger le corps de leurs parents
morts [5]. Les hommes portaient les cheveux très-longs et
la moustache; ils se frottaient la peau avec du pastel, qui
rendait l'aspect des combattants singulièrement hideux [6].
Les femmes se peignaient aussi de la sorte pour certaines
cérémonies religieuses, où elles apparaissaient nues [7]. Telle
était la barbarie des Bretons de l'intérieur, que les femmes
y étaient parfois communes à dix ou douze hommes, promiscuité surtout habituelle entre les plus proches parents. Les
enfants qui naissaient de ces unions incestueuses étaient
attribués au premier qui avait reçu dans sa maison la mère
encore jeune fille [8]. Les Bretons du cap Bolerium (*Cornwall*)

---

[1] *Agricola*, XI.
[2] Diodore de Sicile, V, XXI.
[3] *Guerre des Gaules*, V, XXI.
[4] *Guerre des Gaules*, V, XIV.
[5] Strabon, IV, p. 200.
[6] *Guerre des Gaules*, V, XIV.
[7] Pline, *Histoire naturelle*, XXII, 1.
[8] *Guerre des Gaules*, V, XIV.

étaient très-hospitaliers, et le commerce qu'ils faisaient avec les marchands étrangers avait adouci leurs mœurs [1].

L'abondance des métaux dans la Bretagne, surtout celle de l'étain ou plomb blanc, que les Phéniciens y allaient chercher depuis la plus haute antiquité [2], fournissait aux habitants de nombreux moyens d'échange. Toutefois ils ne connaissaient pas la monnaie et ne faisaient usage que de morceaux de cuivre, d'or ou de fer, qu'ils pesaient pour en déterminer la valeur. Ils ne savaient pas fabriquer le bronze et le recevaient du dehors [3].

La religion des Bretons, sur laquelle César ne nous donne aucun renseignement, devait peu différer de celle des Gaulois, puisque le druidisme passait pour avoir été importé de la Bretagne dans la Gaule [4]. Tacite nous dit en effet qu'on trouvait en Bretagne le même culte et les mêmes superstitions que chez les Gaulois [5]. Strabon nous parle, d'après Artémidore, d'une île voisine de la Bretagne où l'on célébrait en l'honneur de deux divinités, assimilées par ce dernier à Cérès et à Proserpine, des rites qui rappelaient ceux des mystères de Samothrace [6]. Sous l'empire de certaines idées superstitieuses, les Bretons s'abstenaient de la chair de plusieurs animaux, tels que le lièvre, la poule et l'oie, qu'ils élevaient cependant en domesticité pour leur agrément [7].

Les Bretons, quoique insulaires, ne paraissent pas avoir possédé de marine au temps de César. C'étaient les navires étrangers qui venaient chercher aux environs du cap Bolerium l'étain que les habitants exploitaient avec autant d'in-

[1] Diodore de Sicile, V, XXII.
[2] Diodore de Sicile, V, XXII. — Strabon, IV, p. 200.
[3] *Guerre des Gaules*, V, XII.
[4] *Guerre des Gaules*, VI, XIII.
[5] *Agricola*, XI.
[6] Strabon, IV, p. 199.
[7] *Guerre des Gaules*, V, XII.

telligence que de profit[1]. Un siècle environ après César, les barques des Bretons consistaient en carènes d'osier recouvertes de cuir[2]. Les habitants de la Bretagne étaient moins ignorants dans l'art de la guerre que dans celui de la navigation. Protégés par de petits boucliers[3], armés de longues épées, qu'ils maniaient avec adresse, mais inutiles dès qu'on les attaquait corps à corps, ils ne combattaient jamais en masses : ils s'avançaient par faibles détachements qui s'appuyaient réciproquement[4]. Leur force principale résidait dans l'infanterie[5]; ils employaient cependant un grand nombre de chars de guerre armés de faux[6]. Ils commençaient par les faire courir rapidement de tous côtés en lançant des traits, cherchant ainsi à jeter le désordre dans les rangs ennemis par la seule frayeur que causaient l'impétuosité des chevaux et le bruit des roues; puis ils rentraient dans les intervalles de leur cavalerie, sautaient à terre et combattaient à pied mêlés aux cavaliers; pendant ce temps, les conducteurs se retiraient peu à peu du théâtre de l'action et se plaçaient avec les chars de manière à recueillir au besoin les combattants[7]. Les Bretons réunissaient ainsi la mobilité du cavalier à la solidité du fantassin; un exercice journalier les avait rendus si adroits, qu'ils maintenaient leurs chevaux en pleine course sur des pentes rapides, les modéraient ou les détournaient à volonté, couraient sur le timon, se tenaient sur le joug, et de là se reje-

---

[1] Diodore de Sicile, V, xxii.
[2] Pline, *Histoire naturelle*, IV, xxx, § 16.
[3] Tacite, *Agricola*, xxxvi.
[4] *Guerre des Gaules*, V, xvi.
[5] Tacite, *Agricola*, xii.
[6] Frontin, *Stratagèmes*, II, iii, 18. — Diodore de Sicile, V, xxi. — Strabon, IV, p. 200.
[7] Le récit de la page 189 confirme cette interprétation, qui est conforme à celle du général de Gœler.

taient rapidement dans leurs chars ⁽¹⁾. En guerre, ils se servaient, comme auxiliaires, de leurs chiens, que les Gaulois faisaient venir de la Bretagne pour le même usage. Ces chiens étaient excellents pour la chasse ⁽²⁾.

En résumé, les Bretons étaient moins civilisés que les Gaulois. Si l'on excepte l'art d'exploiter certains métaux, l'industrie chez eux se bornait à la fabrication des objets les plus grossiers et les plus indispensables, et c'était de la Gaule qu'ils tiraient les colliers, les vases d'ambre et de verre, et les ornements en ivoire pour les freins de leurs chevaux ⁽³⁾.

On savait aussi que des perles se trouvaient dans la mer d'Écosse, et l'on croyait facilement qu'elle recélait d'immenses richesses.

Ces détails sur la Bretagne ne furent recueillis qu'après les expéditions romaines, car, auparavant, les données les plus mystérieuses régnaient sur ce pays, et lorsque César en résolut la conquête, cette audacieuse entreprise exalta les esprits au plus haut degré par l'attrait toujours si puissant de l'inconnu; quant à lui, en traversant la Manche, il obéissait à la même pensée qui l'avait conduit au delà du Rhin : il voulait donner aux barbares une haute idée de la grandeur romaine et les empêcher de prêter un appui aux insurrections de la Gaule.

<small>Première expédition de Bretagne.</small>

V. Quoique l'été touchât à sa fin, les difficultés d'une descente en Bretagne ne l'arrêtèrent pas. Lors même d'ailleurs que la saison ne lui aurait pas permis de conduire l'expédition à bonne fin, il lui sembla avantageux de prendre pied dans cette île, et d'en reconnaître les lieux, les ports et les points de débarquement. Toutes les personnes qu'il fit

---

[1] *Guerre des Gaules*, IV, xxxii et xxxiii.
[2] Strabon, IV, p. 200.
[3] Strabon, IV, p. 201.

appeler ne purent ou ne voulurent lui donner aucun renseignement, ni sur l'étendue du pays, ni sur le nombre et les mœurs de ses habitants, ni sur leur manière de faire la guerre, ni sur les ports capables de recevoir une grande flotte.

Tenant à être éclairé sur ces différents points avant de tenter l'expédition, César envoya, sur une galère, C. Volusenus, avec ordre de tout explorer et de revenir lui apporter au plus vite le résultat de ses observations. De sa personne, il se rendit avec l'armée dans le pays des Morins, d'où la traversée en Bretagne était la plus courte. Il y avait sur la côte un port favorablement situé pour y préparer une descente dans cette île, c'était le port *Itius*, ou, comme nous chercherons à le prouver plus tard, le port de Boulogne. Les vaisseaux de toutes les régions voisines et la flotte construite l'année précédente pour la guerre des Vénètes y furent rassemblés.

La nouvelle de son projet s'étant répandue en Bretagne par les marchands, les députés de plusieurs nations de l'île vinrent offrir de se soumettre. César les accueillit avec bienveillance et les renvoya en leur adjoignant Commius, qu'il avait fait précédemment roi des Atrébates. Cet homme, dont il appréciait le courage, la prudence et le dévouement, jouissait d'un haut crédit parmi les Bretons. Il le chargea de visiter le plus grand nombre possible de peuplades, de les maintenir dans de bonnes dispositions, et de leur annoncer son arrivée prochaine.

Tandis que César attendait chez les Morins que les préparatifs de l'expédition fussent achevés, des députés se présentèrent, au nom d'une grande partie des habitants, pour justifier leur conduite passée. Il agréa leurs explications avec empressement, ne voulant pas laisser d'ennemis derrière lui. D'ailleurs la saison était trop avancée pour lui permettre de combattre les Morins, et leur entière soumission n'avait pas assez d'importance pour le détourner de son entreprise contre la Bretagne : il se contenta d'exiger de nombreux otages. Sur ces entrefaites, Volusenus revint, au bout de cinq jours, rendre compte de sa mission ; n'ayant pas osé descendre à terre, il ne l'avait rempli qu'imparfaitement.

Les forces destinées à l'expédition se composaient de deux légions, la 7ᵉ et la 10ᵉ, commandées probablement par Galba et Labienus, et d'un détachement de cavalerie, ce qui faisait environ 12,000 légionnaires et 450 chevaux.

Q. Titurius Sabinus et L. Aurunculeius Cotta reçurent le commandement des troupes laissées sur le continent pour occuper le territoire des Ménapiens, et la partie de celui des Morins qui ne s'était pas soumise. Le lieutenant P. Sulpicius Rufus fut chargé de garder le port avec des forces suffisantes.

On était parvenu à réunir quatre-vingts vaisseaux de transport, jugés capables de contenir les deux légions expéditionnaires sans gros bagages, et un certain nombre de galères, qui furent distribuées au questeur, aux lieutenants et aux préfets. Dix-huit autres vaisseaux, destinés à la cavalerie, étaient retenus par des vents contraires dans un petit port (celui d'*Ambleteuse*) situé à huit milles au nord de Boulogne[1]. (*Voir planche* 16.)

Ces dispositions prises, César, profitant d'un vent favorable, partit dans la nuit du 24 au 25 août (nous essayerons plus tard de justifier cette date), vers minuit, après avoir

---

[1] D'après ce qu'on verra plus loin, chaque vaisseau de transport, au retour, contenait cent cinquante hommes. Quatre-vingts vaisseaux pouvaient donc transporter douze mille hommes, mais comme, réduits à soixante-huit, ils suffirent pour ramener l'armée sur le continent, ils ne durent porter que dix mille deux cents hommes, effectif probable des deux légions. Les dix-huit navires affectés à la cavalerie pouvaient transporter quatre cent cinquante chevaux, à raison de vingt-cinq chevaux par navire.

donné l'ordre à la cavalerie de se rendre, pour s'embarquer, au port supérieur (*Ambleteuse*); il atteignit la côte de Bretagne, à la quatrième heure du jour (dix heures du matin), en face des falaises de Douvres. La cavalerie, dont l'embarquement ne s'était fait qu'avec lenteur, n'avait pu le rejoindre.

De son vaisseau César aperçut les falaises couvertes d'hommes en armes. Dans cet endroit, la mer était tellement resserrée entre les collines qu'un trait lancé des hauteurs pouvait atteindre le rivage [1]. Cette description est conforme à celle que Q. Cicéron donnait à son frère, « des côtes sur-

[1] Le port de Douvres s'étendait jadis sur l'emplacement de la ville actuelle, entre les falaises qui bordent le débouché de la vallée de la Dour ou de Charlton. (*Voir planche* 17.) En effet, d'après les renseignements d'auteurs anciens et l'examen géologique du terrain, il paraît certain qu'autrefois la mer entrait dans les terres et formait une anse occupant la presque totalité de la vallée de Charlton. Ainsi se justifient les expressions de César : « Cujus loci hæc erat natura, atque ita montibus angustis mare continebatur, uti ex locis superioribus in littus telum adjici posset. » (IV, xxiii.)

Les preuves de l'assertion ci-dessus résultent de plusieurs faits relatés dans différentes notices sur la ville de Douvres. Il y est dit qu'en 1784 sir Thomas Hyde Page fit exécuter, à cent yards de la plage, un sondage pour découvrir la profondeur du bassin à une époque reculée; il constata que l'ancien lit de la mer avait été autrefois à trente pieds anglais au-dessous du niveau actuel de la haute mer. En 1826, en creusant un puits à l'endroit appelé *Dolphin Lane*, on trouva, à une profondeur de vingt et un pieds, une couche de limon semblable à celui du port d'aujourd'hui, entremêlé d'ossements d'animaux et de débris de feuilles et de racines. Des détritus analogues ont été découverts dans plusieurs parties de la vallée. Un ancien chroniqueur, appelé Darell, raconte que « Willred, roi de Kent, bâtit en 700 l'église de Saint-Martin, dont les ruines sont encore visibles près de la place du Marché, sur les lieux où jadis les vaisseaux jetaient l'ancre. »

La ville, bâtie sous les empereurs Adrien et Septime-Sévère, occupait une partie du port, qui déjà avait été ensablé; cependant la mer entrait encore assez avant dans les terres. (*Voir planche* 17.)

Ce serait, semble-t-il, vers l'an 950 que l'ancien port aurait été comblé entièrement par des alluvions maritimes et fluviales accrues jusqu'à nos jours, et qui, à différentes époques, ont rendu nécessaire la construction de digues et de quais donnant au port sa forme actuelle.

montées d'immenses rochers[1]. » Le lieu ne parut nullement propre à un débarquement. (*Voir planche* 17.) César jeta l'ancre et attendit vainement jusqu'à la neuvième heure (3 h. 1/2) (*Voir la concordance des heures, Appendice* B) que les vaisseaux attardés le ralliassent. Dans l'intervalle il convoqua ses lieutenants et les tribuns des soldats, leur communiqua ses projets ainsi que les renseignements rapportés par Volusenus, et leur recommanda l'exécution instantanée de ses ordres sur un simple signe, comme l'exige la guerre maritime, où les manœuvres doivent être aussi rapides que variées. Il est probable que César avait tenu secret jusque-là le point de débarquement.

Lorsqu'il les eut congédiés, vers trois heures et demie, le vent et la marée étant devenus en même temps favorables, il donna le signal de lever l'ancre, et, après s'être avancé environ sept milles vers l'est, jusqu'à l'extrémité des falaises, et avoir, suivant Dion-Cassius, doublé un haut promontoire [2], la pointe de South-Foreland (*Voir planche* 16), il s'arrêta devant la plage ouverte et unie qui s'étend du château de Walmer jusqu'à Deal.

Des hauteurs de Douvres il était facile aux Bretons de distinguer le mouvement de la flotte; devinant qu'elle se portait vers le point où finissent les falaises, ils accoururent en toute hâte, précédés de leur cavalerie et de leurs chars, dont ils se servaient constamment dans les combats; ils arrivèrent à temps pour s'opposer au débarquement, qui allait être tenté dans les conditions les plus périlleuses. Les vaisseaux, à cause de leur grandeur, ne pouvaient jeter l'ancre que dans des eaux profondes; les soldats, sur une côte inconnue, les mains embarrassées, le corps chargé du poids de leurs armes, étaient obligés de se précipiter dans les

---

[1] « Constat enim aditus insulæ esse munitos mirificis molibus. » (Cicéron, *Lettres à Atticus,* IV, xvi.)

[2] Dion-Cassius, XXXIX, li.

flots, d'y prendre pied et de combattre. Les ennemis, au contraire, libres de leurs membres, connaissant les lieux et postés sur la rive ou peu avant dans la mer, lançaient leurs traits avec assurance et poussaient au milieu des vagues leurs chevaux dociles et bien dressés. Aussi les Romains, déconcertés par cette réunion de circonstances imprévues et étrangers à ce genre de combat, ne s'y portaient pas avec leur ardeur et leur zèle accoutumés.

Dans cette situation, César fit détacher de la ligne des vaisseaux de transport les galères, navires plus légers, d'une forme nouvelle pour les barbares, et les dirigea à force de rames sur le flanc découvert de l'ennemi (c'est-à-dire le côté droit), afin de le chasser de sa position à coups de frondes, de flèches et de traits lancés par les machines. Cette manœuvre fut d'un grand secours; car les Bretons, frappés de l'aspect des galères, du mouvement des rames et du jeu inconnu des machines, s'arrêtèrent et reculèrent un peu. Cependant les Romains hésitaient encore, à cause de la profondeur de l'eau, à sauter hors des navires, lorsque le porte-drapeau de la 10ᵉ légion, invoquant les dieux à haute voix et exhortant ses camarades à défendre l'aigle, s'élance dans la mer et les entraîne après lui [1]. Cet exemple est imité par les légionnaires embarqués sur les bâtiments les plus proches, et le combat s'engage. Il fut opiniâtre. Les Romains ne pouvant garder leurs rangs, ni prendre pied solidement, ni se rallier à leurs enseignes, la confusion était extrême; tous ceux qui s'élançaient des navires, pour gagner la terre isolément, étaient enveloppés par les cavaliers barbares, auxquels les bas-fonds étaient connus, et, lorsqu'ils se réunissaient en masse, l'ennemi, les prenant par le flanc découvert, les accablait de ses traits. A cette vue, César fit remplir de soldats les chaloupes

---

[1] L'empereur Julien fait dire à César (p. 70, éd. Lasius) qu'il avait été le premier à sauter en bas du navire.

des galères et les petits bâtiments servant à éclairer l'escadre, et les envoya partout où le danger les réclamait. Bientôt les Romains, ayant réussi à s'établir sur la terre ferme, formèrent leurs rangs, coururent à l'ennemi, le mirent en fuite; mais une longue poursuite fut impossible, faute de cavalerie; celle-ci, contrariée dans sa traversée, n'avait pas pu atteindre la Bretagne. En cela seul la fortune fit défaut à César.

Dans ce combat, où sans doute bien des actes de courage restèrent ignorés, un légionnaire, Cæsius Scæva, dont Valère Maxime nous a conservé le nom, se distingua d'une façon toute particulière. S'étant jeté avec quatre hommes dans une barque, il avait atteint un rocher [1] d'où, avec ses camarades, il lançait des traits contre l'ennemi; mais le reflux rendit guéable l'espace compris entre ce rocher et la terre ferme. Les barbares alors accoururent en foule. Les compagnons de Scæva se réfugièrent dans leur barque; lui, ferme à son poste, fit une défense héroïque, tua plusieurs ennemis; enfin, ayant eu la cuisse traversée d'une flèche, le visage meurtri par le choc d'une pierre, son casque mis en pièces, son bouclier troué de toutes parts, il s'abandonna à la merci des flots et retourna à la nage vers les siens. Lorsqu'il aperçut son général, au lieu de se vanter de sa conduite, il lui demanda pardon de revenir sans bouclier. C'était, en effet, une honte dans l'antiquité de perdre cette arme défensive; mais César le combla d'éloges et le récompensa par le grade de centurion.

Le débarquement opéré, les Romains établirent leur camp près de la mer, et, comme tout porte à le croire, sur

---

[1] Il y a dans le texte, *in scopulum vicinum insulæ*, ce qui doit se traduire par « un rocher voisin de l'île de Bretagne, » et non, comme l'ont interprété certains auteurs, par « une île isolée du continent. » (Valère Maxime, III, II, 23.) En effet, ces rochers, appelés *malms*, se voient distinctement par les basses eaux, en face de l'arsenal et des casernes de la marine de Deal.

la hauteur de Walmer. Les galères furent halées sur la grève, et les vaisseaux de transport laissés à l'ancre non loin de la côte.

Les ennemis, ralliés après leur défaite, se décidèrent à la paix. Ils adjoignirent à leurs députés chargés de la solliciter, des Morins, avec lesquels ils vivaient en bonne intelligence[1], et le roi des Atrébates, Commius, précédemment investi d'une mission en Bretagne. Les barbares s'étaient saisis de sa personne au moment où il débarquait, et l'avaient chargé de fers. Après le combat, ils le relâchèrent, et vinrent demander pardon de cette offense, en rejetant la faute sur la multitude. César leur reprocha de l'avoir accueilli en ennemi, bien qu'ils eussent, de leur propre mouvement, envoyé sur le continent des députés pour traiter de la paix. Cependant il leur pardonna, mais exigea des otages; une partie fut livrée sur-le-champ, l'autre promise sous peu de jours. En attendant, ils retournèrent dans leurs foyers, et de toutes parts les chefs accoururent pour implorer la protection du vainqueur.

La paix semblait assurée. L'armée était depuis quatre jours en Bretagne, et les dix-huit navires qui portaient la cavalerie, quittant le port supérieur par une légère brise, s'approchaient des côtes et étaient déjà en vue du camp, lorsque tout à coup s'éleva une violente tempête qui les écarta de leur route. Les uns furent ramenés au point même d'où ils étaient partis, les autres poussés vers le sud de l'île, où ils jetèrent l'ancre; mais, battus par les vagues, ils furent forcés, au milieu d'une nuit orageuse, de prendre le large et de regagner le continent.

Cette nuit du 30 au 31 août coïncidait avec la pleine lune : les Romains ignoraient que ce fût l'époque des plus hautes marées de l'Océan. L'eau submergea bientôt les galères

[1] Dion-Cassius, XXXIX, LI.

mises à sec sur la grève, et les vaisseaux de transport, restés à l'ancre, cédant à la tempête, furent brisés sur la côte ou désemparés. La consternation devint générale ; tout manquait à la fois, et les moyens de transport et les matériaux pour réparer les navires, les vivres mêmes ; car César, ne comptant pas hiverner en Bretagne, n'avait pas fait d'approvisionnements.

Au moment de ce désastre, les chefs des Bretons étaient encore réunis pour satisfaire aux conditions imposées ; instruits de la position critique des Romains, jugeant de leur petit nombre par l'exiguïté de leur camp, d'autant plus resserré que les légions s'étaient embarquées sans bagages [1], ils se décidèrent à reprendre les armes. L'occasion leur parut favorable pour intercepter les vivres et prolonger la lutte jusqu'à l'hiver, dans la ferme conviction que, s'ils anéantissaient les envahisseurs et leur coupaient toute retraite, personne désormais n'oserait plus porter la guerre en Bretagne.

Une nouvelle ligue se forme. Les chefs barbares s'éloignent successivement du camp romain et rappellent en secret les hommes qu'ils avaient renvoyés. César ignorait encore leur dessein, mais leur retard à livrer le reste des otages et le désastre survenu à sa flotte lui firent bientôt prévoir ce qui arriverait. Il prit donc ses mesures pour parer à toutes les éventualités. Chaque jour les deux légions se rendaient à tour de rôle dans la campagne pour moissonner ; on réparait la flotte avec le bois et le cuivre des navires qui avaient le plus souffert, et on faisait venir du continent les matériaux nécessaires. Grâce au zèle extrême des soldats, tous les vaisseaux furent remis à flot, excepté douze, ce qui réduisit la flotte à soixante-huit

---

[1] « César lui-même n'avait emmené que trois serviteurs, ainsi que le raconte Cotta, qui fut son lieutenant. » (Athénée, *Banquet,* vi, 105.)

bâtiments au lieu de quatre-vingts qu'elle comptait au départ.

Pendant l'exécution de ces travaux, les Bretons venaient et allaient librement dans le camp, rien ne présageait de prochaines hostilités; mais un jour que la 7ᵉ légion, selon la coutume, s'était rendue non loin du camp pour couper du blé, les soldats de garde devant les portes vinrent tout à coup annoncer qu'une épaisse poussière s'élevait du côté où la légion s'était acheminée. César, soupçonnant quelque tentative des barbares, rassemble les cohortes de garde, ordonne à deux autres de les remplacer, au reste des troupes de prendre les armes et de le suivre sans retard, et se porte en toute hâte dans la direction indiquée. Voici ce qui s'était passé. Les Bretons, dans la prévision que les Romains se rendraient au seul endroit qui restât à moissonner (*pars una erat reliqua*), s'étaient cachés la nuit dans les forêts. Après avoir attendu que les soldats eussent déposé les armes et commencé à couper le grain, ils étaient tombés sur eux à l'improviste, avaient tué quelques hommes, et, pendant que les légionnaires en désordre se reformaient, les avaient entourés avec la cavalerie et les chars.

Cette étrange manière de combattre avait déconcerté les soldats de la 7ᵉ légion. Enveloppés de près, ne résistant qu'avec peine sous une grêle de traits, ils allaient succomber peut-être, lorsque César parut à la tête de ses cohortes : sa présence rassura les siens et contint l'ennemi. Toutefois il ne crut pas devoir engager un combat, et, après être resté un certain temps en position, il fit rentrer ses troupes. La 7ᵉ légion avait éprouvé de grandes pertes[1]. Des pluies continuelles rendirent, pendant quelques jours, toute opération impossible; mais ensuite les barbares, croyant le moment

---

[1] Dion-Cassius, XXXIX, LIII.

venu de recouvrer leur liberté, se réunirent de toutes parts et marchèrent contre le camp.

Privé de cavalerie, César prévoyait bien qu'il en serait de ce combat comme du précédent, et que l'ennemi, repoussé, lui échapperait aisément par la fuite ; néanmoins, comme il avait à sa disposition trente chevaux amenés par Commius en Bretagne, il crut pouvoir s'en servir avec avantage [1] ; il rangea les légions en bataille à la tête du camp et fit marcher en avant. L'ennemi ne soutint pas le choc, et se dispersa ; les légionnaires le poursuivirent aussi vite et aussi loin que leur armement le permettait ; ils revinrent au camp, après avoir fait un grand carnage et tout ravagé dans un vaste rayon.

Le même jour, les barbares envoyèrent des députés pour demander la paix. César exigea le double du nombre d'otages convenu, et ordonna de les lui amener sur le continent. De toute la Bretagne, deux États seulement obéirent à cet ordre.

L'équinoxe approchait, et il ne voulait point exposer à une navigation d'hiver des vaisseaux mal réparés. Il profita d'un temps favorable, mit à la voile peu après minuit, et regagna la Gaule avec tous ses navires sans le moindre dommage. Seuls, deux bâtiments de charge ne purent entrer dans le port de Boulogne avec la flotte et furent entraînés un peu plus bas vers le sud. Ils portaient environ trois cents soldats, qui, une fois débarqués, se mirent en marche pour rejoindre l'armée. Dans le trajet, des Morins, séduits par l'appât du butin, les surprirent, et bientôt, atteignant le nombre de six mille, ils parvinrent à les envelopper. Les Romains se formèrent en cercle ; en vain leur promit-on la vie sauve s'ils se rendaient ; ils se défendirent vaillamment

---

[1] A la bataille d'Arcole, en 1796, 25 cavaliers eurent une grande influence sur l'issue de la journée. (*Mémoires de Montholon, dictées de Sainte-Hélène*, II, ix.)

pendant plus de quatre heures, jusqu'à l'arrivée de toute la cavalerie, que César envoya à leur secours. Saisis d'épouvante, les Morins jetèrent leurs armes et furent presque tous massacrés [1].

Châtiment des Morins et des Ménapiens.

VI. Dès le lendemain du retour de l'armée sur le continent, Labienus fut chargé de réduire, avec les deux légions ramenées de Bretagne, les Morins révoltés, que les marais, desséchés par les chaleurs de l'été, ne mettaient plus, comme l'année précédente, à l'abri des attaques. D'un autre côté, Q. Titurius Sabinus et L. Cotta rejoignirent César, après avoir dévasté et incendié le territoire des Ménapiens, réfugiés dans l'épaisseur de leurs forêts. L'armée fut établie en quartiers d'hiver chez les Belges. Le sénat, lorsqu'il reçut les nouvelles de ces succès, décréta vingt jours d'actions de grâces [2].

Ordre de construire la flotte. Départ pour l'Illyrie.

VII. Avant de se rendre en Italie, César ordonna à ses lieutenants de réparer les anciens navires et d'en construire pendant l'hiver un plus grand nombre, dont il détermina la forme et les dimensions. Pour qu'il fût plus facile de les charger et de les tirer à terre, il recommanda de les faire un peu moins hauts que ceux qui étaient en usage en Italie; cette disposition ne présentait aucun inconvénient, car il avait remarqué que les vagues de la Manche s'élevaient moins que celles de la Méditerranée, ce qu'il attribuait à tort à la fréquence des mouvements du flux et du reflux. Il voulut aussi plus de largeur dans les bâtiments, à cause des bagages et des bêtes de somme qu'ils devaient transporter, et prescrivit de les aménager de manière à permettre l'usage des rames, dont la manœuvre était facilitée par le

---

[1] *Guerre des Gaules*, IV, xxxvi et xxxvii.
[2] *Guerre des Gaules*, IV, xxxviii.

peu de hauteur des bordages. D'après Dion-Cassius, ces navires tenaient le milieu entre les bâtiments légers des Romains et les bâtiments de transport des Gaulois[1]. Tous les agrès nécessaires à l'armement de ces vaisseaux furent tirés de l'Espagne.

Ces instructions données, César alla en Italie tenir l'assemblée de la Gaule citérieure, et ensuite partit pour l'Illyrie, sur la nouvelle que les Pirustes (*peuples des Alpes carniques*) en désolaient la frontière. Dès son arrivée, par des mesures promptes et énergiques, il réprima ces désordres et rétablit la tranquillité[2].

Points d'embarquement et de débarquement. Date de l'arrivée en Bretagne.

VIII. Nous avons désigné dans les pages précédentes Boulogne comme le port d'embarquement de César, et Deal comme le point où il prit terre en Bretagne. Avant d'en donner les raisons, il n'est pas inutile de constater que dans cette première expédition, comme dans la seconde, dont le récit suivra, les lieux d'embarquement et de débarquement de l'armée romaine furent les mêmes. D'abord les termes des Commentaires le font supposer; ensuite, nous essayerons de le prouver, César ne put partir que de Boulogne; enfin, d'après le récit de Dion-Cassius, il aborda les deux fois au même endroit[3]. Il est donc à propos de traiter ici la question pour l'une et l'autre expédition et d'anticiper sur certains faits.

Des écrivains très-recommandables ont placé le port Itius les uns à Wissant, les autres à Calais, Étaples ou Mardick; mais l'empereur Napoléon Ier, dans son *Précis des guerres de César*, n'a pas hésité à préférer Boulogne. Il nous sera facile de prouver qu'effectivement Boulogne répond

---

[1] Dion-Cassius, XL, 1. — Voyez Strabon, IV, p. 162, éd. Didot.

[2] *Guerre des Gaules*, V, 1.

[3] Dion-Cassius, XXXIX, LVI; XL, 1.

seul aux exigences du texte et satisfait en même temps aux nécessités d'une expédition considérable [1].

Pour procéder logiquement, supposons l'absence de toute espèce de données. Le seul moyen d'approcher de la vérité serait alors d'adopter comme lieu d'embarquement de César le port le plus anciennement mentionné par les historiens, car, selon toute probabilité, le point de la côte rendu célèbre par les premières expéditions de Bretagne aura été choisi de préférence pour les traversées ultérieures. Or, déjà sous Auguste, Agrippa fit construire une voie qui allait de Lyon à l'Océan à travers le pays des Bellovaques et des Ambiens [2] et devait aboutir à Gesoriacum (*Boulogne*), puisque l'Itinéraire d'Antonin la trace ainsi [3]. C'est à Boulogne que Caligula fit élever un phare [4], et que Claude s'embarqua pour la Bretagne [5]. C'est de là que mirent à la voile Lupicinus, sous l'empereur Julien [6], Theodosius, sous

---

[1] Cette opinion a déjà été soutenue par de savants archéologues. Je citerai surtout M. Mariette, M. Thomas Lewin, qui a écrit un récit très-intéressant des invasions de César en Angleterre, et enfin M. l'abbé Haigneré, archiviste de Boulogne, qui a recueilli les meilleurs documents sur cette question.

[2] Strabon, IV, vi, p. 173.

[3] D'après l'Itinéraire d'Antonin, la route partait de Bagacum (*Bavay*) et passait par Pons Scaldis (*Escaut-Pont*), Turnacum (Tournay), Viroviacum (*Werwick*), Castellum (*Montcassel, Cassel*), Tarvenna (*Thérouanne*) et, de là, à Gesoriacum (*Boulogne*). D'après M. Mariette, des médailles trouvées sur la voie ont démontré qu'elle avait été faite du temps d'Agrippa; de plus, d'après le même Itinéraire d'Antonin, une voie romaine partait de Bavay et, par Tongres, aboutissait au Rhin, à Bonn. (Voyez *Jahrbücher des Vereins von Alterthumsfreunden*. Heft xxxvii. Bonn, 1864.) Or, en admettant qu'il y ait eu déjà sous Auguste une route qui réunissait Boulogne à Bonn, on comprend l'expression de Florus qui explique que Drusus améliora cette route en faisant construire des ponts sur les nombreux cours d'eau qu'elle traversait, *Bonnam et Gesoriacum pontibus junxit*. (Florus, IV, xii.)

[4] Suétone, *Caligula*, xlvi. Les restes du phare de Caligula étaient encore visibles il y a un siècle.

[5] Suétone, *Claude*, xvii.

[6] Ammien Marcellin, XX, i.

Valentinien [1], Constantius Chlorus [2], et enfin, en 893, les Danois [3]. Ce port était donc connu et fréquenté peu de temps après César, et continua à l'être les siècles suivants, tandis que Wissant et Calais ne sont signalés par les historiens que trois ou quatre cents ans plus tard; enfin à Boulogne on trouve beaucoup d'antiquités romaines; à Calais et à Wissant il n'en existe pas. Le camp de César dont parlent certains auteurs comme situé près de Wissant, n'est qu'une petite redoute moderne, incapable de contenir plus de deux cents hommes.

A cette première présomption en faveur de Boulogne vient s'en ajouter une autre : les anciens auteurs ne parlent que d'un seul port sur la côte gauloise la plus rapprochée de l'île de Bretagne; dès lors, très-vraisemblablement, ils donnent au même lieu des noms différents, et parmi ces noms figure celui de *Gesoriacum*. Florus [4] nomme le lieu où s'embarqua César port des Morins; Strabon [5] dit que ce port s'appelait *Itius*; Pomponius Mela, qui vivait moins d'un siècle après César, cite *Gesoriacum* comme le port des Morins le plus connu [6]; Pline s'exprime en termes analogues [7].

Montrons maintenant que le port de Boulogne répond aux données des Commentaires.

1° César, à sa première expédition, se rendit *dans le pays des Morins, d'où le trajet de la Gaule en Bretagne est le plus*

---

[1] Ammien Marcellin, XX, vii, viii.

[2] Eumène, *Panégyrique de Constantin César*, xiv.

[3] Chronique anglo-saxonne citée par M. Lewin.

[4] « Qui tertia vigilia Morino solvisset a portu. » (Florus, III, x.)

[5] Strabon, IV, v, p. 166.

[6] « Ultimos Gallicarum gentium Morinos, nec portu quem Gesoriacum vocant quicquam notius habet. » (Pomponius Mela, III, ii.) — Μορινῶν Γησοριακὸν ἐπίνειον. » (Ptolémée, II, ix, 3.)

[7] « Hæc [Britannia] abest a Gesoriaco Morinorum gentis litore proximo trajectu quinquaginta M. » (Pline, *Histoire naturelle*, IV, xxx.)

court. Or Boulogne se trouve situé sur le territoire de ce peuple, qui, occupant la partie occidentale du département du Pas-de-Calais, était le plus rapproché de l'Angleterre.

2° A sa seconde expédition, César *s'embarqua au port Itius, qu'il avait reconnu comme offrant le trajet le plus commode pour se rendre en Bretagne, distante du continent d'environ trente milles romains.* Or, aujourd'hui encore, c'est de Boulogne que la traversée est la plus facile pour arriver en Angleterre, parce que là les vents favorables sont plus fréquents qu'à Wissant et à Calais. Quant à *la distance d'environ trente milles* (44 kil.), César la donne évidemment comme celle de la Bretagne au port Itius : c'est exactement la distance de Boulogne à Douvres, tandis que Wissant et Calais sont éloignés de Douvres, l'un de vingt, et l'autre de vingt-trois milles romains.

3° *Au nord et à huit milles du port Itius existait un autre port, où s'embarqua la cavalerie.* Boulogne est le seul port de la côte à huit milles duquel, vers le nord, on en rencontre un autre, celui d'Ambleteuse : les huit milles se retrouvent exactement, non pas à vol d'oiseau, mais en suivant les contours des collines. Au nord de Wissant, au contraire, il n'y a que Sangatte ou Calais. Or Sangatte est à six milles romains de Wissant, et Calais à onze milles.

4° *Les dix-huit navires du port supérieur furent empêchés par des vents contraires de rallier la flotte au port principal.* On comprend très-bien que ces navires, retenus à Ambleteuse par des vents de sud-ouest ou d'ouest-sud-ouest, qui règnent fréquemment dans la Manche, n'aient pu rallier la flotte à Boulogne. Quant aux deux bâtiments de charge qui, au retour de la première expédition, ne purent aborder dans le même port que la flotte et furent entraînés par le courant plus au sud, rien dans les Commentaires ne dit qu'ils soient entrés dans un port ; il est probable même qu'ils furent jetés à la côte. Néanmoins il ne serait pas impossible qu'ils eussent abordé dans les petits ports de pêcheurs de Hardelot et de Camiers. (*Voir planche* 16.)

On voit par ce qui précède que le port de Boulogne répond au texte des Commentaires. Mais la raison péremptoire pour laquelle, à notre avis, le port où s'embarqua César est certainement celui de Boulogne, c'est qu'il eût été impossible de préparer sur tout autre point de cette côte une expédition contre l'Angleterre, Boulogne étant le seul lieu qui réunît les conditions indispensables pour le rassemblement de la flotte et l'embarquement des troupes. En effet, il fallait un port capable de contenir, soit quatre-vingts bâtiments de transport et des galères comme dans la première expédition, soit huit cents navires comme dans la seconde, et assez étendu pour permettre aux bâtiments de s'approcher des rives et d'embarquer les troupes dans une seule marée. Or ces conditions ne pouvaient être remplies que là où une rivière assez profonde, débouchant dans la mer, formait un port naturel; et, sur la partie des côtes la plus rapprochée de l'Angleterre, on ne trouve qu'à Boulogne une rivière, la Liane, qui présente tous ces avantages. D'ailleurs, il ne faut pas l'oublier, toute la côte a été ensablée. Il paraît qu'il n'y a pas plus d'un siècle et demi que le bassin naturel de Boulogne a été comblé en partie, et, d'après la tradition et les observations géologiques, la côte s'avançait à plus de deux kilomètres, formant deux jetées entre lesquelles la marée montante remplissait la vallée de la Liane jusqu'à quatre kilomètres dans les terres.

Aucun des ports situés au nord de Boulogne ne pouvait servir de base à l'expédition de César, car aucun ne pouvait recevoir un si grand nombre de bâtiments, et on ne saurait admettre que César les ait laissés en pleine côte, pendant près d'un mois, exposés aux tempêtes de l'Océan, qui lui furent si funestes sur les rivages de Bretagne.

Boulogne était le seul point de la côte où César pût placer en sûreté ses dépôts, ses approvisionnements et ses rechanges. Les hauteurs qui dominent le port offraient des positions avantageuses pour l'établissement des camps [1], et la petite rivière la Liane lui permettait de faire venir facilement les bois et les ravitaillements dont il avait besoin. A Calais, il n'aurait trouvé que des plaines et des marais, à Wissant que des sables, comme l'étymologie du nom l'indique (*white sand*).

Chose digne de remarque : les raisons qui déterminèrent César à partir de Boulogne furent les mêmes qui décidèrent le choix de Napoléon Ier en 1804. Malgré la différence des temps et des armées, les conditions nautiques et pratiques n'avaient pas pu changer. « L'Empereur choisit Boulogne, » dit M. Thiers, parce que ce port était indiqué depuis » longtemps comme le meilleur point de départ d'une expé- » dition dirigée contre l'Angleterre; il choisit Boulogne parce » que son port est formé par la petite rivière la Liane, qui » lui permettait, avec quelques travaux, de mettre à l'abri » douze à treize cents bâtiments. »

Un autre rapprochement à signaler, c'est que certains bateaux plats construits par ordre de l'Empereur avaient presque les mêmes dimensions que ceux de César. « Il fal- » lait, dit toujours l'historien du *Consulat et de l'Empire*, » des bâtiments qui n'eussent pas besoin, quand ils étaient » chargés, de plus de sept à huit pieds d'eau pour flotter, » qui pussent marcher à l'aviron, pour passer, soit en » calme, soit en brume, et venir s'échouer sans se briser » sur les plages de l'Angleterre. Les grandes chaloupes » canonnières portaient quatre pièces de gros calibre, » gréées comme des bricks, c'est-à-dire à deux mâts,

---

[1] Le camp de Labienus, pendant la seconde expédition, fut sans doute établi où est aujourd'hui la haute ville. De là il dominait le pays environnant, la mer et le cours inférieur de la Liane.

» manœuvrées par vingt-quatre matelots, et capables de
» contenir une compagnie de cent hommes avec son état-
» major, ses armes, ses munitions.... Ces bateaux offraient
» un inconvénient fâcheux, celui de dériver, c'est-à-dire
» de céder aux courants. Ils le devaient à leur lourde struc-
» ture, qui présentait plus de prise à l'eau que leur mâture
» n'en présentait au vent [1]. »

Les navires de César éprouvèrent le même inconvénient, et, entraînés par les courants, à sa seconde expédition, ils allèrent à la dérive assez loin dans le nord.

Nous avons vu que les bateaux de transport de César étaient à fond plat, pouvaient marcher à la voile et à la rame, porter au besoin cent cinquante hommes, être chargés et tirés à terre avec promptitude (*ad celeritatem onerandi subductionesque*). Ils présentaient donc une grande analogie avec les bateaux plats de la flottille de 1804. Mais, il y a plus, l'empereur Napoléon avait trouvé utile d'imiter les galères romaines. « On avait reconnu nécessaire, dit M. Thiers, de
» construire des bateaux encore plus légers et plus mobiles
» que les précédents, tirant deux à trois pieds d'eau seule-
» ment, et faits pour aborder partout. C'étaient de grands
» canots, étroits et longs de soixante pieds, ayant un pont
» mobile qu'on posait ou retirait à volonté, et distingués des
» autres par le nom de *péniches*. Ces gros canots étaient
» pourvus d'une soixantaine d'avirons, portaient au besoin
» une légère voilure, et marchaient avec une extrême vi-
» tesse. Lorsque soixante soldats, dressés à manier la rame
» aussi bien que des matelots, les mettaient en mouvement,
» ils glissaient sur la mer comme ces légères embarcations
» détachées des flancs de nos grands vaisseaux, et surpre-
» naient la vue par la rapidité de leur sillage. »

Le point de débarquement a été également le sujet d'une

---

[1] *Histoire du Consulat et de l'Empire*, t. IV, l. xvii.

foule de suppositions contraires. On a proposé tour à tour Saint-Léonard, près d'Hastings, Richborough (*Rutupiæ*), près de Sandwich, Lymne, près de Hythe, enfin Deal.

La première localité nous semble devoir être rejetée, car elle ne répond à aucune des conditions du récit des Commentaires, qui nous font connaître qu'à la seconde expédition la flotte mit à la voile par une brise du sud-ouest ; or c'est le moins favorable de tous les vents pour se diriger vers Hastings, en partant des côtes du département du Pas-de-Calais. Dans cette même traversée, César, après avoir été entraîné hors de sa route pendant quatre heures de nuit, s'aperçut, au lever du jour, qu'il avait laissé la Bretagne sur sa gauche. Ce fait ne se comprendrait nullement s'il s'était proposé de débarquer à Saint-Léonard. Quant à Richborough, ce port est beaucoup trop au nord ; pourquoi César serait-il remonté jusqu'à Sandwich, puisqu'il pouvait débarquer à Walmer et à Deal ? Lymne, ou plutôt Romney-Marsh, ne saurait mieux convenir. Cette plage est tout à fait impropre à un débarquement, et aucun des détails fournis par les Commentaires ne peut s'y appliquer [1].

[1] Ce qu'on appelle aujourd'hui *Romney-Marsh* est la partie septentrionale d'une vaste plaine limitée à l'est et au sud par la mer, à l'ouest et au nord par la ligne des hauteurs au pied desquelles a été creusé le canal militaire. Il est difficile de savoir quel était l'aspect de Romney-Marsh au temps de César. Cependant le peu d'élévation de la plaine au-dessus du niveau de la mer, ainsi que la nature du sol, porte à conclure que la mer la recouvrait jadis jusqu'au pied des hauteurs de Lymne, excepté toutefois dans la partie appelée le *Dymchurch-Wall*. C'est une longue langue de terre sur laquelle s'élèvent aujourd'hui trois forts et neuf batteries, et qui, vu sa hauteur au-dessus du reste de la plaine, n'a certainement jamais été recouverte par la mer. Ces faits paraissent confirmés par une ancienne carte de la collection Cottonienne, que possède le Musée Britannique.

M. Lewin semble avoir, dans la planche qui accompagne son ouvrage, reproduit aussi exactement que possible l'aspect de Romney-Marsh à l'époque de César. La partie non recouverte par la mer s'étendait, sans nul doute, comme il l'indique, depuis la baie de Romney jusque vers Hythe, où elle se terminait

Reste Deal ; mais, avant de décrire cet endroit, il faut examiner si, à la première traversée, lorsque César remit à la voile, après avoir séjourné cinq heures en face des falaises de Douvres, le courant dont il profita l'emporta vers le nord ou vers le sud. (*Voir page* 158.) Deux célèbres astronomes anglais se sont occupés de cette question, Halley et M. Airy; mais ils ne s'accordent ni sur le lieu où s'embarqua César, ni sur le lieu où il débarqua ; on peut cependant parvenir à résoudre ce problème, en cherchant le jour du débarquement de César. L'année de l'expédition est connue par le consulat de Pompée et de Crassus, c'est l'année 699 ; le mois dans lequel le départ eut lieu l'est par les données suivantes du récit des Commentaires : la belle saison touchait à sa fin, *exigua parte æstatis reliqua* (IV, XX) ; le blé avait été moissonné partout, excepté en un seul endroit, *omni, ex reliquis partibus, demesso frumento, una pars erat reliqua* (IV, XXXII) ; l'équinoxe approchait, *propinqua die æquinoctii* (IV, XXXVI). Ces données désignent assez clairement le mois d'août. Enfin on a, relativement au jour du débarquement, les indications suivantes : après quatre jours écoulés depuis son arrivée en Bretagne... il s'éleva tout à coup une si violente tempête... Cette même nuit, il y avait pleine lune, ce qui est l'époque des plus hautes marées de l'Océan : *Post diem quartum quam est in Britanniam ventum*[1]... *tanta tempestas subito coorta*

par un banc de galets assez considérable. Mais il nous paraît difficile que l'armée romaine ait pu débarquer sur un pareil terrain, au pied même des hauteurs assez escarpées de Lymne. M. Lewin place le camp romain de la première expédition au bas de ces hauteurs, sur le banc de galets même, entouré par la mer presque de tous côtés. A la seconde expédition, il le met sur les pentes au-dessous du village de Lymne, et, pour expliquer comment César réunit sa flotte au camp par des retranchements communs, il suppose que cette flotte fut tirée à terre jusque sur le versant et enfermée dans un espace carré de 300 mètres de côté, parce qu'on y voit les ruines des murailles d'un ancien château appelé *Stutfall-Castle*. Tout cela est difficilement admissible.

[1] Mot à mot, cela veut dire que les navires portant la cavalerie mirent à la

est... Eadem nocte accidit, ut esset luna plena, qui dies maritimos æstus maximos in Oceano efficere consuevit.

D'après cela, nous pensons que la tempête eut lieu après quatre jours, comptés depuis le lendemain du jour de l'arrivée; que la pleine lune tomba la nuit suivante, enfin que cette époque coïncidait non pas avec *la* plus haute marée, mais avec *les* plus hautes marées de l'Océan. Aussi croyons-nous qu'il suffirait, pour connaître le jour précis du débarquement, de se reporter au sixième jour qui précéda la pleine lune du mois d'août 699; or ce phénomène, d'après les tables astronomiques, arriva le 31, vers trois heures du matin. La veille, c'est-à-dire le 30, avait éclaté la tempête; quatre jours pleins s'étaient écoulés depuis le débarquement; cela nous conduit au 26. César prit donc terre le 25 août. M. Airy, il est vrai, a interprété le texte tout autrement que nous; il croit que l'expression *post diem quartum* peut être prise, en latin, pour le troisième jour; d'un autre côté, il doute que César eût dans son armée des almanachs qui lui fissent connaître le jour exact de la pleine lune; enfin, comme la plus haute marée a lieu un jour et demi après la pleine lune, il affirme que César, plaçant ces deux phénomènes au même moment, a dû se tromper, soit pour le jour de la pleine lune, soit pour celui de la plus haute

voile quatre jours après l'arrivée des Romains en Angleterre. La langue latine employait souvent le nombre ordinal au lieu du nombre cardinal. Ainsi l'historien Eutrope a dit : « Carthage fut détruite 700 ans après avoir été fondée, *Carthago septingentesimo anno quam condita erat deleta est.* » Faut-il dans la phrase *post diem quartum* compter le jour même du débarquement? — Virgile dit en parlant du dix-septième jour: *septima post decimam*. — Cicéron se sert de l'expression *post sexennium*, pour dire *dans six ans*. Il est évident que Virgile compte sept jours après le dixième. Si le dixième était compris dans ce chiffre, l'expression *septima post decimam* signifierait simplement *le seizième jour*. De son côté, Cicéron entend visiblement les six ans comme un laps de temps qui doit s'écouler à partir du moment où il parle. Donc le *post diem quartum* de César doit se comprendre dans le sens de quatre jours révolus, sans compter le jour du débarquement.

marée, et il en conclut que le débarquement a pu avoir lieu le second, troisième ou quatrième jour avant la pleine lune.

Notre raisonnement a une autre base. Constatons d'abord que la science de l'astronomie permettait alors de connaître certaines époques de la lune, puisque, plus de cent ans auparavant, pendant la guerre contre Persée, un tribun de l'armée de Paul-Émile annonçait la veille une éclipse de lune à ses soldats, afin de prévenir leurs craintes superstitieuses [1]. Disons ensuite que César, qui plus tard réforma le calendrier, était fort au courant des connaissances astronomiques de son temps, déjà portées très-loin par Hipparque, et qu'il s'y intéressait particulièrement, puisqu'il s'aperçut, au moyen d'horloges d'eau, que les nuits étaient plus courtes en Bretagne qu'en Italie.

Tout nous autorise donc à penser que César, en s'embarquant pour un pays inconnu, où il pouvait avoir à faire des marches de nuit, dut se préoccuper du cours de la lune et se munir de calendriers. Mais nous avons posé la question indépendamment de ces considérations, en recherchant, dans les jours qui précédèrent la pleine lune de la fin d'août 699, quel était celui où le renversement des courants dont parle César avait pu se produire à l'heure indiquée dans les Commentaires.

En supposant la flotte romaine à l'ancre à un demi-mille en face de Douvres, comme elle a ressenti l'effet du renversement des courants vers trois heures et demie de l'après-midi, la question se réduit à déterminer le jour de la fin du mois d'août où ce phénomène eut lieu à l'heure ci-dessus. On sait que la mer produit dans la Manche, en s'élevant ou s'abaissant, deux courants alternatifs, l'un dirigé de l'ouest à l'est, appelé *flot* ou courant de la marée montante; l'autre dirigé de l'est à l'ouest, nommé *jusant* ou

[1] Tite-Live, XLIV, xxxvii.

courant de la marée descendante. Dans les parages situés en face de Douvres, à un demi-mille de la côte, le flot commence ordinairement à se faire sentir deux heures avant la pleine mer à Douvres, et le jusant trois heures et demie après.

De sorte que, si l'on trouve, avant la pleine lune du 31 août 699, un jour où il y eut pleine mer à Douvres, soit à cinq heures et demie de l'après-midi, soit à midi, ce jour sera celui du débarquement, et de plus on saura si le courant emporta César vers l'est ou vers l'ouest. Or on peut admettre, d'après les données astronomiques, que les marées des jours qui ont précédé la pleine lune du 31 août 699 ont été sensiblement les mêmes que celles des jours qui ont précédé la pleine lune du 4 septembre 1857; et comme c'est le sixième jour avant la pleine lune du 4 septembre 1857 qu'il y eut pleine mer à Douvres, vers cinq heures et demie de l'après-midi (*Voir l'Annuaire des marées des côtes de France pour l'année* 1857) [1], on est amené à penser que le même phénomène s'est aussi produit à Douvres le sixième jour avant le 31 août 699; ainsi c'est le 25 août que César est arrivé en Bretagne, sa flotte étant poussée depuis Douvres par le courant de la marée montante.

Cette dernière conclusion, en obligeant à chercher le point de débarquement au nord de Douvres, constitue la plus forte présomption théorique en faveur de Deal. Examinons maintenant si Deal satisfait aux exigences du texte latin.

Les falaises qui bordent les côtes d'Angleterre vers la partie sud du comté de Kent forment, depuis Folkstone jusqu'au château de Walmer, un vaste quart de circonfé-

[1] Il faut remonter jusqu'au 14e jour avant la pleine lune, c'est-à-dire jusqu'au 17 août 699, pour trouver un jour où la pleine mer ait eu lieu à Douvres vers midi.

rence, convexe vers la mer, abrupte presque sur tous les points ; elles présentent plusieurs baies ou criques, comme à Folkstone, à Douvres, à Saint-Margaret, à Old-Stairs, et, diminuant d'élévation par degré, viennent se terminer au château de Walmer. A partir de ce point, et en remontant vers le nord, la côte est plate et d'un abord facile, sur une étendue de plusieurs lieues.

Le pays situé à l'ouest de Walmer et de Deal est plat lui-même aussi loin que la vue peut s'étendre, ou ne présente que de faibles ondulations de terrain. Ajoutons qu'il produit, en grande quantité, du blé de qualité excellente, et que la nature du sol porte à croire qu'il en était de même à une époque reculée. Ces diverses conditions faisaient de la plage de Walmer et de Deal le meilleur lieu de débarquement pour l'armée romaine.

Sa situation répond d'ailleurs pleinement au récit des Commentaires. A la première expédition, la flotte romaine, partant des falaises de Douvres et doublant la pointe de South-Foreland, a pu faire le trajet de sept milles en une heure; elle serait ainsi venue mouiller en face du village actuel de Walmer. Les Bretons ont pu, en partant de Douvres, faire une marche de neuf kilomètres assez vite pour s'opposer au débarquement des Romains. (*Voir planche* 16.)

Le combat qui suivit fut certainement livré sur la partie de la plage qui s'étend du château de Walmer jusqu'à Deal. Aujourd'hui la côte est couverte de constructions dans toute cette étendue; il n'est donc pas possible de préciser la forme qu'affectait la plage il y a dix-neuf siècles; mais, à la vue des lieux, on comprend sans difficulté les diverses phases du combat décrit au livre IV des Commentaires.

Quatre jours révolus après l'arrivée de César en Bretagne, une tempête dispersa les dix-huit navires qui, sortis d'Ambleteuse, étaient arrivés jusqu'en vue du camp romain. Plusieurs des marins de la Manche, consultés, croient possible qu'un même coup de vent, comme le veut le texte, ait rejeté une partie des navires vers South-Foreland et l'autre partie vers la côte de Boulogne et d'Ambleteuse. La configuration du terrain indique d'elle-même l'emplacement du camp sur la hauteur où s'élève le village de Walmer. Il y était situé à mille ou douze cents mètres du rivage, dans une position qui dominait le pays environnant. Aussi est-il facile de comprendre, à l'aspect des lieux, les détails relatifs à l'épisode de la 7ᵉ légion, surprise pendant qu'elle moissonnait [1]. On pourrait objecter qu'à Deal le camp des Romains n'était pas à proximité d'un cours d'eau, mais ils purent creuser des puits; aujourd'hui la nombreuse population de Deal ne se procure pas l'eau autrement.

D'après tout ce qui vient d'être dit, les faits suivants nous paraissent établis pour la première expédition. César, après avoir fait sortir sa flottille du port, dès la veille, partit dans la nuit du 24 au 25 août, vers minuit, des côtes de Boulogne, et arriva en face de Douvres vers dix heures du matin. Il resta à l'ancre jusqu'à trois heures et demie de l'après-midi, et alors, ayant pour lui le vent et la marée montante, il fit encore un trajet de sept milles et arriva près de Deal, probablement entre Deal et le château de Walmer, à quatre heures et demie. Comme, au mois d'août, le crépuscule dure jusqu'au delà de sept heures et demie et que son effet put être prolongé par la lune, qui, à cette heure, se trouvait au milieu du ciel, il resta à César quatre heures pour débarquer, repousser les Bretons et prendre terre sur le sol britannique. La mer commençant à descendre vers cinq heures et demie, l'anecdote de Cæsius Scæva rapportée par Valère

---

[1] M. Lewin a écrit que le pays ne produit pas de blé entre Deal et Sandwich. Cette assertion est à peu près juste pour la langue de terre marécageuse qui sépare ces deux localités; mais qu'importe? puisque le blé vient en grande quantité dans toute la partie du comté de Kent située à l'ouest de la côte qui s'étend de South-Foreland à Deal et Sandwich.

Maxime s'explique ; car, vers sept heures, les rochers appelés les *malms* pouvaient être mis à découvert par la marée descendante.

Après quatre jours entiers, comptés depuis le moment du débarquement, c'est-à-dire le 30 août, s'éleva la tempête, et la pleine lune arriva la nuit suivante.

Cette première expédition, que César avait entreprise dans une saison trop avancée et avec trop peu de troupes, ne pouvait pas amener de grands résultats. Lui-même déclare qu'il ne voulait faire qu'une apparition en Bretagne. En effet, il ne s'éloigna pas de la côte, et quitta cette île vers le 12 septembre, n'y étant resté que dix-huit jours [1].

---

[1] Il est impossible de fixer avec certitude le jour où César quitta la Bretagne ; nous savons seulement que ce fut peu de temps avant l'équinoxe (*propinqua die æquinoctii*), qui, d'après les calculs de M. Le Verrier, tomba le 26 septembre, et que la flotte partit un peu après minuit. Si l'on suppose une traversée de neuf heures avec un vent favorable (*ipse idoneam tempestatem nactus*), comme au retour de la seconde expédition, César serait arrivé vers neuf heures du matin à Boulogne. La flotte n'ayant pu entrer dans le port qu'avec la marée montante, il suffit, pour connaître approximativement la date du retour, de chercher quel jour du mois de septembre 699 il y eut, à cette heure-là, pleine mer à Boulogne. Or, dans ce port, la mer est toujours pleine vers les neuf heures du matin, deux ou trois jours avant la pleine lune et avant la nouvelle lune ; donc, puisque la pleine lune du mois de septembre 699 a eu lieu le 14, c'est le 11 ou le 12 septembre, à peu près, que César aurait été de retour dans la Gaule. Quant aux deux navires qui furent rejetés plus bas, M. Lewin (*Invasion of Britain by J. Cæsar*) explique cet accident d'une manière très-judicieuse. Il s'appuie sur les tables des marées de l'amirauté anglaise, où on lit la recommandation suivante : « En approchant de Boulogne à marée montante, on doit faire grande attention, parce que le courant, qui, du côté de l'Angleterre, entraîne un bâtiment vers l'est, sur la côte de Boulogne l'entraîne, au contraire, vers la Somme. » Rien donc de plus naturel que les deux transports romains soient allés s'échouer au sud de Boulogne.

Résumé des dates de la campagne de 699.

IX. Nous résumons ainsi les dates probables de la campagne de 699 :

César passe les monts *plus tôt que de coutume*...	10 avril.
Son arrivée à l'armée entre Loire et Seine.....	22 avril.
Séjour à l'armée, renseignements.. du 22 avril au	10 mai.
Marche jusque entre Meuse et Rhin.... du 10 au	28 mai.
Victoire sur les Usipètes et les Tenctères.......	4 juin.
Arrivée à Bonn pour le passage du Rhin......	11 juin.
Construction du pont de pilotis (10 jours), du 12 au	21 juin.
Campagne d'outre-Rhin (18 jours).. du 22 juin au	9 juillet.
Marche de Bonn à Boulogne....... du 11 au	28 juillet.
Préparatifs de l'expédition de Bretagne, du 28 juillet au	24 août.
Départ............... nuit du 24 au	25 août.
Débarquement....................	25 août.
Tempête......................	30 août.
Durée du séjour en Bretagne (18 jours), du 25 août au	12 septembre.
Retour en Gaule.................	12 septembre
Équinoxe d'automne...............	26 septembre.

CHAPITRE HUITIÈME.

AN DE ROME 700.

(Livre V des Commentaires.)

MARCHE CONTRE LES TRÉVIRES. — SECONDE DESCENTE EN BRETAGNE.

Inspection de la flotte. Marche contre les Trévires.

I. César, après avoir apaisé les troubles d'Illyrie et passé quelque temps en Italie, rejoignit l'armée chez les Belges, au commencement de juin de l'an 700. Dès son arrivée, il visita tous les quartiers et l'arsenal maritime établi, selon Strabon, à l'embouchure de la Seine[1]. Il trouva sa flotte prête à prendre la mer. Malgré la rareté des matériaux nécessaires, les soldats l'avaient construite avec une habileté et un zèle extrêmes. Il leur donna des éloges, félicita ceux qui avaient dirigé les travaux, et indiqua, comme point de réunion générale, le port Itius (*Boulogne*).

La concentration de la flotte exigeait un temps assez long; César le mit à profit pour prévenir les effets de l'agitation qui se manifestait chez les Trévires. Ces populations, rebelles à ses ordres et soupçonnées d'appeler les Germains en deçà du Rhin, ne se faisaient point représenter aux assemblées. César marcha contre elles avec quatre légions, sans bagages, et huit cents cavaliers, laissant des troupes en nombre suffisant pour protéger la flotte.

Les Trévires possédaient, indépendamment d'une infanterie considérable, une cavalerie plus nombreuse qu'aucun

---

[1] « Ce fut là (l'embouchure de la Seine) que César établit son arsenal de marine, lorsqu'il passa dans cette île (la Bretagne). » (Strabon, II, 160.)

LIVRE III, CHAPITRE VIII. — CAMPAGNE DE 700.   183

autre peuple de la Gaule. Ils étaient partagés en deux factions, dont les chefs, Indutiomare et son gendre Cingetorix, se disputaient le pouvoir. A peine instruit de l'approche des légions, ce dernier vint trouver César et lui déclara qu'il ne manquerait pas à ses devoirs envers le peuple romain. Indutiomare, au contraire, leva des troupes et fit mettre en sûreté, dans l'immense forêt des Ardennes, qui s'étendait, à travers le pays des Trévires, depuis le Rhin jusqu'au territoire des Rèmes, tous ceux que leur âge rendait incapables de porter les armes. Mais lorsqu'il vit plusieurs chefs (*principes*), entraînés par leurs liaisons avec Cingetorix ou intimidés à l'approche des Romains, traiter avec César, craignant d'être abandonné de tous, il fit sa soumission. Bien que César ne la crût pas sincère, comme il ne voulait pas passer la belle saison chez les Trévires, et qu'il avait hâte de se rendre à Boulogne, où tout était prêt pour l'expédition de Bretagne, il se contenta d'exiger deux cents otages, parmi lesquels se trouvaient le fils et tous les parents d'Indutiomare, et, après avoir assemblé les principaux chefs, il conféra l'autorité à Cingetorix. Cette préférence accordée à un rival fit d'Indutiomare un ennemi irréconciliable [1].

Départ pour l'Ile de Bretagne.

II. Espérant avoir pacifié le pays par ces mesures, César se rendit avec ses quatre légions au port Itius; sa flotte, parfaitement équipée, était prête à mettre à la voile. En comptant les bâtiments de l'année précédente, elle se composait de six cents navires de transport et de vingt-huit galères; il ne manquait que soixante navires construits chez les Meldes [2], et ramenés par la tempête à leur point de départ;

[1] *Guerre des Gaules*, V, III, IV.

[2] Les Meldes habitaient sur la Marne, dans les environs de Meaux; et comme nous avons vu, d'après Strabon, que César avait établi son arsenal maritime à l'embouchure de la Seine, il n'y a rien d'extraordinaire à ce que plusieurs navires aient été construits près de Meaux. Mais il n'est pas raison-

en y ajoutant un certain nombre de barques légères que beaucoup de chefs avaient fait construire pour leur usage personnel, le total s'élevait à huit cents voiles [1]. L'armée romaine concentrée à Boulogne était de huit légions et de quatre mille cavaliers levés dans toute la Gaule et en Espagne [2]; mais le corps expéditionnaire ne fut composé que de cinq légions et de deux mille chevaux. Labienus reçut l'ordre de rester sur les côtes de la Manche avec trois légions et la moitié de la cavalerie pour garder les ports, pourvoir à l'approvisionnement des troupes, surveiller la Gaule et agir suivant les événements. César avait convoqué les principaux citoyens de chaque peuple (*principes ex omnibus civitatibus*); il comptait ne laisser sur le continent que le petit nombre de ceux dont la fidélité lui était assurée, et emmener les autres comme garants de la tranquillité pendant son absence. Dumnorix, commandant la cavalerie éduenne de l'expédition, était de tous les chefs celui dont il lui importait le plus de se faire suivre. Remuant, ambitieux, signalé par son courage et son crédit, cet homme avait vainement

nable de supposer, avec quelques écrivains, les Meldes à l'embouchure de l'Escaut, et de croire que César ait laissé des chantiers importants dans un pays ennemi et loin de toute protection.

[1] Les cinq légions que César emmena en Bretagne faisaient, à cinq mille hommes environ chacune, vingt-cinq mille hommes. Il y avait, de plus, deux mille chevaux. Si nous supposons, comme dans la première expédition, vingt-cinq chevaux par navire, il en fallait quatre-vingts pour contenir la cavalerie. L'année précédente, quatre-vingts transports avaient suffi pour deux légions sans bagages, deux cents auraient dû suffire pour cinq légions; mais, comme les Commentaires laissent entendre que ces bâtiments étaient plus étroits, et comme les troupes avaient leurs bagages, il est à croire qu'il avait fallu le double de bâtiments, c'est-à-dire quatre cents, pour le transport des cinq légions, ce qui ferait environ soixante-deux hommes par navire. Il serait resté cent soixante transports pour les chefs gaulois et romains, les valets et les approvisionnements. Les vingt-huit galères étaient sans doute les véritables bâtiments de combat destinés à protéger la flotte et le débarquement.

[2] D'après un passage des Commentaires (V, xxvi), il y avait dans l'armée romaine un corps de cavalerie espagnole.

tout mis en œuvre pour obtenir de rester dans son pays. Irrité du refus, il conspirait, et disait hautement que César n'entraînait la noblesse en Bretagne que pour la sacrifier. Ces menées étaient connues et surveillées avec soin.

On était à la fin de juin. Le vent du nord-ouest, qui souffle habituellement à cette époque de l'année sur cette côte, retarda de vingt-cinq jours le départ de la flotte; enfin se leva un vent favorable, et l'armée reçut l'ordre de s'embarquer. Au milieu des embarras et de la préoccupation du départ, Dumnorix sortit secrètement du camp avec la cavalerie éduenne, et prit le chemin de son pays. A cette nouvelle, l'embarquement est suspendu, et une grande partie de la cavalerie se met à la poursuite du fugitif, avec ordre de le ramener mort ou vif. Dumnorix, bientôt atteint, résiste, est entouré et mis à mort. Les cavaliers éduens revinrent tous au camp.

Le 20 juillet, croyons-nous, la flotte leva l'ancre au coucher du soleil, par une légère brise du sud-ouest. Ce vent ayant cessé vers le milieu de la nuit, elle fut entraînée assez loin hors de sa route par le courant de la marée montante. Au point du jour, César s'aperçut qu'il avait laissé la Bretagne sur sa gauche. (*Voir planche* 16.) Mais alors eut lieu le renversement des courants; il en profita, et, aidé du jusant, il fit force de rames pour gagner la partie de l'île reconnue, l'été précédent, comme offrant un débarquement facile. Dans cette circonstance, les soldats, par une énergie soutenue, parvinrent, avec les avirons, à donner aux vaisseaux de transport, malgré leur pesanteur, la vitesse des galères. L'armée prit terre, vers midi, sur plusieurs points à la fois[1], sans que l'ennemi parût. Des prisonniers rapportèrent plus tard que les barbares, effrayés à l'aspect d'un si grand nombre de navires, s'étaient retirés sur les hauteurs[2].

[1] Dion-Cassius, XL, 1.
[2] *Guerre des Gaules*, V, VIII.

Marche dans l'intérieur du pays.

III. Le débarquement opéré, César établit son camp dans une bonne position, à proximité de la mer [1]. La flotte, restée à l'ancre près de la côte, sur une plage unie et sans écueils, sous le commandement d'Atrius, ne lui inspirait aucune inquiétude [2]. Dès qu'il sut où se trouvait l'ennemi, il se mit en marche à la troisième veille (minuit), ayant laissé dix cohortes [3] et trois cents cavaliers pour garder la flotte. Après avoir parcouru pendant la nuit environ douze milles, les Romains aperçurent au point du jour les barbares, postés sur les hauteurs de Kingston, au delà d'un cours d'eau appelé aujourd'hui la Petite-Stour [4]. Ceux-ci

[1] Cela nous paraît évident, puisque nous verrons plus tard César enfermer sa flotte dans les retranchements contigus à son camp.

[2] Comme dans la première expédition le désastre arrivé à la flotte avait dû prouver à César le danger auquel les vaisseaux étaient exposés sur la côte, la réflexion ci-dessus indique que, lors de sa seconde expédition, il choisit un meilleur mouillage, à quelques kilomètres plus au nord.

[3] Dix cohortes formaient une légion ; mais César n'emploie pas cette dernière expression, parce qu'il tira sans doute de chacune de ses cinq légions deux cohortes, qu'il laissa à la garde du camp. De cette manière, il conservait le nombre tactique de cinq légions, ce qui était plus avantageux, et faisait participer chaque légion à l'honneur de combattre.

[4] Si des bords de la mer, près de Deal, où nous supposons que les Romains établirent leur camp, on décrit, avec un rayon de douze milles, un arc de cercle, on coupe vers l'ouest, aux villages de Kingston et de Barham (*Voir planche* 16), et, plus au nord, au village de Littlebourn, un ruisseau, nommé la Petite-Stour, qui prend sa source près de Lyminge, coule du sud au nord à travers un pays assez accidenté, et se jette dans la Grande-Stour. Ce ruisseau est incontestablement le *flumen* des Commentaires. L'erreur est d'autant moins permise qu'on ne trouve aucun autre cours d'eau dans la partie du comté de Kent comprise entre la côte de Deal et la Grande-Stour, et que cette dernière coule trop loin de Deal pour répondre au texte. Bien que la Petite-Stour n'ait pas, entre Barham et Kingston, plus de trois à quatre mètres de largeur, on ne doit pas s'étonner de la dénomination de *flumen* que lui donne César, car il emploie la même expression pour désigner de simples ruisseaux, tels que l'Ose et l'Oserain. (*Guerre des Gaules*, VII, LXIX, *Alesia*.)

Mais César arriva-t-il sur la Petite-Stour vers Barham et Kingston ou vers Littlebourn ? Le doute est permis. Nous croyons cependant que le pays de

firent avancer jusqu'au bord du ruisseau leur cavalerie et leurs chars, cherchant, de leur position dominante, à en disputer le passage; mais, repoussés par les cavaliers, ils se retirèrent dans une forêt où se trouvait un lieu singulièrement fortifié par la nature et par l'art, refuge construit jadis pendant des guerres intestines[1]. De nombreux abatis d'arbres en fermaient toutes les avenues. Les Romains poursuivirent l'ennemi jusqu'à la lisière du bois et tentèrent d'enlever la position. Les Bretons sortaient par petits groupes pour défendre les approches de leur oppidum; mais les soldats de la 7e légion, ayant formé la tortue et poussé une terrasse jusqu'à l'enceinte, s'emparèrent du réduit et les chassèrent du bois sans pertes sensibles. César empêcha de les poursuivre; il ne connaissait pas le pays et voulait employer le reste du jour à fortifier son camp[2].

Barham et Kingston répond mieux à l'idée que donne la lecture des Commentaires. Les hauteurs de la rive gauche de la Petite-Stour ne sont pas tellement accidentées que les chars et la cavalerie n'aient pu y manœuvrer, et les Bretons auraient occupé, comme l'exige le texte, une position dominante, *locus superior*, sur les versants qui se terminent au ruisseau en pentes douces.

Ce ruisseau, vu son peu de profondeur, ne constitue pas un véritable obstacle; or, il semble effectivement résulter du récit des Commentaires que l'engagement n'y fut pas sérieux et que la cavalerie de César le passa sans peine. Ce dernier fait constitue une objection contre la Grande-Stour, que plusieurs auteurs, entre autres le général de Gœler, prennent pour le *flumen* du texte : elle est assez large et assez encaissée vers Sturry, où l'on place le théâtre de l'action, pour que la cavalerie n'ait pu la traverser que difficilement. D'ailleurs Sturry est à quinze et non pas à douze milles de la côte de Deal.

[1] Il est évident que ce lieu ne doit pas être cherché à plus de quelques kilomètres de la Petite-Stour, car il faut se rappeler que les Romains étaient débarqués la veille, qu'ils avaient fait une marche de nuit de douze milles et qu'ils venaient de livrer un combat. Malheureusement le pays situé à l'ouest de Kingston est tellement accidenté et boisé qu'il est impossible de choisir un site plutôt qu'un autre pour en faire l'*oppidum* breton. Peut-être pourrait-on le placer vers Bursted ou Upper-Hardres.

[2] *Guerre des Gaules*, V, ix.

Destruction d'une partie de la flotte.

IV. Le lendemain matin, il partagea l'infanterie et la cavalerie en trois corps, et les envoya séparément à la poursuite de l'ennemi. Les troupes avaient fait un assez long trajet, et déjà les derniers fuyards étaient en vue, lorsque des cavaliers expédiés par Q. Atrius vinrent annoncer que, la nuit précédente, une violente tempête avait endommagé et jeté sur la côte presque tous les vaisseaux : ni ancres ni cordages n'avaient pu résister ; les efforts des pilotes et des matelots étaient demeurés impuissants, et le choc des vaisseaux entre eux avait causé de graves avaries. A cette nouvelle, César rappela ses troupes, leur ordonna de se borner à repousser l'ennemi tout en se retirant, et les devança pour revenir à sa flotte. Il constata l'exactitude des pertes annoncées : quarante navires environ étaient détruits, et la réparation des autres exigeait un long travail. Il prit les ouvriers attachés aux légions, en fit venir du continent, et écrivit à Labienus de construire, avec ses troupes, le plus grand nombre possible de vaisseaux ; enfin, voulant mettre sa flotte à l'abri de tout danger, il résolut, malgré la peine qui devait en résulter, de haler à terre tous les vaisseaux et de les enfermer dans le camp par un nouveau retranchement [1]. Les soldats employèrent dix jours entiers à ce travail, sans l'interrompre, même la nuit [2].

---

[1] Il nous a paru intéressant de chercher à nous expliquer comment César put réunir la flotte au camp.

Le camp romain devait être sur un terrain plat, pour qu'il fût possible de tirer les navires de la flotte. En supposant que chaque navire eût en moyenne vingt-cinq mètres de longueur sur six mètres de largeur, et que les huit cents navires composant la flotte eussent été placés à deux mètres les uns des autres sur cinq lignes distantes entre elles de trois mètres, la flotte aurait couvert un rectangle de 1,280 mètres sur 140, relié au camp par d'autres tranchées. Il est bien entendu que les bateaux les plus légers auraient formé la ligne la plus éloignée de la mer.

[2] *Guerre des Gaules*, V, xi.

César
reprend
l'offensive.

V. Les vaisseaux une fois mis à sec, et entourés de solides défenses, César laissa dans le camp les mêmes troupes qu'auparavant, et retourna vers les lieux où il avait été obligé d'abandonner la poursuite des Bretons. Il les trouva rassemblés en grand nombre. La direction générale de la guerre avait été confiée à Cassivellaunus, dont les États étaient séparés des pays maritimes par la Tamise, fleuve éloigné de la côte d'environ quatre-vingts milles[1]. Ce chef avait eu à soutenir précédemment des guerres continuelles contre les autres peuples de l'île; mais, devant le danger, tous, d'un accord unanime, venaient de lui décerner le commandement.

Les cavaliers ennemis, avec les chariots de guerre, attaquèrent vivement la cavalerie dans sa marche; partout ils furent vaincus et rejetés dans les forêts ou sur les hauteurs. Peu de temps après, tandis que les Romains sans défiance travaillaient aux retranchements, les Bretons sortirent tout à coup des bois et se précipitèrent sur les avant-postes. La lutte devenant acharnée, César fit avancer deux cohortes d'élite, les premières de deux légions. Elles avaient à peine pris position, laissant entre elles un léger intervalle, lorsque les barbares manœuvrèrent avec les chariots selon leur coutume, et intimidèrent tellement les Romains par cette manière de combattre, qu'ils purent passer et repasser impunément à travers l'intervalle des cohortes. L'ennemi ne fut repoussé qu'à l'arrivée des renforts. Q. Laberius Durus, tribun militaire, périt dans cette journée.

La description de ce combat, telle que la donnent les Commentaires, a été diversement comprise. Suivant Dion-Cassius, les Bretons auraient d'abord mis le désordre dans les rangs des Romains au moyen de leurs chariots, mais

[1] C'est ainsi que s'exprime César, mais il est certain que ce chiffre n'indique pas la plus courte distance de la Tamise au détroit. César a sans doute voulu faire connaître la longueur du trajet qu'il fit de la mer à la Tamise.

César, afin de déjouer cette manœuvre, leur aurait ouvert un libre passage en plaçant ses cohortes à de plus grands intervalles; il aurait ainsi renouvelé les dispositions prises par Scipion, à la bataille de Zama, pour se garantir des éléphants carthaginois.

Cet engagement, livré devant le camp et sous les yeux de l'armée, montra combien la tactique romaine était peu appropriée à ce genre de guerre. Le légionnaire, pesamment armé et habitué à combattre en ligne, ne pouvait ni poursuivre l'ennemi dans sa retraite, ni trop s'éloigner de ses enseignes. Un désavantage plus grand encore existait pour les cavaliers. Les Bretons, par une fuite simulée, les attiraient loin des légions, et alors, sautant à bas de leurs chars, engageaient à pied une lutte inégale; car, toujours soutenus par leur cavalerie, ils étaient aussi dangereux dans l'attaque que dans la défense [1].

Le jour suivant, les ennemis prirent position loin du camp, sur les hauteurs : ils ne se montrèrent que par petits groupes, isolés, harcelant la cavalerie avec moins d'ardeur que la veille. Mais, vers le milieu du jour, César ayant envoyé au fourrage trois légions et la cavalerie sous les ordres du lieutenant C. Trebonius, ils s'élancèrent de toutes parts sur les fourrageurs avec une telle impétuosité, qu'ils vinrent jusque près des aigles et des légions restées sous les armes. L'infanterie les repoussa avec vigueur, et, quoique ordinairement elle s'en remît à la cavalerie du soin de la poursuite, cette fois elle ne cessa de les chasser devant elle que quand la cavalerie, se sentant appuyée, vint elle-même précipiter la déroute. Celle-ci ne leur laissa le temps ni de se rallier, ni de s'arrêter, ni de descendre des chars, et en fit un grand

---

[1] Sur les chars des Bretons, voyez Strabon (IV, p. 166), Dion-Cassius (LXXVI, xii). César parlait de plusieurs milliers de cavaliers et de chars de guerre, dans le troisième livre d'un mémoire adressé à Cicéron et qui s'est perdu. (Junius Philargyrus, *Comm. des Géorgiques de Virgile*, III, p. 204.)

carnage. Après cette défaite, les Bretons résolurent de ne plus combattre désormais avec leurs forces réunies, et de se borner à inquiéter l'armée romaine, de manière à traîner la guerre en longueur[1].

Marche vers la Tamise.

VI. César, pénétrant leur dessein, n'hésita plus, afin de terminer promptement la campagne, à se porter au centre même de leurs forces : il se dirigea vers le territoire de Cassivellaunus, en passant, paraît-il, par Maidstone et Westerham. (*Voir planche* 16.) Parvenu au bord de la Tamise, guéable alors en un seul endroit, peut-être à Sunbury, il aperçut une multitude d'ennemis rangés sur la rive opposée[2]. Elle était défendue par une palissade de pieux aigus, devant laquelle d'autres pieux enfoncés dans le lit du fleuve restaient cachés sous l'eau. Des prisonniers et des transfuges en instruisirent César, qui envoya la cavalerie en avant (probablement à une certaine distance en amont

[1] *Guerre des Gaules*, V, xvii.

[2] Il n'existe pas dans le comté de Kent les moindres vestiges pouvant aider à retrouver la marche de l'armée romaine. Le camp de Holwood, près de Keston, que les cartes anglaises qualifient de *camp de César*, ne se rapporte pas à l'époque dont nous nous occupons. Sur la colline de Saint-Georges (*Saint-George Hill*), près de Walton sur la Tamise, il n'a jamais existé de camp.

Malheureusement il n'est pas possible non plus de préciser l'endroit où César passa à gué la Tamise. C'est ce dont nous ont convaincu les recherches de toutes sortes auxquelles MM. les officiers Stoffel et Hamelin se sont livrés. Les bateliers de la Tamise leur ont tous affirmé qu'entre Shepperton et Londres on compte actuellement huit ou neuf endroits guéables; le plus favorable est à Sunbury. A Kingston, où le général de Gœler place le point de passage, rien ne fait supposer qu'un gué ait jamais existé. On doit dire la même chose de Coway-Stakes. A Halliford, malgré la terminaison du mot, les habitants n'ont conservé aucune tradition relative à un ancien gué. La seule chose qui nous paraisse évidente, c'est que l'armée romaine n'a point passé en aval de Teddington. On sait que ce village, dont le nom vient de *Tide-end-town*, marque en effet le dernier point de la Tamise où se fait sentir la marée. On ne comprendrait pas que César se fût exposé à être surpris pendant son passage par une augmentation de volume d'eau.

ou en aval), afin de tourner la position et d'occuper l'ennemi, pendant que l'infanterie détruirait les obstacles et traverserait le fleuve à gué. Les soldats entrèrent résolûment dans la Tamise, et, bien qu'ils eussent de l'eau jusqu'aux épaules, tel fut leur élan que les Bretons ne purent soutenir le choc, abandonnèrent la rive et s'enfuirent. Polyen raconte à cette occasion que César se servit d'un éléphant pour faciliter le passage; mais, les Commentaires ne mentionnant pas le fait, il est difficile d'y ajouter foi [1].

Soumission d'une partie de la Bretagne.

VII. Cet échec enleva à Cassivellaunus tout espoir de résistance; il renvoya la plus grande partie de ses troupes, ne garda que quatre mille hommes environ, montés sur des chars. (En supposant six *essedarii* par char, cela ferait encore le nombre considérable de six cent soixante voitures.) Tantôt se bornant à observer la marche de l'armée, tantôt se cachant dans des lieux de difficile accès, ou faisant le vide devant le passage des colonnes romaines; souvent aussi, profitant de la connaissance des lieux, il tombait à l'improviste avec ses chariots sur la cavalerie quand elle s'aventurait à marauder et à saccager au loin; ce qui obligea celle-ci à ne plus s'écarter des légions. Ainsi le dommage

---

[1] *Guerre des Gaules*, V, XVIII. — Polyen s'exprime ainsi : « César, étant dans l'île de Bretagne, voulait passer un grand fleuve. Cassivellaunus, roi des Bretons, s'opposait au passage avec une cavalerie nombreuse et beaucoup de chariots. César avait un très-grand éléphant, animal que les Bretons n'avaient jamais vu; il l'arma d'écailles de fer, lui mit sur le dos une grande tour garnie de gens de trait et de frondeurs, tous adroits, et le fit avancer dans le fleuve. Les Bretons furent frappés d'étonnement à l'aspect d'une bête si énorme qui leur était inconnue. Et qu'est-il besoin de dire que leurs chevaux en furent effrayés, puisqu'on sait que, même parmi les Grecs, la présence d'un éléphant fait fuir les chevaux? A plus forte raison, ceux des barbares ne purent supporter la vue d'un éléphant armé et chargé d'une tour d'où volaient des pierres et des traits. Bretons, chevaux et chariots, tout cela prit la fuite; et les Romains, par le moyen de la terreur que donna un seul animal, passèrent le fleuve sans danger. » (*Stratagèmes*, VIII, XXIII, § 5.)

causé à l'ennemi ne put s'étendre au delà de la marche de l'infanterie.

Cependant les Trinobantes, un des peuples les plus puissants de la Bretagne, envoyèrent des députés offrir leur soumission et demander pour roi Mandubratius. Ce jeune homme, fuyant la colère de Cassivellaunus, qui avait fait mourir son père, était venu sur le continent implorer la protection de César et l'avait accompagné en Bretagne. Le général romain accueillit favorablement la prière des Trinobantes, et exigea d'eux quarante otages et du blé pour l'armée.

La protection obtenue par les Trinobantes engagea les Cénimagnes, les Ségontiaques, les Ancalites, les Bibroques et les Casses (*Voir page* 150), à imiter leur conduite. Les députés de ces différents peuples apprirent à César que l'oppidum de Cassivellaunus (Saint-Albans) était à peu de distance, défendu par des marais et par des bois, et renfermait beaucoup d'hommes et de bestiaux [1]. Quoique cette position formidable eût été encore fortifiée, César y amena ses légions et n'hésita pas à l'attaquer sur deux points. Après une faible résistance, les barbares, en cherchant à s'échapper, furent tués ou pris en grand nombre.

Cependant César opérait trop loin de son point de départ pour que Cassivellaunus ne fût pas tenté de rendre impossible son retour sur le continent, en s'emparant de sa flotte. Effectivement, Cassivellaunus avait ordonné aux quatre rois des différentes parties du Cantium (*Kent*), Cingetorix, Carvilius, Taximagulus, Segovax, de rassembler toutes leurs

---

[1] Après avoir franchi la Tamise, César envahit le territoire de Cassivellaunus, et se dirigea sur l'oppidum de ce chef. Certains commentateurs placent cet oppidum à l'ouest de Vendover (*Voir planche* 16), d'autres près de Saint-Albans, où se trouve l'ancien *Verulamium*. Tout ce qu'il nous est possible de dire, c'est que les courtes indications des Commentaires semblent mieux convenir à cette dernière localité.

troupes et d'assaillir à l'improviste le camp où étaient renfermés les vaisseaux romains. Ils s'y portèrent aussitôt; mais les cohortes ne leur laissèrent pas le temps d'attaquer; elles firent une sortie, tuèrent beaucoup de barbares, prirent un de leurs principaux chefs, Lugotorix, et rentrèrent sans perte. A la nouvelle de cette défaite, Cassivellaunus, découragé par tant de revers et par la défection de plusieurs peuples, chargea Commius d'offrir sa soumission [1].

Rembarquement de l'armée.

VIII. L'été touchait à sa fin (derniers jours d'août). César, comprenant que le peu de temps qui lui restait ne pouvait être employé avec avantage, se prépara au départ; il voulait, d'ailleurs, passer l'hiver sur le continent, craignant des révoltes soudaines de la part des Gaulois. Il exigea des otages, fixa le tribut à payer chaque année par la Bretagne au peuple romain, et interdit expressément à Cassivellaunus tout acte d'hostilité contre Mandubratius et les Trinobantes.

Après avoir reçu les otages, César se hâta de revenir de sa personne sur la côte, et se fit suivre plus tard par son armée; il trouva les vaisseaux réparés, et les fit mettre à la mer. Le grand nombre de prisonniers et la perte de plusieurs navires l'obligèrent à faire passer son armée en deux convois. Chose remarquable, de tant de bâtiments employés plusieurs fois à la traversée, cette année ou l'année précédente, aucun de ceux qui portaient des troupes ne fut perdu; mais, au contraire, la plupart des navires qui revinrent à vide, après avoir déposé à terre les soldats du premier transport, et ceux construits par Labienus, au nombre de soixante, n'atteignirent pas leur destination; presque tous furent rejetés sur la côte du continent. César, qui n'avait voulu quitter la Bretagne qu'avec le dernier convoi, les attendit en vain quelque temps. L'approche de

---

[1] *Guerre des Gaules,* V, xxii.

l'équinoxe lui faisant craindre que l'époque favorable à la navigation ne s'écoulât, il se décida à surcharger de soldats ses navires, leva l'ancre par un temps calme, au commencement de la seconde veille (neuf heures), et, après une facile traversée, prit terre au point du jour [1].

Cette seconde expédition, quoique plus heureuse que la première, n'amena pas la soumission complète de l'île de Bretagne. D'après Cicéron, on n'aurait même pas fait de butin; cependant Strabon et Florus parlent d'un butin considérable [2], et un autre auteur rapporte que César aurait prélevé sur les dépouilles ennemies une cuirasse ornée de perles qu'il consacra à Vénus [3].

Observations. IX. Plusieurs indications nous permettent encore de préciser l'époque de la seconde expédition en Bretagne. Une lettre de Cicéron à son frère Quintus nous fait connaître que César était à la fin de mai à Lodi (nous admettons le 22 mai) [4]. Il a donc pu être rendu vers le 2 juin sur les rivages de l'Océan, où il inspecta sa flotte. En attendant qu'elle se rassemblât au port Itius, il alla dans le pays des Trévires, et n'y fit qu'un court séjour; car, vers le milieu de l'été (*ne æstatem in Treveris consumere cogeretur*), il partit pour Boulogne, où il arriva à la fin de juin. Les vents de nord-ouest l'y retinrent vingt-cinq jours, c'est-à-dire jusque vers la fin de juillet. D'un autre côté, Cicéron écrivait à Atticus, le 26 juillet : « Je vois, d'après les lettres de mon frère,

---

[1] *Guerre des Gaules*, V, xxiii.

[2] Strabon, IV, p. 167.

[3] Pline, *Histoire naturelle*, ix, 116. — Solin, liii, 28.

[4] « J'ai reçu, le 4 des nones de juin (1er juin, d'après la concordance adoptée, *Voir Appendice* A), votre lettre datée de Plaisance; celle du lendemain, datée de Lodi, m'est parvenue le jour même des nones (4 juin). » Elle était accompagnée d'une lettre de César qui exprimait sa satisfaction de l'arrivée de Quintus. (Cicéron, *Lettre à Quintus*, II, xv.)

» qu'il doit être déjà en Bretagne[1]. » — Répondant à une autre lettre de Quintus, datée du 4 des ides d'août (8 août), il se réjouit d'avoir reçu, le jour des ides de septembre (9 septembre), la nouvelle de son arrivée dans cette île[2]. Ces données fixent le départ de l'expédition à la fin de juillet, car les lettres mettaient de vingt à trente jours à faire le trajet de la Bretagne à Rome[3]. Lorsque l'armée s'éloigna des côtes, les nouvelles furent naturellement beaucoup plus longtemps en route, et, au mois d'octobre, Cicéron écrivait à son frère : « Voilà cinquante jours passés sans que de » vous, ni de César, ni même de vos parages, il soit venu » lettre ou signe de vie[4]. » Le mois de juillet reconnu pour celui du départ, il s'agit de trouver le jour où ce départ eut lieu.

César mit à la voile au coucher du soleil, c'est-à-dire à huit heures (*solis occasu naves solvit, leni Africo provectus*). Le vent ayant cessé à minuit, il fut porté par les courants vers le nord; et lorsque le jour parut, à quatre heures du matin, il vit à sa gauche les falaises de South-Foreland; mais alors le courant changeant avec la marée, à force de rames il aborda vers midi, comme l'été précédent, près de Deal.

Pour déterminer le jour du débarquement de César, il est nécessaire, avant tout, de savoir vers quels parages la flotte

---

[1] Cicéron, *Lettres à Atticus*, IV, xv. Cette lettre fut close le 5 des calendes d'août, répondant au 26 juillet.

[2] « J'ai reçu, le jour des ides de septembre (9 septembre), votre quatrième lettre, datée de Bretagne le 4 des ides d'août (8 août). » (*Lettre à Quintus*, III, i.)

[3] « Le 11 des calendes d'octobre (16 septembre), arriva votre courrier : il a mis vingt jours en route; mon inquiétude était mortelle. » (*Lettre à Quintus*, III, i.) — « César m'a écrit de Bretagne une lettre datée des calendes de septembre (28 août), que j'ai reçue le 4 des calendes d'octobre. Il paraît que les affaires n'y vont pas mal. César ajoute, pour que je ne sois pas surpris de ne rien recevoir de vous, que vous n'étiez pas avec lui lorsqu'il s'est rapproché de la mer (23 septembre). » (*Lettre à Quintus*, III, i, 25.)

[4] Cicéron, *Lettre à Quintus*, III, iii.

romaine fut entrainée pendant la nuit. Il est évident d'abord qu'elle fut poussée vers le nord-est par le courant de la marée montante ou le flot, car autrement on ne comprendrait pas que César, au lever du soleil, eût aperçu la Bretagne sur sa gauche. Nous ajoutons qu'elle dévia jusque vers les parages de la mer du Nord, qui sont situés à l'est même de Deal et à dix milles marins environ de la côte. (*Voir planche* 16.) En effet, d'après le texte, la flotte profita, pour atteindre la côte, du courant contraire à celui qui l'avait entraînée, par conséquent du jusant ou courant de la marée descendante. Or ce fait oblige à conclure qu'elle avait été poussée vers le nord jusqu'à la hauteur de Deal au moins; car, si elle n'était parvenue qu'au sud de ces parages, le jusant l'eût nécessairement rejetée dans le détroit. Enfin, pour qu'à force de rames et aidée du jusant la flotte ait mis huit heures à effectuer la dernière partie de son trajet jusqu'à Deal, il faut, d'après les meilleurs renseignements fournis par les marins, qu'elle se soit trouvée, au lever du soleil, à dix milles environ de la côte.

Cela posé, il suffit évidemment, pour déterminer le jour du débarquement, de résoudre cette question : Quel jour du mois de juillet de l'an 700 le courant de la marée descendante commença-t-il à se faire sentir *au lever du soleil, c'est-à-dire vers quatre heures du matin*, dans les parages situés à dix milles à l'est de Deal? Ou bien, si l'on considère que le jusant commence dans ces parages environ quatre heures et demie après l'heure de la pleine mer à Douvres[1], quel jour du mois de juillet de l'an 700 y eut-il pleine mer à Douvres vers onze heures et demie du soir?

En faisant un raisonnement semblable à celui que nous avons produit pour déterminer le jour du premier débar-

[1] A dix milles à l'est de Deal, il y a pleine mer une demi-heure plus tard qu'à Douvres, et le jusant y commence quatre heures après l'heure de la pleine mer.

quement de César, et en remarquant que les marées des jours précédant la pleine lune du mois de juillet 700, qui tomba le 21, correspondent à celles des jours qui précédèrent la pleine lune du 26 juillet 1858, on trouve que c'est ou quinze jours ou un jour avant le 21 juillet de l'an 700, c'est-à-dire le 6 ou le 20 juillet, qu'il y eut pleine mer à Douvres vers onze heures et demie du soir. César a donc débarqué le 7 ou le 21 juillet. Nous adoptons la seconde date, puisque, d'après la lettre de Cicéron citée plus haut, il reçut avant le 26 juillet, à Rome, des nouvelles de son frère, qui devaient être au plus tard du 6 du même mois, les courriers mettant vingt jours en route. Dans cette lettre, Quintus annonçait son prochain départ pour la Bretagne.

Cette date, d'après laquelle l'armée romaine aurait débarqué la veille du jour de la pleine lune, convient d'autant plus que César, dès son arrivée en Bretagne, fit une marche de nuit qui eût été impossible dans une complète obscurité. La traversée avait duré seize heures. Au retour, elle ne dura que neuf heures, puisque César partit à neuf heures du soir (*secunda inita cum solvisset vigilia*) et arriva à Boulogne au point du jour (*prima luce*), qui, au milieu de septembre, est à six heures du matin [1].

La date de son retour est à peu près fixée par une lettre de Cicéron, qui s'exprime ainsi : « Le 11 des calendes de » novembre (17 octobre), j'ai reçu des lettres de Quintus, » mon frère, et de César ; l'expédition était finie, les otages » étaient donnés. On n'avait pas fait de butin. On avait seu- » lement imposé des contributions. Les lettres écrites des » rivages bretons sont datées du 6 des calendes d'octobre

---

[1] Ceux qui refusent d'admettre Boulogne et Deal comme points d'embarquement et de débarquement de César prétendent qu'un si long temps n'était pas nécessaire pour exécuter un si court trajet. Mais une flotte met d'autant plus de temps à naviguer qu'elle est plus nombreuse; semblable en cela à un corps d'armée, qui marche beaucoup moins vite qu'un seul homme.

« (21 septembre), au moment d'embarquer l'armée qu'on
« ramène[1]. » Ces renseignements s'accordent avec la date de
l'équinoxe, qui eut lieu le 26 septembre et qui, d'après les
Commentaires, était imminent (*quod æquinoctium suberat*).
César était donc resté en Bretagne environ soixante jours.

Dates présumées de la seconde campagne de Bretagne.

X. Départ de César de Lodi [2].	22 mai.
Arrivée à l'armée, chez les Belges (en 12 jours). . .	2 juin.
Inspection de la flotte et des quartiers d'hiver; réunion des quatre légions chez les Rèmes, sur la Meuse, vers Sedan. . . . . du 2 au	7 juin.
Trajet de Sedan au pays des Trévires (80 kil. 3 jours). . . . . du 8 au	10 juin.
Événements chez les Trévires. . . . . . du 10 au	15 juin.
Trajet du pays des Trévires à Boulogne (330 kil. 12 jours). . . . . du 15 au	26 juin.
Attente de 25 jours à Boulogne. . . . du 26 juin au	20 juillet.
Embarquement.	20 juillet.
Débarquement	21 juillet.
Combat.	22 juillet.
César retourne à sa flotte.	23 juillet.
Dix jours de réparations. . . . . . du 24 juillet au	2 août.
Nouvelle marche contre les Bretons	3 août.
Combat.	4 août.
Marche vers la Tamise (de la Petite-Stour à Sunbury, 140 kil.). . . . . du 5 au	11 août.
Marche de la Tamise jusqu'à l'oppidum de Cassivellaunus. . . . . du 12 au	15 août.
Temps employé à négocier et à recevoir les otages (8 jours) . . . . du 16 au	23 août.
Retour de César (de sa personne) vers les bords de la mer. Le 28 août, dès son arrivée à la flotte, il écrit à Cicéron. — (*Lettre à Quintus*, III, I.).	28 août.
Trajet de son armée jusqu'à la mer. . du 24 août au	10 septembre.
Embarquement du dernier convoi.	21 septembre.

[1] Cicéron, *Lettres à Atticus*, IV, XVII.

[2] Pour trouver le temps voulu, nous devons supposer que, par un retard quelconque ou par l'absence de courriers réguliers, la lettre de César à Cicéron a mis 13 jours de Lodi à Rome.

Répartition des légions dans leurs quartiers d'hiver.

XI. A peine arrivé sur le continent, César fit mettre les navires à sec et tint ensuite à Samarobriva (*Amiens*) l'assemblée de la Gaule. La récolte peu abondante, à cause de la sécheresse, l'obligea de distribuer ses quartiers d'hiver autrement que les années précédentes, en les disséminant sur une plus grande étendue[1]. Ses légions étaient au nombre de huit et demie, parce que, indépendamment des huit légions réunies à Boulogne avant le départ pour la Bretagne, il avait, doit-on croire, formé cinq cohortes des soldats et matelots employés sur sa flotte. Les troupes furent réparties de la manière suivante : il envoya une légion chez les Morins (*à Saint-Pol*), sous les ordres de C. Fabius; une autre chez les Nerviens (*à Charleroy*) avec Quintus Cicéron[2]; une troisième chez les Ésuviens (*à Séez, en Normandie*), sous le commandement de L. Roscius; une quatrième, sous T. Labienus, chez les Rèmes, près de la frontière des Trévires (*à Lavacherie sur l'Ourthe*)[3]; il en plaça trois dans le Belgium[4], l'une à Samarobriva même, aux ordres de Tre-

---

[1] Il existe beaucoup d'incertitudes sur la dislocation des légions; cependant l'emplacement de deux quartiers d'hiver nous paraît certain, Samarobriva (*Amiens*) et Aduatuca (*Tongres*). Si maintenant d'un point situé près de la Sambre, de Bavay comme centre, on décrit un cercle, on verra que les quartiers d'hiver de César, excepté ceux de la Normandie, étaient tous compris dans un rayon de cent milles romains ou cent quarante-huit kilomètres. Les recherches que le major Cohausen a bien voulu faire, et celles de MM. Stoffel et de Locqueyssie, m'ont permis de déterminer approximativement les quartiers d'hiver.

[2] Le frère de l'orateur. César lui avait permis de choisir lui-même ses quartiers d'hiver. (*Lettres à Atticus*, IV, XVIII.)

[3] Le commandant du génie de Locqueyssie a trouvé sur l'Ourthe, près du village de Lavacherie (*duché de Luxembourg*), des restes d'un camp romain avec fossés triangulaires, et dans une position qui paraît répondre aux données des Commentaires.

[4] Sous le nom de *Belgium*, il ne faut comprendre qu'une partie des peuples de la Belgique, tels que les Atrébates, les Ambiens et les Bellovaques. (*Guerre des Gaules*, V, XXIV, XXV, XLVI; VIII, XLVI.)

bonius; l'autre chez les Bellovaques, sous la conduite de M. Crassus, son questeur, à vingt-cinq milles d'Amiens (*Montdidier*); la troisième, sous L. Munatius Plancus, près du confluent de l'Oise et de l'Aisne (*à Champlieu*). La légion levée en dernier lieu[1] chez les Transpadans se rendit avec cinq cohortes, sous les ordres de Titurius Sabinus et de Aurunculeius Cotta, chez les Éburons, dont le pays, situé en grande partie entre la Meuse et le Rhin, était gouverné par Ambiorix et Catuvolcus. Elle occupa un fort nommé Aduatuca (*Tongres*)[2]. La dislocation de l'armée parut à

[1] *Unam legionem, quam proxime trans Padum conscripserat.* — D'après les auteurs de bonne latinité, *proxime* ne veut pas dire *récemment*, mais *en dernier lieu*. Faute d'avoir bien interprété cette phrase, le général de Gœler a supposé que César avait, à cette époque, fait venir d'Italie la 15ᵉ légion; cette légion, comme on le verra, ne fut levée que plus tard.

[2] On a placé Aduatuca dans plus de quatorze localités différentes. Si des écrivains ont cru donner de bonnes raisons pour chercher cette place sur la droite de la Meuse, d'autres ont pensé en produire de tout aussi valables pour la mettre sur la gauche de ce fleuve; mais la plupart ont adopté tel ou tel emplacement sur de futiles motifs. Personne n'a songé à résoudre la question par un moyen simple : il consiste à s'enquérir si, parmi les diverses localités proposées, il en existe une qui, par la configuration du terrain, réponde aux exigences de la narration des Commentaires. Or Tongres seul est dans ce cas : il y satisfait si complétement qu'on ne peut songer à placer ailleurs Aduatuca. En effet, Tongres est situé dans la région occupée autrefois par les Éburons, et, comme l'écrit César, *in mediis finibus Eburonum*, ce qui signifie en plein pays des Éburons et non au centre du pays; il est en outre renfermé dans un cercle de cent milles de rayon comprenant tous les quartiers d'hiver de l'armée romaine, excepté ceux de Roscius. Enfin il remplit toutes les conditions voulues pour l'établissement d'un camp : il est près d'une rivière, sur une hauteur d'où l'on domine les environs, dans un pays qui produit du blé et du fourrage. A deux milles, vers l'ouest, se trouve un grand défilé, *magna convallis*, le vallon de Lowaige, où s'explique parfaitement le récit du massacre des cohortes de Sabinus. Tongres s'adapte également aux événements de l'année 701, car à trois milles de ses murs s'étend une plaine séparée de la ville par une seule colline; du même côté que cette colline s'élève une éminence arrondie, celle de Berg, à laquelle la dénomination de *tumulus* convient très-bien. Enfin le Geer, dont les bords étaient marécageux autrefois, défendait sur une grande étendue la hauteur de Tongres. (*Voir planche* 18.)

César un moyen plus facile de la faire vivre. D'ailleurs, ces différents quartiers d'hiver, excepté celui de L. Roscius, qui occupait la partie la plus paisible de la Gaule, étaient tous renfermés dans un cercle d'un rayon de cent milles (148 kil.). César avait l'intention de ne pas s'éloigner avant de savoir les légions solidement établies et leurs quartiers fortifiés. (*Voir, planche* 14, l'emplacement des quartiers d'hiver.)

Il existait chez les Carnutes (*pays chartrain*) un homme de haute naissance, Tasgetius, dont les ancêtres avaient régné sur cette nation. En considération de sa valeur et de ses importants services militaires, César l'avait replacé, depuis trois ans, dans le rang de ses aïeux, lorsque ses ennemis le massacrèrent publiquement. Les coupables étaient si nombreux qu'on devait craindre de voir la révolte s'étendre dans tout le pays. Pour la prévenir, César fit partir, au plus vite, L. Plancus à la tête de sa légion, avec ordre de prendre ses quartiers chez les Carnutes, et de lui envoyer les complices du meurtre de Tasgetius[1].

Défaite de Sabinus à Aduatuca.

XII. Il reçut, à la même époque (fin d'octobre), des lieutenants et du questeur, la nouvelle que les légions étaient arrivées et retranchées dans leurs quartiers. Elles s'y trouvaient en effet depuis quinze jours environ, lorsque tout à coup éclata une révolte, à l'instigation d'Ambiorix et de Catuvolcus. Ces deux chefs s'étaient rendus d'abord, jusqu'aux limites de leur territoire, au-devant de Sabinus et de Cotta, et leur avaient même fourni des vivres; mais bientôt, excités par le Trévire Indutiomare, ils soulèvent tout le pays, tombent à l'improviste sur les soldats occupés à chercher du bois, et attaquent avec des forces considérables le camp de Sabinus. Aussitôt les Romains courent aux armes

---

[1] *Guerre des Gaules*, V, xxv.

et montent sur le vallum. La cavalerie espagnole fait une sortie avec succès, et les ennemis se retirent déçus dans leur espoir d'emporter de vive force les retranchements. Ayant alors recours à la ruse, ils jettent, selon leur coutume, de grands cris, demandent à entrer en pourparler et à délibérer des intérêts communs. On envoya près d'eux C. Arpineius, chevalier romain, ami de Sabinus, et l'Espagnol Q. Junius, qui avait rempli plusieurs missions auprès d'Ambiorix. Celui-ci déclara n'avoir pas oublié les nombreux bienfaits de César, mais être forcé de suivre le mouvement de la Gaule, conjurée dans un effort commun pour recouvrer sa liberté. Ce jour même, d'après lui, on devait attaquer à la fois les différents quartiers, et les empêcher ainsi de se secourir mutuellement; les Germains avaient passé le Rhin et allaient arriver dans deux jours; Sabinus n'avait d'autre chance de salut que d'abandonner son camp et de rejoindre Cicéron ou Labienus, qui étaient à la distance de cinquante milles. Enfin Ambiorix promit avec serment de livrer un libre passage. Les envoyés rapportèrent à Sabinus et à Cotta ce qu'ils venaient d'apprendre. Troublés par ces nouvelles, d'autant plus disposés à y ajouter foi qu'il était à peine croyable qu'un aussi petit peuple que les Éburons eût osé à lui seul braver la puissance romaine, les deux lieutenants soumirent l'affaire au conseil de guerre : elle y souleva de vives contestations. Cotta, et avec lui plusieurs tribuns et centurions de première classe, furent d'avis de ne rien précipiter et d'attendre l'ordre de César : leur camp pouvait résister à toutes les forces des Germains : ils n'étaient pas pressés par le manque de vivres; les secours allaient arriver, et, dans une circonstance si grave, il serait honteux de prendre conseil de l'ennemi.

Sabinus répondit avec force qu'il fallait se décider avant que les Germains vinssent augmenter le nombre des assaillants, et que les quartiers voisins eussent éprouvé quelque désastre. « Le moment exige une prompte décision. César est sans doute parti pour l'Italie : autrement les Carnutes auraient-ils osé tuer Tasgetius, et les Éburons attaquer le camp avec tant d'audace? Il faut considérer l'avis en lui-même, et non celui qui le donne : le Rhin est peu éloigné; les Germains sont irrités de la mort d'Arioviste et de leurs précédentes défaites; la Gaule est en feu; elle supporte impatiemment le joug romain et la perte de son ancienne gloire militaire. Ambiorix se serait-il engagé sans de puissants motifs dans une telle entreprise? Le plus sûr est donc de suivre son conseil et de gagner en toute hâte les quartiers les plus rapprochés. »

Cotta et les centurions de première classe soutinrent vivement l'opinion contraire. « Qu'il soit donc fait comme vous » le voulez! » leur dit alors Sabinus; puis, élevant la voix pour être entendu des soldats, il s'écria : « La mort ne m'ef-
» fraye pas, mais voici, Cotta, ceux qui te demanderont
» compte des malheurs que tu leur prépares. Après-demain,
» si tu le voulais, ils pourraient avoir rejoint la légion voi-
» sine et, réunis à elle, courir ensemble les chances de la
» guerre; ils sauront que tu as préféré les laisser, loin de
» leurs compagnons, exposés à périr par le fer ou par la
» faim. »

Le conseil levé, on entoure les deux lieutenants, on les supplie de ne pas compromettre le salut de l'armée par leur mésintelligence; qu'on parte ou qu'on reste, pourvu qu'on soit d'accord, tout deviendra facile. Le débat se prolonge jusqu'au milieu de la nuit : enfin Cotta, ébranlé, se rend à l'opinion de Sabinus, et consent à rejoindre Cicéron, campé chez les Nerviens; le départ est fixé au point du jour. Le reste de la nuit se passe au milieu des préparatifs; le soldat choisit ce qu'il emportera de son équipement d'hiver. Et, comme si le danger n'était pas assez grand, il semble qu'on veuille l'accroitre encore par les fatigues et les veilles. Au point du jour, les troupes, pleines de sécurité, se mettent en marche sur une longue colonne, encombrée de nombreux bagages.

A trois kilomètres (*a millibus passuum circiter duobus*) de la ville de Tongres se trouve le vallon de Lowaige, encaissé entre deux collines, et formant un grand défilé d'environ 2,500 mètres de longueur (*magnam convallem*). Il est traversé par un ruisseau, le Geer. Les collines, aujourd'hui dénudées, étaient, il y a un siècle encore, couvertes de bois [1]; c'est là que les Éburons attendaient l'armée romaine.

Avertis des projets de retraite par le bruit et le tumulte, ils s'étaient partagés en deux corps, à droite et à gauche du vallon, et postés en embuscade au milieu des bois. Quand ils virent la plus grande partie des troupes romaines engagées dans le défilé, ils les attaquèrent en queue et en tête, profitant de tous les avantages des lieux.

Alors Sabinus, en homme qui n'avait rien prévu, se trouble, court çà et là, hésite dans toutes ses mesures, comme il arrive à celui qui, surpris par l'événement, est forcé, au milieu du péril, de prendre un parti; Cotta, au contraire, qui avait calculé les chances funestes du départ et s'y était opposé, ne néglige rien pour le salut commun. Il anime les troupes, combat dans les rangs, général et soldat à la fois. Comme la longueur de la colonne empêchait les lieutenants de tout voir et de tout régler par eux-mêmes, ils firent passer de bouche en bouche aux soldats l'ordre d'abandonner les bagages et de former le cercle. Cette résolution, quoique justifiée par la circonstance, eut cependant un effet fâcheux : elle diminua la confiance des Romains et accrut l'ardeur des Éburons, qui attribuèrent un parti si

[1] Voyez la notice de M. M. F. Driesen sur la position d'Aduatuca, dans les *Bulletins de l'Académie royale de Belgique*, 2ᵉ série, t. XV, n° 3.

désespéré à la crainte et au découragement. Il en résulta d'ailleurs un inconvénient inévitable : les soldats quittaient en foule les enseignes pour courir aux bagages et en tirer ce qu'ils avaient de plus précieux; ce n'était partout que cris et confusion.

Les barbares se conduisirent avec intelligence. Leurs chefs, craignant qu'ils ne se débandassent pour piller les bagages des Romains, firent savoir sur tous les points que chacun eût à garder son rang, déclarant que l'important était d'assurer d'abord le succès, et qu'ensuite le butin tomberait entre leurs mains.

Les Éburons étaient de rudes adversaires ; mais les Romains par leur nombre et leur courage auraient pu soutenir la lutte. Quoique abandonnés de leur chef et de la fortune, ils attendaient tout d'eux-mêmes, et chaque fois qu'une cohorte tombait sur l'ennemi, elle en faisait un grand carnage. Ambiorix s'en aperçoit : il commande à haute voix de lancer les traits de loin, de ne point s'approcher, de céder toutes les fois que les Romains se précipiteront en avant, de ne les attaquer que dans la retraite, lorsqu'ils retourneront à leurs enseignes, manœuvre facile aux Éburons, rompus aux exercices et agiles à cause de la légèreté de leur équipement.

L'ordre fut fidèlement exécuté. Lorsqu'une cohorte sortait du cercle pour charger l'ennemi, il s'enfuyait avec vitesse ; mais la cohorte, en s'avançant, laissait son flanc droit exposé aux traits, car il n'était pas protégé par les boucliers; quand elle reprenait son ancienne position, elle était enveloppée de tous côtés, et par ceux qui avaient cédé et par ceux qui étaient restés sur les flancs. Si, au lieu de faire avancer successivement les cohortes, les Romains se maintenaient de pied ferme en cercle, ils perdaient l'avantage de l'attaque, et leur ordre serré les exposait d'autant plus à la multitude des traits. Cependant le nombre des blessés augmentait à chaque instant ; il était deux heures ; le combat durait depuis le lever du soleil, et pourtant les soldats romains n'avaient cessé de se montrer dignes d'eux-mêmes. A ce moment la lutte devient plus acharnée. T. Balventius, homme brave et respecté, qui l'année précédente avait commandé comme primipile, a les deux cuisses traversées d'un javelot ; Q. Lucanius, officier du même grade, est tué en combattant vaillamment pour secourir son fils, entouré d'ennemis. Cotta lui-même, tandis qu'il court de rang en rang animer les soldats, est blessé au visage d'un coup de fronde.

A ce spectacle, Sabinus, découragé, ne voit plus d'autre ressource que de traiter avec Ambiorix. L'apercevant de loin qui excitait ses troupes, il lui envoie son interprète Cn. Pompeius, pour le prier de l'épargner lui et les siens. Ambiorix répond qu'il est tout disposé à entrer en pourparler avec Sabinus, dont il s'engage par serment à faire respecter la personne ; que d'ailleurs il espère obtenir des Éburons, pour les soldats romains, la vie sauve. Sabinus fait part de cette réponse à Cotta, déjà blessé, et lui propose d'aller tous les deux conférer avec Ambiorix ; cette démarche peut assurer leur salut et celui de l'armée. Cotta refuse obstinément, et déclare qu'il ne traitera jamais avec un ennemi en armes.

Sabinus enjoint aux tribuns des soldats qui l'environnent et aux centurions de première classe de le suivre. Arrivé près d'Ambiorix, il est sommé de déposer son épée : il obéit, et ordonne aux siens d'imiter son exemple. Tandis que l'on discute les conditions, dans un entretien que le chef des Éburons traîne exprès en longueur, Sabinus est peu à peu entouré et massacré. Alors les barbares, poussant, selon leur coutume, des cris sauvages, se précipitent sur les Romains, dont ils rompent les rangs. Cotta et la plus grande partie de ses soldats périssent les armes à la main ; les autres se réfugient au camp d'Aduatuca, d'où ils étaient partis. Le porte-enseigne L. Petrosidius, pressé par une foule d'ennemis, jette l'aigle dans les retranchements et meurt en se défendant avec bravoure au pied du rempart. Les malheureux soldats s'efforcent de soutenir le combat jusqu'à la nuit, et cette nuit même s'entre-tuent de désespoir. Quelques-uns cependant, échappés du champ de bataille, traversent les forêts, et gagnent au hasard les quartiers de T. Labienus, qu'ils instruisent de ce désastre [1].

Attaque du camp de Cicéron.

XIII. Exalté par cette victoire, Ambiorix se rend aussitôt, avec sa cavalerie, dans le pays des Aduatuques, peuple voisin de ses États, et marche sans interruption toute la nuit et le jour suivant; l'infanterie a l'ordre de le suivre. Il annonce ses succès aux Aduatuques, et les excite à prendre les armes. Le lendemain, il se rend chez les Nerviens, les presse de saisir cette occasion de venger leurs injures et de s'affranchir à jamais du joug des Romains; il leur apprend la mort de deux lieutenants et la destruction d'une grande partie de l'armée romaine; il ajoute que la légion en quartiers d'hiver chez eux, sous le commandement de Cicéron, sera facilement surprise et anéantie; il offre son concours aux Nerviens et les persuade aisément. Ceux-ci avertissent sur-le-champ les Ceutrons, les Grudiens, les Lévaques, les Pleumoxiens, les Geidunnes, peuplades sous leur dépendance; ils ramassent le plus de troupes qu'ils peuvent et se portent à l'improviste aux quartiers d'hiver de Cicéron, avant qu'il ait appris le désastre et la mort de Sabinus. Là, comme il était arrivé récemment à Aduatuca, quelques soldats, occupés à couper le bois dans la forêt, sont surpris par la cavalerie. Bientôt un nombre considérable d'Éburons, d'Aduatuques, de Nerviens, avec leurs alliés et leurs

---

[1] *Guerre des Gaules*, V, xxxvii.

clients, viennent attaquer le camp. Les Romains courent aux armes et montent sur le vallum; mais ce jour-là ils tiennent tête difficilement à un ennemi qui, plaçant tout son espoir dans la promptitude d'une attaque imprévue, est convaincu qu'après cette victoire rien ne pourra plus lui résister [1].

César marche au secours de Cicéron.

XIV. César se trouvait encore à Amiens, ignorant les événements qui venaient de se passer. Cicéron lui écrivit aussitôt, et promit de grandes récompenses à ceux qui parviendraient à lui remettre ses lettres; mais tous les chemins étaient gardés, et personne ne put arriver. La nuit on éleva, avec une célérité incroyable, cent vingt tours au moyen du bois déjà apporté pour fortifier le camp [2], et on compléta les ouvrages. Le lendemain, les ennemis, dont les forces s'étaient accrues, revinrent à l'attaque et se mirent à combler le fossé. La résistance fut aussi vive que la veille et continua les jours suivants; chez ces héroïques soldats la constance et l'énergie semblaient grandir avec le péril. Chaque nuit on prépare tout ce qui est nécessaire pour la défense du lendemain. On façonne en grand nombre des pieux durcis au feu et des pilums employés dans les siéges; on établit avec des planches les étages des tours, et, au moyen de claies, des parapets et des créneaux. On travaille sans relâche; les blessés, les malades ne prennent aucun repos. Cicéron lui-même, d'une faible santé, est jour et nuit à l'œuvre, malgré les instances de ses soldats, qui le supplient de se ménager.

Cependant les chefs et les *principes* des Nerviens proposèrent une entrevue à Cicéron. Ils lui répétèrent ce qu'Am-

---

[1] *Guerre des Gaules*, V, xxxix.

[2] Les tours des Romains étaient construites avec des bois de faible échantillon, reliés entre eux par des traverses. (*Voir planche* 27, fig. 8.) C'est encore ainsi qu'à Rome aujourd'hui on élève les échafaudages.

biorix avait dit à Sabinus : « Toute la Gaule est insurgée ; les Germains ont passé le Rhin ; les quartiers de César et de ses lieutenants sont attaqués. » Ils ajoutèrent : « Sabinus et ses cohortes ont péri; la présence d'Ambiorix est une preuve de leur véracité ; Cicéron se tromperait en comptant sur le secours des autres légions. Quant à eux, ils n'ont aucune intention hostile, pourvu que les Romains ne se fassent pas une habitude d'occuper leur pays. La légion est libre de se retirer sans crainte où elle voudra. » Cicéron répondit « qu'il n'était pas dans la coutume du peuple romain d'accepter des conditions d'un ennemi en armes, mais que, s'ils consentaient à les déposer, il leur servirait d'intermédiaire auprès de César, qui déciderait. »

Déçus dans leur espoir d'intimider Cicéron, les Nerviens entourèrent le camp d'un rempart de neuf pieds de haut et d'un fossé large de quinze. Ils avaient observé les ouvrages romains dans les campagnes précédentes, et appris de quelques prisonniers à les imiter. Mais, comme ils manquaient des instruments de fer nécessaires, ils furent obligés de couper le gazon avec leurs épées, de prendre la terre avec leurs mains et de la porter dans leurs saies. On peut juger de leur grand nombre par ce fait, qu'en moins de trois heures ils achevèrent un retranchement de quinze mille pieds de circuit [1]. Les jours suivants, ils élevèrent des tours à la hauteur du vallum, préparèrent des gaffes (*falces*) et des galeries couvertes (*testudines*), ce que les prisonniers leur avaient également enseigné [2].

---

[1] Quoique le texte porte *passuum*, nous n'avons pas hésité à mettre *pedum*, parce qu'il est peu croyable que les Gaulois eussent fait, en trois heures de temps, une contrevallation de plus de 22 kilomètres.

[2] La machine de siége nommée *testudo* « tortue » était ordinairement une galerie montée sur roues, faite en bois de fort équarrissage et couverte d'un solide blindage. On la poussait contre le mur de la place assiégée. Elle protégeait les travailleurs chargés soit de combler le fossé, soit de miner la muraille, soit de faire mouvoir le bélier. Les travaux de siége des Gaulois doivent faire

Le septième jour du siége, un grand vent s'étant levé, les ennemis lancèrent dans le camp des dards enflammés, et avec la fronde des balles d'argile brûlante (*ferventes fusili ex argilla glandes*)[1]. Les baraques couvertes en paille, à la manière gauloise, eurent bientôt pris feu, et le vent répandit en un instant la flamme sur tout le camp. Alors, poussant de grands cris, comme s'ils eussent déjà remporté la victoire, ils firent avancer leurs tours et leurs galeries couvertes et tentèrent, à l'aide d'échelles, d'escalader le vallum; mais tels furent le courage et la fermeté des soldats romains, qu'environnés de flammes, accablés d'une grêle de traits, sachant bien que l'incendie dévorait leurs bagages et leur avoir, aucun d'eux ne quitta son poste et ne songea même à tourner la tête, tant cette lutte acharnée absorbait leurs esprits. Ce fut leur plus rude journée. Cependant beaucoup d'ennemis furent tués ou blessés, parce que, s'entassant au pied du rempart, les derniers rangs fermaient la retraite aux premiers. Le feu s'étant apaisé, les Nerviens poussèrent une tour contre le vallum[2]. Les centurions de la troisième cohorte, qui se trouvaient là, ramenèrent leurs hommes en arrière, et, par bravade, invitèrent du geste et de la voix les barbares à entrer. Nul ne s'y hasarda. Alors on les chassa par une grêle de pierres, et la tour fut incendiée. Il y avait dans cette légion deux centurions, T. Pulion et L. Vorenus, qui rivalisèrent de bravoure en se précipitant au milieu des assaillants; renversés tour à tour, enve-

présumer que le camp de Cicéron était dans un fort entouré d'une muraille. (Voyez, pour le mot *falces*, la note de la page 128.)

[1] Dans le bassin houiller au centre duquel est situé Charleroy, les bancs de houille affleurent le sol sur divers points. Encore aujourd'hui on y pétrit de l'argile avec de la houille menue. Mais ce qu'il y a de plus curieux, c'est qu'on a trouvé à Breteuil (Oise), comme dans les ruines de Carthage, une foule de balles ovoïdes en terre cuite.

[2] On a vu que nous nous servons indifféremment des noms de *vallum* et de *rempart*.

loppés d'ennemis, ils se dégagèrent mutuellement plusieurs fois, et rentrèrent au camp sans blessures. Les armes défensives permettaient alors au courage individuel de réaliser des prodiges.

Cependant le siége se prolongeait, et le nombre des défenseurs diminuait chaque jour ; les vivres commençaient à manquer ainsi que les choses nécessaires pour soigner les blessés [1]. Les fréquents messagers que Cicéron envoyait à César étaient arrêtés en route et quelques-uns cruellement mis à mort à la vue du camp. Enfin Verticon, chef nervien qui avait embrassé la cause des Romains, décida un de ses esclaves à se charger d'une lettre. Sa qualité de Gaulois lui permit de passer inaperçu et d'avertir le général du danger que courait Cicéron.

César reçut cet avis à Amiens, vers la onzième heure du jour (quatre heures du soir); il n'avait à sa portée que trois légions : celle de Trebonius, à Amiens; celle de M. Crassus, dont les quartiers étaient à Montdidier, chez les Bellovaques, à vingt-cinq milles de distance ; enfin celle qui, sous C. Fabius, hivernait chez les Morins, à Saint-Pol [2]. (*Voir planche* 14.) Il expédia à Crassus un courrier chargé de lui porter l'ordre de partir avec sa légion au milieu de la nuit, et de le rejoindre en toute hâte à Amiens pour y relever la légion de Trebonius. Un autre courrier fut envoyé au lieutenant C. Fabius pour l'inviter à mener sa légion sur le territoire des Atrébates, que César devait traverser, et où leur jonction s'opérerait. Il écrivit de même à Labienus de marcher avec sa légion vers le pays des Nerviens, s'il le

---

[1] Dion-Cassius, XL, VIII.

[2] Il nous a semblé que le mouvement de concentration de César et de Fabius ne permettait pas de placer les quartiers d'hiver de ce dernier à Thérouanne ou à Montreuil-sur-Mer, avec la plupart des auteurs. Ces localités sont trop éloignées de la route d'Amiens à Charleroy pour que Fabius eût pu rejoindre César sur le territoire des Atrébates, comme l'exige le texte des Commentaires. Nous plaçons, par cette raison, Fabius à Saint-Pol.

pouvait sans péril. Quant à la légion de Roscius et à celle de Plancus, qui étaient plus éloignées, elles restèrent dans leurs cantonnements.

Aussitôt les ordres reçus, Crassus se mit en route; le lendemain, vers la troisième heure (dix heures), ses coureurs annoncèrent son approche. César le laissa à Amiens, avec une légion pour garder les bagages de l'armée, les otages, les archives et les approvisionnements de l'hiver. Il partit aussitôt lui-même, sans attendre le reste de l'armée, avec la légion de Trebonius et quatre cents cavaliers des quartiers voisins. Il suivit sans doute la direction d'Amiens à Cambrai, et fit ce jour-là vingt milles (30 kilom.). Il fut ensuite rejoint probablement vers Bourcies, entre Bapaume et Cambrai, par Fabius, qui n'avait pas perdu un instant pour exécuter ses ordres. Sur ces entrefaites arriva la réponse de Labienus. Il faisait connaître à César les événements survenus chez les Éburons et leur effet chez les Trévires. Ces derniers venaient de se soulever. Toutes leurs troupes s'étaient avancées vers lui et l'entouraient à trois milles de distance. Dans cette position, craignant de ne pouvoir résister à des ennemis fiers d'une récente victoire, qui prendraient son départ pour une fuite, il pensait qu'il y aurait péril à quitter ses quartiers d'hiver.

César approuva la résolution de Labienus, quoiqu'elle réduisît à deux les trois légions sur lesquelles il comptait, et, bien que, réunies, leur effectif ne s'élevât pas à plus de 7,000 hommes, comme le salut de l'armée dépendait de la célérité des mouvements, il se rendit à marches forcées chez les Nerviens; là il apprit des prisonniers dans quelle situation périlleuse se trouvait Cicéron. Aussitôt il engagea, par la promesse de larges récompenses, un cavalier gaulois à lui porter une lettre : elle était écrite en grec[1], afin que

---

[1] Il y a dans les Commentaires *græcis conscriptam litteris;* mais Polyen et Dion-Cassius affirment que la lettre était écrite en langue grecque.

l'ennemi, s'il l'interceptait, ne pût en connaître le sens. De plus, dans le cas où le Gaulois ne pourrait pas parvenir jusqu'à Cicéron, il lui avait été recommandé d'attacher cette lettre à l'*amentum* (*Voir page* 34, *note* 2) de son javelot et de le lancer par-dessus les retranchements. César écrivait qu'il arrivait en toute hâte avec ses légions, et il exhortait Cicéron à persévérer dans son énergique défense. D'après Polyen, la dépêche contenait ces mots : θαρρεῖν, βοήθειαν προσδέχου (Courage ! attends du secours)[1]. Une fois près du camp, le Gaulois, n'osant y pénétrer, exécuta ce qu'on lui avait prescrit. Le hasard voulut que son javelot restât deux jours fiché dans une tour. Le troisième seulement il fut aperçu et porté à Cicéron. La lettre, lue en présence des soldats assemblés, excita des transports de joie. Bientôt on découvrit au loin la fumée des habitations incendiées qui annonçait l'approche de l'armée de secours. Elle arrivait en ce moment, après cinq jours de marche, à vingt kilomètres de Charleroy près de Binche, où elle campa. Les Gaulois, en étant informés par les éclaireurs, levèrent le siége, et, au nombre de 60,000 environ, marchèrent à la rencontre des légions.

Cicéron, ainsi dégagé, envoya un autre Gaulois annoncer à César que l'ennemi tournait toutes ses forces contre lui. A cette nouvelle, reçue vers le milieu de la nuit, César prévint ses soldats et les affermit dans leur désir de vengeance. Le lendemain, au point du jour, il leva son camp. Après avoir parcouru quatre milles, il aperçut une foule d'ennemis au delà d'une grande vallée traversée par le ruisseau de la Haine[2]. César ne crut pas prudent de descendre dans la

---

[1] Polyen, *Stratagèmes*, VIII, xxiii, 6.

[2] Nous admettons que Cicéron campait à Charleroy : tout concourt à justifier cette opinion. Charleroy est situé sur la Sambre, près de la voie romaine d'Amiens à Tongres (*Aduatuca*), et, comme l'exige le texte latin, à cinquante milles de cette dernière ville. De la partie haute de Charleroy, où le camp fut

vallée pour y combattre des troupes si nombreuses; d'ailleurs, une fois Cicéron délivré, il n'avait plus besoin de presser sa marche; il s'arrêta donc, et choisit une bonne position pour s'y retrancher : le mont Sainte-Aldegonde. Quoique son camp, contenant 7,000 hommes à peine, sans bagages, eût nécessairement peu d'étendue, il le resserra le plus possible, en donnant moins de largeur aux rues, afin de tromper l'ennemi sur ses forces réelles. En même temps il envoya des éclaireurs reconnaître quel était le meilleur endroit pour traverser la vallée.

Cette journée se passa en escarmouches de cavalerie sur les bords du ruisseau, mais chacun garda ses positions : les Gaulois, parce qu'ils attendaient des renforts; César, parce qu'il comptait sur sa crainte simulée pour attirer les ennemis hors de leur position, et les forcer de combattre en deçà de la Haine, en avant de son camp. S'il ne pouvait pas y réussir, il se donnait le temps de faire reconnaître assez les chemins pour traverser le ruisseau et la vallée avec moins de danger. Le lendemain, dès le point du jour, la cavalerie ennemie s'approcha des retranchements et vint attaquer celle des Romains. César ordonna aux siens de céder et de rentrer dans le camp; en même temps il fit augmenter la hauteur du rempart, boucher les portes avec de simples mottes de gazon, et recommanda d'exécuter ses instructions en se précipitant en tumulte avec tous les signes de l'effroi.

Les Gaulois, attirés par cette feinte, passèrent le ruisseau et se rangèrent en bataille dans un lieu désavantageux. Voyant que les Romains avaient abandonné le vallum, ils s'en approchèrent de plus près, y lancèrent des traits de toutes parts, et firent proclamer par des hérauts, autour

sans doute établi, on commande la vallée de la Sambre et on découvre au loin, vers l'ouest, le pays par lequel César arrivait. Enfin la vallée de la Haine et le mont Sainte-Aldegonde, au-dessus du village de Carnières, répondent parfaitement au récit du combat où furent défaits les Gaulois.

des retranchements, que, jusqu'à la troisième heure (dix heures), tout Gaulois ou Romain qui passerait de leur côté aurait la vie sauve. Enfin, n'espérant pas pouvoir forcer les portes, qu'ils croyaient solidement fortifiées, ils poussèrent l'audace au point de combler le fossé et d'arracher les palissades avec leurs mains. Mais César tenait ses troupes prêtes à profiter de l'excès de confiance des Gaulois : à un signal donné, elles s'élancent par toutes les portes à la fois ; l'ennemi ne résiste pas, il fuit, abandonnant ses armes, et jonche le terrain de ses morts.

César ne le poursuivit pas au loin, à cause des bois et des marais ; il n'eût d'ailleurs pu lui faire éprouver de nouvelles pertes ; il se dirigea avec ses troupes intactes vers le camp de Cicéron, où il arriva le même jour [1]. Les tours, les galeries couvertes, les retranchements des barbares, excitèrent son étonnement. Ayant réuni les soldats de la légion de Cicéron, dont les neuf dixièmes étaient blessés, il put juger combien ils avaient couru de périls et déployé de courage. Il combla d'éloges le général et les soldats, s'adressant individuellement aux centurions, aux tribuns, qui s'étaient signalés. Les prisonniers lui donnèrent de plus amples détails sur la mort de Sabinus et de Cotta, dont la catastrophe avait produit dans l'armée une impression profonde. Le lendemain, il rappelle, devant les troupes convoquées,

---

[1] D'Amiens à Charleroy il y a 170 kilomètres. César a dû déboucher sur le territoire des Nerviens, vers Cambrai, *le matin du troisième jour,* compté depuis le départ d'Amiens, après avoir parcouru 90 kilomètres. Il envoie à l'instant même le cavalier gaulois à Cicéron. Ce cavalier a 80 kilomètres à faire. Il peut n'y employer que huit à neuf heures et arriver dans l'après-midi du troisième jour. Il lance son javelot, qui reste fiché *le troisième* et *le quatrième jour.* Le *cinquième jour,* on le découvre, et on aperçoit alors la fumée des incendies. César arrivait donc le cinquième jour (à raison de 30 kilomètres par étape) à Binche, à 20 kilomètres de Charleroy. Cette ville est sur un mamelon assez élevé, d'où la fumée pouvait s'apercevoir. Le siége dura environ quinze jours.

l'événement passé, console, encourage, rejette l'échec sur l'imprudence du lieutenant, et exhorte d'autant plus à la résignation, que, grâce à la valeur des soldats et à la protection des dieux, l'expiation avait été prompte et ne laissait plus de raison aux ennemis de se réjouir, aux Romains de s'affliger [1].

On voit, par ce qui précède, qu'un petit nombre de troupes disséminées sur un vaste territoire surmonta, par la discipline et le courage, une formidable insurrection. Quintus Cicéron, en suivant le principe invoqué par Cotta *de ne point entrer en pourparler avec un ennemi en armes*, sauva et l'armée, et l'honneur. Quant à César, il montra dans cette circonstance une énergie et une force d'âme que Quintus Cicéron ne manqua pas de faire remarquer à son frère lorsqu'il lui écrivit [2]. Si l'on en croit Suétone et Polyen, César éprouva un si profond chagrin de l'échec subi par Sabinus, qu'en signe de deuil il laissa croître sa barbe et ses cheveux jusqu'à ce qu'il eût vengé ses lieutenants [3], ce qui n'arriva que l'année suivante, par la destruction des Éburons et des Nerviens.

César met ses troupes en quartiers d'hiver. Labienus défait Indutiomare.

XV. Cependant la nouvelle de la victoire de César parvint à Labienus, à travers le pays des Rèmes, avec une incroyable vitesse : ses quartiers d'hiver étaient à soixante milles environ du camp de Cicéron, où César n'était arrivé qu'après la neuvième heure du jour (trois heures de l'après-midi), et pourtant avant minuit des cris de joie s'élevèrent aux portes du camp, acclamations des Rèmes félicitant Labienus. Le bruit s'en répandit dans l'armée des Trévires, et Indutio-

---

[1] *Guerre des Gaules*, V, LII.

[2] « J'ai lu avec une vive joie ce que tu me dis du courage et de la force d'âme de César dans cette cruelle épreuve. » (Cicéron, *Lettres à Quintus*, III, VIII, 166.)

[3] Suétone, *César*, LXVII. — Polyen, *Stratagèmes*, VIII, XXIII, 23.

mare, qui avait résolu d'attaquer le lendemain le camp de Labienus, se retira pendant la nuit et emmena toutes ses troupes.

Ces événements accomplis, César distribua de la manière suivante les sept légions qui lui restaient : il renvoya Fabius dans ses quartiers d'hiver avec sa légion chez les Morins, s'établit lui-même aux environs d'Amiens avec trois légions, qu'il répartit en trois quartiers : c'étaient la légion de Crassus, qui n'avait pas bougé, celle de Cicéron et celle de Trebonius. On voit encore, le long de la Somme, aux environs d'Amiens, trois camps peu distants entre eux, qui paraissent avoir été ceux de cette époque [1]. Labienus, Plancus et Roscius continuèrent à occuper les mêmes positions. La gravité des circonstances détermina César à rester tout l'hiver à l'armée. En effet, sur le bruit de la catastrophe de Sabinus, presque tous les peuples de la Gaule se disposaient à prendre les armes, s'envoyaient des députations et des messages, se communiquaient leurs projets, délibéraient entre eux pour savoir de quel point partirait le signal de la guerre. Ils tenaient des assemblées nocturnes dans les lieux écartés, et de tout l'hiver il ne se passa pas un jour sans qu'une réunion ou un mouvement des Gaulois ne donnât de l'inquiétude à César. Ainsi il apprit de L. Roscius, lieutenant placé à la tête de la 13ᵉ légion, que des troupes considérables de l'Armorique s'étaient assemblées pour l'attaquer : elles n'étaient plus qu'à huit milles de ses quartiers, lorsque la nouvelle de la victoire de César les avait obligées à se retirer précipitamment et en désordre.

Le général romain appela près de lui les *principes* de chaque État, effraya les uns en leur signifiant qu'il était instruit de leurs menées, exhorta les autres au devoir, et

---

[1] L'un est sur l'emplacement de la citadelle d'Amiens; le second est près de Tirancourt; le troisième est le camp de l'Étoile. (*Voir Dissertation sur les camps romains de la Somme*, par le comte L. d'Allonville.)

par là maintint la tranquillité d'une grande partie de la Gaule. Cependant un événement fâcheux se produisit chez les Sénonais, nation puissante et considérée parmi les Gaulois. Ils avaient résolu, dans une assemblée, la mort de Cavarinus, que César leur avait donné pour roi. Cavarinus s'était enfui ; ils prononcèrent sa déchéance, le bannirent et le poursuivirent jusqu'aux limites de leur territoire. Ils avaient cherché à se justifier auprès de César, qui leur intima l'ordre de lui envoyer tous leurs sénateurs. Ils refusèrent. Cette hardiesse des Sénonais, en montrant aux barbares quelques individus capables de tenir tête aux Romains, produisit un tel changement dans les esprits, qu'à l'exception des Éduens et des Rèmes, il n'y eut pas un peuple qui ne devint suspect de défection, chacun désirant s'affranchir de la domination étrangère.

Durant tout l'hiver, les Trévires et Indutiomare ne cessèrent d'exciter les peuples au delà du Rhin à prendre les armes, assurant que la plus grande partie de l'armée romaine avait été détruite. Mais aucune des nations germaines ne se laissa persuader de passer le Rhin. Le souvenir de la double défaite d'Arioviste et des Teuctères les avertissait de ne plus tenter la fortune. Déçu dans son espoir, Indutiomare ne laissa pas de rassembler des troupes, de les exercer, d'acheter des chevaux dans les pays voisins, d'attirer à lui, de toutes les parties de la Gaule, les bannis et les condamnés. Bientôt son ascendant fut tel, que de toute part on s'empressa de solliciter son amitié et sa protection.

Lorsqu'il vit les uns se rallier à lui spontanément, les autres, tels que les Sénonais et les Carnutes, s'engager dans sa cause par la conscience de leur faute, les Nerviens et les Aduatuques se préparer à la guerre, et une foule de volontaires disposés à le rejoindre dès qu'il aurait quitté son pays, Indutiomare, selon l'usage des Gaulois au commencement d'une campagne, convoqua une assemblée en armes. Il déclara ennemi de la patrie Cingetorix, son gendre, resté fidèle à César, et annonça que, pour répondre à l'appel des Sénonais et des Carnutes, il se rendrait chez eux par le pays des Rèmes, dont il ravagerait les terres, mais qu'avant tout il attaquerait le camp de Labienus.

Celui-ci, établi sur l'Ourthe, maître d'une position naturellement redoutable, qu'il avait encore fortifiée, ne craignait aucune attaque, et songeait au contraire à saisir la première occasion de combattre avec avantage. Instruit par Cingetorix des intentions d'Indutiomare, il demanda de la cavalerie aux États voisins, simula la crainte, et, laissant les cavaliers ennemis s'approcher impunément, se tint enfermé dans son camp.

Tandis que, trompé par ces apparences, Indutiomare devenait de jour en jour plus présomptueux, Labienus fit, pendant une nuit, entrer secrètement dans son camp la cavalerie auxiliaire, et, par une surveillance active, empêcha que les Trévires en fussent informés. L'ennemi, ignorant l'arrivée de ce renfort, s'avançait de plus en plus près des retranchements et redoublait ses provocations. On n'y répondit pas, et vers le soir il se débanda en se retirant. Tout à coup Labienus fait sortir par deux portes sa cavalerie, soutenue par ses cohortes. Prévoyant la déroute des barbares, il recommande de s'attacher à Indutiomare seul, et promet de grandes récompenses à ceux qui apporteront sa tête. La fortune seconda ses projets : Indutiomare fut atteint au gué même de l'Ourthe, mis à mort, et on apporta sa tête au camp. Les cavaliers, à leur retour, tuèrent tous les ennemis qu'ils trouvèrent sur leur passage. Les Éburons et les Nerviens se dispersèrent. Le résultat de ces événements fut de donner à la Gaule un peu plus de tranquillité [1].

---

[1] *Guerre des Gaules*, V, LVIII.

Observations.   XVI. L'empereur Napoléon, dans son *Précis des guerres de César*, explique de la manière suivante l'avantage que les Romains retiraient de leurs camps.

« Les Romains doivent la constance de leurs succès à la
» méthode dont ils ne se sont jamais départis, de se camper
» tous les soirs dans un camp fortifié, de ne jamais donner
» bataille sans avoir derrière eux un camp retranché pour
» leur servir de retraite et renfermer leurs magasins, leurs
» bagages et leurs blessés. La nature des armes dans ces
» siècles était telle, que dans ces camps ils étaient non-
» seulement à l'abri des insultes d'une armée égale, mais
» même d'une armée supérieure; ils étaient les maîtres de
» combattre ou d'attendre une occasion favorable. Marius
» est assailli par une nuée de Cimbres ou de Teutons; il
» s'enferme dans son camp, y demeure jusqu'au jour où
» l'occasion se présente favorable; il sort alors précédé par
» la victoire. César arrive près du camp de Cicéron; les
» Gaulois abandonnent celui-ci et marchent à la rencontre
» du premier; ils sont quatre fois plus nombreux. César
» prend position en peu d'heures, retranche son camp, y
» essuie patiemment les insultes et les provocations d'un
» ennemi qu'il ne veut pas combattre encore; mais l'occasion
» ne tarde pas à se présenter belle; il sort alors par toutes
» les portes; les Gaulois sont vaincus.

» Pourquoi donc une règle si sage, si féconde en grands
» résultats, a-t-elle été abandonnée par les généraux
» modernes? Parce que les armes offensives ont changé de
» nature; les armes de main étaient les armes principales
» des anciens; c'est avec sa courte épée que le légionnaire
» a vaincu le monde; c'est avec la pique macédonienne
» qu'Alexandre a conquis l'Asie. L'arme principale des
» armées modernes est l'arme de jet; le fusil est supérieur à
» tout ce que les hommes ont jamais inventé; aucune arme
» défensive ne peut en parer l'effet.

» De ce que l'arme principale des anciens était l'épée ou
» la pique, leur formation habituelle a été l'ordre profond.
» La légion et la phalange, dans quelque situation qu'elles
» fussent attaquées, soit de front, soit par le flanc droit ou
» par le flanc gauche, faisaient face partout sans aucun
» désavantage; elles ont pu camper sur des surfaces de peu
» d'étendue, afin d'avoir moins de peine à en fortifier les
» pourtours et pouvoir se garder avec le plus petit détache-
» ment. L'arme principale des modernes est l'arme de jet;
» leur ordre habituel a dû être l'ordre mince, qui seul leur
» permet de mettre en jeu toutes leurs machines de jet.

» Une armée consulaire renfermée dans son camp, atta-
» quée par une armée moderne d'égale force, en serait
» chassée sans assaut et sans en venir à l'arme blanche; il
» ne serait pas nécessaire de combler ses fossés, d'esca-
» lader ses remparts : environné de tous côtés par l'armée
» assaillante, prolongé, enveloppé, enfilé par les feux, le
» camp serait l'égout de tous les coups, de toutes les balles,
» de tous les boulets : l'incendie, la dévastation et la mort
» ouvriraient les portes et feraient tomber les retranche-
» ments. Une armée moderne placée dans un camp romain
» pourrait d'abord, sans doute, faire jouer toute son artil-
» lerie; mais, quoique égale à l'artillerie de l'assiégeant,
» elle serait prise en rouage et promptement réduite au
» silence; une partie seule de l'infanterie pourrait se servir
» de ses fusils, mais elle tirerait sur une ligne moins étendue
» et serait bien loin de produire un effet équivalent au mal
» qu'elle recevrait. Le feu du centre à la circonférence est
» nul; celui de la circonférence au centre est irrésistible.
» Toutes ces considérations ont décidé les généraux mo-
» dernes à renoncer au système des camps retranchés, pour
» y suppléer par celui des positions naturelles bien choisies.

» Un camp romain était placé indépendamment des loca-
» lités : toutes étaient bonnes pour des armées dont toute la

» force consistait dans les armes blanches; il ne fallait ni
» coup d'œil ni génie militaire pour bien camper; au lieu
» que le choix des positions, la manière de les occuper et
» de placer les différentes armes, en profitant des circon-
» stances du terrain, est un art qui fait une partie du génie
» du capitaine moderne.

» Si l'on disait aujourd'hui à un général : Vous aurez,
» comme Cicéron, sous vos ordres, 5,000 hommes, 16 pièces
» de canon, 5,000 outils de pionniers, 5,000 sacs à terre;
» vous serez à portée d'une forêt, dans un terrain ordinaire;
» dans quinze jours vous serez attaqué par une armée de
» 60,000 hommes ayant 120 pièces de canon; vous ne serez
» secouru que quatre-vingts ou quatre-vingt-seize heures
» après avoir été attaqué. Quels sont les ouvrages, quels
» sont les tracés, quels sont les profils que l'art lui prescrit?
» L'art de l'ingénieur a-t-il des secrets qui puissent satisfaire
» à ce problème? » [1].

(1) *Précis des guerres de César*, par Napoléon, chap. v, 5.

CHAPITRE NEUVIÈME.

AN DE ROME 701.

(Livre VI des Commentaires.)

CAMPAGNE CONTRE LES NERVIENS ET LES TRÉVIRES.
SECOND PASSAGE DU RHIN.
GUERRE CONTRE AMBIORIX ET LES ÉBURONS.

<small>César augmente son armée.</small>

1. L'état de la Gaule faisait prévoir à César de graves agitations; de nouvelles levées lui parurent nécessaires. Il en chargea M. Silanus, C. Antistius Reginus et T. Sextius, ses lieutenants; en même temps il demanda à Pompée, resté devant Rome avec l'imperium, afin de veiller aux intérêts publics, de rappeler sous les drapeaux et de lui envoyer les soldats de la Gaule cisalpine assermentés sous le consulat de ce dernier en 699. César attachait, pour le présent et pour l'avenir, une grande importance à donner aux Gaulois une haute idée des ressources de l'Italie et à leur prouver qu'il était facile à la République, après un échec, non-seulement de réparer ses pertes, mais encore de mettre sur pied des troupes plus nombreuses. Pompée, par amitié et par considération du bien public, lui accorda sa demande. Grâce à l'activité des lieutenants, avant la fin de l'hiver trois nouvelles légions (ou trente cohortes) furent levées et rejoignirent l'armée : la 1ʳᵉ, la 14ᵉ, qui venait prendre le numéro de la légion anéantie à Aduatuca, et la 15ᵉ. De cette manière, les quinze cohortes perdues sous

Sabinus se trouvèrent remplacées par un nombre double, et l'on vit, par ce rapide déploiement de forces, ce que pouvaient l'organisation militaire et les ressources du peuple romain. C'était la première fois que César commandait dix légions.

<small>Guerre contre les Nerviens. Assemblée générale de la Gaule.</small>

11. Après la mort d'Indutiomare, les Trévires prirent pour chefs des membres de sa famille. Ceux-ci excitèrent vainement les peuples de la rive droite du Rhin les plus rapprochés à faire cause commune avec eux; mais ils réussirent à entraîner quelques peuplades plus éloignées, particulièrement les Suèves, et firent entrer Ambiorix dans leur ligue. De toutes parts, du Rhin à l'Escaut, s'annonçaient des préparatifs de guerre. Les Nerviens, les Aduatuques, les Ménapiens, tous les Germains en deçà du Rhin, étaient en armes. Les Sénonais persistaient dans leur désobéissance et se concertaient avec les Carnutes et les États voisins : tout conseillait à César d'entrer en campagne plus tôt que de coutume. Aussi, sans attendre la fin de l'hiver, il concentre les quatre légions les plus voisines d'Amiens, son quartier général (celles de Fabius, de Crassus, de Cicéron et de Trebonius), envahit à l'improviste le territoire des Nerviens, ne leur donne pas le temps de se rassembler ou de fuir, enlève les hommes et les troupeaux, abandonne le butin aux soldats, et force ce peuple à la soumission.

Après cette expédition si rapidement terminée, les légions regagnèrent leurs quartiers d'hiver. Dès le printemps, César convoqua, selon son usage, l'assemblée de la Gaule, qui se réunit sans doute à Amiens. Les différents peuples s'y firent représenter, à l'exception des Sénonais, des Carnutes et des Trévires. Il regarda cette abstention comme un indice de révolte, et, afin de poursuivre ses plans de campagne sans négliger les affaires générales, il résolut de transférer l'assemblée plus près de l'insurrection, à Lutèce. Cette ville appartenait aux Parisiens, limitrophes des Sénonais, et, quoique ces deux peuples n'en formassent autrefois qu'un seul, les Parisiens ne semblaient pas être entrés dans la conjuration. César, ayant annoncé cette décision du haut de son prétoire (*pro suggestu pronuntiata*), partit le même jour à la tête des légions, et marcha à grandes journées vers le pays des Sénonais.

A la nouvelle de son approche, Accon, le principal auteur de la révolte, ordonna à la population de se retirer dans les oppidums; mais, surpris par l'arrivée des Romains, les Sénonais chargèrent les Éduens, jadis leurs patrons, d'intercéder en leur faveur : César leur pardonna sans difficulté, aimant mieux employer la belle saison à la guerre qu'à la recherche des coupables. Cent otages exigés des Sénonais furent confiés aux Éduens. Les Carnutes imitèrent l'exemple des Sénonais, et, par l'entremise des Rèmes, dont ils étaient les clients, obtinrent leur grâce. César prononça la clôture de l'assemblée de la Gaule, et ordonna à divers États de lui fournir des contingents de cavalerie[1].

Soumission des Ménapiens.

III. Cette partie du pays pacifiée, César tourna toutes ses pensées vers la guerre des Trévires et d'Ambiorix, chef des Éburons. Il était surtout impatient de tirer une vengeance éclatante de l'humiliation infligée à ses armes près d'Aduatuca. Sachant bien qu'Ambiorix ne hasarderait point la bataille, il chercha à pénétrer ses desseins. Deux choses étaient à craindre : la première, qu'Ambiorix, son territoire envahi, ne se réfugiât chez les Ménapiens, dont le pays, voisin des Éburons, était défendu par des bois et de vastes marais, et qui, seuls entre les Gaulois, n'avaient jamais fait acte de soumission; la seconde, qu'il ne se réunît aux Germains d'outre-Rhin, avec lesquels, on ne l'ignorait pas, il

[1] *Guerre des Gaules*, VI, IV.

était entré en rapports d'amitié par l'entremise des Trévires. César conçut le projet de parer d'abord à ces deux éventualités, afin d'isoler Ambiorix. Voulant, avant tout, soumettre les Ménapiens et les Trévires, et porter la guerre à la fois chez ces deux peuples, il se réserva l'expédition des Ménapiens, et confia celle des Trévires à Labienus, son meilleur lieutenant, qui, à plusieurs reprises, avait opéré contre eux. Labienus, après sa victoire sur Indutiomare, avait continué à hiverner avec sa légion à Lavacherie sur l'Ourthe [1]. César lui envoya tous les bagages de l'armée et deux légions. De sa personne, il marcha vers le pays des Ménapiens à la tête de cinq légions sans bagages. Il emmena avec lui Cavarinus et la cavalerie sénonaise, dans la crainte que le ressentiment de ce roi contre son peuple, ou la haine qu'il s'était attirée, n'excitât quelques troubles, et, en suivant la direction générale de Sens, Soissons, Bavay, Bruxelles, il atteignit la frontière des Ménapiens. Ceux-ci, se fiant à la nature des lieux, n'avaient point rassemblé de forces; ils se réfugièrent dans les bois et les marais. César partagea ses troupes avec le lieutenant C. Fabius et le questeur M. Crassus, en forma trois colonnes, et, faisant construire à la hâte des ponts pour traverser les cours d'eau marécageux, pénétra par trois endroits dans le pays, qu'il ravagea. Les Ménapiens, réduits aux abois, demandèrent la paix : elle leur fut accordée à la condition expresse que tout asile serait refusé

---

[1] Les Commentaires, après nous avoir fait connaître (V, xxiv) que Labienus s'établit chez les Rèmes aux confins du pays des Trévires, donnent à entendre ensuite qu'il campait chez les Trévires, où il avait passé l'hiver. « Labienum cum una legione, quæ in eorum finibus hiemaverat. » (VI, vii.) Nous croyons, avec certains auteurs, que la contrée où il campait était, soit à la limite des deux pays, soit un terrain dont les Rèmes et les Trévires se disputaient la possession. N'est-il pas évident d'ailleurs que, après la catastrophe d'Aduatuca et le soulèvement des peuples entraînés par Ambiorix, tout commandait à Labienus de ne pas s'engager plus avant dans un pays hostile, en s'éloignant des autres légions?

228 HISTOIRE DE JULES CÉSAR.

à Ambiorix ou à ses lieutenants. César laissa chez eux Commius avec une partie de la cavalerie pour les surveiller, et marcha de là vers le pays des Trévires[1].

<small>Succès de Labienus contre les Trévires.</small>

IV. De son côté, Labienus avait obtenu des succès éclatants : les Trévires s'étaient portés avec des forces considérables contre ses quartiers d'hiver. Ils n'en étaient plus qu'à deux jours de marche, lorsqu'ils apprirent que deux autres légions étaient venues le rejoindre. Résolus alors d'attendre le secours des Germains, ils s'arrêtèrent à quinze milles du camp de Labienus. Celui-ci, informé de la cause de leur inaction, et espérant que leur imprudence lui fournirait une occasion de livrer bataille, laissa cinq cohortes pour garder la plus grande partie des bagages, et, avec les vingt-cinq autres et une nombreuse cavalerie, alla camper à mille pas de l'ennemi.

Les deux armées étaient séparées par la rivière de l'Ourthe ; le passage était difficile à cause de l'escarpement des rives. Labienus n'avait pas l'intention de la traverser, mais il craignait que l'ennemi n'imitât sa prudence jusqu'à l'arrivée des Germains, attendus d'un instant à l'autre. Pour l'attirer à lui, il fit répandre le bruit qu'il se retirerait le lendemain au point du jour, afin de n'avoir pas à combattre contre les forces réunies des Trévires et des Germains. Il assembla pendant la nuit les tribuns et les centurions de première classe, leur fit connaître son dessein, et, contrairement à la discipline romaine, leva le camp avec toute l'apparence du désordre et d'une retraite précipitée. La proximité des armées permit à l'ennemi d'en être averti avant le jour par ses éclaireurs.

A peine l'arrière-garde de Labienus était-elle en marche, que les barbares s'excitent entre eux à ne point laisser

---

[1] *Guerre des Gaules*, VI, vi.

échapper une proie si longtemps convoitée. Ils s'imaginent que la terreur a frappé les Romains, et, regardant comme honteux d'attendre encore le secours des Germains, ils traversent la rivière et s'avancent sans hésitation sur un terrain défavorable. Labienus, voyant son stratagème réussir, continuait lentement son apparente retraite, afin d'attirer tous les Gaulois en deçà de la rivière. Il avait envoyé en avant, sur une éminence, les bagages sous la garde d'un détachement de cavalerie. Tout à coup il ordonne de tourner les enseignes vers l'ennemi, dispose ses troupes en bataille, la cavalerie sur les ailes, et les encourage à montrer la même valeur que si César était présent. Alors un immense cri s'élève des rangs, et les pilums sont lancés de toutes parts. Les Gaulois, surpris de voir se retourner contre eux un ennemi qu'ils croyaient poursuivre, ne soutinrent pas même le premier choc, et s'enfuirent précipitamment dans les forêts voisines. Pressés par la cavalerie, ils furent tués ou pris en grand nombre.

Labienus usait de cette tactique si sage à laquelle les Romains devaient leurs plus grands succès. Invincibles dans leurs camps fortifiés, ils pouvaient, ainsi que l'a si bien dit l'empereur Napoléon Ier, combattre ou attendre le moment opportun. Les Gaulois, au contraire, peuples belliqueux, emportés par un bouillant courage, ne comprenant pas chez leurs adversaires la patience et la ruse, tombaient toujours dans le piége qui leur était dressé. Il suffisait de simuler la frayeur et de leur inspirer le mépris des forces ennemies, pour qu'aussitôt ils se décidassent à des attaques désordonnées, dont les Romains, par des sorties subites, avaient facilement raison. C'est ainsi qu'avaient agi Sabinus attaqué par les Unelles, César en allant au secours de Cicéron, et Labienus lui-même l'année précédente.

Peu de jours après, le pays se soumit; car, à la nouvelle de la défaite des Trévires, les Germains se retirèrent chez eux, suivis des parents d'Indutiomare, auteurs de la révolte. Cingetorix, toujours fidèle aux Romains, fut replacé à la tête de sa nation. Le double but que s'était proposé César se trouvait ainsi atteint; d'une part, Ambiorix ne pouvait pas songer, depuis la soumission des Ménapiens, à chercher un refuge chez eux, et, de l'autre, la victoire de Labienus, suivie de la retraite des Germains, le mettait dans l'impossibilité de se liguer avec ces derniers. Néanmoins, pour assurer ces deux résultats, punir les Germains d'être venus au secours des Trévires et fermer à Ambiorix toute retraite, César, après avoir opéré sa jonction avec Labienus, résolut de passer une seconde fois le Rhin [1].

Second passage du Rhin.

V. Il était arrivé du pays des Ménapiens dans celui des Trévires, près des lieux où est aujourd'hui la ville de Bonn. Il y fit construire un pont un peu au-dessus de l'endroit où son armée avait déjà passé deux ans auparavant. Grâce à la connaissance des procédés employés précédemment et au zèle extrême du soldat, le travail fut achevé en quelques jours. Après avoir laissé à la garde du pont un fort détachement sur la rive appartenant aux Trévires, dans la crainte de quelque mouvement de leur part, César traversa le fleuve avec les légions et la cavalerie. Les Ubiens, qui depuis longtemps avaient fait leur soumission, lui déclarèrent qu'ils n'avaient ni envoyé de secours aux Trévires ni violé la foi jurée; que les Suèves seuls avaient fourni des auxiliaires, et qu'ainsi il ne devait pas les confondre avec ces derniers dans son ressentiment contre les Germains. Il agréa leurs explications, et s'informa des chemins et des passages qui menaient chez les Suèves.

Peu de jours après, il apprit que ceux-ci concentraient sur un seul point leurs troupes et les contingents des peu-

---

[1] *Guerre des Gaules*, VI, viii.

plades sous leur dépendance. Il pourvut aux approvisionnements, choisit pour le camp une position favorable, et enjoignit aux Ubiens de transporter dans les oppidums leurs troupeaux et leurs biens, espérant contraindre par la disette les barbares à combattre dans de mauvaises conditions. Les Ubiens furent également chargés de surveiller l'ennemi par de nombreux éclaireurs. Quelques jours plus tard, ils informèrent César que les Suèves, à l'approche des Romains, s'étaient retirés, avec toutes leurs troupes et celles de leurs alliés, à l'extrémité de leur territoire. Là était la forêt Bacenis[1], qui s'étendait fort avant dans le pays, et qui, placée comme une barrière naturelle entre les Suèves et les Chérusques, séparait ces deux peuples et les défendait contre leurs mutuelles incursions. C'est à l'entrée de cette forêt, probablement vers les montagnes de la Thuringe, que les Suèves avaient résolu d'attendre les Romains.

Dans cette expédition comme dans la précédente, César redouta de s'engager trop avant au milieu d'une contrée inculte, où les vivres auraient pu lui manquer. Il repassa donc le Rhin. Cependant, pour maintenir les barbares dans la crainte de son retour, et empêcher leurs renforts d'arriver aux Gaulois, il ne détruisit pas le pont en entier, mais il en fit couper deux cents pieds du côté de la rive ubienne; à l'extrémité de la partie tronquée, il éleva une tour à quatre étages, et laissa sur la rive gauche douze cohortes dans un poste retranché. Le jeune C. Volcatius Tullus en eut le commandement. Les deux expéditions de César sur la rive droite du Rhin n'amenèrent aucun combat; cependant l'effet moral en fut si grand, que depuis cette époque les Germains n'appuyèrent plus les soulèvements de la Gaule, et devinrent même les auxiliaires des Romains [2].

[1] Voyez page 75.
[2] *Guerre des Gaules*, VI, xxix.

Guerre contre Ambiorix.

VI. L'époque de la moisson approchant, César se mit en marche contre Ambiorix, avec ses dix légions, réduites de la garde laissée au pont du Rhin. Il partit de Bonn et s'avança vers le pays des Éburons, par Zulpich et Eupen (*Voir planche* 14), à travers la forêt des Ardennes, qui s'étendait, on s'en souvient, depuis les rives du Rhin jusqu'au pays des Nerviens. Dans l'espoir de surprendre l'ennemi, il envoya en avant L. Minucius Basilus, avec toute la cavalerie, lui recommanda de ne pas allumer des feux, qui révéleraient son approche, et lui annonça qu'il le suivrait de près.

Basilus, fidèle à ses instructions, tomba à l'improviste sur un grand nombre d'Éburons, alla droit vers les lieux où l'on disait Ambiorix retiré avec quelques cavaliers, réussit à pénétrer jusqu'à la demeure de ce chef et lui enleva ses équipages; mais celui-ci, protégé par quelques-uns des siens, s'échappa à cheval à travers les bois; ses partisans se dispersèrent. C'est ainsi que la fortune, qui à la guerre joue un si grand rôle, favorisa à la fois l'entreprise contre Ambiorix et son salut. Le chef éburon envoya secrètement des messages partout, invitant les habitants à pourvoir à leur sûreté. Les uns se cachèrent dans la forêt des Ardennes, les autres au milieu des marais. Ceux qui étaient le plus près de l'Océan se réfugièrent dans les îles qui se forment à marée haute; d'autres enfin s'expatrièrent et s'établirent dans des contrées éloignées. Catuvolcus, roi de la moitié du pays des Éburons, accablé par l'âge et les malheurs, s'empoisonna pour ne pas tomber vivant au pouvoir des Romains.

Pendant ce temps, César approchait du pays des Sègnes et des Condruses[1]; ils vinrent le supplier de ne pas con-

---

[1] On doit croire d'après cela que, pendant sa marche, César traversa le territoire des Sègnes et des Condruses, ou qu'au moins il n'en passa pas loin. Cette considération nous a engagé à étendre ce territoire vers le nord plus qu'on ne le fait généralement. (*Voir planches* 2 *et* 14.)

fondre dans la même cause tous les Germains en deçà du Rhin et protester de leur neutralité. Le fait bien constaté, César leur déclara que, s'ils lui livraient les Éburons réfugiés chez eux, leur territoire serait respecté. Arrivé à Visé, sur la Meuse, où, de temps immémorial, existe un gué, il distribua ses troupes en trois corps, et envoya les bagages de toutes les légions à Aduatuca (*Tongres*) : c'était le lieu témoin de la récente catastrophe de Sabinus. Il choisit cette position de préférence, parce que les retranchements de l'année précédente, encore debout, devaient épargner beaucoup de travail aux troupes. Il laissa pour la garde des bagages la 14e légion, et la mit, avec deux cents chevaux, sous les ordres de Quintus Cicéron.

Des neuf légions qui restaient, trois furent envoyées, avec T. Labienus, au nord, vers l'Océan, dans la partie du pays des Éburons qui touchait à celui des Ménapiens ; trois au sud, avec C. Trebonius, pour ravager les contrées voisines des Aduatuques (vers le sud-ouest, entre Meuse et Demer); enfin César, à la tête des trois autres, s'avança vers l'Escaut, dont les eaux, à cette époque, se confondaient avec celles de la Meuse [1]. (*Voir planche* 14.) Son intention était de gagner l'extrémité de la forêt des Ardennes (entre Bruxelles et Anvers), où, disait-on, Ambiorix s'était retiré avec quelques cavaliers. Il annonça, en partant, qu'il serait de retour à Aduatuca le septième jour, époque de la distribution des vivres à la légion demeurée en ce lieu pour la garde des bagages. Labienus et Trebonius devaient, si cela leur était possible, revenir à la même époque, afin de se concerter de nouveau sur les mesures à prendre, d'après ce qu'on aurait découvert des desseins de l'ennemi.

---

[1] César a pu très-bien dire que l'Escaut mêle ses eaux à celles de la Meuse. Plusieurs auteurs anciens partagent cet avis. Cela avait lieu par le bras oriental de l'Escaut, autrefois plus développé que de nos jours, et qui se répandait dans l'espace nommé par Tacite l'*immense bouche de la Meuse* (*immensum Mosæ os*).

Les Éburons n'avaient nulle troupe réglée, nulle garnison, nul oppidum. C'était une multitude éparse, toujours en embuscade, attaquant les soldats isolés, obligeant les Romains à une guerre fatigante, sans résultat décisif; car la nature du pays, couvert de forêts épaisses et entrecoupé de marais, protégeait les barbares, qu'il n'était possible d'atteindre qu'avec de petits détachements. Au milieu de ces difficultés, César préféra faire moins de mal à l'ennemi et ménager la vie de ses soldats, en recourant aux Gaulois. Il invita donc par des messages les peuples voisins à venir ravager le pays des Éburons, et l'aider à exterminer une race coupable d'avoir égorgé ses soldats. A son appel, des hordes nombreuses accoururent de tous côtés, et bientôt le territoire entier des Éburons fut livré au pillage [1].

Les Sicambres attaquent Aduatuca.

VII. Cependant approchait le septième jour fixé pour le retour de César. Le hasard, si fréquent à la guerre, amena un incident remarquable. Les ennemis, dispersés et frappés d'épouvante, ne pouvaient inspirer la moindre crainte. Mais le bruit s'étant répandu au delà du Rhin, chez les Germains, que tous les peuples étaient conviés à ravager le pays des Éburons, les Sicambres, voisins du fleuve, qui avaient, comme on l'a vu, recueilli les Usipètes et les Tenctères après leur défaite, rassemblent deux mille cavaliers ; ils passent le Rhin sur des radeaux et des barques, à trente milles au-dessous de l'endroit où César avait jeté son pont et laissé une garde (à 45 kil. en aval de Bonn)[2]. Ils envahissent le territoire des Éburons, ramassent une foule de fuyards et s'emparent d'un grand nombre de bestiaux. L'appât du butin les entraîne de plus en plus loin : nourris au sein de la guerre et du brigandage, rien ne les arrête, ni les marais

---

[1] *Guerre des Gaules*, VI, xxxiv.

[2] Quarante-cinq kilomètres, comptés à partir de Bonn en aval, mènent au confluent de la Wipper et du Rhin.

ni les bois. Parvenus à quelque distance de la Meuse, ils apprennent par des prisonniers l'absence de César, l'éloignement de l'armée, et qu'en trois heures ils peuvent arriver à Aduatuca, où sont déposées les richesses des Romains. On leur fait croire que ce fort est défendu par une garnison trop faible pour border la muraille ou oser sortir des retranchements. Dans cette confiance, les Germains cachent leur butin, et, conduits par un prisonnier, marchent sur Aduatuca, en passant la Meuse à Maëstricht.

Jusque-là Cicéron avait scrupuleusement exécuté l'ordre de César, et retenu les troupes dans le camp, sans même permettre à un seul valet de s'en écarter; mais le septième jour, ne comptant plus sur le retour du général au terme fixé, il céda aux plaintes des soldats, qui blâmaient son obstination à les tenir enfermés comme s'ils étaient assiégés. Il crut d'ailleurs que les neuf légions et la nombreuse cavalerie qui parcouraient le pays lui permettaient de s'éloigner sans danger à trois milles de son camp, surtout après la dispersion des forces ennemies : il envoya donc cinq cohortes couper du blé dans les champs les plus voisins situés au nord d'Aduatuca et séparés du camp par une seule colline; avec elles sortirent, sous une même enseigne, trois cents hommes de diverses légions laissés malades, mais alors rétablis, et une multitude de valets menant un grand nombre de bêtes de somme qui se trouvaient en dépôt.

Tout à coup surviennent les cavaliers germains, les bois avaient dérobé leur marche; sans s'arrêter, ils s'élancent vers la porte Décumane et essayent de s'introduire dans le camp. (*Voir planche* 18.) L'irruption est si soudaine que les marchands établis sous le vallum n'ont pas même le temps de rentrer. Les soldats, surpris, se troublent; la cohorte de garde défend avec effort l'entrée de la porte. Les Sicambres se répandent autour du camp pour découvrir un autre passage; mais heureusement la nature des lieux et les retranchements rendent l'accès impossible partout ailleurs qu'aux portes mêmes. Ils tentent d'y pénétrer, et c'est difficilement qu'on les en empêche. L'alarme et le désordre sont au comble. On ne sait ni où se porter, ni où se rassembler; les uns prétendent que le camp est pris, les autres que l'armée et César ont péri. Une anxiété superstitieuse leur rappelle la catastrophe de Sabinus et de Cotta, tués dans le même endroit. A la vue d'une consternation si générale, les barbares se confirment dans l'opinion que les Romains sont trop peu nombreux pour résister. Ils s'efforcent de faire irruption et s'excitent à ne pas laisser échapper une si riche proie.

Parmi les malades laissés au camp se trouvait le primipile P. Sextius Baculus, signalé dans les combats précédents. Depuis cinq jours il n'avait pris aucune nourriture. Inquiet sur le salut de tous et sur le sien, il sort sans armes de sa tente, voit devant lui l'ennemi et le péril, se saisit de l'épée du premier qu'il rencontre et se place à une porte. Les centurions de la cohorte de garde le suivent, et tous ensemble soutiennent l'attaque pendant quelques instants. Baculus, grièvement blessé, s'évanouit. On le passe de mains en mains et on ne le sauve qu'avec peine. Cet incident donne aux autres le temps de se rassurer. Ils restent sur le rempart et présentent au moins quelque apparence de défense.

A ce moment, les soldats sortis pour moissonner revenaient au camp; ils sont frappés des cris qu'ils entendent; les cavaliers prennent les devants, reconnaissent l'imminence du danger et voient avec terreur qu'on ne peut plus se réfugier derrière les retranchements. Les soldats nouvellement levés, sans expérience de la guerre, interrogent du regard le tribun et les centurions, et attendent des ordres. Il n'est personne si brave qui ne soit troublé par un événement si imprévu. Les Sicambres, apercevant de loin les enseignes, croient d'abord au retour des légions et cessent l'attaque ; mais bientôt, pleins de mépris pour une poignée d'hommes, ils fondent sur eux de toutes parts.

Les valets se réfugient sur un tertre voisin, celui où s'élève aujourd'hui le village de Berg. Chassés de ce poste, ils se rejettent au milieu des enseignes et des manipules, et augmentent la frayeur d'hommes déjà intimidés. Parmi les soldats, les uns proposent de se former en coin, afin de s'ouvrir un chemin jusqu'au camp, qu'ils voient si près d'eux : la perte d'un petit nombre sera le salut de tous. D'autres conseillent de tenir ferme sur les hauteurs et de courir ensemble la même chance. Ce dernier avis n'est pas celui des vieux soldats, réunis sous la même enseigne. Conduits par C. Trebonius, chevalier romain, ils se font jour à travers l'ennemi et rentrent au camp sans perdre un seul homme. Protégés par ce mouvement audacieux, les valets et les cavaliers pénètrent à leur suite. Quant aux jeunes soldats qui s'étaient placés sur les hauteurs, ils ne surent ni persister dans la résolution de profiter de leur position dominante pour se défendre, ni imiter l'heureuse énergie des vétérans ; ils s'engagèrent sur un terrain désavantageux en cherchant à regagner le camp, et leur perte eût été certaine sans le dévouement des centurions. Quelques-uns avaient été des derniers rangs de l'armée promus à ce grade pour leur courage, ils intimidèrent un moment l'ennemi en se faisant tuer pour justifier leur renommée ; cet acte héroïque permit, contre tout espoir, à trois cohortes de rentrer dans le camp ; les deux autres périrent.

Pendant ces combats, les défenseurs du camp s'étaient remis de leur premier trouble. En les voyant établis sur le rempart, les Germains désespérèrent de forcer les retranchements ; ils se retirèrent et repassèrent le Rhin avec leur butin. L'effroi qu'ils avaient répandu était tel, que même après leur retraite, lorsque la nuit suivante C. Volusenus arriva à Aduatuca avec la cavalerie qui précédait les légions, on ne pouvait encore croire au retour de César et au salut de l'armée. Les esprits étaient frappés au point qu'on supposait la cavalerie seule échappée au désastre; car, disait-on, les Germains n'auraient jamais attaqué le camp si les légions n'avaient pas été défaites. L'arrivée de César parvint seule à dissiper toutes les craintes.

Accoutumé aux chances diverses de la guerre et à des événements qu'il faut supporter sans se plaindre, il ne fit entendre aucun reproche [1]; il se borna à rappeler qu'on n'aurait pas dû courir le moindre hasard en laissant sortir les troupes; que d'ailleurs, si l'on pouvait s'en prendre à la fortune de l'irruption subite des ennemis, on devait, d'un autre côté, se féliciter de les avoir repoussés des portes mêmes du camp. Il s'étonnait cependant que les Germains, ayant passé le Rhin dans le dessein de ravager le territoire des Éburons, eussent, par le fait, rendu le service le plus signalé à Ambiorix en venant attaquer les Romains.

César, pour achever d'accabler les Éburons, se remit en marche, rassembla un grand nombre de pillards des États voisins, et les envoya dans des directions différentes à la poursuite de l'ennemi pour tout saccager et incendier. Les villages, les habitations devinrent sans exception la proie des flammes. La cavalerie parcourait le pays en tout sens dans le but d'atteindre Ambiorix; l'espoir de le saisir et de gagner par là les bonnes grâces du général faisait supporter des fatigues infinies presque au-dessus des forces humaines. A chaque instant on croyait pouvoir s'emparer du fugitif, et sans cesse d'épaisses forêts ou de profondes retraites le dérobaient aux recherches. Enfin, protégé par la nuit, il gagna d'autres régions, escorté de quatre cavaliers, les

---

[1] César se plaignit de la conduite de Quintus, en écrivant à Cicéron l'orateur : « Il ne s'est pas tenu dans le camp, comme c'eût été le devoir d'un général prudent et scrupuleux. » (Charisius, p. 101.)

seuls auxquels il osât confier sa vie. Ambiorix échappait, mais le massacre de la légion de Sabinus était cruellement vengé par la dévastation du pays des Éburons!

Après cette expédition, César ramena à Durocortorum (*Reims*), ville principale des Rèmes, l'armée diminuée de deux cohortes, perdues à Aduatuca. Il y convoqua l'assemblée de la Gaule et fit juger la conjuration des Sénonais et des Carnutes. Accon, chef de la révolte, fut condamné à mort et exécuté conformément à la vieille coutume romaine. Quelques autres, dans la crainte du même sort, prirent la fuite. On leur interdit le feu et l'eau (c'est-à-dire on les condamna à l'exil). César envoya deux légions en quartiers d'hiver sur la frontière des Trévires, deux chez les Lingons, et les six autres chez les Sénonais, à Agedincum (*Sens*). Ayant pourvu aux approvisionnements de l'armée, il se rendit en Italie [1].

[1] *Guerre des Gaules*, VI, xliv.

CHAPITRE DIXIÈME.

AN DE ROME 702.

(Livre VII des Commentaires.)

RÉVOLTE DE LA GAULE.
PRISES DE VELLAUNODUNUM, GENABUM ET NOVIODUNUM.
SIÉGES D'AVARICUM ET DE GERGOVIA.
CAMPAGNE DE LABIENUS CONTRE LES PARISIENS.
INVESTISSEMENT D'ALESIA.

Révolte de la Gaule.

I. Les armes romaines avaient depuis six années soumis tour à tour les principaux États de la Gaule. La Belgique, l'Aquitaine, les pays maritimes, avaient été le théâtre de luttes acharnées. Les habitants de l'île de Bretagne, comme les Germains, étaient devenus prudents après les échecs subis. César venait de tirer une éclatante vengeance des Éburons révoltés, il crut pouvoir sans crainte quitter son armée et se rendre en Italie pour y tenir les assemblées. Pendant son séjour dans cette partie de son commandement, eut lieu le meurtre de P. Clodius (le 13 des calendes de février, 30 décembre 701), qui excita une grande agitation et donna lieu au sénatus-consulte ordonnant à toute la jeunesse d'Italie de prêter le serment militaire; César en profita pour lever aussi des troupes dans la Province. Bientôt le bruit de ce qui se passait à Rome, parvenu au delà des Alpes, ranima les ressentiments et les espérances des Gaulois; ils pensèrent que les troubles intérieurs retiendraient César en Italie et feraient naître l'occasion favorable pour une insurrection nouvelle.

Les principaux chefs s'assemblent dans des lieux écartés, s'excitent mutuellement par le récit de leurs griefs, par le souvenir de la mort d'Accon, promettent de grandes récompenses à ceux qui, au péril de leur vie, commenceront la guerre, mais décident qu'avant tout il faut rendre impossible le retour de César à son armée, projet d'une exécution d'autant plus facile que les légions n'oseraient pas quitter leurs quartiers d'hiver en l'absence de leur général, et que le général lui-même ne pourrait les rejoindre sans une escorte suffisante.

Les Carnutes s'offrent les premiers à prendre les armes; la nécessité d'agir en secret ne leur permettant pas d'échanger des otages, ils exigent comme garantie un serment d'alliance. Ce serment est prêté par tous sur les enseignes réunies, et l'époque du soulèvement fixée.

Le jour venu, les Carnutes, sous les ordres de deux hommes déterminés, Cotuatus et Conetodunnus, courent à Genabum (*Gien*), pillent et massacrent les commerçants romains, entre autres le chevalier C. Fusius Cita, chargé par César des approvisionnements. Cette nouvelle parvint à chaque État de la Gaule avec une extrême célérité, suivant la coutume des Gaulois de se communiquer les événements remarquables par des cris transmis de proche en proche à travers les campagnes [1]. Ainsi ce qui s'était passé à Genabum au lever du soleil fut connu des Arvernes avant la fin

---

[1] Un ancien manuscrit de la haute Auvergne, le manuscrit de Drugeac, nous apprend que cet usage se pratiqua longtemps et qu'il existait au moyen âge. Des tours grossières étaient construites sur les éminences, à 4 ou 500 mètres l'une de l'autre; on y postait des veilleurs, qui se transmettaient les nouvelles par des monosyllabes sonores. Un certain nombre de ces tours existent encore dans le Cantal. Lorsque le vent s'opposait à ce mode de transmission, on avait recours à des feux.

Il est évident que des crieurs avaient été postés à l'avance de Genabum à Gergovia, puisqu'il était convenu que les Carnutes donneraient le signal de la guerre. Il y a, par les vallées de la Loire et de l'Allier, exactement cent soixante milles (240 kil. environ) de Gien à Gergovia, principal oppidum des Arvernes.

de la première veille (vers huit heures du soir), à une distance de cent soixante milles.

Vercingetorix, jeune Arverne jouissant d'une grande influence dans son pays [1], et dont le père, Celtillus, un moment chef de toute la Gaule, avait été mis à mort par ses compatriotes pour avoir aspiré à la royauté, réunit ses clients et excite leur ardeur. Chassé de Gergovia par ceux qui ne voulaient pas tenter la fortune avec lui, il soulève les campagnes, et, à l'aide d'une troupe nombreuse, il reprend la ville, et se fait proclamer roi. Bientôt il entraîne dans son parti les Sénonais, les Parisiens, les Pictons, les Cadurques, les Turons, les Aulerques, les Lémovices armoricains, les Andes et les autres peuples qui bordent l'Océan. Le commandement lui est déféré d'un consentement unanime. Il exige de ces peuples des otages, ordonne une prompte levée de soldats, fixe la quantité d'hommes et d'armes que chaque pays doit fournir dans un temps donné; il s'occupe surtout de la cavalerie. Actif, entreprenant, sévère et inflexible jusqu'à la cruauté, il livre aux tortures les plus atroces ceux qui hésitent, et par ces moyens de terreur forme rapidement une armée.

Il en envoya une partie chez les Rutènes, sous les ordres du Cadurque Lucterius, homme plein d'audace, et, pour entraîner les Bituriges dans le mouvement, il envahit leur territoire. En agissant ainsi, il menaçait la Province et garantissait ses derrières pendant qu'il se portait vers le nord, où était concentrée l'occupation romaine. A son approche, les Bituriges sollicitèrent le secours des Éduens, leurs alliés. Ces derniers, de l'avis des lieutenants de César restés à l'armée, leur envoyèrent un corps de cavalerie et d'infanterie pour les soutenir contre Vercingetorix; mais,

---

[1] « Hic corpore, armis spirituque terribilis, nomine etiam quasi ad terrorem composito. » (Florus, II, x, 21.) Vercingetorix était né à Gergovia. (Strabon, IV, p. 158.)

arrivées à la Loire, qui séparait les territoires des deux peuples, ces troupes auxiliaires s'arrêtèrent quelques jours, puis revinrent sans avoir osé passer le fleuve, se disant trahies par les Bituriges. Aussitôt après leur départ, ceux-ci se réunirent aux Arvernes [1].

<small>César entre en campagne.</small> II. César apprit ces événements en Italie, et, rassuré sur les troubles de Rome, apaisés par la fermeté de Pompée, il partit pour la Gaule transalpine. Arrivé de l'autre côté des Alpes (peut-être sur les bords du Rhône), il fut frappé des difficultés qu'il y avait pour lui à rejoindre l'armée. S'il faisait venir les légions dans la Province romaine, elles seraient, pendant le trajet, forcées de combattre sans lui; si, au contraire, il voulait aller les retrouver, il était obligé de traverser des populations auxquelles, malgré leur tranquillité apparente, il aurait été imprudent de confier sa personne.

Tandis que César se trouvait en présence de si grandes difficultés, Lucterius [2], envoyé par Vercingetorix chez les Rutènes, les engage dans l'alliance des Arvernes, s'avance vers les Nitiobriges et les Gabales, dont il reçoit des otages, et, à la tête d'une armée nombreuse, menace la Province du côté de Narbonne. Ces faits décidèrent alors César à partir pour cette ville. Son arrivée calma les craintes. Il plaça des garnisons chez les peuples voisins de l'ennemi, les Rutènes de la rive gauche du Tarn (*Ruteni provinciales*), les Volces-Arécomices, les Tolosates, et près de Narbonne. Il ordonna en même temps à une partie des troupes de la Province, et aux renforts qu'il avait amenés d'Italie, de se réunir sur le territoire des Helviens, limitrophe de celui des

---

[1] *Guerre des Gaules*, VII, v.

[2] On a trouvé des monnaies de Lucterius comme de beaucoup de chefs gaulois mentionnés dans les Commentaires. La première a été décrite par MM. Mionnet et Chaudruc de Crazannes. (*Revue numismatique*, t. V, pl. 16, p. 333.)

Arvernes[1]. Intimidé par ces dispositions, Lucterius n'osa pas s'engager au milieu de ces garnisons et s'éloigna.

Ce premier danger écarté, il importait d'empêcher Vercingetorix de soulever d'autres peuples, enclins peut-être à suivre l'exemple des Bituriges. En envahissant le pays des Arvernes, César pouvait espérer attirer le chef gaulois dans son propre pays et l'éloigner ainsi des contrées où hivernaient les légions. Il se rendit donc chez les Helviens, où il rejoignit les troupes qui venaient de s'y concentrer. Les montagnes des Cévennes, qui séparaient ce peuple des Arvernes, étaient couvertes de six pieds de neige; les soldats, à force de travail, ouvrirent un passage. En s'avançant par Aps et Saint-Cirgues, entre les sources de la Loire et de l'Allier (*Voir planche* 19), César déboucha sur le Puy et Brioude. Les Arvernes dans cette saison, la plus rigoureuse de l'année, se croyaient défendus par les Cévennes comme par un mur infranchissable : il tomba sur eux à l'improviste, et, pour répandre davantage la terreur, il fit battre au loin le pays par la cavalerie.

Promptement informé de cette marche, Vercingetorix, à la prière des Arvernes, qui imploraient son secours, abandonna le pays des Bituriges. César l'avait prévu; aussi ne reste-t-il que deux jours chez les Arvernes, et, s'éloignant sous le prétexte d'augmenter ses forces, il laisse le commandement au jeune Brutus, auquel il enjoint de pousser des reconnaissances le plus loin possible, et annonce son retour au bout de trois jours. Ayant, par cette diversion, attiré Vercingetorix vers le sud, il se rend en toute hâte à Vienne, y arrive à l'improviste, prend la cavalerie nouvellement levée qu'il y avait envoyée, marche jour et nuit, tra-

---

[1] Ils avaient pour capitale Alba, aujourd'hui Aps (Ardèche). Des recherches récentes ont fait retrouver les vestiges d'une voie antique passant par les lieux indiqués ici et qui conduisait du pays des Helviens chez les Vellaves et les Arvernes.

verse le pays des Éduens, et se dirige vers les Lingons, où deux légions étaient en quartiers d'hiver. Par cette célérité extrême il veut prévenir tout mauvais dessein de la part des Éduens. A peine parvenu chez les Lingons, il envoie ses ordres aux autres légions, dont deux se trouvaient sur les frontières des Trévires et six chez les Sénonais, puis concentre toute l'armée à Agedincum (*Sens*) avant que sa marche soit connue des Arvernes. Dès que Vercingetorix fut informé de ce mouvement, il retourna avec son armée chez les Bituriges, et de là il partit pour faire le siège de Gorgobina (*Saint-Parize-le-Châtel*), oppidum des Boïens, établis, après la défaite des Helvètes, près du confluent de l'Allier et de la Loire [1].

Prises de Vellaunodunum, de Genabum et de Noviodunum.

III. Quoique César eût réussi à réunir ses troupes et à se mettre à leur tête, il lui était encore difficile de s'arrêter à un parti. S'il entrait en campagne de trop bonne heure, l'armée pouvait manquer de vivres par la difficulté des transports. Si, au contraire, pendant le reste de l'hiver [2], son armée, immobile, laissait Vercingetorix s'emparer de Gorgobina, place tributaire des Éduens, cet exemple pouvait décourager ses alliés et entraîner la défection de toute la Gaule. Plutôt que de subir un pareil affront, il aima mieux braver tous les obstacles. Il engagea donc les Éduens à lui fournir des vivres, fit avertir les Boïens de sa prochaine arrivée, leur recommanda de rester fidèles et de résister énergiquement; puis, laissant à Agedincum deux légions et les bagages de toute l'armée, il se dirigea avec

---

[1] *Guerre des Gaules*, VII, ix.

[2] Comme César n'était parti qu'après le meurtre de Clodius, qui avait eu lieu le 13 des calendes de février (30 décembre 701), qu'il avait levé des troupes en Italie, parcouru la Province romaine, pénétré par les Cévennes dans l'Auvergne, que de là il était retourné à Vienne, probablement il n'arriva a Sens que vers le commencement de mars.

les huit autres vers le territoire des Boïens. Le surlendemain [1] il arriva à Vellaunodunum (*Triguères*), ville des Sénonais, et se prépara à en faire le siége, pour assurer ses derrières et ses approvisionnements. (*Voir planche* 19.) La contrevallation fut achevée en deux jours. Le troisième, la

[1] Le texte latin porte : *Altero die, quum ad oppidum Senonum Vellaunodunum venisset, etc.* Tous les auteurs, sans exception, regardant à tort l'expression *altero die* comme identique à *postero die, proximo die, insequenti die, pridie ejus diei*, l'ont traduite par *le lendemain*. Nous pensons que *altero die*, employé par rapport à un événement quelconque, signifie le second jour qui suit celui de l'événement cité.

En effet, Cicéron lui prête ce sens dans la *Première Philippique*, § 13, où il rappelle la conduite d'Antoine après la mort de César. Antoine avait commencé par traiter avec les conjurés réfugiés au Capitole, et, dans une séance du sénat, qu'il réunit *ad hoc*, le jour des Liberalia, c'est-à-dire le 16 des calendes d'avril, une amnistie fut prononcée en faveur des meurtriers de César. Cicéron, parlant de cette séance du sénat, dit : *proximo, altero, tertio, denique reliquis consecutis diebus, etc.* N'est-il pas évident qu'ici *altero die* signifie le second jour qui suivit la séance du sénat, ou le surlendemain de cette séance?

Voici d'autres exemples qui montrent que le mot *alter* doit se prendre dans le sens de *secundus*. Virgile a dit (*Églogue* VIII, vers 39), *Alter ab undecimo tum jam me ceperat annus*, ce qui doit se traduire par ces mots : *j'avais treize ans*. Servius, qui a fait un commentaire sur Virgile à une époque où les traditions se conservaient, commente ainsi ce vers : *Id est tertius decimus. Alter enim de duobus dicimus ut unus ab undecimo sit duodecimus, alter tertius decimus, et vult significare jam se vicinum fuisse pubertati, quod de duodecimo anno procedere non potest.* (*Virgile*, éd. Burmann, t. I, p. 130.)

Forcellini établit péremptoirement que *vicesimo altero* signifie le *vingt-deuxième*; *legio altera vicesima* veut dire la *vingt-deuxième légion*.

Les Commentaires rapportent (*Guerre civile*, III, IX) qu'Octave, assiégeant Salone, avait établi cinq camps autour de la ville et que les assiégés emportèrent ces cinq camps l'un après l'autre. Le texte s'exprime ainsi : *Ipsi in* PROXIMA *Octavii castra irruperunt. His expugnatis, eodem impetu,* ALTERA *sunt adorti; inde* TERTIA *et* QUARTA *et deinceps* RELIQUA. (Voir aussi *Guerre civile*, III, LXXXIII.)

On trouve dans les Commentaires soixante-trois fois l'expression *postero die*, trente-six fois *proximo die*, dix fois *insequenti die*, onze fois *postridie ejus diei* ou *pridie ejus diei*. L'expression *altero die* n'y est employée que deux

place proposa de se rendre : sa capitulation ne fut admise qu'à condition de livrer les armes, les bêtes de somme et six cents otages. César laissa C. Trebonius, son lieutenant, pour faire exécuter la convention, et marcha en toute hâte sur Genabum (*Gien*), ville des Carnutes [1]. Il y arriva en

fois dans les huit livres de la *Guerre des Gaules*, savoir, livre VII, ch. xi et lxviii, et trois fois dans la *Guerre civile*, livre III, ch. xix, xxvi et xxx. Ce seul rapprochement ne doit-il pas faire supposer que *altero die* ne saurait être confondu avec les expressions précédentes, et ne paraît-il pas certain que, si César était arrivé à Vellaunodunum le lendemain de son départ d'Agedincum, il aurait écrit : *Postero die* (ou *proximo die*) *quum ad oppidum Senonum Vellaunodunum venisset, etc.?*

Nous nous croyons donc autorisé à conclure que César arriva à Vellaunodunum le surlendemain du jour où l'armée s'était mise en mouvement.

On trouvera plus loin, page 299, note 1, une nouvelle confirmation du sens que nous donnons à *altero die*. Elle résulte de l'appréciation de la distance qui sépare Alesia du champ de bataille où César défit la cavalerie de Vercingetorix. (Voir les opinions des commentateurs sur *altero die* dans le sixième volume de *Cicéron*, éd. Lemaire, Classiques latins, *Excursus ad Philippicam primam*.)

[1] *Guerre des Gaules*, VII, xi. Contrairement à l'opinion généralement admise, nous adoptons *Gien* et non Orléans pour l'ancien Genabum, *Triguères* pour Vellaunodunum, *Sancerre* pour Noviodunum, et enfin *Saint-Parize-le-Châtel* pour la Gorgobina des Boïens.

Comme le but de César, en partant de Sens, était de se diriger le plus vite possible vers l'oppidum des Boïens, pour en faire lever le siége, comme il part sans bagage, pour être moins gêné dans sa marche, nous examinerons d'abord la position probable de cette dernière ville, avant de discuter les questions relatives aux points intermédiaires.

Gorgobina Boiorum. Après la défaite des Helvètes, César permit aux Éduens de recevoir les Boïens sur leur territoire, et il est probable qu'ils furent établis à la frontière occidentale, comme dans un poste avancé contre les Arvernes et les Bituriges. Plusieurs données confirment cette opinion. Tacite (*Histoires*, II, lxi) rapporte que : *Mariccus quidam, e plebe Boiorum..... concitis octo millibus hominum, proximos Æduorum pagos trahebat.* Les possessions des Boïens étaient donc contiguës au territoire éduen. Pline l'Ancien (*Histoire nat.* IV, xviii) met les Boïens au nombre des peuples qui habitaient le centre de la Lyonnaise. *Intus autem Ædui fœderati, Carnuti fœderati, Boii, Senones.....* La place qu'occupe ici le mot *Boii* nous indique encore que ce peuple n'était pas loin des Éduens, des Sénonais et des Cardeux jours et assez tôt pour surprendre les habitants, qui, dans la pensée que le siége de Vellaunodunum durerait plus longtemps, n'avaient pas encore rassemblé assez de troupes pour la défense de la place. L'armée romaine s'établit devant l'oppidum ; mais l'approche de la nuit la força

nutes. Enfin le texte des Commentaires nous montre Vercingetorix obligé de traverser le pays des Bituriges pour se rendre à Gorgobina. L'opinion la plus acceptable est celle qui place les Boïens entre la Loire et l'Allier, vers le confluent de ces deux rivières. C'était déjà une tradition ancienne adoptée, au xv° siècle, par Raimondus Marlianus, un des premiers éditeurs de César. Cet espace de terrain, couvert, dans sa partie orientale, de bois et de marais, convenait admirablement, par son étendue, à la population limitée des Boïens, qui ne comptait pas plus de vingt mille âmes. Ni Saint-Pierre-le-Moutier, marqué sur la carte des Gaules comme Gorgobina, ni la Guerche, proposée par le général de Gœler, ne répondent complétement, par leur position topographique, à l'emplacement d'un oppidum gaulois. En effet Saint-Pierre-le-Moutier est loin d'être avantageusement situé : ce village se trouve au pied des collines qui bordent la rive droite de l'Allier. La Guerche-sur-Aubois ne remplit pas mieux les conditions de défense qu'on doit exiger de la ville principale des Boïens : elle est presque en plaine, au bord de la vallée marécageuse de l'Aubois. Elle présente quelques restes de fortifications du moyen âge, mais on n'y découvre aucun vestige d'une antiquité plus reculée. Chercher Gorgobina plus bas et sur la rive gauche de la Loire est impossible, puisque, d'après César, les Boïens avaient été établis sur le territoire des Éduens et que la Loire formait la limite entre les Éduens et les Bituriges. Si l'on est réduit à faire des conjectures, il faut au moins admettre comme incontestable ce que César avance.

Le village de Saint-Parize-le-Châtel convient mieux. Il est à 8 kilomètres environ au nord de Saint-Pierre-le-Moutier, à peu près vers le milieu de l'espace compris entre la Loire et l'Allier ; il occupe le centre d'une ancienne agglomération d'habitants, que Guy Coquille, à la fin du xvi° siècle, désigne sous le nom de *bourg de Gentily,* et que les chroniques appelèrent, jusqu'aux xiii° et xiv° siècles, *Pagus gentilicus* ou *bourg des gentils*. L'histoire de ce peuple a cela d'extraordinaire que, tandis que toutes les nations voisines, de l'autre côté de l'Allier et de la Loire, avaient, dès le iv° siècle, accepté l'Évangile, lui seul demeura dans l'idolâtrie jusqu'au vi° siècle. Ce fait ne peut-il pas s'appliquer à une tribu dépaysée, comme l'étaient les Boïens, et qui devait conserver plus longtemps intactes ses mœurs et sa religion ? Une tradition ancienne constate, dans les environs de Saint-Parize, l'existence, à une époque très-ancienne, d'une ville considérable détruite par un incendie. Quelques rares substructions

de remettre l'attaque au lendemain. Cependant, comme Genabum avait sur la Loire un pont attenant à la ville, César fit veiller deux légions sous les armes, dans la crainte de voir les assiégés s'échapper pendant la nuit. En effet, vers minuit, ils sortirent en silence et commencèrent à

découvertes dans les bois de Bord, au sud-ouest de Saint-Parize, paraissent indiquer la place de l'oppidum des Boïens. Les noms du château, du domaine, et du lieu dit *les Bruyères de Buy*, rappellent celui des Boïens.

Il y avait probablement à Saincaise-Meauce (13 kilomètres nord de Saint-Pierre-le-Moutier), sur la rive droite de l'Allier, une station romaine. On y a fait, en 1861, la découverte de nombreux objets de l'époque gallo-romaine, et de deux bustes en marbre blanc, de grandeur naturelle, représentant des empereurs romains. A Chantenay, 8 kilomètres sud de Saint-Pierre, on a trouvé quelques substructions romaines et un nombre considérable de médailles gauloises, dont l'une, entre autres, est au nom de l'Éduen Litavicus.

Genabum. La position de Gorgobina une fois établie au confluent de la Loire et de l'Allier, il faut admettre *Gien* comme l'ancien Genabum, et non *Orléans;* voici par quelles raisons :

1° Nous ne pouvons croire que César, partant de Sens malgré la rigueur de la saison et pressé de faire lever le siége de Gorgobina, ait fait inutilement un détour de 90 kilomètres, représentant trois ou quatre journées de marche, pour passer par Orléans. En effet, la distance de Sens au confluent de l'Allier et de la Loire est, par Orléans, de 270 kilomètres, et seulement de 180 kilomètres par Gien.

2° De Sens à Gien la route était courte et facile; de Sens à Orléans, au contraire, il fallait traverser le grand marais de Sceaux et la forêt d'Orléans, probablement impraticable. Or la voie indiquée par la table de Peutinger pour aller d'Orléans à Sens devait avoir une courbure prononcée vers le sud, et passait tout près de Gien, après avoir traversé Aquæ-Segeste (*Craon et Chenevière*), car la distance entre Sens et Orléans est marquée à 59 lieues gauloises, ou 134 kilomètres. La voie romaine qui conduit directement de Sens à Orléans par Sceaux, et dont les itinéraires ne parlent pas, n'a que 110 kilomètres de longueur : elle est certainement moins ancienne que la précédente, et n'a jamais pu être un chemin gaulois.

3° Les Commentaires nous apprennent que la nouvelle de l'insurrection de Genabum parvint en peu de temps aux Arvernes (dont Gergovia, près de Clermont, était le centre principal), à une distance de 160 milles (237 kilomètres) de Genabum. Or il y a de Gien à Gergovia, par les vallées de la Loire et de l'Allier, 240 kilomètres, distance conforme au texte, tandis que d'Orléans au même endroit il y a 300 kilomètres.

4° Après avoir traversé la Loire à Genabum, César se trouve sur le territoire

passer le fleuve. Averti par ses éclaireurs, César mit le feu aux portes, introduisit les légions tenues en réserve et s'empara de la place. Les fuyards, pressés aux issues de la ville et à l'entrée du pont, trop étroites, tombèrent presque tous au pouvoir des Romains. Genabum fut pillé et

des Bituriges. Cela est vrai s'il a passé par Gien, et faux s'il a passé par Orléans, puisque, en face d'Orléans, la rive gauche appartenait au territoire des Carnutes. On prétend, il est vrai, que Gien appartenait à l'ancien diocèse d'Auxerre, et que, par conséquent, il se trouvait chez les Sénonais, et non chez les Carnutes. Les limites des anciens diocèses ne sauraient indiquer d'une manière absolue les frontières des peuples de la Gaule, et on ne peut admettre que le territoire des Sénonais formât un angle aigu sur le territoire des Carnutes, au sommet duquel se serait trouvé Gien. De plus, quelques changements qu'il ait éprouvés dans les temps féodaux, sous le rapport de l'attribution diocésaine, Gien n'a pas cessé de faire partie de l'Orléanais, dans ses relations civiles et politiques. En 561 Gien est compris dans le royaume d'Orléans et de Bourgogne.

Nous croyons donc que Genabum était non pas le vieux Gien, qui, malgré son épithète, peut être postérieur à César, mais le Gien actuel. Cette petite ville, par sa position au bord de la Loire, renfermant une colline très-appropriée à l'emplacement d'un ancien oppidum, possède des ruines assez intéressantes, et convient beaucoup mieux que le vieux Gien à l'oppidum des Carnutes. Sans ajouter une trop grande foi aux traditions et aux étymologies, il faut pourtant signaler, à Gien, une porte qui s'appelle, depuis un temps immémorial, *la porte de César;* une rue, appelée *à la Genabye*, qui conduit non vers Orléans, mais à la partie haute de la ville; une pièce de terre, située au nord de Gien, à l'angle formé par la route de Montargis et la voie romaine, à un kilomètre environ, qui conserve encore le nom de *Pièce du camp*. C'est peut-être là que César s'est établi, en face de la partie la plus attaquable de la ville.

La principale raison qui a fait adopter Orléans pour Genabum, c'est que l'Itinéraire d'Antonin indique cette ville sous le nom de *Cenabum* ou *Cenabo*, et que ce nom se retrouve dans des inscriptions récemment découvertes. Il est à croire que les habitants de Gien, après avoir échappé à la destruction de leur ville, ont descendu le fleuve et formé, à l'endroit où s'élève actuellement Orléans, un nouvel établissement rappelant le nom de la première cité; c'est ainsi que les habitants de Bibracte se transportèrent à Autun et ceux de Gergovia à Clermont.

Indépendamment des considérations ci-dessus, Orléans, par sa position sur une pente uniformément inclinée vers la Loire, ne satisfait guère aux conditions d'un oppidum gaulois. En admettant Orléans pour Genabum, il devient

brûlé, le butin abandonné aux soldats. Ensuite l'armée passa la Loire, arriva sur le territoire des Bituriges et continua sa marche.

La ville de Noviodunum (*Sancerre*), appartenant à ce dernier peuple, était sur la route de César; il entreprit de

très-difficile d'assigner un emplacement convenable aux oppidums de Vellaunodunum et de Noviodunum.

Vellaunodunum. L'emplacement du territoire des Boïens déterminé, ainsi que celui de Genabum, il s'agit de trouver, sur la route que suivit César de Sens à Gorgobina, les points intermédiaires de Vellaunodunum et de Noviodunum.

Sur la ligne directe de Sens à Gien, à 40 kilomètres de Sens, se rencontre la petite ville de Triguères. La colline qui la domine au nord convient à la position d'un ancien oppidum : on y a trouvé des restes de murailles, de fossés et de parapets. On a de plus découvert, en 1836, à 500 mètres au nord-ouest de Triguères, les ruines d'un grand théâtre semi-elliptique, pouvant contenir de 5,000 à 6,000 spectateurs. Dans une autre direction on a signalé les ruines d'un monument druidique; enfin toute porte à croire qu'il existait à Triguères, à l'époque gallo-romaine, un centre important qu'avait précédé un établissement gaulois antérieur à la conquête. Un chemin pierré, reconnu par quelques-uns comme une voie gauloise ou celtique, accepté par tous les archéologues pour une voie romaine, va directement de Sens à Triguères par Courtenay, et longe le côté oriental de l'oppidum. Une autre voie antique mène également de Triguères à Gien. Nous n'hésitons pas, d'après ce qui précède, à placer Vellaunodunum à Triguères.

On objectera que la distance de Sens à cette petite ville (40 kil.) est trop faible pour que l'armée romaine, sans bagages, ait mis trois jours à la franchir; mais César ne dit pas qu'il employa trois jours à se rendre d'*Agedincum* à *Vellaunodunum* : il nous apprend simplement que, laissant tous ses bagages à Agedincum, il s'achemina vers le pays des Boïens, et que le surlendemain il arriva à Vellaunodunum. Rien n'oblige donc à supposer qu'avant de se mettre en mouvement l'armée romaine fût concentrée ou campée à Agedincum même. Les personnes étrangères à l'art militaire sont disposées à croire qu'une armée vit et marche toujours agglomérée sur un point.

César, tout en opérant la concentration de ses troupes avant d'entrer en campagne, ne les tint pas massées aux portes de Sens, mais il les échelonna probablement dans les environs de cette ville, le long de l'Yonne. Lorsque ensuite il se décida à marcher au secours des Boïens, on doit supposer que le premier jour fut employé à concentrer toute l'armée à Sens même, à y laisser les bagages, peut-être aussi à passer l'Yonne, opération longue pour plus de 60,000 hommes. Ce premier jour écoulé, l'armée continua sa route le lendel'assiéger. Déjà les habitants s'empressaient de faire leur soumission, et une partie des otages avait été livrée, lorsque parut au loin la cavalerie de Vercingetorix, qui, prévenu de l'approche des Romains, avait levé le siége de Gorgobina et marché à leur rencontre. A cette vue, les assiégés de Noviodunum reprennent courage, saisissent leurs armes, ferment les portes et bordent la muraille. La cavalerie

main, et arriva à Triguères le surlendemain, ayant fait deux étapes de 20 kilomètres chacune. On voit donc que la distance qui sépare Sens de Triguères ne peut pas empêcher d'identifier cette dernière localité à Vellaunodunum. Triguères est à 44 kilomètres de Gien, distance qui séparait Vellaunodunum de Genabum, et qui pouvait être parcourue en deux jours.

Noviodunum. Pour trouver l'emplacement de Noviodunum, il faut chercher la position qui s'accorde le plus avec les Commentaires dans le triangle formé par les trois points connus : Gien, le Bec-d'Allier et Bourges. Puisque, d'après le texte, Vercingetorix ne leva le siége de la ville des Boïens que lorsqu'il eut appris l'arrivée de César sur la rive gauche de la Loire, et que les deux armées ennemies, marchant l'une contre l'autre, se rencontrèrent à Noviodunum, il s'ensuit que cette dernière ville doit être à peu près à moitié chemin entre le lieu du passage de la Loire et la ville des Boïens; d'un autre côté, César ayant mis plusieurs jours à se rendre de Noviodunum à Bourges, il a dû y avoir entre ces deux dernières villes une distance assez considérable. De plus, pour que les habitants de Noviodunum aient pu apercevoir de loin, du haut de leurs murailles, la cavalerie de Vercingetorix, il faut nécessairement que leur ville ait été située sur une hauteur. Enfin, le combat de cavalerie livré à une petite distance de la ville prouve que le terrain était assez plat pour permettre cet engagement.

C'est donc parce que certains points indiqués jusqu'à présent ne répondent pas aux conditions exigées par le texte, que nous n'avons pas admis comme étant Noviodunum les villes de Nouan-le-Fuselier, Pierrefitte-sur-Saudre, Nohant-en-Goût, Neuvy-en-Sullias et Neuvy-sur-Barangeon. En effet, les unes sont trop loin du Bec-d'Allier, les autres trop près de Bourges, et la plupart en plaine.

Sancerre, au contraire, répond à toutes les indications du texte. Elle est située sur une colline élevée de 115 mètres au-dessus de la vallée qu'arrose la Loire. Entourée de tous les côtés par des ravins profonds, elle n'est abordable que par un seul point, situé à l'est, où venait aboutir l'ancienne voie romaine de Bourges, appelée encore aujourd'hui *le Gros-Chemin*. L'abbé Lebœuf, dès 1727, l'avait déjà désignée comme l'ancien Noviodunum. C'est près de Saint-Satur, au pied même de la montagne de Sancerre, qu'existait une ville gallo-romaine fut envoyée aussitôt au-devant de l'ennemi; ébranlée au premier choc, elle commençait à céder; mais bientôt, soutenue par environ quatre cents cavaliers germains, à la solde de César depuis le commencement de la campagne, elle mit les Gaulois en pleine déroute. Cette défaite ayant de nouveau jeté la terreur dans la ville, les habitants livrèrent les instigateurs du soulèvement, et se rendirent. De là César

romaine dont on a retrouvé, depuis quelques années, de nombreuses substructions. Il est probable que cette ville gallo-romaine aura succédé à un grand centre de population gauloise, car les Bituriges ont dû nécessairement occuper sur leur territoire un point si admirablement fortifié par la nature et qui commandait le cours de la Loire, ligne de démarcation entre eux et les Éduens. La ville actuelle semble s'être renfermée dans les limites mêmes de l'oppidum ancien : elle a la forme d'une ellipse de 7 à 800 mètres de longueur sur une largeur de 500 mètres environ, pouvant contenir une population de 4 à 5,000 habitants. A Sancerre, il y avait aussi, à l'extrémité d'une des rues, vers le nord, une porte nommée *porte de César*, démolie au commencement du xixe siècle. En adoptant Sancerre, tous les mouvements du commencement de la campagne de 702 s'expliquent avec facilité. Cette ville est à 46 kilomètres de Gien, 48 kilomètres du Bec-d'Allier, distances à peu près égales, de sorte que Vercingetorix et César, partant presque en même temps de deux points opposés, ont pu se rencontrer sous ses murs. Sa position élevée permettait au regard de s'étendre au loin vers le sud, dans la vallée de la Loire, par laquelle les habitants auraient vu arriver la cavalerie de Vercingetorix. César pouvait occuper avec son armée les hauteurs de Verdigny ou de Saint-Satur, au nord de Sancerre. Un engagement de cavalerie a pu avoir lieu dans la vallée de Saint-Satur ou dans la plaine entre Ménétréol et Saint-Thibaud. Le capitaine d'état-major Rouby a visité avec le plus grand soin les lieux dont nous venons de parler.

César, après la reddition de Noviodunum, se dirige vers Bourges. Vercingetorix le suit à petites journées (*minoribus itineribus*). Le général romain ayant Bourges devant lui et une armée ennemie sur sa gauche, marche lentement et avec précaution. Il a peut-être mis trois ou quatre jours à faire les 45 kilomètres qui séparent Sancerre de Bourges. Enfin, après avoir reconnu l'emplacement d'Avaricum, il a dû traverser les marais de l'Yèvre, à 3 ou 4 kilomètres de cette ville, pour venir prendre position au sud-est de l'oppidum, dans cette partie qui n'était pas entourée par la rivière et les marais, et n'offrait qu'un étroit passage. Quant à Vercingetorix, il suit, ou plutôt côtoie, l'armée romaine, en se plaçant sur sa gauche et en conservant toujours ses communications avec Avaricum, hésitant s'il la livrerait aux flammes.

se dirigea, par le territoire fertile des Bituriges, vers Avaricum (*Bourges*), le plus grand et le plus fort oppidum de ce peuple. La prise de cette place devait, pensait-il, le rendre maître de tout le pays [1].

Siége d'Avaricum.

IV. Vercingetorix, après tant de revers essuyés successivement à Vellaunodunum, à Genabum, à Noviodunum, convoque un conseil, où il démontre la nécessité d'adopter un nouveau genre de guerre. Avant tout il faut, selon lui, profiter de la saison et de la nombreuse cavalerie gauloise pour intercepter aux Romains les vivres et les fourrages, sacrifier les intérêts particuliers au salut commun, incendier les habitations, les bourgs et les oppidums qu'on ne pourrait pas défendre, enfin porter la dévastation depuis le territoire des Boïens jusqu'aux lieux où l'ennemi peut étendre ses incursions. Si c'est là un sacrifice extrême, il n'est rien en comparaison de la mort et de l'esclavage.

Cet avis unanimement approuvé, les Bituriges livrèrent aux flammes en un seul jour plus de vingt villes; les pays voisins imitèrent leur exemple. L'espoir d'une victoire prochaine fit supporter avec résignation ce douloureux spectacle. On délibéra si Avaricum ne subirait pas le même sort; les Bituriges supplièrent d'épargner l'une des plus belles villes de la Gaule, ornement et boulevard de leur pays; « la défense en serait facile, ajoutaient-ils, à cause de sa position presque inaccessible. » Vercingetorix, d'abord d'une opinion contraire, finit par céder à ce sentiment général de pitié, confia la place à des hommes capables de la défendre, et, suivant César à petites journées, alla établir son camp dans un lieu protégé par des bois et des marais, à seize milles d'Avaricum [2] (à 2 kilomètres au nord de *Dun-le-Roi*, au confluent de l'Auron et du Taisseau).

[1] *Guerre des Gaules*, VII, XIII.
[2] Les archéologues ont prétendu trouver des traces encore existantes du

Avaricum était situé, comme l'est aujourd'hui Bourges, à l'extrémité d'un terrain qu'entourent, au nord et à l'ouest, plusieurs cours d'eau marécageux : l'Yèvre, l'Yévrette et l'Auron. (*Voir planche* 20.) La ville gauloise, ornée de places publiques et renfermant quarante mille âmes, surpassait sans doute en étendue l'enceinte gallo-romaine. L'aspect des lieux n'est certainement plus le même : les marais ont été desséchés, les cours d'eau régularisés; les ruines accumulées depuis tant de siècles ont élevé le sol sur plusieurs points. Au sud de Bourges, et à une distance de 700 mètres, le terrain forme un col qui, à l'époque de la guerre des Gaules, était moins large que de nos jours; il s'inclinait davantage vers la place et présentait, à 80 mètres de l'enceinte, une brusque dépression ressemblant à un vaste fossé. (*Voir coupe suivant* CD.) Les pentes, alors abruptes vers l'Yévrette et l'Auron, dessinaient plus nettement la seule et très-étroite avenue (*unum et perangustum aditum*) donnant accès à la ville[1].

camp de Vercingétorix dans les environs de Bourges, sans réfléchir que, d'après César, le chef gaulois ne songea pour la première fois à retrancher son camp à la manière romaine qu'après le siége de cette ville. Nous croyons que Vercingétorix, bien qu'il vînt de l'est, s'établit au sud de Bourges. Il était naturel, en effet, qu'il se plaçât entre l'armée romaine et le pays des Arvernes, d'où probablement il tirait ses approvisionnements. D'ailleurs, s'il eût campé à l'est de Bourges, il aurait intercepté les vivres que César attendait du pays des Éduens, ce que le texte des Commentaires ne dit pas.

[1] Le ravin qui descend à l'Auron se reconnaît encore aujourd'hui, entre les portes Saint-Michel et Saint-Paul, à l'inclinaison brusque du terrain. D'anciens plans de Bourges le désignent sous le nom de *vallée Saint-Paul*. Le ravin opposé, qui se dirigeait vers la porte Bourbonnoux, a disparu sous les remblais successifs dont se compose le sol du jardin de l'archevêché. L'arête de terrain formant avenue ne devait pas avoir, au temps de César, plus de 100 mètres de largeur. Elle a perdu sa physionomie primitive, surtout par l'établissement de la place Séraucourt, en 1700, sur un emplacement dont le niveau ne dépassait pas alors celui du champ de foire actuel. La dépression de terrain qui existait devant la muraille n'est plus visible : elle a été comblée pendant les divers siéges de Bourges.

César établit son camp en arrière de cette langue de terre, au sud et à 700 mètres d'Avaricum, entre l'Auron et l'Yévrette. Comme la nature des lieux empêchait toute contrevallation, il prit ses dispositions pour un siége régulier. La place n'était attaquable que vers cette partie de l'enceinte qui faisait face à l'avenue, sur une largeur de 3 à 400 pieds romains (100 mètres environ). En cet endroit, le sommet des murs dominait de 80 pieds (24 mètres) le terrain situé en avant[1]. César fit commencer une terrasse, pousser des galeries couvertes vers l'oppidum et construire deux tours.

Pendant l'exécution de ces travaux, des messagers dévoués instruisaient à chaque instant Vercingetorix de ce qui se passait dans Avaricum, et y reportaient ses ordres. Les assiégeants étaient épiés quand ils allaient au fourrage, et, malgré leur précaution de choisir chaque jour des heures et des chemins différents, ils ne pouvaient s'écarter à quelque distance du camp sans être attaqués. Les Romains ne cessaient de demander des vivres aux Éduens et aux Boïens; mais les premiers montraient peu d'empressement à en envoyer, et les seconds, pauvres et faibles, avaient épuisé leurs ressources; les incendies, d'ailleurs, venaient de dévaster le pays. Quoique, pendant plusieurs jours, les troupes, privées de blé, ne vécussent que de bétail amené de loin, elles ne laissèrent échapper aucune plainte indigne du nom romain et des précédentes victoires. Lorsque, visitant les travaux, César s'adressait tour à tour à chacune des légions et proposait aux soldats de lever le siége si les privations leur semblaient trop rigoureuses, ils lui deman-

---

[1] Cela est évident, puisque les Romains, afin de pouvoir donner l'assaut, furent obligés de construire une terrasse de 80 pieds de haut. Le général de Gœler a cru cette dimension exagérée. Cependant, comme la terrasse était construite dans un ravin, il fallait qu'elle rachetât une différence de niveau de 80 mètres, dont 30, peut-être, représentent la hauteur de la muraille.

daient unanimement de persévérer; « ils avaient appris, disaient-ils, depuis tant d'années qu'ils servaient sous ses ordres, à n'essuyer rien d'humiliant et à ne laisser rien d'inachevé. » Cette protestation, ils la renouvelèrent aux centurions et aux tribuns.

Les tours s'approchaient des murailles, lorsque des prisonniers informèrent César que Vercingetorix, faute de fourrages, avait quitté son camp, y laissant le gros de son armée, et s'était avancé plus près d'Avaricum avec sa cavalerie et son infanterie légère, dans l'intention de dresser une embuscade à l'endroit où il pensait que les Romains iraient le lendemain au fourrage [1]. Sur cet avis, César, voulant profiter de l'absence de Vercingetorix, partit en silence au milieu de la nuit, et arriva le matin près du camp des ennemis. Dès qu'ils eurent connaissance de sa marche, ils cachèrent leurs bagages et leurs chariots dans les forêts, et rangèrent leurs troupes sur une hauteur découverte. César ordonna aussitôt à ses soldats de déposer leurs fardeaux sur un même point, et de tenir leurs armes prêtes pour le combat.

La colline occupée par les Gaulois s'élevait en pente douce au-dessus d'un marais qui, l'entourant presque de tous côtés, en rendait l'accès difficile, bien qu'il n'eût que cinquante pieds de large. Ils avaient rompu les ponts, et, pleins de confiance dans leur position, rangés par peuplades, gardant tous les gués et tous les passages, ils étaient prêts à fondre sur les Romains, si ceux-ci tentaient de franchir cet obstacle. A voir les deux armées en présence, et si rapprochées l'une de l'autre, on les aurait crues, par leur attitude, animées du même courage et offrant le combat

---

[1] Vercingetorix, campé d'abord vers Dun-le-Roi, s'était rapproché de Bourges: il avait établi son nouveau camp à l'est de celui de César, peut-être à Chenevière, au confluent de l'Yèvre et du ruisseau de Villabon, à 14 kilomètres de Bourges.

dans des conditions égales; mais en considérant la force défensive de la position des Gaulois, il était facile de se convaincre que la contenance de ces derniers n'était qu'ostentation. Les Romains, indignés d'être bravés ainsi, demandaient à en venir aux mains; César leur représenta que la victoire coûterait la vie à trop de braves, et que plus ils étaient résolus à tout oser pour sa gloire, plus il serait coupable de les sacrifier. Ces paroles calmèrent leur impatience, et le jour même il les ramena aux travaux du siége.

Vercingetorix, de retour à son armée, fut accusé de trahison, pour avoir rapproché son camp de celui des Romains, emmené toute la cavalerie, laissé son infanterie sans chef et facilité, par son départ, la venue soudaine et si bien calculée de l'ennemi. « Tous ces incidents, disait-on, ne pouvaient être l'effet du hasard : évidemment Vercingetorix aimait mieux devoir l'empire de la Gaule à César qu'à ses concitoyens. » Chef improvisé d'un mouvement populaire, Vercingetorix devait s'attendre à l'une de ces mobiles démonstrations de la multitude, que les succès rendent fanatique, et les revers injuste. Mais, fort de son patriotisme et de sa conduite, il expliqua facilement aux siens les dispositions qu'il avait prises. « La disette de fourrage seule l'a décidé, sur leurs propres instances, à déplacer son camp; il a choisi une nouvelle position inexpugnable; il a employé avantageusement la cavalerie, inutile dans un lieu marécageux. Il n'a remis le commandement à personne, de peur qu'un nouveau chef, pour complaire à des bandes indisciplinées, incapables de supporter les fatigues de la guerre, ne se laissât entraîner à livrer bataille. Que ce soit le hasard ou la trahison qui ait amené devant eux les Romains, il faut en remercier la fortune, puisqu'ils se sont honteusement retirés. Il n'a nulle envie d'obtenir de César, par une coupable défection, le pouvoir suprême; la victoire le lui donnera bientôt. Elle n'est plus douteuse aujourd'hui. Quant à lui, il est prêt à se démettre d'une autorité qui ne serait qu'un vain honneur et non un moyen de délivrance; » et, pour prouver la sincérité de ses espérances, il fait avancer des esclaves prisonniers, qu'il présente comme légionnaires, et qui, sous sa pression, déclarent que, dans trois jours, les Romains, privés de vivres, seront obligés de lever le siége. Son discours est reçu aux acclamations de l'armée, et tous y applaudissent par le choc retentissant de leurs armes, à la manière gauloise. On convient d'envoyer à Avaricum dix mille hommes, pris parmi les différents contingents, afin de ne pas laisser aux Bituriges seuls la gloire du salut d'une place d'où dépend en grande partie le sort de la guerre.

Les Gaulois, doués du génie de l'imitation, luttaient par tous les moyens possibles contre la rare persévérance des soldats romains. Ils détournaient les béliers à tête aiguë (*falces*)[1] avec des lacets, et, une fois accrochés, ils les tiraient à eux au moyen de machines[2]. Habitués au travail des mines de fer et à la construction des galeries souterraines, ils contre-minaient habilement la terrasse, et garnissaient aussi leurs murailles de tours à plusieurs étages recouvertes en cuir. Jour et nuit ils faisaient des sorties, et mettaient le feu aux ouvrages des assiégeants. A mesure que l'accroissement journalier de la terrasse exhaussait le niveau des tours, les assiégés élevaient les leurs à la même hauteur au moyen d'échafaudages; ils arrêtaient le progrès des galeries souterraines, empêchaient de les pousser jusqu'aux murailles en tâchant de les effondrer avec des pieux

---

[1] Voir la citation de Végèce, ci-dessus, page 128, note 1.

[2] On lit dans Vitruve à propos du siége de Marseille : « Lorsque la tortue s'approcha pour battre la muraille, ils descendirent une corde armée d'un nœud coulant dans lequel ils prirent le bélier, et en levèrent la tête si haut, à l'aide d'une roue à tympan, qu'ils l'empêchèrent de frapper la muraille. » (Vitruve, X, xvi.)

pointus durcis au feu (*apertos cuniculos præusta ac præacuta materia..... morabantur*)[1], et en jetant de la poix fondue et des blocs de pierre.

Voici comment les Gaulois construisaient leurs murailles : des poutres étaient posées horizontalement sur le sol dans une direction perpendiculaire au tracé de l'enceinte[2], à deux pieds d'intervalle l'une de l'autre; elles étaient reliées, du côté de la ville, par des traverses ayant habituellement quarante pieds de long, fortement fixées au sol, le tout recouvert de beaucoup de terre, excepté sur la partie extérieure, où les intervalles étaient garnis de gros quartiers de rochers, qui formaient un revêtement. Cette première couche bien établie et bien compacte, on la surmontait d'une seconde absolument pareille, en ayant soin que les poutres ne fussent pas exactement au-dessus les unes des autres, mais correspondissent aux intervalles garnis de pierres, dans lesquelles elles étaient comme enchâssées. On continuait ainsi l'ouvrage jusqu'à ce que le mur eût atteint la hauteur voulue. Ces couches successives, où les poutres et les pierres alternaient régulièrement, offraient, par leur variété même, un aspect assez agréable à l'œil. Cette construction avait de grands avantages pour la défense des places : la pierre la préservait du feu, et le bois, du

---

[1] Tite-Live s'exprime ainsi en parlant des assiégés d'Ambracie qui creusaient une mine à l'encontre de celle des ennemis : « Aperiunt viam rectam in cuniculum. » (XXXVII, vii.)

[2] Plusieurs auteurs ont pensé que ces poutres, au lieu d'être disposées perpendiculairement à la direction de la muraille, étaient placées parallèlement à cette direction. Cette interprétation nous paraît inadmissible : les poutres ainsi placées n'auraient eu aucune solidité, et auraient pu être facilement arrachées. On voit sur la colonne Trajane des murs construits ainsi que nous l'indiquons ; d'ailleurs l'expression latine *trabes directæ* ne peut laisser aucun doute, car le mot *directus* signifie toujours *perpendiculaire à une direction*. (Voir *Guerre des Gaules*, IV, xvii, *directa materia injecta*, et la dissertation du *Philologus*, 19ten Jahrganges, 3tes Heft.)

bélier; maintenues par les traverses, les poutres ne pouvaient être ni arrachées ni enfoncées. (*Voir planche* 20.)

Malgré l'opiniâtreté de la défense, malgré le froid et les pluies continuelles, les soldats romains surmontèrent tous les obstacles, et élevèrent en vingt-cinq jours une terrasse de 330 pieds de large sur 80 de haut. Elle touchait déjà presque au mur de la ville, lorsque, vers la troisième veille (minuit), on en vit sortir des tourbillons de fumée. C'était au moment où César, selon sa coutume, inspectait les ouvrages, encourageait les soldats au travail; les Gaulois avaient mis le feu à la terrasse par une galerie de mine. Au même instant des cris s'élevèrent de tout le rempart, et les assiégés, s'élançant par deux portes, firent une sortie sur les deux côtés où étaient les tours; du haut des murailles les uns jetaient sur la terrasse du bois sec et des torches, les autres de la poix et diverses matières inflammables; on ne savait où se porter ni où diriger les secours. Mais, comme deux légions veillaient ordinairement sous les armes en avant du camp, tandis que les autres se relevaient alternativement pour le travail, on put assez promptement faire face à l'ennemi; pendant ce temps, les uns ramenèrent les tours en arrière, les autres coupèrent la terrasse pour intercepter le feu, enfin toute l'armée accourut pour éteindre l'incendie.

Le jour commençait et l'on combattait encore sur tous les points; les assiégés avaient d'autant plus l'espoir de vaincre, que les mantelets protégeant les approches des tours étaient brûlés (*deustos pluteos turrium*)[1], et qu'ainsi les Romains, forcés de marcher à découvert, pouvaient difficilement

---

[1] On donnait en général le nom de *pluteus* à toute espèce de blindage en claie ou en peau. (Festus, au mot *Pluteus*, p. 231. — Vitruve, X, xx.) — Végèce (IV, xv) applique le nom de *pluteus* à une sorte de mantelet en clayonnage ou en peau, monté sur trois roues et protégeant les hommes postés derrière, afin de pouvoir tirer sur les défenseurs.

arriver jusqu'aux ouvrages incendiés. Persuadés que le salut de la Gaule dépendait de cette heure suprême, les barbares remplaçaient sans cesse les troupes fatiguées. Alors se passa un fait digne de remarque : devant la porte de l'oppidum était un Gaulois qui jetait dans le feu, en face d'une tour romaine, des boules de suif et de poix ; un trait parti d'un *scorpion*[1] le frappa au côté droit et le tua. Le plus proche le remplace aussitôt, et périt de même ; un troisième lui succède, puis un quatrième, et le poste n'est abandonné qu'après l'extinction du feu et la retraite des assaillants.

Après tant d'efforts infructueux, les Gaulois résolurent le lendemain d'obéir à l'ordre de Vercingetorix et d'évacuer la place. Son camp n'étant pas éloigné, ils espéraient, à la faveur de la nuit, s'échapper sans grandes pertes, comptant sur un marais continu pour protéger leur retraite. Mais les femmes, désespérées, s'efforcent de les retenir, et, voyant leurs supplications impuissantes, tant la crainte étouffe la pitié, elles avertissent par des cris les Romains et obligent ainsi les Gaulois à renoncer à la fuite projetée.

Le lendemain César fit avancer une tour et poursuivre les travaux avec vigueur ; une pluie abondante et la négligence des ennemis à garder la muraille l'engagèrent à tenter un assaut. Il ordonna alors de ralentir le travail sans l'interrompre complétement, afin de ne pas éveiller les soupçons, rassembla ses légions en armes, à l'abri derrière les galeries couvertes (*vineas*), et leur annonça qu'elles allaient recueillir le fruit de tant de fatigues. Il promit des récompenses aux premiers qui escaladeraient l'enceinte, et donna le signal. Les Romains s'élancèrent aussitôt de toutes parts, et couronnèrent la muraille.

---

[1] On appelait ainsi une petite machine, dans le genre des balistes, qui lançait des traits. Ces scorpions composaient pour ainsi dire l'artillerie de campagne des anciens.

Les ennemis, épouvantés de cette attaque imprévue et précipités du haut des murs et des tours, se réfugièrent sur les places publiques, se formèrent en coins, afin de présenter une résistance de tous côtés ; mais, lorsqu'ils virent que les Romains se gardaient bien de descendre dans la ville, et en faisaient le tour sur les remparts, ils craignirent d'être enfermés, jetèrent leurs armes et s'enfuirent vers l'autre extrémité de l'oppidum (où sont aujourd'hui les faubourgs Taillegrain et Saint-Privé). (*Voir planche* 20.) La plupart furent tués près des portes, dont ils encombraient l'étroite issue, les autres hors de la ville par la cavalerie. Nul parmi les soldats romains ne songeait au pillage. Irrités par le souvenir du massacre de Genabum et par les fatigues du siége, ils n'épargnèrent ni vieillards, ni femmes, ni enfants. Sur environ quarante mille combattants, à peine huit cents fuyards purent rejoindre Vercingetorix. Celui-ci, dans la crainte que leur présence, s'ils arrivaient en masse, n'excitât une sédition, avait envoyé au loin, vers le milieu de la nuit, à leur rencontre, des hommes dévoués et les principaux chefs, pour les répartir par fractions dans le campement affecté à chaque peuplade.

Le jour suivant Vercingetorix chercha, dans une assemblée générale, à ranimer le courage de ses compatriotes en attribuant le succès des Romains à leur supériorité dans l'art des siéges, inconnu aux Gaulois. Il leur dit que ce revers ne devait pas les abattre ; que son avis, ils le savaient bien, n'avait jamais été de défendre Avaricum ; qu'une éclatante revanche les consolerait bientôt ; que, par ses soins, les pays séparés de la cause commune allaient entrer dans son alliance, animer la Gaule d'une même pensée, et cimenter une union capable de résister au monde entier. Puis cet intrépide défenseur de l'indépendance nationale montre son génie en profitant même d'une circonstance malheureuse pour assujettir ses troupes indisciplinées aux rudes travaux de la guerre, et parvient à les convaincre de la nécessité de retrancher leur camp à la manière des Romains, afin de se mettre à l'abri des surprises.

La constance de Vercingetorix, après un si grand revers, et la prévoyance dont il avait fait preuve en conseillant, dès le commencement de la guerre, de brûler, et plus tard d'abandonner Avaricum, accrurent encore son influence. Les Gaulois fortifièrent donc, pour la première fois, leur camp, et leur courage se raffermit tellement qu'ils furent prêts à supporter toutes les épreuves.

Fidèle à ses engagements, Vercingetorix mit tout en œuvre pour gagner à sa cause les autres États de la Gaule et pour séduire les chefs par des présents et des promesses; à cet effet, il leur envoya des affidés zélés et intelligents. Il fit habiller et armer de nouveau les hommes qui s'étaient enfuis d'Avaricum, et, pour réparer ses pertes, il exigea des divers États un contingent à époque fixe et des archers, qui étaient en grand nombre dans la Gaule. En même temps Teutomatus, fils d'Ollovicon, roi des Nitiobriges, dont le père avait reçu du sénat le titre d'ami, vint le joindre avec une cavalerie nombreuse, levée dans son pays et dans l'Aquitaine. César séjourna quelque temps à Avaricum, où il trouva de grands approvisionnements et où l'armée se remit de ses fatigues [1].

<small>Arrivée de César à Decetia et marche vers l'Auvergne.</small>

V. L'hiver allait finir, et la saison invitait à continuer les opérations militaires. Comme César se disposait à marcher vers l'ennemi, soit pour l'attirer hors des marais et des bois, soit pour l'y enfermer, les *principes* des Éduens vinrent le prier de mettre un terme à des dissensions qui menaçaient de dégénérer chez eux en guerre civile. « La situation était des plus graves. En effet, d'après les anciens usages, l'au-

---

[1] *Guerre des Gaules*, VII, xxxii.

torité suprême n'était conférée qu'à un magistrat unique nommé pour un an. En ce moment, néanmoins, il s'en présentait deux, qui se disaient l'un et l'autre légalement élus. Le premier était Convictolitavis, jeune homme d'une naissance illustre; le second, Cotus, issu d'une très-ancienne famille, puissant aussi par son crédit personnel, ses alliances, et dont le frère, Valetiacus, avait, l'année précédente, rempli la même charge. Le pays était en armes, le sénat divisé ainsi que le peuple, chacun des prétendants à la tête de ses clients. L'autorité de César pouvait seule empêcher la guerre civile. »

Le général romain crut essentiel de prévenir les troubles d'un État important, étroitement lié à la République, et où le parti le plus faible ne manquerait pas d'appeler Vercingetorix à son aide. Aussi, malgré l'inconvénient de suspendre les opérations militaires et de s'éloigner de l'ennemi, il résolut de se rendre chez les Éduens, dont le premier magistrat ne pouvait, d'après les lois, sortir du territoire. Ayant tenu ainsi à prouver le respect qu'il portait à leurs institutions, il arriva à Decetia (*Decize, dans le Nivernais*), où il fit comparaître le sénat et les deux prétendants [1]. Presque toute la nation s'y transporta. César acquit la conviction que l'élection de Cotus était le résultat d'une intrigue de la minorité, l'obligea à se démettre, et maintint Convictolitavis, élu par les prêtres selon les formes légales et les coutumes du pays.

Après cette décision, il engagea les Éduens à oublier leurs querelles, à se vouer tout entiers à la guerre; la Gaule une fois soumise, il les récompenserait de leurs sacrifices. Il exigea d'eux toute leur cavalerie et dix mille fantassins, se proposant de les distribuer de manière à assurer le service

[1] Il est très-probable que César se rendit d'abord à Noviodunum (*Nevers*), puisqu'il nous apprend (VII, LV) qu'il avait établi dans cette ville un grand dépôt et des approvisionnements de toute sorte.

des vivres. Il partagea ensuite son armée en deux corps. Labienus, détaché avec deux légions et une partie de la cavalerie, eut ordre de prendre à Sens les deux autres légions qui y avaient été laissées et de marcher, à la tête de ces quatre légions, contre les Parisiens, que Vercingetorix avait entraînés dans la révolte.

De son côté César résolut d'envahir, avec les six autres légions et le reste de la cavalerie, le pays même des Arvernes, foyer de l'insurrection. Il partit de Decetia et se dirigea sur Gergovia, principal oppidum de ce peuple.

Après la prise d'Avaricum, Vercingetorix, se doutant des projets ultérieurs de César, s'était rapproché de l'Allier, que les Romains étaient obligés de traverser pour parvenir à Gergovia, et, à la nouvelle de leur marche, il avait fait rompre tous les ponts.

César, arrivé sur l'Allier, vers Moulins (*Voir planche* 19), en descendit le cours par la rive droite. Vercingetorix s'achemina sur la rive opposée. Les deux armées étaient en vue, les camps presque en face l'un de l'autre, et les éclaireurs gaulois, surveillant la rive gauche, empêchaient les Romains d'établir un pont. La position de ces derniers était difficile, car l'Allier, guéable seulement en automne, pouvait retarder longtemps leur passage [1]. Pour surmonter cet obstacle, César eut recours à un stratagème : il alla camper dans un lieu couvert de bois, vis-à-vis les restes d'un des ponts que Vercingetorix avait fait détruire (probablement à Varennes). Il y demeura caché le lendemain avec deux légions, et fit partir le surplus des troupes, ainsi que les bagages, dans l'ordre accoutumé. Mais, pour présenter à l'ennemi l'apparence de six légions, il avait divisé en six corps les quarante cohortes ou quatre légions envoyées en

---

[1] Aujourd'hui l'Allier est guéable presque partout en été ; mais depuis dix-neuf siècles le lit de la rivière a dû sensiblement s'exhausser.

avant⁽¹⁾. Elles reçurent l'ordre de marcher aussi longtemps que possible, afin d'attirer Vercingetorix, et, à l'heure où César présuma qu'elles étaient arrivées à leur campement, il fit rétablir le pont sur les anciens pilots, dont la partie inférieure était encore intacte. L'ouvrage bientôt terminé, les deux légions restées avec lui passèrent la rivière, et, après avoir choisi une position favorable, il rappela le gros de son armée, qui le rejoignit pendant la nuit ⁽²⁾. Informé de cette manœuvre, Vercingetorix, craignant d'être amené à combattre malgré lui, prit les devants en toute hâte pour occuper l'oppidum des Arvernes.

De l'endroit où il se trouvait, et que nous pensons être Varennes ⁽³⁾, César parvint à Gergovia en cinq étapes; le

⁽¹⁾ Les commentateurs ne sont pas d'accord sur ce passage. J'ai adopté la version qui m'a paru la meilleure, et qu'ont suivie dans leur traduction allemande MM. Köchly et Rustow. Stuttgart, 1862.

⁽²⁾ Dion-Cassius, XL., xxxv.

⁽³⁾ César, en partant de Decize, suivit sans doute la route gauloise qui conduisait à l'Allier, et dont on peut supposer l'existence par la construction postérieure de la voie romaine allant de Decize à Bourbon-l'Archambault (*Aquæ Borvonis*), et qui traversait l'Allier un peu au-dessous de Moulins. A partir de là il côtoya la rivière pendant quelques jours, sans cesse à hauteur de l'ennemi. Pour la passer à l'aide d'un stratagème, il profita des restes d'un pont, et, comme ce pont indique le tracé d'une route, il s'agit de trouver parmi les voies anciennes qui traversaient l'Allier celle que suivit César. Or nous ne connaissons que deux voies romaines aboutissant à l'Allier au-dessus de Moulins, l'une à Varennes, l'autre à Vichy. Nous nous prononçons pour Varennes. Cette localité est à 77 kilomètres de Gergovia, comptés le long de l'Allier, et César mit cinq jours à les parcourir; mais comme les quatre légions envoyées en avant afin de tromper l'ennemi revinrent, pendant la nuit, pour le rejoindre, elles durent éprouver de grandes fatigues; dès lors il est à présumer que le lendemain la première étape fut très-courte. La cinquième également ne fut pas longue, puisque, selon les Commentaires, César eut le temps, le jour de l'arrivée, de fortifier son camp, de reconnaître la place et d'engager un combat de cavalerie. Le pays, d'ailleurs, parsemé de bois et de marais, lui était inconnu, et nous croyons ne pas nous écarter de la vérité en admettant que la première et la dernière étape n'ont été que de 10 kilomètres et les trois autres de 19, ce qui forme le chiffre total de 77 kilomètres, distance de Varennes à Gergovia. Quand César quitta

jour même de son arrivée, après une légère escarmouche de cavalerie, il reconnut la position de la ville. Comme elle était bâtie sur une très-haute montagne d'un difficile accès, il crut impossible de l'enlever de vive force ; il résolut de la bloquer et de n'en commencer l'investissement qu'après avoir assuré les vivres. (*Voir planche* 21.)

Blocus de Gergovia. VI. L'oppidum des Arvernes était situé à 6 kilomètres au sud de Clermont-Ferrand, sur la montagne qui a conservé le nom de Gergovia. Son sommet, élevé de 740 mètres environ au-dessus du niveau de la mer, de 380 au-dessus de la plaine, forme un plateau de 1,500 mètres de long sur plus de 500 mètres de large. Le versant septentrional et celui de l'est présentent des pentes tellement abruptes, qu'elles défient l'escalade. Le versant sud a un tout autre caractère : on peut le comparer à un immense escalier, dont les gradins seraient de vastes terrasses peu inclinées et d'une largeur qui, en certains endroits, s'étend jusqu'à 150 mètres.

La montagne de Gergovia se rattache à l'ouest, par un col étroit de 120 mètres de largeur appelé les Goules (*Voir planche* 21, C), aux hauteurs de Risolles, massif accidenté, dont le plateau se trouve à une quarantaine de mètres, en moyenne, au-dessous de celui de Gergovia. A l'ouest se détachent le Montrognon et le Puy Giroux. Cette dernière montagne est séparée de celle de Risolles par une gorge assez profonde, dans laquelle est bâti le village d'Opme. En face du versant méridional de Gergovia, au pied même de la montagne, s'élève une colline très-escarpée, appelée la Roche-Blanche. Son point culminant est à 180 mètres

---

Gergovia, il repassa l'Allier, mais sur un point plus rapproché de Gergovia, ayant hâte de mettre la rivière entre lui et l'ennemi. En effet, le second jour après son échec, il livra un combat heureux de cavalerie, leva son camp, et le lendemain (*tertio die*) repassa l'Allier, selon nous, à Vichy, qui n'est qu'à 55 kilomètres de Gergovia.

au-dessous du plateau. Deux ruisseaux, l'Auzon et l'Artières[1], affluents de l'Allier, coulent, l'un au sud, l'autre au nord de Gergovia. Enfin un terrain bas, situé à l'est, indique la place de l'ancien marais de Sarlièves, desséché depuis le xvii° siècle.

César établit son camp près de l'Auzon, sur les ondulations de terrain qui s'étendent au nord du village d'Orcet et jusqu'à l'ancien marais de Sarlièves. Ces ondulations forment un glacis naturel vers la plaine, qu'elles dominent de 30 mètres environ; du côté du ruisseau de l'Auzon elles se terminent en pentes presque insensibles. Le camp occupait une partie du plateau et du versant septentrional[2]. (*Voir planche* 21.)

Vercingetorix avait rangé les contingents de chaque pays séparément, à de faibles intervalles, sur les versants méridionaux de la montagne de Gergovia et du massif de Risolles qui regardent l'Auzon; ils couvraient toutes les hauteurs qui se relient à la montagne principale, et présentaient, dans l'espace que l'œil pouvait embrasser, un aspect formi-

---

[1] L'Artières reçoit au nord de Gergovia le petit ruisseau de Clémensat, marqué sur la *planche* 21.

[2] C'est en cherchant à quelles conditions essentielles devait satisfaire l'emplacement des troupes, que le commandant baron Stoffel est parvenu à découvrir les camps. César avait à établir 30 ou 40,000 hommes à proximité de l'eau, à distance convenable de Gergovia, et de manière à conserver sa ligne d'opération sur Nevers, où étaient ses dépôts. Ces nécessités indiquaient que le camp principal devait se trouver près de l'Auzon, et à l'est. De plus, il fallait qu'il fût assez rapproché de l'oppidum pour que, du haut de la montagne de Gergovia, on vît ce qui s'y passait, mais cependant assez éloigné pour qu'on ne pût distinguer nettement les objets. Le camp devait être dans la plaine; Dion-Cassius (XL, xxxvi) dit formellement : « César se tenait dans la plaine, n'ayant pu prendre (pour asseoir son camp) un lieu fort (par son élévation), » et ensuite les Commentaires font connaître que les Romains n'occupaient qu'une seule colline, c'est-à-dire celle dont ils s'emparèrent par surprise (la Roche-Blanche). Enfin il était indispensable qu'il y eût en avant du camp un espace assez étendu pour permettre des combats de cavalerie.

dable[1]. Ses camps principaux étaient situés entre l'enceinte de l'oppidum et un mur de grosses pierres, haut de six pieds, qui s'étendait à mi-côte.

Chaque jour, au lever du soleil, les chefs composant le conseil de Vercingetorix se rendaient auprès de lui pour faire leur rapport ou recevoir ses ordres. Chaque jour aussi, dans de légers engagements[2], il éprouvait le courage de sa cavalerie, entremêlée d'archers. Les Gaulois occupaient, comme poste avancé, par une garnison assez faible, la Roche-Blanche, qui, escarpée de trois côtés, offrait une position extrêmement forte; César jugea qu'en s'emparant de cette colline il priverait presque entièrement de fourrage et d'eau les Gaulois, qui ne pourraient plus alors descendre à l'Auzon, le seul ruisseau considérable des environs. Il sortit du camp dans le silence de la nuit, chassa ce poste avant qu'il pût être secouru de la ville, s'empara de la position et y plaça deux légions. La Roche-Blanche devint son petit camp[3]; il fut relié au grand par un double fossé de

---

[1] Vercingetorix, placé au centre d'une espèce de demi-cercle, pouvait bien être considéré, par César, comme entouré de ses nombreuses troupes (*collocaverat copias circum se*).

[2] Les combats de cavalerie ont eu lieu dans la plaine qui s'étend depuis la petite éminence appelée *le Puy de Marmant* jusqu'au marais de Sarliéves.

[3] Cette colline est certainement la Roche-Blanche, car elle est située vis-à-vis de l'oppidum (*e regione oppidi*); elle commence au pied même des pentes de la montagne de Gergovia (*sub ipsis radicibus montis*), est singulièrement fortifiée par la nature, et comme découpée de presque tous les côtés (*egregie munitus atque ex omni parte circumcisus*). Tant que les Gaulois l'occupèrent, ils purent se rendre à l'Auzon par le ravin de Merdogne pour s'y procurer l'eau et les fourrages ; mais dès qu'elle fut au pouvoir des Romains, les Gaulois se virent contraints de tirer leur eau des sources de la montagne de Gergovia et du petit ruisseau de l'Artières.

Les fouilles exécutées en 1862 ont fait retrouver les deux camps. Les fossés du petit camp sont nettement dessinés dans un terrain calcaire. Ils affectent un tracé irrégulier reproduit sur la *planche* 22. La Roche-Blanche, qui présente à sa partie sud un escarpement presque à pic comme un mur, a perdu sur les côtés sa forme abrupte par des éboulements successifs, dont les derniers sont

12 pieds qui permit de communiquer en sûreté, même isolément, sans crainte d'être surpris par l'ennemi. (*Voir planche* 22.)

Pendant ce temps, l'Éduen Convictolitavis, qui, on l'a vu, devait à César la suprême magistrature, ébranlé par l'argent des Arvernes, résolut d'abandonner le parti des Romains, et entra en relation avec plusieurs jeunes gens, à la tête desquels étaient Litavicus et ses frères, issus d'une illustre famille. Il partage avec eux le prix de sa trahison, les exhorte à se rappeler que, nés libres, ils sont faits pour commander dans leur pays, leur démontre que la tiédeur des Éduens retarde seule l'insurrection générale, qu'ils doivent préférer à tout l'indépendance de leur patrie. Séduits par de pareils discours et par l'appât de l'or, ces jeunes gens ne s'occupent plus que des moyens d'exécuter leur projet; se défiant néanmoins des dispositions du peuple à se laisser entraîner à la guerre, ils décident que Litavicus prendra le commandement des dix mille hommes qui doivent rejoindre l'armée romaine, et les excitera à la révolte en route, tandis que ses frères se rendront d'avance auprès de César.

Litavicus se mit en marche. Arrivé à trente milles de Gergovia (probablement à Serbannes), il arrête ses troupes, les rassemble, et, semant le bruit que César a fait massacrer la noblesse ainsi que les chevaliers éduens qui étaient à sa solde, entre autres, Eporedorix et Viridomare, il leur persuade facilement d'aller se joindre aux Arvernes à Gergovia,

encore dans la mémoire des habitants. La communication entre le grand et le petit camp se composait d'un parapet formé du déblai de deux fossés contigus ayant chacun 4 pieds de profondeur et 6 de largeur, de sorte que la largeur des deux ensemble n'est que de 12 pieds. Si l'on s'étonnait que les Romains eussent creusé deux petits fossés de 6 pieds de largeur chacun et de 4 pieds de profondeur, au lieu d'en faire un seul de 8 de largeur sur 6 de profondeur, ce qui aurait donné le même déblai, on répondrait que les deux petits fossés étaient bien plus vite faits qu'un seul grand fossé.

au lieu de se rendre au camp des Romains. Mais avant de prendre cette détermination, il livre au pillage un convoi de vivres qui marchait sous sa protection, fait périr dans les supplices les Romains qui le conduisaient ; il envoie ensuite des messagers pour soulever, au moyen de la même imposture, tout le pays des Éduens. Eporedorix et Viridomare, dont il avait faussement annoncé la mort, étaient auprès de César, qui, par faveur spéciale, avait élevé ce dernier d'un rang infime à une haute dignité. Eporedorix, informé du dessein de Litavicus, vint au milieu de la nuit en instruire le proconsul, le suppliant de ne pas permettre que la folie de quelques jeunes gens détachât son pays de l'alliance romaine. Il serait trop tard lorsque tant de milliers d'hommes auraient embrassé le parti contraire.

D'autant plus affecté de cette nouvelle, qu'il avait toujours favorisé les Éduens, César prend sur-le-champ quatre légions sans bagages et toute la cavalerie ; il ne se donne pas le temps de rétrécir l'enceinte des deux camps, car tout dépend de la célérité. Son lieutenant, C. Fabius, est laissé pour les garder avec deux légions. Il donne ordre d'arrêter les frères de Litavicus et apprend qu'ils viennent de passer à l'ennemi. Ses soldats, encouragés à supporter les fatigues de la marche, le suivent avec ardeur, et à vingt-cinq milles environ de Gergovia (près de Randan, sur la route que Litavicus devait suivre pour rejoindre Vercingetorix) ils rencontrent les Éduens. La cavalerie, envoyée en avant, a l'ordre de leur barrer le chemin sans se servir de ses armes. Eporedorix et Viridomare, qu'on avait fait passer pour morts, sortent des rangs, parlent à leurs concitoyens et sont reconnus. Dès que l'imposture de Litavicus est découverte, les Éduens jettent leurs armes, implorent leur grâce et l'obtiennent. Litavicus s'enfuit à Gergovia avec ses clients, qui jamais en Gaule n'abandonnaient leurs patrons, même dans la plus mauvaise fortune.

César envoya chez les Éduens pour leur représenter combien il avait été généreux envers des hommes que le droit de la guerre l'autorisait à mettre à mort, et, après trois heures de repos données, la nuit, à son armée, il retourna à ses quartiers devant Gergovia. A moitié chemin, des cavaliers vinrent lui apprendre le danger que courait Fabius. Les camps avaient été attaqués par des troupes se renouvelant sans cesse. Les Romains étaient épuisés par un travail incessant, car la grande étendue de l'enceinte les forçait à rester continuellement sur le vallum. Les flèches et les traits de toutes sortes lancés par les barbares avaient blessé beaucoup de monde; mais, en revanche, les machines avaient été d'un grand secours pour soutenir la défense. Après la retraite des ennemis, Fabius, s'attendant à être encore attaqué le lendemain, s'était empressé de faire obstruer les portes du grand camp, à l'exception de deux, et d'ajouter un clayonnage à la palissade. Sur ces informations, César hâta sa marche, et, secondé par l'ardeur des soldats, arriva au camp avant le lever du soleil, ayant parcouru 50 milles ou 74 kilomètres en vingt-quatre heures[1].

Pendant que ces événements se passaient à Gergovia, les Éduens, trompés à leur tour par la nouvelle qu'avait répandue Litavicus, se jettent sur les citoyens romains, pillent leurs biens, tuent les uns et traînent les autres en prison. Convictolitavis pousse encore à ces violences. Le tribun militaire M. Aristius, en route pour rejoindre sa légion, ainsi que les marchands étrangers qui résidaient

---

[1] César part à quatre heures du matin, arrive à Randan à une heure après-midi. . . . . 9 heures.
Emploie en négociation de une heure à sept heures. 6
Repos pendant la nuit, de sept heures à dix heures du soir . . 3
Retour précipité de Randan à Gergovia, de dix heures à quatre heures du matin. 6

Durée de l'absence de César. 24

dans le pays, sont contraints de sortir de Cabillonum (*Chalon-sur-Saône*). On leur promet une sauvegarde; mais, à peine en chemin, ils sont assaillis et dépouillés. Ils se défendent, et leur résistance, qui dure pendant vingt-quatre heures, attire contre eux une plus grande multitude. Cependant, dès que les Éduens apprennent la soumission de leurs troupes, ils mettent tout en œuvre pour obtenir leur pardon; ils ont recours à Aristius, rejettent sur un petit nombre la cause du désordre, font rechercher, pour les rendre, les biens pillés, confisquent ceux de Litavicus et de ses frères, et envoient des députés à César pour se justifier. Leur but, en agissant ainsi, était d'obtenir la libre disposition de leurs troupes, car la conscience de leur trahison et la crainte du châtiment les faisaient au même moment conspirer en secret avec les États voisins.

Quoique informé de ces menées, César reçut leurs députés avec bienveillance, leur déclara qu'il ne rendait pas la nation responsable de la faute de quelques-uns, et que ses sentiments pour les Éduens n'étaient pas changés. Néanmoins, comme il prévoyait une insurrection générale de la Gaule, qui l'envelopperait de tous les côtés, il songea sérieusement à abandonner Gergovia, et à opérer de nouveau la concentration de toute son armée; mais il lui importait que sa retraite, causée par la seule crainte d'une défection générale, ne ressemblât pas à une fuite.

Au milieu de ces préoccupations, les assiégés lui offrirent une chance favorable dont il voulut profiter. S'étant rendu au petit camp pour visiter les travaux, il s'aperçut qu'une colline (sans doute la colline A, faisant partie du massif de Risolles, *voir planche* 21), dont les masses ennemies dérobaient presque la vue les jours précédents, était dégarnie de troupes. Étonné de ce changement, il en demanda la cause aux transfuges qui chaque jour venaient en foule se rendre à lui. Tous s'accordèrent à dire, comme ses éclai-

LIVRE III, CHAPITRE X. — CAMPAGNE DE 702.

reurs le lui avaient déjà rapporté, que le dos de la montagne à laquelle appartenait cette colline (croupe des hauteurs de Risolles) était presque plat, se reliait à la ville et y donnait accès par un col étroit et boisé. (*Voir planches* 21 *et* 22.) Ce point inquiétait particulièrement l'ennemi; car si les Romains, déjà maîtres de la Roche-Blanche, s'emparaient du massif de Risolles, les Gaulois se trouveraient presque entièrement investis, et ne pourraient plus sortir pour aller au fourrage. Voilà pourquoi Vercingetorix s'était décidé à fortifier ces hauteurs et y avait appelé toutes ses troupes [1].

[1] La *planche* 22 montre les lieux que le regard de César pouvait embrasser du sommet de la Roche-Blanche. Il ne pouvait voir ni les plateaux ni le pays situés sur les versants nord des montagnes de Gergovia et de Risolles. Aussi fallut-il que des transfuges lui fissent connaître la configuration du terrain qui s'étend au delà. Il apprit ainsi que le dos de cette dernière montagne (*dorsum ejus jugi*) était peu accidenté, et donnait accès à la partie occidentale de la ville (*ad alteram partem oppidi*) par un passage étroit et boisé (le col des Goules, qui relie Risolles à Gergovia. *Voir planche* 21 *en* C). Ce col conduisait à la porte P de l'oppidum. Les fondations en maçonnerie et les abords de cette porte ont été mis à découvert au mois de juillet 1861. On voit distinctement le large chemin qui menait de cette porte au col C. On conçoit les craintes de Vercingetorix; il redoutait que les Romains n'interdissent aux Gaulois cette sortie de l'oppidum. Ces derniers auraient été ainsi presque bloqués (*pæne circumvallati*), sans issue et dans l'impossibilité de se procurer les fourrages de la vallée de l'Artières, la partie nord de la ville étant d'un difficile accès. D'après cela, les mots *si alterum collem amisissent* ne peuvent s'appliquer qu'au massif de Risolles, et non pas, comme plusieurs auteurs l'ont prétendu, à Montrognon ou au Puy Giroux, car la possession de ces deux pitons, détachés et assez éloignés du massif de Gergovia, n'offrait aucun intérêt ni pour l'attaque ni pour la défense.

Le lieu qu'il importait aux Gaulois de fortifier était la partie DE des hauteurs de Risolles qui font face au village d'Opme, parce que des troupes ne peuvent escalader le massif que par le versant occidental. Comment a-t-on pu supposer que, craignant pour le col des Goules, les Gaulois aient abandonné leur camp devant la place et soient allés se fortifier au Montrognon, à 3 kilomètres de Gergovia? Comment admettre que César, pour menacer le col, ait envoyé des troupes faire le tour de la montagne de Gergovia en passant par le nord? Comment la légion qui appuya le mouvement, sans beaucoup s'avancer, et qui se cacha dans les bois, aurait-elle pu concourir au stratagème, si la fausse

D'après ces renseignements, César envoie dans cette direction, vers le milieu de la nuit, plusieurs détachements de cavalerie, avec ordre de battre, à grand bruit, au pied des hauteurs de Risolles, le pays dans tous les sens. Dès le point du jour, il fait sortir du camp principal beaucoup de chevaux et de mulets déchargés de leurs bâts, et les fait monter par des muletiers, qui prennent des casques pour se donner l'apparence de cavaliers. Il leur recommande de contourner les collines, et quelques cavaliers qui leur sont adjoints ont l'ordre de se répandre au loin pour augmenter l'illusion. Enfin ils doivent tous, par un long circuit, tendre vers les lieux indiqués. Ces mouvements étaient aperçus de la ville, d'où la vue plongeait sur le camp, mais à une trop grande distance pour distinguer exactement les objets. César dirige vers le même massif une légion qui, après s'être un peu avancée, s'arrête dans un fond et affecte de se cacher dans les bois (du côté de Chanonat) pour simuler une surprise. Les soupçons des Gaulois redoublent; ils portent toutes leurs forces sur l'endroit menacé. César, voyant les camps

attaque se fût faite à l'est et au nord de Gergovia, à deux lieues du camp? En passant par le sud, c'est-à-dire par le défilé d'Opme, la légion était toujours en communication avec les camps, sur lesquels elle pouvait se replier, et le terrain coupé et boisé empêchait les Gaulois de connaître exactement l'importance de l'attaque. D'ailleurs, deux faits qui ressortent des Commentaires prouvent que les Gaulois n'étaient pas très-éloignés de l'oppidum. César voit le front du sud abandonné, et il établit ses légions à 1,200 pas de la place. Les soldats gravissent les hauteurs au pas de course; mais à peine sont-ils arrivés à l'enceinte principale, que les Gaulois, qui entendent les cris des femmes et du petit nombre de défenseurs restés dans la place (*primo exaudito clamore*), ont le temps d'accourir et de repousser les Romains. Les Gaulois étaient donc à une distance d'où les cris pouvaient être entendus, et cette distance peut se mesurer par le temps que les colonnes d'assaut ont dû employer pour franchir en montant l'espace de 1,200 pas, puisqu'ils arrivèrent presque simultanément. Nous croyons qu'ils étaient à moins de 2 kilomètres de la porte O de la ville, occupés à fortifier le plateau des hauteurs de Risolles.

ennemis dégarnis, fait couvrir les insignes militaires (plumets, boucliers, etc.), baisser les étendards et passer ses troupes par petits détachements du grand camp au petit, derrière l'épaulement du double fossé de communication, de manière qu'elles ne puissent être aperçues de l'oppidum [1]; il instruit de ses intentions les lieutenants placés à la tête des légions, leur recommande de veiller à ce que le soldat ne se laisse pas emporter par l'ardeur du combat ou l'espoir du butin, attire leur attention sur les difficultés du terrain : « la célérité, dit-il, peut seule permettre de les surmonter; » enfin il s'agit d'un coup de main et non d'un combat. » Ces dispositions prescrites, il donne le signal, et fait en même temps partir les Éduens du grand camp avec ordre de gravir les pentes orientales de la montagne de Gergovia pour opérer une diversion sur la droite. (*Voir planche* 21.)

La distance du mur de l'oppidum au pied de la montagne, où le terrain est presque plat, était de douze cents pas (1,780 mètres) suivant la ligne la plus directe; mais le trajet devenait plus long à cause des détours qu'on était obligé de faire pour adoucir la montée [2]. Vers le milieu du versant méridional, et dans le sens de sa longueur, les Gaulois, profitant des accidents du terrain, avaient, ainsi que nous l'avons dit, élevé un mur en grosses pierres, haut de six pieds, obstacle sérieux en cas d'attaque. La partie inférieure des pentes était restée libre; mais la partie supérieure, jusqu'au mur de l'oppidum, était occupée par des camps très-resserrés. Au signal donné, les Romains atteignent rapide-

[1] D'après Polyen (VIII, xxiii, 9), les soldats marchent tête baissée pour ne pas être vus.

[2] Il y a en effet 1,780 mètres depuis le pied de la montagne où César dut rassembler ses troupes, entre la Roche-Blanche et le Puy de Marmant, jusqu'à la porte O de l'oppidum. C'est la ligne qui passe par le ravin où se trouve le village de Merdogne; à gauche et à droite le terrain est trop accidenté pour pouvoir être escaladé par des troupes.

ment le mur, le franchissent, s'emparent de trois camps avec une telle promptitude, que Teutomatus, roi des Nitiobriges, surpris dans sa tente, où il reposait au milieu du jour, s'enfuit à moitié nu ; il eut son cheval blessé, et n'échappa qu'avec peine aux mains des assaillants.

César, satisfait de ce succès, ordonna de sonner la retraite, et fit faire halte à la 10º légion, qui l'accompagnait (d'après l'examen du terrain, l'endroit où se trouvait César est le mamelon qui s'élève à l'ouest du village de Merdogne). (*Voir planche* 21, 1ʳᵉ position de la 10ᵉ légion.) Mais les soldats des autres légions, séparés de lui par un assez grand ravin, n'entendirent pas la trompette. Quoique les tribuns et les lieutenants s'efforçassent de les retenir, entraînés par l'espoir d'une facile victoire et par le souvenir de leurs succès passés, ils ne crurent rien d'insurmontable à leur courage et s'opiniâtrèrent à la poursuite de l'ennemi jusqu'aux murs et aux portes de l'oppidum.

Alors une immense clameur s'élève dans la ville. Les habitants des quartiers les plus reculés la croient envahie et se précipitent hors de l'enceinte. Les mères de famille jettent aux Romains, du haut du rempart, leurs objets précieux, et, le sein nu, les mains tendues et suppliantes, les conjurent de ne pas massacrer les femmes et les enfants, comme à Avaricum. Plusieurs même, se laissant glisser le long du mur, se rendent aux soldats. L. Fabius, centurion de la 8ᵉ légion, excité par les récompenses d'Avaricum, avait juré de monter le premier à l'assaut ; il se fait soulever par trois soldats de son manipule, atteint le haut de la muraille, et, à son tour, les aide à y parvenir l'un après l'autre.

Cependant les Gaulois qui, on l'a vu, s'étaient portés à l'ouest de Gergovia pour élever des retranchements, entendent les cris partis de la ville ; des messages répétés leur annoncent la prise de l'oppidum. Aussitôt ils accourent en se faisant précéder de leur cavalerie. A mesure qu'il arrive, chacun se range sous la muraille et se joint aux combattants, dont le nombre grossit à chaque instant, et les mêmes femmes qui tout à l'heure imploraient la pitié des assiégeants, excitent contre eux les défenseurs de Gergovia en étalant leurs cheveux épars à la façon gauloise et en montrant leurs enfants. Le lieu, le nombre, tout rendait la lutte inégale; les Romains, fatigués de leur course et de la durée du combat, résistaient avec peine à des troupes encore intactes.

Cette situation critique inspira des craintes à César; il ordonna à T. Sextius, laissé à la garde du petit camp, de faire sortir promptement les cohortes et de prendre position au pied de la montagne de Gergovia, sur la droite des Gaulois, afin de soutenir les Romains s'ils étaient repoussés, et d'arrêter la poursuite de l'ennemi. Lui-même, portant la 10ᵉ légion un peu en arrière [1] de l'endroit où il l'avait établie, attendit l'issue de l'affaire. (*Voir planche* 21, 2ᵉ position de la 10ᵉ légion.)

Lorsque la lutte était le plus acharnée, parurent tout à coup, sur le flanc droit des Romains, les Éduens qui avaient été envoyés pour opérer une diversion par un autre côté. La ressemblance de leurs armes avec celles des Gaulois causa une vive inquiétude; et, quoiqu'ils eussent l'épaule droite nue (*dextris humeris exsertis*), signe ordinaire des troupes alliées, on crut à une ruse de guerre. Au même moment, le centurion L. Fabius et ceux qui l'avaient suivi sont enveloppés et précipités du haut de la muraille. M. Petronius, centurion de la même légion, s'efforce de briser les portes, mais, accablé par le nombre, il se dévoue au salut de ses soldats et se fait tuer pour leur donner le

---

[1] Le général de Gœler croit avec raison qu'il faut lire *regressus* au lieu de *progressus*. La 10ᵉ légion, servant de réserve, devait, en présence d'un combat dont l'issue était incertaine, prendre position en arrière plutôt qu'en avant.

temps de rejoindre leurs enseignes. Pressés de toutes parts, les Romains sont rejetés des hauteurs après avoir perdu quarante-six centurions ; cependant la 10ᵉ légion, placée en réserve sur un terrain plus uni (*Voir planche* 21, 3ᵉ position), arrête les ennemis trop ardents à la poursuite. Elle est soutenue par les cohortes de la 13ᵉ, qui étaient venues occuper un poste dominant (le Puy de Marmant), sous les ordres de T. Sextius. Dès que les Romains eurent gagné la plaine, ils se rallièrent et firent face à l'ennemi. Quant à Vercingetorix, arrivé au pied de la montagne, il n'osa pas s'avancer plus loin et ramena ses troupes dans les retranchements. Cette journée coûta à César près de sept cents hommes [1].

Le lendemain César assembla ses troupes, réprimanda leur témérité et leur soif du pillage ; il leur reprocha « d'avoir voulu juger par elles-mêmes du but à atteindre comme des

---

[1] La partie du versant méridional de Gergovia qui fut le théâtre de la dernière bataille est nettement indiquée par le terrain même. Cette bataille eut lieu sur tout l'espace qui s'étend en avant de la porte O de l'oppidum, but principal de l'attaque. Le ravin qui, d'après les Commentaires, empêcha les légions d'entendre le signal de retraite est celui qui descend à l'ouest de Merdogne. On peut en conclure qu'à ce moment César et la 10ᵉ légion étaient à droite de ce ravin. Enfin on se rend compte sur les lieux du mouvement des Éduens. A l'est de Merdogne est un contre-fort H soudé à la montagne de Gergovia, à 40 mètres au-dessous du plateau, et présentant plusieurs terrasses successives. Tant que les Éduens qui venaient de l'est ne furent pas arrivés sur la crête de ce contre-fort, ils ne purent être aperçus des Romains qui se battaient vers Merdogne ; mais, on le comprend, lorsqu'ils parurent subitement sur cette crête, et à 600 mètres sur le flanc droit des légions, leur aspect dut singulièrement surprendre des troupes qui n'attendaient pas de renforts de ce côté.

Le général de Gœler, sans avoir vu les lieux, a indiqué à peu près la place du camp romain, mais il ne le porte pas assez à l'ouest. Il fait camper les troupes gauloises sur les quatre versants de la montagne de Gergovia. C'est sans doute l'expression *circum se* (VII, xxxvi) qui est la cause de cette erreur. On ne saurait admettre, en effet, que les Gaulois aient campé sur les pentes abruptes du versant nord. Le général de Gœler se trompe aussi en dirigeant la fausse attaque sur Montrognon. Enfin il place le théâtre de la bataille trop à l'ouest.

moyens d'attaque, et de n'avoir écouté ni le signal de la
retraite, ni les exhortations des tribuns et des lieutenants;
il fit ressortir tout ce que les accidents de terrain avaient
causé de difficultés, enfin il leur rappela sa conduite près
d'Avaricum, où, en présence d'un ennemi sans chef et sans
cavalerie, il avait renoncé à une victoire certaine plutôt que
de s'exposer à une perte, même légère, dans une position
désavantageuse. Autant il admirait leur bravoure, que
n'avaient arrêtée ni les retranchements, ni l'escarpement
des lieux, ni les murailles, autant il blâmait leur désobéissance et leur présomption de se croire plus habiles que leur
général à peser les chances de succès et à pressentir l'issue
de l'événement. Il demandait aux soldats la soumission et la
discipline, non moins que la fermeté et la bravoure, et,
pour relever leur moral, il ajoutait qu'il fallait imputer leur
insuccès aux obstacles du terrain bien plus qu'à la valeur de
l'ennemi[1]. »

Observations. VII. Dans le récit qu'on vient de lire, et qui est la reproduction presque littérale des Commentaires. César déguise
un échec avec habileté. Évidemment il se flattait de prendre
d'assaut Gergovia par un coup de main, avant que les
Gaulois, attirés par une fausse attaque à l'ouest de la ville,
eussent eu le temps de revenir la défendre. Trompé dans
son espoir, il fit sonner la retraite, mais trop tard pour
qu'elle pût s'exécuter en bon ordre. César ne paraît pas sincère lorsqu'il déclare avoir atteint son but au moment de
l'arrivée de ses soldats au pied de la muraille. Il n'a pas dû
en être ainsi, car à quoi pouvait lui servir la prise des camps
presque vides de troupes, si elle ne devait pas avoir pour
conséquence la reddition de la ville elle-même? La déroute,
à ce qu'il paraît, fut complète; selon les uns, César aurait

[1] *Guerre des Gaules*, VII, LII.

été un instant prisonnier des Gaulois ; selon les autres, il aurait perdu seulement son épée. Servius rapporte en effet cette anecdote peu compréhensible : lorsque le général romain était emmené par les Gaulois, l'un d'eux se mit à crier *César*, ce qui signifiait en gaulois *laisse-le aller*, et ainsi il échappa [1]. Plutarque donne une autre version : « Les » Arvernes, dit-il, montrent encore une épée suspendue dans » un de leurs temples, qu'ils prétendent être une dépouille » prise sur César. Il l'y vit lui-même dans la suite et ne fit » qu'en rire. Ses amis l'engageaient à la reprendre, mais il » ne le voulut pas, prétendant qu'elle était devenue une » chose sacrée [2]. » Cette tradition prouve qu'il était assez grand pour supporter le souvenir d'une défaite, bien différent en cela de Cicéron, que nous avons vu enlevant furtivement du Capitole la plaque d'airain où était gravée la loi qui l'avait exilé.

César quitte Gergovia pour rejoindre Labienus.

VIII. César, après l'échec subi devant Gergovia, persista d'autant plus dans ses projets de départ ; mais, ne voulant pas avoir l'air de s'enfuir, il fit sortir ses légions et les rangea en bataille sur un terrain avantageux. Vercingetorix ne se laissa pas attirer dans la plaine ; la cavalerie seule engagea le combat : il fut favorable aux Romains, qui ensuite rentrèrent au camp. Le lendemain la même épreuve se renouvela avec le même succès. Pensant avoir assez fait pour

---

[1] « Dans la guerre des Gaules, Caius Julius César fut surpris par un ennemi, qui l'enleva tout armé et l'emportait sur son cheval, lorsqu'un autre Gaulois, reconnaissant César, cria, comme pour l'insulter, *Cæcos Cæsar !* ce qui en langue gauloise veut dire *laisse-le aller, lâche-le*, et il échappa ainsi. C'est ce que César dit lui-même dans son *Éphéméride*, au passage où il parle de sa fortune. » (Servius Maurus Honoratus, grammairien du v° siècle, commentaire du livre XI de l'*Énéide*, vers 743, II, p. 48, éd. Albert Lion.)

Les manuscrits de Servius ne portent pas tous les mêmes mots. En voici les principales variantes : *Cecos, Cæsar* ; *Cæcos ac Cæsar*, et *Cæsar, Cesar*.

[2] Plutarque, *César*, xxix.

abattre la jactance des Gaulois comme pour raffermir le courage des siens, César quitta Gergovia et se dirigea vers le pays des Éduens. Ce mouvement de retraite n'attira pas les ennemis à sa poursuite; il arriva le troisième jour (c'est-à-dire le second jour de marche, à partir de l'assaut de Gergovia) sur les bords de l'Allier, reconstruisit un des ponts, sans doute à Vichy, et s'empressa de passer la rivière, afin de la mettre entre lui et Vercingetorix.

Là, Viridomare et Eporedorix lui exposèrent la nécessité de leur présence chez les Éduens afin de maintenir le pays dans l'obéissance et d'y devancer Litavicus, parti avec toute la cavalerie pour le soulever. Malgré les preuves nombreuses de leur perfidie, et la pensée que le départ de ces deux chefs hâterait la révolte, il ne crut pas devoir les retenir, voulant éviter jusqu'à l'apparence de la violence ou de la crainte. Il se borna à leur rappeler les services rendus par lui à leur pays, et l'état de dépendance et d'abaissement d'où il les avait tirés pour les élever à un haut degré de puissance et de prospérité, puis il les congédia et ils se rendirent à Noviodunum (*Nevers*). Cette ville des Éduens était située, sur les bords de la Loire, dans une position favorable. Elle renfermait les otages de la Gaule, les subsistances, le trésor public, presque tous les bagages du général et de l'armée, enfin un nombre considérable de chevaux achetés en Italie et en Espagne. Eporedorix et Viridomare y apprirent, à leur arrivée, le soulèvement du pays, la réception de Litavicus dans l'importante ville de Bibracte par Convictolitavis et une grande partie du sénat, ainsi que les démarches tentées pour entraîner leurs concitoyens dans la cause de Vercingetorix. L'occasion leur paraît propice, ils massacrent les gardiens du dépôt de Noviodunum et les marchands romains, se partagent les chevaux et l'argent, brûlent la ville, envoient les otages à Bibracte, chargent sur des bateaux tout le blé qu'ils peuvent emporter, et détruisent le reste par l'eau et le feu; ensuite ils rassemblent des troupes dans les environs, placent des postes le long de la Loire, répandent partout leur cavalerie pour intimider les Romains, leur couper les vivres, les obliger, par la disette, à se retirer dans la Narbonnaise; espoir qui semble d'autant mieux fondé que la Loire, grossie par la fonte des neiges, ne paraissait guéable en aucun endroit.

César fut informé de ces événements pendant sa marche de l'Allier vers la Loire. Jamais sa situation n'avait été plus critique. Sous le coup d'un grave échec, séparé de Labienus par une distance de plus de quatre-vingts lieues et par des pays révoltés, il était entouré de tous côtés par l'insurrection : il avait sur ses derrières les Arvernes, exaltés par le récent succès de Gergovia; sur sa gauche, les Bituriges, irrités du sac d'Avaricum; devant lui, les Éduens prêts à lui disputer le passage de la Loire. Devait-il persévérer dans son projet ou rétrograder vers la Province? Il ne pouvait se résoudre à ce dernier parti, car non-seulement cette retraite eût été honteuse et le passage des Cévennes plein de difficultés, mais il éprouvait surtout la plus vive anxiété pour Labienus et les légions qu'il lui avait confiées. Il persévéra donc dans ses premières résolutions; et, afin de pouvoir au besoin construire un pont sur la Loire avant que les forces ennemies se fussent accrues, il se dirigea vers ce fleuve à marches forcées de jour et de nuit, et arriva à l'improviste à Bourbon-Lancy [1]. Bientôt des cavaliers découvrirent un gué que la nécessité fit regarder comme praticable, quoique le soldat n'eût hors de l'eau que les épaules et les bras pour porter ses armes. La cavalerie fut placée en amont afin de rompre le courant, et l'armée passa sans encombre avant que l'ennemi fût revenu de sa première surprise. César trouva le pays couvert de moissons et de troupeaux, qui

---

[1] De tout temps il a existé un gué à Bourbon-Lancy.

approvisionnèrent largement l'armée, et se dirigea vers le pays des Sénonais [1].

Expédition de Labienus contre les Parisiens.

IX. Tandis que le centre de la Gaule était le théâtre de ces événements, Labienus s'était porté avec quatre légions vers Lutèce, ville située dans une île de la Seine, oppidum des Parisiens. Après avoir laissé les bagages à Agedincum (*Sens*) [2] sous la garde des troupes récemment arrivées d'Italie pour remplir les vides, il suivit, à partir de Sens, la rive gauche de l'Yonne et de la Seine, voulant éviter tout cours d'eau important et toute ville considérable [3]. A la

[1] *Guerre des Gaules*, VII, LVI.

[2] On a trouvé à Sens une balle de fronde en plomb sur laquelle sont imprimés en relief ces mots : T. LABIENUS. Cette balle fait partie de la collection du musée de Saint-Germain.

[3] MM. de Saulcy et J. Quicherat ont déjà démontré d'une manière évidente que Labienus avait dû suivre la rive gauche de l'Yonne en quittant Sens et qu'il passa sur la rive droite de la Seine à Melun. En effet, Labienus sur la rive droite se trouvait, comme le dit César, menacé d'un côté par les Bellovaques, de l'autre par l'armée de Camulogène. (VII, LIX.) Sur la rive opposée, au contraire, Labienus n'eût pas été placé entre les deux, puisqu'il aurait eu Camulogène en face de lui et, plus loin, les Bellovaques venant du nord.

« Un très-grand fleuve tenait les légions séparées de leur réserve et de leurs bagages. » Ce très-grand fleuve ne peut pas être la Marne, dont César ne parle même pas dans tout le cours de cette campagne : c'est évidemment la Seine, que Labienus a traversée une seule fois à Melodunum (*Melun*); en passant sur la rive droite, il se trouvait coupé de sa base d'opérations, qui était à Sens. — Dans l'hypothèse contraire, aucun fleuve n'aurait séparé Labienus de sa ligne de retraite; à moins d'admettre, avec Dulaure et plusieurs autres, l'identité d'Agedincum avec Provins, ce qui n'est plus possible.

Le capitaine d'état-major Rouby a fait, sur les lieux, des reconnaissances qui prouvent qu'en partant de Sens les plus anciennes voies conduisant à Paris passaient sur la rive gauche de l'Yonne et de la Seine. D'ailleurs, les découvertes de M. Carré ont indiqué exactement la direction que prenait la voie romaine en quittant Sens pour conduire à Paris : elle était tout entière sur la rive gauche de l'Yonne. Si le lieutenant de César avait suivi la rive droite de l'Yonne, il eût été, dès le lendemain de son départ, arrêté par le cours de la Seine, et serait venu se heurter contre la ville gauloise de Condate, établie

nouvelle de son approche, l'ennemi accourut en grand nombre des pays voisins. Le commandement fut confié à l'Aulerque Camulogène, élevé à cet honneur, malgré son grand âge, à cause de sa rare habileté dans l'art de la guerre. Ce chef, ayant remarqué qu'un marais très-étendu se déversait dans la Seine et rendait impraticable toute la partie du pays arrosée par l'Essonne, disposa ses troupes le long de ce marais pour en défendre le passage. (*Voir planche* 23.)

Labienus, arrivé sur le bord opposé, fit avancer des galeries couvertes et essaya, au moyen de claies et de terre, d'établir un chemin à travers le marais : mais, rencontrant trop de difficultés, il forma le projet de surprendre le passage de la Seine à Melodunum (*Melun*), et, une fois sur la rive droite, de marcher vers Lutèce en gagnant de vitesse l'ennemi. Il sortit donc de son camp en silence, à la troisième

dans l'angle même des deux cours d'eau, au milieu de marais peut-être infranchissables. Si quelques milliers de Gaulois avaient occupé ces hauteurs qui ont joué un rôle si important dans la campagne de 1814, Labienus, forcé de chercher plus haut, en amont, un point de passage, aurait été considérablement détourné de son but.

On a cru à tort que la Bièvre était le marais où Labienus, dans sa marche sur la rive gauche de la Seine, avait été arrêté par l'armée gauloise. Sans compter que la Bièvre, qui coule dans un terrain calcaire, n'a dû former à aucune époque un marais capable d'arrêter une armée, comment supposer que Labienus, parvenu sur ce cours d'eau, c'est-à-dire tout près de Lutèce, eût rétrogradé jusqu'à Melun, pour marcher de là vers l'oppidum des Parisiens par la rive droite de la Seine, ce qui l'aurait obligé à faire un trajet de vingt-quatre lieues? La manœuvre de Labienus ne s'explique que par son désir de tourner la forte position de Camulogène et d'arriver plus tôt que lui à Paris. Le texte des Commentaires dit clairement que Labienus, arrêté par le marais qui se déverse dans la Seine, se déroba nuitamment, surprit le passage de la Seine à Melun et marcha sur Lutèce, où il arriva avant Camulogène. Pour que cette manœuvre ait réussi, le marais dont il s'agit devait nécessairement ne pas être éloigné de Melun. L'Essonne est seule dans cette condition. Le terrain qui borde cette petite rivière présente encore aujourd'hui, par sa nature, un obstacle très-sérieux pour une armée. Il est coupé d'innombrables tourbières, et c'est derrière la ligne de l'Essonne qu'en 1814 l'empereur Napoléon Ier établit l'armée pendant que l'ennemi occupait Paris.

veille (minuit), et, revenant sur ses pas, arriva à Melun, oppidum des Sénonais, situé, ainsi que Lutèce, dans une île de la Seine. Il s'empara d'une cinquantaine de bateaux, les joignit ensemble, les chargea de soldats, et sans coup férir entra dans la place. Effrayés de cette attaque soudaine, les habitants, dont une grande partie avait répondu à l'appel de Camulogène, n'opposèrent aucune résistance. Peu de jours auparavant, ils avaient coupé le pont qui unissait l'île à la rive droite; Labienus le rétablit, le fit passer à ses troupes, et se dirigea vers Lutèce, où il arriva avant Camulogène. Il prit position vers l'endroit où est aujourd'hui Saint-Germain-l'Auxerrois. Camulogène, averti par ceux qui s'étaient enfuis de Melun, quitte sa position sur l'Essonne, retourne à Lutèce, ordonne de l'incendier et de couper les ponts, puis vient camper sur la rive gauche de la Seine, en face de l'oppidum, c'est-à-dire vers l'emplacement actuel de l'hôtel de Cluny.

Déjà le bruit courait que César avait levé le siége de Gergovia; déjà se répandait la nouvelle de la défection des Éduens et des progrès de l'insurrection. Les Gaulois répétaient à l'envi que César, arrêté dans sa marche par la Loire, avait été contraint, faute de vivres, de se retirer vers la Province romaine. A peine les Bellovaques, dont la fidélité était douteuse, eurent-ils appris le soulèvement des Éduens qu'ils rassemblèrent des troupes et se préparèrent ouvertement à la guerre.

A la nouvelle de tant d'événements contraires, Labienus sentit toute la difficulté de sa situation. Placé sur la rive droite de la Seine, il était menacé, d'un côté, par les Bellovaques, qui n'avaient qu'à passer l'Oise pour tomber sur lui; de l'autre, par Camulogène, à la tête d'une armée exercée et prête à combattre; enfin un grand fleuve, qu'il avait traversé à Melun, le séparait de Sens, où se trouvaient ses dépôts et ses bagages. Pour sortir de cette position périlleuse, il crut devoir changer ses plans : il renonça à tout mouvement offensif et résolut de revenir à son point de départ par un coup d'audace. Craignant, s'il reprenait le chemin qu'il avait d'abord suivi, de ne pouvoir plus franchir la Seine à Melun, parce que ses bateaux n'auraient remonté ce fleuve qu'avec peine, il se décida à surprendre le passage de la Seine en aval de Paris et à retourner à Sens par la rive gauche, en marchant sur le corps de l'armée gauloise. Vers le soir il convoqua un conseil et recommanda à ses officiers l'exécution ponctuelle de ses instructions. Il confia les bateaux qu'il avait amenés de Melun aux chevaliers romains, avec ordre de descendre la rivière à la fin de la première veille (dix heures), de s'avancer en silence l'espace de 4 milles (6 kil.), ce qui conduisait à la hauteur du village du *Point-du-Jour,* et de l'attendre. Les cinq cohortes les moins aguerries furent laissées à la garde du camp, et les cinq autres de la même légion reçurent l'ordre de remonter le fleuve sur la rive droite au milieu de la nuit, avec tous les bagages, et d'attirer par le tumulte l'attention de l'ennemi. Des barques furent envoyées dans cette direction, ramant avec grand bruit. Lui-même, peu d'instants après, partit en silence avec les trois légions restantes, et se rendit en aval du fleuve, au lieu où l'attendaient les premiers bateaux.

Lorsqu'il y fut arrivé, un violent orage lui permit d'enlever à l'improviste les postes gaulois placés sur toute la rive. Les légions et la cavalerie eurent bientôt passé la Seine avec le concours des chevaliers. Le jour commençait lorsque l'ennemi apprit presque simultanément qu'une agitation inaccoutumée régnait dans le camp romain, qu'une colonne considérable remontait le fleuve, et que du même côté se faisait entendre un grand bruit de rames; enfin, que plus loin, en aval, les troupes franchissaient la Seine dans des bateaux. Ces nouvelles firent penser aux Gaulois que les légions voulaient la traverser sur trois points, et que, troublées par la défection des Éduens, elles étaient décidées à se frayer de vive force un chemin par la rive gauche[1]. Camulogène partagea aussi ses troupes en trois corps : il laissa l'un en face du camp romain ; envoya le second, moins nombreux, dans la direction de Melodunum [2], avec ordre de régler sa marche sur celles des barques qui remontaient la Seine, et, à la tête du troisième, se porta à la rencontre de Labienus.

Au lever du soleil, les Romains avaient passé le fleuve, et l'armée ennemie parut en bataille. Labienus exhorte ses soldats à se rappeler leur ancienne valeur, tant de glorieux exploits, et à se croire, en allant au combat, sous les yeux de César, qui les a menés si souvent à la victoire ; puis il donne le signal. Dès le premier choc, la 7ᵉ légion, placée à l'aile droite, enfonce les ennemis ; mais à l'aile gauche, quoique la 12ᵉ légion eût transpercé de ses pilums les premiers rangs, les Gaulois se défendent avec acharnement, et pas un ne songe à fuir. Camulogène, au milieu d'eux, excite leur ardeur. La victoire était encore balancée, lorsque les tribuns de la 7ᵉ légion, informés de la position critique de l'aile gauche, portent leurs soldats sur les derrières de l'ennemi, et viennent le prendre en queue. Les barbares sont enveloppés, cependant aucun ne lâche pied ; tous se font tuer, et Camulogène périt avec eux. Les troupes gauloises laissées en face du camp de Labienus étaient accourues dès la première nouvelle du combat, et avaient occupé une colline (probablement celle de Vaugirard) ; mais elles ne sou-

---

[1] Nous n'avons pas reproduit ces mots, *fugam parare,* parce que ce passage nous a toujours paru inintelligible. Comment, en effet, les Gaulois, en voyant les Romains prêts à passer la Seine de vive force, pouvaient-ils croire à une fuite de leur part ?

[2] Quelques manuscrits portent Metiosedum, version tout à fait incorrecte, suivant nous.

tinrent pas le choc des Romains victorieux, et furent entraînées dans la déroute générale ; tous ceux qui ne purent trouver un asile dans les bois ou sur les hauteurs furent taillés en pièces par la cavalerie.

Après cette bataille, Labienus retourna à Agedincum ; de là il se mit en route avec toutes ses troupes pour aller à la rencontre de César [1].

<small>Les Gaulois prennent l'offensive.</small>

X. La défection des Éduens donna à la guerre un plus grand développement. Des députés sont envoyés sur tous les points ; crédit, autorité, argent, tout est mis en œuvre pour soulever les autres États. Maîtres des otages que César leur avait confiés, les Éduens menacent de faire périr ceux qui appartiennent aux nations hésitantes. Une assemblée générale de la Gaule, convoquée à Bibracte, et où ne manquaient que les Rèmes, les Lingons et les Trévires, défère à Vercingétorix le commandement suprême, malgré l'opposition des Éduens, qui le réclament et qui, se voyant repoussés, commencent à regretter les bienfaits de César. Mais ils s'étaient prononcés pour la guerre, et n'osent plus se séparer de la cause commune. Eporedorix et Viridomare, jeunes gens de haute espérance, obéissent avec peine à Vercingétorix. Celui-ci exige d'abord des autres États qu'on lui livre des otages à jour fixe ; ordonne que la cavalerie, forte de 15,000 hommes, se réunisse auprès de lui ; déclare avoir à Bibracte assez d'infanterie, car son intention n'est pas de livrer une bataille rangée aux Romains, mais il se propose, avec une cavalerie nombreuse, d'intercepter leurs approvisionnements de grains et de fourrages. Il exhorte les Gaulois à incendier d'un commun accord leurs habitations et leurs récoltes, sacrifices bien faibles au prix de leur liberté. Ces mesures arrêtées, il demande aux Éduens et aux Ségusiaves,

---

[1] *Guerre des Gaules*, VII, LXII.

limitrophes de la Province romaine, de lever 10,000 fantassins, leur envoie 800 chevaux, et donne le commandement de ces troupes au frère d'Eporedorix, avec ordre de porter la guerre chez les Allobroges. D'un autre côté, il fait marcher contre les Helviens les Gabales et les habitants des cantons arvernes limitrophes; il charge les Rutènes et les Cadurques de ravager le pays des Volces-Arécomices. En même temps il cherche à gagner secrètement les Allobroges, dans l'espérance que le souvenir de leurs anciennes luttes contre les Romains n'est pas encore effacé. Il promet à leurs chefs de l'argent, et à leur pays la souveraineté sur toute la Narbonnaise.

Pour parer à ces dangers, vingt-deux cohortes, levées dans la Province et commandées par le lieutenant Lucius César[1], devaient de tous côtés faire face à l'ennemi. Les Helviens, fidèles aux Romains, attaquèrent de leur propre mouvement leurs voisins en rase campagne; mais, repoussés avec perte, et ayant eu à regretter la mort de leurs chefs, entre autres celle de C. Valerius Donnotaurus, ils ne se hasardèrent plus hors de leurs murailles. Quant aux Allobroges, ils défendirent leur territoire avec ardeur en plaçant le long du Rhône un grand nombre de postes. La supériorité des Gaulois en cavalerie, l'interruption des communications, l'impossibilité de tirer des secours de l'Italie ou de la Province, engagèrent César à demander aux peuples germains au delà du Rhin, soumis les années précédentes, de la cavalerie et de l'infanterie légère accoutumées à combattre entremêlées. A leur arrivée, ne trouvant pas les cavaliers assez bien montés, il leur distribua les chevaux des tribuns, même ceux des chevaliers romains et des volontaires (*evocati*)[2].

---

[1] Voir l'*Appendice* D.

[2] *Guerre des Gaules*, VII, LXV. — On appelait *evocati* les anciens soldats qui, après avoir servi, revenaient volontairement dans les rangs de l'armée.

Jonction de César et de Labienus. Bataille de la Vingeanne.

XI. La marche que suivit César après avoir franchi la Loire a été l'objet de nombreuses controverses. Cependant les Commentaires nous paraissent fournir de suffisantes données pour la déterminer avec précision. En abandonnant Gergovia, il avait pour but, comme il le dit lui-même, d'opérer sa jonction avec Labienus; à cet effet, il se dirigea vers le pays des Sénonais après avoir passé la Loire à Bourbon-Lancy. De son côté, Labienus, revenu à Sens, s'étant porté à sa rencontre, leur jonction a dû nécessairement s'opérer sur un point de la ligne de Bourbon-Lancy à Sens; ce point est, selon nous, Joigny. (*Voir planche* 19.) Campé non loin du confluent de l'Armançon et de l'Yonne, César pouvait facilement y recevoir le contingent qu'il attendait de Germanie.

L'armée romaine se composait de onze légions : la 1re, prêtée par Pompée, et les 6e, 7e, 8e, 9e, 10e, 11e, 12e, 13e, 14e, 15e [1]. L'effectif de chacune d'elles devait varier de 4 à

---

[1] Récapitulons ici les numéros des légions employées pendant la guerre de la Gaule. L'armée de César, ainsi qu'on l'a vu, se composait en 696 de six légions, les 7e, 8e, 9e, 10e, 11e et 12e. En 697, deux nouvelles légions furent levées en Italie, la 13e et la 14e. Probablement dans l'hiver de 699 à 700, César fit venir plusieurs cohortes composées de soldats et de matelots, qui devaient servir sur la flotte, car, au retour de sa seconde expédition en Angleterre, malgré les pertes subies, il se trouvait à la tête de huit légions, plus cinq cohortes (liv. V, xxiv). Il perdit à Aduatuca une légion et demie, c'est-à-dire la 14e légion, plus cinq cohortes; mais en 701 trois nouvelles légions remplacèrent les cohortes perdues, dont elles doublaient même le nombre. Ces légions étaient la 1re, qui fut prêtée par Pompée (*Guerre des Gaules*, VIII, LIV, et Lucain, *Pharsale*, VII, vers 218), la 14e, qui vint prendre le numéro de la légion détruite à Aduatuca (*Guerre des Gaules*, VI, xxxii; VIII, iv), et la 15e; cette dernière légion fut donnée plus tard à Pompée avec la 1re, pour la guerre des Parthes; elle figura dans la guerre civile et prit dans l'armée de Pompée le numéro 3. (César, *Guerre civile*, III, LXXXVIII.)

La 6e légion, à cause de son numéro, devait être une des plus anciennes, puisque Dion-Cassius (XXXVIII, XLVII) nous apprend que les légions étaient désignées suivant leur rang d'inscription sur les rôles de l'armée; mais, comme elle ne paraît pour la première fois qu'en 702, il est probable qu'elle était

5,000 hommes; car, si nous voyons (liv. V, XLIX) qu'au retour de Bretagne deux légions ne comptaient ensemble que 7,000 hommes, leur effectif s'accrut bientôt par les renforts considérables arrivés à l'armée des Gaules en 702 [1]; la légion prêtée par Pompée était de 6,000 hommes [2], et la 13e, au moment de la guerre civile, avait dans ses rangs 5,000 soldats [3]. César disposait donc, pendant la campagne qui se termina par la prise d'Alesia, de 50,000 légionnaires, peut-être de 20,000 archers numides ou crétois, et de 5 ou 6,000 hommes de cavalerie, dont 2,000 Germains; total, environ 75,000 hommes, sans compter les valets, qui étaient toujours très-nombreux.

restée en garnison chez les Allobroges ou en Italie. Ce qui prouve que cette légion assistait au siège d'Alesia, c'est que, après la reddition de la place, elle fut envoyée en quartiers d'hiver sur la Saône, où César la retrouva quelques mois après. (*Guerre des Gaules*, VIII, IV.) La distribution des troupes dans leurs quartiers d'hiver, après la prise d'Alesia, confirme le nombre des légions indiqué ci-dessus. La répartition, après le siège d'Uxellodunum, présente le même résultat, car, au livre VIII, ch. XLVI, les Commentaires donnent l'emplacement de dix légions sans compter la 15e, qui, d'après le livre VIII, ch. XXIV, avait été envoyée dans la Cisalpine. Ces faits sont encore répétés, liv. VIII, ch. LIV.

[1] Il est clair qu'une armée ne pouvait pas rester huit années à faire la guerre sans recevoir de fréquents renforts pour relever son effectif. Aussi, après le meurtre de Clodius, toute la jeunesse d'Italie ayant été appelée sous les armes, César fit de nouvelles levées qui vinrent probablement grossir les rangs de ses légions, car on ne voit pas paraître de nouveaux numéros. (*Guerre des Gaules*, VII, I.) — De même, quand il arriva, en 702, dans le midi de la Gaule et traversa les Cévennes, il se mit à la tête des troupes recrutées dans la Province romaine et des renforts amenés d'Italie (*partem copiarum ex Provincia supplementumque quod ex Italia adduxerat in Helvios qui fines Arvernorum contingunt, convenire jubet.* (*Guerre des Gaules*, VII, VII.) — Labienus, de son côté, laissa, lors de son expédition sur Lutèce, ses recrues en dépôt à Sens (*Labienus eo supplemento quod nuper ex Italia venerat relicto*). (*Guerre des Gaules*, VII, LVII.)

[2] Plutarque, *Caton*, LIII.

[3] Plutarque, *César*, XXXVI. — D'après Sextus Rufus (Festus), dans son *Breviarium* du IVe siècle, chaque légion de César était de 4,000 hommes.

La réunion de ses troupes effectuée, César chercha, avant tout, à se rapprocher de la Province romaine pour être à portée de la secourir plus facilement; il ne pouvait songer à prendre la route la plus directe, qui l'aurait conduit dans le pays des Éduens, un des foyers de l'insurrection; il était donc forcé de passer par le territoire des Lingons, qui lui étaient restés fidèles, et de se rendre en Séquanie, où Besançon lui offrait une place d'armes importante. (*Voir planche* 19.) Il partit de Joigny, suivant la voie parcourue en marchant à la rencontre d'Arioviste (696)[1], et l'hiver précédent, lorsqu'il s'était transporté de Vienne à Sens. Arrivé sur l'Aube à Dancevoir, il se dirigea vers la petite rivière de la Vingeanne, traversant, disent les Commentaires, la partie extrême du territoire des Lingons (*per extremos Lingonum fines*)[2]. Son intention était, sans doute, de franchir la Saône à Gray ou à Pontailler. Après huit jours de marche environ, il vint camper sur la Vingeanne, près de Longeau, à 12 kilomètres au sud de Langres.

Pendant que les Romains abandonnaient la Gaule soulevée pour se rapprocher de la Province, Vercingetorix avait rassemblé à Bibracte son armée, forte de plus de 80,000 hommes; elle était venue en grande partie du pays des Arvernes et comptait dans ses rangs la cavalerie fournie par tous les États. Instruit de la marche de César, il partit, à la tête de ses troupes, pour lui barrer le chemin de la Séquanie. Passant, croyons-nous, par Arnay-le-Duc, Sombernon, Dijon, Thil-Châtel, il parvint sur les hauteurs d'Occey, de Sacquenay et de Montormentier, où il établit trois camps, à 10,000 pas (15 kil.) de l'armée romaine. (*Voir planche* 24.) Dans cette position, Vercingetorix interceptait les trois routes qui pouvaient conduire César vers la Saône, soit à

---

[1] Voir ci-dessus, page 80.
[2] Voir ci-dessus, page 99, note 2.

Gray, soit à Pontailler, soit à Chalon[(1)]. Décidé à tenter la fortune, il convoque les chefs de la cavalerie. « Le moment » de la victoire est venu, leur dit-il; les Romains s'enfuient » dans leur Province et abandonnent la Gaule. Si cette » retraite nous délivre aujourd'hui, elle n'assure ni la paix, » ni le repos de l'avenir; ils reviendront avec de plus » grandes forces, et la guerre sera interminable. Il faut donc » les attaquer dans l'embarras de leur marche; car ou les » légions s'arrêtent pour défendre leur long convoi, et elles » ne pourront pas continuer leur route, ou, ce qui est plus » probable, elles abandonnent les bagages pour ne penser » qu'à leur salut, et elles perdront ce qui leur est indispen- » sable en même temps que leur prestige. Quant à leur » cavalerie, elle n'osera certainement pas s'éloigner de la » colonne; celle des Gaulois doit montrer d'autant plus » d'ardeur que l'infanterie, rangée devant les camps, sera » là pour intimider l'ennemi. » Alors les cavaliers s'écrient : » Que chacun, par un solennel serment, jure de ne plus » revoir le toit paternel, ni sa femme, ni ses enfants, s'il

---

(1) Le texte fait connaître qu'il établit trois camps. Cette disposition lui était commandée par les circonstances et la configuration des lieux. Les hauteurs de Sacquenay forment, en effet, trois promontoires, V, V, V (*Voir planche* 24), qui s'avancent vers le nord; la route de Dijon gravit celui de gauche, la route de Pontailler celui du centre. En établissant trois camps sur ces trois promontoires, Vercingetorix occupait chacune de ces routes avec un tiers de son armée, et il appuyait sa droite à la Vingeanne.

L'armée gauloise avait là une position très-forte par elle-même, car, pour l'emporter, il fallait aborder des versants élevés, faciles à défendre; elle était, en outre, protégée par deux cours d'eau : l'un, la Vingeanne, qui couvrait sa droite; l'autre, le Badin, petit affluent de la Vingeanne, qui garantissait son front. Dans l'espace compris entre ces deux cours d'eau et la route de Dijon à Langres s'étend un terrain, mesurant 5 kilomètres en tous sens, peu accidenté dans quelques parties, presque plat partout ailleurs, principalement entre la Vingeanne et la butte de Montsaugeon. Près de la route, et à l'ouest, s'élèvent des collines qui la dominent, ainsi que tout le pays, jusqu'au Badin et à la Vingeanne.

» n'a traversé deux fois les rangs ennemis ! » La proposition fut adoptée avec transport, et tous prêtèrent ce serment.

Le jour où Vercingetorix arrivait sur les hauteurs de Sacquenay [1], César, comme on l'a vu, campait sur la Vin-

---

[1] Le champ de bataille de la Vingeanne, que M. H. Defay, de Langres, a proposé le premier, répond parfaitement à toutes les exigences de la narration latine, et, de plus, il existe des preuves matérielles, témoignages irrécusables de la lutte. Nous voulons parler des tumulus qui s'élèvent, les uns à Prauthoy, les autres sur les bords de la Vingeanne, à Dardenay et Cusey, et de ceux qui, à Pressant, Rivières-les-Fosses, Chamberceau et Vesvres, jalonnent, pour ainsi dire, la ligne de retraite de l'armée gauloise, sur une longueur de 12 kilomètres.

Deux de ces tumulus se voient l'un près de l'autre, entre Prauthoy et Montsaugeon. (*Voir planche* 24, où tous les tumulus sont indiqués.) Il y en a un près de Dardenay, trois à l'ouest de Cusey, un à Rivières-les-Fosses, un autre à Chamberceau. Nous ne parlons pas de ceux que la culture a détruits, et dont les habitants se souviennent encore.

Les fouilles pratiquées récemment dans ces tumulus ont fait découvrir des squelettes, dont plusieurs avaient des bracelets en bronze aux bras et aux jambes, des ossements calcinés d'hommes et de chevaux, trente-six bracelets, plusieurs cercles en fer, qui se portaient au cou, des anneaux en fer, des fibules, des fragments de plaque, des débris de poterie celtique, une épée en fer, etc.

Fait digne de remarque : les objets trouvés dans les tumulus de Rivières-les-Fosses et de Chamberceau ont une telle ressemblance avec ceux des tumulus des bords de la Vingeanne, qu'on les croirait sortis de la main du même ouvrier. Cela ne permet pas de douter que tous ces tumulus ne se rapportent à un même fait de guerre. (Plusieurs de ces objets sont déposés au musée de Saint-Germain.)

Il faut ajouter que les cultivateurs de Montsaugeon, d'Isomes et de Cusey trouvent depuis plusieurs années, en faisant des fossés de drainage, des fers à cheval enfouis à un ou deux pieds dans le sol. En 1860, lors du curage de la Vingeanne, on a extrait du gravier de la rivière, à deux ou trois pieds de profondeur, par centaines, disent les habitants, des fers à cheval d'un métal excellent. Ils sont généralement petits et portent dans tout le pourtour une rainure, où se loge la tête du clou. Un grand nombre de ces fers ont conservé leurs clous, qui sont plats, ont la tête en forme de T et sont encore garnis de leurs rivets, c'est-à-dire de la pointe qu'on replie sur la corne du pied, ce qui indique que ce ne sont pas des fers perdus, mais bien des fers d'animaux morts, dont le pied a pourri dans la terre ou dans le gravier. On a recueilli

geanne, près de Longeau. Ignorant la présence des Gaulois, il partit le lendemain en colonne de route, les légions à une grande distance l'une de l'autre, séparées par leurs bagages. Son avant-garde, arrivée près de Dommarien, put alors apercevoir l'armée ennemie. Vercingetorix épiait, pour tomber sur les Romains, le moment où ils déboucheraient. Il avait partagé sa cavalerie en trois corps, et son infanterie était descendue des hauteurs de Sacquenay pour s'établir le long de la Vingeanne et du Badin. (*Voir planche* 24.) Dès que l'avant-garde ennemie paraît, Vercingetorix lui barre le passage avec un des corps de cavalerie, tandis que les deux autres se montrent en bataille sur les deux ailes des Romains. Pris à l'improviste, César divise aussi sa cavalerie en trois corps, et les oppose à l'ennemi. Le combat s'engage sur tous les points; la colonne romaine s'arrête; les légions sont amenées en ligne et les bagages placés dans les intervalles. Cette formation, où les légions étaient sans doute en colonne sur trois lignes, devait être facile à exécuter et présentait les avantages d'un carré. Partout où la cavalerie fléchit ou est trop vivement pressée, César la fait appuyer par des cohortes qu'il tire de la colonne pour les mettre en bataille [1]. Par cette manœuvre il ralentit les attaques et augmente la confiance des Romains, certains d'être soutenus. Enfin les Germains auxiliaires, ayant gagné, sur la droite de l'armée romaine, le sommet

---

trente-deux de ces fers à cheval. L'un d'eux est frappé au milieu du cintre d'une marque qu'on rencontre quelquefois sur des objets celtiques, et qui a une certaine analogie avec l'estampage d'une plaque de cuivre trouvée dans un des tumulus de Montsaugeon.

Si l'on songe que la rencontre des deux armées romaine et gauloise ne fut qu'une bataille de cavalerie, où s'entre-choquèrent vingt à vingt-cinq mille chevaux, on trouvera sans doute intéressants les faits qui viennent d'être signalés, quoiqu'ils puissent cependant se rapporter à un combat postérieur.

[1] Nous avons adopté la version *aciemque constitui jubebat,* qui seule donne une interprétation raisonnable.

d'une hauteur (la butte de Montsaugeon), en chassent les ennemis et poursuivent les fuyards jusqu'à la rivière, où Vercingetorix se tenait avec son infanterie. A la vue de cette déroute, le reste de la cavalerie gauloise craint d'être enveloppé et s'enfuit. Ce n'est plus alors qu'un carnage. Trois Éduens de distinction sont pris et amenés à César : Cotus, chef de la cavalerie, qui, dans la dernière élection, avait disputé la souveraine magistrature à Convictolitavis; Cavarillus, qui, depuis la défection de Litavicus, commandait l'infanterie; et Eporedorix, que les Éduens avaient eu pour chef dans leur guerre contre les Séquanes, avant l'arrivée de César dans la Gaule [1].

Blocus d'Alesia.

XII. Vercingetorix, après la défaite de sa cavalerie, se décida à la retraite; emmenant son infanterie, sans rentrer dans ses camps, il se dirigea aussitôt vers Alesia, oppidum des Mandubiens. Les bagages, retirés des camps, le suivirent sans retard [2]. César fit conduire les siens sur une

---

[1] Ce n'était pas le même dont il est parlé pages 272, 283 et 290. (*Guerre des Gaules*, VII, LXVII.)

[2] Les trois camps gaulois ayant été établis sur les hauteurs de Sacquenay, à 4 ou 5 kilomètres en arrière de la position occupée par l'infanterie pendant la bataille, et la ligne de retraite sur Alesia se trouvant sur la gauche, vers Pressant et Vesvres, si Vercingetorix était remonté avec ses quatre-vingt mille hommes sur les hauteurs, pour en retirer les bagages, cette opération eût exigé deux ou trois heures, pendant lesquelles César aurait pu lui couper la retraite ou lui faire essuyer un désastre. En se hâtant, au contraire, de marcher immédiatement sur Pressant, afin de prendre le chemin qui, à partir de là, venait, par Rivières-les-Fosses et Vesvres, rejoindre près d'Aujeur la grande voie de Langres à Alise, il devançait l'armée romaine, incapable, dans le désordre où elle était à ce moment, de le poursuivre sur-le-champ. C'est ce qu'il fit.

Le texte dit que Vercingetorix donna l'ordre d'enlever les bagages hors des camps en toute hâte et de les faire suivre. Si les bagages d'une armée de cent mille hommes avaient accompagné Vercingetorix sur la route parcourue par l'infanterie, on ne comprendrait pas que l'armée romaine, qui poursuivit les Gaulois tant que dura le jour, ne s'en fût pas emparée. Mais des recherches exécutées dans le pays situé entre le champ de bataille et Alise, en arrière des

colline voisine, sous la garde de deux légions, poursuivit l'ennemi tant que le jour le permit, lui tua environ trois mille hommes de l'arrière-garde, et campa le surlendemain devant Alesia [1]. Après avoir reconnu la position de la ville, et profitant de la démoralisation de l'ennemi, qui, ayant placé sa principale confiance dans la cavalerie, était consterné de sa défaite, il résolut d'investir Alesia et exhorta ses soldats à supporter avec constance les travaux et les fatigues.

Alise-Sainte-Reine, dans le département de la Côte-d'Or, est, sans aucun doute, l'Alesia des Commentaires. L'examen des raisons stratégiques qui ont déterminé la marche de

hauteurs de Sacquenay, ont fait retrouver les vestiges d'une voie romaine qui, partant de Thil-Châtel, à 13 kilomètres en arrière de Sacquenay, se dirigeait, par Avelanges, sur le hameau de Palus, où elle s'embranchait avec la route de Langres à Alise. On peut donc admettre que Vercingetorix fit filer ses bagages sur ses derrières jusqu'à Thil-Châtel, où ils prirent la route de Palus.

La voie romaine de Langres à Alise, qui indique sans aucun doute la direction suivie par les deux armées, a été reconnue, presque dans toute son étendue, par le commandant Stoffel. Aujourd'hui encore, sur les territoires de Fraignot, Salives, Échalot, Poiseul-la-Grange, les habitants l'appellent *Chemin des Romains* ou *Voie de César*.

[1] On lit (*Guerre des Gaules,* VII, LXVIII) : *Altero die ad Alesiam castra fecit*. Nous avons déjà cherché à établir que les mots *altero die* doivent se traduire par *le surlendemain* et non pas par *le lendemain* (voir ci-dessus, page 246, note 1). César a donc marché deux jours pour se rendre du champ de bataille à Alesia.

L'étude du pays confirme pleinement l'interprétation que nous donnons de l'expression *altero die*. En effet, au nord et à l'est d'Alise-Sainte-Reine (*Alesia*), à moins de deux journées de marche, le pays est tellement coupé et accidenté, qu'aucune bataille de cavalerie n'y est possible. Il conserve ce caractère jusqu'à 55 ou 60 kilomètres d'Alise, à l'est de la route de Prauthoy à Dijon, où il devient plus facile et plus ouvert. Le champ de bataille de la Vingeanne, que nous regardons comme le véritable, est à 65 kilomètres d'Alise : en supposant que, le jour de sa victoire, l'armée romaine ait poursuivi les Gaulois sur un espace de 15 kilomètres, elle aurait eu à parcourir, les deux jours suivants, avant d'arriver à Alesia, une distance de 50 kilomètres, c'est-à-dire 25 kilomètres par jour.

César, la juste interprétation du texte, enfin les fouilles faites récemment, tout concourt à le prouver[1].

L'ancienne Alesia occupait le sommet de la montagne appelée aujourd'hui le mont Auxois; sur le versant occidental est bâti le village d'Alise-Sainte-Reine. (*Voir planches* 25 *et* 26.) C'est une montagne complétement isolée, qui s'élève de 160 à 170 mètres au-dessus des vallées environnantes (*erat oppidum Alesia in colle summo, admodum edito loco...*). Deux rivières baignent, de deux côtés opposés, le pied de la montagne : ce sont l'Ose et l'Oserain (*cujus collis radices duo duabus ex partibus flumina subluebant*). A l'ouest du mont Auxois s'étend la plaine des Laumes, dont la plus grande dimension entre le village des Laumes et celui de Pouillenay est d'environ 3,000 pas ou 4,400 mètres (*ante oppidum planities circiter millia passuum III in longitudinem patebat*). De tous les autres côtés, à une distance variant de 1,100 à 1,600 mètres, s'élève une ceinture de collines dont les plateaux ont une même hauteur (*reliquis ex omnibus partibus colles, mediocri interjecto spatio, pari altitudinis fastigio oppidum cingebant*).

Le sommet du mont Auxois a la forme d'une ellipse longue de 2,100 mètres, et large de 800 mètres sur son plus grand diamètre. En comprenant les premiers contre-forts qui entourent le massif principal, on trouve une superficie de 1 million 400,000 mètres carrés, dont 973,100 mètres pour le plateau supérieur et 400,000 mètres pour les terrasses et contre-forts. (*Voir planche* 25.) La ville paraît avoir couronné en entier le plateau[2], que des rochers escarpés protégent contre toute attaque de vive force.

---

[1] Nous appelons surtout l'attention du lecteur sur les nombreuses monnaies romaines et gauloises trouvées dans les fossés du camp D, et dont la nomenclature est renvoyée à l'*Appendice* C, à la fin de ce volume.

[2] Près du sommet ouest de la montagne jaillissent deux fontaines abondantes; il en existe une autre sur le côté est. Il était facile avec ces sources

Cet oppidum semblait ne pouvoir être réduit que par un investissement complet. Les troupes gauloises couvraient, au pied de la muraille, tous les versants de la partie orientale de la montagne; elles y étaient protégées par un fossé et par un mur en pierre sèche de six pieds d'élévation. César établit ses camps dans des positions favorables, l'infanterie sur les hauteurs, la cavalerie près des cours d'eau. Ces camps et vingt-trois redoutes ou blockhaus [1] formaient une ligne d'investissement de 11,000 pas (16 kil.) [2]. Les redoutes étaient occupées le jour par de petits postes pour empêcher toute surprise; la nuit de forts détachements y bivouaquaient.

Les travaux étaient à peine commencés qu'il se livra un combat de cavalerie dans la plaine des Laumes. L'engagement fut très-vif de part et d'autre. Les Romains fléchissaient, quand César envoya les Germains à leur aide et mit les légions en bataille devant les camps, afin que l'infanterie de l'ennemi, tenue en respect, ne pût aller au secours de sa cavalerie. Celle des Romains reprit confiance en se voyant appuyée par les légions. Les Gaulois, forcés de fuir, s'embarrassèrent par leur propre nombre et se pressèrent aux ouvertures, trop étroites, laissées à la muraille de pierre sèche. Poursuivis avec acharnement par les Germains jusqu'aux fortifications, les uns furent tués, les autres, abandonnant leurs chevaux, essayèrent de traverser le fossé et de franchir le mur. César alors fit avancer un peu les légions

de créer, comme à Gergovia, de vastes abreuvoirs pour les bestiaux. On voit d'ailleurs sur le plateau des traces manifestes d'un grand nombre de puits, de sorte qu'il est évident que l'eau n'a jamais manqué aux assiégés, sans compter qu'ils ont toujours pu descendre jusqu'aux deux rivières.

[1] Nous croyons que ces castella étaient des redoutes palissadées ayant un réduit semblable aux blockhaus en bois représentés sur la colonne Trajane; souvent même ces réduits composaient à eux seuls le castellum.

[2] Ce n'était pas, comme on le remarquera, la contrevallation qui avait 11,000 pas d'étendue, mais la ligne d'investissement.

établies devant ses retranchements. Ce mouvement porta le trouble jusque dans le camp gaulois. Les troupes qu'il renfermait craignirent une attaque sérieuse, et de toute part on cria aux armes. Quelques-uns, frappés d'effroi, se précipitèrent dans l'oppidum; Vercingetorix se vit obligé d'en faire fermer les portes, de peur que le camp ne fût abandonné. Les Germains se retirèrent après avoir tué beaucoup de cavaliers et pris un grand nombre de chevaux.

Vercingetorix résolut de renvoyer de nuit toute sa cavalerie avant que les Romains eussent achevé l'investissement de la place. Il recommande aux cavaliers, à leur départ, d'aller chacun dans son pays et d'y recruter les hommes en état de porter les armes; il leur rappelle ses services, les conjure de songer à sa sûreté et de ne pas le livrer en proie aux ennemis, lui qui a si bien mérité de la liberté commune; leur indifférence entraînerait avec sa perte celle de 80,000 hommes d'élite. Tout bien calculé, il n'a que pour un mois de vivres; il pourra, en les ménageant, tenir quelque temps de plus. Après ces recommandations, il fait partir sa cavalerie en silence, à la seconde veille (neuf heures). Il est probable qu'elle s'échappa en remontant les vallées de l'Ose et de l'Oserain. Ensuite il ordonne, sous peine de mort, de lui apporter la totalité des approvisionnements de blé. Il répartit par tête le nombreux bétail rassemblé par les Mandubiens; mais, quant au grain, il se réserve de le distribuer peu à peu et par petites quantités. Toutes les troupes campées en dehors rentrent dans l'oppidum. C'est par ces dispositions qu'il se prépare à attendre les secours de la Gaule et à soutenir la guerre.

Dès que César fut instruit de ces mesures par les prisonniers et les transfuges, il prit le parti de construire des lignes de contrevallation et de circonvallation, et adopta le genre de fortifications suivant : il fit d'abord creuser, dans la plaine des Laumes, un fossé large de 20 pieds, à parois verticales, c'est-à-dire aussi large dans le fond qu'au niveau du sol (*Voir planches* 25 *et* 28), pour empêcher que des lignes si étendues, et si difficiles à garnir de soldats sur tout leur développement, ne fussent attaquées de nuit, à l'improviste, et afin de protéger pendant le jour les travailleurs contre les traits de l'ennemi. A quatre cents pieds en arrière de ce fossé il établit la contrevallation. Il fit ouvrir ensuite deux fossés de 15 pieds de large, aussi profonds l'un que l'autre [1], et remplir le fossé intérieur, c'est-à-dire le plus rapproché de la ville, d'eau dérivée de la rivière l'Oserain. Derrière ces fossés il éleva un rempart et une palissade (*aggerem ac vallum*) ayant ensemble 12 pieds de haut. Contre celle-ci on appliqua un clayonnage avec créneaux (*loricam pinnasque*); de fortes branches fourchues placées horizontalement à la jonction du clayonnage et du rempart, devaient rendre l'escalade plus difficile. (*Voir planche* 27.) Il établit enfin, sur toute cette partie de la contrevallation, des tours espacées entre elles de 80 pieds.

Il fallait à la fois travailler à des fortifications étendues, et aller chercher du bois et des vivres, de sorte que ces corvées lointaines diminuaient sans cesse l'effectif des combattants; aussi les Gaulois essayaient-ils souvent d'inquiéter les travailleurs et faisaient de vigoureuses sorties par plusieurs portes à la fois. César jugea nécessaire d'augmenter la force des ouvrages, afin de pouvoir les défendre avec moins de monde. Il fit prendre des arbres ou de grosses branches dont les extrémités furent amincies et taillées en pointe [2]; on les plaça dans un fossé de 5 pieds de profondeur; pour qu'on ne pût les arracher, on les lia ensemble à la partie inférieure; l'autre partie, garnie de branches, dépassait le sol. Il y en avait cinq rangs, contigus et entre-

---

[1] *Eadem altitudine.* — Voir paragraphe XIII, Détails sur les fouilles d'Alise, page 319.

[2] *Dolabratis*, amincies, et non *delibratis*, écorcées.

lacés; quiconque s'y engageait se blessait à leurs pointes aiguës; on les appelait *cippi*. En avant de ces sortes d'abatis on creusa des trous de loup (*scrobes*), fossés tronconiques, de 3 pieds de profondeur, disposés en quinconce. Au centre de chaque trou était planté un pieu rond, de la grosseur de la cuisse, durci au feu et pointu par le haut; il ne dépassait le sol que de quatre doigts. Pour consolider ces pieux on les entourait à la base d'un pied de terre fortement foulée; le reste de l'excavation était recouvert de ronces et de broussailles, qui cachaient le piége. Il y avait huit rangs de trous, à trois pieds de distance l'un de l'autre; on les appelait *lis* (*lilia*), à cause de leur ressemblance avec la fleur de ce nom. Enfin en avant de ces défenses furent plantés, jusqu'à ras de terre, des piquets d'un pied de long, sur lesquels on enfonça des fers en forme d'hameçons. On plaça partout, et très-près l'une de l'autre, ces sortes de chausse-trapes qu'on nommait *stimuli*[1].

Ce travail achevé, César fit creuser des retranchements à peu près semblables, mais du côté opposé, pour résister aux attaques du dehors. Cette ligne de circonvallation de quatorze milles de circuit (21 kil.) avait été tracée sur le terrain le plus favorable en se conformant à la nature des lieux. Si la cavalerie gauloise ramenait une armée de secours, il voulait par là empêcher celle-ci, quelque nombreuse qu'elle fût, d'envelopper les postes établis le long de la contrevallation. Afin d'épargner aux soldats les dangers qu'ils auraient courus en sortant des camps, il ordonna que chacun se pourvût de vivres et de fourrages pour trente jours. Malgré cette précaution, l'armée romaine souffrit de la disette[2].

---

[1] On a retrouvé dans les fouilles d'Alise cinq *stimuli*, dont le dessin est figuré *planche* 27. Les noms nouveaux que donnèrent les soldats de César à ces défenses accessoires prouvent qu'elles étaient employées pour la première fois.

[2] Cela ressort d'un passage de la *Guerre civile*, III, XLVII.

Pendant que César prenait ces dispositions, les Gaulois, ayant convoqué, probablement à Bibracte, une assemblée de leurs principaux chefs, décidèrent, non de réunir tous les hommes en état de porter les armes, comme le voulait Vercingetorix, mais d'exiger de chaque peuple un certain contingent, car ils redoutaient la difficulté de nourrir une multitude aussi grande et aussi confuse, et d'y maintenir l'ordre et la discipline. Les différents États furent requis d'envoyer des contingents dont le total devait s'élever à 283,000 hommes; en réalité, il ne dépassa pas 240,000. La cavalerie se composait de 8,000 chevaux [1].

[1] Les Éduens et leurs clients, les Ségusiaves, les Ambluarètes, les Aulerques-Brannovices, les Blannoviens. . . . 35,000 hommes.
Les Arvernes, avec les peuples de leur dépendance, comme les Cadurques Éleuthères, les Gabales, les Vellaves 35,000
Les Sénonais, les Séquanes, les Bituriges, les Santons, les Rutènes, les Carnutes, chacun 12,000 72,000
Les Bellovaques 10,000
Les Lémovices 10,000
Les Pictons, les Turons, les Parisiens, les Helviens, chacun 8,000 32,000
Les Suessions, les Ambiens, les Médiomatrices, les Pétrocoriens, les Nerviens, les Morins, les Nitiobriges, 5,000 chacun 35,000
Les Aulerques-Cénomans 5,000
Les Atrébates 4,000
Les Véliocasses, les Lexoviens, les Aulerques-Éburovices, chacun 3,000 9,000
Les Rauraques et les Boïens, chacun 3,000 6,000
Enfin, les peuples qui habitaient les pays situés le long de l'Océan, et que les Gaulois appelaient Armoricains, parmi lesquels étaient les Curiosolites, les Rédons, les Ambibariens, les Calètes, les Osismes, les Lémovices armoricains, les Vénètes et les Unelles, devaient en fournir ensemble. 30,000

Total. 283,000

Les Bellovaques refusèrent leur contingent, déclarant vouloir faire la guerre en leur nom, à leur gré, sans se soumettre aux ordres de personne. Cependant, à la prière de Commius, leur hôte, ils envoyèrent 2,000 hommes.

Ce même Commius, on l'a vu, avait, les années précédentes, rendu à César, en Bretagne, de signalés services. En récompense, son pays, celui des Atrébates, affranchi de tout tribut, avait recouvré ses priviléges, et obtenu la suprématie sur les Morins. Mais tel était alors l'entraînement des Gaulois pour reconquérir leur liberté et leur ancienne gloire, que les sentiments de reconnaissance et d'amitié s'effacèrent de leur souvenir, et tous se vouèrent corps et âme à la guerre.

Le recensement et la revue des troupes eurent lieu sur le territoire des Éduens. On nomma les chefs : le commandement général fut donné à l'Atrébate Commius, aux Éduens Viridomare et Eporedorix, et à l'Arverne Vercassivellaunus, cousin de Vercingetorix. On leur adjoignit des délégués de chaque pays, qui formaient un conseil de direction pour la guerre. Ils se mirent en marche vers Alesia pleins d'ardeur et de confiance : chacun était convaincu que les Romains reculeraient à la seule vue de forces si imposantes, lorsque surtout ils se trouveraient menacés à la fois et par les sorties des assiégés, et par une armée extérieure puissante en infanterie et en cavalerie.

Cependant le jour où les assiégés attendaient du secours venait d'expirer, les vivres étaient consommés ; ignorant d'ailleurs ce qui se passait chez les Éduens, ils s'assemblèrent pour délibérer sur une résolution suprême. Les opinions se partagèrent : les uns conseillaient de se rendre, d'autres de faire une sortie, avant que la vigueur de tous fût épuisée. Mais Critognatus, Arverne distingué par sa naissance et son crédit, dans un discours d'une singulière et effrayante atrocité, proposa à ses concitoyens de suivre l'exemple de leurs ancêtres, qui, lors de la guerre des Cimbres, enfermés dans leurs forteresses et en proie à la disette, mangèrent les hommes hors d'état de porter les armes plutôt que de se rendre. Les avis recueillis, il fut décidé que celui de Critognatus ne serait adopté qu'à la dernière extrémité et qu'on se bornerait, pour le moment, à renvoyer de la place toutes les bouches inutiles. Les Mandubiens, qui avaient reçu dans leurs murs l'armée gauloise, furent forcés d'en sortir avec leurs femmes et leurs enfants. Ils s'approchèrent des lignes romaines, supplièrent qu'on les prît pour esclaves et qu'on leur donnât du pain. César mit des gardes le long du vallum, et défendit de les recevoir.

Enfin apparaissent devant Alesia Commius et les autres chefs, suivis de leurs troupes; ils s'arrêtent sur une colline voisine, à mille pas à peine de la circonvallation (la colline de Mussy-la-Fosse). Le lendemain ils font sortir la cavalerie de leur camp; elle couvrait toute la plaine des Laumes. Leur infanterie s'établit à quelque distance sur les hauteurs. Du plateau d'Alesia on dominait la plaine. A la vue de l'armée de secours, les assiégés se rassemblent, se félicitent, se livrent à la joie, puis ils se précipitent hors de la ville, comblent le premier fossé avec des fascines et de la terre, et tous se préparent à une sortie générale et décisive.

César, obligé de faire face à la fois de deux côtés, disposa son armée sur les deux lignes opposées des retranchements, et assigna à chacun son poste; il ordonna ensuite à sa cavalerie de quitter ses campements et d'engager le combat. De tous les camps placés sur le sommet des collines environnantes, la vue s'étendait sur la plaine, et les soldats, l'esprit en suspens, attendaient l'issue de l'événement. Les Gaulois avaient mêlé à leur cavalerie un petit nombre d'archers et de soldats armés à la légère, pour la soutenir si elle pliait, et arrêter le choc des cavaliers ennemis. Bon nombre de ces derniers, blessés par ces fantassins jusque-là inaperçus,

20.

furent contraints de quitter la mêlée. Alors les Gaulois, confiants dans leur supériorité numérique, dans la valeur de leur cavalerie, se crurent certains du succès; et de toutes parts, du côté des assiégés comme de celui de l'armée de secours, s'éleva une clameur immense pour encourager les combattants. L'action se passait en présence de tous, nul trait de courage ou de lâcheté ne demeurait inconnu; chacun était excité par le désir de la gloire et la crainte du déshonneur. Depuis midi jusqu'au coucher du soleil, la victoire paraissait incertaine, lorsque les Germains à la solde de César, formés en escadrons serrés, chargèrent l'ennemi et le culbutèrent; dans sa fuite, il abandonna les archers, qui furent enveloppés; alors, de tous les points de la plaine, la cavalerie se mit à poursuivre les Gaulois jusqu'à leur camp, sans leur laisser le temps de se rallier. Les assiégés qui étaient sortis d'Alesia y rentrèrent consternés et désespérant presque de leur salut.

Après un jour employé à faire une grande quantité de fascines, d'échelles et de harpons, les Gaulois de l'armée de secours quittèrent leur camp en silence vers le milieu de la nuit, et s'approchèrent des ouvrages de la plaine. Puis tout à coup, poussant des cris pour avertir les assiégés, ils jettent leurs fascines afin de combler le fossé, attaquent les défenseurs du vallum à coups de frondes, de flèches et de pierres, enfin préparent tout pour un assaut. En même temps Vercingetorix, entendant les cris du dehors, donne le signal avec la trompette, et s'élance suivi des siens hors de la place. Les Romains prennent dans les retranchements les postes assignés précédemment, ils répandent le trouble parmi les Gaulois en leur lançant des balles de plomb, des pierres d'une livre, et en se servant des épieux disposés d'avance dans les ouvrages; les machines font pleuvoir sur l'ennemi une foule de traits. Comme on se battait dans l'obscurité, les boucliers devenant inutiles, il y eut dans les deux armées beaucoup de blessés. Les lieutenants M. Antoine et C. Trebonius, auxquels était confiée la défense des points menacés, soutenaient les troupes trop vivement pressées, au moyen de réserves tirées des redoutes voisines. Tant que les Gaulois se tinrent loin de la circonvallation, la multitude de leurs projectiles leur donna l'avantage; mais, en s'avançant, les uns s'embarrassèrent tout à coup dans les *stimuli,* les autres tombèrent meurtris dans les *scrobes,* d'autres enfin furent transpercés par les lourds pilums usités dans les siéges, et qui étaient lancés du haut du vallum et des tours. Ils eurent beaucoup de monde hors de combat, et ne réussirent nulle part à forcer les lignes romaines. Cependant, lorsque le jour commença à poindre, ils se retirèrent, craignant d'être pris en flanc (côté droit) par une sortie des camps établis sur la montagne de Flavigny. De leur côté les assiégés, après avoir perdu un temps précieux à transporter leur matériel d'attaque, et à faire des efforts pour combler le premier fossé (celui qui avait 20 pieds de large), apprirent la retraite de l'armée de secours avant d'être parvenus au véritable retranchement. Cette entreprise ayant avorté comme l'autre, ils rentrèrent dans la ville.

Ainsi repoussés deux fois avec grande perte, les Gaulois de l'armée de secours délibérèrent sur le parti à prendre. Ils interrogèrent les gens du pays, qui leur firent connaître la position et le genre de défense des camps romains placés sur les hauteurs. Au nord d'Alesia était une colline (le mont Réa) qui n'avait pas été renfermée dans les lignes, parce que celles-ci auraient eu un trop grand développement; par suite, le camp, nécessaire de ce côté, avait dû être établi sur une pente, dans une position désavantageuse (*Voir planche* 25, *camp* D); les lieutenants C. Antistius Reginus et C. Caninius Rebilus l'occupaient avec deux légions. Les chefs ennemis résolurent de l'assaillir avec une partie de leurs troupes tandis que l'autre se porterait dans la plaine des Laumes contre la circonvallation. Ce plan arrêté, ils font reconnaître les lieux par leurs éclaireurs, règlent secrètement entre eux les moyens d'exécution, et décident qu'à midi l'attaque aura lieu. Ils choisissent soixante mille hommes parmi les nations les plus renommées pour leur valeur. Vercassivellaunus, l'un des quatre chefs, est mis à leur tête. Ils sortent à la première veille, vers la tombée de la nuit, et se dirigent, par les hauteurs de Grignon et par Fain, vers le mont Réa, y arrivent au point du jour, se cachent dans les plis de terrain, au nord de cette colline, et se reposent de la fatigue de la nuit. A l'heure convenue, Vercassivellaunus descend les pentes et se précipite sur le camp de Reginus et de Rebilus; au même moment, la cavalerie de l'armée de secours s'approche des retranchements de la plaine, et les autres troupes se portent en avant.

Lorsque, du haut de la citadelle d'Alesia, Vercingetorix aperçut ces mouvements, il quitta la ville emportant les perches, les petites galeries couvertes (*musculos*), les gaffes (*falces*)[1], tout ce qui avait été préparé pour une sortie, et se dirigea vers la plaine. Une lutte acharnée s'engage; partout on tente les plus grands efforts, et les Gaulois se précipitent partout où la défense paraît plus faible. Disséminés sur des lignes étendues, les Romains ne défendent qu'avec peine plusieurs points en même temps, et sont obligés de faire face à deux attaques opposées. Combattant pour ainsi dire dos à dos, chacun est troublé par les cris qui s'élèvent et par la pensée que son salut dépend de ceux qui sont derrière lui; « il est dans la nature humaine, dit César, d'être » frappé plus vivement du danger qu'on ne voit pas [2]. »

[1] Voir ci-dessus, page 128, note.

[2] Ce passage prouve clairement que l'armée de secours attaqua aussi la circonvallation de la plaine. En effet, comment admettre que sur 240,000 hommes il n'y en ait eu que 60,000 d'employés? Il résulte du récit des Commentaires que, parmi cette multitude de peuplades différentes, les chefs choisirent les

Sur les versants nord de la montagne de Flavigny (au point marqué J. C. *planche* 25), César avait choisi le lieu le plus convenable pour observer chaque incident de l'action, et envoyer des secours aux endroits les plus menacés. Des deux côtés on était convaincu que le moment des efforts suprêmes était arrivé. Si les Gaulois ne forcent pas les lignes, ils n'ont plus d'espoir de salut ; si les Romains l'emportent, ils atteignent le terme de leurs travaux. C'est surtout aux retranchements situés sur les pentes du mont Réa que les Romains courent le plus grand danger, car la position dominante de l'ennemi lui donne un immense avantage (*iniquum loci ad declivitatem fastigium, magnum habet momentum*). Une partie des assaillants lance des traits ; une autre s'avance formant la tortue ; des troupes fraîches relèvent sans cesse les soldats fatigués. Tous s'empressent à l'envi de combler les fossés, de rendre inutiles, en les couvrant de terre, les défenses accessoires, et d'escalader le rempart. Déjà les armes et les forces manquent aux Romains. Informé de cette situation, César envoie Labienus à leur secours, avec six cohortes, et lui ordonne, si les troupes ne peuvent se maintenir derrière les retranchements, de les en retirer et de faire une sortie, mais seulement à la dernière extrémité. Labienus, campé sur la montagne de Bussy, descend des hauteurs pour se porter vers le lieu du combat. César, passant entre les deux lignes, se rend dans la plaine, où il encourage les soldats à tenir ferme, car ce jour, cette heure, décideront s'ils doivent recueillir le fruit de leurs précédentes victoires.

Pendant ce temps les assiégés, ayant renoncé à forcer les redoutables retranchements de la plaine, se dirigent contre les ouvrages situés au bas des hauteurs escarpées de la

hommes les plus courageux pour en former le corps de 60,000 hommes qui opéra le mouvement tournant ; les autres, peu aguerris et peu redoutables, lancés contre les retranchements de la plaine, furent facilement repoussés.

montagne de Flavigny, et y transportent tout leur matériel d'attaque ; ils chassent par une grêle de traits les soldats romains qui combattent du haut des tours ; ils comblent les fossés de terre et de fascines, s'ouvrent un passage, et, au moyen de gaffes, arrachent le clayonnage du parapet et la palissade. Le jeune Brutus y est d'abord envoyé avec plusieurs cohortes, puis le lieutenant C. Fabius avec sept autres ; enfin, l'action devenant plus vive, César accourt lui-même avec de nouvelles réserves.

Le combat rétabli et les ennemis repoussés, il se dirige vers l'endroit où il avait envoyé Labienus, tire quatre cohortes de la redoute la plus rapprochée, ordonne à une partie de la cavalerie de le suivre, à l'autre de faire un détour en dehors des lignes et de prendre l'ennemi à revers, en sortant du camp de Grésigny. De son côté, Labienus, voyant que ni les fossés ni les remparts ne peuvent arrêter l'effort des Gaulois, rallie trente-neuf cohortes venues des redoutes voisines, que le hasard lui présente, et avertit César que, d'après ce qui était convenu, il va faire une sortie[1]. César hâte sa marche pour prendre part au combat. Aussitôt que, des hauteurs où ils se trouvent, les légionnaires reconnaissent leur général à la couleur du vêtement qu'il avait coutume de porter dans les batailles (le *paludamentum* couleur de pourpre)[2], et l'aperçoivent suivi de cohortes et de détachements de cavalerie, ils sortent des retranchements et commencent l'attaque. Des cris s'élèvent de part et d'autre et sont répétés du vallum aux autres

---

[1] D'après Polyen (VIII, xxiii, 11), César, pendant la nuit, détacha trois mille légionnaires et toute la cavalerie pour prendre l'ennemi à revers.

[2] « César (à Alexandrie) se trouva fort embarrassé, étant chargé de ses vêtements de *pourpre*, qui l'empêchaient de nager. » (Xiphilin, *Jules César*, p. 26.) — « Crassus, au lieu de paraître devant ses troupes avec un *paludamentum* couleur de pourpre, comme c'est l'usage des généraux romains..... » (Plutarque, *Crassus*, xxviii.)

ouvrages. Lorsque César arrive, il voit les lignes abandonnées, et le combat se livrant dans la plaine de Grésigny, sur les bords de l'Ose. Les soldats romains rejettent le pilum et mettent l'épée à la main. En même temps la cavalerie du camp de Grésigny paraît sur les derrières de l'ennemi; d'autres cohortes approchent. Les Gaulois sont mis en déroute, et, en fuyant, rencontrent la cavalerie, qui fait d'eux un grand carnage. Sedulius, chef et prince des Lémovices, est tué; l'Arverne Vercassivellaunus est fait prisonnier. Soixante et quatorze enseignes sont apportées à César. De toute cette armée si nombreuse peu de combattants rentrèrent au camp sains et saufs.

Témoins, du haut des murs, de cette sanglante défaite, les assiégés désespérèrent de leur salut et firent rentrer les troupes qui attaquaient la contrevallation[1]. A la suite de ces échecs, les Gaulois de l'armée de secours s'enfuirent de leur camp, et, si les Romains, forcés de défendre tant de points à la fois et de s'aider mutuellement, n'eussent été accablés par les travaux de toute une journée, la masse entière des ennemis pouvait être anéantie. Vers le milieu de la nuit la cavalerie envoyée à leur poursuite atteignit l'arrière-garde; une grande partie fut prise ou tuée, les autres se dispersèrent pour regagner leurs pays.

Le lendemain Vercingetorix convoque un conseil. Il déclare qu'il n'a pas entrepris cette guerre par intérêt personnel, mais pour la cause de la liberté de tous. « Puisqu'il faut céder au sort, il se met à la discrétion de ses concitoyens, et leur offre d'être livré mort ou vivant aux Romains pour les apaiser. » Aussitôt on députe vers César, qui exige que les armes et les chefs lui soient remis. Il prend place

---

[1] « Les habitants d'Alesia désespérèrent de leur salut lorsqu'ils virent les soldats romains rapporter de tous côtés dans leur camp une immense quantité de boucliers garnis d'or et d'argent, des cuirasses souillées de sang, de la vaisselle et des tentes gauloises. » (Plutarque, *César*, xxx.)

devant son camp, à l'intérieur des retranchements; les chefs sont amenés, les armes sont déposées, et Vercingetorix se rend au vainqueur. Ce vaillant défenseur de la Gaule arrive à cheval, revêtu de ses plus belles armes, fait le tour du tribunal de César, met pied à terre, et, déposant son épée et ses insignes militaires, il s'écrie : « Tu as vaincu un brave, » toi, le plus brave de tous [1] ! » Les prisonniers furent distribués par tête à chaque soldat, à titre de butin, excepté les vingt mille qui appartenaient aux Éduens et aux Arvernes, et que César leur rendit, dans l'espoir de ramener ces peuples à sa cause.

Voici comment Dion-Cassius raconte la reddition du chef gaulois : « Après cette défaite, Vercingetorix, qui n'avait » été ni pris ni blessé, pouvait fuir; mais, espérant que » l'amitié qui l'avait uni autrefois à César lui ferait obtenir » grâce, il se rendit auprès du proconsul, sans avoir fait » demander la paix par un héraut, et parut soudainement » en sa présence, au moment où il siégeait sur son tribunal. » Son apparition inspira quelque effroi, car il était d'une » haute stature, et il avait un aspect fort imposant sous les » armes. Il se fit un profond silence; le chef gaulois tomba » aux genoux de César, et le supplia, en lui pressant les » mains, sans proférer une parole. Cette scène excita la pitié » des assistants, par le souvenir de l'ancienne fortune de » Vercingetorix, comparée à son malheur présent. César, » au contraire, lui fit un crime des souvenirs sur lesquels » il avait compté pour son salut. Il mit sa lutte récente en » opposition avec l'amitié qu'il rappelait, et par là fit ressortir plus vivement l'odieux de sa conduite. Aussi, loin » d'être touché de son infortune en ce moment, il le jeta sur-» le-champ dans les fers, et le fit mettre plus tard à mort,

---

[1] Florus, III, x, 26. — D'après Plutarque (*César,* xxx), Vercingetorix, après avoir déposé ses armes, serait allé s'asseoir en silence au pied du tribunal de César.

» après en avoir orné son triomphe. » En agissant ainsi, César crut obéir à la raison d'État et aux coutumes cruelles de l'époque. Il est à regretter pour sa gloire qu'il n'ait pas usé, à l'égard de l'illustre chef gaulois, de la même clémence qu'il montra pendant la guerre civile envers les vaincus, ses concitoyens.

Ces événements accomplis, César se dirigea vers le pays des Éduens et reçut leur soumission. Là il rencontra des envoyés des Arvernes, qui promirent de déférer à ses ordres; il exigea d'eux un grand nombre d'otages. Ensuite il mit ses légions en quartiers d'hiver : T. Labienus, avec deux légions et de la cavalerie, chez les Séquanes, Sempronius Rutilus lui fut adjoint; C. Fabius et L. Minucius Basilus, avec deux légions, chez les Rèmes pour les protéger contre les Bellovaques, leurs voisins; C. Antistius Reginus chez les Ambluarètes; T. Sextius chez les Bituriges ; C. Caninius Rebilus chez les Rutènes, chacun avec une légion. Q. Tullius Cicéron et P. Sulpicius furent établis à Cabillonum (*Chalon*) et à Matisco (*Mâcon*), dans le pays des Éduens, sur la Saône, pour assurer les vivres. César résolut de passer l'hiver à Bibracte[1]. Il annonça ces événements à Rome, où l'on décréta vingt jours de publiques actions de grâces.

---

[1] *Guerre des Gaules*, VII, xc. — En confrontant les données du VIIe livre avec celles du VIIIe, on obtient les résultats suivants :

En Franche-Comté, Labienus avec la 7e et la 15^e	2 légions.
Dans le pays de Reims, Fabius et Basilus avec la 8e et la 9e.	2
Entre Loire et Allier, Reginus avec la 11e.	1
Dans le Berry, Sextius avec la 13e.	1
Dans le Rouergue, Rebilus avec la 1re.	1
A Mâcon, Tullius Cicéron avec la 6^e	1
A Chalon, Sulpicius avec la 14e.	1
A Bibracte, Marc-Antoine avec la 10e et la 12^e	2
Total.	11

316 HISTOIRE DE JULES CÉSAR.

Détails sur les fouilles opérées à Alise.

XIII. Les fouilles exécutées autour du mont Auxois, de 1862 à 1865, ont fait retrouver, sur presque tous les points, les fossés des retranchements romains. En voici le résultat :

CAMPS. César déboucha sur Alesia par la montagne de Bussy (*Voir planche* 25), et il répartit son armée autour du mont Auxois : les légions campèrent sur les hauteurs, la cavalerie fut établie dans les parties basses, près des cours d'eau.

Il y avait quatre camps d'infanterie, dont deux, A et B, sur la montagne de Flavigny. Leur forme dépend de la configuration du sol : ils étaient tracés de façon que les retranchements dominassent, autant que possible, le terrain situé en avant. Du côté où il aurait pu être attaqué, c'est-à-dire au midi, le camp A présentait des défenses formidables, à en juger par la triple ligne de fossés qui entoure cette partie. (*Voir planches* 25 *et* 28.) Peut-être doit-on supposer, d'après cela, qu'il fut occupé par César en personne. Le camp B est plus vaste. Les vestiges des remblais en sont encore visibles aujourd'hui sur la plus grande partie de l'enceinte, parce que la charrue n'a jamais passé sur ce terrain. C'est le seul exemple connu de traces apparentes d'un camp de César. Aucun des camps de la montagne de Flavigny n'ayant été attaqué, les fouilles n'ont fait retrouver dans les fossés qu'un petit nombre d'objets. Les entrées des camps sont aux endroits marqués par des flèches sur la *planche* 25. Un troisième camp était situé sur la montagne de Bussy, en C.

Le quatrième camp d'infanterie fut établi sur les pentes inférieures du mont Réa, en D. C'est celui qu'occupèrent les deux légions de Reginus et de Rebilus, et qu'attaqua Vercassivellaunus avec 60,000 hommes. On remarquera, en effet, que le contre-fort situé au nord du mont Auxois, entre le Rabutin et la Brenne, est beaucoup plus éloigné d'Alesia que les autres montagnes qui l'entourent, et le mont Réa, qui en est la partie la plus rapprochée, en est encore à plus de 2,000 mètres. Il suit de là que César n'aurait pu comprendre le mont Réa dans ses lignes sans leur donner un développement excessif. Aussi se vit-il contraint d'établir un de ses camps sur le versant méridional de cette colline. Ce camp fut au moment d'être forcé, et il s'y livra une bataille acharnée. Les fouilles ont fait découvrir dans les fossés une foule d'objets intéressants, entre autres plus de six cents monnaies romaines et gauloises. (Voir la nomenclature de l'*Appendice* C.)[1] L'extrémité du fossé supérieur, représentée par des points sur les *planches* 25 et 28, n'a pas été retrouvée, parce qu'il s'est produit dans cette partie des pentes du mont Réa des éboulements, qui auraient obligé à des déblais considérables pour arriver au fond du fossé. La force des retranchements des camps d'infanterie était très-variable, comme on peut s'en assurer à l'inspection des divers profils des fossés. (*Voir planche* 28.)

[1] On a trouvé, sur une longueur de 200 mètres, dans le fond du fossé supérieur, 11 médailles gauloises, 20 pointes de flèche, des débris de boucliers, 4 boulets en pierre de différents diamètres, 2 meules de granit, des crânes et des ossements, de la poterie et des morceaux d'amphore en telle quantité, qu'on est amené à croire que les Romains lancèrent sur les assaillants tout ce qui était à leur portée. Dans le fossé inférieur, près duquel la lutte fut plus vive après la sortie de Labienus, le résultat a dépassé toutes les espérances. Ce fossé a été rouvert sur 500 mètres de longueur, de X à X (*Voir planche* 25); il renfermait, outre 600 monnaies (*Voir Appendice* C), des débris de poterie et de nombreux ossements, les objets suivants : 10 épées gauloises et 9 fourreaux en fer, 39 pièces provenant d'armes du genre du pilum romain, 30 fers de javelots, qui, par suite de leur légèreté, sont regardés comme ayant armé la *hasta amentata*. 17 fers plus pesants ont pu servir également à des javelots projetés à l'*amentum* ou directement à la main, ou enfin à des lances ; 62 fers de forme variée présentent un fini de fabrication qui les fait ranger parmi les armes de haste.

En fait d'armures défensives, on a découvert 1 casque en fer et 7 geniastères, semblables à celles que nous voyons représentées sur les sculptures romaines ; des umbo de boucliers romains et gaulois ; 1 ceinture en fer de légionnaire ; enfin de nombreux colliers, anneaux et fibules.

Pour chaque camp, ils ont des dimensions plus grandes dans la partie non protégée par les escarpements, ce qui se conçoit facilement.

Il y avait quatre camps de cavalerie, G, H, I, K, placés près des différents cours d'eau : trois dans la plaine des Laumes, un dans la vallée du Rabutin. Les fossés de ces camps affectaient des formes très-diverses. (*Voir planche* 28.) En général leurs dimensions étaient sensiblement moindres que celles des fossés des camps d'infanterie. Le camp G avait cependant des fossés assez profonds, sans doute parce qu'il était le plus éloigné des lignes. Le fossé qui fermait le camp I du côté de la Brenne a disparu à la suite des débordements de la rivière.

REDOUTES OU *CASTELLA*. Sur les vingt-trois redoutes ou blockhaus (*castella*), cinq seulement ont pu être retrouvées; c'étaient les plus considérables; elles sont représentées sur la *planche* 25 par les numéros 10, 11, 15, 18, 22. Les autres, construites en bois et formant des blockhaus, n'ont dû laisser aucune trace; on les a marquées par des cercles aux endroits les plus convenables.

DISTRIBUTION DE L'ARMÉE. DÉVELOPPEMENT DE LA LIGNE D'INVESTISSEMENT. Nous savons, par les Commentaires, que le camp D, sur les pentes du mont Réa, contenait deux légions. En comparant sa superficie à celle des autres camps, on peut admettre que ceux-ci étaient occupés de la manière suivante : dans le camp A, une légion; dans le camp B, deux légions; dans le camp C, trois légions; total, huit légions. Les trois légions restantes auraient été distribuées dans les vingt-trois redoutes. Ainsi que nous l'avons dit, le chiffre de 11,000 pas ne peut évidemment s'appliquer qu'à la ligne d'investissement formée par les huit camps et les vingt-trois redoutes établis autour d'Alesia dès l'arrivée de l'armée, et non, comme on l'a cru, à la contrevallation proprement dite, qui ne fut construite que plus tard (VII, LXXII). Ce chiffre est rigoureusement exact, car l'enceinte du terrain qu'enveloppent les camps est d'un peu plus de 16 kilomètres, ce qui représente 11,000 pas romains.

Fossé DE VINGT PIEDS. Ce fossé a été retrouvé dans toute son étendue; il barrait la plaine des Laumes suivant une direction perpendiculaire aux cours de l'Ose et de l'Oserain, et ne faisait pas le tour du mont Auxois. La *planche* 28 représente deux des profils les plus remarquables. Il n'avait pas tout à fait les 20 pieds de largeur indiqués dans les Commentaires. Il n'était pas non plus partout distant de la contrevallation de 400 pas. Cette mesure n'est exacte que vers les extrémités du fossé, près des deux rivières.

CONTREVALLATION. Vercingetorix, retiré sur le plateau d'Alesia, n'aurait pu s'échapper que par la plaine des Laumes, et, à la rigueur, par la vallée du Rabutin; car les contre-forts situés au sud, à l'est et au nord du mont Auxois sont surmontés d'une ceinture de rochers à pic qui forment des barrières infranchissables, et les vallées de l'Oserain et de l'Ose, qui les séparent, constituent de véritables défilés. Il importait donc de barrer la plaine des Laumes par des ouvrages inexpugnables. Aussi César y accumula-t-il les moyens de défense; mais il les simplifia partout ailleurs, comme les fouilles l'ont démontré.

Ce sont ces travaux, particuliers à la plaine des Laumes, que César décrit aux chapitres LXXII et LXXIII. Les traces des deux fossés existent dans toute l'étendue de la plaine, d'une rivière à l'autre. Ils n'avaient pas la même forme : le plus rapproché du mont Auxois est à fond de cuve, l'autre est en cul-de-lampe. (*Voir planches* 27 *et* 28.) La largeur du premier est de 15 pieds, comme le veut le texte; celle du fossé triangulaire, de 15 pieds sur certains points, est le plus souvent un peu moindre. Les deux fossés ont la même profondeur; mais elle n'atteint pas 15 pieds, comme les traducteurs l'ont compris à tort. Creuser un fossé profond de

15 pieds est un travail si considérable, vu les deux étages de travailleurs qu'il exige, que jamais peut-être il n'a été exécuté comme fortification passagère. D'ailleurs, le résultat des fouilles ne permet plus aucun doute à ce sujet : les deux fossés de la contrevallation n'ont l'un et l'autre que 8 à 9 pieds de profondeur.

Le fossé qui est le plus rapproché du mont Auxois fut rempli d'eau. Les Romains avaient naturellement introduit l'eau dans celui des deux fossés qui, par sa forme à fond de cuve, pouvait en contenir le volume le plus considérable. Un nivellement fait avec soin dans la plaine des Laumes a prouvé que cette eau fut dérivée de l'Oserain. Pendant les fouilles, on a retrouvé, jusque vers le milieu de la longueur du fossé, le gravier qu'avaient entraîné les eaux de cette rivière, à l'époque de l'investissement d'Alesia.

A gauche de l'Oserain, la contrevallation coupait, sur une longueur de 800 mètres, les premières pentes de la montagne de Flavigny; puis elle continuait, n'ayant plus qu'un seul fossé, dont les profils divers sont indiqués *planche* 28. Elle longeait d'abord la rive gauche du ruisseau, à une distance moyenne de 50 mètres jusqu'au moulin Chantrier, coupait ensuite l'extrémité occidentale du mont Pennevelle entre l'Oserain et l'Ose, suivait la rive droite de cette dernière rivière le long des pentes de la montagne de Bussy, et, après avoir traversé la petite plaine de Grésigny, venait rejoindre le camp établi sous le mont Réa. Presque partout les Romains avaient, pour défendre la contrevallation, l'avantage de la position dominante. Les fouilles ont montré que, dans la plaine de Grésigny, le fossé de la contrevallation avait été rempli avec l'eau du Rabutin. Elles ont fait découvrir dans l'ancien lit de ce ruisseau (*Voir planche* 25), au point même où le fossé le coupait, un mur, qui en barrait les eaux pour les conduire dans ce fossé [1].

[1] On a trouvé dans les fossés de la plaine des Laumes une belle épée,

CIRCONVALLATION. Dans l'étendue de la plaine des Laumes et sur les pentes de la montagne de Flavigny, la circonvallation était parallèle à la contrevallation, à une distance moyenne de 200 mètres. Elle n'avait qu'un seul fossé, qui, dans la plaine, était à fond de cuve, pour donner un remblai plus considérable; presque partout ailleurs il affectait la forme triangulaire. (*Voir planche* 28.) La circonvallation cessait vers les escarpements de la montagne de Flavigny, où les défenses devenaient inutiles; puis elle se continuait sur le plateau, où elle reliait les camps entre eux. Elle descendait ensuite vers l'Oserain, coupait la pointe du mont Pennevelle, remontait les pentes de la montagne de Bussy, dont elle reliait également les camps, descendait dans la plaine de Grésigny, qu'elle traversait parallèlement à la contrevallation, et aboutissait au camp D. Sur les hauteurs on lui avait fait suivre les ondulations du terrain, pour que ses défenseurs occupassent, autant que possible, une position dominante par rapport à celle des assaillants. D'ailleurs, les travaux de la circonvallation ne furent point les mêmes partout. Ainsi, près des escarpements et des ravins qui coupaient cette ligne, les Romains n'avaient pas fait de fossé avec épaulement, mais seulement des défenses accessoires, telles qu'abatis et trous de loup, qui même alternaient entre eux sur divers points.

Au-dessus du castellum 21, entre Grésigny et le mont Réa, les fouilles ont mis à découvert un fossé de grandes dimensions, dont le fond était rempli d'ossements d'animaux de diverses espèces. Sa position près d'un petit ravin où

plusieurs clous et quelques ossements, sur la rive gauche de l'Oserain, deux médailles, trois pointes de flèche et d'autres débris d'armes; dans le fossé qui descend vers l'Ose, sur les pentes septentrionales du mont Pennevelle, une grande quantité d'ossements d'animaux. (Un terrain planté de vignes situé tout à côté, sur le versant sud du mont Pennevelle, s'appelle encore aujourd'hui, sur le cadastre, *la Cuisine de César*.)

coule un ruisseau peut faire supposer que là se trouvait l'abattoir de l'armée romaine. En regardant ce fossé et ceux qui, sur la calotte et sur les pentes du mont Réa, faisaient partie de la circonvallation, on trouve pour le développement de cette ligne 20 kilomètres environ, qui représentent assez exactement les 14 milles du texte des Commentaires [1].

Trous de loup. Dans la plaine des Laumes, au sommet de la circonvallation et tout près du bord extérieur du fossé, on a compté plus de cinquante trous de loup, sur cinq rangées. D'autres ont été déblayés sur les hauteurs, neuf entre le camp A et les escarpements, vingt-sept sur la montagne de Bussy, près du castellum 15 : ils sont creusés dans le roc, et leur état de conservation est tel qu'ils semblent faits d'hier. Au fond de quelques-uns de ces derniers on a recueilli quinze pointes de flèche. Tous ces trous de loup ont 3 pieds de profondeur, 2 pieds de diamètre en haut et un peu moins de 1 pied dans le fond.

Camp gaulois. Dans les premiers jours de l'investissement, les assiégés campèrent sur les versants du mont Auxois, vers la partie orientale de la colline. Ils étaient protégés par un fossé et un mur en pierres sèches de 6 pieds de haut. Nous avons tracé en PQRS, sur la *planche* 25, l'emplacement de ce camp. Les fouilles ont fait reconnaître dans la direction QR, sur les pentes qui descendent à l'Oserain, des traces de fossés et des vestiges de murs. Sur le plateau du mont Auxois il pouvait être intéres-

---

[1] Les fossés de la circonvallation ont fourni, dans la plaine des Laumes, des boulets en pierre, quelques débris d'armes, de la poterie et un magnifique vase d'argent d'une belle époque grecque. Ce dernier a été trouvé en Z (*Voir planche* 25), près de la route impériale de Paris à Dijon, dans le fond même du fossé, à 1^m,40 de profondeur. Des armes de bronze, composées de dix lances, deux haches, deux épées, avaient été trouvées antérieurement en Y près de l'Ose.

sant de retrouver l'ancien mur gaulois. Il a été mis à nu par tronçons sur toute l'enceinte des escarpements : on doit en conclure que la ville occupait tout le plateau.

Un spécimen remarquable de ce mur est visible à la pointe du mont Auxois, près de l'endroit où a été récemment placée la statue de Vercingetorix.

Quant aux camps de l'armée de secours, il est probable que les Gaulois n'exécutèrent pas de retranchements sur les hauteurs où ils s'établirent.

CHAPITRE ONZIÈME.

AN DE ROME 703.

(Livre VIII (¹) des Commentaires.)

Expédition contre les Bituriges et les Carnutes.

I. La prise d'Alesia et celle de Vercingetorix, malgré les efforts réunis de toute la Gaule, devaient faire espérer à César une soumission générale; aussi crut-il pouvoir laisser, pendant l'hiver, son armée se reposer paisiblement, dans ses quartiers, des rudes travaux qui avaient duré sans interruption tout l'été précédent. Mais l'esprit d'insurrection n'était pas éteint chez les Gaulois, et, persuadés par l'expérience que, quel que fût leur nombre, ils ne pouvaient en masse lutter contre des troupes aguerries, ils résolurent de diviser l'attention et les forces des Romains par des insurrections partielles provoquées sur tous les points à la fois, seule chance de leur résister avec avantage.

César ne voulut pas leur donner le temps de réaliser ce nouveau plan, il confia le commandement de ses quartiers d'hiver à son questeur Marc-Antoine, partit de Bibracte la veille des calendes de janvier (25 décembre) avec une escorte de cavalerie, alla rejoindre la 13ᵉ légion, qui hivernait chez les Bituriges, non loin de la frontière éduenne, et appela à lui la 11ᵉ, qui était la plus proche. Ayant laissé deux cohortes de chaque légion à la garde des bagages, il parcourut le pays fertile des Bituriges, vaste territoire où la présence d'une seule légion était insuffisante pour arrêter des préparatifs d'insurrection.

Son arrivée subite au milieu d'hommes sans défiance, dis-

(¹) Ce livre, comme on le sait, est écrit par Hirtius.

persés dans les campagnes, produisit le résultat qu'il en attendait. Ils furent surpris avant d'avoir pu rentrer dans leurs oppidums, car César avait sévèrement défendu tout ce qui leur aurait donné l'éveil, surtout l'incendie, qui ordinairement trahit la présence inopinée de l'ennemi. On fit plusieurs milliers de captifs; ceux qui parvinrent à s'échapper cherchèrent en vain un asile chez les nations voisines. César, par des marches forcées, les atteignait sur tous les points, et obligeait chaque peuple à s'occuper de son propre salut plutôt que de celui des autres. Cette activité maintint les populations fidèles, et, par la terreur, engagea les douteuses à subir les conditions de la paix. Ainsi les Bituriges, voyant que César leur offrait un moyen facile de recouvrer sa protection, et que les États limitrophes n'avaient subi d'autre châtiment que de livrer des otages, n'hésitèrent pas à se soumettre.

Les soldats des 11e et 13e légions avaient, pendant l'hiver, supporté avec une rare constance les fatigues de marches très-difficiles, par un froid intolérable. Pour les en récompenser, il promit, à titre de butin, 200 sesterces à chaque soldat, 2,000 à chaque centurion. Il les renvoya ensuite dans leurs quartiers d'hiver, et retourna à Bibracte après une absence de quarante jours. Pendant qu'il y rendait la justice, les Bituriges vinrent implorer son appui contre les attaques des Carnutes. Quoique de retour depuis dix-huit jours seulement, il se remit en marche à la tête de deux légions, la 6e et la 14e, qui avaient été placées sur la Saône pour assurer les approvisionnements.

A son approche, les Carnutes, instruits par le sort des autres peuples, abandonnèrent leurs chétives cabanes, qu'ils avaient élevées sur l'emplacement des bourgs et des oppidums ruinés dans la dernière campagne, et se dispersèrent de tous côtés. César, ne voulant pas exposer ses soldats aux rigueurs de la saison, établit son camp à Genabum (*Gien*).

et logea ses soldats, partie dans les cabanes restées intactes, partie dans les tentes, sous des appentis couverts de chaume. La cavalerie et l'infanterie auxiliaire furent envoyées à la poursuite des Carnutes, qui, traqués de toutes parts et sans asile, se réfugièrent dans les pays limitrophes [1].

<small>Campagne contre les Bellovaques.</small>

II. César, après avoir dissipé des rassemblements et étouffé les germes d'une insurrection, pensa que l'été n'amènerait aucune guerre sérieuse. Il laissa donc à Genabum les deux légions qu'il avait avec lui et en donna le commandement à C. Trebonius. Cependant plusieurs avis des Rèmes l'informèrent que les Bellovaques et les peuples voisins, ayant à leur tête Correus et Commius, réunissaient des troupes pour faire irruption sur le territoire des Suessions, placés, dès la campagne de 697, sous la dépendance des Rèmes.

Il crut alors de son intérêt comme de sa dignité de protéger des alliés qui avaient bien mérité de la République. Il retira de nouveau la 11ᵉ légion de ses quartiers d'hiver, ordonna par écrit à C. Fabius, campé chez les Rèmes, d'amener chez les Suessions les deux légions qu'il commandait, et demanda à Labienus, qui était à Besançon, une des siennes. Ainsi, sans prendre lui-même aucun repos, il répartissait les fatigues entre les légions, autant que le permettaient la situation des quartiers d'hiver et les nécessités de la guerre.

Ce corps d'armée réuni, il marcha contre les Bellovaques, établit son camp sur leur territoire et envoya de tous côtés de la cavalerie, afin de faire quelques prisonniers et de connaître par eux les projets de l'ennemi. Les cavaliers rapportèrent que l'émigration était générale, et que le petit nombre d'habitants qu'on rencontrait étaient restés chez eux, non

---

[1] *Guerre des Gaules,* VIII, v.

pour se livrer à l'agriculture, mais pour espionner les Romains. César, en interrogeant les prisonniers, apprit que tous les Bellovaques en état de combattre s'étaient rassemblés sur un point, et qu'à eux s'étaient joints les Ambiens, les Aulerques [1], les Calètes, les Véliocasses, les Atrébates. Leur camp se trouvait dans une forêt, sur une hauteur entourée de marais (le mont Saint-Marc, dans la forêt de Compiègne) (*Voir planche* 29); leurs bagages avaient été mis en sûreté dans des bois plus éloignés. Plusieurs chefs se partageaient le commandement; mais la plupart des Gaulois obéissaient à Correus, à cause de sa haine bien connue contre les Romains. Depuis quelques jours, Commius était allé chercher du secours chez ces nombreux Germains qui demeuraient dans les pays limitrophes (probablement ceux des bords de la Meuse). Les Bellovaques prirent le parti, d'un commun accord, de livrer bataille à César, si, comme le bruit en courait, il se présentait avec trois légions seulement, car ils ne voulaient pas risquer d'avoir plus tard sur les bras toute son armée. Si, au contraire, les Romains marchaient avec des forces plus considérables, ils comptaient garder leur position, et se borner, par des embuscades, à intercepter les vivres et les fourrages, très-rares dans cette saison.

Ce plan, confirmé par plusieurs rapports, parut à César plein de prudence et bien opposé à la témérité ordinaire des barbares. Il mit donc, pour les attirer au combat, tous ses soins à dissimuler le nombre de ses troupes; il avait avec lui les 7e, 8e et 9e légions, composées de vieux soldats d'un courage éprouvé, et la 11e, qui, formée de jeunes gens d'élite comptant huit campagnes, méritait sa confiance, quoiqu'elle ne pût être comparée aux autres pour la bravoure et l'expérience de la guerre. Afin de tromper les ennemis en ne leur

---

[1] Sous-entendre Éburovices.

montrant que trois légions, seul nombre qu'ils voulussent combattre, il disposa en ligne les 7°, 8° et 9°; les bagages, peu considérables d'ailleurs, furent placés en arrière sous la protection de la 11° légion, qui fermait la marche. Dans cet ordre, qui formait presque un carré, il arriva à l'improviste en vue des Bellovaques. A l'aspect inattendu des légions qui s'avançaient en bataille et d'un pas assuré, ils perdirent contenance, et, au lieu d'attaquer, ainsi qu'ils se l'étaient promis, se contentèrent de se ranger devant leur camp, sans quitter la hauteur. Une vallée plus profonde que large (*magis in altitudinem depressa quam late patente*) séparait les deux armées. En présence de cet obstacle et de la supériorité numérique des barbares, César, quoiqu'il eût désiré le combat, renonça de son côté à l'attaque, et plaça son camp en face de celui des Gaulois, dans une forte position (camp de Saint-Pierre-en-Chatre (*in Castris*), dans la forêt de Compiègne [1]). (*Voir planches* 29 *et* 30.) Il le fit entourer d'un rempart de douze pieds d'élévation, surmonté d'ouvrages accessoires appropriés à l'importance du retranchement (*loriculamque pro ratione ejus altitudinis* [2], et précédé d'un double fossé de quinze pieds de large, à fond de cuve [3]; des

---

[1] On a objecté que le mont Saint-Pierre n'était pas assez grand pour sept légions; or, comme César n'eut pendant longtemps avec lui que quatre légions, le camp fut approprié à ce nombre. Plus tard, au lieu de se tenir sur la défensive, il voulut, comme à Alesia, investir le camp gaulois; c'est alors seulement qu'il fit venir trois autres légions. La contenance des différents camps retrouvés est au contraire très-rationnelle et en rapport avec le nombre de troupes mentionné dans les Commentaires. Ainsi le camp de Berry-au-Bac, renfermant huit légions, avait quarante et un hectares de superficie; celui de Gergovia, pour six légions, avait trente-cinq hectares, et celui du mont Saint-Pierre, pour quatre légions, vingt-quatre hectares.

[2] « Non solum vallo et sudibus, sed etiam turriculis instruunt... quod opus loriculam vocant. » (Végèce, IV, xxviii.)

[3] On voit par les profils des fossés retrouvés qu'ils ne pouvaient pas être à parois verticales; l'expression d'Hirtius nous fait croire qu'il entendait, par *lateribus directis*, des fossés non triangulaires, mais à fond de cuve.

tours à trois étages furent construites de distance en distance, et reliées par des ponts couverts, dont la partie extérieure était munie de clayonnage. De cette manière le camp se trouvait protégé non-seulement par un double fossé, mais encore par deux rangs de défenseurs, dont les uns, postés sur des ponts, pouvaient, de cette position élevée et abritée, lancer leurs traits plus loin et avec plus d'assurance, tandis que les autres, placés sur le vallum, plus près de l'ennemi, étaient garantis par les ponts des traits plongeants. Les entrées furent défendues au moyen de tours plus hautes et fermées par des portes.

Ces formidables retranchements avaient un double but : augmenter la confiance des barbares en leur faisant croire qu'on les redoutait ; permettre ensuite de réduire la garnison du camp lorsqu'on irait chercher au loin les approvisionnements. Pendant quelques jours il n'y eut pas d'engagements sérieux, mais de légères escarmouches, dans la plaine marécageuse qui s'étendait entre les deux armées. Néanmoins la prise de quelques fourrageurs ne manquait pas d'enfler la présomption des barbares, accrue encore par l'arrivée de Commius, quoiqu'il n'eût ramené que cinq cents cavaliers germains.

Les ennemis demeurèrent renfermés une longue suite de jours dans leur position inexpugnable. César jugea qu'une attaque de vive force coûterait trop de sacrifices ; un investissement seul lui parut opportun ; mais il exigeait des troupes plus considérables. Il écrivit alors à Trebonius de faire venir le plus tôt possible la 13ᵉ légion, qui, sous les ordres de T. Sextius, hivernait chez les Bituriges ; de la réunir à la 6ᵉ et à la 14ᵉ, que le premier de ces deux lieutenants commandait à Genabum, et de le rejoindre lui-même à marches forcées avec ces trois légions. Pendant ce temps il employa la nombreuse cavalerie des Rèmes, des Lingons et des autres alliés, à protéger les fourrageurs et à empêcher les surprises.

Mais ce service quotidien finit, comme il arrive souvent, par se faire avec négligence, et, un jour que les Rèmes poursuivaient les Bellovaques avec trop d'ardeur, ils tombèrent dans une embuscade. En se retirant ils furent enveloppés par des fantassins au milieu desquels périt Vertiscus, leur chef. Fidèle aux mœurs gauloises, il n'avait pas voulu que sa vieillesse le dispensât de commander et de monter à cheval, quoiqu'il s'y soutînt à peine. Sa mort et ce faible succès exaltèrent encore les barbares, et rendirent les Romains plus circonspects. Néanmoins dans une des escarmouches qui avaient lieu sans cesse à la vue des deux camps, vers les endroits guéables du marais, l'infanterie germaine que César avait fait venir d'outre-Rhin pour la mêler à la cavalerie se réunit en masse, franchit audacieusement le marais, et, trouvant peu de résistance, s'acharna tellement à la poursuite des ennemis, que la frayeur s'empara nonseulement de ceux qui combattaient, mais encore de ceux qui étaient en réserve. Au lieu de profiter des avantages du terrain, tous s'enfuirent lâchement; ils ne s'arrêtèrent qu'à leur camp, quelques-uns même n'eurent pas honte de se sauver au delà. Cette défaite produisit un découragement général, car les Gaulois étaient aussi prompts à se démoraliser au moindre revers qu'à s'enorgueillir au plus léger succès.

Les jours se passaient ainsi, lorsque l'ennemi apprit l'arrivée de Caius Trebonius avec ses troupes, ce qui portait à sept le nombre des légions. Les chefs des Bellovaques redoutèrent alors un investissement pareil à celui d'Alesia et résolurent de quitter leur position. Ils firent partir de nuit les vieillards, les infirmes, les hommes sans armes, et la partie des bagages qu'ils avaient conservée avec eux. A peine cette multitude confuse, embarrassée d'elle-même et de ses nombreux chariots, fut-elle en mouvement, que le jour la surprit et qu'il fallut mettre les troupes en ligne devant le camp pour donner le temps à la colonne de s'éloigner. César ne crut utile ni d'engager le combat avec ceux qui étaient en position, ni de poursuivre, à cause de l'escarpement de la montagne, ceux qui se retiraient; il résolut cependant de faire avancer deux légions pour inquiéter l'ennemi dans sa retraite. Ayant remarqué que la montagne sur laquelle les Gaulois étaient établis se reliait à une autre hauteur (le mont Collet), dont elle n'était séparée que par un vallon de peu de largeur, il fit jeter des ponts sur le marais ; les légions y passèrent et atteignirent bientôt le sommet de cette hauteur, que protégeaient de chaque côté des pentes abruptes. Là il rassembla ses troupes, et se porta en ordre de bataille jusqu'à l'extrémité du plateau, d'où les machines mises en batterie pouvaient atteindre de leurs traits les masses ennemies.

Les barbares, rassurés par l'avantage du lieu, étaient prêts à accepter le combat si les Romains osaient attaquer la montagne ; ils craignaient d'ailleurs de retirer successivement leurs troupes, qui, divisées, auraient pu être mises en désordre. Cette attitude décida César à laisser vingt cohortes sous les armes, à tracer en cet endroit le camp et à le retrancher. Les travaux terminés, les légionnaires furent rangés devant les retranchements, et les cavaliers répartis aux avant-postes, avec leurs chevaux tout bridés. Les Bellovaques eurent recours à un stratagème pour opérer leur retraite. Ils se passèrent de main en main les fascines et la paille sur lesquelles, suivant l'habitude gauloise, ils s'asseyaient, tout en conservant leur ordre de bataille, les placèrent sur le front du camp, puis, vers la fin du jour, à un signal convenu, y mirent le feu. Aussitôt une vaste flamme intercepta aux Romains la vue des Bellovaques, qui se hâtèrent de fuir.

Quoique l'incendie empêchât César d'apercevoir la retraite des ennemis, il la soupçonna. Il fit avancer ses légions et envoya la cavalerie à leur poursuite ; mais il ne marcha que lentement, dans la crainte de quelque piége, les barbares pouvant avoir l'intention d'attirer les Romains sur un terrain désavantageux. Les cavaliers d'ailleurs n'osaient pénétrer à travers la fumée et les flammes ; aussi les Bellovaques purent-ils franchir impunément un espace de dix milles et s'arrêter dans un lieu extrêmement fortifié par la nature, le mont Ganelon, où ils assirent leur camp. Ainsi établis, ils se bornèrent à placer souvent de la cavalerie et de l'infanterie en embuscade, et causèrent un grand tort aux fourrageurs romains [1].

<small>Combat sur l'Aisne.</small>

III. Après plusieurs rencontres de ce genre, César sut par un prisonnier que Correus, chef des Bellovaques, avec 6,000 fantassins d'élite et 1,000 cavaliers choisis, préparait une nouvelle embuscade dans les lieux où l'abondance du blé et du fourrage semblait devoir attirer les Romains. Sur cet avis, il envoya en avant la cavalerie, toujours chargée de protéger les fourrageurs, lui adjoignit des auxiliaires armés à la légère, et lui-même, avec un plus grand nombre de légions qu'à l'ordinaire, les suivit le plus près possible.

L'ennemi s'était placé dans une plaine (celle de Choisy-au-Bac) d'environ mille pas en tout sens et entourée d'un côté par des forêts, de l'autre par une rivière d'un passage difficile (l'Aisne). La cavalerie connaissait les projets des Gaulois ; se sentant appuyée, elle marcha résolûment, par escadrons, vers cette plaine, que des embûches enveloppaient de toutes parts. Correus, en la voyant arriver ainsi, crut l'occasion favorable à l'exécution de son plan, et attaqua d'abord les premiers escadrons avec peu de monde. Les Romains soutinrent vaillamment le choc sans se concentrer en masse sur le même point, « ce qui, dit Hirtius,

---

[1] *Guerre des Gaules*, VIII, xvii.

« arrive ordinairement dans les combats de cavalerie, et « amène toujours une fâcheuse confusion. » Là, au contraire, les escadrons restèrent séparés, combattirent isolément, et lorsque l'un d'eux s'avançait, ses flancs étaient protégés par les autres. Correus fit alors sortir du bois le reste de sa cavalerie. Un combat acharné s'engagea de toutes parts, sans résultat décisif, jusqu'à ce que l'infanterie ennemie, débouchant de la forêt en ordre serré, fit reculer la cavalerie des Romains. Les soldats armés à la légère, qui précédaient les légions, se placèrent entre les escadrons et rétablirent le combat. Après un certain temps, les troupes, animées par l'approche des légions et l'arrivée de César, jalouses d'obtenir seules l'honneur de la victoire, redoublèrent d'efforts et eurent l'avantage. Les ennemis, au contraire, découragés, se mirent à fuir; mais ils furent arrêtés par les obstacles mêmes qu'ils avaient voulu opposer aux Romains. Un petit nombre s'échappa cependant en traversant la forêt et la rivière. Correus, inébranlable devant cette catastrophe, refusa obstinément de se rendre et tomba percé de coups.

César, après ce succès, espéra que, s'il poursuivait sa marche, l'ennemi, consterné, abandonnerait son camp, qui n'était qu'à huit milles du champ de bataille. Il passa donc l'Aisne, non sans de grandes difficultés.

Les Bellovaques et leurs alliés, instruits par les fuyards de la mort de Correus, de la perte de leur cavalerie et de l'élite de leur infanterie, craignant à chaque instant de voir paraître les Romains, convoquèrent, au son des trompettes, une assemblée générale, et décidèrent, par acclamation, d'envoyer au proconsul des députés et des otages. Les barbares implorèrent leur pardon, alléguant que cette dernière défaite avait ruiné leur puissance, que la mort de Correus, instigateur de la guerre, les délivrait de l'oppression, car, pendant sa vie, ce n'était point le sénat qui gouvernait, mais une multitude ignorante. A leurs prières César répondit « que l'année précédente les Bellovaques s'étaient soulevés de concert avec les autres peuples gaulois, mais qu'eux seuls avaient persisté dans la révolte. Il était trop commode de rejeter ses fautes sur ceux qui n'existaient plus ; mais comment croire qu'avec le seul secours d'une faible populace un homme eût eu assez d'influence pour exciter et entretenir la guerre contre la volonté des chefs, la décision du sénat et le vœu des gens de bien? Toutefois le mal qu'ils s'étaient attiré à eux-mêmes lui était une suffisante réparation. »

La nuit suivante, les Bellovaques et leurs alliés se soumirent, excepté Commius, qui s'enfuit dans le pays d'où il avait tiré récemment des secours. Il n'avait pas osé se fier aux Romains, en voici la raison : l'année précédente, en l'absence de César, T. Labienus, averti que Commius conspirait et préparait une insurrection, crut pouvoir, sans être taxé de mauvaise foi, dit Hirtius, réprimer sa trahison. Sous prétexte d'une entrevue, il envoya C. Volusenus Quadratus avec des centurions pour le tuer ; mais, lorsqu'ils furent en présence du chef gaulois, le centurion chargé de frapper manqua son coup, et ne fit que le blesser; de part et d'autre on tira l'épée : Commius put échapper [1].

Dévastation du pays des Éburons.

IV. Les peuplades les plus guerrières avaient été vaincues, et aucune ne songeait plus à la révolte. Cependant beaucoup d'habitants des pays nouvellement conquis abandonnaient les villes et les campagnes pour se soustraire à la domination romaine. César, voulant arrêter cette émigration, répartit son armée dans différentes contrées. Il appela à lui le questeur Marc-Antoine avec la 12ᵉ légion, et envoya le lieutenant Fabius avec vingt-cinq cohortes dans une

---

[1] *Guerre des Gaules,* VIII, xxiii.

partie opposée de la Gaule (dans les pays situés entre la Creuse et la Vienne), où l'on disait que plusieurs peuples étaient en armes, et où le lieutenant Caninius Rebilus, qui commandait avec deux légions, ne paraissait pas assez fort[1]; enfin il prescrivit à Labienus de venir de sa personne le rejoindre, et d'envoyer dans la Cisalpine la 15ᵉ légion[2], que celui-ci avait sous ses ordres, afin d'y protéger les colonies de citoyens romains contre les incursions subites des barbares, qui avaient attaqué, l'été précédent, les Tergestins (habitants des environs de Trieste).

Quant à César, il se rendit avec quatre légions sur le territoire des Éburons pour le ravager; comme il ne pouvait pas s'emparer d'Ambiorix, toujours errant, il crut devoir mettre tout à feu et à sang, persuadé que ce chef n'oserait jamais revenir dans un pays sur lequel il aurait attiré une si terrible calamité : les légions et les auxiliaires furent chargés de cette exécution. Ensuite il dirigea Labienus, avec deux légions, chez les Trévires, qui, toujours en guerre avec les Germains, n'étaient jamais maintenus dans l'obéissance que par la présence d'une armée romaine[3].

Expédition contre Dumnacus.

V. Pendant ce temps, Caninius Rebilus, qui avait été d'abord désigné pour aller chez les Rutènes, mais que des insurrections partielles avaient retenu dans la région située entre la Creuse et la Vienne, apprit que de nombreuses bandes ennemies se réunissaient chez les Pictons; il en était informé par des lettres de Duratius, leur roi, qui, au milieu

---

[1] Rebilus n'avait d'abord qu'une légion; nous croyons, avec Rustow, que la 10ᵉ, qui séjournait à Bibracte, était venue le rejoindre. Il est dit (VII, xc) que Rebilus avait été envoyé chez les Rutènes; mais il résulte d'un passage d'Orose (VI, xi) « qu'il fut arrêté en route par une multitude d'ennemis et courut les plus grands dangers. » Il resta donc près du pays des Pictons, où Fabius vint à son secours.

[2] Quelques manuscrits portent à tort le n° 12.

[3] *Guerre des Gaules*, VIII, xxv.

de la défection d'une partie de son peuple, était resté invariablement fidèle aux Romains. Il partit aussitôt pour Lemonum (*Poitiers*). En route, des prisonniers lui firent connaître que Duratius y était enfermé et assiégé par plusieurs milliers d'hommes sous les ordres de Dumnacus, chef des Andes. Rebilus, à la tête de deux faibles légions, n'osa pas se mesurer avec l'ennemi, il se contenta d'établir son camp dans une forte position. A la nouvelle de son approche, Dumnacus leva le siége, et marcha à la rencontre des légions. Mais, après plusieurs jours d'inutiles tentatives pour forcer leur camp, il revint attaquer Lemonum.

Sur ces entrefaites, le lieutenant Caius Fabius, occupé à pacifier plusieurs peuples, apprit de Rebilus ce qui se passait dans le pays des Pictons; il se porta sans retard au secours de Duratius. L'annonce de la marche de Fabius enleva à Dumnacus tout espoir de faire face en même temps aux troupes enfermées dans Lemonum et à l'armée de secours. Il abandonna de nouveau le siége en toute hâte, croyant qu'il ne serait pas en sûreté s'il ne mettait la Loire entre lui et les Romains; mais il ne pouvait passer ce fleuve que là où il existait un pont (à Saumur). Avant de s'être réuni à Rebilus, avant même d'avoir aperçu l'ennemi, Fabius, qui venait du nord et avait fait diligence, ne douta point, d'après les renseignements des gens du pays, que Dumnacus, effrayé, n'eût pris la route qui menait à ce pont. Il s'y dirigea donc avec ses légions, précédées, à une courte distance, par sa cavalerie. Celle-ci surprit en marche la colonne de Dumnacus, la dispersa et retourna au camp chargée de butin.

Le lendemain, pendant la nuit, Fabius envoie de nouveau sa cavalerie en avant avec ordre de retarder la marche de l'ennemi, de manière à donner le temps à l'infanterie d'arriver. La rencontre a lieu bientôt entre les deux cavaleries; mais l'ennemi, ne croyant avoir affaire qu'aux troupes de la veille, range son infanterie en bataille pour soutenir ses escadrons, lorsque tout à coup paraissent les légions en ordre de combat. A cette vue, les barbares sont frappés de terreur; le trouble se met dans la longue file de leurs bagages, et ils se dispersent. Plus de 12,000 hommes furent tués, tous les bagages tombèrent au pouvoir des Romains.

Il ne s'échappa de cette déroute que 5,000 fuyards; ils furent recueillis par le Sénonais Drappès, le même qui, à la première révolte des Gaules, avait rassemblé une foule d'hommes perdus, d'esclaves, de bannis, de brigands, pour intercepter les convois des Romains. Ils se dirigèrent sur la Narbonnaise avec le Cadurque Lucterius, qui déjà, comme on l'a vu au chapitre précédent (page 242), avait tenté une invasion semblable. Rebilus se mit à leur poursuite avec deux légions, pour éviter la honte de voir la Province souffrir quelque dommage d'un ramassis d'hommes aussi méprisables.

Quant à Fabius, il conduisit ses vingt-cinq cohortes contre les Carnutes et les autres peuples dont les forces avaient déjà été diminuées par l'échec qu'ils venaient de subir avec Dumnacus. Les Carnutes, quoique souvent battus, n'avaient jamais été complétement soumis; ils donnèrent des otages; les peuples armoricains suivirent leur exemple. Dumnacus, chassé de son territoire, alla chercher un refuge au fond de la Gaule [1].

Prise d'Uxellodunum.

VI. **Drappès et Lucterius**, apprenant qu'ils étaient suivis de Rebilus et de ses deux légions, renoncèrent à pénétrer dans la Province; ils s'arrêtèrent chez les Cadurques, et, avec leurs bandes, se jetèrent dans l'oppidum d'Uxellodunum (*Puy d'Issolu*, près de Vayrac), place extrêmement

---

[1] *Guerre des Gaules,* VIII, xxxi.

forte, autrefois sous la dépendance de Lucterius, qui ne tarda pas à en soulever les habitants.

Rebilus parut aussitôt devant la ville, qui, entourée de tous côtés de rochers escarpés, était, même non défendue, d'un accès difficile à des hommes armés. Sachant qu'elle renfermait une telle quantité de bagages que les assiégés n'auraient pu les faire sortir secrètement sans être atteints par la cavalerie et même par l'infanterie, il partagea ses cohortes en trois corps et établit trois camps sur les points les plus élevés. (*Voir planche* 31.) Ensuite, autant que le permettait le petit nombre des cohortes, il fit travailler à une contrevallation. A la vue de ces dispositions, les assiégés se rappelèrent le désastre d'Alesia, et craignirent un semblable sort. Lucterius, qui avait été témoin des horreurs de la disette pendant l'investissement de cette ville, se préoccupa surtout des vivres, et, du consentement de tous, laissant 2,000 hommes à Uxellodunum, il partit la nuit avec Drappès et le reste des troupes pour aller s'en procurer.

Au bout de quelques jours ils réunirent, soit de gré, soit de force, de nombreux approvisionnements. Pendant ce temps, la garnison de l'oppidum attaqua à plusieurs reprises les redoutes de Rebilus, ce qui obligea celui-ci d'interrompre le travail de la contrevallation, qu'il n'aurait pu d'ailleurs défendre faute de forces suffisantes.

Drappès et Lucterius vinrent se placer à dix milles de l'oppidum, dans l'intention d'y introduire peu à peu les vivres. Ils se partagèrent les rôles. Drappès resta avec une partie des troupes pour protéger le camp; Lucterius chercha à faire entrer de nuit des bêtes de somme dans la ville par un sentier étroit et boisé. Le bruit de leur marche avertit les sentinelles. Rebilus, informé de ce qui se passait, fit sortir des redoutes voisines les cohortes, et au point du jour tomba sur le convoi, dont l'escorte fut massacrée. Lucterius, échappé avec un petit nombre des siens, ne put rejoindre Drappès.

Rebilus apprit bientôt par des prisonniers que le reste des troupes sorties de l'oppidum se trouvait avec Drappès à une distance de douze milles, et que, par un hasard heureux, aucun fuyard ne s'était dirigé de ce côté pour lui porter la nouvelle du dernier combat. Le général romain envoya en avant toute la cavalerie et l'agile infanterie germaine; il les suivit avec une légion sans bagages, laissant l'autre à la garde des trois camps. Arrivé près de l'ennemi, il sut par ses éclaireurs que les barbares, négligeant les hauteurs, selon leur habitude, avaient placé leur camp sur les bords d'une rivière (probablement la Dordogne); que les Germains et la cavalerie les avaient surpris, et que déjà on en était aux mains. Rebilus alors s'avança promptement à la tête de la légion, rangée en ordre de bataille, et s'empara des hauteurs. A l'apparition des enseignes, la cavalerie redoubla d'ardeur; les cohortes se précipitèrent de toutes parts, les Gaulois furent pris ou tués, le butin fut immense, et Drappès tomba au pouvoir des Romains.

Rebilus, après cet heureux fait d'armes, qui lui coûta à peine quelques blessés, revint sous les murs d'Uxellodunum. Ne redoutant plus aucune attaque du dehors, il se mit résolûment à l'œuvre et continua la contrevallation. Le jour suivant Fabius arriva suivi de ses troupes, et partagea avec lui les travaux du siége.

Tandis que le midi de la Gaule était le théâtre de graves agitations, César avait laissé le questeur Marc-Antoine avec quinze cohortes chez les Bellovaques. Pour ôter aux Belges toute idée de révolte, il s'était rendu dans les pays voisins avec deux légions, s'était fait donner des otages et avait rassuré les esprits par des paroles bienveillantes. Arrivé chez les Carnutes, qui s'étaient soulevés les premiers l'année précédente, il reconnut que le souvenir de leur conduite entretenait chez eux de vives alarmes, et résolut d'y mettre un terme en faisant tomber sa vengeance sur le seul Gutruatus, l'instigateur de la guerre. Celui-ci fut amené et livré, et, quoique par nature César fût porté à l'indulgence, il ne put résister aux instances tumultueuses de ses soldats, qui rendaient ce chef responsable de tous les dangers courus et de toutes les misères subies. Gutruatus mourut sous les verges et fut ensuite décapité.

C'est dans le pays des Carnutes que César apprit, par des lettres de Rebilus, les événements survenus à Uxellodunum et la résistance des assiégés. Quoiqu'une poignée d'hommes renfermés dans une forteresse ne fût pas très-redoutable, il jugea nécessaire de punir leur opiniâtreté, de peur que les Gaulois n'acquissent la conviction que, pour résister aux Romains, ce n'était pas la force qui leur avait manqué, mais la constance, et que cet exemple n'encourageât les autres États, possédant des places avantageusement situées, à recouvrer leur indépendance.

Partout, d'ailleurs, dans les Gaules, on savait que César n'avait plus à exercer son commandement que pendant un été, et qu'ensuite on n'aurait plus rien à craindre. Il laissa donc à la tête de ses deux légions le lieutenant Quintus Calenus [1], lui ordonna de le suivre par étapes ordinaires, et avec la cavalerie il se porta à grandes journées vers Uxellodunum.

César, en arrivant à l'improviste devant cette ville, la trouva complétement investie sur tous les endroits accessibles. Il jugea qu'elle ne pouvait pas être prise de vive force (*neque ab oppugnatione recedi videret ulla conditione posse*), et, comme elle était abondamment pourvue de vivres, il conçut le projet de priver d'eau les habitants. La montagne était entourée presque de toutes parts par un terrain

[1] Voir sa biographie à l'*Appendice* D.

très-bas; mais d'un côté existait une vallée traversée par une rivière (la Tourmente). Comme elle coulait au pied de deux montagnes escarpées, la disposition des lieux ne permettait pas de la détourner et de la conduire dans des fossés plus bas. Il était difficile aux assiégés d'y descendre; les Romains en rendirent les abords encore plus dangereux. Ils placèrent des postes d'archers, de frondeurs, et amenèrent des machines qui tiraient sur toutes les pentes donnant accès à la rivière. Les assiégés alors n'eurent d'autre moyen, pour se procurer de l'eau, que d'aller puiser à une source abondante qui sortait du rocher au pied de la muraille, à trois cents pas du cours de la Tourmente. (*Voir planche* 31.) César résolut de tarir cette source; à cet effet il n'hésita pas à tenter une laborieuse entreprise : en face du point où elle jaillissait, il fit avancer contre la montagne des galeries couvertes, et, sous leur protection, construire une terrasse, travaux accomplis au milieu de luttes continuelles et d'incessantes fatigues. Quoique les assiégés, de leur position élevée, combattissent en toute sûreté et blessassent beaucoup de Romains, ceux-ci ne se laissaient pas décourager, et continuaient leur tâche. En même temps ils creusèrent une galerie souterraine qui, partant des galeries couvertes, devait aboutir à la source. Ce travail, poursuivi à l'abri de tout danger, s'exécutait sans que l'ennemi s'en aperçût; la terrasse atteignit une hauteur de soixante pieds, et fut surmontée d'une tour à dix étages, qui, sans égaler l'élévation de la muraille, résultat impossible à obtenir, dominait cependant la source. (*Voir planche* 32.) Ses approches, battues du haut de la tour par des machines, devinrent inabordables; aussi dans la place beaucoup d'hommes et d'animaux périrent de soif. Les assiégés, épouvantés de cette mortalité, remplirent des tonneaux de poix, de suif et de copeaux, les roulèrent enflammés sur les ouvrages des Romains, et firent en même temps une sortie pour les empêcher d'éteindre l'incendie; bientôt le feu s'étendit aux galeries couvertes et à la terrasse, qui arrêtaient les matières inflammables. Malgré la difficulté du terrain et le péril croissant, les Romains ne cessaient de lutter avec persévérance. L'action se passait sur une hauteur, à la vue de l'armée; des deux côtés de grandes clameurs se faisaient entendre; chacun rivalisait de zèle, et plus on était en évidence, plus on s'exposait aux traits et au feu.

César, perdant beaucoup de monde, voulut, pour faire diversion, simuler un assaut : il ordonna à quelques cohortes de gravir de tous côtés la montagne en poussant des cris. Ce mouvement effraya les assiégés, qui, dans la crainte d'être attaqués sur d'autres points, rappelèrent à la défense des murs ceux qui incendiaient les ouvrages. Les Romains purent alors se rendre maîtres du feu. Cependant le siége se prolongeait; les Gaulois, quoique épuisés par la soif et réduits à un petit nombre, ne se lassaient pas de se défendre avec vigueur. Enfin la galerie souterraine ayant atteint les veines de la source, celle-ci fut captée et détournée. Les assiégés, la voyant tout à coup tarie, crurent, dans leur désespoir, à une intervention des dieux, cédèrent à la nécessité et se rendirent.

César pensa que la pacification de la Gaule ne serait jamais terminée si la même résistance se rencontrait dans beaucoup d'autres villes. Il lui parut indispensable de répandre l'effroi par un exemple sévère, d'autant plus que « la douceur bien connue de son caractère, dit Hirtius, ne » ferait pas imputer à la cruauté cette rigueur nécessaire. » Il fit couper les mains à tous ceux qui avaient porté les armes, et les renvoya comme témoignages vivants du châtiment réservé aux rebelles. Drappès, qui avait été fait prisonnier, se laissa mourir de faim; Lucterius, arrêté par l'Arverne Epasnactus, ami des Romains, fut livré à César[1].

[1] *Guerre des Gaules*, VIII, xliv.

LIVRE III, CHAPITRE XI. — CAMPAGNE DE 703.

Fouilles faites au Puy d'Issolu.

VII. Les fouilles faites au Puy d'Issolu, en 1865, ne laissent plus aucun doute sur l'emplacement d'Uxellodunum. (*Voir planches* 31 *et* 32.)

Le Puy d'Issolu est une haute montagne située non loin de la rive droite de la Dordogne, entre Vayrac et Martel; elle est isolée de tous les côtés, excepté vers le nord, où elle se relie, par un col de 400 mètres de largeur (le col de Roujou), à des hauteurs appelées le Pech Demont. Son plateau, que couronne une ceinture de rochers à pic, domine, presque de toutes parts, le terrain bas environnant. C'est ce qu'exprime l'auteur du VIII° livre de la *Guerre des Gaules*, par ces mots : *Infima vallis totum pœne montem cingebat in quo positum erat præruptum undique oppidum Uxellodunum*. Ce plateau, de 80 hectares de superficie, présente des ondulations très-marquées : sa pente générale s'incline du nord au sud, dans le sens de la longueur du massif; son point culminant est à 317 mètres au-dessus du niveau de la mer, et il s'élève de 200 mètres au-dessus des vallées qui l'entourent.

Tout le versant oriental de la montagne, celui qui regarde Vayrac et la Dordogne, est surmonté de rochers, qui ont jusqu'à 40 mètres de hauteur : aussi aucune opération n'a eu lieu de ce côté pendant la durée du siége. Seul, le versant occidental a été le théâtre des divers combats. Ses pentes ne sont pas inaccessibles, principalement entre le village de Loulié et le hameau de Léguillat, mais elles sont assez abruptes pour que l'auteur latin ait pu dire : *Quo, defendente nullo, tamen armatis ascendere esset difficile*. Au pied même de ce versant, et à 200 mètres au-dessous du point culminant du plateau, coule la Tourmente, petite rivière de 10 mètres de largeur, encaissée entre ce versant et celui des hauteurs opposées. (*Flumen infimam vallem dividebat, etc.*) Une telle disposition des lieux, aussi bien que la faible pente de la Tourmente (1 mètre pour 1,000 mètres), ne permettait pas de dériver cette rivière. (*Hoc flumen averti loci natura prohibebat, etc.*)

Il n'y a aucune source sur le plateau du Puy d'Issolu ; mais il en sort plusieurs des flancs de la montagne, dont une seule, celle de Loulié, est assez abondante pour subvenir aux besoins d'une nombreuse population. C'est cette dernière source que les Romains parvinrent à détourner. A l'époque du siége, elle jaillissait du flanc de la montagne en S (*Voir planche* 31), à 25 mètres au-dessous du mur de l'oppidum et à une distance de 300 mètres environ de la Tourmente. Ces 300 mètres font 200 pas romains. On voit donc qu'il faut, dans le texte latin, remplacer le mot *pedum* par celui de *passuum*. On voit aussi que le mot *circuitus* (VIII, XLI) doit se prendre dans le sens de *cours* de la rivière.

Les Commentaires portent (VIII, XXXIII) que Rebilus établit trois camps dans des positions très-élevées. Leurs emplacements sont indiqués par la nature même des lieux : le premier, A, se trouvait sur les hauteurs de Montbuisson ; le deuxième, B, sur celles du château de Termes ; le troisième, C, en face du col de Roujou, sur le Pech Demont. Il résulte des fouilles que les Romains n'avaient pas retranché les deux premiers, ce qui se conçoit, car les hauteurs à l'ouest du Puy d'Issolu sont inexpugnables. D'ailleurs, les Romains n'étaient pas à Uxellodunum dans la même situation qu'à Alesia. Là ils avaient devant eux 80,000 combattants et sur leurs derrières une armée de secours très-nombreuse ; ici, au contraire, il ne s'agissait que de réduire quelques milliers d'hommes. Le camp C demandait à être protégé, parce qu'il était possible à des troupes de descendre du plateau du Puy d'Issolu vers le col de Roujou, qui, situé à 50 mètres plus bas, donne un facile accès sur les hauteurs du Pech Demont. Les fouilles ont fait retrouver, en effet, une double ligne de fossés parallèles, qui barrait le col en arrière et formait en même temps une contrevallation.

Les Gaulois ne pouvaient sortir de la ville que par ce col et par le versant occidental de la montagne. Il importait de savoir, d'après cela, si les Romains firent une contrevallation le long de la Tourmente, sur les pentes des hauteurs du château de Termes et de Montbuisson. Malheureusement le chemin de fer de Périgueux à Capdenac, qui traverse l'emplacement où la contrevallation aurait pu être établie, a dû faire disparaître les traces des travaux romains : les fouilles pratiquées au-dessus de cette ligne n'ont rien donné.

La découverte la plus intéressante est celle de la galerie souterraine [1]. Jusqu'au moment où les fouilles furent commencées, une partie des eaux de pluie qu'absorbe le plateau du Puy d'Issolu venait jaillir près du village de Loulié par les deux sources A et A'. (*Voir planche* 32.) La source A' sort d'un ravin et correspond au thalweg du versant; quant à la source A, on reconnaissait facilement, à l'aspect des lieux, qu'elle avait été déviée de son cours naturel. Les fouilles ont montré, en effet, qu'elle est produite par les eaux qui coulent dans la galerie romaine. Cette galerie a été rouverte sur une étendue de 40 mètres. Elle fut creusée dans un massif de tuf, de près de 10 mètres d'épaisseur, produit pendant les siècles antérieurs à César. Sa forme est celle d'un plein cintre supporté par deux pieds-droits; ses dimensions moyennes sont de $1^m,80$ de hauteur sur $1^m,50$ de largeur. Les vases, entraînées par les eaux et accumulées depuis l'époque du siége d'Uxellodunum, avaient presque comblé la galerie, ne laissant plus au sommet de l'intrados qu'un vide, en forme de segment de cercle, de $0^m,50$ de corde sur $0^m,15$ de flèche. C'est par ce vide que coulait l'eau au moment des fouilles.

Avant d'arriver au tuf, les premiers travaux souterrains des Romains eurent lieu dans les terres franches, qu'ils

---

[1] Elle est due aux recherches persévérantes de M. J. B. Cessac, assisté, plus tard, par la commission départementale du Lot.

durent étayer : des fragments de blindage ont été retrouvés, les uns engagés dans les limons siliceux, corrodés ou réduits à l'état de pâte ligneuse, les autres pétrifiés par leur contact prolongé avec des eaux chargées de sédiments calcaires. Une assez grande quantité de ces blocs pétrifiés et des débris de bois recueillis dans l'intérieur de la galerie sont déposés au musée de Saint-Germain.

La galerie ne mène pas directement à la source qui existait du temps des Gaulois. Les mineurs romains, après avoir cheminé droit sur une longueur de 6 mètres, se virent en présence d'une épaisse couche de marne bleue du lias : ils se jetèrent sur leur gauche pour éviter de l'entamer, et s'avancèrent de 4 mètres encore, en suivant la marne, qu'ils laissèrent à droite. Arrivés à la fin des marnes, une assise de roche dure d'un mètre d'épaisseur les obligea à redresser la galerie et à la relever, afin de franchir ce nouvel obstacle sans sortir des tufs, qui devaient nécessairement les conduire vers la source. (*Voir planche* 32.) A partir de ce second retour, la galerie côtoyait la séparation des tufs et des marnes. Elle montait rapidement jusqu'à la limite des dépôts de tuf. Aussi sur ce point des blindages furent-ils nécessaires. C'est là surtout que les blocs de pétrification présentaient un caractère particulier : les uns gisaient renversés dans la galerie, traversés par des alvéoles à section rectangulaire, qui indiquent les dimensions et la mise en œuvre ; les autres, à base arrondie, sont de véritables pieds-droits d'étais encore debout sur le roc.

Indépendamment des fouilles faites pour retrouver les fossés et la galerie souterraine, il en a été pratiqué d'autres sur le versant de Loulié, dans le terrain qui avoisine la source. Elles ont fait découvrir des débris nombreux de poterie gauloise et d'amphores, et, ce qui a été une nouvelle confirmation de l'identité du Puy d'Issolu avec Uxellodunum, des débris d'armes en tout pareils à ceux des fossés d'Alesia⁽¹⁾. Sous les éboulements qui se sont produits depuis dix-neuf siècles sur le versant de Loulié, on a également constaté toutes les traces de l'incendie décrit dans les Commentaires. On reconnaît ainsi, sur le terrain, l'emplacement de la terrasse et des galeries couvertes qui prirent feu. La *planche* 32 représente le versant qui fut le théâtre de la lutte : on y a figuré la terrasse, la tour et les galeries couvertes, ainsi que la galerie souterraine, d'après un lever très-exact fait sur les lieux mêmes.

Soumission complète de la Gaule.

VIII. Pendant que ces événements s'accomplissaient sur les bords de la Dordogne, Labienus, dans un combat de cavalerie, avait remporté un avantage décisif sur une partie des Trévires et des Germains, fait prisonnier leur chef et soumis ainsi ce peuple, toujours prêt à appuyer les insurrections contre les Romains. L'Éduen Surus tomba aussi en son pouvoir; c'était un chef distingué par son courage et sa naissance, et le seul de cette nation qui n'eût pas encore mis bas les armes.

César dès lors considéra la Gaule comme entièrement pacifiée; il voulut, cependant, aller lui-même dans l'Aquitaine, qu'il n'avait pas encore visitée et que Publius Crassus avait conquise en partie. Arrivé à la tête de deux légions, il obtint sans difficulté la soumission complète de ce pays : toutes les peuplades lui envoyèrent des otages. Il se rendit ensuite à Narbonne avec un détachement de cavalerie et chargea ses lieutenants de mettre l'armée en quartiers d'hiver. Quatre légions, sous les ordres de Marc-Antoine, Caius Trebonius, Publius Vatinius et Q. Tullius, furent établies dans le Belgium; deux chez les Éduens, et deux chez les Turons, sur la frontière des Carnutes, pour contenir

---

⁽¹⁾ Nomenclature des objets trouvés au Puy d'Issolu : 1 fer de dolabre, 36 fers de flèches, 6 fers de traits de catapulte, fragments de bracelets, dent d'ours (amulette), grains de colliers, anneaux, lame de couteau, clous.

toutes les contrées qui touchent à l'Océan. Les deux dernières prirent leurs quartiers d'hiver sur le territoire des Lémovices, non loin des Arvernes, afin qu'aucune partie de la Gaule ne fût dégarnie de troupes. César resta peu de jours dans la Province, présidant à la hâte les assemblées, statuant sur les contestations publiques et récompensant ceux qui l'avaient bien servi. Mieux que personne il avait eu l'occasion de connaître les sentiments de chacun, puisque, pendant le soulèvement général de la Gaule, la fidélité et le secours de la Province l'avaient aidé à en triompher. Ces affaires terminées, il alla rejoindre ses légions dans le Belgium, et prit ses quartiers d'hiver à Nemetocenna (*Arras*).

Là, on lui apprit les dernières tentatives de Commius, qui, continuant la guerre de partisans à la tête d'un petit nombre de cavaliers, interceptait les convois des Romains. Marc-Antoine avait donné à C. Volusenus Quadratus, préfet de la cavalerie, la mission de le poursuivre; celui-ci s'en était chargé avec empressement, dans l'espoir de mieux réussir cette fois que la première; mais Commius, profitant de l'ardeur emportée avec laquelle son ennemi s'était jeté sur lui, l'avait blessé grièvement et s'était échappé; cependant, découragé, il avait promis à Marc-Antoine de se retirer dans le lieu qui lui serait indiqué, à condition de n'être jamais forcé de paraître devant un Romain [1]. Cette condition acceptée, il avait donné des otages [2].

La Gaule était désormais soumise; la mort ou l'esclavage lui avaient enlevé ses principaux citoyens. De tous les chefs qui avaient combattu pour son indépendance, deux seuls survécurent, Commius et Ambiorix. Exilés loin de leur patrie, ils moururent ignorés.

---

[1] D'après Frontin (*Stratagèmes*, II, xiii, 11), Commius se réfugia dans la Grande-Bretagne.

[2] *Guerre des Gaules*, VIII, xlviii.

LIVRE QUATRIÈME.

RÉSUMÉ DE LA GUERRE DES GAULES
ET
RÉCIT DES ÉVÉNEMENTS DE ROME
DE 696 A 705.

CHAPITRE PREMIER.

ÉVÉNEMENTS DE L'AN 696.

Difficultés de la tâche de César.

I. Dans le livre qui précède nous avons reproduit, d'après les Commentaires, le récit de la guerre des Gaules, en essayant d'élucider les questions douteuses et de retrouver les lieux, théâtre de tant de combats. Il ne sera pas maintenant sans intérêt de rappeler les traits saillants des huit campagnes du proconsul romain, en écartant tous les détails techniques. Nous examinerons en même temps ce qui se passait, pendant cette période, sur les bords du Tibre, et les événements qui amenèrent la guerre civile.

Des écrivains que la gloire irrite se plaisent à la rabaisser. Ils semblent vouloir ainsi infirmer le jugement des siècles passés; nous préférons le confirmer en disant pourquoi la renommée de certains hommes a rempli le monde. Mettre en lumière les exemples héroïques, montrer que la gloire est la légitime récompense des grandes actions, c'est rendre hommage à l'opinion publique de tous les temps. L'homme aux prises avec des difficultés qui semblent insurmontables, et les domptant par son génie, offre un spectacle toujours digne de notre admiration; et cette admiration sera d'autant plus justifiée, que la disproportion aura été plus marquée entre le but et les moyens.

César va quitter Rome, s'éloigner des débats du Forum, de l'agitation des comices, des intrigues d'une ville corrompue, et prendre le commandement de ses troupes. Laissons donc un moment de côté l'homme politique et ne considérons que l'homme de guerre, le grand capitaine. Le proconsul romain n'est point un de ces chefs barbares qui, à la tête de hordes innombrables, s'abattent sur un pays étranger pour le ravager par le fer et le feu. Sa mission n'est point de détruire, mais d'étendre au loin l'influence de la République en protégeant les peuples de la Gaule soit contre leurs propres dissensions, soit contre les empiétements de leurs redoutables voisins. Les dangers dont les victoires de Marius ont sauvé l'Italie ne sont pas sortis de la mémoire. On se rappelle la bravoure sauvage et surtout la multitude de ces barbares qui, avant la bataille d'Aix, avaient mis six jours entiers à défiler devant le camp de Marïus [1]; on craint le renouvellement de ces inondations de peuples, et le premier devoir de César est de conjurer de semblables périls. Déjà les Helvètes et leurs alliés, au nombre de 368,000, s'acheminent vers le Rhône; 120,000 Germains se sont établis dans la Gaule; 24,000 Harudes, leurs compatriotes, viennent de suivre le même exemple; d'autres marchent après eux, et plus de 100,000 Suèves s'apprêtent à passer le Rhin.

La Narbonnaise est la base d'opération du proconsul, mais elle se compose en partie de populations récemment

---

[1] Plutarque, *Marius*, xix.

soumises, d'une fidélité encore douteuse. Rome compte dans les Gaules des peuples alliés, mais ils ont perdu leur prépondérance. Les différents États, divisés entre eux par des rivalités intestines, offrent une proie facile à l'ennemi ; mais que l'armée romaine vienne à occuper leur territoire d'une manière permanente et à blesser ainsi leur sentiment d'indépendance, toute la jeunesse belliqueuse se réunira, prête à commencer une lutte pleine de périls pour les envahisseurs. Il importe donc que César agisse avec la plus extrême prudence, favorise l'ambition des uns, réprime les empiétements des autres, ménage la susceptibilité de tous, attentif à ne blesser ni la religion, ni les lois, ni les mœurs ; il est cependant obligé de puiser une partie de ses forces dans la contrée qu'il occupe, et d'en tirer des hommes, des subsides et des approvisionnements. La plus grande difficulté qu'éprouve le chef d'une armée opérant dans un pays dont il veut se concilier l'esprit est d'y faire vivre ses troupes sans l'épuiser, et d'assurer le bien-être de ses soldats sans exciter le mécontentement des habitants. « Vouloir appeler, » dit l'empereur Napoléon Ier dans ses *Mémoires,* une nation » à la liberté, à l'indépendance ; vouloir que l'esprit public » se forme au milieu d'elle, qu'elle fournisse des troupes, et » lui enlever en même temps ses principales ressources, » sont deux idées contradictoires, et c'est dans leur conci- » liation que consiste le talent [1]. »

Ainsi, combattre deux à trois cent mille Helvètes et Germains, dominer huit millions de Gaulois, maintenir la Province romaine, telle est la tâche qui s'impose à César, et, pour l'entreprendre, il n'a encore sous la main qu'une seule légion. Quels seront ses moyens pour vaincre tous ces obstacles? Son génie et l'ascendant de la civilisation sur la barbarie.

---

[1] *Mémoires de Napoléon Ier;* Révolte de Pavie, VII; 4

Campagne contre les Helvètes.

II. César part de Rome, vers le milieu de mars 696, et arrive en huit jours à Genève. Aussitôt les Helvètes, qui s'étaient donné rendez-vous sur les bords du Rhône pour le 24 mars, jour de l'équinoxe, lui demandent la permission de traverser la Savoie, leur intention étant d'aller se fixer en Saintonge. Il ajourne sa réponse au 8 avril, et emploie les quinze jours qu'il gagne ainsi à fortifier la rive gauche du Rhône, depuis Genève jusqu'au Pas-de-l'Écluse, à lever des troupes dans la Province et à renouer les anciens liens d'amitié avec les Bourguignons [1], qui lui fourniront bientôt hommes, chevaux et vivres.

En rendant le Rhône infranchissable, en rattachant à sa cause le peuple qui occupait tout le cours de la Saône, depuis Pontailler jusque près de Trévoux, il avait intercepté aux Helvètes la route du midi et semé de difficultés leur passage du côté de l'ouest. Cependant ceux-ci n'en persistèrent pas moins dans leur dessein; ils s'entendirent avec les Francs-Comtois, auxquels appartenait le Pas-de-l'Écluse, pour déboucher par ce défilé dans les plaines d'Ambérieux et sur le plateau des Dombes. Ils pouvaient ainsi arriver à la Saône, la passer de gré ou de force, se transporter dans la vallée de la Loire, en traversant les monts Charolais, et de là pénétrer en Saintonge.

Dès que César a connaissance de ce projet, son parti est aussitôt pris : il prévoit qu'un long temps s'écoulera avant que les Helvètes obtiennent le passage à travers des pays inquiets d'hôtes si nombreux; il calcule qu'une agglomération de 368,000 individus, hommes, femmes et enfants, emportant sur des chariots pour trois mois de vivres, sera lente à se mouvoir; il se rend dans la Cisalpine, y lève deux légions, fait venir d'Aquilée les trois qui y étaient en quar-

---

[1] Pour la plus claire intelligence du résumé, nous avons adopté les désignations modernes des différents peuples de la Gaule, quoique ces désignations soient loin de répondre aux anciennes circonscriptions.

tiers d'hiver, et, repassant de nouveau les Alpes, arrive, deux mois après, au confluent du Rhône et de la Saône, sur les hauteurs de Sathonay. Il apprend que les Helvètes sont occupés depuis vingt jours à traverser la Saône entre Trévoux et Villefranche, mais qu'une partie d'entre eux se trouve encore sur la rive gauche : il saisit l'occasion, tombe sur ces derniers, les défait, et diminue ainsi d'un quart le nombre de ses adversaires; puis, franchissant la Saône, il suit pendant quinze jours le gros de l'immigration helvète, qui s'avançait vers les sources de la Bourbince. Les vivres venant à lui manquer, il se détourne de sa route et se dirige vers Bibracte (*le mont Beuvray*), citadelle et ville principale des Bourguignons. Cette marche sur sa droite fait croire aux Helvètes qu'il redoute de se mesurer avec eux; ils reviennent alors sur leurs pas et l'attaquent à l'improviste ; une grande bataille s'engage, et, avec ses quatre vieilles légions seulement, César remporte la victoire. L'immigration, déjà considérablement réduite par la bataille de la Saône, ne compte plus que 130,000 individus, qui battent en retraite vers le pays de Langres. Le général romain ne les poursuit pas : il passe trois jours à ensevelir les morts et à soigner les blessés. Mais son ascendant est si considérable, que, pour priver de vivres les débris de l'armée vaincue, il lui suffit d'un ordre aux peuples dont ils traversent le territoire. Dépourvus de toutes ressources, les fuyards suspendent leur marche et font leur soumission. Il s'empresse de les rejoindre vers Tonnerre. Arrivé au milieu d'eux, il s'inspire des conseils d'une politique généreuse, et gagne par ses bons procédés ceux qu'il a subjugués par ses armes.

Il y avait dans l'agglomération helvète un peuple renommé par sa valeur, les Boïens; César permet aux Bourguignons de les recevoir au nombre de leurs concitoyens et de leur donner des terres au confluent de l'Allier et de la Loire.

Quant aux autres barbares, à l'exception de 6,000 qui avaient voulu se soustraire par la fuite à la capitulation, il les oblige à retourner dans leur pays, les renvoie sans rançon, au lieu de les vendre comme esclaves et d'en tirer ainsi un profit considérable [1], selon l'usage général à cette époque. En empêchant les Germains de s'établir dans les contrées abandonnées par l'immigration, il subordonnait un calcul intéressé à une haute pensée politique, et prévoyait que l'Helvétie, par sa position géographique, devait être un boulevard contre l'invasion du Nord, car, alors comme aujourd'hui, il importait à la puissance assise sur le Rhône et les Alpes d'avoir sur ses frontières orientales un peuple ami et indépendant [2].

Campagne contre Arioviste.

III. La victoire remportée près de Bibracte a, d'un seul coup, rétabli le prestige des armes romaines. César est devenu l'arbitre des destinées d'une partie de la Gaule : tous les peuples compris entre la Marne, le Rhône et les monts d'Auvergne lui obéissent [3]. Les Helvètes sont rentrés dans leur pays, les Bourguignons ont reconquis leur ancienne prépondérance. L'assemblée de la Gaule celtique, réunie avec sa permission à Bibracte, invoque sa protection contre Arioviste, et, jusque dans le nord, les habitants du pays de Trèves s'empressent de lui dénoncer une prochaine invasion des Germains. Il avait toujours été dans la politique de la République d'étendre son influence en allant au secours des

---

[1] Cicéron, proconsul en Cilicie, retira la somme de 12 millions de sesterces (2,280,000 fr.) de la vente des prisonniers faits au siége de Pindenissus. (Cicéron, *Lettres à Atticus*, V, xx.)

[2] Julien (*Cæsares*, p. 72, éd. Lasius) fait dire à César qu'il avait traité les Helvètes *en philanthrope* et reconstruit leurs villes brûlées.

[3] C'est probablement à cette époque que les chefs de l'Auvergne, et peut-être Vercingetorix lui-même, ainsi que le dit Dion-Cassius, vinrent rendre hommage au proconsul romain. (Voyez ci-dessus, page 74.)

peuples opprimés. César ne pouvait manquer de régler sa conduite d'après ce principe. Non-seulement il lui importait de délivrer les Gaulois d'un joug étranger, mais il voulait ôter aux Germains la possibilité de se fixer sur les bords de la Saône et de menacer ainsi la Province romaine, l'Italie peut-être.

Avant de recourir aux armes, César, qui, pendant son consulat, avait fait déclarer Arioviste allié et ami du peuple romain, entreprit d'essayer sur lui des moyens de persuasion. Il lui fit demander une entrevue et ne reçut qu'une réponse hautaine. Bientôt, informé que, depuis trois jours, le roi germain a passé ses frontières à la tête d'une nombreuse armée, et que, d'un autre côté, les cent cantons des Suèves menacent de franchir le Rhin vers Mayence, il part de Tonnerre en toute hâte pour se porter à sa rencontre. Arrivé vers Arc-en-Barrois, il apprend qu'Arioviste se dirige avec toutes ses troupes sur Besançon. Il tourne alors à droite, le prévient, et s'empare de cette place importante. Sans doute qu'à la nouvelle de la marche de l'armée romaine Arioviste ralentit la sienne et s'arrêta dans les environs de Colmar.

Après être resté quelques jours à Besançon, César se met en route vers le Rhin, évite les contre-forts montagneux du Jura, prend par Pennesières, Arcey, Belfort, et débouche vers Cernay dans les plaines fertiles de l'Alsace. Les deux armées ne sont plus qu'à 24 milles l'une de l'autre. César et Arioviste ont une entrevue ; elle ne fait qu'accroître leur mutuel ressentiment. Ce dernier conçoit le projet de couper la ligne d'opération des Romains, et, passant près des lieux où est aujourd'hui Mulhouse, il vient, par un mouvement tournant, se placer sur le ruisseau de la petite Doller, au sud de l'armée romaine qui, campée sur la Thur, s'appuie aux derniers contre-forts des Vosges, près de Cernay. Dans cette position, Arioviste intercepte les communications de

César avec la Franche-Comté et la Bourgogne. Celui-ci, pour les rétablir, partage ses troupes en deux corps et fait construire sur sa droite, près de la petite Doller, un second camp, moins considérable que le premier. Pendant plusieurs jours, il cherche inutilement à attirer Arioviste au combat; puis, sachant que les mères de famille ont conseillé aux Germains de ne pas tenter la fortune avant la nouvelle lune, il réunit ses six légions, met tous les auxiliaires à sa droite, marche résolûment à l'assaut du camp des Germains, les force à accepter la bataille, et les défait après une résistance opiniâtre. Dans leur déroute, ils reprennent le chemin par lequel ils étaient venus, et, poursuivis sur un espace de 50 milles, ils repassent le Rhin vers Rhinau. Quant aux Suèves réunis près de Mayence, en apprenant le désastre de leurs alliés, ils s'empressent de regagner leur pays.

Ainsi, dans cette première campagne, César, par deux grandes batailles, avait délivré la Gaule de l'invasion des Helvètes et des Germains; tous les Gaulois le considéraient comme un libérateur. Mais les services rendus sont bien vite oubliés quand c'est à une armée étrangère qu'on doit sa liberté et son indépendance.

César met ses troupes en quartiers d'hiver dans la Franche-Comté, laisse le commandement à Labienus et part pour la Gaule cisalpine, où il était obligé, comme proconsul, de présider les assemblées provinciales. Rapproché de Rome pendant l'hiver, il pouvait suivre plus facilement les événements politiques de la métropole.

Suite du consulat de L. Calpurnius Pison et d'Aulus Gabinius.

IV. Tandis que les armées augmentaient au dehors la puissance de la République, à Rome les luttes intestines continuaient avec une nouvelle fureur. Il ne pouvait guère en être autrement au milieu des éléments de discorde et d'anarchie qui fermentaient, et qui, depuis le départ de

César, n'étaient plus contenus par une haute intelligence et une volonté ferme. La force morale, si nécessaire à tout gouvernement, n'existait plus nulle part, ou plutôt elle n'existait pas là où les institutions voulaient qu'elle fût, dans le sénat; et, selon la remarque d'un célèbre historien allemand, cette assemblée, qui gouvernait le monde, était impuissante à gouverner la ville[1]. Il y avait longtemps que l'ascendant d'un homme en évidence l'emportait sur celui du sénat; Pompée, par sa renommée militaire, par son alliance avec César et Crassus, dominait toujours, quoiqu'il n'eût alors aucun pouvoir légal. César avait compté sur lui pour continuer son œuvre et refréner les mauvaises passions qui s'agitaient dans les hautes régions comme dans les bas-fonds de la société; mais Pompée n'avait ni l'esprit ni l'énergie nécessaires pour maîtriser à la fois l'arrogance de la noblesse et la turbulence de certains partisans de la démagogie; il fut bientôt en butte à l'animadversion des deux partis[2]. D'ailleurs, tout entier sous le charme de sa jeune femme, il semblait indifférent à ce qui se passait autour de lui[3].

Le récit des événements de Rome, pendant les huit années du séjour de César dans les Gaules, ne nous offrira plus qu'une suite non interrompue de vengeances, de meurtres et de violences de toute nature. Comment d'ailleurs maintenir l'ordre dans une si vaste cité sans une force militaire permanente, lorsque chaque homme important se faisait

---

[1] Mommsen, *Römische Geschichte*, III, p. 291. Berlin, 1861.

[2] Plutarque, *Pompée*, LI, LII.

[3] « Lui-même se laissa bientôt amollir par l'amour qu'il avait pour sa jeune femme. Uniquement occupé à lui plaire, il passait des journées avec elle dans sa maison de campagne ou dans ses jardins, et ne songeait plus aux affaires publiques. Ainsi Clodius même, alors tribun du peuple, n'ayant plus pour lui que du mépris, osa se porter aux entreprises les plus audacieuses. » (Plutarque, *Pompée*, L.)

suivre par ses clients ou par ses esclaves en armes, et qu'ainsi, à l'intérieur, tout le monde avait une armée, excepté la République? Dès ce moment, comme on le verra, les querelles qui vont s'élever entre les partis amèneront toujours des émeutes ; les esclaves et les gladiateurs enrégimentés en seront les acteurs ordinaires.

Menées de Clodius.

V. Clodius, dont l'imprudent appui de ceux qu'on a appelés plus tard *triumvirs* avait augmenté l'influence, ne cessa pas, après le départ de César, de rechercher une vaine popularité et d'exciter les passions mal assoupies. Non content d'avoir, au commencement de son tribunat, rétabli ces associations religieuses, commerciales et politiques, qui, composées en majorité de la lie du peuple, étaient un danger permanent pour la société; d'avoir fait des distributions de blé, restreint le droit d'exclusion des censeurs, défendu de prendre les auspices ou d'observer le ciel le jour fixé pour la réunion des comices [1], provoqué l'exil de Cicéron, il tourna son inquiète activité contre Pompée [2], que bientôt il irrita profondément en enlevant, pour le rendre à la liberté, un fils de Tigrane, roi d'Arménie, fait prisonnier dans la guerre contre Mithridate, et gardé comme un gage de la tranquillité de l'Asie [3]. En même temps il poursuivait en justice quelques amis de Pompée, et répondait aux représentations qui lui étaient adressées, « qu'il était bien aise d'apprendre jusqu'où allait le crédit du grand homme [4]. » Celui-ci songea alors à rappeler Cicéron pour l'opposer à Clodius, de même que, peu de mois auparavant, il avait suscité Clodius contre Cicéron. On le voit, le système de bascule politique n'est pas nouveau.

[1] Dion-Cassius, XXXVIII, xiii.
[2] Plutarque, *Pompée*, li, lii.
[3] Dion-Cassius, XXXVIII, xxx.
[4] Plutarque, *Pompée*, xlviii et l.

LIVRE IV, CHAPITRE I. — ÉVÉNEMENTS DE L'AN 696. 359

Pompée
consulte
César
sur
le retour
de
Cicéron.

VI. Dans ces circonstances, l'opinion de César était d'un grand poids. Pompée lui écrivit pour le consulter [1], et P. Sextius, un des nouveaux tribuns désignés, se rendit dans les Gaules pour connaître ses dispositions [2]. Il paraît certain qu'elles furent favorables [3], car, dès les calendes de juin 696, deux mois à peine depuis le décret qui avait frappé Cicéron, un tribun du peuple, L. Ninnius, demanda son rappel dans le sénat. Cette proposition allait être adoptée, quand un autre tribun du peuple, Ælius Ligus, *intercéda* [4]. Le sénat, irrité, déclara qu'il ne prendrait en considération aucune affaire politique ou administrative avant d'avoir statué sur le retour de Cicéron [5]. On juge par là combien l'assemblée avait à cœur le succès de cette mesure, et combien, en la soutenant, Pompée flattait les sentiments de la majorité.

Pompée
se croit
menacé
par
un esclave
de Clodius.

VII. Un incident singulier acheva de le rapprocher du sénat : le 3 des ides de sextilis (5 août), un esclave de Clodius laissa tomber un poignard sur le passage de Pompée, qui

---

[1] « Pompée va enfin s'occuper de mon rappel; il n'attendait qu'une lettre de César pour en faire faire la proposition par un homme à lui. » (Cicéron, *Lettres à Atticus*, III, xviii.) — « Si César m'a abandonné, s'il s'est joint à mes ennemis, il a manqué à l'amitié, et m'a fait tort; j'ai dû être son ennemi, je ne le nie pas; mais si César s'est intéressé à mon rétablissement, s'il est vrai que vous ayez pensé qu'il était important pour moi que César ne fût pas contraire, etc..... » (*Discours sur les provinces consulaires*, xviii.)

[2] « C'est alors que P. Sextius, tribun désigné, se rendit auprès de César pour l'intéresser à mon retour. Je dis seulement que, si César fut bien intentionné pour moi, et je le crois, ces démarches n'ajoutaient rien à ses bonnes dispositions. Il pensait (Sextius) que, si l'on voulait rétablir la concorde entre les citoyens et décider mon rappel, il fallait s'assurer du consentement de César. » (Cicéron, *Pour Sextius*, xxxiii.)

[3] « Pompée prit mon frère à témoin que tout ce qu'il avait fait pour moi, il l'avait fait par la volonté de César. » (Cicéron, *Lettres familières*, I, ix.)

[4] Cicéron, *Pour Sextius*, xxxi et suiv.

[5] Cicéron, *Pour Sextius*, xxxi.

entrait dans la curie; arrêté par des licteurs et interrogé par le consul A. Gabinius, l'esclave avoua que son maître lui avait ordonné d'assassiner le grand citoyen [1]. Ce projet d'attentat, plus ou moins sérieux, produisit cependant assez d'impression sur Pompée pour l'empêcher pendant longtemps d'aller au Forum et de se montrer en public [2].

Les demandes en faveur de Cicéron se renouvelèrent, et le 4 des calendes de novembre (20 octobre), huit tribuns du peuple, la plupart dévoués à Pompée, proposèrent formellement dans le sénat le rappel de l'exilé. De ce nombre était T. Annius Milon, homme violent, audacieux et sans scrupules, en tout semblable à Clodius, mais son adversaire déclaré. Clodius et son frère, le préteur Appius, parvinrent encore à faire échouer cette motion [3]. Enfin, pour comble d'audace, le fougueux tribun, vers la fin de ses fonctions, osa s'attaquer à César et essaya de faire révoquer les lois juliennes; mais cette tentative resta impuissante devant l'éclat des succès remportés sur les Helvètes et sur les Germains.

[1] Plutarque, *Pompée*, LI. — Cicéron, *Pour Sextius*, XXXII; — *Sur la réponse des aruspices*, XXIII; — *Pour Milon*, VII. — Asconius, *Commentaire sur le discours pour Milon*, p. 47, édit. Orelli.

[2] Plutarque, *Pompée*, LI. — Cicéron, *Pour Milon*, VII. — Asconius, *Commentaire sur le discours pour Milon*, p. 47, édit. Orelli.

[3] Cicéron, *Lettres à Atticus*, III, XXIII. — Dion-Cassius, XXXIX, VI.

CHAPITRE DEUXIÈME.

ÉVÉNEMENTS DE L'AN 697.

Guerre contre les Belges.

I. Les victoires de César avaient éveillé parmi les Gaulois des sentiments d'admiration, mais aussi de défiance; ils ne voyaient pas sans crainte qu'il avait suffi de six légions pour disperser deux invasions comptant chacune 100,000 combattants. Il y a des succès qui par leur éclat inquiètent même ceux qui en profitent. Presque toute la Gaule assiste avec jalousie à des événements qui prouvent la supériorité des armées permanentes sur des populations sans organisation militaire. Un petit nombre de soldats aguerris et disciplinés, conduits par un grand capitaine, font trembler tous les peuples depuis le Rhin jusqu'à l'Océan, et même les insulaires de la Grande-Bretagne ne se croient plus à l'abri des atteintes de la puissance romaine; les Belges surtout, fiers d'avoir été jadis les seuls à repousser l'invasion des Cimbres et des Teutons, sentent se réveiller leurs instincts belliqueux. Des excitations venues de l'autre côté du détroit augmentent leur défiance; elles leur signalent le séjour de l'armée romaine en Franche-Comté comme une menace contre l'indépendance de la Gaule entière. La plus grande partie des peuples compris entre le Rhin, l'Escaut, l'Océan et la Seine, s'agitent, se coalisent et mettent sur pied une armée de 300,000 hommes.

Informé en Italie de ces préparatifs, César lève deux nouvelles légions, rejoint son armée en Franche-Comté, et se décide sur-le-champ à envahir le pays des Belges. Les premiers qui se présentent sur sa route sont les Champenois.

Surpris de son arrivée subite, ils se soumettent, lui offrent même des subsides et des auxiliaires. César peut ajouter à huit légions et à ses troupes légères les contingents de Reims, et les joindre à ceux de la Bourgogne et de Trèves. Malgré cette augmentation de forces, l'ennemi qu'il doit combattre est quatre fois plus nombreux. Pour en venir à bout, il envoie les Bourguignons faire une diversion et ravager le territoire du Beauvaisis, puis il traverse l'Aisne à Berry-au-Bac et choisit derrière la Miette, ruisseau marécageux, une position défensive qu'il rend inexpugnable.

Les Belges, dont l'armée occupe, sur la rive droite de la Miette, une étendue de 12 kilomètres, sont impuissants à forcer la position des Romains et échouent dans leurs tentatives pour passer l'Aisne à Pontavert. Bientôt, découragés par le manque de vivres, les dissensions, et la nouvelle que les Bourguignons viennent d'envahir le Beauvaisis, ils se séparent, car chacun, croyant son pays menacé, veut aller le défendre. La ligue belge se trouve ainsi dissoute presque sans combat. César alors court châtier chaque peuple l'un après l'autre ; il s'empare tour à tour de Soissons, de Breteuil, citadelles principales du Soissonnais, du Beauvaisis, et arrive à Amiens.

Mais les coalitions des peuples du Nord se succèdent comme les vagues de la mer ; après les Helvètes, les Germains ; après les Germains, les Beauvaisins ; après les Beauvaisins, les habitants du Hainaut. Ceux-ci se sont réunis sur la Sambre et attendent les renforts des populations d'origine germaine établies aux environs de Namur. César marche alors vers la Sambre par la rive gauche. En arrivant près de l'ennemi caché dans les bois de la rive droite, sur les hauteurs d'Haumont, il rassemble six légions, place les deux autres en réserve avec les bagages de l'armée, et, atteignant les hauteurs de Neuf-Mesnil, il commence à fortifier son camp ; mais à peine les soldats sont-ils au travail que les

Belges débouchent par toutes les issues de la forêt, traversent les eaux peu profondes de la Sambre, gravissent les pentes abruptes et tombent sur les Romains, qui, surpris et incapables de former leur ligne de bataille, se rangent sans ordre sous les premières enseignes venues; la confusion est extrême; César est obligé de mettre l'épée à la main et de se jeter dans la mêlée. Cependant peu à peu le combat se rétablit, le centre et l'aile gauche ont repoussé les assaillants; celle-ci vient au secours de l'aile droite compromise, les deux légions d'arrière-garde accourent sur le champ de bataille; alors la victoire se décide pour les Romains, et les peuples du Hainaut sont presque anéantis. Dans cette journée, l'expérience et la valeur d'anciens soldats aguerris sauvent l'armée romaine de l'impétuosité des Belges. Après ce fait d'armes, César se dirige vers Namur, où les habitants de toute la contrée s'étaient renfermés à la nouvelle de la défaite de leurs alliés, et il s'empare de la place.

Pendant qu'il achevait la conquête de la Belgique, un de ses lieutenants, le jeune Publius Crassus, détaché, après la bataille de la Sambre, en Normandie et en Bretagne, soumettait les peuples de ces provinces, de sorte qu'à cette époque la plus grande partie de la Gaule reconnaissait l'autorité de la République : l'éclat des victoires de César était tel que les Ubiens, peuple germain d'au delà du Rhin, établi entre le Main et la Sieg, faisaient parvenir au vainqueur leurs félicitations et l'offre de leurs services.

Avant de partir pour la Cisalpine, César envoya une légion dans le Valais pour châtier les habitants de ces vallées des Alpes qui, au commencement de l'année, avaient attaqué dans leur marche les deux nouvelles légions venues d'Italie; son but aussi était d'ouvrir des communications faciles avec la Cisalpine par le Simplon et le Saint-Bernard. Mais son lieutenant Galba, après un sanglant combat, fut forcé de se retirer et de prendre ses quartiers d'hiver en

364 HISTOIRE DE JULES CÉSAR.

Savoie. Le projet de César ne put donc pas se réaliser. Il était réservé à un autre grand homme, dix-neuf siècles plus tard, d'aplanir cette formidable barrière des Alpes.

Retour de Cicéron.

II. Reprenons le récit des événements survenus à Rome à partir des calendes de janvier 697 (20 décembre 696). Les consuls entrés en fonction étaient P. Cornelius Lentulus Spinther et Q. Cæcilius Metellus Nepos; le premier, ami de Cicéron; le second, favorable à Clodius, en haine du célèbre orateur, qui l'avait offensé [1].

Lentulus mit en délibération la question du rappel de l'exilé [2]. L. Aurelius Cotta, consulaire estimé, déclara que le bannissement de Cicéron, prononcé à la suite de violences inqualifiables, portait en lui-même la cause de sa nullité; que dès lors il n'était pas besoin de loi pour revenir sur un attentat contre les lois [3]. Pompée combattit l'opinion de Cotta, et soutint qu'il fallait que Cicéron dût son rappel non-seulement à l'autorité du sénat, mais encore à un vote populaire. Il ne s'agissait plus que de présenter un plébiscite aux comices. Personne n'y faisait opposition, lorsque Sextus Atilius, tribun du peuple, demanda l'ajournement [4], et, par ces manœuvres dilatoires si familières aux Romains, força le sénat à remettre la présentation de la loi au 22 du même mois. Le jour venu, les partis s'apprêtèrent à appuyer leur opinion par la force. Q. Fabricius, tribun du peuple, favorable à Cicéron, chercha, dès le matin, à s'emparer des rostres. Clodius n'était plus tribun, mais il disposait toujours de la populace. Aux agitateurs de profession à sa solde il avait joint une troupe de gladiateurs appelée à Rome, par

---

[1] Cicéron, *Pour Sextius*, XXXIII.
[2] Cicéron, *Discours pour sa maison*, XXVII; — *Pour Sextius*, XXXIV.
[3] Cicéron, *Pour Sextius*, XXXIV; — *Des Lois*, III, XIX.
[4] Cicéron, *Pour Sextius*, XXXIV.

son frère Appius, pour les funérailles d'un de ses parents⁽¹⁾. La troupe de Fabricius fut facilement mise en déroute; un tribun, M. Cispius, s'était à peine présenté, qu'on le repoussa. Pompée eut sa toge couverte de sang, et Quintus Cicéron, qu'il avait amené au Forum pour parler au peuple en faveur de son frère, fut obligé de se cacher; les gladiateurs se précipitèrent sur un autre tribun, P. Sextius, et le laissèrent pour mort. « La lutte fut si vive, dit Cicéron, que » les cadavres encombrèrent le Tibre, remplirent les égouts; » le Forum se trouva tellement inondé de sang, qu'on fut » dans la nécessité de le laver avec des éponges. Un tribun » fut tué, la maison d'un autre menacée d'incendie⁽²⁾. » La stupeur devint générale, et il fallut ajourner encore la délibération. C'était par l'épée que tout se décidait dans Rome bouleversée et avilie.

En effet, pour amener le retour de Cicéron, le sénat se vit contraint d'opposer l'émeute à l'émeute, et de se servir de P. Sextius, rétabli de ses blessures, ainsi que de Milon, qui avait organisé militairement une bande armée en état de tenir tête aux séditieux⁽³⁾. En même temps, il espéra intimider la plèbe urbaine en faisant venir à Rome, de tous les points de l'Italie⁽⁴⁾, les citoyens sur lesquels il comptait. De plus, les mêmes hommes qui excitaient, deux ans auparavant, Bibulus à entraver toutes les mesures de César en observant le ciel⁽⁵⁾, défendaient maintenant, sous peine

---

⁽¹⁾ Cicéron, *Pour Sextius*, xxxv. — Dion-Cassius, XXXIX, vii. — Plutarque, *Pompée*, li.

⁽²⁾ Cicéron, *Pour Sextius*, xxxv; — *Premier discours après son retour*, v, vi.

⁽³⁾ Cicéron, *Des Devoirs*, II, xvii; — *Pour Sextius*, xxxix. — Dion-Cassius, XXXIX, viii.

⁽⁴⁾ Cicéron, *Deuxième discours après son retour au sénat*, x; — *Discours pour sa maison*, xxviii; — *Discours contre Pison*, xv.

⁽⁵⁾ On voit que le pouvoir d'observer le ciel existait encore malgré la loi Clodia.

d'être considéré comme ennemi de la République⁽¹⁾, ces manœuvres religieuses qui suspendaient toutes les délibérations. Enfin la loi de rappel fut rendue.

Cicéron rentra dans Rome la veille des nones de septembre (16 août 697), au milieu des plus vives manifestations d'allégresse. Le sénat avait triomphé de l'opposition factieuse de Clodius; mais ce n'était pas sans de grands efforts, ni sans avoir eu souvent, de son côté, recours à la violence et à l'arbitraire.

Pompée est chargé des approvisionnements.

III. Dès les premiers moments de son retour, Cicéron mit tous ses soins à augmenter l'influence de Pompée et à le réconcilier avec le sénat. La disette dont souffrait l'Italie cette année lui en fournit l'occasion. Le peuple se souleva tout à coup, se porta d'abord à un théâtre où se célébraient des jeux, puis au Capitole, en proférant des menaces de mort et d'incendie contre le sénat, auquel il attribuait la détresse publique⁽²⁾. Déjà en juillet, lors des jeux apollinaires⁽³⁾, une émeute avait éclaté pour le même motif.

Cicéron, par son éloquence persuasive, calma la foule irritée, proposa de confier à Pompée le soin des approvisionnements et de lui conférer pour cinq ans des pouvoirs proconsulaires en Italie et hors d'Italie⁽⁴⁾. Les sénateurs, effrayés, adoptèrent sur-le-champ cette mesure. C'était, comme à l'époque de la guerre des pirates, donner au même homme une puissance excessive *sur toute la terre*, ainsi que le disait le décret. On lui adjoignit quinze lieutenants, au nombre desquels fut Cicéron⁽⁵⁾. Mais la création de cette

---

⁽¹⁾ Cicéron, passages cités.

⁽²⁾ Cicéron, *Lettres à Atticus*, IV, ɪ.

⁽³⁾ Asconius, *Commentaire sur le discours de Cicéron pour Milon*, p. 48, éd. Orelli.

⁽⁴⁾ Dion-Cassius, XXXIX, ɪx. — Plutarque, *Pompée*, ʟɪɪ.

⁽⁵⁾ Cicéron, *Lettres à Atticus*, IV, ɪ. — La proposition de Cicéron fut

nouvelle charge n'apaisa pas les impatiences de la multitude. Clodius cherchait à persuader au peuple que la disette était factice, et que le sénat l'avait fait naître pour avoir un prétexte de rendre Pompée le maître de toutes choses[1]. Il ne laissait échapper aucune occasion de susciter des troubles.

Quoiqu'on eût donné à Cicéron plus de deux millions de sesterces[2] d'indemnité, et décidé que sa maison serait rebâtie à la même place, Clodius, qui voulait empêcher cette réédification, en vint plusieurs fois aux mains avec Milon, dans des luttes semblables à des combats en règle, leurs adhérents portant des boucliers et des épées. Chaque jour voyait une émeute dans les rues. Milon jurait de tuer Clodius, et Cicéron avouait plus tard que la victime et le bras qui devait frapper étaient désignés d'avance[3].

Fêtes à l'occasion des victoires de César.

IV. Ce fut vers la fin de l'année 697 que parvint à Rome la nouvelle des succès prodigieux de César contre les Belges; ils y excitèrent le plus vif enthousiasme. Dès que le sénat en fut informé, il vota, pour les célébrer, quinze jours d'actions de grâces[4]. Ce nombre de jours n'avait encore été accordé à personne. Marius en avait obtenu cinq, et Pompée, vainqueur de Mithridate, dix seulement. Le décret du sénat fut rédigé en termes plus flatteurs

amplifiée encore par C. Messius, tribun du peuple, qui demandait pour Pompée une flotte, une armée et l'autorisation de disposer des finances.

[1] Plutarque, *Pompée*, LII. — Cicéron, *Discours pour sa maison*, x.

[2] *Lettres à Atticus*, IV, II.

[3] « J'ajouterai que, dans l'opinion publique, Clodius est regardé comme une victime réservée à Milon. » (Cicéron, *Sur la réponse des aruspices*, III.) — Ce discours sur la réponse des aruspices est de mai, juin ou juillet 698. Voyez aussi ce qu'il dit dans sa lettre à Atticus, de novembre 697. (*Lettres à Atticus*, IV, III.)

[4] Plutarque, *César*, XXIII. — *Guerre des Gaules*, II, XXXV.

qu'on ne l'avait fait pour aucun général; Cicéron lui-même s'associa à ce haut témoignage de la reconnaissance publique [1].

Émeutes à Rome.

V. Malgré ces démonstrations, il existait toujours dans une certaine caste une haine sourde contre le vainqueur des Gaules : au mois de décembre 697, Rutilius Lupus, nommé tribun pour l'année suivante, proposa de révoquer les lois de César et de suspendre la distribution des terres de la Campanie [2]; il se répandit en accusations contre ce général et contre Pompée. Les sénateurs se turent; Cn. Marcellinus, consul désigné, déclara qu'en l'absence de Pompée on ne pouvait rien décider. D'un autre côté, Racilius, tribun du peuple, se leva pour renouveler les anciens griefs contre

---

[1] « Mais pourquoi, dans cette occasion surtout, s'étonnerait-on de ma conduite ou la blâmerait-on, quand moi-même j'ai déjà plusieurs fois appuyé des propositions qui étaient plus honorables pour César que nécessaires pour l'État? J'ai voté en sa faveur quinze jours de prières : c'était assez pour la République qu'on décernât à César autant de jours qu'en avait obtenu Marius. Les dieux se seraient contentés, je pense, des mêmes actions de grâces qui leur avaient été rendues dans les guerres les plus importantes. Un si grand nombre de jours n'a donc eu pour objet que d'honorer personnellement César. Dix jours d'actions de grâces furent accordés, pour la première fois, à Pompée, lorsque la guerre de Mithridate eut été terminée par la mort de ce prince. J'étais consul, et, sur mon rapport, le nombre de jours décernés d'habitude aux consulaires fut doublé, après que vous eûtes entendu la lettre de Pompée et reconnu que toutes les guerres étaient terminées sur terre et sur mer. Vous adoptâtes la proposition que je vous fis d'ordonner dix jours de prières. Aujourd'hui j'ai admiré la vertu et la grandeur d'âme de Cn. Pompée, qui, comblé de distinctions telles que personne avant lui n'en avait reçu de semblables, déférait à un autre plus d'honneurs qu'il n'en avait obtenu lui-même. Ainsi donc, ces prières que j'ai votées en faveur de César étaient accordées aux dieux immortels, aux usages de nos ancêtres, aux besoins de l'État; mais les termes flatteurs du décret, cette distinction nouvelle et le nombre extraordinaire de jours, c'est à la personne même de César qu'ils s'adressaient, et ils étaient un hommage rendu à sa gloire. » (Cicéron, *Discours sur les provinces consulaires*, x, xi.) (Août, an de Rome 698.)

[2] Cicéron, *Lettres à Quintus*, II, 1.

Clodius⁽¹⁾. Afin de déjouer les prétentions de ce dernier, qui aspirait à l'édilité, et qui, une fois nommé, eût été inviolable, les consuls désignés demandèrent qu'il fût procédé à l'élection des juges avant celle des édiles. Caton et Cassius s'y opposèrent. Cicéron saisit avec empressement l'occasion de fulminer contre Clodius; mais celui-ci, qui était sur ses gardes, se défendit longuement, et, pendant ce temps, ses adhérents, s'attaquant aux gens de Milon, excitèrent un tel tumulte sur les marches du temple de Castor, où le sénat tenait séance, que le Forum devint un nouveau champ de bataille. Les sénateurs s'enfuirent; tous les projets furent abandonnés ⁽²⁾.

En présence de ces collisions sanglantes, les élections pour l'édilité et la questure n'avaient pu avoir lieu ; d'ailleurs Milon et Sextius empêchaient, par vengeance personnelle, le consul Q. Metellus de convoquer les comices. Dès que le consul indiquait un jour d'assemblée, les deux tribuns déclaraient aussitôt *qu'ils observeraient le ciel;* et, de peur que cette cause d'ajournement ne suffît pas, Milon s'établissait de nuit dans le Champ de Mars avec son monde en armes. Metellus essaya de tenir les comices par surprise ⁽³⁾, et se rendit de nuit au Champ de Mars par des rues détournées; mais il était bien surveillé. Avant d'arriver à la place, il fut rencontré et reconnu par Milon, qui lui signifia, en vertu de sa puissance tribunitienne, *l'obnonciation*, c'est-à-dire la déclaration d'un empêchement religieux à la réunion des assemblées populaires ⁽⁴⁾. C'est ainsi que finit l'année 697.

Pendant ces luttes sans dignité où chaque parti se déshonorait par la violence, César avait, en deux campagnes,

---

⁽¹⁾ Cicéron, *Lettres à Quintus*, II, 1.
⁽²⁾ Cicéron, *Lettres à Quintus*, II, 1.
⁽³⁾ Cicéron, *Lettres à Atticus*, IV, 111.
⁽⁴⁾ Cicéron, *Lettres à Atticus*, IV, 11 et 111; — *Lettres à Quintus*, II, 1.

sauvé l'Italie de l'invasion des barbares et vaincu les peuples les plus belliqueux de la Gaule. Ainsi, à Rome, la vénalité et l'anarchie; à l'armée, le dévouement et la gloire. Alors, comme à de certaines époques de notre révolution, on put dire que l'honneur national s'était réfugié sous les drapeaux.

CHAPITRE TROISIÈME.

ÉVÉNEMENTS DE L'AN 698.

Présence à Rome de Ptolémée Aulètes.

1. Les consuls précédents venaient d'être remplacés par Cn. Cornelius Lentulus Marcellinus et L. Marcius Philippus; celui-ci allié de César, dont il avait épousé la nièce Atia [1]. Vainement les premiers magistrats se succédaient tous les ans, le changement des personnes n'en amenait aucun dans l'état de la République.

Vers cette époque, survint un fait qui montra à quel degré de mépris étaient tombées les lois et la morale. Ptolémée Aulètes, roi d'Égypte, père de la fameuse Cléopâtre, haï de ses sujets, s'était enfui d'Alexandrie, et, vers la fin de 697, était parti pour Rome, malgré les conseils de M. Caton, qu'il avait rencontré à Rhodes. Il venait solliciter la protection de la République contre les Égyptiens, qui, en son absence, avaient donné la couronne à sa fille Bérénice. Il avait obtenu le titre, si recherché alors, d'ami et d'allié du peuple romain, en achetant les suffrages d'un grand nombre de personnages considérables, ce qui l'avait obligé d'établir de lourds impôts sur ses sujets. Il fut d'abord bien accueilli, car on savait qu'il apportait son trésor, prêt à le distribuer à de nouveaux protecteurs. Pompée le logea dans sa maison [2] et se déclara publiquement en sa faveur. Mais les Égyptiens, instruits de son départ, envoyèrent une ambassade composée de plus de cent personnes pour défendre leur cause; la plupart furent tuées en route par des émissaires de Ptolémée; les autres,

---

[1] Atia avait épousé en premières noces Octavius, dont elle eut un fils qui fut plus tard Auguste.

[2] Dion-Cassius, XXXIX, xiv.

effrayées ou corrompues à prix d'argent, ne s'acquittèrent pas de leur mission [1]. Cet événement fit tant de bruit, que Favonius, appelé le *singe* de Caton, parce qu'il imitait son austérité, dénonça au sénat la conduite de Ptolémée, et ajouta qu'un des députés égyptiens, nommé Dion, confirmerait toutes ses assertions. Dion n'osa point paraître, et, à peu de temps de là, fut assassiné. Malgré ce crime, Pompée conserva à Ptolémée son amitié, et l'on n'osa pas poursuivre l'hôte d'un homme si puissant [2].

Plusieurs projets furent mis en avant pour replacer le roi d'Égypte sur le trône, et cette entreprise, qui promettait gloire et profit, excitait l'ambition de chacun. Ceux qui, probablement, y étaient opposés, proposèrent de consulter les livres sibyllins, qui répondirent : « Si le roi d'Égypte » vient vous demander du secours, ne lui refusez pas votre » amitié, mais ne lui accordez aucune armée. » Caius Caton, tribun du peuple, parent de M. Porcius Caton, et cependant son adversaire, s'empressa de divulguer cette réponse, quoiqu'il ne fût pas permis, sans un décret du sénat, de publier les oracles sibyllins [3]. Le sénat décréta que le roi d'Égypte serait replacé sur son trône par des magistrats romains, sans intervention armée [4]. Mais cette mission était fort disputée : les uns voulaient en charger Lentulus Spinther, les autres Pompée, avec obligation de n'employer que deux licteurs ; la jalousie des prétendants y fit bientôt renoncer. Ptolémée, perdant tout espoir, quitta Rome et se retira à Éphèse [5]. Il fut plus tard rétabli sur son trône par Gabinius.

---

[1] Dion-Cassius, XXXIX, xii, xiii. — Plutarque, *Pompée*, lii.

[2] Dion-Cassius, XXXIX, xiv. — « Je ne lui épargne pas même les reproches pour l'empêcher (Pompée) de tremper dans cette infamie. » (Cicéron, *Lettres familières*, I, i.)

[3] Dion-Cassius, XXXIX, xv.

[4] Cicéron, *Lettres à Quintus*, II, ii.

[5] Dion-Cassius, XXXIX, xvi.

Clodius nommé édile. Procès de Milon.

II. Les élections pour l'édilité avaient eu lieu le 11 des calendes de février de l'année 698 (28 décembre 697), et, grâce à beaucoup d'argent répandu, Clodius avait été nommé édile[1]. A peine revêtu de cette charge, qui le mettait à l'abri des poursuites de Milon, il attaqua son accusateur comme coupable d'attentat à main armée, le même crime précisément que Milon lui reprochait. Ce n'était pas Milon qu'il avait en vue, mais ses puissants protecteurs. En outre, alléguant des auspices défavorables, ou faisant agir quelques tribuns du peuple, il s'opposait absolument à la présentation par les consuls de toute affaire publique de quelque importance, sans en excepter la loi curiate, qui décernait le commandement aux proconsuls et aux propréteurs[2].

Le procès dont Clodius le menaçait inquiétait fort peu Milon, qui n'avait rien rabattu de son audace habituelle. En effet, à une époque où un personnage politique ne pouvait être en sûreté que sous l'escorte d'une bande armée, il était difficile de condamner Milon pour avoir des gladiateurs à sa solde, surtout lorsque ses ennemis avaient donné l'exemple de recourir à de tels auxiliaires.

La lutte judiciaire allait commencer, et l'on s'y préparait comme à un combat. L'accusé avait pour défenseurs Cicéron et Pompée ; la plus grande partie du sénat lui était favorable, et, dans la prévision d'émeutes, ses amis faisaient venir leurs clients de toute l'Italie et même de la Gaule cisalpine[3]. Clodius et Caius Caton, de leur côté, avaient réuni toutes leurs forces. Ils comptaient d'ailleurs que la populace, rendue encore plus turbulente par la disette, accueillerait fort mal Pompée, qui ne remédiait pas à la misère publique, et Cicéron, qui, au dire des superstitieux, avait attiré le courroux des dieux sur la ville en

---

[1] Cicéron, *Lettres à Quintus*, II, II. — Dion-Cassius, XXXIX, XVIII.
[2] Dion-Cassius, XXXIX, XVIII, XIX.
[3] Cicéron, *Lettres à Quintus*, II, III.

choisissant pour rebâtir sa maison un terrain consacré à la déesse *Libertas* [1]. Il paraît que beaucoup d'ennemis de Pompée encourageaient Clodius et l'aidaient secrètement. Crassus lui-même était soupçonné de lui donner de l'argent ainsi qu'à Caius Caton.

Le 8 des ides de février (12 janvier 698), Milon parut devant ses juges [2]. Lorsque Pompée voulut prendre la parole pour le défendre, la multitude, excitée par Clodius, le reçut avec des huées et des injures. La plèbe urbaine connaissait toutes les vanités de Pompée et les blessait toutes avec un art perfide. Celui-ci cependant, quoique interrompu à chaque instant, garda son sang-froid et s'efforça de parler. Clodius lui répondit; mais ses adversaires avaient aussi une populace organisée et soldée pour l'outrager et chanter des vers infâmes sur ses amours avec sa sœur [3]. Dans cette étrange et ignoble dispute, Milon était oublié; il n'y avait plus qu'une sorte de duel entre Clodius et Pompée. Clodius, au milieu de ses satellites, s'écriait en forçant la voix : « Quel est l'homme qui nous fait mourir de » faim? » Et toute la populace, avec l'ensemble d'un chœur de tragédie, de crier : « Pompée! » — « Qui voudrait aller » en Égypte? » reprenait Clodius. — « Pompée! » répondaient mille voix. — « Qui faudrait-il y envoyer? » — « Cras- » sus [4]! » Clodius ajoutait : « Quel est l'autocrate que rien » ne contente? Quel est l'homme qui cherche un homme? » Qui se gratte la tête d'un seul doigt? » — « Pompée! Pom- » pée! » criait toujours la foule. Après s'être provoqués de la sorte, les deux partis, las de vociférer, en vinrent aux

---

[1] Dion-Cassius, XXXIX, xx.

[2] Cicéron, *Lettres à Quintus*, II, III.

[3] Cicéron, *Lettres à Quintus*, II, III.

[4] Cicéron, *Lettres à Quintus*, II, III. — Ce mot donne, suivant nous, l'explication de la querelle qui existait alors entre les deux triumvirs. L'Égypte était une proie si riche qu'elle devait les diviser.

mains. Cicéron s'échappa prudemment⁽¹⁾, et cette fois encore la victoire demeura au parti des grands, probablement appuyé par des gladiateurs plus nombreux⁽²⁾. Le jugement de Milon, renvoyé à quelques jours de là, amena encore des scènes semblables; mais l'accusé fut acquitté.

Retour de Caton.

III. Au milieu de ces querelles intestines, M. Caton revint de Chypre à Rome. Il rapportait le trésor de Ptolémée, frère de Ptolémée Aulètes, 7,000 talents (environ 40 millions de francs), un mobilier considérable, et ramenait un grand nombre d'esclaves. Ptolémée s'était empoisonné, sur le bruit de sa venue, ne lui laissant d'autre embarras que de recueillir ses trésors, car les Cypriotes, alors esclaves, dans l'espoir de devenir les alliés et les amis de Rome, reçurent Caton à bras ouverts. Fier de son expédition, qu'il avait remplie avec la plus parfaite intégrité, il tenait fort à ce qu'elle fût approuvée⁽³⁾.

Le retour de Caton ne pouvait en rien remédier à l'état profondément troublé de la République⁽⁴⁾. Sa vertu n'était pas de celles qui attirent, mais de celles qui repoussent. Blâmant tout le monde, peut-être parce que tout le monde était blâmable, il restait seul de son parti.

Dès son arrivée, il se trouva à la fois en opposition avec Cicéron, qui attaquait la légalité de sa mission, et avec Clodius, qui, la lui ayant confiée en sa qualité de tribun, entendait s'en attribuer toute la gloire. Dans ces nouvelles menées de Clodius, César l'appuya, dit-on, en lui suggérant des motifs d'accusation contre Caton⁽⁵⁾.

---

(1) « Clodius est précipité de la tribune, moi je m'esquive de crainte d'accident. » (Cicéron, *Lettres à Quintus*, II, III.)

(2) Cicéron, *Lettres à Quintus*, II, III.

(3) Dion-Cassius, XXXIX, XXII.

(4) Plutarque (*Caton*, XLV) nous dit que Caton revint sous le consulat de Marcius Philippus.

(5) Dion-Cassius, XXXIX, XXIII.

État d'anarchie à Rome.

IV. L'aperçu succinct des événements de Rome à cette époque montre le degré d'abaissement du niveau moral. Ce n'étaient plus ces luttes mémorables entre les patriciens et les plébéiens, où la grandeur du but ennoblissait les moyens. Il ne s'agissait plus de droits séculaires à défendre, de droits nouveaux à conquérir, mais d'ambitions vulgaires et d'intérêts personnels à satisfaire.

Rien n'indique davantage la décadence d'une société que la loi devenant machine de guerre à l'usage des différents partis, au lieu de rester l'expression sincère des besoins généraux. Tout homme arrivé au pouvoir se rendait coupable le lendemain de ce qu'il avait condamné la veille, et faisait servir les institutions à sa passion du moment. Tantôt c'était le consul Metellus qui, en 697, retardait la nomination des questeurs pour empêcher celle des juges, afin de protéger Clodius, son parent, contre une accusation judiciaire [1]; tantôt c'étaient Milon et Sextius qui, à titre de représailles contre le même consul, opposaient tous les obstacles imaginables à la convocation des comices [2]; tantôt, enfin, le sénat (en 698) essayait de retarder l'élection des juges, pour ôter à Clodius les chances d'être nommé édile. L'antique usage de prendre les auspices n'était plus, aux yeux de tous, qu'une manœuvre politique. Aucun des grands personnages que la faveur momentanée du peuple et du sénat mettait en évidence ne conservait le véritable sentiment du droit. Cicéron, qui voit en lui seul toute la République, et qui attaque comme monstrueux ce qui s'est fait contre lui et sans lui, déclare illégaux tous les actes du tribunat de Clodius; le rigide Caton, au contraire, défend, par intérêt personnel, ces mêmes actes, parce que la prétention de Cicéron blesse son orgueil et invalide la mission

---

[1] Dion-Cassius, XXXIX, vii.
[2] *Lettres à Quintus*, II, i.

qu'il a reçue de Clodius[1]. Caius Caton viole la loi en divulguant l'oracle sibyllin. De tous côtés on a recours à des moyens illégaux, qui varient suivant le tempérament de chacun; les uns, comme Milon, Sextius, Clodius, se mettent ouvertement à la tête de bandes armées; les autres agissent avec timidité et dissimulation, comme Cicéron, qui, un jour, après une première tentative inutile, enlève furtivement du Capitole la plaque d'airain sur laquelle était gravée la loi qui l'avait proscrit. Singulière erreur des hommes, qui croient effacer l'histoire en faisant disparaître quelques signes visibles du passé!

Ce relâchement des liens sociaux amenait fatalement la dispersion de toutes les forces dont l'union eût été si utile au bien public. A peine, dans un moment de danger, était-on tombé d'accord pour donner à un homme l'autorité qui pouvait rétablir l'ordre et le calme, qu'à l'instant même tout le monde s'entendait pour l'attaquer et l'abattre, comme si chacun avait eu peur de son propre ouvrage. A peine Cicéron est-il revenu de l'exil, que les amis qui l'ont rappelé sont envieux de son influence : ils voient avec plaisir une certaine froideur naître entre Pompée et lui, et soutiennent secrètement les manœuvres de Clodius[2]. A peine Pompée, au milieu de la disette et de l'agitation publique, est-il revêtu de nouveaux pouvoirs, que le sénat d'un côté, et la faction populaire de l'autre, se concertent pour ruiner son crédit : des menées habiles réveillent la vieille haine entre lui et Crassus.

---

[1] Plutarque, *Caton*, XL; — *Cicéron*, XLV.

[2] « Il me revenait une foule de propos de gens que vous devinez d'ici, qui ont toujours été et qui sont toujours dans les mêmes rangs que moi. Ils se réjouissaient ouvertement de me savoir, à la fois, déjà en froid avec Pompée et prêt à me brouiller avec César; mais, ce qu'il y avait de plus cruel, c'était leur attitude à l'égard de mon ennemi (Clodius), c'était de les voir l'embrasser, le flatter, le cajoler, le combler de caresses. » (Cicéron, *Lettres familières*, I, IX.)

Pompée croyait ou feignait de croire qu'il y avait une conjuration contre sa vie. Il ne voulait plus aller au sénat, à moins qu'on ne tînt la séance tout près de son domicile, tant il lui paraissait dangereux de traverser la ville [1]. « Clodius, » disait-il, cherche à m'assassiner. Crassus le paye, Caton » l'encourage. Tous les discoureurs, Curion, Bibulus, tous » mes ennemis l'excitent contre moi. Ce peuple, amoureux » du bavardage de la tribune, m'a presque abandonné; la » noblesse m'est hostile; le sénat est injuste pour moi; la » jeunesse est toute pervertie. » Il ajoutait qu'il prendrait ses précautions, et qu'il allait s'entourer de gens de la campagne [2].

Personne n'était à l'abri des plus odieuses imputations. Caius Caton accusait le consul P. Lentulus d'avoir facilité à Ptolémée les moyens de quitter Rome clandestinement [3]. M. Caton s'indignait contre tout le monde. Enfin un parti implacable ne cessait de manifester par des propositions, sans résultat il est vrai, sa rancune et son animosité contre le proconsul des Gaules. Vers le printemps de 698, L. Domitius Ahenobarbus, beau-frère de Caton, dont il avait épousé la sœur Porcia, et qui s'était autrefois enrichi avec les dépouilles des victimes de Sylla, proposait d'enlever à César son commandement [4]. D'autres renouvelaient la motion de faire cesser la distribution des terres de la Campanie, et remettaient en question toutes les lois juliennes [5]. Mais

---

[1] Cicéron, *Lettres à Quintus*, II, III.

[2] Ces paroles sont rapportées par Cicéron (*Lettres à Quintus*, II, III), à qui elles étaient adressées par Pompée. Dion-Cassius, contre toute vraisemblance, prétend que Pompée, dès cette époque, était irrité contre César et cherchait à lui ôter sa province. Rien ne prouve une pareille allégation. L'entrevue de Lucques, qui eut lieu cette même année, la contredit formellement.

[3] Voyez Nonius Marcellus (éd. Gerlach et Roth, p. 261), qui cite un passage du livre XXII des *Annales* de Fenestella, lequel écrivait sous Auguste ou sous Tibère.

[4] Suétone, *César*, XXIV.

[5] Cicéron, *Lettres à Quintus*, II, V.

Cicéron, à la requête de Pompée, obtint l'ajournement jusqu'au mois de mai [1]. D'ailleurs il était lui-même embarrassé, et avouait que sur ce sujet il n'avait pas d'idées bien arrêtées [2].

Entrevue de Lucques.

V. Au milieu de la confusion générale, beaucoup de citoyens tournaient les yeux vers César. Appius Claudius s'était déjà rendu près de lui [3]. Crassus quitta brusquement Rome pour aller le trouver à Ravenne, au commencement du printemps de 698, avant la campagne contre les Vénètes, et lui exposer l'état des choses, car, ainsi que le dit Cicéron dans une lettre postérieure, il ne se faisait à Rome rien de si petit que César n'en fût informé [4].

Quelque temps après, Pompée, qui devait s'embarquer à Pise pour la Sardaigne, afin de hâter l'approvisionnement de blé, arriva à Lucques, où il se rencontra avec César et Crassus. Une foule nombreuse accourut également dans cette ville : les uns étaient attirés par le prestige de la gloire de César, les autres par sa générosité bien connue, tous par ce vague instinct qui, dans les temps de crise, indique où est la force et fait pressentir de quel côté viendra le salut. Le peuple romain lui envoya une députation de sénateurs [5]. Tout ce que la Ville avait de personnages illustres et considérables, tels que Pompée, Crassus, Appius, gouverneur de la Sardaigne, Nepos, proconsul d'Espagne [6], vint lui témoi-

---

[1] Cicéron, *Lettres familières*, I, ix.

[2] « L'affaire des terres de la Campanie, qui devait être finie le jour des ides et le suivant, ne l'est pas encore. J'ai bien de la peine à avoir un avis à moi sur cette question. » (*Lettres à Quintus*, II, viii, juin 698.)

[3] « Appius n'est pas encore revenu d'auprès de César. » (Cicéron, *Lettres à Quintus*, II, vi, avril 698.)

[4] « Sachant bien que petites nouvelles ou grandes nouvelles sont arrivées à César. » (*Lettres à Quintus*, III, i, 3.)

[5] Dion-Cassius, XXXIX, xxv.

[6] Plutarque, *César*, xxiv.

gner la plus vive admiration et invoquer son appui [1]; des femmes même se rendirent à Lucques, et le concours fut tel qu'on y vit jusqu'à deux cents sénateurs à la fois; cent vingt licteurs, cortége obligé des premiers magistrats, assiégeaient la porte du proconsul [2]. « Déjà, écrit Appien, il disposait » de tout par son ascendant, par ses richesses, et l'empres- » sement affectueux avec lequel il obligeait tout le monde [3]. »

Que se passa-t-il dans cette entrevue? On l'ignore; mais

[1] « Appius, dit-il, s'est rendu près de César pour lui arracher quelques nominations de tribuns. » (Cicéron, *Lettres à Quintus*, II, xv.)

[2] Appien, *Guerres civiles*, II, xvii. — Les consuls et les proconsuls avaient douze licteurs; les préteurs, six; les dictateurs, vingt-quatre, et le maître de la cavalerie, un nombre qui a varié. Les édiles curules, les questeurs et les tribuns du peuple, n'ayant pas l'*imperium*, n'avaient pas de licteurs. Comme, lors de la conférence de Lucques, il n'existait ni dictateurs, ni maître de la cavalerie, le chiffre de cent vingt faisceaux ne peut s'appliquer qu'à l'ensemble de l'escorte de proconsuls et de préteurs. Il n'est pas probable que les deux consuls alors en charge à Rome se soient transportés à Lucques. D'un autre côté, il était défendu aux proconsuls de quitter leurs provinces pendant la durée de leurs pouvoirs. (Voyez Tite-Live, XLI, vii; XLIII, i.) Mais, comme les confé- rences de Lucques eurent lieu précisément à l'époque où les proconsuls et les propréteurs partaient pour leurs provinces (nous savons par Cicéron (*Lettres à Atticus*, III, ix) que ce départ avait lieu aux mois d'avril et de mai), il est pro- bable que les proconsuls et les propréteurs désignés se rendirent à Lucques avant d'aller prendre leurs commandements. Ainsi le chiffre de cent vingt fais- ceaux représenterait l'ensemble des licteurs des propréteurs ou proconsuls qui pouvaient passer par Lucques avant de s'embarquer soit à Pise, soit à Adria, soit à Ravenne.

Dans cette hypothèse, nous aurions les chiffres suivants :

Propréteur de Sicile.	6	Proconsul de Macédoine	12
Propréteur de Sardaigne.	6	Proconsul de Bithynie.	12
Proconsul d'Espagne citérieure.	12	Proconsul de Crète.	12
Proconsul d'Espagne ultérieure.	12	Proconsul de Syrie.	12
Proconsul d'Afrique.	12	Proconsul de Cilicie	12
Proconsul d'Asie.	12	Total des licteurs.	120

Plutarque (*Pompée*, liii) dit textuellement qu'on vit à sa porte cent vingt faisceaux de proconsuls et de préteurs.

[3] Appien, *Guerres civiles*, II, xvii.

on peut le conjecturer d'après les événements qui en furent la conséquence immédiate. Il est évident d'abord que Crassus et Pompée, brouillés naguère, furent réconciliés par César, qui, sans doute, fit valoir à leurs yeux les raisons les plus capables de les rapprocher : « l'intérêt public exigeait leur réconciliation; seuls ils pouvaient mettre un terme à l'état d'anarchie qui désolait la capitale; dans un pays livré à des ambitions vulgaires, il fallait pour les dominer des ambitions plus grandes, mais plus pures et plus honorables; ils devaient bien le voir, ce n'étaient pas des hommes tels que Cicéron, avec ses tergiversations, sa couardise et sa vanité, ni Caton avec son stoïcisme d'un autre âge, ni Domitius Ahenobarbus avec sa haine implacable et ses passions égoïstes, qui ramèneraient l'ordre et rallieraient les esprits divisés. Afin d'obtenir ces résultats, il fallait que Crassus et Pompée se missent résolùment à briguer le consulat[1]. Quant à lui, il ne demandait qu'à rester à la tête de son armée et à terminer la conquête qu'il avait entreprise. La Gaule était vaincue, mais non soumise. Plusieurs années étaient encore nécessaires pour y asseoir la domination romaine. Ce peuple léger et belliqueux, toujours prêt à la révolte, était sourdement excité et ouvertement soutenu par deux nations voisines, les Bretons et les Germains. Dans la dernière guerre contre les Belges, les promoteurs du soulèvement, de l'aveu des Bellovaques, avaient bien montré, en se réfugiant dans l'île de Bretagne après leur défaite, d'où venait la provocation. Aujourd'hui encore, l'insurrection que préparaient les peuplades vénètes, sur les rives de l'Océan, avait pour instigateurs les mêmes insulaires. Quant aux Germains, la défaite d'Arioviste ne les avait pas découragés, et plusieurs contingents de cette nation se trouvaient naguère mêlés aux troupes

---

[1] Voyez Suétone, *César*, xxiv. — La preuve que ce plan venait de César, c'est que Pompée et Crassus n'avaient encore pris aucune mesure pour préparer leur élection.

du Hainaut. Il veut châtier ces deux peuples et porter ses armes au delà du Rhin comme au delà de la mer; qu'on lui laisse donc terminer son ouvrage. Déjà les Alpes sont aplanies; les barbares, qui ravageaient l'Italie il y a quarante-quatre ans à peine, sont relégués dans leurs déserts et dans leurs forêts. Encore quelques années, et la crainte ou l'espoir, les châtiments ou les récompenses, les armes ou les lois, auront pour jamais rattaché la Gaule à l'Empire [1]. »

Un pareil langage ne pouvait manquer d'être compris par Pompée et par Crassus. On se laisse aisément persuader lorsque l'intérêt public se présente à travers le prisme de l'amour-propre et de l'intérêt personnel. Au delà du consulat, Crassus et Pompée voyaient déjà le gouvernement des provinces et le commandement des armées. Quant à César, la réalisation logique de ses vœux était la prolongation de ses pouvoirs. Une seule difficulté s'opposait à l'exécution de ce plan. L'époque des élections approchait, et ni Pompée ni Crassus ne s'étaient mis en mesure de briguer le consulat dans le délai prévu par la loi; mais on avait si souvent, depuis nombre d'années, retardé les comices, sous des prétextes frivoles, qu'on pouvait bien aujourd'hui en agir de même dans un intérêt plus sérieux.

César promit d'appuyer leur élection de tout son pouvoir, par ses recommandations et en donnant des congés à ses soldats pour aller voter dans les comices. En effet, ses sol-

---

[1] Nous avons mis dans la bouche de César les paroles suivantes de Cicéron : « En donnant les Alpes pour bornes à l'Italie, la nature ne l'avait pas fait sans une intention spéciale des dieux. Si l'entrée en eût été ouverte à la férocité et à la multitude des Gaulois, jamais cette ville n'eût été le siége et le centre d'un grand empire. Elles peuvent maintenant s'aplanir, ces hautes montagnes; il n'est plus rien, des Alpes à l'Océan, qui soit à redouter pour l'Italie. Encore une ou deux campagnes, et la crainte ou l'espoir, les châtiments ou les récompenses, les armes ou les lois, pourront nous assujettir toute la Gaule et l'attacher à nous par des liens éternels. » (Cicéron, *Discours sur les provinces consulaires*, xiv.)

dats, recrutés soit parmi les vétérans qu'il avait emmenés de Rome, soit parmi les citoyens romains établis en grand nombre dans la Gaule cisalpine, avaient le droit de porter à Rome leur suffrage, et jouissaient de l'influence légitime qui est le prix d'une vie de dangers et d'abnégation. Cicéron en fait foi par ces paroles : « Regardez-vous, pour arriver » au consulat, comme un faible appui la volonté des soldats, » si puissants par leur nombre et par l'ascendant qu'ils » exercent sur leurs familles? D'ailleurs, quelle autorité sur » le peuple romain tout entier que leur suffrage lorsqu'il » s'agit de la nomination d'un consul! Car dans les comices » consulaires ce sont des généraux que l'on choisit et non » des rhéteurs. C'est une recommandation bien puissante » que de pouvoir dire : J'étais blessé, il m'a rendu la vie; il » m'a fait part du butin. C'est sous lui que nous avons pris » le camp ennemi, que nous avons livré la bataille; il n'a » jamais exigé des soldats plus de travail qu'il ne s'en impo- » sait à lui-même; son bonheur est égal à son courage. Vous » figurez-vous combien de pareils discours disposent favo- » rablement les esprits[1]! » César donc se conformait à la coutume établie, en permettant à ses soldats d'exercer leurs droits de citoyen.

Conséquences de l'entrevue de Lucques. Conduite de Cicéron.

VI. L'entrevue de Lucques avait eu pour résultat de réunir dans un même sentiment les hommes les plus importants de la République. Quelques historiens ont vu là un complot mystérieux, et ils n'ont pas hésité à le qualifier de *triumvirat*, dénomination aussi peu appropriée à cet accord qu'à celui qui avait eu lieu en 694. Une entrevue au milieu de tant de citoyens illustres, accourus de toutes parts pour saluer un général victorieux, n'avait guère l'apparence du mystère, et l'entente de quelques hommes influents dans

---

[1] Cicéron, *Discours pour Murena*, xviii.

une même pensée politique n'était pas un complot. Quelques auteurs n'en ont pas moins prétendu que le sénat, informé de cette conspiration ourdie dans la Gaule cisalpine, aurait fait éclater son indignation ; rien ne justifie cette allégation ; s'il en eût été ainsi, aurait-on, quelques mois après l'entrevue de Lucques, accordé à César tout ce qu'il désirait et repoussé tout ce qui lui était contraire? On vit, en effet, lors de la distribution annuelle du gouvernement des provinces, les sénateurs hostiles à César demander qu'on lui retirât son commandement, ou tout au moins la partie de ce commandement décernée par le sénat [1]. Or, non-seulement cette prétention fut écartée, mais on lui donna dix lieutenants et des subsides pour payer les légions qu'il avait levées de sa propre autorité, en outre des quatre légions mises, dès le principe, à sa disposition par le sénat. C'est que les triomphes de César avaient exalté les esprits. L'opinion publique, cette force irrésistible de tous les temps, se déclarait hautement pour lui, et sa popularité rejaillissait sur Pompée et sur Crassus [2]. Le sénat avait fait taire alors son animosité, et, de son côté, César se montrait plein de déférence pour cette assemblée [3].

Il faut bien le dire à la louange de l'humanité, la vraie gloire a le privilége de rallier tous les cœurs généreux ; il n'y a que les hommes follement épris d'eux-mêmes, ou endurcis par le fanatisme d'un parti, qui résistent à cet entraînement universel vers ceux qui font la grandeur de leur pays. A cette époque, si l'on en excepte quelques

---

[1] Cicéron, *Discours sur les provinces consulaires*, xv.

[2] « Évidemment toute opposition à ces grands hommes, surtout depuis les éclatants succès de César, était antipathique au sentiment général et unanimement repoussée. » (Cicéron, *Lettres familières*, I, ix.)

[3] « César, fort de ses succès, des récompenses, des honneurs et des témoignages dont il était comblé par le sénat, venait prêter à cet ordre illustre son éclat et son influence. » (Cicéron, *Lettres familières*, I, ix.)

hommes haineux et intraitables, la plupart des sénateurs subissaient l'impulsion générale, comme le prouvent les discours de Cicéron [1].

Mais si, d'une part, on nous représente les membres de ce prétendu triumvirat ligués étroitement entre eux contre la République; de l'autre, Dion-Cassius soutient que, dès cette époque, Pompée et Crassus conspiraient contre César. Cette opinion n'est pas mieux fondée. On voit, au contraire, par une lettre de Cicéron, combien Pompée prenait chaudement alors le parti de son beau-père. Pompée, en quittant Lucques, rencontra Quintus Cicéron, et, l'apostrophant vivement, il le chargea de rappeler à son frère ses engagements passés : « Cicéron ne devait pas oublier que ce que Pompée avait fait pour son rappel était aussi l'œuvre de César, dont il avait promis de ne point attaquer les actes; que, s'il ne voulait pas le servir, il s'abstînt du moins de toute hostilité [2]. » Ces reproches ne restèrent pas sans effet. Cicéron, très-enclin à se tourner du côté de la fortune, écrivit à Atticus : « Il y a fin à tout; et puisque ceux qui ne » peuvent rien ne veulent plus de moi, je chercherai des » amis parmi ceux qui ont la puissance [3]. »

Déjà il avait voté avec les sénateurs des actions de grâces pour les victoires de César, et depuis il secondait de ses efforts toutes les propositions en faveur du vainqueur des Gaules. Comme le rôle de Cicéron dans cette occasion a eu

---

[1] « Pourquoi attendrais-je qu'on me réconcilie avec César? Cette réconciliation n'a-t-elle pas été faite par le sénat? le sénat, conseil suprême de la République, ma règle et mon guide dans toutes mes opinions. Je marche sur vos pas, sénateurs, j'obéis à vos conseils, je cède à votre autorité..... Tant que les démarches politiques de César n'ont pas eu votre approbation, vous ne m'avez pas vu lié avec lui. Lorsque ses exploits ont changé vos sentiments et vos dispositions, vous m'avez vu non-seulement accéder à vos décisions, mais encore y applaudir tout haut. » (Cicéron, *Discours sur les provinces consulaires*, x.)

[2] *Lettres familières*, I, ix.

[3] *Lettres à Atticus*, IV, v.

une importance particulière, il ne sera pas sans intérêt de citer ses paroles : « Puis-je être ennemi d'un homme dont
» les courriers et les lettres, de concert avec la renommée,
» font retentir tous les jours à mes oreilles les noms de tant
» de peuples, de tant de nations, de tant de pays qu'il a
» ajoutés à notre empire? Je suis enflammé d'enthousiasme,
» sénateurs, et vous en doutez d'autant moins que les mêmes
» sentiments vous animent[1]. Il a combattu avec le plus
» grand succès les plus belliqueuses et les plus puissantes
» nations des Germains et des Helvètes; il a terrassé, dompté,
» refoulé les autres, et les a accoutumées à obéir au peuple
» romain. Des contrées, qu'aucune histoire, aucun récit,
» aucun bruit public ne nous avaient encore fait connaître,
» notre général, nos troupes, nos armes les ont parcourues.
» Nous n'avions auparavant qu'un sentier dans la Gaule; les
» autres parties étaient occupées par des peuples ou ennemis
» de cet empire, ou peu sûrs, ou inconnus, ou du moins
» féroces, barbares et belliqueux; il n'était personne qui ne
» désirât les voir vaincus et domptés[2]. On nous a présenté
» dernièrement un rapport sur la solde des troupes. Je ne
» me suis pas contenté de donner mon avis, j'ai fait en
» sorte qu'on l'adoptât; j'ai répondu fort au long à ceux
» qui étaient d'un avis contraire, j'ai assisté à la rédaction
» du décret; alors encore j'ai plus accordé à la personne
» qu'à je ne sais quelle nécessité. Je pensais que, même
» sans un tel secours d'argent, avec le seul produit du
» butin, César pouvait entretenir son armée et terminer la
» guerre; mais je n'ai pas cru que, par une étroite parci-
» monie, nous dussions diminuer le lustre et la gloire de
» son triomphe.

[1] Cicéron, *Discours sur les provinces consulaires*, IX. (Août, an de Rome 698.)

[2] Cicéron, *Discours sur les provinces consulaires*, XIII. (Août, an de Rome 698.)

" De plus, il a été question de dix lieutenants pour César :
" les uns s'opposaient absolument à ce qu'on les accordât,
" les autres recherchaient les précédents; ceux-ci remet-
" taient à un autre temps, ceux-là accordaient, sans employer
" des termes flatteurs. Dans cette circonstance, à la manière
" dont je parlai, tout le monde comprit que, en m'occupant
" des intérêts de la République, je faisais encore plus pour
" honorer César. "

Dans un autre discours, le même orateur s'écrie : « Le
" sénat a décerné des prières publiques à César dans la forme
" la plus honorable, et pour un nombre de jours encore sans
" exemple. Malgré l'épuisement du trésor, il a pourvu à la
" solde de son armée victorieuse; il a décidé qu'on donnerait
" dix lieutenants au général, et que, par dérogation à la loi
" Sempronia, on ne lui enverrait pas de successeur. C'est
" moi qui ai ouvert ces avis, qui ai porté la parole; et, plu-
" tôt que d'écouter mon ancien dissentiment avec César,
" je me suis prêté à ce que réclament, dans les circonstances
" actuelles, l'intérêt de la République et le besoin de la
" paix [1]. "

Mais si en public Cicéron s'exprimait avec tant de net-
teté, dans ses relations privées il ménageait encore l'opinion de ses anciens amis. C'est d'ailleurs la seule manière
d'expliquer une contradiction trop choquante, même dans
un caractère aussi versatile. En effet, au moment où il se
vantait hautement des services qu'il avait contribué à rendre
à César, il écrivait à P. Lentulus, son ami, proconsul en
Cilicie : « On vient d'accorder à César des subsides et dix
" lieutenants, et l'on ne tient aucun compte de la loi Sem-
" pronia, qui voulait qu'on lui donnât un successeur. Mais
" ce sujet est trop triste, et je ne veux pas m'y arrêter [2]. "

[1] Cicéron, *Discours pour Balbus*, XXVII.
[2] Cicéron, *Lettres familières*, I, VII.

Manœuvres de Pompée et de Crassus pour arriver au consulat.

VII. D'après ce qui précède, évidemment l'impopularité ne s'attachait pas à César, mais aux moyens employés par Crassus et par Pompée afin d'obtenir le consulat.

Ils se servaient de Caius Caton, parent du stoïcien, et d'autres hommes aussi peu estimables, pour faire retarder l'époque des comices et amener la création d'un interroi [1], nomination qui eût rendu leur élection plus facile, puisque les consuls, présidents ordinaires de l'assemblée du peuple, leur étaient opposés.

Les récits sur les événements de cette époque offrent une grande confusion. Dion-Cassius nous apprend qu'à la suite de violentes discussions dans la curie, entre Pompée, récemment revenu de Sardaigne, et le consul Marcellinus, le sénat, en signe de mécontentement, décréta qu'il prendrait le deuil, comme pour une calamité publique, et le prit aussitôt. Caius Caton opposa son veto. Alors le consul Cn. Marcellinus, à la tête du sénat, se rendit au Forum, harangua le peuple pour lui demander des comices, sans succès probablement, puisque les sénateurs rentrèrent immédiatement dans le lieu de leurs séances. Clodius, qui depuis la conférence de Lucques s'était rapproché de Pompée, survint tout à coup dans la foule, interpella vivement le consul, et le railla de cet appareil de deuil intempestif. Sur la place publique Clodius devait enlever aisément l'approbation de la multitude; mais, ayant voulu retourner au sénat, il éprouva la plus vive opposition. Les sénateurs se précipitèrent à sa rencontre pour l'empêcher d'entrer; beaucoup de chevaliers l'accablèrent d'injures; ils lui eussent fait un mauvais parti, si la populace ne fût accourue à son aide et ne l'eût dégagé, en menaçant de livrer aux flammes l'assemblée tout entière [2].

---

[1] Dion-Cassius, XXXIX, xxvii.
[2] Dion Cassius, XXXIX, xxix.

D'un autre côté, Pompée, avec plus d'autorité et moins de violence, s'élevait contre le dernier sénatus-consulte. Lentulus Marcellinus, l'apostrophant en plein sénat, lui demanda s'il était vrai, comme le bruit en courait, qu'il prétendît au consulat. « Je ne sais pas encore ce que je » ferai, » répondit Pompée brusquement. Puis, remarquant le mauvais effet de ces paroles dédaigneuses, il reprit aussitôt : « Pour les bons citoyens, il est inutile que je sois con- » sul ; contre les factieux, je suis peut-être nécessaire [1]. » A une question semblable, Crassus répondit modestement « qu'il était prêt à faire tout ce qui serait utile à la Répu- » blique. » Alors Lentulus se répandant en reproches contre l'ambition de Pompée, celui-ci l'interrompit brutalement : « Souviens-toi, lui dit-il, que tu me dois tout. Tu étais » muet, je t'ai fait discoureur ; tu étais un mendiant affamé, » j'ai fait de toi un glouton qui vomit pour remanger. » Ce langage peut donner une idée de la violence des passions politiques à cette époque. Les sénateurs, et Marcellinus lui-même, voyant qu'ils ne pouvaient lutter contre l'influence de ces deux hommes, se retirèrent. Pendant le reste de l'année ils ne prirent plus aucune part aux affaires publiques : ils se bornèrent à garder le deuil et à ne plus assister aux fêtes populaires.

Campagne contre les peuples des côtes de l'Océan.

VIII. Tandis que Pompée et Crassus, conformément à la convention de Lucques, employaient tous les moyens pour parvenir au consulat, César avait toujours les regards fixés sur une conquête qui, tous les ans, semblait achevée, et que, tous les ans, il fallait recommencer. Si les Gaulois, divisés en tant de peuples divers, étaient incapables de s'unir pour la défense commune, ils ne se laissaient pas abattre par un seul coup du sort. A peine les uns étaient-ils

---

[1] Dion-Cassius, XXXIX, xxx. — Plutarque, *Pompée*, LIII ; — *Crassus*, XVIII.

terrassés sur un point, que d'autres relevaient ailleurs l'étendard de l'insurrection.

En 698, l'agitation se manifesta d'abord sur les côtes de l'Océan, depuis la Loire jusqu'à la Seine. Les peuples du Morbihan, maîtres d'une flotte considérable et disposant du commerce extérieur, se mirent à la tête du mouvement. Ils s'associèrent à tous les peuples habitant les côtes entre la Loire et l'Escaut, et demandèrent des secours à l'Angleterre, avec laquelle ils étaient en relation constante. Dans ces circonstances, César prévit que c'était sur mer qu'il fallait réprimer l'audace de ces populations maritimes. Il donna l'ordre de construire des navires sur la Loire, en demanda aux peuples de la Charente et de la Gironde, et envoya d'Italie Decimus Brutus avec des galères et des matelots. Lui-même, aussitôt que la saison le permit, se rendit dans les environs de Nantes, non loin d'Angers, où Publius Crassus hivernait avec la 7ᵉ légion. Dès son arrivée, sa préoccupation s'étendit sur le vaste territoire où il devait fonder la domination romaine. A cet effet, il répartit ainsi ses troupes : Labienus est envoyé avec la cavalerie à l'est, du côté de Trèves, pour tenir en respect les Germains; sur son passage, il raffermira la fidélité des Champenois et de leurs voisins; P. Crassus est dirigé vers l'Aquitaine pour la soumettre; Sabinus vers la Normandie, pour y combattre les révoltés du Cotentin; César se réserve les opérations dans le Morbihan. Après avoir assiégé, non sans de grandes difficultés, plusieurs petites places fortes qui, situées à l'extrémité de promontoires, étaient entourées d'eau à la haute mer, il résolut d'attendre sa flotte et se plaça sur la côte, à Saint-Gildas, au sud de Vannes. Decimus Brutus fit sortir ses vaisseaux de la Loire, vint se mesurer avec l'ennemi, en vue de l'armée romaine, et, par un concours de circonstances heureuses, détruisit la flotte gauloise; dans le combat périt l'élite de la Bretagne. Le Morbihan et les États environnants se rendirent, et cependant le vainqueur fit mourir tous les principaux citoyens.

La conduite de César envers les habitants de cette province a été justement blâmée par l'empereur Napoléon Ier. « Ces peuples, dit-il, ne s'étaient point révoltés; ils avaient » fourni des otages, avaient promis de vivre tranquilles, » mais ils étaient en possession de toute leur liberté et de » tous leurs droits. Ils avaient donné lieu à César de leur » faire la guerre, sans doute, mais non de violer le droit des » gens à leur égard et d'abuser de la victoire d'une manière » aussi atroce. Cette conduite n'était pas juste, elle était » encore moins politique. Ces moyens ne remplissent jamais » leur but, ils exaspèrent et révoltent les nations. La puni- » tion de quelques chefs est tout ce que la justice et la poli- » tique permettent [1]. »

Tandis que la Bretagne était vaincue sur mer, Sabinus remportait une victoire décisive sur les peuples de la Normandie, près d'Avranches; et, dans le même temps, Publius Crassus soumettait l'Aquitaine. Quoique ce jeune lieutenant de César n'eût qu'une seule légion, un corps de cavalerie et des auxiliaires, il s'emparait de la place forte de Sos et faisait essuyer une défaite sanglante aux peuples situés entre la Garonne et l'Adour. Sa gloire en fut d'autant plus grande que les Aquitains avaient appelé à leur aide les chefs espagnols, débris de cette fameuse armée façonnée si longtemps par Sertorius à la tactique romaine.

Quoique la saison fût fort avancée, César voulut encore soumettre les peuples du Brabant et du Boulonnais, et marcha contre eux. Les Gaulois se retirèrent dans leurs forêts; il fut alors obligé de se frayer une route dans les bois en abattant les arbres, qui, placés à droite et à gauche, formèrent de chaque côté un rempart contre l'ennemi. Le

[1] *Précis des guerres de César*, III, v.

mauvais temps l'obligea de se retirer avant d'avoir accompli sa tâche.

Dans cette campagne de 698, la plupart des contrées qui s'étendent depuis l'embouchure de l'Adour jusqu'à celle de l'Escaut avaient senti le poids des armes romaines. La mer était libre : César pouvait tenter une descente en Angleterre.

CHAPITRE QUATRIÈME.

ÉVÉNEMENTS DE L'AN 699.

Campagne contre les Usipètes et les Tenctères.

I. Les succès de la précédente campagne, l'existence d'une flotte romaine dans les eaux du Morbihan, devaient donner à César l'espoir que rien n'empêcherait désormais une expédition contre la Grande-Bretagne; mais de nouveaux événements vinrent retarder ses projets.

Dans l'hiver de 698 à 699, les Usipètes et les Tenctères, peuples d'origine germaine, refoulés par les Suèves, passèrent le Rhin non loin de son embouchure, vers Xanten et Clèves. Ils étaient au nombre de 400,000, de tout âge et de tout sexe; ils cherchaient des terres pour s'établir, et, au printemps de 699, la tête de l'émigration était déjà parvenue dans le pays où sont aujourd'hui Aix-la-Chapelle et Liége. César, inquiet de cet événement, part pour l'armée plus tôt que de coutume, se rend à Amiens, y rassemble ses troupes, et trouve les chefs gaulois profondément ébranlés dans leur fidélité par l'approche de ces nouveaux barbares, dont ils espèrent le concours. Il raffermit en eux le sentiment du devoir, obtient un contingent de cavalerie, se porte à la rencontre des Usipètes et des Tenctères, et arrive sur la Meuse, qu'il traverse à Maëstricht. Ces derniers, en apprenant la marche de l'armée romaine, s'étaient concentrés dans la Gueldre méridionale. Établis sur la rivière de la Niers, dans les plaines de Goch, ils députent vers César, parvenu près de Venloo, pour lui demander de ne pas les combattre et de leur permettre de conserver les terres qu'ils avaient conquises. Le général romain refuse et continue sa marche. Après de nouveaux pourparlers, qui avaient pour but, de la part des Germains, de donner à leur cavalerie, envoyée au delà de la Meuse, le temps de revenir, une trêve d'un jour est acceptée. César déclare toutefois qu'il s'avancera jusqu'à la Niers. Cependant son avant-garde est tout à coup traîtreusement attaquée dans sa marche et culbutée par la cavalerie germaine; il se croit alors délié de ses engagements, et lorsque, le lendemain, les députés viennent pour se justifier de cette déloyale agression, il les fait arrêter, tombe à l'improviste sur le camp des Germains, et les poursuit sans relâche jusqu'au confluent du Rhin et de la Meuse (vers l'endroit occupé aujourd'hui par le fort Saint-André), où ces malheureux trouvent presque tous la mort.

A la suite de ce fait d'armes peu glorieux, où sa bonne foi a été mise en doute, César résolut de franchir le Rhin sous prétexte de réclamer des Sicambres la cavalerie des Usipètes et des Tenctères réfugiée chez eux, mais, au fond, pour intimider les Germains et leur faire perdre l'habitude de seconder les insurrections de la Gaule. Il remonta donc la vallée du Rhin et arriva à Bonn en face du territoire des Ubiens, peuple qui avait déjà sollicité son alliance et son appui contre les Suèves. Il fit construire en dix jours un pont de pilotis qu'il traversa avec ses troupes; mais il ne pénétra pas loin en Germanie : ne pouvant atteindre ni les Sicambres, ni les Suèves, qui s'étaient retirés dans l'intérieur des terres, il revint sur la rive gauche et fit rompre le pont.

Première descente en Angleterre.

II. Quoique l'été fût déjà avancé, César voulut profiter du temps qui lui restait encore pour passer en Angleterre et visiter cette île, sur laquelle on n'avait que des notions confuses, et qui n'était connue des Romains que par l'intervention des insulaires dans toutes les guerres de la Gaule. Il partit donc de Bonn, s'achemina vers Boulogne, jalonnant pour ainsi dire la route qu'Auguste fit construire plus tard entre ces deux villes, et rassembla dans ce port les navires des côtes voisines et la flotte qui, l'année précédente, avait vaincu celle du Morbihan. Après avoir envoyé un de ses officiers pour s'assurer du point de débarquement, il partit de Boulogne, dans la nuit du 24 au 25 août, avec deux légions, reconnut à son tour la côte à Douvres, et prit terre à Deal. Le rivage était couvert d'hommes en armes qui s'opposèrent avec vigueur au débarquement de l'armée romaine. Celle-ci, les ayant repoussés, s'établit solidement près de la mer. Les Bretons, étonnés d'une semblable audace, vinrent de tous côtés implorer la paix et faire leur soumission. Mais les éléments se conjurèrent contre les envahisseurs, et une horrible tempête vint briser les vaisseaux de transport et les galères. A la nouvelle de ce désastre, les Bretons relèvent la tête; de leur côté les soldats romains, loin de se décourager, se hâtent de réparer leurs navires avec tant de zèle, que, sur quatre-vingts, soixante-huit purent être remis à flot. Non loin du camp de César, les Bretons firent un jour tomber une légion dans une embuscade; plus tard un combat général eut lieu, où les Romains demeurèrent vainqueurs. Alors César, pressé par l'approche de l'équinoxe, traita avec les chefs de quelques peuplades, reçut des otages et repassa sur le continent le 12 septembre, étant resté dix-huit jours seulement en Angleterre. Dès le lendemain de son arrivée à Boulogne, les deux légions débarquées furent dirigées contre les Boulonnais, qui s'étaient réfugiés, depuis l'année précédente, dans les marais de leur pays; d'autres troupes furent envoyées pour châtier les habitants du Brabant. Après ces expéditions, César mit ses légions en quartiers d'hiver chez les Belges, puis s'éloigna pour visiter la partie opposée de son vaste commandement, c'est-à-dire l'Illyrie, où il eut aussi à garantir les frontières romaines contre l'incursion des barbares.

Habitudes de César en campagne.

III. On est étonné, lorsqu'on lit les Commentaires, de la facilité avec laquelle César se rendait tous les ans de la Gaule en Italie ou en Illyrie. Il fallait qu'il y eût des relais établis sur les lignes principales qu'il devait parcourir, non-seulement pour son propre usage, mais aussi pour les courriers portant les dépêches. On a vu qu'en 696 César se transporta en huit jours des bords du Tibre à Genève. D'après Suétone, il faisait 100 milles par jour, soit 150 kilomètres en vingt-quatre heures, ou un peu plus de 6 kilomètres par heure. Les courriers mettaient 28 ou 30 jours d'Angleterre à Rome. Plutarque nous apprend que, pour ne pas perdre de temps, César voyageait la nuit, dormant dans un chariot ou dans une litière [1]. Le jour il avait auprès de lui un secrétaire qui écrivait sous sa dictée, et il était suivi d'un soldat portant son épée. Dans les marches militaires, il était quelquefois à cheval, mais le plus souvent il précédait la troupe à pied, et, la tête découverte, il ne s'inquiétait ni du soleil, ni de la pluie [2].

Au milieu des entreprises les plus périlleuses, il trouvait le temps de correspondre avec les hommes influents et même de lire des poëmes que lui envoyait Cicéron, auquel il faisait parvenir son avis et ses critiques [3]; il s'occupait sans cesse des événements qui se passaient à Rome.

Consulat de Pompée et de Crassus.

IV. Au commencement de l'année 699 les consuls n'étaient pas encore désignés. En pareille circonstance, le sénat nommait des interrois, qui, investis des pouvoirs

---

[1] Plutarque, *César,* xviii.

[2] Suétone, *César,* lvii.

[3] « Que pense César de mon poëme, je vous prie? Il m'a déjà écrit qu'il avait lu le premier livre et qu'il n'avait rien vu, même en grec, qui lui plût davantage. Le reste, jusqu'à certain passage, est plus négligé : c'est son expression. Dites-moi ce qui lui déplaît, le fond ou la forme, et ne craignez rien de votre franchise. » (Cicéron, *Lettres à Quintus*, II. xvi.)

consulaires, se succédaient tous les cinq jours. Ce fut à la faveur de cet interrègne que se tinrent les comices. Le résultat était prévu. Outre leur immense clientèle, Pompée et Crassus étaient assurés de l'appui de César, qui, ainsi que nous l'avons dit, avait eu soin d'envoyer en congé, pour voter, un assez grand nombre de légionnaires[1]. Ils arrivaient, conduits par Publius Crassus, fils du triumvir, que ses exploits en Aquitaine avaient rendu célèbre.

Seul candidat de l'année précédente, L. Domitius Ahenobarbus, excité par Caton, son beau-frère, persista dans sa brigue jusqu'au dernier moment. Sorti avant le jour pour les comices, avec M. Caton et beaucoup de ses clients, il fut avec les siens en butte à de violentes attaques. L'esclave qui marchait devant lui une lanterne à la main fut tué, Caton blessé. La frayeur s'empara de Domitius, et il se réfugia dans sa maison. L'interroi présidant les comices proclama sans opposition Crassus et Pompée consuls.

Les arrangements conclus à Lucques avaient donc réussi, et l'ambition des trois personnages éminents qui absorbaient l'attention publique était satisfaite; mais le but de cette ambition variait selon le caractère de chacun. Crassus ne désirait le commandement d'une armée que pour augmenter sa réputation et ses richesses immenses. Pompée, sans convictions profondes, mettait sa vanité à être considéré comme le premier de la République. César, chef du parti populaire, aspirait au pouvoir, surtout pour faire triompher sa cause. Le moyen qui devait se présenter à son esprit n'était pas de fomenter la guerre civile, mais de se faire nommer plusieurs fois consul : les grands citoyens qui l'avaient précédé n'avaient pas suivi une autre voie, et il y a un entraînement naturel à prendre pour exemple ce qui a réussi dans le passé. La gloire acquise dans les Gaules assurait d'avance

---

[1] Plutarque, *Crassus*, xvi. — Dion-Cassius, XXXIX, xxxi.

à César la faveur publique, qui devait le porter de nouveau à la première magistrature. Néanmoins, pour faire disparaître les obstacles sans cesse suscités par un parti puissant, il fallait écarter des fonctions importantes les compétiteurs hostiles, attirer à lui les hommes distingués, tels que Cicéron, et, comme tout était vénal, acheter, avec le produit du butin fait à la guerre, les consciences à vendre. Cette conduite, secondée par Pompée et Crassus, promettait le succès.

Pompée, toujours sous le charme de sa femme, semblait se contenter du rôle qui lui était assigné. Libre de tout engagement, obéissant à ses propres instincts, il eût embrassé la cause du sénat plutôt que celle qu'il soutenait; car les hommes d'une nature aussi vaniteuse que la sienne préfèrent aux marques d'approbation du peuple, qui parviennent rarement à leurs oreilles, l'adhésion flatteuse de l'aristocratie au milieu de laquelle ils vivent. Entraîné par la force des choses, il était obligé de lutter contre ceux qui lui faisaient obstacle, et, plus l'opposition se montrait ardente, plus il se laissait emporter par la violence. La légalité, d'ailleurs, n'était observée par personne. L'incident suivant en est une preuve. Caton aspirait à la préture. Le jour des comices, la première centurie, appelée *la prérogative,* et dont le suffrage avait une grande influence sur les autres, vota pour lui. Pompée, ne doutant pas du même résultat dans les autres centuries, déclara subitement qu'il avait entendu un coup de tonnerre[1], et congédia l'assemblée. Quelques jours après, en achetant les voix, en employant tous les moyens d'intimidation dont ils disposaient, les nouveaux consuls firent nommer préteur, à la place de M. Caton[2], P. Vatinius, auteur de la motion qui, en 695, avait fait donner à César le gouvernement de la Cisalpine.

---

[1] Plutarque, *Caton,* xlviii; — *Pompée,* liv.
[2] Cicéron, *Lettres familières,* I, ix.

LIVRE IV, CHAPITRE IV. — ÉVÉNEMENTS DE L'AN 699. 399

La plupart des autres magistrats furent également choisis parmi leurs créatures, et il n'y eut que deux tribuns du peuple, C. Ateius Capito et P. Aquilius Gallus, qui représentassent l'opposition. Toutes ces élections eurent lieu avec un certain ordre, troublé une fois seulement aux comices pour l'édilité. On se battit au Champ de Mars, où il y eut des morts et des blessés. En se jetant au milieu du tumulte pour l'apaiser, Pompée eut sa toge couverte de sang. Ses esclaves la rapportèrent à sa maison pour en chercher une autre. A la vue de ce sang, Julia, alors dans un état de grossesse avancée, crut que son mari venait d'être tué, et fit une fausse couche. Cet accident altéra sa santé, mais ne fut pas, comme on l'a dit, la cause de sa mort, qui eut lieu seulement l'année suivante [1].

Proposition de Trebonius sur le gouvernement des provinces.

V. Rien ne résistait plus aux deux consuls. Les factions semblaient vaincues. Cicéron lui-même et Clodius se rapprochaient, et, par l'entremise de Pompée et de Crassus, se promettaient des concessions réciproques [2]. Le moment était arrivé de présenter la loi qui devait donner des provinces et des armées aux deux premiers magistrats de la République ; ceux-ci voulaient que la proposition vînt d'un tribun du peuple, et ils en avaient chargé C. Trebonius, qui fut depuis un des lieutenants de César. Le sénat n'avait pas procédé, avant les élections consulaires, à la répartition des provinces, ainsi que l'exigeait la loi. Trebonius, suivant l'exemple donné, quelques années auparavant, pour le gouvernement des Gaules, s'adressa au peuple et prit l'initiative de deux propositions, relatives l'une à Pompée et à Crassus, l'autre à César.

Les provinces destinées aux deux consuls, à leur sortie

[1] Plutarque, *Pompée*, LV.
[2] Cicéron, *Lettres à Quintus*, II, IX.

de charge, n'étaient pas séparément désignées pour chacun d'eux, mais Pompée et Crassus devaient s'entendre sur le partage; Dion-Cassius prétend même qu'ils les tirèrent au sort. Cette assertion paraît inexacte. Une insurrection des Vaccéens et la réduction de Clunia révoltée [1] servirent de prétexte pour demander que les Espagnes fussent données à Pompée avec quatre légions; Crassus devait avoir la Syrie et les États voisins, avec une armée considérable. Le nom des Parthes n'était pas prononcé, mais tout le monde savait pourquoi Crassus convoitait la Syrie [2]. Quoique d'un âge avancé (il avait soixante ans), il rêvait de faire la conquête des contrées qui s'étendent depuis l'Euphrate jusqu'à l'Indus [3]. Quant à César, il devait être maintenu dans sa province. La durée de ces gouvernements était de cinq années; ils conféraient le pouvoir de lever des troupes romaines et alliées, et de faire la guerre ou la paix.

Les propositions de Trebonius furent vivement combattues par M. Caton, par Favonius et par deux autres tribuns du peuple, Ateius et Aquilius Gallus. « Mais Favonius, dit » Plutarque, ne fut écouté de personne; les uns étaient rete- » nus par leur respect pour Pompée et pour Crassus, le plus » grand nombre voulait faire plaisir à César, et se tenait » tranquille, n'ayant d'espérance qu'en lui [4]. » Les adversaires des consuls dans le sénat, intimidés, gardaient le silence. Cicéron, pour éviter la discussion, s'était retiré à la campagne.

Dans l'assemblée du peuple, M. Caton parla contre le projet de loi de Trebonius, ou plutôt il employa les deux

[1] Le pays des Vaccéens comprenait une partie de la Vieille-Castille, du royaume de Léon et des provinces basques. Clunia, ville des Celtibériens, était située près de Coruña del Conde.

[2] Plutarque, *Crassus*, xix.

[3] Plutarque, *Crassus*, xix.

[4] Plutarque, *César*, xxiv.

heures qui lui étaient accordées à des déclamations sur la conduite des dépositaires du pouvoir. Les deux heures écoulées, Trebonius, président l'assemblée, lui enjoignit de quitter la tribune. Caton refusa d'obéir ; un licteur du tribun l'entraîna ; il lui échappa, et un instant après reparut sur les rostres, essayant de parler encore. Trebonius donna l'ordre de le conduire en prison ; et, pour s'emparer de sa personne, il fallut une lutte en règle ; mais, au milieu de ce tumulte, Caton avait obtenu ce qu'il voulait, c'était de faire perdre une journée [1].

Une seconde assemblée réussit mieux. Des sommes considérables avaient été distribuées aux tribus, et des bandes armées se tenaient prêtes à intervenir en cas de besoin. L'opposition, de son côté, n'avait rien oublié pour disputer la victoire. Le tribun P. Aquilius, craignant qu'on ne l'empêchât d'arriver à la place publique, imagina de se cacher la veille dans la curie Hostilia, qui était sur le Forum même. Trebonius, averti, en fit fermer les portes à clef, l'y retint toute la nuit et la journée du lendemain [2]. M. Caton, Favonius et Ateius parvinrent à grand'peine au Forum ; mais, ne pouvant, à cause de la foule, se frayer un chemin jusqu'aux rostres, ils montèrent sur les épaules de quelques-uns de leurs clients et commencèrent à crier que *Jupiter tonnait*, et qu'on ne pouvait délibérer. Tout fut inutile ; toujours repoussés, mais protestant toujours, ils quittèrent la partie lorsque Trebonius eut proclamé l'acceptation de la loi par le peuple [3]. Une de ses dispositions décidait que

---

[1] Plutarque, *Caton*, XLIX. — Dion-Cassius, XXXIX, xxxiv.

[2] Dion-Cassius, XXXIX, xxxv.

[3] Plutarque, *Caton*, XLIX. — Dion-Cassius, XXXIX, xxxiii, xxxv. — Dion-Cassius prétend à tort que l'*imperium* dans la province des Gaules ne fut prolongé à César que par une sorte de grâce, et seulement pour trois ans, lorsque ses partisans murmuraient de voir que Crassus et Pompée ne pensaient qu'à eux-mêmes. Il ne dit pas un mot de la conférence de Lucques, attestée

Pompée resterait à Rome après son consulat, et qu'il ferait gouverner sa province d'Espagne par ses lieutenants. Le vote fut émis au milieu du plus orageux tumulte. Ateius fut blessé dans la mêlée, qui coûta la vie à quelques citoyens; c'était chose trop fréquente alors pour produire une grande sensation.

Telle était la mémorable lutte engagée alors à Rome entre les consuls et l'opposition. A ne juger que d'après certaines violences racontées par les historiens, on est tenté d'abord d'accuser Crassus et Pompée de s'être portés à un étrange abus de la force; mais un examen plus attentif prouve qu'ils y furent, pour ainsi dire, contraints par les menées turbulentes d'une minorité factieuse. En effet, ces mêmes historiens, qui décrivent avec complaisance les moyens de compression coupable employés par les candidats au consulat, laissent ensuite échapper çà et là des assertions contraires, qui viennent détruire l'impression fâcheuse de leur récit. Ainsi, d'après Cicéron, l'opinion publique blâmait la guerre qu'on faisait à Pompée et à Crassus [1]. Plutarque, après avoir présenté sous des couleurs défavorables les manœuvres des consuls pour la distribution des gouvernements des provinces, ajoute : « Ce partage plut à tous les partis. Le » peuple désirait que Pompée ne fût pas éloigné de Rome [2]. »

César pouvait espérer que le consulat de Pompée et de Crassus rétablirait l'ordre et l'empire des lois : il n'en fut

par Suétone, Plutarque et Appien. Il oublie que Trebonius, créature de César, fut un de ses lieutenants les plus dévoués pendant la guerre civile. Nous pensons que le témoignage des autres historiens doit être préféré.

[1] « A mon avis, ce que ses adversaires auraient de mieux à faire, ce serait de cesser une lutte qu'ils ne sont pas de force à soutenir........ Aujourd'hui la seule ambition qu'on puisse avoir, c'est d'être tranquille, et ceux qui gouvernent seraient disposés à nous le permettre, s'ils trouvaient certaines gens moins roidis contre leur domination. » (Cicéron, *Lettres familières*, I, VIII, lettre à Lentulus.)

[2] Plutarque, *Crassus*, XIX.

LIVRE IV, CHAPITRE IV. — ÉVÉNEMENTS DE L'AN 699. 403

rien. Après avoir eux-mêmes si souvent violé la légalité et corrompu les élections, ils voulurent remédier au mal, qu'ils avaient contribué à aggraver, en proposant des mesures sévères contre la corruption; ce tardif hommage rendu à la morale publique devait rester sans effet, comme l'avaient été tous les remèdes employés jusqu'alors.

<small>Loi somptuaire de Pompée.</small>

VI. Ils cherchèrent à réprimer le luxe par une loi somptuaire, mais un discours d'Hortensius suffit pour la faire rejeter. L'orateur, après un brillant tableau de la grandeur de la République et des progrès de la civilisation, dont Rome était le centre, se mit à louer les consuls de leur magnificence et du noble usage qu'ils faisaient de leurs immenses richesses [1]. Et, en effet, alors même Pompée faisait construire le théâtre qui porta son nom, et donnait des jeux publics où il semblait vouloir surpasser les somptuosités des plus prodigues courtisans du peuple romain [2]. Dans ces jeux, qui durèrent plusieurs jours, cinq cents lions et dix-huit éléphants furent tués. Ce spectacle émerveilla la foule; mais on remarqua que, ordinairement insensible à la mort des gladiateurs qui expiraient sous ses yeux, elle s'attendrit aux cris de douleur des éléphants. Cicéron, qui assista à ces fêtes, met, dans le récit qu'il adresse à un de ses amis, les hommes et les bêtes sur le même rang, et ne témoigne pas plus de regrets pour les uns que pour les autres, tant le sentiment de l'humanité était encore peu développé [3].

La splendeur de ces jeux avait ébloui Rome et l'Italie, et rendu à Pompée une partie de son prestige; mais les levées de troupes qu'il fut obligé de prescrire, peu de temps après, causèrent un vif mécontentement. Plusieurs tribuns opposè-

---

[1] Dion-Cassius, XXXIX, xxxvii.
[2] Dion-Cassius, XXXIX, xxxviii.
[3] Cicéron, *Lettres familières*, VII, 1.

rent en vain leur veto, ils durent renoncer à une lutte dont Pompée et Crassus surtout se faisaient les soutiens.

<small>Départ de Crassus pour la Syrie.</small>

VII. Sans attendre la fin de son consulat, Crassus voulut quitter Rome : il partit dès les derniers jours d'octobre[1]. Ainsi que nous l'avons dit, ce n'était pas le gouvernement de la Syrie qui excitait son ardeur : son but était de porter la guerre dans le pays des Parthes, pour acquérir une nouvelle gloire et s'emparer des trésors de ces riches contrées.

La pensée de cette expédition n'était pas nouvelle. Les Parthes éveillaient depuis longtemps la jalousie de Rome. Ils avaient étendu leurs frontières depuis le Caucase jusqu'à l'Euphrate[2], et accru considérablement leur importance : leur chef prenait, comme Agamemnon, le titre de *roi des rois*. Il est vrai que la partie de la Mésopotamie enlevée par Tigrane aux Parthes leur avait été rendue par Lucullus, et Pompée avait renouvelé le traité qui faisait de l'Euphrate la frontière de l'empire des Arsacides. Mais ce traité n'avait pas toujours été respecté, car il n'était pas dans les habitudes de la République de souffrir un trop puissant voisin. Cependant diverses circonstances pouvaient, en ce moment, porter le sénat à faire la guerre aux Parthes. Pendant que A. Gabinius commandait en Syrie, Mithridate, détrôné, à cause de sa cruauté, par son plus jeune frère Orodes, avait invoqué l'appui du proconsul; et celui-ci allait le lui donner, lorsque Pompée lui envoya l'ordre de se rendre d'abord en Égypte pour replacer Ptolémée sur son trône. Mithridate, assiégé dans Babylone, s'était remis entre les mains de son frère, qui l'avait fait tuer[3]. D'un autre côté, les

---

[1] D'après la lettre de Cicéron à Atticus (IV, xiii), Crassus était parti de Rome peu avant le 17 des calendes de décembre 699, ce qui répond, d'après la concordance établie par M. Le Verrier, au 28 octobre 699.

[2] Justin, XLI, vi.

[3] Justin, XLII, iv.

Parthes étaient toujours aux prises avec les rois d'Arménie, alliés des Romains. Le sénat, s'il l'avait voulu, ne manquait donc pas de prétextes pour déclarer la guerre. Il avait à venger la mort d'un prétendant ami, et à soutenir un allié menacé. Jusqu'à quel point le droit des gens pouvait-il être invoqué? Cela est douteux, mais, depuis plusieurs siècles, la République consultait bien plus son intérêt que la justice, et la guerre contre les Parthes était tout aussi légitime que l'avaient été les guerres contre Persée, Antiochus ou Carthage.

Néanmoins cette entreprise rencontrait à Rome une vive opposition; le parti hostile aux consuls craignait la gloire qui pouvait en rejaillir sur Crassus, et beaucoup d'esprits prudents redoutaient les périls d'une expédition si lointaine; mais César, qui avait hérité de cette passion des anciens Romains rêvant pour leur ville la domination du monde, encourageait Crassus dans ses projets, et, dans l'hiver de 700, il envoya Publius à son père, avec mille cavaliers d'élite gaulois.

Des augures sinistres signalèrent le départ du proconsul. Les deux tribuns du peuple C. Ateius Capito et P. Aquilius Gallus, adhérents du parti des grands, s'y opposèrent. Ils avaient réussi à faire partager leurs sentiments à beaucoup de leurs concitoyens. Crassus, intimidé, se fit accompagner de Pompée, dont l'ascendant sur le peuple était si puissant que sa présence suffit pour arrêter toute manifestation hostile. Ateius Capito ne se découragea pas; il donna l'ordre à un huissier de s'emparer de Crassus au moment où il allait sortir de Rome. Les autres tribuns empêchèrent cette violence. Alors, voyant que tous ses efforts échouaient, il eut recours à un moyen extrême : il fit apporter un réchaud, y jeta des parfums en prononçant contre Crassus de terribles anathèmes. Ces imprécations étaient de nature à frapper les esprits superstitieux des Romains. On ne manqua pas de se les rappeler plus tard, lorsqu'on apprit les désastres de Syrie.

<small>Caton propose de livrer César aux Germains.</small>

VIII. Vers la même époque, arrivèrent à Rome les nouvelles de la défaite des Usipètes et des Tenctères, du passage du Rhin, et de la descente en Bretagne; elles excitèrent un vif enthousiasme, et le sénat décréta vingt jours d'actions de grâces [1]. La dernière expédition surtout fit une grande impression sur les esprits; c'était comme la découverte d'un nouveau monde; l'orgueil national était flatté d'apprendre que les légions avaient pénétré dans un pays inconnu dont on se promettait d'immenses avantages pour la République [2]. Cependant tous n'étaient pas éblouis par les succès militaires; quelques-uns prétendaient que César n'avait pas traversé l'Océan, mais un simple étang [3], et Caton, persévérant dans sa haine, proposa de le livrer aux Germains : il l'accusait de les avoir attaqués au moment où ils envoyaient des députés, et, par cette violation du droit des gens, d'avoir attiré sur Rome la colère céleste; « il fallait, disait-il, la faire retomber sur la tête du général perfide. » Diatribe impuissante qui ne prévalut pas contre le sentiment public [4] ! Toutefois, dès que César en eut con-

---

[1] *Guerre des Gaules*, IV, xxxviii.

[2] « César était très-fier de son expédition en Bretagne, et tout le monde à Rome le prônait avec enthousiasme. On se félicitait de connaître un pays dont auparavant on ignorait presque l'existence, d'avoir pénétré dans des contrées dont on n'avait pas entendu parler jusqu'alors; chacun prenait ses espérances pour la réalité, et tout ce qu'on se flattait d'obtenir un jour faisait éclater une joie aussi vive que si on l'eût déjà possédé. » (Dion-Cassius, XXXIX, LIII.) — « Après avoir débarqué en Bretagne, César crut avoir découvert un nouveau monde. Il écrivit (on ignore à qui) que la Bretagne n'était pas une île, mais un pays entourant l'Océan. » (Eumenius, *Panégyriques*, IV, II.)

[3] Lucain, *Pharsale*, II, vers 571.

[4] « Sans tenir aucun compte de l'avis de Caton, le peuple fit pendant quinze jours des sacrifices pour célébrer cette victoire et donna les plus grandes marques de joie. » (Plutarque, *Nicias* et *Crassus*, IV.)

naissance, trop sensible peut-être à l'injure, il écrivit au sénat une lettre pleine d'invectives et d'accusations contre Caton. Celui-ci les repoussa d'abord avec calme ; puis, profitant de la circonstance, il se mit à peindre, sous les couleurs les plus noires, les prétendus desseins de César. « Ce » n'étaient, disait-il, ni les Germains ni les Gaulois qu'il fal- » lait redouter, mais cet homme ambitieux dont les projets » n'étaient ignorés de personne. » Ces paroles frappèrent vivement un auditoire déjà prévenu défavorablement. Cependant la peur de l'opinion publique arrêta toute décision ; car, selon Plutarque : « Caton ne gagna rien hors du » sénat ; le peuple voulait que César parvînt à la plus grande » puissance, et le sénat, quoiqu'il pensât comme Caton, » n'osa rien faire, par crainte du peuple [1]. »

[1] Plutarque, *Caton d'Utique*, LVIII.

CHAPITRE CINQUIÈME.

ÉVÉNEMENTS DE L'AN 700.

Seconde descente en Angleterre.

I. L'expédition d'Angleterre, en 699, n'avait été, pour ainsi dire, qu'une reconnaissance démontrant la nécessité de forces plus nombreuses et de préparatifs plus considérables pour soumettre les peuples belliqueux de la Grande-Bretagne. Aussi, avant de partir pour l'Italie, César donna-t-il l'ordre de construire sur la côte, et surtout à l'embouchure de la Seine, un grand nombre de navires appropriés au transport des troupes. Au mois de juin il quitta l'Italie, visita ses chantiers de construction, indiqua Boulogne comme le rendez-vous général de sa flotte, et, en attendant qu'elle fût rassemblée, marcha promptement, avec quatre légions, vers le pays des Trévires, où les habitants, rebelles à ses ordres, étaient divisés en deux partis, ayant à leur tête, l'un Indutiomare, et l'autre Cingetorix. Il donna le pouvoir à ce dernier, favorable aux Romains. Après avoir ainsi calmé l'agitation de ce pays, César se rendit promptement à Boulogne, où il trouva 800 navires prêts à prendre la mer; il s'embarqua avec cinq légions et deux mille chevaux, et, sans éprouver de résistance, débarqua, comme l'année précédente, près de Deal. Un premier combat heureux, non loin de Kingston, l'engageait à se porter en avant, lorsqu'il fut informé que la tempête venait de détruire une partie de sa flotte; il retourna alors sur la côte, prit les mesures nécessaires pour réparer ce nouveau désastre, et fit tirer à terre tous les vaisseaux, qu'il entoura d'un retranchement attenant au camp. Il marcha ensuite vers la Tamise. Sur son chemin il rencontra les Bretons, qui, vaincus en deux combats successifs, avaient jeté cependant plus d'une fois le trouble et le désordre dans les rangs des légions, grâce à leurs chariots : ces machines de guerre, mêlées à la cavalerie, répandaient la terreur et déconcertaient la tactique romaine. César força le passage de la Tamise à Sunbury, alla attaquer la citadelle de Cassivellaunus, près de Saint-Albans, et s'en empara. Plusieurs peuplades, situées au sud de ce fleuve, firent leur soumission. Alors, redoutant l'approche de l'équinoxe et surtout les troubles qui pouvaient éclater en Gaule pendant son absence, il regagna le continent.

Dislocation de l'armée. Catastrophe de Sabinus.

11. A peine de retour, il mit ses légions en quartiers d'hiver : Sabinus et Cotta, à Tongres; Cicéron, à Charleroy; Labienus, à Lavacherie sur l'Ourthe; Fabius, à Saint-Pol; Trebonius, à Amiens; Crassus, à Montdidier; Plancus, à Champlieu, et enfin Roscius dans le pays de Séez. Cette dislocation de l'armée, nécessitée par la difficulté de la nourrir, séparait par de grandes distances les quartiers les uns des autres, qui tous, excepté celui de Roscius, étaient compris dans un rayon de 100 milles.

Comme les années précédentes, César croyait pouvoir se rendre en Italie; mais la Gaule frémissait toujours sous le joug étranger, et, tandis que les Orléanais massacraient Tasgetius, qui leur avait été donné pour roi depuis trois ans, des événements plus graves se préparaient dans les pays situés entre le Rhin et la Meuse. Les peuples de Liége, conduits par Ambiorix et Cativolcus, se soulèvent et attaquent, à Tongres, le camp occupé par Sabinus et Cotta avec quinze cohortes. Ne pouvant s'en emparer de vive force, ils ont recours à la ruse : ils répandent le bruit du départ de César et de la révolte de toute la Gaule; ils offrent aux deux lieutenants de les laisser aller, sans obstacles, rejoindre les quartiers d'hiver les plus rapprochés. Sabinus assemble un conseil de guerre, dans lequel Cotta, vieux soldat éprouvé, refuse tout accommodement avec l'ennemi; mais, comme il arrive souvent dans ces réunions, c'est à l'avis le moins énergique que se rallie la majorité; les quinze cohortes, confiantes dans la promesse des Gaulois, abandonnent leur position inexpugnable et se mettent en route. Parvenues dans le défilé de Lowaige, elles sont assaillies et massacrées par les barbares, postés en embuscade dans les bois. Ambiorix, exalté par ce succès, soulève tous les peuples sur son chemin et court, à Charleroy, attaquer le camp de Cicéron. La légion, surprise, fait bonne contenance; mais les Gaulois ont appris par des transfuges l'art d'assiéger les places à la manière romaine : ils élèvent des tours, construisent des galeries couvertes et entourent le camp d'une contrevallation. Cependant Cicéron a trouvé le moyen de faire connaître la gravité de sa situation à César. Celui-ci était à Amiens; dès le lendemain du jour où il reçoit cette nouvelle, il part avec deux légions et envoie un Gaulois annoncer son approche. Les assaillants, informés de leur côté de la marche de César, abandonnent le siége et se portent au-devant de lui. Les deux armées se rencontrent près du petit ruisseau de la Haine, à 14 kilomètres de Charleroy. Enfermé dans ses retranchements, sur le mont Sainte-Aldegonde, César simule la frayeur, afin d'exciter les Gaulois à l'attaque, et, lorsque ceux-ci se précipitent sur les remparts pour les escalader, il fait une sortie par toutes les portes, met l'ennemi en déroute et jonche le terrain de morts. Le jour même, il rejoint Cicéron, félicite les soldats de leur courage et son lieutenant d'avoir obéi au principe romain de ne jamais entrer en pourparler avec un ennemi en armes. Cette victoire fit pour le moment échouer d'un seul coup les tentatives d'agression des populations des bords du Rhin contre Labienus, et celles des peuples maritimes des côtes de la Manche contre Roscius; mais bientôt de nouveaux troubles survinrent; les habitants de l'État de Sens renvoyèrent Cavarinus, que César leur avait donné pour roi, et, quelque temps après, Labienus fut forcé de se mesurer avec les habitants du pays de Trèves, qu'il défit dans un engagement où fut tué Indutiomare. A l'exception des Bourguignons et des Champenois, toute la Gaule était en fermentation, ce qui obligea César à y passer l'hiver.

L. Domitius Ahenobarbus et Appius Claudius Pulcher, consuls.

III. Pendant ce temps, la lutte des partis se perpétuait à Rome, et Pompée, chargé des approvisionnements, ayant sous ses ordres des lieutenants et des légions, se tenait aux portes de la ville; sa présence en Italie, gage d'ordre et de tranquillité, était acceptée par tous les bons citoyens [1]. Son influence devait, aux yeux de César, paralyser celle de L. Domitius Ahenobarbus, parvenu au consulat. En effet, lorsque précédemment Crassus et Pompée s'étaient mis sur les rangs pour obtenir le consulat, le parti opposé, désespérant de l'emporter sur tous les deux, avait cherché à faire admettre au moins un de ses candidats. Il avait voulu renouveler sa manœuvre de 695, qui avait réussi à faire nommer Bibulus collègue de César. La tentative avait échoué; mais, au moment où il fut question d'élire les consuls pour l'année 700, le parti aristocratique, n'ayant plus à lutter contre des personnages aussi éminents que Crassus et Pompée, obtint sans peine la nomination d'Ahenobarbus. Ce dernier représentait seul, dans cette haute magistrature, les passions hostiles aux triumvirs, puisque son collègue Appius Claudius Pulcher était encore, à cette époque, favorable à César.

L'autorité des consuls, quels qu'ils fussent, était impuissante à remédier à la démoralisation des hautes classes,

[1] Voir page 402.

que de nombreux symptômes révélaient à Rome comme dans les provinces. Cicéron lui-même, l'événement suivant le prouve, faisait bon marché de la légalité, quand elle gênait ses affections ou ses opinions politiques.

Rétablissement de Ptolémée en Égypte.

IV. L'oracle sibyllin, on s'en souvient, avait défendu de recourir aux armes pour faire rentrer dans ses États Ptolémée, roi d'Égypte. Malgré cette défense, Cicéron, dès l'année 698, avait engagé P. Lentulus, proconsul en Cilicie et en Chypre, à le réintégrer par la force, et, pour encourager cette entreprise, il lui avait fait entrevoir l'impunité dans le succès, sans lui cacher toutefois qu'en cas de revers la question légale et la question religieuse se produiraient menaçantes[1]. Lentulus avait cru plus prudent de s'abstenir; mais Gabinius, proconsul en Syrie l'année suivante, ne s'était pas montré aussi scrupuleux. Acheté par le roi, disent les uns, ayant, disent les autres, reçu des ordres de Pompée, ce qui est plus probable, il avait laissé en Syrie son fils avec quelques troupes, et s'était dirigé avec ses légions vers l'Égypte.

Après avoir, en passant, rançonné la Judée et envoyé prisonnier à Rome le roi Aristobule, il traversa le désert et arriva devant Péluse. Un certain Archelaüs, qui était regardé comme bon général et qui avait fait la guerre sous Mithridate, était détenu en Syrie. Gabinius, informé que la reine Bérénice désirait le placer à la tête de son armée, et qu'elle offrait une forte somme pour sa rançon, s'empressa de le mettre en liberté, montrant par là autant d'avidité pour les richesses que de mépris pour les Égyptiens. Il les battit en plusieurs rencontres, tua Archelaüs, et entra dans Alexandrie, où il rétablit sur le trône Ptolémée, qui lui donna, dit-on, 10,000 talents[2]. Dans cette expédition, Marc-

---

[1] Cicéron, *Lettres familières*, I, VII.
[2] Dion-Cassius, XXXIX, LVI, LVII, LVIII. — *Schol. Bob. Pro Plancio*, 271.

LIVRE IV, CHAPITRE V. — ÉVÉNEMENTS DE L'AN 700. 413

Antoine, qui bientôt allait être le questeur de César, commandait la cavalerie; il se distingua par son intrépidité et son intelligence de la guerre[1]. Ce fut le commencement de sa fortune.

Gabinius, si l'on en croit Dion-Cassius, se garda bien d'envoyer la relation de sa conduite; mais on ne tarda pas à la connaître, et il fut contraint de revenir à Rome, où l'attendaient les plus graves accusations. Malheureusement pour lui, lorsque le procès allait être jugé, Pompée, son protecteur, n'était plus consul.

Gabinius eut à subir successivement deux accusations : il fut absous de la première, sur le double chef de sacrilége et de lèse-majesté, parce qu'il paya chèrement ses juges[2]. Quant à la seconde accusation, relative à des faits de concussion, il éprouva plus de difficultés. Pompée, qui avait dû s'éloigner afin de pourvoir aux approvisionnements dont il était chargé, accourut aux portes de Rome, où ses fonctions de proconsul ne lui permettaient pas d'entrer, convoqua une assemblée du peuple hors du pomœrium, employa toute son autorité, et lut même des lettres de César en faveur de

---

[1] Plutarque, *Antoine*, II.

[2] Voici ce qu'en dit Dion-Cassius : « L'influence des hommes puissants et des richesses était si grande, même contre les décrets du peuple et du sénat, que Pompée écrivit à Gabinius, gouverneur de la Syrie, pour le charger de ramener Ptolémée en Égypte, et que celui-ci, qui s'était déjà mis en campagne, l'y reconduisit, malgré la volonté publique et au mépris des oracles de la Sibylle. Pompée ne voulait que se rendre agréable à Ptolémée; mais Gabinius s'était laissé corrompre. Plus tard, accusé pour ce fait, il ne fut pas condamné, grâce à Pompée et à son or. Il régnait alors à Rome un tel désordre moral, que des magistrats et des juges, qui n'avaient reçu de Gabinius qu'une faible partie des sommes qui avaient servi à le corrompre, ne tinrent aucun compte de leurs devoirs pour s'enrichir et apprirent aux autres à mal faire, en leur montrant qu'ils pourraient facilement se soustraire au châtiment avec de l'argent. Voilà ce qui fit absoudre Gabinius; dans la suite, traduit en justice pour avoir enlevé de sa province plus de cent millions de drachmes, il fut condamné. » (Dion-Cassius, XXXIX, LV.)

l'accusé. Bien plus, il pria Cicéron de prendre sa défense, et Cicéron l'accepta, oubliant les invectives dont il avait accablé Gabinius devant le sénat. Tant d'efforts échouèrent : il fallut céder au déchaînement de l'opinion publique, habilement excitée par les ennemis de Gabinius, et celui-ci, condamné, partit pour l'exil, où il resta jusqu'à la dictature de César [1].

<small>Corruption des élections.</small>

V. On est étonné de voir des personnages tels que Pompée et César protéger des hommes qui semblent aussi décriés que Gabinius ; mais, pour juger avec impartialité les caractères de cette époque, il ne faut pas oublier d'abord qu'il y en avait fort peu sans tache, et ensuite que les partis politiques n'hésitaient pas à jeter sur leurs adversaires les plus odieuses calomnies. Gabinius, appartenant à la faction populaire, partisan de Pompée, avait encouru la haine de l'aristocratie et des publicains. Les grands ne lui pardonnaient pas d'avoir été l'auteur de la loi qui avait confié à Pompée le commandement de l'expédition contre les pirates et d'avoir montré, pendant son proconsulat en Syrie, peu de déférence à l'égard du sénat. Aussi cette assemblée refusait-elle, en 698, d'ordonner des actions de grâces pour ses victoires [2]. Les publicains lui en voulaient de ses décrets contre l'usure [3] et de sa sollicitude pour les intérêts de sa province [4]. Ce proconsul, qu'on représente comme un aventurier pillant ses administrés, paraît avoir gouverné la Judée avec justice et rétabli avec habileté, à son retour d'Égypte, les affaires troublées pendant son absence. Sa capacité militaire ne peut pas être révoquée en doute. En parlant de lui, l'historien Josèphe termine par ces mots son récit de la bataille contre

---

[1] Dion-Cassius, XXXIX, XLIII.

[2] Cicéron, *Lettres à Quintus*, II, VIII.

[3] Voir l'*Index legum* de Baiter, 181.

[4] Josèphe, XIV, XLIII.

les Nabatéens : « Ce grand capitaine, après tant d'exploits, » retourna à Rome, et Crassus lui succéda dans le gouver- » nement de Syrie [1]. » Néanmoins il est très-probable que Gabinius n'était pas plus scrupuleux que les autres proconsuls en fait de probité ; car, si la corruption s'étalait alors avec impudence dans les provinces, elle était encore peut-être plus éhontée à Rome. En voici un exemple frappant. Deux candidats au consulat, Domitius Calvinus et Memmius Gemellus, associèrent leurs clients et leurs ressources de tout genre pour obtenir cette première magistrature. Voulant se procurer l'appui de Ahenobarbus et de Claudius Pulcher, consuls en exercice, ils s'engagèrent par écrit à leur faire obtenir, à leur sortie de charge, les provinces qu'ils désiraient, et cela à l'aide d'une double fraude : ils promettaient d'abord de faire affirmer par trois augures l'existence d'une loi curiate supposée, ensuite de trouver deux consulaires qui déclareraient avoir assisté au règlement relatif à la distribution des provinces; en cas d'inexécution, il était stipulé, au profit des consuls, 400,000 sesterces [2]. Ce trafic sans pudeur et d'autres du même genre, dans lesquels furent compromis Emilius Scaurus et Valerius Messala, avaient fait doubler l'intérêt de l'argent [3]. Le marché se serait probablement réalisé si, les deux consuls s'étant brouillés, Memmius n'eût dénoncé la convention en plein sénat et produit le contrat. Le scandale fut énorme, mais demeura impuni à l'égard des consuls.

Memmius, autrefois ennemi de César, s'était depuis rallié à son parti ; néanmoins celui-ci, outré de son impudence, blâma sa conduite et l'abandonna ; Memmius fut exilé [4].

[1] Josèphe, XIV, xi.
[2] Cicéron, *Lettres à Atticus*, IV, xviii.
[3] Cicéron, *Lettres à Quintus*, II, xv.
[4] *Schol. Bob. Pro Sextio*, 297. — Cicéron, *Lettres à Atticus*, IV, xvi ; — *Lettres familières*, XIII, xix.

Quant à Domitius, il fut, à la vérité, accusé de brigue, et le sénat crut lui fermer absolument le consulat en décidant que les comices consulaires n'auraient lieu qu'après le jugement de son procès.

Tous ces faits témoignent de la décadence d'une société, car la dégradation morale des individus devait infailliblement amener l'avilissement des institutions.

Mort de la fille de César.

VI. Vers le mois d'août de l'année 700, César perdit sa mère Aurélie, et, quelques jours après, sa fille Julie. Celle-ci, dont la santé avait été altérée depuis les troubles de l'année précédente, était devenue enceinte; elle mourut en donnant le jour à un fils, qui ne vécut pas. César fut douloureusement affecté de ce malheur[1], dont il reçut la nouvelle pendant son expédition de Bretagne[2]. Pompée désirait faire enterrer sa femme dans sa terre d'Albe; le peuple s'y opposa, emporta le corps au Champ de Mars, et exigea qu'il y fût enseveli. Par ce rare privilége réservé aux hommes illustres, il voulait, selon Plutarque, honorer plutôt la fille de César que la femme de Pompée[3]. Cette mort brisait un des liens qui unissaient les deux hommes les plus importants de la République. Pour en créer de nouveaux, César proposa sa nièce Octavie en mariage à Pompée, dont il offrait d'épouser la fille, déjà mariée à Faustus Sylla[4].

---

[1] « César m'a écrit de Bretagne une lettre datée des calendes de septembre (28 août), que j'ai reçue le 4 des calendes d'octobre (23 septembre). Son deuil m'a empêché de lui répondre et de le féliciter. » (Cicéron, *Lettres à Quintus*, III, I.)

[2] « Dans l'affliction où se trouve César je n'ose lui écrire, mais j'ai écrit à Balbus. » (Cicéron, *Lettres familières*, VII, IX.) «-Que la lettre de César est aimable et touchante! Il y a dans ce qu'il écrit un charme qui augmente ma sympathie pour le malheur qui l'afflige. » (Cicéron, *Lettres à Quintus*, III, I.)

[3] Plutarque, *Pompée*, IV.

[4] Suétone, *César*, XXVII.

LIVRE IV, CHAPITRE V. — ÉVÉNEMENTS DE L'AN 700.

Constructions de César à Rome.

VII. A la même époque, le proconsul des Gaules faisait, avec le produit du butin, reconstruire à Rome un édifice magnifique, la vieille basilique du Forum, qu'on étendait jusqu'au temple de la Liberté. « Ce sera la plus belle chose » du monde, dit Cicéron; il y aura dans le Champ de Mars » sept enceintes électorales et des galeries de marbre qui » seront entourées de grands portiques de mille pas. Auprès » se trouvera une villa publique. » Paullus était chargé de l'exécution des travaux. Cicéron et Oppius trouvaient que soixante millions de sesterces étaient peu de chose pour une semblable entreprise [1]. Selon Pline, le seul achat de l'emplacement du Forum coûta à César la somme de cent millions de sesterces [2]. Cette construction, interrompue par les événements, ne fut terminée qu'après la guerre d'Afrique [3].

Ses relations avec Cicéron.

VIII. Tandis que César s'attirait, par ces travaux destinés au public, l'admiration générale, il ne négligeait aucun de ces ménagements qui étaient de nature à lui assurer le concours des hommes importants. Cicéron, comme on l'a vu, s'était déjà réconcilié avec lui, et César avait tout mis en œuvre pour le gagner encore davantage. Il flattait son amour-propre, faisait droit à toutes ses recommandations [4], traitait avec de grands égards Quintus Cicéron, dont il avait fait un de ses lieutenants; il allait même jusqu'à mettre à la disposition du grand orateur son crédit et sa fortune [5].

---

[1] Cicéron, *Lettres à Atticus*, IV, xvii. — Suétone, *César*, xxxvi.

[2] Pline, *Histoire naturelle*, XXXVI, xv.

[3] Appien, *Guerres civiles*, II, cii.

[4] « Avez-vous quelque autre protégé à m'envoyer, je m'en charge. » (Lettre de César citée par Cicéron, *Lettres familières*, VII, v.) « Je ne dis pas un mot, je ne fais pas une démarche dans l'intérêt de César, qu'aussitôt il ne me témoigne hautement y attacher un prix qui m'assure de son affection. » (Cicéron, *Lettres familières*, VII, v.)

[5] « Je dispose comme de choses à moi de son crédit, qui est prépon-

Aussi Cicéron était-il en correspondance suivie avec lui. Il composait, on l'a vu, des poëmes en son honneur, et il écrivait à Quintus « qu'il mettait au-dessus de tout l'amitié d'un tel homme, dont l'affection lui était aussi précieuse que celle de son frère et de ses enfants[1]. » Ailleurs il disait :
« Les procédés mémorables et vraiment divins de César
» pour moi et pour mon frère m'ont imposé le devoir de le
» seconder dans tous ses projets[2]. » Et il avait tenu parole. C'est sur la demande de César que Cicéron avait consenti à reprendre ses anciennes relations d'amitié avec Crassus[3], et à défendre Gabinius et Rabirius. Ce dernier, compromis dans les affaires d'Égypte, était accusé d'avoir reçu de grandes sommes d'argent du roi Ptolémée; mais Cicéron prouva qu'il était pauvre, réduit à vivre de la générosité de César, et, dans le cours du procès, s'exprima ainsi :

« Voulez-vous, juges, savoir la vérité? Si la générosité
» de C. César, extrême envers tout le monde, n'eût, à
» l'égard de Rabirius, dépassé toute croyance, il y a déjà
» longtemps que nous ne le verrions plus dans le Forum.
» César à lui seul remplit envers Postumus le devoir de ses
» nombreux amis; et les services que ceux-ci rendaient à sa
» prospérité, César les prodigue à son infortune. Postumus
» n'est plus que l'ombre d'un chevalier romain; s'il garde
» ce titre, c'est par la protection, par le dévouement d'un

dérant, et de ses ressources, qui, vous le savez, sont immenses. » (*Lettres familières*, I, ix.) Quelques années plus tard, lorsque Cicéron prévoyait la guerre civile, il écrivait à Atticus : « Il y a cependant une affaire dont je ne cesserai de vous parler tant que je vous écrirai à Rome, c'est la créance de César. Libérez-moi avant de partir, je vous en conjure. » (Cicéron, *Lettres à Atticus*, V, vi.)

[1] *Lettres à Quintus*, II, xv; III, i.

[2] *Lettres familières*, I, ix.

[3] « J'ai pris sa défense (de Crassus) dans le sénat, comme de hautes recommandations et mon propre engagement m'en faisaient une loi. » (*Lettres familières*, I, ix.)

» seul ami. Ce simulacre de son ancien rang, que César seul
» lui a conservé et l'aide à soutenir, est le seul bien qu'on
» puisse lui ravir aujourd'hui. Et voilà pourquoi nous devons
» d'autant plus le lui maintenir dans sa détresse. Ce ne peut
» être l'effet d'un mérite médiocre, que d'inspirer, absent et
» malheureux, tant d'intérêt à un tel homme, qui, dans une
» fortune si élevée, ne dédaigne pas d'abaisser ses regards
» sur les affaires d'autrui. Dans cette préoccupation des
» grandes choses qu'il fait ou qu'il a faites, on ne s'étonne-
» rait pas de le voir oublier ses amis, et, s'il les oubliait, il
» lui serait facile de se le faire pardonner.

» J'ai reconnu dans César de bien éminentes et merveil-
» leuses qualités; mais ses autres vertus sont, comme sur
» un vaste théâtre, exposées aux regards des peuples. Choi-
» sir habilement l'assiette d'un camp, ranger une armée,
» emporter des places, enfoncer des lignes ennemies, affron-
» ter la rigueur de l'hiver et ces frimas que nous avons
» peine à supporter au sein de nos villes et de nos maisons,
» poursuivre l'ennemi dans cette même saison où les bêtes
» sauvages se cachent au fond de leurs retraites, et où
» partout le droit des gens fait trêve aux combats : ce sont
» là de grandes choses; qui le nie? mais elles ont pour
» mobile la plus magnifique des récompenses, l'espoir de
» vivre éternellement dans la mémoire des hommes. De tels
» efforts ne surprennent point dans celui qui aspire à l'im-
» mortalité.

» Voici la gloire que j'admire en César, gloire que ne
» célèbrent ni les vers des poëtes ni les monuments de l'his-
» toire, mais qui se pèse dans la balance du sage : un che-
» valier romain, son ancien ami, attaché, dévoué, affectionné
» à sa personne, avait été ruiné, non par les excès, non par les
» honteuses dépenses et les pertes où conduisent les passions,
» mais par une spéculation ayant pour but d'augmenter son
» patrimoine : César l'a retenu dans sa chute, il n'a pas souf-

» fert qu'il tombât, il lui a tendu la main, il l'a soutenu de son
» bien, de son crédit, et il le soutient encore aujourd'hui; il
» arrête son ami sur le bord du précipice, et le calme de son
» âme n'est pas plus troublé par l'éclat de son propre nom,
» que ses yeux ne sont éblouis par l'éclat de sa gloire. Qu'elles
» soient grandes dans notre estime, comme elles le sont en
» réalité, les actions dont je parlais tout à l'heure! De mon
» opinion à cet égard qu'on pense ce qu'on voudra; mais
» quand je vois, au sein d'une telle puissance et d'une si
» prodigieuse fortune, cette générosité envers les siens,
» cette mémoire de l'amitié, je les préfère à toutes les autres
» vertus. Et vous, juges, loin que ce caractère de bonté, si
» nouveau, si rare chez les hommes considérables et illus-
» tres, soit par vous dédaigné, repoussé, vous devez l'en-
» tourer de votre faveur et chercher à l'encourager; vous le
» devez d'autant plus, qu'on semble avoir choisi ce moment
» pour porter atteinte à la considération de César, bien que,
» sous ce rapport, on ne puisse rien faire qu'il ne supporte
» avec constance ou qu'il ne répare sans peine. Mais s'il
» apprend que l'un de ses meilleurs amis a été frappé dans
» son honneur, il en concevra la douleur la plus profonde,
» et ce sera pour lui un malheur irréparable [1]. »

Dans une autre circonstance, Cicéron expliquait ainsi la raison de son attachement pour le vainqueur des Gaules :
« Je refuserais mes éloges à César, quand je sais que le
» peuple, et, à son exemple, le sénat, dont mon cœur ne
» s'est jamais séparé, lui ont prouvé leur estime par des
» témoignages éclatants et multipliés! Alors, sans doute, il
» faudrait avouer que l'intérêt général n'influe point sur mes
» sentiments, et que les individus seuls sont les objets de
» ma haine ou de mon amitié! Eh quoi! je verrais mon vais-
» seau voguer à pleines voiles vers un port qui, sans être le

[1] Cicéron, *Pour Rabirius Postumus*, xv-xvi.

« même que je préférais autrefois, n'est ni moins sûr ni
» moins tranquille, et, au risque de ma vie, je lutterais
» contre la tempête plutôt que de m'abandonner à la sagesse
» du pilote qui promet de me sauver ! Non, il n'y a point
» d'inconstance à suivre les mouvements que les orages
» impriment au vaisseau de l'État. Pour moi, j'ai appris, j'ai
» reconnu, j'ai lu une vérité, et les écrivains de notre
» nation, ainsi que ceux des autres peuples, l'ont consacrée
» dans leurs ouvrages par l'exemple des hommes les plus
» sages et les plus illustres ; c'est qu'on ne doit pas s'obsti-
» ner irrévocablement dans ses opinions, mais qu'on doit
» prendre les sentiments qu'exigent la situation de l'État,
» la diversité des conjonctures et le bien de la paix [1]. »

Dans son *Discours contre Pison*, il s'écrie : « Il me serait
» impossible, en considération des grandes choses que César
» a faites, et qu'il fait tous les jours, de n'être pas son ami.
» Depuis qu'il commande vos armées, ce n'est plus le rem-
» part des Alpes que je veux opposer à l'invasion des Gau-
» lois ; ce n'est plus au moyen de la barrière du Rhin, avec
» tous ses gouffres, que je veux arrêter les farouches nations
» germaniques. César en a fait assez pour que, si les mon-
» tagnes venaient à s'aplanir, et les fleuves à se dessécher,
» notre Italie, privée de ses fortifications naturelles, trou-
» vât dans le résultat de ses victoires et de ses exploits une
» défense assurée [2]. »

L'expansion chaleureuse de tels sentiments devait toucher
César, lui inspirer de la confiance ; aussi engageait-il fortement Cicéron à ne pas quitter Rome [3].

L'influence de César continuait à grandir, les lettres et
les discours de Cicéron le témoignent assez. S'agissait-il de
faire arriver des citoyens tels que C. Messius, M. Orfius,

---

[1] Cicéron, *Pour Cn. Plancius*, xxxix. (An de Rome 700.)
[2] Cicéron, *Discours contre L. Calpurnius Pison*, xxxiii. (An de Rome 700.)
[3] Cicéron, *Lettres à Quintus*, III, 1.

M. Curtius, C. Trebatius[1], à des positions élevées, ou d'intéresser les juges en faveur d'un accusé, comme dans le procès de Balbus, de Rabirius, de Gabinius, c'était toujours le même appui qu'on invoquait[2].

[1] Cicéron, *Lettres à Atticus*, IV, xv; — *Lettres familières*, VII, v; — *Lettres à Quintus*, II, xv.

[2] « Pompée est tout à Gutta, et il se fait fort d'obtenir de César une intervention active. » (Cicéron, *Lettres à Quintus*, III, viii.)

CHAPITRE SIXIÈME.

ÉVÉNEMENTS DE L'AN 701.

Expédition au nord de la Gaule. Deuxième passage du Rhin.

I. L'agitation de la Gaule, la perte de quinze cohortes à Tongres obligèrent César à augmenter son armée ; il leva deux autres légions dans la Cisalpine, et en demanda une troisième à Pompée. De nouveau à la tête de dix légions, César, avec son activité ordinaire, s'empressa de réprimer les insurrections naissantes. Depuis l'Escaut jusqu'au Rhin, depuis la Seine jusqu'à la Loire, la plupart des peuples étaient en armes. Ceux de Trèves avaient appelé les Suèves à leur aide.

Sans attendre la fin de l'hiver, César réunit quatre légions à Amiens, et, tombant à l'improviste sur les peuples du Hainaut, les força promptement à la soumission. Puis il convoqua dans cette dernière ville l'assemblée générale de la Gaule ; mais les peuples de Sens, d'Orléans et de Trèves ne s'y rendirent pas. Il transféra alors l'assemblée à Paris, marcha ensuite vers Sens, où son arrivée subite suffit pour pacifier non-seulement ce pays, mais encore l'Orléanais. Ayant ainsi apaisé en peu de temps les troubles du nord et du centre de la Gaule, il porta toute son attention vers les pays situés entre le Rhin et la Meuse, où Ambiorix continuait à fomenter la révolte. Il était impatient de venger sur lui la défaite de Sabinus ; mais, pour l'atteindre plus sûrement, il voulut d'abord faire deux expéditions, l'une dans le Brabant, l'autre dans le pays de Trèves, et de cette manière couper à ce chef toute retraite tant du côté du nord que du côté de l'est, où se trouvaient les Germains.

De sa personne il s'avança vers le Brabant, qu'il réduisit

bientôt à l'obéissance. Pendant ce temps, Labienus remportait, aux bords de l'Ourthe, sur les habitants du pays de Trèves, une grande victoire. Au bruit de cette défaite, les Germains, qui avaient déjà passé le Rhin, retournèrent chez eux. César rejoignit Labienus sur le territoire de Trèves, et, décidé à châtier les Suèves, il passa une seconde fois le Rhin, près de Bonn, un peu au-dessus de l'endroit où il avait construit un pont deux ans auparavant. Après avoir forcé les Suèves à se réfugier dans l'intérieur des terres, il revint dans la Gaule, fit couper une partie du pont et laissa une forte garnison sur la rive gauche.

Poursuite d'Ambiorix.

II. Ayant ainsi rendu toute retraite impossible à Ambiorix, il s'avança avec son armée vers le pays liégeois par Zulpich et Eupen, à travers la forêt des Ardennes. Parvenu sur la Meuse, il distribua ses troupes en trois corps, et envoya tous les bagages avec la 14ᵉ légion, sous les ordres de Cicéron, dans le fort de Tongres, où avait eu lieu la catastrophe de Sabinus. De ces trois corps, le premier fut dirigé vers le nord, près des frontières méridionales du Brabant; le second vers l'ouest, entre la Meuse et la Demer; le troisième marcha vers l'Escaut, commandé par César, dont l'intention était de gagner l'extrémité de la forêt des Ardennes entre Bruxelles et Anvers, où l'on disait qu'Ambiorix s'était réfugié. En partant de Tongres, il annonça qu'il serait de retour dans sept jours. Mais, ne voulant pas hasarder ses troupes dans des terrains difficiles, contre des hommes qui, dispersés, faisaient une guerre de partisans, il invita par des messagers les peuples voisins à venir ravager le pays liégeois, et, à son appel, tous accoururent pour se livrer au pillage. Parmi eux 2,000 cavaliers sicambres, attirés d'au delà du Rhin, conçoivent l'idée de tomber sur le camp de Cicéron pour s'emparer des richesses qu'il contenait. Ils arrivent au moment où une partie de la garnison était allée au fourrage. Ce fut à grand'peine, et en perdant deux cohortes, que les Romains purent repousser cette attaque. La dévastation du pays de Liége s'accomplit ; mais Ambiorix échappa.

La défaite de Sabinus à Tongres ainsi cruellement vengée, César revint à Reims, y convoqua l'assemblée de la Gaule et y fit juger la conjuration des Sénonais et des Orléanais. Accon, chef de la révolte, fut condamné à mort et exécuté, et César, après avoir mis ses légions en quartiers d'hiver dans les pays qu'arrosent la Moselle, la Marne et l'Yonne, se rendit en Italie.

C. Domitius Calvinus et M. Valerius Messala, consuls.

III. A Rome, le jeu légal des institutions était sans cesse entravé par des ambitions particulières. L'année 700 avait fini sans que les comices consulaires eussent été tenus. Tantôt les tribuns du peuple, seuls magistrats dont l'élection avait lieu à jour fixe, s'opposaient à la tenue des comices ; tantôt les interrois eux-mêmes n'obtenaient pas d'auspices favorables, ou, dans ces moments de trouble, n'osaient pas assembler le peuple[1]. L'audace des agitateurs de tous les partis explique cette anarchie.

Fatiguée des intrigues et du désordre, l'opinion publique n'en attendait la fin que d'un pouvoir nouveau, ce qui arrache à Cicéron cet aveu pénible : « La République est sans force, » Pompée seul est puissant[2]. » On parlait même déjà de dictature[3]. Plusieurs, selon Plutarque, osaient dire ouvertement « que la puissance d'un seul était l'unique remède » aux maux de la République, et que ce remède, il fallait le » recevoir du médecin le plus doux, ce qui désignait claire- » ment Pompée[4]. » Aussi le tribun Lucceius fit-il la propo-

---

[1] Dion-Cassius, XL, xLv.
[2] Cicéron, *Lettres à Quintus*, III, iv.
[3] Cicéron, *Lettres à Quintus*, III, viii.
[4] Plutarque, *César*, xxxi.

sition formelle d'élire Pompée dictateur. Caton s'éleva énergiquement contre cette motion intempestive. Plusieurs amis de Pompée crurent utile de le justifier en affirmant qu'il n'avait jamais demandé ni désiré la dictature. Les reproches de Caton n'en avaient pas moins produit leur effet, et, pour couper court aux soupçons, Pompée permit la tenue des comices consulaires [1]. En effet, il n'avait jamais le courage de son ambition, et, « quoiqu'il affectât dans ses discours, » dit Plutarque, de refuser le pouvoir absolu, toutes ses » actions tendaient à y parvenir [2]. »

Les comices s'ouvrirent au mois de sextilis de l'année 701 ; les consuls nommés furent Cn. Domitius Calvinus et M. Valerius Messala. Le premier avait été mis en accusation, ainsi que nous l'avons vu plus haut; mais les préoccupations du moment avaient fait traîner son jugement en longueur; on ignore s'il fut acquitté, ou si toute action judiciaire ne fut pas paralysée à cause de l'absence de magistrats pendant les premiers mois de l'année 701. D'ailleurs, Calvinus était protégé par Pompée, et son collègue, Messala, était favorisé par César, à la recommandation de Cicéron.

Expédition de Crassus contre les Parthes, et sa mort.

IV. Crassus était parti pour la Syrie depuis environ dix-huit mois, plein d'ambitieuses espérances et se flattant de réaliser d'immenses conquêtes. Il voulait non-seulement soumettre les Parthes, mais même renouveler les campagnes d'Alexandre, pénétrer dans la Bactriane et arriver jusqu'aux Indes; malheureusement il n'était pas à la hauteur d'une semblable tâche. Oubliant les premières règles d'un général en chef, qui consistent à ne jamais mépriser ses ennemis et à mettre de son côté toutes les chances de succès, il n'avait aucun souci de l'armée qu'il allait combattre, ne s'était

---

[1] Plutarque, *Pompée*, LVII.
[2] Plutarque, *César*, XXXI.

enquis ni des chemins, ni des contrées qu'il devait traverser, et négligeait les alliances et les secours que pouvaient lui offrir les peuples voisins et ennemis des Parthes.

Il était parti de Brundusium malgré la mauvaise saison, avait débarqué à Dyrrachium, non sans avoir perdu plusieurs bâtiments; de là, suivant la route militaire directe qui conduisait des côtes de l'Adriatique au Bosphore [1], il s'était rendu par terre en Galatie, et était entré en Mésopotamie, après avoir franchi l'Euphrate [2].

Les Parthes, surpris, n'opposèrent aucune résistance, et les riches et florissantes colonies grecques de l'Euphrate et du Tigre, qui détestaient le joug parthe, reçurent Crassus comme un libérateur. La ville de Nicephorium (*Rakkah*), située près d'Ichnæ, sur le Balissus, lui ouvrit ses portes; Zenodotium seule l'obligea à un siége. Au lieu de profiter du concours des circonstances et de s'avancer promptement sur le Tigre, d'enlever la ville considérable de Seleucie, Ctésiphon [3], résidence ordinaire du roi des Parthes, et même Babylone, il se borna à rançonner la province. Ayant laissé 7,000 hommes d'infanterie et 1,000 chevaux en garnison dans quelques places fortes, il retourna en Syrie prendre ses quartiers d'hiver. Là, sans s'occuper de la campagne prochaine, il ne pensa qu'à commettre des exactions et à piller les temples d'Hiérapolis et de Jérusalem.

Au commencement de 701, Crassus se remit en campagne avec sept légions, près de 4,000 cavaliers et un pareil nombre de fantassins armés à la légère [4], et rentra en Mésopotamie. Il avait pour lieutenants son fils Publius,

---

[1] « Ut via illa nostra, quæ per Macedoniam est usque ad Hellespontum militaris. » (Cicéron, *Discours sur les provinces consulaires*, II. — Strabon, VII, VII, 268.)

[2] Plutarque, *Crassus*, XVII.

[3] Sur la rive gauche du Tigre, en face de Séleucie.

[4] Plutarque, *Crassus*, XXIV.

célèbre par son courage, l'élévation de ses sentiments et sa conduite dans la Gaule; le brave Octavius, qui, plus tard, périt pour ne pas abandonner son général; Vargunteius, Censorinus et Petronius; pour questeur, C. Cassius Longinus, apprécié pour sa valeur et sa sagesse, et qui fut, dix ans après, un des meurtriers de César. Un Arabe était devenu son auxiliaire; c'était le chef des Osroènes, bédouins du désert, lequel avait jadis servi Pompée dans sa campagne contre Mithridate; il se nommait Abgaros ou Abgar[1], et s'était laissé acheter par le roi des Parthes pour trahir Crassus.

Artabaze, roi d'Arménie, vint trouver le proconsul à la tête de 6,000 chevaux, lui en promettant 10,000 autres avec 30,000 fantassins, s'il consentait à attaquer les Parthes par l'Arménie, où la nature montagneuse du pays rendrait inutile leur nombreuse et redoutable cavalerie. Crassus rejeta cette proposition, alléguant la nécessité d'aller rejoindre en Mésopotamie les garnisons qu'il y avait laissées l'année précédente. Celles-ci, en effet, étaient déjà bloquées par les Parthes, et des soldats évadés l'informaient des immenses préparatifs que faisait Orodes pour lui résister. Il traversa donc une seconde fois l'Euphrate non loin de Biradjik, lieu du passage d'Alexandre le Grand [2]. Là il avait à choisir entre deux directions pour atteindre Séleucie : ou descendre la rive gauche de l'Euphrate jusqu'au point où il se rapproche du Tigre [3], ou traverser le désert. La première, proposée par Cassius, lui procurait, quoique plus longue, l'immense avantage d'appuyer constamment son aile droite à

---

[1] Les anciens auteurs le nomment Augar, Abgaros ou Ariamnes.

[2] Zeugma, suivant Dion-Cassius. Cette ville est sur la rive droite de l'Euphrate, en face de Biradjik.

[3] D'après Drumann, on ne pouvait pas toujours suivre le cours du fleuve, comme le dit Plutarque, parce qu'il existait un canal qui joignait l'Euphrate au Tigre. (Pline, VI, xxx. — Ammien Marcellin, XXIV, II.)

l'Euphrate, sur lequel des bateaux auraient porté ses approvisionnements. La seconde offrait, il est vrai, un trajet plus court, mais on s'exposait en la suivant à manquer d'eau, de vivres, et à des marches plus pénibles. Les conseils perfides d'Abgar lui firent préférer cette dernière. « Il n'y avait pas, disait l'Arabe, un moment à perdre pour empêcher les Parthes d'enlever leurs trésors et de les mettre en sûreté chez les Hyrcaniens et les Scythes. » Crassus possédait quelques-unes des qualités qui font un bon général; il en avait donné des preuves dans la guerre des alliés comme dans celle contre Spartacus, mais la cupidité paralysait ses facultés. La gloire doit être la seule préoccupation du soldat.

Pendant ce temps, Orodes, roi des Parthes, avait divisé ses forces en deux corps d'armée : l'un, dont il prit le commandement, alla ravager l'Arménie pour empêcher Artabaze de se joindre aux Romains; l'autre fut confié au vizir Surena, homme de mérite auquel Orodes devait sa couronne. Sans méconnaître son intelligence, nous ne croyons pas, comme quelques écrivains, que Surena inventa une nouvelle tactique pour s'opposer à celle des Romains, et qu'à cet effet, renonçant à l'infanterie, il se servit seulement de sa cavalerie. S'il mit toute sa confiance dans cette arme, c'est que les Parthes, se conformant à la nature de leur pays, ne combattaient généralement qu'à cheval, et chez eux, comme le dit Dion-Cassius, l'infanterie n'avait aucune valeur [1]. Le talent de Surena fut d'employer la ruse, si familière aux Asiatiques, pour entourer Crassus d'embûches et de traîtres et l'attirer dans des plaines où la cavalerie avait tout l'avantage.

---

[1] « Il y a chez eux peu de fantassins. On ne les prend que parmi les hommes les plus faibles. Dès l'âge le plus tendre, les Parthes sont habitués à manier l'arc et le cheval. Leur pays, qui forme presque tout entier une plaine, est très-favorable à la nourriture des chevaux et aux courses de cavalerie. » (Dion-Cassius, XL, xv.) — « Equis omni tempore vectantur; illis bella, illis convivia, illis publica ac privata officia obeunt. » (Justin, XLI, iii.)

L'armée des Parthes était donc uniquement composée de cavaliers, les uns bardés de fer, ainsi que leurs chevaux [1], armés de lances longues et pesantes; les autres munis d'arcs puissants dont les flèches, d'une plus grande portée que celles des Romains, perforaient les armes défensives.

Après avoir quitté la ville de Carrhes, l'armée romaine s'avançait vers le sud à travers le désert. Les sables, la chaleur rendaient la marche pénible, et l'ennemi restait toujours invisible. Enfin, arrivée au bord d'une petite rivière, le Balissus (*Belick*), qui se jette dans l'Euphrate, elle aperçut quelques cavaliers parthes. Abgar, envoyé en reconnaissance contre eux avec une avant-garde, ne revint pas. Le traître avait livré Crassus à Suréna. Le proconsul, impatient et inquiet, franchit alors le Balissus avec toute son armée, et, sans la laisser reposer, il pousse en avant sa cavalerie, et force l'infanterie à la suivre.

Bientôt quelques soldats viennent apprendre à Crassus qu'ils ont seuls pu échapper à l'embuscade dans laquelle est tombée son avant-garde, et que toute l'armée des Parthes marche à sa rencontre. A cette nouvelle, lui, qui croyait que l'ennemi n'oserait pas l'attendre, se trouble et range à la hâte ses troupes en bataille sur un front étendu, de crainte d'être enveloppé. La cavalerie est sur les ailes; les Osroènes forment une dernière ligne. Les Parthes lancent d'abord leur cavalerie légère, qui tourbillonne dans la plaine en soulevant des nuages de poussière, font retentir l'air de cris sauvages et du bruit des tambours [2], puis se retirent comme s'ils fuyaient [3]. Crassus fait sortir contre eux son infanterie légère; mais, entourée et accablée par les armes de jet plus

---

[1] « Munimentum ipsis equisque loricæ plumatæ sunt, quæ utrumque toto corpore tegunt. » (Justin, XLI, ii.)

[2] « Signum in prœlio non tuba, sed tympano datur. » (Justin, XLI, ii.)

[3] « Fidentemque fuga Parthum versisque sagittis. » (Virgile, *Géorg.* III, vers 31.)

puissantes des Parthes, elle est obligée de se réfugier derrière les légions.

Tout à coup les Osroènes qu'Abgar n'avait pas emmenés avec lui attaquent les Romains par derrière[1], et en même temps apparaissent, resplendissant au soleil, les lignes étendues des cavaliers cuirassés. Crassus forme alors son armée en carré. Chaque face est composée de douze cohortes, le reste est en réserve. La cavalerie et l'infanterie légère, partagées en deux corps, flanquent deux côtés opposés du carré[2]. Publius et Cassius commandent, l'un la droite, l'autre la gauche. Crassus se place au centre[3]. La grosse cavalerie, la lance en arrêt, charge le grand carré romain et tente de l'enfoncer; mais les rangs épais et serrés des légions lui opposent une résistance invincible. Les Parthes reculent à une certaine distance et rappellent leurs nombreux archers, puis, tous ensemble, ils reviennent en ligne et font pleuvoir sur les masses profondes des Romains une grêle de traits dont aucun ne manque son but. Les légionnaires, s'ils restent de pied ferme, ont le désavantage avec leurs pilums et leurs frondes à petite portée, et, s'ils s'avancent pour se servir de leurs épées, ils perdent cette cohésion qui fait leur force. Immobiles, se défendant à peine, ils voient leur nombre diminuer sans se décourager : ils espèrent que bientôt l'ennemi aura épuisé ses munitions. Mais les rangs des Parthes se succèdent les uns aux autres;

---

[1] « Les Osroènes, placés derrière les Romains, qui leur tournaient le dos, les frappèrent là où leurs membres découverts donnaient prise, et rendirent plus facile leur destruction par les Parthes. » (Dion-Cassius, XL, xxii.)

[2] L'armée était composée de sept légions, mais quelques troupes avaient été laissées à Carrhes. Le carré était composé de quarante-huit cohortes, ou près de cinq légions ; le reste était probablement en réserve dans le carré. Les 4,000 hommes de cavalerie et les 4,000 hommes d'infanterie légère étaient probablement répartis par moitié à droite et à gauche du grand carré, qui devait avoir environ mille mètres de côté.

[3] Plutarque, *Crassus*, xxviii.

à mesure que les premiers ont tiré toutes leurs flèches, ils vont en reprendre près d'une longue file de chameaux qui portent les approvisionnements. Le combat dure depuis plusieurs heures, les Parthes s'étendent toujours davantage en cercle et menacent d'entourer entièrement le grand carré romain.

Dans cette situation critique, Crassus ne peut plus avoir recours qu'à sa cavalerie. Le côté le plus pressé par l'ennemi est celui que commande Publius; son père lui ordonne de tenter un suprême effort pour dégager l'armée.

Ce noble et intrépide jeune homme prend à l'instant 1,300 cavaliers, parmi lesquels se trouvaient les 1,000 Gaulois envoyés par César, 500 archers et huit cohortes d'infanterie. Deux jeunes gens de son âge le suivent, Censorinus et Megabacchus, le premier sénateur et orateur de talent, le second, également distingué. Dès qu'ils s'ébranlent, les Parthes, suivant leur coutume, s'enfuient tout en lançant des flèches, à la manière des Scythes. Publius prend cette fuite pour une déroute et se laisse entraîner au loin. Lorsque, depuis longtemps, il a perdu de vue le corps de bataille, les fuyards s'arrêtent, font volte-face, sont rejoints par de nombreuses réserves et enveloppent la troupe romaine. Elle se défend avec héroïsme, mais les Gaulois, privés d'armes défensives, résistent avec peine à la cavalerie bardée de fer. Cependant le fils de Crassus a été rejoint par ses fantassins, qui combattent avec valeur; il veut les porter en avant, ceux-ci lui montrent leurs mains clouées aux boucliers et leurs pieds fixés à terre par les flèches. Publius fait alors un dernier appel à ses braves cavaliers gaulois, qui, par dévouement pour lui, se font tuer loin de leur pays, au service d'une cause étrangère. Ils se précipitent avec impétuosité contre cette muraille de fer qui se dresse devant eux; ils renversent des cavaliers sous le poids de leur armure, arrachent à d'autres leurs lances ou sautent à terre pour éventrer les chevaux ; mais la valeur doit céder au nombre. Publius, blessé, bat en retraite et dispose les débris de sa troupe sur un terrain dont la pente lui est désavantageuse. Il a beau vouloir faire un retranchement avec des boucliers, sa cavalerie se trouvant placée comme en amphithéâtre, les derniers rangs sont aussi exposés que les premiers aux traits des Parthes. Deux Grecs lui proposent de le sauver en l'emmenant à Ichnæ, ville peu éloignée ; le jeune héros répond qu'il n'abandonnera pas ses soldats : il reste pour mourir avec eux. Sur 6,000 hommes, 500 seulement sont faits prisonniers, les autres sont tués en combattant. Publius et ses deux amis, Censorinus et Megabacchus, se font donner la mort.

Pendant ce temps, Crassus, dégagé par le mouvement offensif de son fils, avait pris position sur une hauteur et attendait son retour victorieux. Mais bientôt des messagers viennent lui apprendre que, sans un prompt secours, son fils est perdu. Il hésite un moment entre l'espoir de le sauver et la crainte de compromettre le reste de son armée. Enfin il se décide à marcher. A peine s'est-il mis en mouvement qu'il aperçoit les Parthes arrivant à sa rencontre, poussant des cris de victoire et portant au bout d'une pique la tête de son fils. Dans cette circonstance, Crassus retrouve un instant cette énergie familière au caractère romain, et, parcourant les rangs : « Soldats, s'écrie-t-il, c'est moi seul » que cette perte regarde. Tant que vous vivez, toute la » fortune et toute la gloire de Rome subsistent et restent » invincibles. Ne vous laissez pas abattre par mon malheur, » et que votre compassion pour moi se change en colère » contre les ennemis. » Ces derniers accents d'un chef présomptueux firent peu d'effet sur une armée déjà découragée. Elle combattit avec résignation, n'éprouvant plus cette ardeur que donne l'espoir de vaincre. Pris en flanc par les nombreux archers, attaqués de front par la pesante cavalerie cuirassée, les Romains luttèrent jusqu'au soir, restant toujours sur la défensive et voyant sans cesse se resserrer le cercle dans lequel ils étaient enfermés. Heureusement les Parthes, incapables de se garder pendant la nuit, ne campaient jamais sur le champ de bataille : ils se retirèrent.

Ce combat, livré à quinze ou vingt lieues au sud de Carrhes, était désastreux. Cependant tout n'était pas perdu, si le général en chef conservait son énergie et sa présence d'esprit; mais, abattu et plongé dans une profonde douleur, il se tenait immobile, à l'écart, incapable de donner aucun ordre. Octavius et Cassius convoquent les tribuns et les centurions et décident la retraite; cependant il faut abandonner 4,000 blessés qu'on ne peut emporter, et leur cacher même le départ, afin que leurs cris n'éveillent pas l'attention de l'ennemi. La retraite s'exécute d'abord dans un silence complet; tout à coup ces malheureux s'aperçoivent qu'on les sacrifie, leurs gémissements avertissent les Parthes, et excitent un tumulte effroyable parmi les Romains : les uns reviennent charger les blessés sur les bêtes de somme, les autres se mettent en bataille pour repousser l'ennemi; 300 cavaliers s'échappent, arrivent à Carrhes et traversent l'Euphrate sur le pont construit par Crassus. Cependant les Parthes, occupés à massacrer les 4,000 blessés et les traînards, ne poursuivent que faiblement les débris de l'armée romaine, qui, protégée par une sortie de la garnison de Carrhes, parvient à s'enfermer dans ses murs.

Soit découragement, soit manque de vivres, les Romains ne séjournèrent pas dans cette ville et l'abandonnèrent pour se réfugier en Arménie. Crassus, suivi d'un petit nombre de troupes, se fiant encore à un indigène qui le trompait, vit sa fuite retardée par les détours qu'on lui fit faire inutilement. Au point du jour les Parthes apparurent. Octavius avait atteint, avec 5,000 hommes, un des contre-forts des montagnes de l'Arménie, et aurait pu se mettre en sûreté dans la forteresse de Sinnaka, éloignée seulement d'un jour de marche; il aime mieux descendre dans la plaine pour secourir son général, qu'il ramène avec lui sur les hauteurs. Si l'on combat jusqu'au soir, tout ne sera pas perdu; mais Surena a encore recours à la ruse : il envoie des propositions séduisantes, et offre une entrevue. Crassus la repousse : il veut combattre. Malheureusement les soldats, qui jusqu'ici avaient obéi à des ordres imprudents, refusent cette fois d'obéir au seul ordre qui puisse les sauver. Crassus est forcé d'accepter l'entrevue. Au moment où il s'y rend, une querelle fortuite, ou plutôt préparée par la trahison des Parthes, s'engage entre les escortes des deux nations. Octavius traverse de son épée un écuyer parthe; une mêlée s'ensuit, toute l'escorte romaine est massacrée. Crassus est tué et sa tête portée à Orodes. De 40,000 légionnaires le quart seul survécut. La cavalerie de C. Cassius qui, au départ de Carrhes, s'était séparée de l'armée, et quelques autres fuyards réussirent à gagner la Syrie, à couvrir Antioche, et même à repousser plus tard avec bonheur l'invasion des Parthes dans la Province romaine.

Conséquences de la mort de Crassus.

V. La mort de Crassus eut deux conséquences sérieuses : la première de rehausser encore le mérite du vainqueur des Gaules en montrant ce que deviennent les armées les plus nombreuses et les mieux aguerries sous les ordres d'un chef présomptueux et inhabile; la seconde, de faire disparaître de la scène un homme dont l'influence contenait l'ambition de deux personnages destinés à devenir rivaux. Avec Crassus, Pompée n'aurait pas été l'instrument d'un parti; sans Pompée, le sénat n'aurait pas osé se déclarer contre César.

L'équilibre ainsi rompu, Pompée chercha un nouveau point d'appui. Son alliance avec César lui avait seule donné le concours du parti populaire. Cette alliance venant à s'affaiblir, il devait naturellement se rapprocher de l'aristocratie, flatter ses passions et servir ses rancunes. Dans les premiers moments il provoqua le désordre plutôt qu'il ne le réprima.

Trois compétiteurs se disputaient le consulat pour 702, T. Annius Milon, P. Plautius Hypsæus et Q. Cæcilius Metellus Scipion [1]. Ils luttaient d'intrigue et de corruption [2]. Pompée, surtout depuis sa réconciliation avec P. Clodius, traitait Milon en ennemi, et, selon sa tactique accoutumée, affectait de croire qu'il en voulait à sa vie. Tout en retardant indéfiniment les comices, il favorisait P. Hypsæus et Q. Scipion, qui briguaient le consulat, et Clodius, qui, la même année, demandait la préture. Milon avait un grand nombre de partisans; ses largesses au peuple et ses spectacles semblaient assurer son élection, et Pompée, dont elle contrariait les vues, s'opposait de tout son pouvoir à ce que le sénat nommât un interroi pour tenir ses comices. Il désirait lui-même ces fonctions importantes; mais, obligé de céder devant la résistance de Caton, il se borna à empêcher toute élection, et l'année finit encore sans qu'il y eût de consuls désignés.

---

[1] Q. Cæcilius Metellus Scipion était fils de P. Cornelius Scipion Nasica, et de Licinia, fille de Crassus. Il avait été adopté par Q. Cæcilius Metellus Pius.

[2] Plutarque, *Caton*, LV.

CHAPITRE SEPTIÈME.

ÉVÉNEMENTS DE L'AN 702.

<small>Meurtre de Clodius.</small>

I. Rome ne semblait livrée qu'à de mesquines luttes de personnes ; mais derrière les hommes en évidence s'agitaient de graves intérêts et de violentes passions. Le mal qui mine une société à son insu se révèle lorsque des faits, sans grande importance par eux-mêmes, viennent tout à coup produire une crise imprévue, dévoiler des dangers inaperçus et montrer à tous cette société au bord d'un abîme dont nul n'avait soupçonné la profondeur. Ainsi, par de simples accidents de sa vie, Clodius semble avoir été destiné à faire éclater les éléments de trouble que recelait dans son sein la République. On le surprend dans la maison de la femme de César pendant un sacrifice religieux, et cette violation des mystères de la *Bonne Déesse* amène une scission funeste dans les premiers corps de l'État. Sa mise en accusation irrite le parti populaire ; son acquittement met au grand jour la vénalité des juges, sépare l'ordre des chevaliers de celui du sénat. L'animosité avec laquelle on le poursuit en fait un chef de parti redoutable, qui envoie Cicéron en exil, fait trembler Pompée et accélère l'élévation de César. Sa mort va réveiller toutes les passions populaires, inspirer tant de craintes à la faction opposée, qu'elle oubliera ses rancunes et ses jalousies pour se jeter dans les bras de Pompée, et, d'un bout de l'Italie à l'autre, tout le peuple sera en armes.

Le 13 des calendes de février 702 (13 décembre 701), Milon était parti de Rome pour se rendre à Lanuvium, sa ville natale, dont il était le dictateur⁽¹⁾. Vers la neuvième heure, il rencontra sur la voie Appienne, un peu au delà de Bovilles, Clodius, qui, de son côté, revenait à cheval d'Aricia à Rome, accompagné de trois amis et de trente esclaves, tous armés d'épées. Milon était dans un chariot avec sa femme Fausta, fille de Sylla, et M. Fufius, son familier. A sa suite marchait une escorte dix fois plus forte que celle de Clodius, et dans laquelle se trouvaient plusieurs gladiateurs renommés. Les deux troupes se croisèrent près d'un petit temple de la Bonne Déesse⁽²⁾, sans échanger une seule parole, mais en se lançant des regards furieux. Elles étaient à peine éloignées l'une de l'autre que deux gladiateurs de Milon, restés en arrière, se prirent de querelle avec les esclaves de Clodius. Au bruit de la rixe ce dernier tourna bride, et s'avança proférant des menaces. Un des gladiateurs nommé Birria le frappa d'un coup d'épée et l'atteignit grièvement à l'épaule⁽³⁾ : on le transporta dans un cabaret voisin⁽⁴⁾.

Milon, apprenant que Clodius était blessé, redouta les suites de cette agression, et crut qu'il serait moins dangereux pour lui d'achever son ennemi. Il envoya donc ses gens enfoncer le cabaret; Clodius, arraché du lit sur lequel on l'avait placé, est percé de coups et jeté sur la grande route. Ses esclaves sont tués ou mis en fuite. Le cadavre

---

⁽¹⁾ Tout ce qui suit est presque en totalité extrait d'Asconius, le plus ancien commentateur de Cicéron, et tiré, à ce qu'on croit, des *Acta diurna*. (Voyez *Argument du discours de Cicéron pour Milon*, édit. Orelli, p. 31.)

⁽²⁾ Neuf ans après le sacrilége commis le jour de la fête de la Bonne Déesse, Clodius fut tué par Milon devant la porte du temple de la Bonne Déesse, près Bovilles. (Cicéron, *Discours pour Milon*, xxxi.)

⁽³⁾ *Rhomphœa*. (Asconius, *Argument du discours de Cicéron pour Milon*, p. 32, édit. Orelli.)

⁽⁴⁾ Cicéron, *Discours pour Milon*, x. — Dion-Cassius, XL, xlviii. — Appien, *Guerres civiles*, II, xxi. — Asconius, *Argument du discours de Cicéron pour Milon*, p. 31 et suiv.

resta étendu sur la voie Appienne jusqu'à ce qu'un sénateur, Sex. Tedius, qui passait, le fit relever, mettre dans
une litière et transporter à Rome, où il arriva la nuit, et
fut déposé sur un lit dans l'atrium de sa maison. Mais déjà
la nouvelle de la rencontre fatale était répandue par toute
la ville, et la foule accourut vers la demeure de Clodius,
où sa femme, Fulvia, montrant les blessures dont il était
criblé, excitait le peuple à la vengeance. Il y eut une telle
affluence que plusieurs personnes de marque, entre autres
C. Vibienus, sénateur, furent étouffées dans la foule. Le
cadavre fut porté au Forum et exposé sur les rostres; deux
tribuns du peuple, T. Munatius Plancus et Q. Pompeius
Rufus, haranguèrent la multitude et demandèrent justice.

Ensuite, à l'instigation d'un scribe nommé Sex. Clodius,
on transporta le corps dans la curie pour faire outrage au
sénat; on fit un bûcher avec des bancs, des tables et des
registres. Le feu prit à la curie Hostilia et gagna jusqu'à la
basilique Porcia : les deux monuments furent réduits en
cendres. Puis cette multitude, s'excitant de plus en plus,
arracha les faisceaux qui entouraient le lit funèbre [1], et se
rendit devant les maisons d'Hypsæus et de Q. Metellus Scipion, comme pour leur offrir le consulat; enfin elle se présenta devant la demeure de Pompée; les uns demandaient à
grands cris qu'il fût consul ou dictateur, les autres faisaient
entendre les mêmes vœux pour César [2].

Cependant, neuf jours après, lorsque la fumée sortait
encore des décombres, le peuple, à l'occasion d'un banquet
funèbre dans le Forum, voulut incendier la maison de Milon

---

[1] *Lectus Libitinæ.* (Asconius, p. 34.) Le sens de ce mot est donné par Acron, un scholiaste d'Horace (voy. *Scholia Horatiana*, éd. Pauly, t. I, p. 360); il correspond à notre mot *corbillard*, catafalque. On sait l'usage des Romains de porter aux enterrements les images des ancêtres avec les insignes de leurs dignités. Les faisceaux devaient être nombreux dans la famille Clodia.

[2] Dion-Cassius, XL, L.

et celle de l'interroi M. Lepidus. Il fut repoussé à coups de flèches[1]. Milon, dans le premier moment, n'avait songé qu'à se cacher ; mais, en apprenant l'indignation et l'effroi causés par l'incendie de la curie, il se rassura. Persuadé d'ailleurs que, pour réprimer ces excès, le sénat sévirait contre le parti opposé[2], il rentra de nuit à Rome, poussa la hardiesse jusqu'à annoncer qu'il continuait à briguer le consulat, et commença de fait à acheter les suffrages. Cœlius, tribun du peuple, parla en sa faveur au Forum. Milon lui-même monta à la tribune et accusa Clodius de lui avoir tendu un guet-apens. Il fut interrompu par un nombre considérable d'hommes en armes qui se précipitèrent sur la place publique. Milon et Cœlius s'enveloppèrent de manteaux d'esclaves et prirent la fuite. On fit un grand carnage de leurs adhérents. Mais bientôt des séditieux, profitant de ce prétexte de trouble, égorgèrent tous ceux qui furent rencontrés, soit citoyens, soit étrangers, ceux surtout que leurs riches vêtements ou leurs anneaux d'or faisaient remarquer ; des esclaves en armes étaient les principaux instruments de ces désordres. Aucun crime ne fut épargné ; sous prétexte de rechercher les amis de Milon, un grand nombre de maisons furent pillées, et, pendant plusieurs jours, se commirent toutes sortes d'attentats[3].

La République est déclarée en danger.

II. Sur ces entrefaites, le sénat déclara la République en danger, et chargea l'interroi, les tribuns du peuple et le proconsul Cn. Pompée, ayant l'*imperium* près de la ville, de veiller au salut public et de faire des levées dans toute l'Italie. Le soin de rebâtir la curie Hostilia fut confié au fils de Sylla ; on décida qu'elle porterait le nom de l'ancien dic-

---

[1] Dion-Cassius, XL, XLIX.
[2] Dion-Cassius, XL, XLIX.
[3] Appien, *Guerres civiles*, II, XXII.

tateur, dont le sénat cherchait à remettre le souvenir en honneur [1].

Dès que Pompée eut réuni une force militaire assez imposante, les deux neveux de Clodius, nommés tous deux Appius, demandèrent l'arrestation des esclaves de Milon et de ceux de Fausta, sa femme. Mais le premier soin de Milon, une fois son ennemi mort, avait été d'affranchir ses esclaves, pour les récompenser de l'avoir défendu, et, une fois affranchis, ils ne pouvaient plus déposer contre leur patron.

Un mois environ après la mort de Clodius, Q. Metellus Scipion rappela l'affaire devant le sénat, et accusa Milon de mensonge dans les explications qu'il avait données. Il réunit habilement toutes les circonstances qui le signalaient comme l'agresseur : d'un côté, son escorte beaucoup plus nombreuse, les trois blessures de Clodius, les onze esclaves de ce dernier tués; de l'autre, certains faits criminels qui se rattachaient à l'événement : un cabaretier égorgé, deux messagers massacrés, un esclave haché en morceaux pour n'avoir pas voulu livrer un fils de Clodius; enfin la somme de mille as offerte par l'inculpé à quiconque voudrait le défendre. Alors Milon chercha à apaiser Pompée, en lui proposant de se désister de sa candidature au consulat. Pompée répondit qu'au peuple romain seul appartenait le droit de décider. Milon demeurait accusé non-seulement de meurtre, mais de brigue électorale et d'attentat contre la République. Il ne pouvait être jugé avant la nomination préalable du préteur urbain et avant la convocation des comices.

<small>Pompée seul consul.</small>

III. Cette fois la peur du désordre fit taire les oppositions, et tous les regards se tournèrent vers Pompée; mais quel

---

[1] Dion-Cassius, XL, L.

titre lui donner? Celui de dictateur effrayait. M. Bibulus, quoique précédemment hostile, ouvrit l'avis de le nommer seul consul; c'était un moyen d'écarter la dictature et d'empêcher que César ne devînt son collègue [1]. M. Caton appuya cette proposition, qui passa à l'unanimité. « Tout » vaut mieux que l'anarchie, » disait-il [2]. On ajouta que, si Pompée croyait un second consul nécessaire, il le nommerait lui-même, mais pas avant deux mois [3]. Le 5 des calendes de mars (27 février) (c'était pendant un mois intercalaire), Pompée, quoique absent, fut déclaré consul par l'interroi Serv. Sulpicius, et rentra aussitôt à Rome. « Cette » mesure extraordinaire, qui n'avait été encore adoptée » pour personne, parut sage; néanmoins, comme Pompée » recherchait moins que César la faveur du peuple, le sénat » se flatta de l'en détacher complétement et de le mettre » dans ses intérêts. C'est ce qui arriva. Fier de cet honneur » nouveau et tout à fait insolite, Pompée ne proposa plus » aucune mesure en vue de plaire à la multitude, et fit » scrupuleusement tout ce qui pouvait être agréable au » sénat [4]. »

Trois jours après son installation, il provoqua deux sénatus-consultes : l'un pour réprimer les attentats avec violence, nommément le meurtre commis sur la voie Appienne, l'incendie de la curie et l'attaque de la maison de l'interroi M. Lepidus; l'autre pour prévenir la brigue électorale par une procédure plus rapide et une pénalité plus sévère. Dans tous les procès criminels, un délai de trois jours était fixé

---

[1] « Le sénat et Bibulus, qui devait le premier donner son avis, prévinrent les résolutions irréfléchies de la multitude en déférant le consulat à Pompée, pour qu'il ne fût pas proclamé dictateur, et en le déférant à lui seul, afin qu'il n'eût point César pour collègue. » (Dion-Cassius, XL, II.)

[2] Plutarque, *Caton*, XLVII.

[3] Plutarque, *Pompée*, LVII.

[4] Dion-Cassius, XL, L.

pour l'interrogatoire des témoins, un jour pour les débats contradictoires. L'accusateur avait deux heures pour parler, l'accusé trois pour se défendre [1].

M. Cœlius, tribun du peuple, protesta contre ces lois, alléguant qu'elles violaient les formes tutélaires de la justice et qu'elles n'étaient imaginées que pour accabler Milon. Pompée répondit d'un ton menaçant : « Qu'on ne m'oblige pas à défendre la République par les armes ! » Il prenait d'ailleurs toutes les mesures pour sa sûreté personnelle et se gardait militairement, comme s'il redoutait quelque attentat de la part de Milon.

Procès de Milon.

IV. Pompée voulut encore qu'on choisît parmi les consulaires un questeur pour présider à l'instruction du procès. On tint les comices, et L. Domitius Ahenobarbus fut nommé. Milon obtint de faire juger d'abord l'accusation de meurtre et ajourner celle de brigue.

Les accusateurs étaient l'aîné des Appius (neveu de Clodius), M. Antonius et P. Valerius Nepos. Cicéron, assisté de M. Claudius Marcellus, devait défendre l'accusé. Tout avait été mis en œuvre pour intimider Cicéron. Pompeius Rufus, C. Sallustius [2] et T. Munatius Plancus avaient cherché à exciter le peuple contre lui et à le rendre suspect à Pompée. Bien qu'il résistât aux menaces de ses adversaires, son courage était ébranlé.

Le procès commença la veille des nones d'avril, et dès le premier jour une vive agitation fit interrompre les débats. Le lendemain, l'interrogatoire des témoins eut lieu sous la protection d'une force militaire imposante. La plupart des témoignages furent accablants pour l'accusé et prouvèrent

---

[1] Dion-Cassius, XL, LII. — Cicéron, *Brutus*, XCIV ; — *Lettres à Atticus*, XIII, XLIX. — Tacite, *Dialogue des orateurs*, XXXVIII.

[2] C'est l'historien. Il avait été l'amant de la femme de Milon. Surpris par lui en flagrant délit, il avait été cruellement battu et impitoyablement rançonné.

que Clodius avait été massacré de sang-froid. Lorsque parut Fulvia, la veuve de Clodius, l'émotion redoubla; ses larmes et le spectacle de sa douleur touchèrent les assistants. La séance levée, le tribun du peuple T. Munatius Plancus harangua la foule, engagea les citoyens à venir le lendemain en grand nombre sur la place publique pour s'opposer à l'acquittement de Milon, et il leur recommanda de bien manifester *aux juges leur opinion et leur douleur, lorsqu'il s'agirait de voter.*

Le 6 des ides d'avril, les boutiques étaient fermées; des postes gardaient les issues du Forum par ordre de Pompée, qui, lui-même, avec une réserve considérable, s'établit au Trésor. Après le tirage des juges, l'aîné des Appius, M. Antonius et P. Valerius Nepos, soutinrent l'accusation. Cicéron seul répondit. On lui avait conseillé de présenter le meurtre de Clodius comme un service rendu à la République; mais il repoussa ce moyen, quoique Caton eût osé déclarer en plein sénat que Milon avait fait acte de bon citoyen [1]. Il préféra s'appuyer sur le droit de légitime défense. A peine avait-il pris la parole, que les cris, les interruptions des partisans de Clodius lui firent éprouver une émotion dont son discours se ressentit; les soldats furent obligés de faire usage de leurs armes [2]. Les cris des blessés, la vue du sang, ôtaient à Cicéron sa présence d'esprit; il tremblait et s'interrompait souvent. Son plaidoyer fut loin d'être à la hauteur de son talent. Milon, condamné, s'exila à Marseille. Dans la suite, Cicéron composa à loisir la magnifique harangue que nous connaissons, et l'envoya à son malheureux client, qui lui répondit : « Si tu avais dit autrefois

---

[1] Velleius Paterculus, II, xlvii.

[2] Tout ce récit est extrait de l'argument d'Asconius servant d'introduction à son Commentaire sur le Discours pour Milon. (Voy. édition Orelli, p. 41, 42.) — Dion-Cassius, XL, liii.

» ce que tu as écrit, je ne mangerais pas des mulets à
» Marseille⁽¹⁾. »

Pendant les guerres de Grèce et d'Afrique, Milon, qui
n'avait pas oublié son rôle de conspirateur, revint en Italie,
appelé par Cœlius. Ils tentèrent tous deux d'organiser des
mouvements séditieux; mais ils échouèrent, et payèrent de
leur vie leur téméraire entreprise [2].

Pompée, parvenu au faîte du pouvoir, crut, comme la
plupart des hommes épris d'eux-mêmes, que tout était sauvé
parce qu'on l'avait mis à la tête des affaires; mais, au lieu
de s'en occuper, sa première pensée fut de se remarier. Il
épousa, malgré son âge avancé, Cornélie, fille de Scipion,
la jeune veuve de Publius Crassus, qui venait de périr chez
les Parthes. « On trouvait, dit Plutarque, qu'une femme si
» jeune, remarquable par les qualités de l'esprit et les grâces
» extérieures, aurait été plus convenablement mariée à son
» fils. Les plus honnêtes citoyens lui reprochaient d'avoir,
» dans cette occasion, sacrifié les intérêts de la République,
» qui, dans l'extrémité où elle était réduite, l'avait choisi
» pour son médecin et s'en était rapportée à lui seul de sa
» guérison. Au lieu de répondre à cette confiance, on le
» voyait, couronné de fleurs, faire des sacrifices et célébrer
» des noces, tandis qu'il aurait dû regarder comme une cala-
» mité publique ce consulat, qu'il n'aurait pas obtenu, selon
» les lois, seul et sans collègue, si Rome eût été plus heu-
» reuse [3]. »

Pompée avait néanmoins rendu de grands services en
réprimant les émeutes et en protégeant l'exercice de la justice. Il avait délivré Rome des bandes de Clodius et de
Milon, donné une organisation plus régulière aux tribu-

---

[1] Dion-Cassius, XL, LIV.
[2] Velleius Paterculus, II, LXVIII.
[3] Plutarque, *Pompée*, LVIII.

naux[1] et fait respecter leurs arrêts par la force armée. Toutefois, si l'on excepte ces actes, commandés par les circonstances, il avait usé de son pouvoir avec hésitation, comme un homme qui lutte entre sa conscience et ses intérêts. Devenu, peut-être à son insu, l'instrument du parti aristocratique, les liens qui l'attachaient à César l'avaient souvent retenu dans la voie où l'on voulait le pousser. Défenseur de l'ordre, il avait promulgué des lois pour le rétablir; mais, homme de parti, il était sans cesse entraîné à les violer, pour satisfaire aux exigences de sa faction. Il fit adopter un sénatus-consulte autorisant des poursuites contre ceux qui avaient exercé des emplois publics depuis son premier consulat. L'effet rétroactif de cette loi, qui embrassait une période de vingt années, et par conséquent le consulat de César, indigna les partisans de ce dernier; ils s'écrièrent que Pompée ferait bien mieux de s'occuper du présent que d'appeler l'investigation haineuse des partis sur la conduite passée des premiers magistrats de la République; mais Pompée répondit que, puisque la loi permettait le contrôle de ses propres actes, il ne voyait pas pourquoi ceux de César en seraient affranchis, et que d'ailleurs le relâchement des mœurs depuis tant d'années rendait la mesure nécessaire[2].

On se plaignait de la faculté laissée aux orateurs de faire l'éloge des accusés dont ils présentaient la défense, parce que le prestige qui s'attachait à la parole d'hommes considérables amenait trop facilement l'acquittement des coupables. Un sénatus-consulte interdit cet usage. Au mépris de ces dispositions, qu'il avait proposées, Pompée n'eut pas honte de faire l'éloge de T. Munatius Plancus, accusé, avec Q. Pompeius Rufus, de l'incendie de la curie Hostilia[3].

[1] Dion-Cassius, XL, LIII.
[2] Appien, *Guerres civiles*, II, XXIV.
[3] Dion-Cassius, XL, LII.

Caton, qui était un des membres du tribunal, s'écria en se bouchant les oreilles : « Je n'en crois point ce louangeur qui » parle contre ses propres lois. » Les prévenus n'en furent pas moins condamnés.

Dans le but de réprimer la corruption électorale et de rechercher les coupables, il fut statué que tout condamné pour brigue qui parviendrait à convaincre un autre du même crime obtiendrait la rémission de sa peine. Memmius, condamné pour un fait semblable, voulant profiter du bénéfice de l'impunité légale, dénonça Scipion. Alors Pompée parut vêtu de deuil devant le tribunal auprès de son beau-père. A la vue de ce simulacre de tristesse et de la pression morale qui en résultait, Memmius se désista, en déplorant le malheur de la République. Quant aux juges, ils poussèrent la flatterie jusqu'à reconduire Scipion à sa demeure [1].

Pour arrêter dans les élections les menées d'une convoitise éhontée, il fut décrété que les consuls et les préteurs ne pourraient prendre le gouvernement d'une province que cinq ans après leur consulat ou leur préture [2]. On décourageait ainsi les ambitieux, qui se jetaient dans les plus folles dépenses afin d'arriver par l'une de ces magistratures au gouvernement des provinces. Et pourtant Pompée, quoique consul, non-seulement conservait le proconsulat d'Espagne, mais se faisait proroger son gouvernement pendant cinq années, gardait une partie de son armée en Italie, et recevait mille talents pour l'entretien de ses troupes. Dans l'intérêt de ses partisans, il ne reculait pas devant la violation de ses propres lois, ce qui a fait dire de lui par Tacite : *suarum legum auctor idem ac subversor* [3].

La loi précédente n'interdisait pas à César la possibilité

---

[1] Plutarque, *Pompée*, LIX.
[2] Dion-Cassius, XL, LVI; comp. XXX.
[3] Tacite, *Annales*, III, XXVIII.

d'arriver au consulat, mais le sénat remit en vigueur la loi qui défendait à un absent de se présenter comme candidat, sans songer qu'il venait de nommer Pompée seul consul, quoique absent de la ville de Rome. Les amis du proconsul des Gaules réclamèrent vivement : « César, disaient-ils, avait bien mérité de la patrie ; un second consulat ne serait que la juste récompense de ses immenses travaux ; ou bien, si l'on répugnait à lui conférer cette dignité, il fallait du moins ne pas lui donner un successeur ni le priver du bénéfice de la gloire qu'il avait acquise. » Pompée, qui ne voulait pas rompre avec César, eut recours à Cicéron [1] pour ajouter à la loi déjà gravée sur une table d'airain, ce qui en constituait alors la promulgation, que la défense ne s'appliquait pas à ceux qui auraient obtenu l'autorisation de produire leur candidature malgré leur absence. Tous les tribuns, qui avaient d'abord réclamé, acceptèrent cette rétractation, sur la proposition de Cœlius [2].

Néanmoins les amis de César allèrent en grand nombre lui démontrer que les lois de Pompée avaient été toutes proposées contre son intérêt et qu'il était essentiel qu'il se mît en garde contre lui. César, fier de son bon droit et fort des services qu'il avait rendus, ne doutant ni de son gendre ni de la destinée, les rassura, et loua fort la conduite de Pompée [3].

---

[1] « Me prononcerai-je contre César ? Mais que devient alors cette foi jurée, quand, pour ce même privilége qu'il réclame, j'ai, moi, sur sa prière à Ravenne, été solliciter Cœlius, tribun du peuple ? Que dis-je, sur sa prière ! *à la prière de Pompée lui-même*, alors investi de son troisième consulat, d'éternelle mémoire. » (Cicéron, *Lettres à Atticus*, VII, I.)

[2] « C'est lui, Pompée, qui a voulu absolument que les dix tribuns proposassent le décret qui permettait à César de demander le consulat sans venir à Rome. » (Cicéron, *Lettres à Atticus*, VIII, III. — Dion-Cassius, XL, LVI. — Suétone, *César*, XXVIII.)

[3] Appien, *Guerres civiles*, II, XXV.

Pompée s'associe Cæcilius Metellus Pius Scipion.

V. Vers le 1ᵉʳ août, Pompée associa son beau-père Scipion à son consulat, pour les cinq derniers mois. Ce partage de pouvoir, purement nominal, et qui fut depuis imité par les empereurs, sembla satisfaire les hommes uniquement préoccupés des formes. Les sénateurs se vantaient d'avoir rétabli l'ordre sans nuire aux institutions de la République [1].

Scipion voulut signaler sa courte administration en abolissant la loi de Clodius qui ne permettait aux censeurs d'expulser du sénat que les hommes déjà frappés d'une condamnation. Il remit les choses sur l'ancien pied, en rendant le pouvoir des censeurs à peu près illimité. Ce changement ne fut point accueilli avec faveur, comme Scipion s'y était attendu. Les vieux consulaires, parmi lesquels on choisissait ordinairement les censeurs, trouvaient compromettante la responsabilité de pareilles fonctions dans un temps de trouble et d'anarchie. Au lieu d'être sollicitée comme un honneur, la censure fut évitée comme un poste périlleux [2].

Il était chaque jour plus évident, aux yeux de tous les hommes sensés, que les institutions de la République devenaient de plus en plus impuissantes à garantir l'ordre au dedans, peut-être même la paix au dehors. Le sénat ne pouvait plus s'assembler, les comices se tenir, les juges rendre un arrêt, que sous la protection d'une force militaire; il fallait donc se mettre à la discrétion d'un général, et abdiquer toute autorité entre ses mains. Aussi, tandis que l'instinct populaire, qui se trompe rarement, voyait le salut de la République dans le pouvoir d'un seul, le parti aristocratique, au contraire, ne voyait de danger que dans cet entraînement général vers un homme. C'est pourquoi Caton

---

[1] Plutarque, *Pompée*, LV. — Valère Maxime, IX, v. — Appien, *Guerres civiles*, II, XXIII, XXIV.

[2] Dion-Cassius, XL, LVII.

se fit inscrire parmi les candidats au consulat pour l'année 703, signalant Pompée et César comme également dangereux, et déclarant n'aspirer à la première magistrature que pour réprimer leurs desseins ambitieux. Cette compétition, opposée à l'esprit de l'époque et aux instincts puissants qui étaient en jeu, n'avait pas de chance de réussite : la candidature de Caton fut écartée sans peine.

Insurrection de la Gaule et campagne de 702.

VI. Non-seulement le meurtre de Clodius avait profondément agité l'Italie, mais le contre-coup s'en était fait sentir au delà des Alpes, et les troubles de Rome avaient ranimé dans la Gaule le désir de secouer le joug des Romains. Les dissensions intestines, en faisant croire à l'affaiblissement de l'État, réveillent sans cesse les espérances des ennemis extérieurs, et, chose plus triste à constater, ces ennemis extérieurs trouvent toujours des complices parmi les traîtres prêts à livrer leur patrie [1].

La campagne de 702 est sans contredit la plus intéressante, sous le double point de vue politique et militaire. A l'historien, elle offre la scène émouvante de peuplades, jusqu'alors divisées, s'unissant dans une même pensée nationale et s'armant afin de reconquérir leur indépendance. Au philosophe, elle présente, comme résultat consolant pour les progrès de l'humanité, le triomphe de la civilisation contre les efforts les mieux combinés et les plus héroïques de la barbarie. Enfin, aux yeux du soldat, c'est le magnifique exemple de ce que peuvent l'énergie et la science de la guerre chez un petit nombre en lutte avec des masses sans organisation et sans discipline.

[1] «... Il (Vercingetorix) pensait à faire prendre subitement les armes à toute la Gaule pendant qu'à Rome on préparait un soulèvement contre César. Si le chef des Gaulois eût différé son entreprise jusqu'à ce que César eût eu sur les bras la guerre civile, il n'eût pas causé à l'Italie entière moins de terreur qu'autrefois les Cimbres et les Teutons. » (Plutarque, *César*, xxviii.)

Les événements survenus à Rome donnaient à penser aux Gaulois que César serait retenu en Italie; une formidable insurrection s'organise alors parmi eux. Tous les différents peuples se concertent et se coalisent. Les provinces occupées militairement par les légions, ou intimidées par leur voisinage, restent seules étrangères à l'agitation générale. L'Orléanais, le premier, donne le signal : les citoyens romains sont égorgés à Gien; le Berry et l'Auvergne se joignent à la ligue, et bientôt, depuis la Seine jusqu'à la Gironde, depuis les Cévennes jusqu'à l'Océan, tout le pays est en armes. Comme un chef ne manque jamais de se révéler lorsque éclate un grand mouvement national, Vercingetorix apparaît, se met à la tête d'une guerre d'indépendance, et, pour la première fois, proclame cette vérité, empreinte de grandeur et de patriotisme : *Si la Gaule sait être unie et devenir une nation, elle peut défier l'univers.* Tous répondent à son appel.

Les peuples divisés naguère par les rivalités, les coutumes, la tradition, oublient leurs griefs réciproques et se réunissent à lui. L'oppression étrangère forme les nationalités bien plus que la communauté d'idées et d'intérêts. Vercingetorix avait-il autrefois, comme tant d'autres, courbé le front sous la domination romaine? Dion-Cassius est le seul historien qui le dise. Quoi qu'il en soit, il se montre, dès l'année 702, le ferme et intrépide adversaire des envahisseurs. Son plan est aussi hardi que bien combiné : créer au cœur de la Gaule un grand centre d'insurrection protégé par les montagnes des Cévennes et de l'Auvergne; de cette forteresse naturelle jeter ses lieutenants sur la Narbonnaise, d'où César ne pourra plus tirer ni secours ni ravitaillement; empêcher même le retour du général romain à son armée; attaquer séparément les légions privées de leur chef, insurger le centre de la Gaule et détruire l'oppidum des Boïens, de ce petit peuple, débris de la défaite des Helvètes, placé par César au confluent de l'Allier et de la Loire comme une sentinelle avancée.

Informé de ces événements, César quitte l'Italie en toute hâte, suivi d'un petit nombre de troupes levées dans la Cisalpine. En descendant des Alpes, il se trouve presque seul en présence d'alliés chancelants et de la plus grande partie de la Gaule insurgée, tandis que ses légions sont dispersées au loin sur la Moselle, la Marne et l'Yonne. Tant de périls excitent son ardeur au lieu de l'abattre, et sa résolution est bientôt prise.

Il va attirer ses ennemis, par des diversions heureuses et multipliées, sur les points où il ne veut pas frapper de coups décisifs; et en envoyant son infanterie dans le Vivarais, sa cavalerie à Vienne, en se rendant lui-même à Narbonne, il divise l'attention de ses adversaires pour cacher ses projets.

Sa présence dans la Province romaine vaut une armée. Il encourage les hommes restés fidèles, intimide les autres, double, avec les ressources locales, toutes les garnisons des villes de la Province jusqu'à Toulouse, et, après avoir ainsi élevé au midi une barrière contre tout envahissement, il retourne sur ses pas et arrive au pied des Cévennes, dans le Vivarais, où il retrouve les troupes envoyées d'avance. Il franchit alors les montagnes couvertes de neige, pénètre en Auvergne, et oblige Vercingetorix à abandonner le Berry pour venir défendre son propre pays menacé. Satisfait de ce résultat, il part à l'improviste, et, presque seul, il accourt à Vienne. Il prend l'escorte de cavalerie qui l'avait précédé, atteint le pays de Langres et se rend ensuite à Sens, où il réunit ses dix légions.

Ainsi, en peu de temps, il a mis la Province romaine à l'abri de toute attaque, forcé Vercingetorix de voler à la défense de l'Auvergne, rejoint et concentré son armée.

Quoique la rigueur de la saison ajoute à la difficulté des

marches et des approvisionnements (c'était au mois de mars), il se décide à commencer immédiatement la campagne. Vercingetorix est venu mettre le siége devant Gorgobina, oppidum des Boïens. Ces 20,000 Germains, vaincus de la veille, gardent la reconnaissance sincère d'un peuple primitif envers celui qui leur a donné des terres au lieu de les vendre comme esclaves : ils demeurent fidèles aux Romains et affrontent les colères de Vercingetorix et les attaques de la Gaule soulevée. César, ne voulant pas qu'un peuple qui donne l'exemple de la fidélité devienne victime de son dévouement, se porte à son secours. Il pouvait aller directement à Gorgobina et traverser la Loire à Nevers; mais alors Vercingetorix, informé de son approche, aurait eu le temps de venir lui disputer le passage. Le tenter de vive force était une opération dangereuse. Il laisse à Sens deux légions et ses bagages, part à la tête des huit autres, et se hâte, par la voie la plus courte, de traverser la Loire à Gien. Il remonte la rive gauche du fleuve; cependant Vercingetorix ne l'attend pas et lève le siége de Gorgobina. Il se porte au-devant de César, qui le bat à Sancerre dans une rencontre de cavalerie, et marche ensuite sur Bourges, sans s'inquiéter d'un ennemi incapable de l'arrêter en rase campagne. La prise de cette ville importante doit le rendre maître de toute la contrée. Le général gaulois se borne à le suivre à petites journées, incendiant tout le pays d'alentour, afin d'affamer l'armée romaine.

Le siége de Bourges est un des plus réguliers et des plus intéressants de la guerre des Gaules. César ouvre la tranchée, c'est-à-dire qu'il établit des galeries couvertes qui lui permettent d'approcher de la place, de combler le fossé et de construire une terrasse, véritable batterie de brèche surmontée de chaque côté par une tour. Quand, à l'aide de ses machines de jet, il a éclairci les rangs des défenseurs, il réunit ses légions à l'abri derrière des parallèles composées de galeries couvertes, et, au moyen de la terrasse qui atteint la hauteur du mur, il donne l'assaut et emporte la place.

Après la prise de Bourges, il se rend à Nevers, où il installe ses dépôts, puis à Decize, pour apaiser les contestations nées, parmi les Bourguignons, de la compétition de deux prétendants au pouvoir. Il divise alors son armée, envoie Labienus, avec deux légions, contre les Parisiens et leurs alliés, lui ordonne de prendre les deux légions laissées à Sens, et lui-même, avec les six autres, se dirige vers l'Auvergne, foyer principal de l'insurrection. Par un stratagème, il traverse l'Allier à Varennes sans coup férir, et oblige Vercingetorix à se retirer dans Gergovia avec toutes ses forces.

Placés sur des hauteurs presque inaccessibles, ces vastes oppidums gaulois, qui renfermaient une grande partie de la population d'une province, ne pouvaient être réduits que par la famine. César en était persuadé, il voulait se borner à bloquer Gergovia; mais un jour l'occasion lui semble favorable, et il hasarde un assaut. Repoussé avec perte, il ne songe plus qu'à la retraite, lorsque déjà l'insurrection l'enveloppe de toute part. Les Bourguignons eux-mêmes, qui doivent tout à César, ont suivi l'impulsion générale : par leur défection, les communications de l'armée romaine se trouvent interceptées et ses derrières menacés. Nevers est incendié, les ponts sur la Loire sont détruits; les Gaulois, dans leur présomptueux espoir, voient déjà César humilié et forcé de passer avec ses soldats sous de nouvelles Fourches caudines; mais de vieilles troupes aguerries, commandées par un grand capitaine, ne reculent pas après un premier revers, et ces six légions, renfermées dans leur camp, isolées au milieu d'un pays insurgé, séparées de tout secours par des fleuves et des montagnes, immobiles cependant et inébranlables en face d'un ennemi victorieux qui n'ose pas poursuivre sa victoire, ressemblent à ces rochers battus par les vagues de l'Océan qui défient les tempêtes, et dont l'approche est si périlleuse que nul n'ose les braver.

En cette extrémité, César n'a pas perdu l'espoir. Loin de lui la pensée de franchir de nouveau les Cévennes et de rentrer dans la Narbonnaise! Cette retraite ressemblerait trop à une fuite. Il craint d'ailleurs pour les quatre légions confiées à Labienus, dont il n'a pas de nouvelles depuis qu'elles sont allées combattre les Parisiens; il a hâte de les rejoindre à travers tous les hasards; il marche donc dans la direction de Sens, traverse la Loire à gué, près de Bourbon-Lancy, et, arrivé vers Joigny, il rallie Labienus, qui, après avoir défait l'armée de Camulogène sous les murs de Paris, était retourné à Sens et s'était porté à sa rencontre.

Quelle joie ne dut pas éprouver César en retrouvant sur les bords de l'Yonne son lieutenant, alors encore fidèle! car cette jonction doublait ses forces et rétablissait en sa faveur les chances de la lutte. Pendant qu'il refaisait son armée, appelait à lui un renfort de cavaliers germains et se préparait à se rapprocher de la Province romaine, Vercingetorix n'avait pas perdu un instant pour ameuter toute la Gaule contre les Romains. Les habitants de la Savoie, comme ceux du Vivarais, sont excités à la révolte; tout s'agite depuis les côtes de l'Océan jusqu'au Rhône. Il communique à tous les cœurs le feu sacré qui l'enflamme, et du mont Beuvray, comme centre, son action rayonne jusqu'aux extrémités de la Gaule.

Mais il n'est donné ni à l'homme le plus éminent de créer en un jour une armée, ni à l'insurrection populaire la plus générale de former tout à coup une nation. L'étranger n'a pas encore quitté le territoire de la patrie, que déjà les chefs se jalousent, et qu'entre les différents États éclatent les rivalités. Les Bourguignons obéissent à regret aux Auvergnats; le peuple du Beauvaisis refuse son contingent, alléguant qu'il ne veut faire la guerre qu'à son heure et à sa guise. Les habitants de la Savoie, au lieu de répondre à l'appel fait à leur ancienne indépendance, repoussent énergiquement les attaques des Gaulois, et le Vivarais ne montre pas moins de dévouement pour la cause romaine.

Quant à l'armée gauloise, sa force consistait surtout en cavalerie; les hommes de pied, malgré les efforts de Vercingetorix, ne composaient qu'une masse indisciplinée; car l'organisation militaire reflète toujours l'état de la société, et là où il n'y a pas de peuple, il n'y a pas d'infanterie. En Gaule, comme le dit César, deux classes seules dominaient, les prêtres et les nobles[1]. Rien d'étonnant que, alors comme au moyen âge, la noblesse à cheval fût le véritable nerf des armées. Aussi les Gaulois ne hasardaient-ils jamais de résister aux Romains en rase campagne, ou plutôt tout se bornait à un combat de cavalerie, et, lorsque la leur avait eu le dessous, l'armée se retirait sans que l'infanterie en vînt aux mains. C'est ce qui était arrivé devant Sancerre : la défaite de sa cavalerie avait forcé Vercingetorix à battre en retraite; il avait laissé César continuer tranquillement son chemin vers Bourges, et prendre cette ville, sans jamais oser l'attaquer, ni pendant la marche ni pendant le siége.

Il en sera de même à la bataille de la Vingeanne. César se dirigeait de Joigny vers la Franche-Comté, à travers le pays de Langres. Son but était d'atteindre Besançon, place d'armes importante, d'où il pouvait à la fois reprendre l'offensive et protéger la Province romaine; mais, arrivée à l'extrémité orientale du territoire de Langres, dans la vallée de la Vingeanne, à environ 65 kilomètres d'Alesia, son armée, en marche, est arrêtée par celle de Vercingetorix, dont la nombreuse cavalerie a juré de passer trois fois à travers les lignes romaines; cette cavalerie est repoussée

---

[1] « Dans toute la Gaule il n'y a que deux classes d'hommes qui comptent et qui soient considérées (les druides et les chevaliers), car le peuple n'a guère que le rang des esclaves. » (*Guerre des Gaules*, VI, XIII.)

par celle des Germains à la solde de César, et Vercingetorix se réfugie en toute hâte à Alesia, sans que son infanterie ait opposé la moindre résistance.

La croyance des Gaulois est que la Gaule ne peut être défendue que dans les forteresses, et l'exemple de Gergovia les anime d'un généreux espoir; mais César ne tentera plus d'imprudents assauts. 80,000 hommes d'infanterie s'enferment dans les murs d'Alesia, et la cavalerie est envoyée dans la Gaule entière pour appeler aux armes, et amener au secours de la ville investie les contingents de tous les États. Environ quarante ou cinquante jours après le blocus de la place, 250,000 hommes, dont 8,000 de cavalerie, apparaissent sur les coteaux qui limitent à l'ouest la plaine des Laumes. Les assiégés tressaillent d'allégresse. Comment les Romains pourront-ils soutenir la double attaque du dedans et du dehors? César a obvié à tous les périls par l'art de la fortification qu'il a perfectionné. Une ligne de contrevallation contre la place, une autre de circonvallation contre l'armée de secours, sont rendues presque imprenables au moyen d'ouvrages adaptés au terrain, et où la science a accumulé tous les obstacles en usage dans la guerre de siége. Ces deux lignes concentriques sont très-rapprochées l'une de l'autre, afin de faciliter la défense. Les troupes ne sont pas disséminées sur le pourtour si étendu des retranchements, mais réparties dans vingt-trois redoutes et huit camps, d'où elles peuvent se porter, suivant les circonstances, aux endroits menacés. Les redoutes sont des postes avancés. Les camps d'infanterie, placés sur les hauteurs, forment autant de réserves. Les camps de cavalerie sont établis au bord des ruisseaux.

Dans la plaine surtout, où les attaques peuvent être plus dangereuses, on a ajouté aux fossés, aux remparts et aux tours ordinaires, des abatis, des trous de loup, des espèces de chausse-trapes, moyens employés encore dans la fortification moderne. Grâce à tant de travaux, mais grâce aussi à l'insuffisance des armes de jet de l'époque, nous voyons une armée assiégeante, égale en nombre à l'armée assiégée, trois fois moins forte que l'armée de secours, résister à trois attaques simultanées et finir par vaincre tant d'ennemis assemblés contre elle. Chose remarquable! César, au jour suprême de la lutte, renfermé dans ses lignes, est devenu pour ainsi dire l'assiégé, et, comme tous les assiégés victorieux, c'est par une sortie qu'il triomphe. Les Gaulois ont presque forcé les retranchements sur un point; mais Labienus, par ordre de César, débouche hors de ses lignes, attaque l'ennemi à l'épée et le met en fuite : la cavalerie achève la victoire.

Ce siége, si mémorable sous le point de vue militaire, l'est bien plus encore sous le point de vue historique. Auprès du coteau, si aride aujourd'hui, du mont Auxois, se sont décidées les destinées du monde. Dans ces plaines fertiles, sur ces collines maintenant silencieuses, près de 400,000 hommes se sont entre-choqués, les uns par esprit de conquête, les autres par esprit d'indépendance; mais aucun d'eux n'avait la conscience de l'œuvre que le destin lui faisait accomplir. La cause de la civilisation tout entière était en jeu.

La défaite de César eût arrêté pour longtemps la marche de la domination romaine, de cette domination qui, à travers des flots de sang, il est vrai, conduisait les peuples à un meilleur avenir. Les Gaulois, ivres de leur succès, auraient appelé à leur aide tous ces peuples nomades qui cherchaient le soleil pour se créer une patrie, et tous ensemble se seraient précipités sur l'Italie; ce foyer des lumières, destiné à éclairer les peuples, aurait alors été détruit avant d'avoir pu développer sa force d'expansion. Rome, de son côté, eût perdu le seul chef capable d'arrêter sa décadence, de reconstituer la République, et de lui léguer, en mourant, trois siècles d'existence.

Aussi, tout en honorant la mémoire de Vercingetorix, il ne nous est pas permis de déplorer sa défaite. Admirons l'ardent et sincère amour de ce chef gaulois pour l'indépendance de son pays, mais n'oublions pas que c'est au triomphe des armées romaines qu'est due notre civilisation ; institutions, mœurs, langage, tout nous vient de la conquête. Aussi sommes-nous bien plus les fils des vainqueurs que ceux des vaincus, car, pendant de longues années, les premiers ont été nos maîtres pour tout ce qui élève l'âme et embellit la vie, et, lorsque enfin l'invasion des barbares vint renverser l'ancien édifice romain, elle ne put pas en détruire les bases. Ces hordes sauvages ne firent que ravager le territoire, sans pouvoir anéantir les principes de droit, de justice, de liberté, qui, profondément enracinés, survécurent par leur propre vitalité, comme ces moissons qui, courbées momentanément sous les pas des soldats, se relèvent bientôt d'elles-mêmes et reprennent une nouvelle vie. Sur ce terrain ainsi préparé par la civilisation romaine, l'idée chrétienne put facilement s'implanter et régénérer le monde.

La victoire remportée à Alesia fut donc un de ces événements suprêmes qui décident de la destinée des peuples.

C'est vers la fin de ce troisième consulat de Pompée que durent arriver à Rome les licteurs portant, suivant la coutume, avec les faisceaux couronnés de lauriers, les lettres annonçant la reddition d'Alise. L'aristocratie dégénérée, qui mettait ses rancunes au-dessus des intérêts de la patrie, eût mieux aimé sans doute recevoir la nouvelle de la perte des armées romaines que de voir César grandir encore par de nouveaux succès ; mais l'opinion publique força le sénat de célébrer les victoires remportées au mont Auxois ; il ordonna des sacrifices pendant vingt jours ; bien plus, le peuple, pour témoigner son allégresse, en tripla la durée [1].

---

[1] Dion-Cassius, XL, L.

CHAPITRE HUITIÈME.

ÉVÉNEMENTS DE L'AN 703.

<small>Nouveaux troubles dans la Gaule et campagne sur l'Aisne.</small>

I. La prise d'Alesia et la défaite de l'armée de secours, composée de tous les contingents de la Gaule, devaient faire espérer la fin de la guerre; mais les flots populaires, semblables à ceux de l'Océan, une fois agités, ont besoin de temps pour se calmer. En 703, des troubles se manifestèrent sur plusieurs points à la fois. César, qui hivernait à Bibracte, fut contraint de se rendre avec deux légions dans le Berry, et, quelque temps après, dans l'Orléanais, pour y rétablir l'ordre; puis il marcha contre les Beauvaisins, dont la résistance paraissait devoir être d'autant plus formidable qu'ils n'avaient pris qu'une faible part au siége d'Alesia. Après avoir réuni quatre légions, il établit son camp au mont Saint-Pierre, dans la forêt de Compiègne, en face des Gaulois postés sur le mont Saint-Marc. Au bout de quelques semaines, ne pouvant pas les décider à quitter leur position et ne trouvant pas ses forces suffisantes pour entourer de tous les côtés la montagne où ils se tenaient, il fit venir trois autres légions, et menaça alors d'investir le camp, comme cela était arrivé à Alesia. Les Gaulois évacuèrent leur position et se retirèrent sur le mont Ganelon; de là, ils envoyèrent des troupes qui s'embusquèrent dans la forêt pour tomber sur les Romains allant au fourrage. Il en résulta un combat dans la plaine de Choisy-au-Bac, où les Gaulois furent défaits, ce qui amena la soumission de toute la contrée. Après cette expédition, César porta son attention sur le pays situé entre Rhin et Meuse, et dont les populations, malgré la dure leçon de 701, relevaient encore l'étendard de la révolte sous Ambiorix. Toute la contrée fut mise à feu et à sang; mais on ne put se saisir de la personne de cet ennemi implacable du nom romain.

Les débris des anciennes bandes gauloises s'étaient réunis sur la rive gauche de la Loire, refuge constant des derniers défenseurs de la patrie; ils montraient encore une énergie capable d'inquiéter les vainqueurs. Ils se joignirent à Dumnacus, chef des Angevins, qui assiégeait, dans Poitiers, Duratius, chef gaulois fidèle aux Romains. Les lieutenants de César, Caninius Rebilus et C. Fabius, obligèrent Dumnacus à lever le siége et défirent son armée.

Pendant ce temps, Drappès de Sens et Lucterius de Cahors, échappés de la dernière bataille, tentèrent d'envahir la Province romaine; mais, poursuivis par Rebilus, ils se jetèrent dans la place d'Uxellodunum (*le Puy d'Issolu*), où devait s'éteindre le dernier foyer de l'insurrection. Après un combat heureux pour les Romains au dehors de la place, Drappès tomba en leur pouvoir; Rebilus et Fabius continuèrent le siége. Mais le courage des assiégés rendait inutiles les efforts des assiégeants. C'est alors que César arriva sur les lieux. Voyant que la place, énergiquement défendue et abondamment approvisionnée, ne pouvait être réduite ni par la force, ni par la famine, il conçut la pensée de priver d'eau les assiégés. A cet effet, une galerie de mine fut conduite jusqu'aux veines de la source qui, seule, fournissait à leurs besoins. Elle tarit instantanément. Les Gaulois, prenant ce fait pour un prodige, crurent y reconnaître la volonté des dieux et se rendirent. César infligea aux héroïques défenseurs d'Uxellodunum un atroce châtiment : il leur fit couper les mains; cruauté impardonnable, quand même elle eût paru nécessaire!

Ces événements accomplis, il visita, pour la première fois, l'Aquitaine avec deux légions, et vit son autorité partout acceptée. Il se rendit ensuite à Narbonne, et de là à Arras, où il établit son quartier général pendant l'hiver. Labienus, de son côté, avait obtenu la soumission complète du pays de Trèves.

Politique de César dans les Gaules et à Rome.

II. Après huit années de luttes sanglantes la Gaule était soumise, et désormais, loin d'y rencontrer des ennemis, César ne devait plus y trouver que des auxiliaires.

La politique avait contribué autant que les armes à ce résultat. Au lieu de chercher à réduire la Gaule en province romaine, le grand capitaine s'était appliqué à fonder sur de puissantes alliances la suprématie de la République, assujettissant les pays conquis aux États dont il était sûr, et laissant à chaque peuple ses chefs, ses institutions, et à la Gaule entière ses assemblées générales.

On a pu remarquer avec quel soin il ménage, dans toutes ses guerres, les peuples qui lui offrent leur concours, et avec quelle généreuse habileté il les traite. Ainsi, dès la première campagne, il relève les Bourguignons de l'état d'infériorité où les tenaient les Francs-Comtois, les rétablit en possession de leurs otages et des droits de patronage sur les États clients [1]; cédant à leur prière, dans la seconde campagne, il pardonne aux Beauvaisins [2]; dans la sixième, aux habitants de Sens [3]. En 702 les troupes auxiliaires fournies par les Bourguignons s'insurgent, il n'en tire aucune vengeance; la même année, ceux-ci massacrent des négociants romains, ils s'attendent à de terribles représailles et envoient implorer grâce : César répond aux députés qu'il est loin de vouloir rejeter sur le pays tout entier la faute de quelques-uns; enfin, quand, entraînés par le sentiment national, leurs contingents ont pris part à l'insurrection générale, et

---

[1] *Guerre des Gaules*, VI, xii.
[2] *Guerre des Gaules*, II, xv.
[3] *Guerre des Gaules*, VI, iv.

qu'ils sont défaits devant Alise, au lieu de les réduire en captivité, César leur donne la liberté. Il emploie les mêmes procédés envers les peuples de Reims, dont il augmente l'influence en accueillant leurs demandes en faveur, tantôt des Soissonnais [1], tantôt des habitants de l'Orléanais [2]. Il restitue également aux habitants de l'Auvergne leur contingent, vaincu à Alise; au peuple de l'Artois, il fait remise de tout tribut, lui rend ses lois et lui assujettit le territoire du Boulonnais [3]. Dans chacune de ses campagnes, il suit une politique aussi bienveillante envers ses alliés.

Les chefs que César prépose au gouvernement des différents États ne sont pas choisis arbitrairement; il les prend dans les anciennes familles qui ont régné sur le pays; souvent même il ne fait que confirmer le résultat d'une libre élection. Il maintient Ambiorix à la tête des Liégeois, lui renvoie son fils et son neveu, prisonniers des Namurois, et le dispense du tribut qu'il payait à ce peuple [4]. Il donne pour chef aux Orléanais Tasgetius, et aux habitants de Sens Cavarinus, tous deux issus de familles souveraines [5]. Il nomme roi de l'Artois Commius [6], qui, cependant, de même qu'Ambiorix, se révolta plus tard contre lui. En présence des principaux personnages du pays des Trévires il décide entre des ambitions rivales, et se prononce pour Cingetorix [7], qu'il appelle au pouvoir. Il reconnaît enfin Convictolitavis comme chef des Bourguignons [8]. On pardonne à César quelques actes de cruelle vengeance, lorsqu'on songe combien son époque était encore étrangère aux

[1] *Guerre des Gaules*, II, xii.
[2] *Guerre des Gaules*, VI, iv.
[3] *Guerre des Gaules*, VII, lxxvi.
[4] *Guerre des Gaules*, V, xxvii.
[5] *Guerre des Gaules*, V, xxv, liv.
[6] *Guerre des Gaules*, IV, xxi.
[7] *Guerre des Gaules*, V, iv.
[8] *Guerre des Gaules*, VII, xxxiii.

sentiments d'humanité, et combien un général victorieux devait être blessé de voir sans cesse se soulever contre son autorité ceux dont il avait reçu le serment de fidélité et qu'il avait comblés d'honneurs.

Presque tous les ans, il convoque l'assemblée de la Gaule [1], soit à Lutèce, soit à Reims, soit à Bibracte, et il n'impose aux peuples les droits du vainqueur qu'après les avoir appelés à discuter devant lui leurs intérêts; il les préside bien plus en protecteur qu'en conquérant. Enfin, lorsque les derniers restes de l'insurrection ont été anéantis à Uxellodunum (*Puy d'Issolu*), il va passer l'hiver dans la Belgique; là il s'efforce de rendre aux vaincus l'obéissance plus facile, apporte dans l'exercice du pouvoir plus de douceur et de justice, et introduit chez ces races, encore sauvages, les bienfaits de la civilisation. Telle fut l'efficacité de ces mesures, que, lorsque, abandonnant définitivement la Gaule, il fut obligé d'en retirer ses légions, le pays, si agité naguère, demeura calme et tranquille; la transformation fut complète, et, au lieu d'ennemis, il laissa de l'autre côté des Alpes un peuple toujours prêt à lui fournir de nombreux soldats pour ses nouvelles guerres [2].

A voir un homme éminent se dévouer, pendant neuf années, avec tant de persévérance et d'habileté, à la grandeur de sa patrie, on se demande comment pouvaient s'élever contre lui, dans Rome, tant d'animosités et de rancunes. Mais on s'explique ces colères par les regrets et le dépit, bien excusables d'ailleurs, que ressentent les castes

---

[1] « Dès le printemps il convoqua, selon l'usage, l'assemblée de la Gaule. » (*Guerre des Gaules*, VI, III.)

[2] Cicéron paraît craindre pour sa femme et sa fille en pensant que l'armée de César était remplie de barbares. (Cicéron, *Lettres à Atticus*, VII, XIII, an 705.) Il écrivait à Atticus que, suivant Matius, les Gaulois offraient à César 10,000 hommes d'infanterie et 6,000 de cavalerie, qu'ils entretiendraient à leurs dépens pendant dix années. (Cicéron, *Lettres à Atticus*, IX, XII, 2.)

privilégiées lorsqu'un système qui a fait durant plusieurs siècles leur puissance et la gloire du pays, vient à s'écrouler sous l'action irrésistible des idées nouvelles ; la haine s'attachait à César comme au promoteur le plus dangereux de ces idées. On accusait, il est vrai, son ambition; au fond c'est à ses convictions hautement déclarées qu'on en voulait depuis longtemps.

César commença sa carrière politique par une épreuve toujours honorable, la persécution supportée pour une grande cause. Le parti populaire s'appuyait alors sur les souvenirs de Marius ; César n'hésita pas à les faire revivre avec éclat. De là le prestige qui l'entoura dès son jeune âge, et qui ne cessa de grandir avec lui. La constance de ses principes lui valut tous les honneurs et toutes les dignités qui lui furent conférés; nommé successivement tribun militaire, questeur, grand pontife, curateur de la voie Appienne, édile, préteur urbain, propréteur en Espagne, enfin consul, il put compter ces différents témoignages de la faveur publique comme autant de victoires remportées sous le même drapeau contre les mêmes ennemis. Tel était le motif des passions violentes de l'aristocratie : elle rendait un seul homme responsable de la décadence d'un ordre de choses qui s'abîmait dans la corruption et dans l'anarchie.

Lorsque, pendant son édilité, César fait replacer au Capitole les trophées de Marius, symboles glorieux de la guerre contre les Cimbres et les Teutons, le parti opposé s'écrie déjà qu'il veut renverser la République; lorsqu'il revient d'Espagne, après avoir conduit ses légions victorieuses jusqu'en Portugal, son passage à travers les colonies transpadanes inspire tant de craintes au sénat qu'on retient en Italie deux légions destinées à l'Asie ; lorsqu'il croit pouvoir demander à la fois le triomphe et le consulat, double faveur accordée à beaucoup d'autres, on l'oblige de renoncer au triomphe. Consul, il rencontre, pendant la durée de sa magistrature, l'opposition la plus vive et la plus haineuse. A peine ses fonctions sont-elles expirées qu'on tente contre lui une accusation à laquelle il n'échappe que par le privilége attaché à l'*imperium*. Dans son entrevue, non loin du Rhin, avec Arioviste, il apprend que les grands de Rome ont promis leur amitié à ce roi germain si, par la mort, il les délivre de leur ennemi. Ses victoires, qui transportent d'enthousiasme le peuple, trouvent dans l'aristocratie romaine des envieux et des détracteurs. On cherche à rabaisser ses expéditions au delà de la mer comme au delà du Rhin. En 701, la nouvelle parvient à Rome de la défaite des peuplades germaines qui de nouveau menaçaient la Gaule d'invasion : Caton, sous prétexte que César n'a pas observé la trêve, demande qu'on livre aux barbares le chef glorieux des légions de la République.

Pendant la dernière campagne contre les Beauvaisins, ses adversaires se réjouissent des faux bruits répandus sur ses opérations militaires; ils racontent tout bas, sans cacher leur contentement, qu'il est entouré par les Gaulois, qu'il a perdu sa cavalerie et que la 7ᵉ légion a été presque anéantie[1]. Dans le sénat, Clodius, Rutilius Lupus, Cicéron, Ahenobarbus et les deux Marcellus proposent tour à tour, soit de révoquer les actes de son consulat, soit de le remplacer comme gouverneur des Gaules, soit enfin de réduire son commandement. Les partis politiques ne désarment jamais, pas même devant la gloire nationale.

S. Sulpicius Rufus et M. Claudius Marcellus, consuls.

III. Les deux factions qui divisaient la République avaient chacune, en 703, leur adhérent dans le consulat. Servius Sulpicius Rufus, jurisconsulte en renom, passait pour être attaché à César; M. Claudius Marcellus était son ennemi

---

[1] « Tout cela, écrit Cœlius à Cicéron, ne se dit pas en public, mais en secret, dans le petit cercle que vous connaissez bien, *sed inter paucos quos tu nosti palam secreto narrantur.* » (Cœlius à Cicéron, *Lettres familières*, VIII, I.)

déclaré. Ce dernier, orateur distingué, imitateur de Cicéron, annonça, dès qu'il entra en fonction, le dessein de donner un successeur à César avant que le temps légal de son commandement fût expiré; mais ce projet, contrarié par son collègue et par les vives oppositions des tribuns, fut successivement ajourné. « Pourquoi, disait-on, vouloir déposer un magistrat qui n'a point commis de faute [1] ? » L'attention du sénat fut d'ailleurs appelée d'un autre côté par de graves événements.

On se rappelle que C. Cassius Longinus, questeur de Crassus, avait rallié les débris de l'armée romaine; il était même parvenu à repousser vigoureusement une invasion des Parthes dans la province de Syrie. On lui reprochait, cependant, beaucoup de rapacité dans son administration : on prétendait que, pour justifier ses rapines, il avait attiré des bandes d'Arabes, et les avait ensuite chassées, se vantant d'avoir battu les Parthes [2]. La Syrie était une province importante qu'on ne pouvait laisser entre les mains d'un simple questeur; M. Calpurnius Bibulus, l'ancien collègue de César au consulat, fut envoyé pour y exercer le commandement [3]. En même temps Cicéron, obéissant à la nouvelle loi sur les provinces consulaires, partit, à son grand regret, pour la Cilicie. En passant par Tarente, il alla visiter Pompée, qui, après son consulat, s'était absenté de Rome afin d'être dispensé de prendre un parti. Cicéron, avec son défaut ordinaire de perspicacité, sortit enchanté de son entrevue, déclara dans ses lettres que Pompée était un excellent citoyen, dont la prévoyance, le courage et la sagesse étaient à la hauteur de tous les événements, et qu'il le croyait sincèrement rallié à la cause du sénat [4].

[1] Dion-Cassius, XL, LIX.
[2] Cicéron, *Lettres familières*, VIII, x.
[3] Cicéron, *Lettres à Atticus*, V, xviii.
[4] Cicéron à Cœlius, *Lettres familières*, II, viii.

Si l'on réfléchit au danger qui menaçait alors les provinces d'Orient, on a lieu d'être surpris de ces deux choix. Ni Bibulus, ni Cicéron n'avaient fait preuve de talents militaires ; ce dernier l'avouait même très-franchement [1]. Les Parthes étaient menaçants, et, tandis que Pompée avait envoyé en Espagne quatre vieilles légions, demeurant lui-même en Italie avec deux autres, les frontières orientales n'étaient gardées que par de faibles armées [2], commandées par deux généraux qui n'avaient jamais fait la guerre.

Esprit qui anime les adversaires de César.

IV. Marcellus, après avoir échoué dans son projet d'enlever César à son armée, proposa une mesure qui témoigne du véritable caractère des passions qui agitaient la République. Le père de Pompée avait fondé dans la Cisalpine la colonie de *Novum Comum* et lui avait donné le droit de *Latium*, qui conférait aux magistrats de la ville, après une année de fonctions, les priviléges des citoyens romains [3]. César y avait envoyé cinq mille colons, dont cinq cents Grecs [4], et, pendant son premier consulat, leur avait attribué le droit de cité romaine. Or Marcellus s'évertua à leur faire retirer ce droit ; mais n'ayant pas réussi dans cette tentative et ne voulant à aucun prix reconnaître [5] la loi de César, il condamna aux verges, on ne sait pour quel délit, un habitant de *Novum Comum*. Celui-ci réclama, invoquant le bénéfice accordé à sa cité : ce fut en vain. Marcellus le fit fouetter en lui disant : « Va montrer tes épaules à César ;

---

[1] « Je m'établis quelques jours près d'Issus, sur l'emplacement même du camp d'Alexandre, qui était tant soit peu meilleur général que vous et moi. » (Cicéron, *Lettres à Atticus*, V, xx.) — « Que cette mission va mal à mes habitudes, et qu'on a raison de dire : Chacun son métier ! » (Cicéron, *Lettres à Atticus*, V, x, 18.)

[2] Cicéron avait deux légions, mais fort incomplètes.

[3] Asconius, *In Pisonem*, 3. — Appien, *Guerres civiles*, II, xxvi.

[4] Strabon, V, 177.

[5] Suétone, *César*, xxviii.

« c'est ainsi que je traite les citoyens qu'il fait[1]. » Ce mépris pour les nouveaux droits prouvait bien l'orgueilleux dédain du parti aristocratique, blâmant l'une des choses qui avaient le plus contribué à la grandeur de la République, l'extension successive de la cité romaine aux provinces et aux vaincus eux-mêmes. Confondant dans son aveugle réprobation et le principe d'une politique libérale et celui qui l'avait appliqué, il ne voyait pas que la persécution exercée contre ce citoyen transpadan contribuait encore à grandir César et à légitimer sa popularité.

Voilà pourtant les doctrines et les actes de ces hommes qu'on représente comme les dignes soutiens de la République ! Et Marcellus n'était pas le seul qui, en niant aux Transpadans leurs droits acquis, montrât la perversité de sentiments égoïstes ; les autres principaux personnages de la faction aristocratique ne se recommandaient guère par plus de modération et de désintéressement. « Appius Clau- » dius Pulcher, dit Cicéron, avait traité par le fer et le feu » la province confiée à ses soins, l'avait saignée et épuisée » de toute manière[2] ; » Faustus Sylla, Lentulus, Scipion, Libon et tant d'autres, cherchaient à s'élever par la guerre civile et à refaire leur fortune par le pillage[3] ; Brutus,

---

[1] Appien, *Guerres civiles*, II, xxvi.

[2] Cicéron, *Lettres à Atticus*, VI, i.

[3] En parlant du parti de Pompée, Cicéron s'écrie : « Des hommes qui tous, à l'exception d'un très-petit nombre, ne respiraient que le pillage, des discours à faire frémir, d'autant plus que la victoire pouvait les convertir en réalité, pas un personnage considérable qui ne fût criblé de dettes ; il n'y avait absolument rien de beau, si ce n'est la cause que l'on servait. » (Cicéron, *Lettres familières*, VII, iii.) — « Ils s'accordent tous à dire, et Crassipès avec eux, que là-bas ce ne sont qu'imprécations, que menaces de haine aux riches, de guerre aux municipes (admirez leur prudence !), que proscriptions en masse ; ce ne sont que des Sylla, et il faut voir le ton de Lucceius, et tout ce cortége de Grecs, et ce Théophane ! Voilà pourtant l'espoir de la République ! Un Scipion, un Faustus, un Libon avec leurs assemblées de créanciers sur les bras, de quelles énormités ces gens-là ne sont-ils pas capables ? Quel excès contre leurs

dont la conduite était celle d'un usurier, se servait des troupes de son pays pour pressurer les peuples alliés. Ayant prêté de l'argent aux habitants de Salamine, il entendait se faire rembourser le capital et l'intérêt au taux usuraire de 4 p. 0/0 par mois, ou 48 p. 0/0 par an. Pour recouvrer sa créance, un certain Scaptius, son fondé de pouvoirs, avait obtenu d'Appius une troupe de cavalerie avec laquelle, d'après Cicéron, « il tint assiégé le sénat de Salamine au » point que cinq sénateurs moururent de faim. » Cicéron, devenu gouverneur de la Cilicie, voulut réparer cette injustice. Brutus, irrité, lui écrivit des lettres pleines d'arrogance, dont Cicéron se plaignit à Atticus avec vivacité : « Si Brutus prétend que je devais faire payer Scaptius sur » le pied de 4 p. 0/0 par mois, malgré mes règlements et » mes édits, qui fixaient l'intérêt à 1 p. 0/0, et lorsque les » usuriers les moins traitables se contentent de ce taux-là ; » s'il trouve mauvais que je lui aie refusé une place de préfet » pour un négociant;..... s'il me reproche d'avoir retiré la » cavalerie, je regrette beaucoup de le mécontenter, mais » bien davantage de le trouver si différent de ce que je » l'avais cru [1]. » Il y avait une loi de Gabinius destinée à prévenir ces abus; elle défendait aux villes d'emprunter à Rome pour acquitter leurs impôts. Mais Brutus avait obtenu un sénatus-consulte pour s'affranchir de cette gêne [2], et il employait même des moyens de coercition pour recevoir deux ou trois fois la valeur de ce qu'il avait donné. Telle était la probité d'un homme dont on vantait la vertu. C'est

concitoyens se refuseront de pareils vainqueurs? » (Cicéron, *Lettres à Atticus*, IX, xi.)

[1] Cicéron, *Lettres à Atticus*, VI, 1.

[2] « Les Salaminiens voulaient emprunter de l'argent à Rome pour payer leurs impositions, mais, comme la loi Gabinia le défendait, les amis de Brutus qui offraient de leur en prêter à 4 p. 0/0 par mois demandaient pour leur sûreté un sénatus-consulte, que Brutus leur fit obtenir. » (Cicéron, *Lettres à Atticus*, V, xxi.)

LIVRE IV, CHAPITRE VIII. — ÉVÉNEMENTS DE L'AN 703. 471

ainsi que le parti aristocratique entendait la liberté ; la haine contre César venait surtout de ce qu'il prenait à cœur la cause des opprimés et de ce que pendant son premier consulat, comme le dit Appien, il n'avait rien fait en faveur des grands [1].

Le prestige de ses victoires avait contenu l'opposition ; lorsque approcha le terme de son commandement, toutes les inimitiés se réveillèrent ; elles attendaient que, rentré dans la vie commune, il ne fût plus protégé par les prérogatives attachées à l'*imperium*. « Marcus Caton, dit Suétone, » jurait qu'il dénoncerait César aux magistrats dès qu'il » aurait licencié son armée, et l'on répétait généralement » que, si César revenait en simple particulier, il serait, » comme Milon, obligé de se défendre devant des juges » entourés d'hommes en armes. Asinius Pollion rend cette » version fort vraisemblable ; il rapporte qu'à la bataille de » Pharsale, César, jetant les yeux sur ses adversaires vain- » cus ou fugitifs, s'écria : Ils l'ont voulu ! Après tant de » grandes choses accomplies, moi, Caius César, j'étais con- » damné, si je n'eusse demandé secours à mon armée [2]. » Aussi Cœlius, écrivant à Cicéron, posait-il la question sous son véritable jour en disant : « César se persuade qu'il n'y a » pour lui de salut qu'en gardant son armée [3] ; » et, d'un autre côté, comme nous l'apprend Dion-Cassius, Pompée n'osait pas soumettre le différend au peuple, sachant bien que, si le peuple était pris pour juge, César l'emporterait [4].

La question de droit entre le sénat et César.

V. C'est ici le lieu d'examiner à quelle époque expirait le pouvoir de César et quel fut le prétexte du conflit qui s'éleva entre lui et le sénat.

---

[1] Appien, *Guerres civiles*, II, xxv.
[2] Suétone, *César*, xxx.
[3] Cœlius à Cicéron, *Lettres familières*, VIII, xiv.
[4] Dion-Cassius, XLI, vi.

Depuis longtemps de savants historiens se sont occupés de ce sujet; ils se sont livrés aux recherches les plus approfondies, aux plus ingénieuses suppositions, sans arriver cependant à un résultat complétement satisfaisant [1]; ce qui ne doit pas surprendre, puisque Cicéron lui-même trouvait la question obscure [2].

En vertu d'une loi de C. Sempronius Gracchus, nommée *lex Sempronia*, il avait été décidé que le sénat désignerait, avant l'élection des consuls, les provinces qu'ils devaient administrer en quittant leurs fonctions. Lorsque César et Bibulus furent nommés, au lieu de provinces, on leur attribua l'inspection des voies publiques. Mais César, ne voulant pas souffrir cet affront, se fit donner par un plébiscite, sur la proposition de Vatinius, le gouvernement de la Gaule cisalpine pour cinq ans; le sénat y ajouta la Gaule transal-

---

[1] A notre avis, le professeur A. W. Zumpt (*Studia romana*, Berlin, 1859) est le seul qui ait éclairci cette question; aussi lui empruntons-nous la plupart de ses arguments. Quant à M. Th. Mommsen, dans une dissertation spéciale, intitulée *La Question de droit entre César et le sénat*, il établit qu'il fallait distinguer dans le proconsulat entre la *provincia* et l'*imperium*. Suivant lui, la *provincia* étant attribuée en même temps que le consulat, on ne pouvait, d'après la loi Sempronia, en prendre possession qu'aux calendes du mois de janvier de l'année suivante; l'*imperium*, ou commandement militaire, venait s'y ajouter deux mois plus tard, aux calendes de mars. La *provincia* était donnée par un sénatus-consulte et comptait de janvier à janvier; l'*imperium* était donné par une loi curiate et allait de mars à mars; l'*imperium* suivait les règles du service militaire, une année commencée était réputée finie comme pour les campagnes des soldats, et ainsi les deux premiers mois de 705 pouvaient compter comme une année entière. Le savant professeur conclut que, si le sénat avait le droit d'enlever à César son *imperium*, il ne pouvait pas lui enlever le commandement de la province avant la fin de l'année 705, et que César se serait alors trouvé dans la même position que tous les proconsuls qui, pendant l'intervalle entre le 1er janvier, commencement de leur proconsulat, et le 1er mars, époque où ils recevaient l'*imperium*, avaient la *potestas* et non le commandement militaire. Ce système, on le voit, repose sur des hypothèses difficiles à admettre.

[2] « Erat autem obscuritas quædam. » (Cicéron, *Pour Marcellus*, x.)

pine, qui formait alors une province séparée, indépendante de l'autre[1]. En 699, la loi Trebonia prorogea, pour cinq nouvelles années, le commandement de César en Gaule. Ce commandement devait donc durer dix ans, et, comme César n'entra dans ses fonctions proconsulaires qu'au commencement de l'année 696, il semble naturel d'en induire que ces dix années devaient aller jusqu'au 1er janvier 706. On voit cependant que, dès la fin de 704, le sénat regardait le pouvoir de César comme périmé. On se demande alors sur quel fondement cette assemblée s'appuyait pour prétendre que les dix années dévolues au proconsul étaient accomplies à cette époque. Voici, selon nous, l'explication.

C'est au mois de mars qu'avait lieu habituellement la prise de possession du gouvernement des provinces[2] par les consuls sortants. Il est par conséquent très-probable que la loi de Vatinius, rendue, comme nous l'avons dit, en 695, fut votée vers les derniers jours du mois de février de cette même année, et que le proconsulat attribué à César dut partir du jour de la promulgation de la loi. Rien ne l'aurait empêché, en effet, d'abréger le temps de sa magistrature et

[1] La question se compliquait par la différence d'origine des pouvoirs donnés pour chacune des deux Gaules. Le sénat pouvait bien retrancher du commandement de César la Gaule ultérieure, qui lui avait été attribuée par un sénatus-consulte, mais il ne pouvait lui enlever la Gaule citérieure, accordée par un plébiscite, et cependant c'était l'opinion contraire que Cicéron soutenait en 698. En effet, il s'écriait alors, dans son Discours sur les provinces consulaires : « Le préopinant détache la partie de la province sur laquelle il ne peut y avoir d'opposition (parce qu'elle a été donnée par un sénatus-consulte), et ne touche pas à celle que l'on peut très-bien attaquer ; et, en même temps qu'il n'ose enlever ce qui a été donné par le peuple, il se hâte d'ôter, tout sénateur qu'il est, ce qui a été donné par le sénat. » (Cicéron, *Discours sur les provinces consulaires*, xv. — Velleius Paterculus, II, xliv. — Suétone, *César*, xx. — Appien, *Guerres civiles*, II, xiii. — Dion-Cassius, XXXVIII, viii.)

[2] Le 1er mars était le commencement de l'ancienne année romaine, époque de l'entrée des généraux en campagne.

de saisir, avant le terme de ses fonctions curules, le commandement militaire ou l'*imperium*, comme le fit en 699 Crassus, qui partit pour la Syrie sans attendre la fin de son consulat. Dès lors, en supposant, ce qui n'est pas impossible, que toute l'année du consulat de César fût comprise dans son proconsulat[1], les cinq premières années de son commandement devaient dater de 695 et finir au 1ᵉʳ janvier 700. Le Discours sur les provinces consulaires prouve qu'on l'entendait bien ainsi. A l'époque où il fut prononcé (juillet ou août 698), on s'occupait de la désignation des provinces destinées aux consuls qui devaient sortir de charge dix-huit mois après, c'est-à-dire en 700, et il était question de remplacer César. Le premier *quinquennium* de son commandement se terminait donc en décembre 699, et par conséquent le second en décembre 704. Tel était le système du sénat, très-porté naturellement à diminuer la durée du proconsulat des Gaules[2]. Aussi Hirtius nous apprend-il qu'en 703 les Gaulois savaient que César n'avait plus qu'un été, celui

[1] P. Servilius, qui fut consul en 675, prit possession de sa province peu de temps après être entré en charge comme consul; il revint en 679. Cicéron (*Troisième discours contre Verrès*, xc) dit qu'il commanda durant cinq ans. Ce chiffre ne peut s'expliquer qu'en admettant que les années 675 et 679 étaient comptées comme complètes. L. Pison, qui fut consul en 696, quitta Rome à la fin de son consulat et y revint dans l'été de 699. Or on le regardait comme ayant exercé le commandement pendant trois années. (Cicéron, *Contre Pison*, xxxv, xl.) Il faut donc que l'on comptât comme une année de proconsulat les quelques mois de 695. (Voyez Mommsen, *La Question de droit entre César et le sénat*, p. 28.)

[2] Dans tous les temps, on a vu les assemblées s'efforcer de diminuer la durée des pouvoirs donnés par le peuple à un homme qui ne leur était pas sympathique. En voici un exemple : la Constitution de 1848 décidait que le Président de la République française serait nommé pour quatre ans. Le prince Louis-Napoléon fut élu le 10 décembre 1848, et proclamé le 20 du même mois. Ses pouvoirs auraient dû finir le 20 décembre 1852. Or l'Assemblée constituante, qui prévoyait l'élection du prince Louis-Napoléon, fixa le terme de la présidence au deuxième dimanche du mois de mai 1852, lui enlevant ainsi sept mois.

de 704, à passer dans la Gaule[1]. Dion-Cassius dit également que le pouvoir de César devait finir avec l'année 704[2]. Suivant Appien, le consul Claudius Marcellus proposait, au commencement de 704, de nommer un successeur à César, dont les pouvoirs allaient expirer[3]. D'autre part, Cicéron rapporte dans une de ses lettres que Pompée semblait d'accord avec le sénat pour exiger le retour du proconsul aux ides de novembre de 704. A la fin de cette même année, le grand orateur émet dans les termes suivants son opinion personnelle au sujet de la prétention élevée par César d'être dispensé de venir à Rome briguer le consulat : « Eh quoi! » faut-il donc tenir compte d'un homme qui gardera son » armée après le jour fixé par la loi[4]? » Quelque temps après, apostrophant César dans une lettre à Atticus[5], il s'écrie : « Vous avez gardé pendant dix ans une province que vous » vous êtes fait continuer non par la souveraine volonté » du sénat, mais par vos intrigues et vos violences; vous » avez dépassé le terme fixé par votre ambition et non par » la loi... Vous retenez votre armée plus longtemps que le » peuple ne l'a ordonné et que le peuple ne le veut. » D'un autre côté, une phrase de Suétone dit d'une manière très-formelle que César entendait se porter candidat en 705 pour exercer le consulat en 706, lorsqu'il aurait achevé le temps de son proconsulat[6]. Enfin le sénat regarde si bien le commencement de l'année 705 comme le terme obligé du commandement de César, que, dès le mois de janvier, il le

---

[1] *Guerre des Gaules*, VIII, xxxix.

[2] Dion-Cassius, XL, lix.

[3] Appien, *Guerres civiles*, II, iv.

[4] « Quid ergo? exercitum retinentis, quum legis dies transierit, rationem haberi placet? Mihi vero ne absentis quidem. » (*Lettres à Atticus*, VII, vii.)

[5] Cicéron, *Lettres à Atticus*, VII, ix.

[6] « Absenti sibi, *quandocumque imperii tempus expleri cœpisset.* » (Suétone, *César*, xxvi. — Cicéron, *Lettres familières*, VIII, xi.)

déclare ennemi de la République, parce qu'il est encore à la tête de ses soldats, et décrète contre lui des mesures extrêmes [1].

Mais la discussion entre le sénat et César ne portait pas sur le terme de son commandement. César se présentait aux comices consulaires de l'année 705. Une loi, soumise au peuple par les dix tribuns, appuyée par Pompée et Cicéron, lui avait permis de briguer cette charge quoique absent [2]. Cette loi aurait été sans objet si elle n'eût impliqué l'autorisation pour César de conserver son armée jusqu'à l'époque des élections consulaires. Certains auteurs pensent même que ce droit devait être formellement réservé dans la loi. L'Épitome de Tite-Live dit en effet que, d'après la loi, il devait garder son commandement jusqu'au temps de son second consulat [3]. De son côté, Cicéron écrit à Atticus que le meilleur argument pour refuser à César absent la faculté de briguer le second consulat, c'est qu'en la lui accordant on lui reconnaît du même coup le droit de garder sa province et son armée [4]. Cet avantage, César l'appelle *beneficium populi* [5], et, quand il se plaignait qu'on lui enlevât six mois de son commandement, il comptait le temps qui devait s'écouler du 1er janvier 705 au mois de juillet, époque des comices consulaires [6].

Néanmoins César avait un grand intérêt à garder son

---

[1] César, *Guerre civile*, I, v.

[2] « J'ai lutté pour qu'on tînt compte à César de son absence. Ce n'était pas pour le favoriser; c'est pour l'honneur d'une décision du peuple provoquée par le consul lui-même. » (Cicéron, *Lettres familières*, VI, vi.)

[3] Tite-Live, *Epitome*, CVIII.

[4] « Sed quum id datum est, illud una datum est. » (*Lettres à Atticus*, VII, vii.)

[5] « Doluisse se, quod populi romani beneficium sibi per contumeliam ab inimicis extorqueretur, erepto semestri imperio in Urbem retraheretur. » (César, *Guerre civile*, I, ix.)

[6] Voyez, sur l'époque des comices, Cicéron, *Lettres à Atticus*, III, xiii; — *Lettres familières*, VIII, iv.

armée jusqu'à ce qu'il fût nommé à la première magistrature de la République, car il conservait alors l'*imperium* aussi longtemps que Pompée, dont les pouvoirs, prorogés en 702, devaient finir au 1ᵉʳ janvier 707 [1]. Il était évident qu'il ne voulait pas désarmer avant son rival; or, d'après la combinaison légalement établie, il restait consul jusqu'au 1ᵉʳ janvier 707, son commandement finissait en même temps que celui de Pompée, et il n'avait dès lors plus rien à craindre des machinations de ses ennemis.

En effet, tout allait bientôt se résumer dans une lutte ouverte entre César et Pompée. Vainement le premier cherchera-t-il tous les moyens de conciliation, vainement le second s'efforcera-t-il de se soustraire aux exigences de son parti, la force des choses les poussera infailliblement l'un contre l'autre. Et de même qu'on voit, dans le liquide traversé par un courant électrique, tous les éléments qu'il renferme se porter aux deux pôles opposés, de même, dans la société romaine en dissolution, toutes les passions, tous les intérêts, les souvenirs du passé, les espérances de l'avenir, vont se séparer violemment et se partager entre deux hommes personnifiant l'antagonisme de deux causes contraires.

Intrigues pour ôter à César son commandement.

VI. Reprenons le récit des événements. Pompée, tout-puissant quoique simple proconsul, s'était, ainsi que nous l'avons dit, retiré à Tarente; il semblait vouloir rester étranger aux intrigues qui se tramaient à Rome; il paraît même qu'il avait l'intention d'aller en Espagne gouverner sa province [2]. Au début des révolutions, la majorité du peuple

---

[1] Quoique tous les faits prouvent que le terme du pouvoir dût cesser en 707, Plutarque (*Pompée*, LV) compte quatre ans de prorogation et Dion-Cassius (XL, XLIV, XLVI) cinq, ce qui montre la différence d'évaluation des dates. (Zumpt, *Studia romana*, 85.)

[2] « Je crois certainement à Pompée l'intention de partir pour l'Espagne, et

et même celle des assemblées inclinent toujours vers la modération ; mais bientôt, dominées par une minorité passionnée et entreprenante, elles se jettent à sa suite dans des voies extrêmes. C'est ce qui arriva à cette époque. Marcellus et son parti s'efforcèrent d'abord d'entraîner Pompée, et, celui-ci une fois décidé, ils entraînèrent le sénat. Au moment où, au mois de juin, Pompée s'apprêtait à rejoindre les troupes stationnées à Ariminum, on le fit revenir à Rome, et, lorsque, le 11 des calendes d'août, les sénateurs se rassemblèrent au temple d'Apollon pour régler la solde de ses troupes, on lui demanda pourquoi il avait prêté une légion à César. Obligé de s'expliquer, il promit de la rappeler, mais non immédiatement, ne voulant pas avoir l'air de céder à des menaces. On insista encore pour connaître son opinion sur le rappel de César ; alors, par une de ces phrases évasives qui lui étaient habituelles et qui révélaient son hésitation, il répondit que « tout le monde devait également obéissance au sénat [1]. » On ne statua rien sur les pouvoirs consulaires.

La question du gouvernement des Gaules devait être reprise aux ides d'août, puis enfin au mois de septembre ; mais le sénat ne se trouvait jamais en nombre pour délibérer, tant il craignait de se prononcer. On ne se décida à aborder franchement la question que lorsqu'on fut convaincu du consentement de Pompée au rappel de César [2]. Alors furent présentés des décrets qui liaient à l'avance les consuls dési-

c'est ce que je n'approuve pas du tout. Il m'a été facile de démontrer à Théophane que le mieux était de ne pas s'éloigner. Je suis plus inquiet de la République depuis que je vois par vos lettres que notre ami Pompée doit aller en Espagne. » (Cicéron, *Lettres à Atticus*, V, xi.)

[1] Cicéron, *Lettres familières*, VIII, iv.

[2] « Mais enfin, après plusieurs remises successives et la certitude bien acquise que Pompée voulait qu'on s'occupât du rappel de César aux calendes de mars, on rendit le sénatus-consulte que je vous envoie. » (Cœlius à Cicéron, *Lettres familières*, VIII, viii.)

gnés pour l'année suivante et leur imposaient une règle de conduite : leur hostilité contre César avait déterminé leur élection. Le 11 des calendes d'octobre, M. Marcellus, qui se fit l'organe des passions du moment, exigea des garanties si nombreuses et si insolites qu'on pouvait juger à quel point son parti avait à cœur de l'emporter. Ainsi les consuls récemment élus devaient prendre l'engagement de mettre la question à l'ordre du jour pour les calendes de mars; jusqu'à ce qu'elle fût réglée, le sénat serait tenu de s'assembler pour en délibérer tous les jours, même ceux qu'on appelait *comitiales,* où toute réunion de ce corps était interdite, et, à cet effet, les sénateurs qui rempliraient les fonctions de juges seraient mandés dans la curie. Le sénat aurait aussi à déclarer d'avance que ceux qui avaient le pouvoir d'intercéder s'abstiendraient, et que, s'ils intercédaient ou demandaient un ajournement, ils seraient considérés comme ennemis de la République; rapport de leur conduite serait fait, à la fois, au sénat et au peuple [1]. Cette proposition fut adoptée et inscrite au procès-verbal comme une *décision* ou un *avis* du sénat (*senatus auctoritas*). Quatre tribuns du peuple intercédèrent : C. Cœlius, L. Vinucius, P. Cornelius, C. Vibius Pansa.

Il ne suffisait pas de préparer les attaques contre le commandement de César, il fallait aussi redouter le mécontentement de l'armée, et, afin de le conjurer ou d'en atténuer l'effet, M. Marcellus fit encore inscrire dans le procès-verbal du sénat la décision suivante : « Le sénat prendra en con-
» sidération la situation des soldats de l'armée des Gaules
» dont le temps de service est expiré ou qui produiront des
» motifs valables pour être rendus à la vie civile. » C. Cœlius et Vibius Pansa renouvelèrent leur opposition [2].

[1] Cœlius à Cicéron, *Lettres familières*, VIII, viii.
[2] Cœlius à Cicéron, *Lettres familières*, VIII, viii.

Quelques sénateurs, plus impatients, demandèrent qu'on n'attendît pas, pour statuer sur la question, l'époque fixée par M. Marcellus. Pompée intervint encore comme modérateur, et dit qu'on ne pouvait pas sans injustice prendre, au sujet de la province de César, une décision avant les calendes de mars 704, époque à laquelle il n'y trouverait plus aucun inconvénient. « Que fera-t-on, demanda un des » sénateurs, si l'on s'oppose à la décision du sénat? »—« Peu » importe, répondit Pompée, que César refuse d'obtempérer » à cette décision ou qu'il aposte des gens pour intercé- » der. » — « Mais, dit un autre, s'il veut être consul et gar- » der son armée? » Pompée se borna à répliquer avec un grand sang-froid : « Si mon fils voulait me donner des coups » de bâton?... » Il affectait toujours, on le voit, de l'obscurité dans ses réponses. La conclusion naturelle de ce langage fut de faire supposer des négociations secrètes avec César, et l'on crut que ce dernier accepterait l'une de ces deux conditions, ou de garder sa province sans briguer le consulat, ou de quitter son armée et de revenir à Rome lorsqu'il aurait été, quoique absent, désigné consul.

Le sénat déclara aussi que, pour la province de Cilicie et les huit autres provinces prétoriennes, les gouverneurs seraient choisis au sort entre les préteurs qui n'avaient point encore eu de gouvernement. Cœlius et Pansa firent opposition à ce décret, qui laissait la faculté à cette assemblée de donner les commandements à son gré [1]. Ces différentes mesures révélaient assez les préoccupations du sénat, et les politiques prudents voyaient avec inquiétude qu'il cherchât à précipiter les événements.

La discorde à l'intérieur paralyse généralement à l'extérieur toute politique nationale. Absorbé par ses intrigues au dedans, le parti aristocratique sacrifiait les grands intérêts

---

[1] Cœlius à Cicéron, *Lettres familières*, VIII, viii, 3, 4.

de la République. Vainement Cicéron écrivait-il que ses forces étaient insuffisantes pour résister aux Parthes, dont l'invasion paraissait imminente : les consuls se refusaient à entretenir le sénat de ses réclamations, ne voulant ni partir eux-mêmes pour entreprendre une campagne si éloignée, ni permettre à d'autres d'aller à leur place [1]. Il leur importait bien plus d'abaisser César que de venger Crassus, et cependant l'opinion publique, émue des dangers que courait la Syrie, réclamait un commandement extraordinaire en Orient, soit pour Pompée, soit pour César [2]. Heureusement les Parthes n'attaquèrent point; Bibulus et Cicéron n'eurent à combattre que des bandes de pillards. Ce dernier, le 3 des ides d'octobre, défit, auprès du mont Amanus, un parti de montagnards ciliciens. Il enleva leur camp, assiégea leur forteresse Pindenissus et s'en empara; ses soldats le saluèrent *imperator* [3]. Depuis lors, il prit ce titre dans la suscription de ses lettres [4].

[1] « Mais les consuls, qui craignent d'être obligés, par un décret du sénat, de partir pour la guerre, et qui sentent néanmoins combien il leur serait honteux que cette commission tombât sur un autre qu'eux, ne veulent point absolument que le sénat s'assemble; ils vont jusqu'à se faire soupçonner de manquer de zèle pour la République : on ne sait si c'est négligence, ou lâcheté, ou la crainte dont je viens de parler, mais ce qui se cache sous cette apparence de retenue, c'est qu'ils ne veulent pas de cette province. » (Cœlius à Cicéron, *Lettres familières*, VIII, x.)

[2] « Avec le secours de Dejotarus, on pourra arrêter les ennemis jusqu'à l'arrivée de Pompée, qui me mande qu'on le destine pour cette guerre. » (Cicéron, *Lettres à Atticus*, VI, 1.) — « A cette nouvelle du passage de l'Euphrate, chacun s'est mis à donner son avis : celui-ci veut qu'on envoie Pompée, celui-là César et son armée. » (Cœlius à Cicéron, *Lettres familières*, VIII, x.)

[3] Cicéron, *Lettres à Atticus*, V, xx.

[4] Il garda ce titre jusqu'au moment où la guerre civile éclata.

CHAPITRE NEUVIÈME.

ÉVÉNEMENTS DE L'AN 704.

C. Claudius Marcellus et L. Emilius Paulus, consuls.

I. L'année 703 avait été employée à des machinations dont l'objet était de renverser César, et le parti aristocratique croyait pouvoir s'appuyer, pour le succès de cette espèce de complot, sur les premiers magistrats qui entraient en charge en janvier 704. Des deux consuls, C. Claudius Marcellus, neveu du précédent consul de ce nom, et L. Emilius Paulus, le premier était parent mais ennemi de César, le second n'avait pas pris couleur; on lui prêtait cependant les mêmes sentiments qu'à son collègue. On espérait que, d'accord avec C. Scribonius Curion, dont l'élévation au tribunat était due à Pompée [1], il distribuerait les terres de la Campanie qui n'avaient pas encore été réparties, et que dès lors César, à son retour, ne pourrait plus disposer de ces biens en faveur de ses vétérans [2]. Cette espérance était vaine; déjà Paulus et Curion s'étaient donnés au proconsul des Gaules. Au fait des menées de ses ennemis, César prenait soin depuis longtemps d'avoir toujours dans Rome un consul ou des tribuns dévoués à ses intérêts : en 703, il avait pu compter sur le consul Sulpicius et les tribuns Pansa et Cœlius; en 704, Paulus et Curion étaient à sa dévotion. Si plus tard, en 705, les deux consuls lui furent contraires, il eut du moins pour lui, cette année-là, les tribuns Marc-Antoine et Q. Cassius.

Curion est appelé par Velleius Paterculus le plus spirituel

---

[1] Cicéron, *Lettres familières*, VIII, IV.
[2] Cœlius à Cicéron, *Lettres familières*, VIII, X.

des vauriens[1]; mais, tant que ce tribun resta fidèle à la cause du sénat, Cicéron l'honora de son estime, et fit les plus grands éloges de son caractère et de ses hautes qualités[2]. Curion s'était acquis de l'autorité par son éloquence et sa clientèle. Son père avait été l'ennemi déclaré de César, contre lequel il avait composé un livre[3], et lancé une foule de bons mots, piquants ou grossiers, qu'on répétait à Rome[4]. Héritier de ces sentiments, Curion poursuivait lui-même depuis longtemps de ses sarcasmes le vainqueur des Gaules; mais personne n'oubliait les injures plus facilement que César, et, comme il comprenait l'importance politique de ce dangereux adversaire, il n'épargna rien pour se l'attacher.

Dès sa première jeunesse, Curion avait été étroitement lié avec Marc-Antoine. Perdus de dettes l'un et l'autre, ils avaient mené ensemble la vie la plus dissolue; leur intimité ne s'était pas affaiblie[5]. La parenté de Marc-Antoine avec la famille Julia[6], ses relations avec Gabinius, et principalement sa conduite militaire en Égypte, l'avaient fait distinguer par César, auprès duquel il s'était retiré lorsque Gabinius fut mis en jugement[7]. César l'employa d'abord comme lieutenant, puis le choisit pour questeur, en 701. Sa bienveillance pour Marc-Antoine adoucit probablement un peu l'humeur de Curion, sa libéralité fit le reste. Il lui aurait donné, s'il faut en croire Appien, plus de 1,500 talents[8]. Il

---

[1] « Ingeniosissime nequam. »

[2] Cicéron à Curion, *Lettres familières*, II, vii.

[3] Cicéron, *Brutus*, lx, 218.

[4] Suétone, *César*, xlix.

[5] Plutarque, *Antoine*, ii. — Cicéron, *Philippiques*, II, xix, 48.

[6] Voyez sa biographie, *Appendice* D.

[7] Cicéron, *Philippiques*, II, xx, 49.

[8] Appien, *Guerres civiles*, II, xxvi. — Cependant Cicéron, qui ne ménageait pas ses adversaires, ne parle pas de cet acte de corruption, et Velleius Paterculus (II, xlviii) s'exprime ainsi : « Curion, comme on l'a dit, s'était-il vendu? C'est ce que nous n'osons décider. »

est vrai qu'en même temps il achetait tout aussi cher le consul L. Emilius Paulus, sans lui demander autre chose que sa neutralité[1]. On a peine à comprendre comment César, tout en soldant son armée, pouvait s'imposer de pareils sacrifices et suffire à tant d'autres dépenses. Augmenter par ses largesses le nombre de ses partisans à Rome[2]; faire bâtir, dans la Narbonnaise, des théâtres et des monuments; près d'Aricia, en Italie, une magnifique villa[3]; envoyer de riches présents à des villes lointaines, telles étaient ses charges. Comment, pour y subvenir, pouvait-il tirer l'argent nécessaire d'une province épuisée par huit années de guerre? L'immensité de ses ressources s'explique, parce que, indépendamment des tributs payés par les vaincus, et qui s'élevaient, pour la Gaule, à 40 millions de sesterces par an (plus de 7 millions et demi de francs), la vente des prisonniers à des négociants romains produisait des sommes énormes. Cicéron nous apprend qu'il retira 12 millions de sesterces des captifs vendus après le siége peu important de Pindenissus. Si, par hypothèse, leur nombre s'élevait à 12,000, ce chiffre représente 1,000 sesterces par tête. Or, malgré la générosité de César, qui souvent rendait les captifs aux peuples vaincus, ou en faisait don à ses soldats, ainsi que cela eut lieu après le siége d'Alise, on peut admettre que 500,000 Gaulois, Germains ou Bretons, furent vendus comme esclaves pendant les huit années de la guerre des Gaules, ce qui a dû produire la somme de 500 millions de sesterces, soit environ 95 millions de notre monnaie. C'était donc, au fond, l'argent romain donné par les marchands d'esclaves qui formait la plus

---

[1] « Emilius Paulus bâtit, dit-on, de cet argent la basilique fameuse qui porte son nom. » (Appien, *Guerres civiles*, II, xxvi.)

[2] « On a dit de lui qu'il n'y avait homme si infime qui ne lui parût valoir la peine d'être gagné. » (Cicéron, *Ad Div.* VIII, xxii.)

[3] Villa près d'Aricia. (Cicéron, *Lettres à Atticus*, VI, i.)

grande partie du butin, de même qu'aujourd'hui, lorsque, dans les expéditions lointaines, les nations européennes s'emparent du produit des douanes étrangères pour payer les frais de la guerre, c'est encore l'argent européen qui fait l'avance de ces frais.

La réconciliation de Curion avec César fut d'abord tenue secrète; mais, soit que, afin de se ménager un prétexte pour changer de parti, le nouveau tribun eût présenté des lois qui n'avaient aucune chance d'être adoptées, soit qu'il se sentit blessé du rejet de ses propositions, vers le commencement de l'année 704 il se déclara pour César, ou, ce qui était la même chose, comme le dit Cœlius, il se mit du côté du peuple. Quel que fût le mobile de sa conduite, voici à la suite de quelles circonstances son attitude fut modifiée. Il avait proposé l'intercalation d'un mois dans l'année courante, afin, probablement, de retarder l'époque où l'on devait statuer sur la question qui agitait le sénat et la ville [1]. Sa qualité de pontife rendait sa proposition parfaitement légale; malgré son utilité incontestable [2], elle fut mal accueillie. Il s'y attendait, mais il parut prendre la chose à cœur et regarder le refus du sénat comme une offense. Dès ce moment, il fit une opposition systématique [3]. Vers le même temps, il présenta deux lois, l'une concernant l'alimentation du peuple, dont il voulait charger les édiles [4]; l'autre, sur la réparation des routes, dont il demandait la direction pendant cinq ans [5]. Il entendait, semble-t-il, faire

---

[1] « Curion, dans son humeur de n'avoir pas obtenu d'intercalation, s'est rejeté avec une légèreté sans pareille du côté du peuple, et s'est mis à parler pour César. » (Cœlius à Cicéron, *Lettres familières*, VIII, vi.)

[2] Voir *Appendice* A.

[3] Dion-Cassius, XL, lxii.

[4] Cœlius à Cicéron, *Lettres familières*, VIII, vi.

[5] Cicéron, *Lettres à Atticus*, VI, i; — *Ad Div.* VIII, vi, 5. — Appien, *Guerres civiles*, II, xxvii.

payer les voyageurs selon le nombre et la nature de leurs moyens de transport, en un mot, établir un impôt sur les riches et accroître ainsi sa popularité[1]. Ces deux derniers projets furent aussi mal reçus que le premier, et ce double échec acheva de le rapprocher de ceux qu'il avait jusque-là combattus.

La nomination des censeurs, qui eut lieu à cette époque, amena de nouvelles complications. L'un, L. Calpurnius Pison, beau-père de César, n'accepta ces fonctions qu'à regret et montra une extrême indulgence; l'autre, Appius Claudius Pulcher, qui avait été consul en 700, fougueux partisan de la noblesse, crut la servir en déployant une sévérité excessive. Il renvoya du sénat tous les affranchis et plusieurs nobles des plus illustres, entre autres l'historien Salluste, homme d'esprit et de talent, qui se rendit aussitôt dans la Cisalpine, où César l'accueillit avec empressement[2].

Appius n'avait aucune mesure dans sa dureté. Cicéron dit de lui que, pour ôter de simples taches, il s'ouvrait les veines et les entrailles[3]. Au lieu de remédier au mal, il ne fit donc que l'envenimer; il jeta dans les rangs du parti opposé tous ceux qu'il excluait, sans donner à ceux qu'il maintenait une plus grande considération. Il y a des temps où la sévérité est mauvaise conseillère et ne peut rendre à un gouvernement la force morale qu'il a perdue.

---

[1] La lettre suivante explique la nature de cet impôt : « Cet homme d'importance (P. Vedius) est venu au-devant de moi avec deux chariots, une chaise roulante, une litière et un si grand nombre de valets, que, *si la loi de Curion passe,* Vedius sera assurément taxé de cent mille sesterces. Il avait de plus un cynocéphale sur un de ses chariots, et des ânes sauvages dans son équipage. Je n'ai jamais vu un homme si ridicule. » (Cicéron, *Lettres à Atticus,* VI, I, 22.)

[2] Dion-Cassius, XL, LXIII.

[3] Cicéron, *Lettres familières,* VIII, XIV.

LIVRE IV, CHAPITRE IX. — ÉVÉNEMENTS DE L'AN 704.

César se rend dans la Cisalpine.

II. César passa tout l'hiver de 704 à Némétocenne (*Arras*). « Au commencement de l'été suivant, il partit en toute hâte » pour l'Italie, afin, dit Hirtius, de recommander aux villes » municipales et aux colonies son questeur, Marc-Antoine, » qui briguait le sacerdoce. En l'appuyant de son crédit, » non-seulement il voulait servir un ami fidèle, qu'il avait » lui-même engagé à solliciter cette charge, mais lutter » contre une faction qui désirait le faire échouer, pour » ébranler le pouvoir de César, dont le gouvernement allait » bientôt expirer. Il apprit en route, avant d'arriver en Ita- » lie, la nomination d'Antoine en qualité d'augure : il n'en » crut pas moins devoir parcourir les villes municipales et » les colonies, afin de les remercier de leurs dispositions » favorables à Antoine. Il voulait aussi se ménager leur » appui pour l'année suivante (705), car ses ennemis se » vantaient avec insolence, d'une part, d'avoir nommé au » consulat L. Lentulus et C. Marcellus, qui dépouilleraient » César de ses charges et de ses dignités ; et, de l'autre, » d'avoir enlevé le consulat à Servius Galba, malgré son » crédit et le nombre de ses suffrages, par le seul motif qu'il » était l'ami et le lieutenant de César.

« César fut accueilli par les villes municipales et par les » colonies avec des témoignages incroyables de respect et » d'affection : c'était la première fois qu'il y paraissait depuis » l'insurrection générale de la Gaule. On n'omit rien de ce » qui put être imaginé pour orner les portes, les chemins, » les places, sur son passage ; femmes, enfants, tous accou- » raient sur les places publiques et dans les temples ; par- » tout on immolait des victimes, on dressait des tables. » Les riches étalaient leur magnificence, les pauvres rivali- » saient de zèle. » César goûtait par avance le charme d'un triomphe vivement désiré [1].

---

[1] *Guerre des Gaules*, VIII, L, LI, LII.

Après avoir ainsi parcouru les contrées de la Gaule citérieure, il rejoignit promptement l'armée à Némétocenne. Dans la prévision de son prochain départ, il voulut frapper les esprits des Germains et des Gaulois par une grande agglomération de forces, et se montrer encore une fois à ses troupes réunies. Les légions, retirées de leurs quartiers, furent envoyées chez les Trévires; César s'y rendit de son côté et y passa l'armée en revue. Cette solennité avait nécessairement de la grandeur. Il voyait devant lui ces vieilles cohortes avec lesquelles il avait livré tant de combats et dont les plus jeunes soldats comptaient huit campagnes. Sans doute il leur rappela que, général ou consul, il devait tout au peuple et à l'armée, et que la gloire acquise ensemble formait entre eux d'indissolubles liens. Jusqu'à la fin de l'été, il resta dans le nord de la Gaule, « ne déplaçant » les troupes qu'autant qu'il le fallait pour entretenir la » santé du soldat. T. Labienus reçut ensuite le commande- » ment de la Gaule citérieure, dans le but d'assurer plus de » suffrages à la prochaine candidature de César au consulat. » Quoique ce dernier n'ignorât pas les manœuvres de ses » ennemis pour détacher de lui Labienus, et leurs intrigues » pour lui faire enlever par le sénat une partie de son » armée, on ne put l'amener ni à douter de Labienus, ni à » rien entreprendre contre l'autorité du sénat. Il savait que, » si les voix étaient libres, les pères conscrits lui rendraient » justice[1]. » En effet, toutes les fois que le sénat n'était pas sous l'empire d'une minorité factieuse, la majorité se prononçait en faveur de César.

Il avait été décidé, dans le mois d'octobre précédent, qu'on s'occuperait des provinces consulaires au 1ᵉʳ mars 704, époque à laquelle Pompée avait déclaré qu'il ne mettrait plus d'obstacle à la discussion. Elle s'ouvrit alors, à ce qu'il

---

[1] *Guerre des Gaules*, VIII, LII.

semble d'après une lettre de Cicéron, et le sénat se montra disposé à rappeler César pour les ides de novembre de 704. Il n'y eut pas néanmoins de résultat décisif. On n'osait pas s'engager encore dans une lutte à outrance : Curion, à lui seul, faisait trembler le sénat par son opposition [1].

Lorsqu'au sein de cette assemblée C. Marcellus déclamait contre César, Curion prenait la parole, louait la prudence du consul, approuvait fort que le vainqueur des Gaules fût sommé de licencier son armée ; mais il insinuait qu'il ne serait pas moins désirable de voir Pompée licencier la sienne. « Ces grands généraux, disait-il, lui étaient suspects, et il n'y aurait pas de tranquillité pour la République tant que l'un et l'autre ne seraient pas devenus des hommes privés [2]. » Ces discours plaisaient au peuple, qui commençait d'ailleurs à perdre beaucoup de son estime pour Pompée, depuis que, par sa loi sur la brigue, un grand nombre de citoyens étaient condamnés à l'exil. On louait de tous côtés Curion : on admirait son courage à braver deux hommes si puissants, et plusieurs fois une foule immense le reconduisit à sa maison en lui jetant des fleurs, « comme à » un athlète, dit Appien, qui vient de soutenir un combat » rude et périlleux [3]. »

---

[1] « Pompée paraît d'accord avec le sénat pour exiger absolument le retour de César aux ides de novembre. Curion est décidé à tout plutôt que de le souffrir : il fait bon marché du reste. Nos gens, que vous connaissez bien, n'osent s'engager dans une lutte à outrance. Voici l'état de la scène. Pompée, en homme qui, sans attaquer César, entend ne lui concéder que ce qui est juste, accuse Curion d'être un agent de discorde. Au fond, il ne veut pas que César soit désigné consul avant d'avoir remis son armée et sa province, et il redoute singulièrement que cela n'arrive. Il est assez malmené par Curion, qui lui jette continuellement au nez son second consulat. Je vous le prédis : si l'on ne garde des ménagements avec Curion, César y gagnera un défenseur. Avec l'effroi qu'ils laissent voir de l'opposition d'un tribun, ils feront tant que César restera indéfiniment le maître dans les Gaules. » (Cicéron, *Lettres familières*, VIII, xi.)

[2] Dion-Cassius, XL, LXI. — Appien, *Guerres civiles*, II, xxvii.

[3] Appien, *Guerres civiles*, II, xxvii.

Les habiles manœuvres de Curion eurent un tel succès, que, lorsque Marcellus proposa de se concerter avec les tribuns du peuple sur les moyens de s'opposer à la candidature de César, la majorité du sénat se prononça en sens contraire. M. Cœlius, à ce sujet, écrivait à Cicéron : « Les » opinions ont tourné, au point qu'on trouve bon de compter » comme candidat au consulat tel qui ne veut remettre ni » son armée ni sa province [1]. » Pompée ne donnait plus signe de vie, et laissait faire le sénat.

Il semblait toujours dédaigner ce qu'il convoitait le plus [2]. Ainsi, à cette époque, il affectait une complète insouciance et se retranchait dans la légalité, attentif à éviter toute apparence d'hostilité personnelle contre César. En même temps, soit pour échapper à une pression prématurée, soit pour paraître indifférent à la question qui agitait la République, il quitta ses jardins près de Rome pour se rendre en Campanie. De là il envoya au sénat une missive dans laquelle, tout en faisant l'éloge de César et le sien, il rappelait qu'il n'avait jamais sollicité un troisième consulat, ni le commandement des armées ; qu'il l'avait reçu, malgré lui, pour sauver la République, et qu'il était prêt à y renoncer, sans attendre le terme fixé par la loi [3]. Cette lettre, étudiée et artificieuse, avait pour but de faire ressortir le contraste de sa conduite désintéressée avec celle de César, qui refusait d'abandonner son gouvernement ; mais Curion déjoua cette manœuvre. « Si Pompée était sincère, il devait, disait-il, non pas promettre de donner sa démission, mais l'offrir immédiatement ; tant qu'il ne serait pas rentré dans la vie privée, le commandement ne pouvait pas être enlevé

---

[1] Cœlius à Cicéron, *Lettres familières*, VIII, XIII.

[2] « C'est son habitude de parler d'une façon et de penser de l'autre ; mais il n'a pas assez de tête pour ne pas se laisser pénétrer. » (Cœlius à Cicéron, *Lettres familières*, VIII, I.)

[3] Appien, *Guerres civiles*, II, XXVIII.

à César. D'ailleurs l'intérêt de l'État exigeait la présence de deux rivaux sans cesse opposés l'un à l'autre, et, à ses yeux, c'était Pompée qui aspirait ouvertement à la tyrannie [1]. » Cette accusation ne manquait pas de fondement, car depuis dix-neuf ans, c'est-à-dire depuis 684, époque de son premier consulat, Pompée avait presque toujours été en possession de l'*imperium*, soit comme consul, soit comme général dans les guerres contre les pirates et contre Mithridate, soit enfin comme chargé des approvisionnements de l'Italie. « Oter à César son armée, dit Plutarque, et laisser
» à Pompée la sienne, c'était, en accusant l'un d'aspirer à
» la tyrannie, donner à l'autre les moyens d'y parvenir [2]. »

<small>Pompée reçoit des ovations et redemande à César deux légions.</small>

III. Vers cette époque Pompée tomba dangereusement malade, et, lorsqu'il fut guéri, les Napolitains et les peuples de toute l'Italie montrèrent une telle allégresse, que « chaque
» ville, petite ou grande, dit Plutarque, célébra des fêtes
» pendant plusieurs jours. Lorsqu'il revint à Rome, il n'y
» avait pas d'endroits assez spacieux pour contenir la foule
» qui accourait au-devant de lui : les chemins, les bourgs et
» les ports étaient pleins de gens offrant des sacrifices, fai-
» sant des banquets pour témoigner leur joie de son réta-
» blissement. Un grand nombre de citoyens, couronnés de
» feuillage, allaient le recevoir avec des flambeaux et l'ac-
» compagnaient en lui jetant des fleurs ; le cortége dont il
» était suivi dans sa marche présentait le spectacle le plus
» agréable et le plus magnifique [3]. » Quoique ces ovations eussent donné à Pompée une opinion exagérée de son influence, de retour à Rome, il observa en public la même réserve, tout en soutenant secrètement les mesures propres à amoindrir le pouvoir de César. Ainsi, prenant prétexte

---

[1] Appien, *Guerres civiles*, II, xxviii.
[2] Plutarque, *César*, xxxiv.
[3] Plutarque, *Pompée*, lxi.

des demandes de renforts, sans cesse renouvelées par Bibulus et Cicéron, proconsuls de Syrie et de Cilicie, qui voulaient mettre leurs provinces à l'abri d'une invasion des Parthes, il représenta que les levées ordonnées par le sénat étaient insuffisantes et qu'il était nécessaire d'envoyer en Orient des troupes aguerries. Il fut alors décidé que Pompée et César, qui se trouvaient à la tête d'armées considérables, en détacheraient, chacun de son côté, une légion pour la défense des provinces menacées. Aussitôt un sénatus-consulte somma César de remettre la sienne et lui ordonna, en outre, de rendre la légion qui lui avait été prêtée par Pompée peu après la conférence de Lucques. Peut-être espérait-on quelque résistance de sa part, car cette dernière légion avait été levée, comme toutes celles de son armée, dans la Gaule cisalpine; mais il n'hésita pas à obéir, en sorte que, seul, il dut fournir les renforts exigés pour l'Orient. Avant de se séparer de ses soldats, qui avaient si longtemps combattu sous ses ordres, il fit distribuer deux cent cinquante drachmes (225 fr.) à chaque légionnaire [1].

Appius Claudius, neveu du censeur du même nom, parti de Rome avec la mission de ramener ces troupes de la Cisalpine en Italie, rapporta, à son retour, que les soldats de César, fatigués de leurs longues campagnes, soupiraient après le repos et qu'il serait impossible de les entraîner à une guerre civile; il prétendait même que les légions en quartiers d'hiver dans la Gaule transalpine n'auraient pas plutôt passé les Alpes, qu'elles se rallieraient aux drapeaux de Pompée [2]. Les événements démentirent dans la suite ces

---

[1] Appien, *Guerres civiles*, II, xxix. — Plutarque, *César*, xxxii.

[2] Appien, *Guerres civiles*, II, xxix. — Cet officier (Appius) affecta de rabaisser les exploits qui s'étaient accomplis dans cette contrée (la Gaule), et de répandre des bruits injurieux à César. « Il fallait, disait-il, que Pompée connût bien peu ses forces et sa réputation; autrement chercherait-il, pour se mesurer avec César, d'autres troupes que celles dont il disposait? il le vaincrait

renseignements, car non-seulement, comme on le verra, les troupes restées sous le commandement de César lui demeurèrent fidèles, mais celles qui lui avaient été retirées conservèrent le souvenir de leur ancien général. En effet Pompée lui-même n'avait nulle confiance dans les deux légions qu'il avait reçues, et sa lettre à Domitius, proconsul au commencement de la guerre civile, explique son inaction par le danger de les mettre en présence de l'armée de César, tant il redoute de les voir passer dans le camp opposé[1]. A Rome, cependant, on croyait aux rapports qui flattaient les prétentions de Pompée, bien qu'ils fussent contredits par d'autres plus certains, montrant l'Italie, les provinces cisalpines, la Gaule même, comme également dévouées à César. Pompée, sourd à ces derniers avertissements, affectait le plus grand mépris pour les forces dont son adversaire pouvait disposer. A l'entendre, César se perdait, et n'avait d'autre chance de salut que dans une prompte et complète soumission. Quand on lui demandait avec quelles troupes il résisterait au vainqueur des Gaules, dans le cas où celui-ci viendrait à marcher sur Rome, il répondait d'un air confiant qu'il n'avait qu'à frapper du pied le sol de l'Italie pour en faire sortir des légions[2].

Il était naturel que sa vanité lui fît interpréter favorablement tout ce qui se passait sous ses yeux. A Rome, les plus grands personnages lui étaient dévoués. L'Italie avait très-

---

avec les légions mêmes de son ennemi, aussitôt qu'il paraîtrait, tant les soldats haïssaient César et désiraient de revoir Pompée. » (Plutarque, *Pompée*, LXI.)

[1] « Je voudrais me rapprocher de vous; mais, je le dis à regret, je n'ose me fier aux deux légions... Il ne faut pas, sans les cohortes du Picenum, exposer les deux légions en présence de César. » (*Lettre de Pompée à Domitius, proconsul.* — Cicéron, *Lettres à Atticus*, VIII, XII.) — « Toutes mes ressources se réduisent à deux légions que Pompée a retenues d'une manière odieuse et dont il n'est pas plus sûr que d'étrangers. » (Cicéron, *Lettres à Atticus*, VII, XIII.)

[2] Plutarque, *Pompée*, LXI.

sailli à la nouvelle de sa maladie et fêté sa guérison à l'égal d'un triomphe. L'armée des Gaules, lui disait-on, était prête à répondre à son appel.

Avec moins d'aveuglement, Pompée eût discerné la véritable raison de l'enthousiasme dont il avait été l'objet. Il eût compris que cet enthousiasme s'adressait bien moins à sa personne qu'au dépositaire d'une autorité qui semblait alors seule capable de sauver la République ; il eût compris que, du jour où se produirait un autre général dans les mêmes conditions que lui de renommée et de pouvoir, le peuple, dans son admirable discernement, se rangerait aussitôt du côté de celui qui s'identifierait le mieux avec ses intérêts.

Pour se rendre un compte fidèle de l'opinion publique, il eût fallu, chose difficile au chef de la cause aristocratique, ne pas s'en tenir uniquement au jugement du monde officiel, mais interroger les sentiments de ceux que leur position rapprochait le plus du peuple. Au lieu de croire aux rapports d'Appius Claudius, et de compter sur le mécontentement de quelques lieutenants de César qui, comme Labienus, montraient déjà des tendances hostiles, Pompée aurait dû méditer sur cette exclamation d'un centurion, qui, placé à la porte du sénat lorsque cette assemblée rejetait les justes réclamations du vainqueur des Gaules, s'écria en mettant la main sur son épée : « Celle-ci lui donnera ce qu'il » demande [1]. »

C'est que, dans les troubles civils, chaque classe de la société devine, comme par instinct, la cause qui répond à ses aspirations, et se sent attirée vers elle par une secrète affinité. Les hommes nés dans les classes supérieures, ou élevés à leur niveau par les honneurs et les richesses, sont toujours entraînés vers les causes aristocratiques, tandis que

---

[1] Plutarque, *César*, xxxiii.

les hommes retenus par la fortune dans les rangs inférieurs restent les fermes soutiens de la cause populaire. Ainsi, au retour de l'île d'Elbe, la plupart des généraux de l'empereur Napoléon, comblés de biens comme les lieutenants de César[1], marchaient ouvertement contre lui; mais dans l'armée tous, jusqu'au grade de colonel, disaient, à l'exemple du centurion romain, en montrant leurs armes : « Voilà ce » qui le remettra sur le trône. »

Le sénat vote avec impartialité.

IV. Un examen attentif de la correspondance entre M. Cœlius et Cicéron, ainsi que les récits des différents auteurs, donne la conviction qu'il fallut, à cette époque, de grands efforts de la part de la fraction turbulente du parti aristocratique pour entraîner le sénat contre César. Le censeur Appius, en faisant la revue de cette assemblée, *nota* Curion, c'est-à-dire voulut le rayer de la liste; mais, sur les instances de son collègue et du consul Paulus, il se borna à exprimer un blâme formel et le regret de ne pouvoir faire justice. En l'entendant, Curion déchira sa toge et protesta avec la dernière vivacité contre une attaque déloyale. Le consul Marcellus, qui soupçonnait l'entente de Curion avec César, et qui comptait sur les dispositions du sénat, très-défavorables à l'un et à l'autre, mit en discussion la conduite du tribun. Tout en réclamant contre ce procédé illégal, Curion accepta ce débat et déclara que, fort de sa conscience, et certain d'avoir toujours agi dans les intérêts de la République, il remettait avec confiance son honneur et sa vie entre les mains du sénat. Il ne pouvait résulter de cette scène qu'un vote honorable pour Curion[2]; mais bientôt cet incident fut abandonné, et la discussion s'engagea sur la situation politique. Marcellus posa d'abord cette question :

---

[1] « Approuvez-vous que Labienus et Mamurra aient amassé des richesses immenses? » (Cicéron, *Lettres à Atticus*, VII, vii.)

[2] Dion-Cassius, XL, LXIII, LXIV.

César doit-il être remplacé dans sa province ? Il pressa le sénat de voter. Les sénateurs s'étant formés en deux groupes dans la curie, l'immense majorité se déclara pour l'affirmative. La même majorité se prononça pour la négative à une seconde question de Marcellus : *Pompée doit-il être remplacé ?* Mais Curion, reprenant les arguments qu'il avait déjà fait valoir tant de fois sur le danger de favoriser Pompée aux dépens de César, exigea la mise aux voix d'une troisième question : *Pompée et César devront-ils désarmer tous les deux ?* A la surprise du consul, cette proposition inattendue passa à la majorité de trois cent soixante et dix voix contre vingt-deux ; alors Marcellus congédia le sénat en disant avec amertume : « Vous l'emportez ! vous aurez César pour » maître [1]. » Il ne croyait pas si bien prédire l'avenir. Ainsi la presque unanimité de l'assemblée avait donné, par son vote, raison à Curion, qui n'était, dans cette circonstance, que le représentant de César, et, si Pompée et son parti se fussent soumis à cette décision, la lutte que les honnêtes gens redoutaient n'auroit plus eu de prétexte : César et Pompée seraient rentrés dans la condition commune, chacun avec ses partisans et sa renommée, mais sans armée et par conséquent sans moyen de troubler la République.

Mesures violentes adoptées contre César.

V. Ce n'était pas l'affaire de ces hommes impatients, qui abritaient leurs petites passions sous les grands mots de salut public et de liberté. Pour détruire l'effet de ce vote du sénat, on fit courir dans Rome le bruit de l'entrée de César en Italie ; Marcellus demanda qu'on levât des troupes et qu'on fît venir de Capoue, où elles tenaient garnison, les deux légions destinées à la guerre d'Orient. Curion protesta contre la fausseté de cette nouvelle et intercéda, en sa qualité de tribun, pour s'opposer à tout armement extraordi-

---

[1] Appien, *Guerres civiles*, II, xxx. — Cicéron, *Lettres à Atticus*, VII, iv.

naire. Alors Marcellus s'écria : « Puisque je ne puis rien
» faire ici par le consentement de tous, seul je me charge
» du salut public sous ma responsabilité! » Puis il courut
dans le faubourg où Pompée avait ses quartiers, et, lui présentant une épée, il lui adressa ces paroles : « Je te somme
» de prendre le commandement des troupes qui sont à
» Capoue, d'en lever d'autres, et d'aviser aux mesures
» nécessaires pour le salut de la République. » Pompée
accepta cette mission, mais en faisant des réserves : il dit
qu'il obéirait aux ordres des consuls, « si toutefois il n'y
» avait rien de mieux à faire. » Cette réflexion prudente,
dans un moment si critique, peint le caractère de l'homme[1].
M. Marcellus comprit tout ce que sa conduite avait d'irrégulier et amena avec lui les consuls désignés pour l'année
suivante (705); même avant leur entrée en fonction[2], qui
devait avoir lieu dans quelques jours, ils avaient le droit de
rendre des édits indiquant les principes d'après lesquels ils
se proposaient d'agir pendant leur magistrature. C'étaient
L. Cornelius Lentulus Crus et C. Claudius Marcellus, ce
dernier parent du précédent consul du même nom, tous les
deux ennemis de César. Ils s'engagèrent auprès de Pompée
à soutenir de tous leurs efforts la mesure que leur prédécesseur avait prise à ses risques et périls. On le voit, ce sont
les consuls et Pompée qui se révoltent contre les décisions
du sénat.

Curion ne put pas s'opposer régulièrement à ces mesures,
les tribuns n'ayant pas le droit d'exercer leurs pouvoirs hors
de Rome; mais il attaqua devant le peuple ce qui venait de
se faire et demanda qu'on n'obéît pas à la levée de troupes
ordonnée par Pompée au mépris de la légalité[3].

[1] Appien, *Guerres civiles*, II, xxxi. — Cicéron, *Lettres à Atticus*, VI, ix; VII, I.
[2] Dion-Cassius, XL, xlvi.
[3] Appien, *Guerres civiles*, II, xxxi.

498 HISTOIRE DE JULES CÉSAR.

Etat de l'opinion publique.

VI. La lettre suivante, de M. Cœlius à Cicéron, fait connaître quel était le jugement des Romains impartiaux sur la situation politique, en septembre 704.

« Plus nous approchons de la lutte inévitable, plus on est » frappé de la grandeur du péril. Voici le terrain où vont se » heurter les deux puissants du jour. Cn. Pompée est décidé » à ne pas souffrir que César soit consul avant d'avoir remis » son armée et ses provinces, et César se persuade qu'il n'y » a pour lui de salut qu'en gardant son armée; il consent » toutefois, si la condition de quitter le commandement » devient réciproque. Ainsi ces effusions de tendresse et » cette alliance tant redoutée aboutiront non pas à une ani- » mosité occulte, mais à une guerre ouverte. Pour ce qui » me touche, je ne sais guère quel parti prendre dans cette » conjoncture, et je ne doute pas que cette perplexité ne nous » soit commune. Dans l'un des partis, j'ai des obligations » de reconnaissance et des amitiés; dans l'autre, c'est la » cause et non les hommes que je hais. Mes principes, que » vous partagez sans doute, sont ceux-ci : dans les dissen- » sions intérieures, tant que les choses se passent entre » citoyens sans armes, préférer le plus honnête parti; mais, » quand la guerre éclate et que deux camps sont en pré- » sence, se mettre avec le plus fort, chercher la raison » là où se trouve la sûreté. Or que vois-je ici? D'un côté, » Pompée avec le sénat et la magistrature; de l'autre, » César avec tout ce qui a quelque chose à craindre ou à » convoiter. Nulle comparaison possible quant aux armées. » Plaise aux dieux qu'on nous laisse le temps de peser les » forces respectives et de faire notre choix [1] ! » Cœlius ne fut pas longtemps à faire le sien : il embrassa le parti de César [2].

---

[1] Cœlius à Cicéron, *Lettres familières*, VIII, xiv.
[2] Cicéron, *Lettres à Atticus*, VII, iii.

Cette appréciation d'un contemporain était certainement partagée par un grand nombre de personnes qui, sans convictions bien arrêtées, étaient prêtes à se ranger du côté du plus fort. Cicéron, qui revenait en Italie [1], avait la même tendance; toutefois il éprouvait un extrême embarras. Non-seulement il était lié avec les deux adversaires, mais César lui avait prêté une somme considérable, et cette dette lui pesait comme un remords [2]. Après avoir ardemment désiré quitter son commandement par crainte de la guerre contre les Parthes, il allait tomber au milieu des préparatifs d'une guerre civile bien autrement dangereuse. Aussi, lorsque, arrivé en Grèce, il crut, sur de faux bruits, que César avait fait pénétrer quatre légions dans Plaisance, sa première pensée fut de s'enfermer dans la citadelle d'Athènes [3]. Quand enfin il fut de retour en Italie, il se félicita d'être en instance pour obtenir les honneurs du triomphe, parce qu'alors l'obligation de rester hors de Rome le dispensait de se prononcer entre les deux rivaux.

[1] Cicéron débarqua à Brindes le 7 des calendes de décembre 704. (Cicéron, *Lettres à Atticus*, VII, II.)

[2] « Je reçois de César des lettres flatteuses; Balbus m'en écrit tout autant de sa part. Je suis bien résolu à ne pas m'écarter d'un doigt du chemin de l'honneur; mais vous savez si je suis encore en reste avec César. Pensez-vous que j'aie à craindre qu'on ne me reproche ma dette, si j'opine pour lui seulement en douceur, et, si je me roidis, qu'on ne me la réclame tout haut? Que faire? Le payer, me direz-vous. Eh bien! j'emprunterai à Cœlius. Pensez-y pourtant, je vous prie; car je m'attends bien que, s'il m'arrive de parler avec fermeté dans le sénat, votre bon ami de Tartessus viendra aussitôt me dire : « Payez donc ce que vous devez. » (Année 704, 9 décembre. Cicéron, *Lettres à Atticus*, VII, III.)

[3] « Qu'allons-nous devenir? J'ai bien envie de m'enfermer dans la citadelle d'Athènes, d'où je vous écris. » (Année 704. *Lettres à Atticus*, VI, IX.) — « Aussi, laissant aux fous l'initiative de la parole, je crois que je ferai bien de travailler à obtenir ce triomphe, ne fût-ce que pour avoir une raison de ne pas être dans Rome; mais on saura bien trouver le moyen de venir m'arracher mon opinion. Vous allez vous moquer de moi. Que je voudrais être resté dans ma province! » (*Lettres à Atticus*, VII, I.)

Il tenait par-dessus tout au triomphe, et, dans ses lettres, il pressait les grands personnages d'y faire consentir le sénat; mais Caton trouvait, comme beaucoup d'autres, que les exploits du proconsul en Cilicie ne méritaient point tant d'honneur, et il lui avait refusé de l'appuyer, tout en donnant force éloges à son caractère. César, moins rigide sur les principes, n'oubliant rien de ce qui pouvait flatter l'amour-propre des hommes importants, avait écrit à Cicéron pour lui promettre son concours et blâmer la sévérité de Caton [1].

Cependant le célèbre orateur ne se faisait pas illusion sur les ressources des deux partis. Lorsqu'il s'entretenait avec Pompée, l'assurance de cet homme de guerre le tranquillisait; mais, livré à ses propres méditations, il voyait bien que toutes les chances étaient du côté de César.

« Aujourd'hui, écrivait-il, César se trouve à la tête de
» onze légions (il oubliait les deux légions données à Pom-
» pée), sans compter la cavalerie, dont il aura tant qu'il
» voudra; il a pour lui les villes transpadanes, la populace
» de Rome, l'ordre entier des chevaliers, presque tous les
» tribuns, tout ce qu'il y a de jeunesse désordonnée, l'as-
» cendant de son nom glorieux, son audace extrême. Voilà
» l'homme qu'il faut combattre [2]. Il ne manque à ce parti
» qu'une bonne cause; le reste y abonde. Ainsi il n'y a rien
» qu'on ne doive faire plutôt que d'en venir à la guerre; le

---

[1] « Il a témoigné, ce que je ne lui demandais pas, de mon intégrité, de mon équité, de ma douceur, et il m'a refusé ce que j'attendais de lui. Aussi il faut voir comme César, dans la lettre où il me félicite et me promet tout, sait bien se prévaloir de cette abominable ingratitude de Caton! mais ce même Caton a fait accorder vingt jours à Bibulus : passez-moi d'être rancunier; c'est là une chose que je ne puis souffrir et que je ne lui pardonnerai jamais. » (Année 704, novembre. Cicéron, *Lettres à Atticus*, VII, II.)

[2] Année 704, décembre. Cicéron, *Lettres à Atticus*, VII, VII. — Les mots *ordre entier des chevaliers* ne sont point dans le texte, mais cela ressort de ce que dit Cicéron dans la même lettre.

« résultat en est toujours incertain, et combien n'est-il pas
» plus à redouter pour nous [1] ! »

Quant à son propre parti, il le définissait de la manière suivante : « Qu'entendez-vous par ces hommes du bon parti?
» Je n'en connais pas que je puisse nommer. J'en connais,
» si nous l'entendons de la classe entière des honnêtes gens;
» car individuellement, dans le vrai sens du mot, ils sont
» rares; mais dans les dissensions civiles, c'est la cause des
» honnêtes gens qu'il faut chercher où elle est. Est-ce le
» sénat qui est ce bon parti, le sénat qui laisse les provinces
» sans gouverneurs? Jamais Curion n'aurait résisté si l'on
» s'était mis à lui tenir tête; mais le sénat n'en a rien fait, et
» l'on n'a pu donner à César un successeur. Sont-ce les che-
» valiers, qui n'ont jamais été d'un patriotisme très-solide,
» et qui aujourd'hui sont tout dévoués à César? Sont-ce les
» gens de commerce ou ceux de la campagne, qui ne deman-
» dent qu'à vivre en repos? Croirons-nous qu'ils redoutent
» beaucoup de voir le pouvoir d'un seul, eux à qui tout
» gouvernement est bon, dès lors qu'ils sont tranquilles [2]? »

Plus la situation devenait grave, plus les hommes sages inclinaient vers le parti de la paix. Pompée s'était encore absenté de Rome pour quelques jours; il se montrait fort irrité de l'arrogance du tribun Marc-Antoine, qui, dans un discours devant le peuple, l'avait attaqué avec violence. Il paraissait aussi très-blessé du manque d'égards d'Hirtius, cet ami de César, qui était venu à Rome sans lui rendre visite [3]. L'absence de Pompée dans des moments si critiques avait été généralement blâmée [4]; mais il fut bientôt de retour; ses résolutions étaient arrêtées.

[1] Année 704, décembre. Cicéron, *Lettres à Atticus*, VII, III.
[2] Année 704, décembre. Cicéron, *Lettres à Atticus*, VII, VII.
[3] Cicéron, *Lettres à Atticus*, VII, IV.
[4] « La situation de la République m'inspire de jour en jour plus d'inquié-tude. Les honnêtes gens ne sont pas d'accord autant qu'on le croit. Que de

« J'ai vu Pompée, écrivait Cicéron à son ami, le 6 des
» calendes de décembre. Nous sommes allés ensemble à
» Formies et nous nous sommes entretenus seuls depuis deux
» heures jusqu'au soir. Vous me demandez s'il y a quelque
» espérance d'accommodement; autant que j'en ai pu juger
» par ce qu'il m'a dit dans un long entretien rempli de
» détails, on n'en a pas même envie. Il prétend que, si César
» obtient le consulat, même après avoir congédié son armée,
» il y aura un bouleversement dans l'État. Il est d'ailleurs
» persuadé que, lorsque César saura qu'on se met en mesure
» contre lui, il laissera là le consulat pour cette année et
» qu'il aimera mieux garder son armée et sa province; il a
» ajouté que ses fureurs ne lui feraient pas peur et que
» Rome et lui sauraient bien se défendre. Que voulez-vous
» que je vous dise? Quoique le grand mot, *Mars a des chances*
» *égales pour tous*, me revînt souvent à l'esprit, je me sentais
» rassuré en entendant un homme valeureux, si habile et si
» puissant, raisonner en politique sur les dangers d'une
» fausse paix. Nous avons lu ensemble la harangue d'Antoine,
» du 10 des calendes de janvier, laquelle est, tout d'une
» pièce, une accusation contre Pompée, qu'il prend comme
» dès la toge de l'enfance. Il lui reproche des condamnations
» par milliers; il nous menace de la guerre. Sur quoi Pompée
» me disait : « Que ne fera point César, une fois maître de la
» République, si son questeur, un homme sans biens, sans
» appui, ose parler de la sorte! » En un mot, loin de désirer
» une telle paix, il m'a paru la craindre, peut-être parce
» qu'il faudrait alors qu'il s'en allât en Espagne. Ce qui me

chevaliers romains, que de sénateurs n'ai-je pas entendus déclamer contre
Pompée, notamment pour ce malheureux voyage! C'est la paix qu'il nous faut.
Toute victoire sera funeste et fera surgir un tyran. Oui, je suis de ceux qui
pensent que mieux vaut en passer par tout ce qu'il demande (César) que d'en
appeler aux armes. C'est s'y prendre trop tard pour lui résister, quand depuis
dix ans nous n'avons fait que lui donner de la force contre nous. » (Année 704,
décembre. Cicéron, *Lettres à Atticus*, VII, v.)

» fâche le plus, c'est que je serai obligé de rembourser
» César, et de mettre là tout l'argent que je destinais à mon
» triomphe, car il serait honteux de rester débiteur d'un
» adversaire politique [1]. » Par cette déclaration, Cicéron démontre, de la manière la plus positive, que Pompée voulait la guerre et repoussait tout rapprochement; il le répète ailleurs avec plus de précision encore.

Pompée, entraîné par la marche fatale des événements à combattre les justes demandes de César, qu'il avait d'abord favorisées, en était réduit à désirer la guerre civile.

Lui et les siens n'étaient pas arrivés à cette extrémité sans froisser le plus souvent la volonté du sénat, sans blesser le sentiment public et sans sortir de la légalité. Au commencement de 703, lorsque Marcellus avait proposé de rappeler César avant le temps légal, le sénat, réuni en grand nombre, avait passé à l'ordre du jour [2], et pendant le reste de l'année il s'était montré déterminé à ne rien entreprendre contre le proconsul des Gaules. Il avait rejeté une seconde fois la proposition de Marcellus, renouvelée le 1er mars 704, et par la suite le sénat avait témoigné de dispositions favorables à César. Cependant on en vient bientôt à méconnaître la loi qui lui permet de garder son commandement jusqu'aux comices consulaires de 705; après bien des hésitations, le sénat décide que César et Pompée licencieront en même temps leurs armées, mais le décret n'est pas exécuté; les passions s'animent, les mesures les plus arbitraires sont proposées, les tribuns intercèdent : leur veto est regardé comme non avenu. Alors, sans provoquer de sénatus-consulte, sans faire appel au peuple, les consuls chargent Pompée de lever des troupes et de veiller au salut de la République. C'est le parti aristocratique qui se place au-dessus de la loi et met le droit du côté de César.

[1] Année 704, décembre. Cicéron, *Lettres à Atticus*, VII, VIII.
[2] « Senatus frequens in alia transiit. » (*Guerre des Gaules*, VIII, XLIII.)

CHAPITRE DIXIÈME.

ÉVÉNEMENTS DU COMMENCEMENT DE L'AN 705.

C. Claudius Marcellus et L. Cornelius Lentulus, consuls.

I. Dans le courant de l'été, on se le rappelle, César était revenu à Arras, au milieu de son armée, campée au nord de la Gaule. Il était informé de ce qui se tramait à Rome; il savait que ses ennemis ne voulaient entrer dans aucun arrangement, mais il espérait encore que le sénat maintiendrait la balance égale entre lui et son rival, car cette assemblée avait déjà manifesté ses tendances pacifiques et semblait même ne pas vouloir intervenir dans la querelle[1]. Il retourna pendant l'hiver de 704 à 705 dans la Gaule cisalpine, y présida, suivant sa coutume, les assemblées provinciales, et s'arrêta à Ravenne, dernière ville de son commandement[2]. Il n'avait à sa disposition que la 13ᵉ légion, forte de 5,000 hommes et de 300 chevaux[3]; presque toute son armée, au nombre de huit légions, était restée en quartiers d'hiver dans la Belgique et dans la Bourgogne[4].

C'est à Ravenne que Curion, dont l'année de tribunat était expirée en décembre 704[5], vint le rejoindre en grande diligence. César le reçut à bras ouverts, le remercia de son dévouement et conféra avec lui sur les mesures à prendre. Curion lui proposa d'appeler les autres légions qu'il avait

---

[1] « Neque senatu interveniente. » (*Guerre des Gaules*, VIII, IV.)

[2] Suétone, *César*, XXX.

[3] Appien, *Guerres civiles*, II, XXXII. — Plutarque, *César*, XLI; — *Pompée*, LXXXV.

[4] *Guerre des Gaules*, VIII, LIV.

[5] Elle finissait avant l'année consulaire.

au delà des Alpes et de marcher sur Rome; mais César ne goûta pas cet avis, toujours persuadé qu'on parviendrait à s'entendre. Il engagea ses amis [1] de Rome à présenter un plan d'accommodement approuvé, disait-on, par Cicéron, et que Plutarque attribue expressément à ce dernier : César aurait cédé la Gaule transalpine, et il aurait gardé la Cisalpine, l'Illyrie avec deux légions, jusqu'à ce qu'il eût obtenu le consulat. On prétendait même qu'il se contenterait de l'Illyrie seule avec une légion [2]. « Il fit les plus grands » efforts, dit Velleius Paterculus [3], pour que la paix fût » maintenue : les amis de Pompée se refusèrent à tout ce qui » fut offert. » — « Les apparences de la justice, dit Plu- » tarque, étaient du côté de César. » La négociation ayant échoué, il chargea Curion de porter au sénat une lettre, pleine d'impudence selon Pompée, pleine de menaces selon Cicéron [4], bien faite au contraire, suivant Plutarque, pour attirer la multitude dans le parti de César [5].

Curion, après avoir parcouru en trois jours 1,300 stades (210 kilomètres), reparut dans cette assemblée le jour même de l'installation des nouveaux consuls, aux calendes de janvier 705. Il ne leur remit pas, selon l'usage, la lettre dont il était porteur, de crainte qu'ils ne voulussent pas la communiquer ; et, en effet, ils s'opposèrent d'abord à ce qu'on en donnât lecture ; mais deux tribuns du peuple dévoués à César, Marc-Antoine, son ancien questeur, et Q. Cassius, insistèrent avec tant de force, que les nouveaux consuls ne purent s'y refuser [6].

[1] Drumann pense que c'est à tort que les Commentaires parlent de Fabius.
[2] Plutarque, *Pompée*, LIX. — Appien, *Guerres civiles*, II, XXXII.
[3] Velleius Paterculus, II, XLIX.
[4] Cicéron, *Lettres à Atticus*, VII, IX.
[5] Plutarque, *Pompée*, LXIII.
[6] Plutarque (*Pompée*, LIX) prétend même qu'ils en firent la lecture devant le peuple.

César, après avoir rappelé ce qu'il avait fait pour la République, se justifiait des imputations répandues contre lui par ses ennemis. En protestant de son respect pour le sénat, il déclarait être prêt à résigner ses fonctions proconsulaires, et à licencier son armée ou à la remettre à son successeur, pourvu que Pompée en fît autant. On ne pouvait exiger qu'il se livrât désarmé à ses ennemis, qui demeuraient en armes, et qu'il donnât seul l'exemple de la soumission. Il ne parlait pas cette fois de ses prétentions au consulat; la grande question de savoir si Pompée et lui garderaient leur armée dominait toutes les autres. La fin de la lettre témoignait d'un vif ressentiment. César y annonçait que, si on ne lui rendait pas justice, il saurait bien, en se vengeant lui-même, venger aussi la patrie. Cette dernière expression, qui ressemblait fort à une menace, excita les plus vives réclamations. « C'est la guerre qu'il déclare, » s'écria-t-on, et l'irritation fut à son comble[1]. On ne put obtenir de délibération sur aucune de ses propositions.

Lentulus entraîne le sénat contre César.

II. Le consul L. Lentulus, dans un discours véhément, engagea le sénat à montrer plus de courage et de fermeté : il promit de le soutenir et de défendre la République; « si, » au contraire, l'assemblée, en ce moment critique, man- » quait d'énergie; si, comme par le passé, elle entendait » ménager César et se concilier ses bonnes grâces, ce serait » fait de son autorité; pour sa part, il s'empresserait de s'y » soustraire et ne prendrait plus conseil que de lui-même. » Après tout, lui aussi peut gagner l'amitié et la faveur de » César. » Scipion parla dans le même sens : « Pompée, » dit-il, ne fera pas défaut à la République s'il est suivi par » le sénat; mais si l'on hésite, si l'on agit avec faiblesse, » vainement le sénat implorera désormais son secours. » Ce

---

[1] Appien, *Guerres civiles*, II, xxxii.

langage de Scipion semblait être l'expression de la pensée de Pompée, qui était aux portes de la ville avec son armée. Des avis plus modérés furent ouverts. M. Marcellus demanda que, avant de rien statuer, le sénat rassemblât des troupes des divers points de l'Italie pour assurer l'indépendance de ses délibérations; M. Calidius, que Pompée se retirât dans sa province pour ôter tout motif de guerre, car César devait craindre de voir employer contre lui les deux légions enlevées à son commandement et retenues sous les murs de Rome; M. Rufus opina à peu près dans les mêmes termes. Lentulus éclata aussitôt en violents reproches contre les derniers orateurs; il leur fit honte de leur défaillance et refusa de faire voter sur la proposition de Calidius. Marcellus, effrayé, retira la sienne. Il se passa alors un de ces revirements étranges si fréquents dans les assemblées révolutionnaires : les violentes apostrophes de Lentulus, les menaces proférées par les partisans de Pompée, la terreur qu'inspirait la présence d'une armée sous les murs de Rome, exercèrent une irrésistible pression sur l'esprit des sénateurs, qui, malgré eux, adoptèrent l'avis de Scipion, et décrétèrent : « que, si César ne licenciait pas son armée » au jour prescrit, il serait déclaré ennemi de la Répu- » blique [1]. »

Marc-Antoine et Q. Cassius, tribuns du peuple, s'opposent au décret [2]. Aussitôt on fait un rapport sur leur opposition, en invoquant la décision prise l'année précédente par le sénat; de graves mesures sont proposées : plus elles sont violentes, plus les ennemis de César applaudissent. Sur le soir, après la séance, Pompée convoque les sénateurs dans ses jardins; il leur distribue l'éloge et le blâme, encourage les uns, intimide les autres. En même

---

[1] César, *Guerre civile*, I, I.
[2] Cicéron, *Lettres familières*, VIII, VIII.

temps il rappelle de toutes parts un grand nombre de ses vétérans, leur promettant des récompenses et des grades. Il s'adresse même aux soldats des deux légions qui avaient fait partie de l'armée de César [1].

La ville est dans une agitation extrême. Le tribun Curion revendique le droit méconnu des comices. Les amis des consuls, les adhérents de Pompée, tous ceux qui nourrissaient de vieilles haines contre César, se précipitent vers le sénat, réuni de nouveau. Leurs clameurs et leurs menaces enlèvent à cette assemblée toute liberté de décision. Les propositions les plus diverses se succèdent. Le censeur L. Pison et le préteur Roscius offrent de se rendre près de César pour l'instruire de ce qui se passe; ils ne demandent qu'un délai de six jours. D'autres veulent que des députés soient chargés d'aller lui exposer la volonté du sénat.

Toutes ces motions sont rejetées. Caton, Lentulus et Scipion redoublent de violence. D'anciennes inimitiés et la honte de son récent échec dans les élections consulaires animent Caton. Lentulus, accablé de dettes, espère les honneurs et les richesses; il se vante, parmi les siens, de devenir un autre Sylla et maître de l'empire [2]. Scipion se berce d'une ambition aussi chimérique. Enfin Pompée, qui ne veut point d'égal, désire la guerre, seule issue aux inconséquences de sa conduite [3], et ce soutien de la République se fait appeler, comme Agamemnon, le roi des rois [4].

Les consuls proposent au sénat un deuil public, afin de frapper l'imagination du peuple et de lui montrer la patrie en danger. Marc-Antoine et son collègue Cassius inter-

---

[1] César, *Guerre civile*, I, III.

[2] Les Livres sibyllins avaient prédit l'empire de Rome à trois Cornelius : L. Cornelius Cinna avait été consul; Sylla, dictateur; Cornelius Lentulus espérait être le troisième.

[3] César, *Guerre civile*, I, III-IV.

[4] Plutarque, *Pompée*, LXXII.

cèdent; mais on ne s'arrête pas à leur opposition. Le sénat se réunit en habits de deuil, résolu d'avance à toutes les mesures de rigueur. Les tribuns, de leur côté, annoncent qu'ils feront usage de leur droit de veto. Au milieu de cette excitation générale, leur opiniâtreté n'est plus considérée comme un droit de leur charge, mais comme une preuve de complicité; et d'abord on met en délibération les mesures à prendre contre leur opposition. Marc-Antoine est le plus audacieux; le consul Lentulus l'interpelle avec colère, et lui enjoint de quitter la curie, « où, dit-il, son caractère sacré » ne le préservera pas plus longtemps du châtiment que lui » mérite sa conduite hostile à la République. » Alors Marc-Antoine, se levant impétueusement, prend les dieux à témoin qu'on viole en sa personne les priviléges de la puissance tribunitienne. « On nous outrage, s'écrie-t-il, on nous » traite comme des meurtriers. Vous voulez des proscrip- » tions, des massacres, des incendies. Que tous ces maux » que vous vous êtes attirés retombent sur vos têtes! » Puis, prononçant les formules d'exécration, qui avaient toujours le pouvoir de frapper les esprits superstitieux, il quitte la curie, suivi de Q. Cassius, de Curion et de M. Cœlius [1]. Il était temps : la curie allait être cernée par un détachement de troupes qui déjà s'avançait [2]. Ils sortirent tous les quatre de Rome dans la nuit du 6 au 7 janvier, sous des habits d'esclaves, dans un chariot ordinaire, et gagnèrent les quartiers de César [3].

Les jours suivants le sénat se réunit hors de la ville. Pompée y répète ce qu'il a fait dire par Scipion. Il applaudit au courage et à la fermeté de l'assemblée; il énumère ses forces, se vante d'avoir dix légions, dont six en Espagne et

---

[1] Cicéron, *Lettres familières*, XVI, 11; — *Philippiques*, II, xxi, xxii.
[2] Plutarque, *Antoine*, vii. — Dion-Cassius, XLI, ii, iii.
[3] Plutarque, *Antoine*, vii. — Appien, *Guerres civiles*, II, xxxiii.

quatre en Italie[1]. Dans sa conviction, l'armée n'est point dévouée à César, et elle ne le suivra pas dans ses entreprises téméraires. D'ailleurs oserait-il, avec une seule légion, affronter les forces du sénat? Avant qu'il ait eu le temps de faire venir ses troupes qui sont au delà des Alpes, Pompée aura rassemblé une armée formidable[2]. Alors le sénat déclare la patrie en danger (c'était le 18 des ides de janvier), mesure suprême, réservée pour les grandes calamités publiques, et le soin de veiller à ce que la République ne reçoive aucun dommage est confié aux consuls, aux proconsuls, aux préteurs, aux tribuns du peuple. Aussitôt tout ce parti, dont l'exaltation a poussé Pompée et le sénat à la guerre civile, se jette sur les dignités, sur les honneurs, sur les gouvernements de provinces comme sur autant de proies. L'Italie est divisée en grands commandements[3], que les chefs principaux se partagent. Cicéron, toujours prudent, choisit la Campanie, comme plus éloignée du théâtre de la guerre. On envoie en Étrurie Scribonius Libon[4]; sur la côte du Picenum, P. Lentulus Spinther[5]; P. Attius Varus à Auximum et Cingulum[6]; en Ombrie, Q. Minucius Thermus[7]. Par une fausse interprétation de la loi qui permet de choisir les proconsuls parmi les magistrats qui ont depuis cinq années résigné leurs fonctions, on partage arbitrairement les provinces consulaires et prétoriennes : on donne la Syrie à Metellus Scipion, la Gaule transalpine à L. Domitius Ahenobarbus, la Cisalpine à Considius Nonianus, la Sicile

---

[1] Cicéron, *Lettres familières*, XVI, xii.
[2] Appien, *Guerres civiles*, II, xxxiv.
[3] Cicéron, *Lettres familières*, XVI, xi.
[4] Florus, IV, ii.
[5] César, *Guerre civile*, I, xv. — Cicéron, *Lettres à Atticus*, VII, xxiii.
[6] César, *Guerre civile*, I, vii. — Cicéron, *Lettres à Atticus*, VII, xiii.
[7] César, *Guerre civile*, I, xii. — Cicéron, *Lettres à Atticus*, VII, xiii. — Lucain, *Pharsale*, II, vers 463.

à Caton, la Sardaigne à M. Aurelius Cotta, l'Afrique à
L. Ælius Tubernon, la Cilicie à P. Sextius[1]. L'obligation
d'une loi curiate pour légitimer leur pouvoir est regardée
comme inutile. Leurs noms ne sont point tirés au sort; on
n'attend pas, suivant l'ordre établi, que le peuple ait ratifié
leur élection et qu'ils aient revêtu l'habit de guerre, après
avoir prononcé les vœux d'usage. Les consuls, contre la
coutume, sortent de la ville; des hommes étrangers jusque-
là à toute haute fonction se font précéder de licteurs dans
Rome et au Capitole. On propose de déclarer le roi Juba
ami et allié du peuple romain. Qu'importe qu'il soit ou non
dévoué à la domination romaine, pourvu qu'il devienne un
auxiliaire utile pour la guerre civile! On décrète une levée
de 130,000 hommes en Italie. On met à la disposition de
Pompée toutes les ressources du trésor public; on prend
l'argent enfermé dans les temples, et, s'il est insuffisant, les
biens des particuliers eux-mêmes seront employés à la solde
des troupes. Au milieu de ce bouleversement subit, les droits
divins et humains sont également foulés aux pieds[2]. Et
cependant, quelques jours s'étaient à peine écoulés, « que
» le sénat, dit Appien, se repentait de ne pas avoir accepté
» les conditions de César, dont il sentait la justice dans un
» moment où la crainte le ramenait, de l'exaltation de l'es-
» prit de parti, aux conseils de la sagesse[3]. »

César harangue ses troupes.

III. Pendant qu'à Rome tout était confusion, et que Pompée, chef nominal de son parti, en subissait les exigences et
les impulsions diverses, César, maître de lui-même et libre
dans ses résolutions, attendait tranquillement à Ravenne

---

[1] César, *Guerre civile*, I, vi, xxx. — Cicéron, *Lettres familières*, V,
xx; XVI, xii; — *Lettres à Atticus*, X, xvi. — Suétone, *César*, xxxiv.

[2] Cicéron, *Lettres familières*, XV, xi. — Appien, *Guerres civiles*, II,
xxxiv. — César, *Guerre civile*, I, vii.

[3] Appien, *Guerres civiles*, II, xxxvi.

que là fougue irréfléchie de ses ennemis vînt se briser contre sa fermeté et son bon droit. Les tribuns du peuple Marc-Antoine et Q. Cassius, accompagnés de Curion et de M. Cœlius, accourent près de lui[1]. A la nouvelle des événements de Rome, il envoie des courriers au delà des monts pour réunir son armée; mais, sans l'attendre, il assemble la 13ᵉ légion, la seule qui eût passé les Alpes; il rappelle en peu de mots à ses soldats les outrages anciens, les injustices récentes dont il est victime.

« Le peuple l'avait autorisé à briguer, quoique absent, un nouveau consulat, et, dès qu'il crut devoir profiter de cette faveur, on s'y opposa. On lui a demandé, dans l'intérêt de la patrie, de se dépouiller de deux légions, et, lorsqu'il en a fait le sacrifice, c'est contre lui qu'on les emploie. On a méprisé les décrets du sénat et du peuple, légalement rendus, et d'autres décrets ont été sanctionnés malgré l'opposition des tribuns. Ce droit d'intercession, que Sylla même avait respecté, on n'en a tenu aucun compte, et c'est sous des habits d'esclaves que les représentants du peuple romain viennent chercher un refuge dans son camp. Toutes ses propositions de conciliation ont été repoussées. Ce qu'on lui a refusé, on l'a accordé à Pompée, qui, entraîné par une malignité envieuse, a rompu les liens d'une ancienne amitié. Enfin quel prétexte pour déclarer la patrie en danger et appeler aux armes le peuple romain? Est-on en face d'une révolte populaire, d'une violence tribunitienne comme au temps des Gracques, ou d'une invasion des barbares comme au temps de Marius? D'ailleurs aucune loi n'a été promulguée, aucune proposition soumise à la sanction du peuple; *tout ce qui a été fait sans le peuple est illégitime*[2]. Que les

---

[1] Les Commentaires disent, il est vrai, que les tribuns du peuple rejoignirent César à Rimini; mais il est plus probable que ce fut à Ravenne, ainsi que le rapporte Appien (II, xxxiii), ou dans son camp, entre Ravenne et Rimini.

[2] Paroles de la proclamation de l'empereur Napoléon débarquant au golfe Juan en 1815.

soldats défendent donc le général sous lequel ils ont, pendant neuf ans, servi la République avec tant de bonheur, gagné tant de batailles, subjugué la Gaule entière, dompté les Germains et les Bretons, car ses ennemis sont les leurs, et son élévation, comme sa gloire, est leur ouvrage. »

D'unanimes acclamations répondent à ce discours de César. Les soldats de la 13ᵉ légion déclarent qu'ils sont prêts aux derniers sacrifices; ils vengeront de tous les outrages leur général et les tribuns du peuple; comme preuve de son dévouement, chaque centurion offre d'entretenir un cavalier à ses frais; chaque soldat, de servir gratuitement, les plus riches se chargeant des plus pauvres; et pendant toute la guerre civile, affirme Suétone, aucun ne manqua à cet engagement[1]. Voilà quel était le dévouement de l'armée; seul, Labienus, que César affectionnait particulièrement, qu'il avait comblé de ses bienfaits, déserta la cause du vainqueur des Gaules, et passa à Pompée[2]. Cicéron et son parti crurent que ce transfuge allait leur apporter une grande force. Labienus[3], général habile sous César, ne fut que médiocre dans le camp opposé. Les défections n'ont jamais grandi personne!

César est forcé à la guerre civile.

IV. Le moment suprême était arrivé. César en était réduit à cette alternative, de se maintenir à la tête de son armée malgré le sénat, ou de se livrer à ses ennemis, qui lui auraient réservé le sort des complices de Catilina, condamnés à mort, s'il n'était pas, comme les Gracques, Saturninus

---

[1] Suétone, *César*, LXVIII.

[2] Cicéron, *Lettres à Atticus*, VII, XII.

[3] « César vient de recevoir un coup terrible : T. Labienus, qui avait tant d'influence dans son armée, n'a pas voulu se rendre son complice : il l'a quitté et s'est joint à nous. Cet exemple aura de nombreux imitateurs. » (Cicéron, *Lettres familières*, XVI, XII.) — « Labienus regarde César comme tout à fait hors d'état de soutenir la lutte. » (Cicéron, *Lettres à Atticus*, VII, XVI.)

et tant d'autres, tué dans une émeute. Ici se pose naturellement cette question : César, qui si souvent avait affronté la mort sur les champs de bataille, ne devait-il pas aller l'affronter à Rome sous une autre forme, et renoncer à son commandement, plutôt que d'engager une lutte qui devait jeter la République dans tous les déchirements d'une guerre civile? Oui, si par son abnégation il pouvait arracher Rome à l'anarchie, à la corruption, à la tyrannie. Non, si cette abnégation devait compromettre ce qui lui tenait le plus à cœur, la régénération de la République. César, comme les hommes de sa trempe, faisait peu de cas de la vie, et encore moins du pouvoir pour le pouvoir lui-même; mais, chef du parti populaire, il sentait une grande cause se dresser derrière lui; elle le poussait en avant et l'obligeait à vaincre en dépit de la légalité, des imprécations de ses adversaires et du jugement incertain de la postérité. La société romaine en dissolution demandait un maître; l'Italie opprimée, un représentant de ses droits; le monde, courbé sous le joug, un sauveur. Devait-il, en désertant sa mission, tromper tant de légitimes espérances, tant de nobles aspirations? Eh quoi! César, redevable au peuple de toutes ses dignités, et se renfermant dans son droit, se serait retiré devant Pompée, qui, devenu l'instrument docile d'une minorité factieuse du sénat, foulait aux pieds le droit et la justice; devant Pompée, qui, de l'aveu même de Cicéron, aurait été, après sa victoire, un despote cruel, vindicatif, et eût laissé exploiter l'univers dans l'intérêt de quelques familles, incapable d'ailleurs d'arrêter la décadence de la République, et de fonder un ordre de choses assez solide pour retarder de plusieurs siècles l'invasion des barbares! Il aurait reculé devant un parti qui lui faisait un crime de réparer les maux causés par les fureurs de Sylla et les rigueurs de Pompée en rappelant les exilés[1]; de donner

---

[1] « Est-ce tenir à l'honneur... (de la part de César) de ne rêver qu'aboli-

des droits aux peuples d'Italie; de distribuer des terres aux pauvres et aux vétérans, et d'assurer, par une administration équitable, la prospérité des provinces! c'eût été insensé. La question n'avait pas les proportions mesquines d'une querelle entre deux généraux se disputant le pouvoir : c'était la rencontre décisive entre deux causes ennemies, entre les privilégiés et le peuple; c'était la continuation de la lutte formidable de Marius et de Sylla [1]!

Il y a des circonstances impérieuses qui condamnent les hommes politiques soit à l'abnégation, soit à la persévérance. Tenir au pouvoir lorsqu'on ne saurait plus faire le bien, et que, représentant du passé, on ne compte, pour ainsi dire, de partisans que parmi ceux qui vivent des abus, c'est une obstination déplorable; l'abandonner lorsqu'on est le représentant d'une ère nouvelle et l'espoir d'un meilleur avenir, c'est une lâcheté et un crime.

César passe le Rubicon.

V. César a pris son parti. Il a commencé la conquête des Gaules avec quatre légions; il va commencer celle de l'univers avec une seule. Il lui faut d'abord s'emparer à l'improviste d'Ariminum (*Rimini*), première place importante de l'Italie, du côté de la Cisalpine. A cet effet, il envoie en avant un détachement composé de soldats, de centurions éprouvés et commandés par Q. Hortensius; il échelonne une partie de sa cavalerie sur la route [2]. Le soir arrivé, sous prétexte d'une indisposition, il quitte ses officiers, qui étaient à table, monte dans un char avec quelques amis et va rejoindre son avant-garde. Parvenu près du Rubicon, ruisseau qui formait la limite de son gouvernement et que

---

tion de dettes, rappel d'exilés et tant d'autres attentats? » (Cicéron, *Lettres à Atticus*, VII, xi.)

[1] « Un pouvoir à la Sylla, voilà ce que Pompée envie, et tout ce que veulent ceux dont il est entouré. » (Cicéron, *Lettres à Atticus*, VIII, xi.)

[2] Appien, *Guerres civiles*, II, xxxv. — Plutarque, *César*, xxxv.

les lois lui défendaient de franchir, il s'arrête un moment comme frappé de terreur; il communique ses appréhensions à Asinius Pollion et à ceux qui l'entourent. Une comète s'est montrée dans le ciel [1]; il prévoit les malheurs qui vont fondre sur l'Italie et se rappelle le songe qui, la nuit précédente, était venu oppresser son esprit : il avait rêvé qu'il violait sa mère. La patrie n'était-elle pas en effet sa mère; et, malgré la justice de sa cause et la grandeur de ses desseins, son entreprise un attentat contre elle? Mais les augures, ces interprètes flatteurs de l'avenir, affirment que ce songe lui promet l'empire du monde : cette femme qu'il a vue renversée n'est autre que la terre, mère commune de tous les mortels [2]. Puis tout à coup une apparition frappe, dit-on, les yeux de César : c'est un homme de haute stature, entonnant sur la trompette des airs guerriers et l'appelant sur l'autre rive. Toute hésitation cesse; il se porte en avant et passe le Rubicon en s'écriant : « Le sort en est jeté! allons » où m'appellent les prodiges des dieux et l'iniquité de mes » ennemis [3]. » Bientôt il arrive à Ariminum, dont il s'empare sans coup férir. La guerre civile est commencée!

Le véritable auteur de la guerre, a dit Montesquieu, n'est pas celui qui la déclare, mais celui qui la rend nécessaire. Il n'est pas donné à un homme, malgré son génie et sa puissance, de soulever à son gré les flots populaires; cependant, quand, désigné par la voix publique, il apparaît au milieu de la tempête qui met en péril le vaisseau de l'État, lui seul alors peut diriger sa course et le conduire au port. César n'était donc pas l'instigateur de cette profonde perturbation de la société romaine, il était devenu le pilote indispensable. S'il en eût été autrement, lorsqu'il disparut tout serait rentré dans l'ordre; au contraire, sa mort livra

---

[1] Lucain, *Pharsale*, I, vers 526.
[2] Suétone, *César*, VII. — Plutarque, *César*, XXXVII.
[3] Suétone, *César*, XXXII.

l'univers entier à toutes les horreurs de la guerre. L'Europe, l'Asie, l'Afrique, furent le théâtre de luttes sanglantes entre le passé et l'avenir, et le monde romain ne retrouva de calme que lorsque l'héritier de son nom eut fait triompher sa cause. Mais il ne fut plus possible à Auguste de refaire l'ouvrage de César; quatorze années de guerre civile avaient épuisé les forces de la nation et usé les caractères; les hommes imbus des grands principes du passé étaient morts; les survivants avaient alternativement servi tous les partis; pour réussir, Auguste lui-même avait pactisé avec les assassins de son père adoptif; les convictions étaient éteintes, et le monde, aspirant au repos, ne renfermait plus les éléments qui eussent permis à César, comme il en avait l'intention, de rétablir la République dans son ancien lustre, ses anciennes formes, mais sur de nouveaux principes.

Aux Tuileries, le 20 mars 1866.

NAPOLÉON.

APPENDICES.

APPENDICE A.

CONCORDANCE DES DATES
DE
L'ANCIEN CALENDRIER ROMAIN AVEC LE STYLE JULIEN
POUR LES ANNÉES DE ROME 691-709.

BASES SUR LESQUELLES SONT FONDÉS LES TABLEAUX DE CONCORDANCE.

Avant la réforme julienne, l'année romaine comprenait 355 jours répartis en douze mois, savoir : Januarius, 29 jours; Februarius, 28; Martius, 31; Aprilis, 29; Maius, 31; Junius, 29; Quintilis, 31; Sextilis, 29; September, 29; October, 31; November, 29; December, 29.

Tous les deux ans on devait ajouter, après le vingt-troisième jour de février, une intercalation de 22 ou de 23 jours alternativement.

L'année moyenne étant ainsi trop forte de 1 jour, on devait retrancher 24 jours dans les huit dernières années d'une période de 24 ans. Nous n'aurons pas à tenir compte ici de cette correction.

L'intercalation paraît avoir été régulièrement suivie depuis l'an de Rome 691 (consulat de Cicéron) jusqu'en l'an 702, où elle fut de 23 jours. Au milieu des troubles, l'intercalation fut omise dans les années 704, 706 et 708.

Vers la fin de l'an 708, César remédia au désordre en plaçant extraordinairement, entre novembre et décembre, 67 jours, et en introduisant un nouveau mode d'intercalation.

L'année 708 est la dernière de la *confusion*.

L'année 709 est la première du style julien.

DONNÉES HISTORIQUES AUXQUELLES LA CONCORDANCE DOIT SATISFAIRE.

Cicéron rapporte qu'au commencement de son consulat la planète Jupiter éclairait tout le ciel. (*De Divin*. I, xi.) Cicéron entra en charge aux calendes de janvier de l'an 691 de Rome, c'est-à-dire au 14 décembre 64 avant Jésus-Christ. Jupiter avait atteint l'opposition onze jours auparavant, le 3 décembre [1].

---

[1] De La Nauze reporte cette opposition au 17 avril suivant. (*Académie des Inscriptions*, t. XXVI, 244.) Son calcul est inexact.

En l'an 691, le 5 des ides de novembre, dans sa seconde *Catilinaire*, x, Cicéron demande comment les compagnons efféminés de Catilina supporteront les frimas de l'Apennin, surtout dans ces nuits *déjà* longues (*his præsertim jam noctibus*)[1]. On est en effet au 15 octobre 63 avant Jésus-Christ. — Plus tard, dans son plaidoyer pour Sextius, parlant de la défaite de Catilina au commencement de janvier 692 (le milieu de décembre 63 avant Jésus-Christ), Cicéron assure que ce résultat est dû à Sextius, sans l'activité duquel on eût laissé à l'hiver le temps d'intervenir (*datus illo in bello esset hiemi locus*).

L'an 696 de Rome (58 avant Jésus-Christ), les Helvètes se donnent rendez-vous à Genève pour un jour déterminé : « is dies erat a. d. v kal. Aprilis. » (César, *Guerre des Gaules*, I, vi.) Cette date correspond au 24 mars julien, jour où tombait l'équinoxe du printemps. Les Helvètes avaient pris cette époque naturelle ; César l'a rapportée au calendrier romain [2].

En l'an 700 de Rome (54 avant Jésus-Christ), César, après sa seconde campagne en Bretagne, rembarque ses troupes, « quod æquinoctium suberat. » (*Guerre des Gaules*, V, xxiii.) Il en informe Cicéron le 6 des calendes d'octobre, 21 septembre julien. (Cicéron, *Lettres à Atticus*, IV, xvii.) L'équinoxe arriva le 26 septembre [3].

L'an 702, le 13 des calendes de février, c'est-à-dire le 30 décembre 53 avant Jésus-Christ, Clodius est tué par Milon. (Cicéron, *Discours pour Milon*, x.) — Pompée est créé consul pour la troisième fois le 5 des calendes de mars, *dans le mois intercalaire* (Asconius).

En l'an 703, Cicéron écrit à Atticus (V, xiii) : « Je suis arrivé à » Éphèse le 11 des calendes de sextilis (12 juillet 51 avant Jésus- » Christ), 560 jours après le combat de Bovilles ; » supputation exacte en comptant le jour du meurtre de Clodius et en portant à 23 jours l'intercalation de l'an 702 [4].

---

[1] De La Nauze, influencé par son faux calcul de l'opposition de Jupiter, veut que ces événements aient eu lieu à l'approche du printemps ; il ne prend pas garde à la particule *jam*. Ideler la supprime du texte latin.

[2] Dans le système d'Ideler, les Helvètes ne seraient partis que le 16 avril julien. On ne trouve point alors de place pour les nombreux événements survenus *sans que les blés fussent encore mûrs*. (César, *Guerre des Gaules*, I, xvi.)

[3] Le système d'Ideler (Voy. Korb, dans Orelli, *Onomasticum Tullianum*, t. I, p. 170), suivant lequel le 6 des calendes d'octobre serait tombé le 30 août julien, est manifestement en défaut. César ne se serait pas inquiété de l'équinoxe encore distant de 27 jours, lui qui, l'année précédente, trouvait bon de passer en Bretagne à la fin d'août.

[4] Le général de Gœler a voulu élever un nouveau système fondé sur ce que

En l'année 704, l'intercalation est omise. Les partisans de César la réclamèrent en vain. (Dion-Cassius, XL, LXI, LXII.)

En 705, Cicéron, qui hésite à rejoindre Pompée, écrit à Atticus, « a. d. XVII kal. Junii : Nunc quidem æquinoctium nos moratur, quod » valde perturbatum erat. » On était au 16 avril; l'équinoxe était passé depuis 21 jours, et les troubles atmosphériques pouvaient durer encore. Était-ce d'ailleurs autre chose qu'un prétexte pour Cicéron?

César s'embarque à Brindes la veille des nones de janvier 706. (*Guerre civile*, III, VI.) On est au 28 novembre 49 avant Jésus-Christ. « Gravis autumnus in Apulia circumque Brundusium... omnem exer- » citum valetudine tentaverat. » (*Guerre civile*, III, II, VI.) — « Bibulus » gravissima hieme in navibus excubabat. » (*Guerre civile*, III, VIII.) — « Jamque hiems appropinquabat. » (*Guerre civile*, III, IX.)

Après être venu à Rome vers la fin de l'an 707, César en repartit pour la guerre d'Afrique. Ce fut seulement à son retour, vers le milieu de l'an 708, qu'il put s'occuper de la réorganisation de la République et de la réforme du calendrier. Selon Dion-Cassius (XLIII, XXVI), « comme les jours des années ne concordaient pas » bien ensemble, César introduisit la manière actuelle de compter, » intercalant 67 jours nécessaires pour rétablir la concordance. » Quelques auteurs ont prétendu qu'il en intercala davantage; mais » voilà la vérité [1]. »

Quelle concordance s'agissait-il de rétablir ainsi? Les 67 jours *nécessaires* étaient précisément ce qu'il fallait ajouter pour qu'en l'an séculaire 700 de Rome le mois de mars julien coïncidât avec l'ancien mois de mars romain. Le mois de mars de l'année 700 de Rome est le véritable point de départ du style julien.

---

l'année romaine n'aurait eu que 354 jours. Suivant lui, cette réduction eût été nécessaire pour trouver les 560 jours dont parle Cicéron. L'auteur commet plus d'une erreur : entre autres, il attribue, sans y prendre garde, 29 jours au lieu de 27 au mois de février de l'an 703. (De Gœler, p. 91.)

[1] Suétone avait écrit : « César mit, pour cette fois, deux autres mois entre novembre et décembre, en sorte que l'année fut de quinze mois, y compris l'intercalaire, qui, en suivant l'usage, était tombé dans cette même année. » Censorin, adoptant ce sentiment, trouve que César intercala 90 jours en l'année 708. Mais Suétone nous a légué d'autres erreurs. Dion-Cassius, consul pour la seconde fois en l'an 229 après Jésus-Christ, avait puisé aux sources authentiques; il vaut mieux s'en tenir à son système, qui rétablit la concordance astronomique pour l'équinoxe en l'an 700, tandis qu'avec le système de Censorin on a vainement cherché ce que César avait pu se proposer.

JOURS DES MOIS JULIENS.	ANNÉE JULIENNE 64 AVANT J. C.				ANNÉE JULIENNE 63 AVANT J. C.			
	SEPTEMBRE.	OCTOBRE.	NOVEMBRE.	DÉCEMBRE.	JANVIER.	FÉVRIER.	MARS.	AVRIL.
	\multicolumn{8}{c}{AN DE ROME.}							
	690	690	690	690 / 691	691	691	691	691
1	XVI Kal. Oct.	XVII K. Nov.	XV Kal. Dec.	XIV Kal. Jan.	XII K. Febr.	IX Kal. Mart.	XII Kal. Apr.	X Kal. Maii
2	XV	XVI	XIV	XIII	XI	VIII	XI	IX
3	XIV	XV	XIII	XII	X	VII	X	VIII
4	XIII	XIV	XII	XI	IX	VI	IX	VII
5	XII	XIII	XI	X	VIII	V	VIII	VI
6	XI	XII	X	IX	VII	IV	VII	V
7	X	XI	IX	VIII	VI	III	VI	IV
8	IX	X	VIII	VII	V	Pridie	V	III
9	VIII	IX	VII	VI	IV	KAL. MART.	IV	Pridie
10	VII	VIII	VI	V	III	VI Nonas	III	KAL. MAII
11	VI	VII	V	IV	Pridie	V	Pridie	VI Nonas
12	V	VI	IV	III	KAL. FEBR.	IV	KAL. APR.	V
13	IV	V	III	Pridie	IV Nonas	III	IV Nonas	IV
14	III	IV	Pridie	KAL. JAN.	III	Pridie	III	III
15	Pridie	III	KAL. DEC.	IV Nonas	Pridie	Nonæ	Pridie	Pridie
16	KAL. OCT.	Pridie	IV Nonas	III	Nonæ	VIII Idus	Nonæ	Nonæ
17	VI Nonas	KAL. NOV.	III	Pridie	VIII Idus	VII	VIII Idus	VIII Idus
18	V	IV Nonas	Pridie	Nonæ	VII	VI	VII	VII
19	IV	III	Nonæ	VIII Idus	VI	V	VI	VI
20	III	Pridie	VIII Idus	VII	V	IV	V	V
21	Pridie	Nonæ	VII	VI	IV	III	IV	IV
22	Nonæ	VIII Idus	VI	V	III	Pridie	III	III
23	VIII Idus	VII	V	IV	Pridie	Idus	Pridie	Pridie
24	VII	VI	IV	III	Idus	XVII K. Apr	Idus	Idus
25	VI	V	III	Pridie	XVI K. Mart.	XVI	XVII K. Maii	XVII K. Jun.
26	V	IV	Pridie	Idus	XV	XV	XVI	XVI
27	IV	III	Idus	XVII K. Febr.	XIV	XIV	XV	XV
28	III	Pridie	XVII K. Jan.	XVI	XIII	XIII	XIV	XIV
29	Pridie	Idus.	XVI	XV	XII		XIII	XIII
30	Idus	XVII K. Dec.	XV	XIV	XI		XII	XII
31		XVI		XIII	X		XI	

APPENDICE A. 525

ANNÉE JULIENNE 63 AVANT J. C.

JOURS DES MOIS JULIENS	MAI.	JUIN.	JUILLET.	AOUT.	SEPTEMBRE.	OCTOBRE.	NOVEMBRE.	DÉCEMBRE.
	\multicolumn{8}{c}{AN DE ROME.}
	691	691	691	691	691	691	691	{ 691 / 692
1	XI Kal. Jun.	IX K. Quint.	X Kal. Sext.	VIII K. Sept.	VI Kal. Oct.	VII Kal. Nov.	V Kal. Dec.	IV Kal. Jan.
2	X	VIII	IX	VII	V	VI	IV	III
3	IX	VII	VIII	VI	IV	V	III	Pridie
4	VIII	VI	VII	V	III	IV	Pridie	KAL. JAN.
5	VII	V	VI	IV	Pridie	III	KAL. DEC.	IV Nonas
6	VI	IV	V	III	KAL. OCT.	Pridie	IV Nonas	III
7	V	III	IV	Pridie	VI Nonas	KAL. NOV.	III	Pridie
8	IV	Pridie	III	KAL. SEPT.	V	IV Nonas	Pridie	Nonæ
9	III	KAL. QUINT.	Pridie	IV Nonas	IV	III	Nonæ	VIII Idus
10	Pridie	VI Nonas	KAL. SEXT.	III	III	Pridie	VIII Idus	VII
11	KAL. JUNII	V	IV Nonas	Pridie	Pridie	Nonæ	VII	VI
12	IV Nonas	IV	III	Nonæ	Nonæ	VIII Idus	VI	V
13	III	III	Pridie	VIII Idus	VIII Idus	VII	V	IV
14	Pridie	Pridie	Nonæ	VII	VII	VI	IV	III
15	Nonæ	Nonæ	VIII Idus	VI	VI	V	III	Pridie
16	VIII Idus	VIII Idus	VII	V	V	IV	Pridie	Idus
17	VII	VII	VI	IV	IV	III	Idus	XVII K. Febr
18	VI	VI	V	III	III	Pridie	XVII K. Jan.	XVI
19	V	V	IV	Pridie	Pridie	Idus	XVI	XV
20	IV	IV	III	Idus	Idus	XVII K. Dec.	XV	XIV
21	III	III	Pridie	XVII K. Oct.	XVII K. Nov.	XVI	XIV	XIII
22	Pridie	Pridie	Idus	XVI	XVI	XV	XIII	XII
23	Idus	Idus	XVII K. Sept.	XV	XV	XIV	XII	XI
24	XVII K. Quin.	XVII K. Sext.	XVI	XIV	XIV	XIII	XI	X
25	XVI	XVI	XV	XIII	XIII	XII	X	IX
26	XV	XV	XIV	XII	XII	XI	IX	VIII
27	XIV	XIV	XIII	XI	XI	X	VIII	VII
28	XIII	XIII	XII	X	X	IX	VII	VI
29	XII	XII	XI	IX	IX	VIII	VI	V
30	XI	XI	X	VIII	VIII	VII	V	IV
31	X		IX	VII		VI		III

ANNÉE JULIENNE 62 AVANT J. C.

AN DE ROME 692

JOURS DES MOIS JULIENS	JANVIER	FÉVRIER	MARS	AVRIL	MAI	JUIN	JUILLET	AOUT
1	Pr. Kal. Febr.	VI Idus int.	VII Id. Mart.	V Idus Apr.	VI Idus Maii	IV Idus Junii	V Idus Quint.	III Idus Sext.
2	KAL. FEBR.	V	VI	IV	V	III	IV	Pridie
3	IV Nonas	IV	V	III	IV	Pridie	III	Idus
4	III	III	IV	Pridie	III	Idus	Pridie	XVII K. Sept.
5	Pridie	Pridie	III	Idus	Pridie	XVII K. Quin.	Idus	XVI
6	Nonæ	Idus	Pridie	XVII K. Maii	Idus	XVI	XVII K. Sext.	XV
7	VIII Idus	XV K. Mart.	Idus	XVI	XVII K. Jun.	XV	XVI	XIV
8	VII	XIV	XVII K. Apr.	XV	XVI	XIV	XV	XIII
9	VI	XIII	XVI	XIV	XV	XIII	XIV	XII
10	V	XII	XV	XIII	XIV	XII	XIII	XI
11	IV	XI	XIV	XII	XIII	XI	XII	X
12	III	X	XIII	XI	XII	X	XI	IX
13	Pridie	IX	XII	X	XI	IX	X	VIII
14	Idus	VIII	XI	IX	X	VIII	IX	VII
15	XI Kal. int.	VII	X	VIII	IX	VII	VIII	VI
16	X	VI	IX	VII	VIII	VI	VII	V
17	IX	V	VIII	VI	VII	V	VI	IV
18	VIII	IV	VII	V	VI	IV	V	III
19	VII	III	VI	IV	V	III	IV	Pridie
20	VI	Pridie	V	III	IV	Pridie	III	KAL. SEPT.
21	V	KAL. MART.	IV	Pridie	III	KAL. QUINT.	Pridie	IV Nonas
22	IV	VI Nonas	III	KAL. MAII	Pridie	VI Nonas	KAL. SEXT.	III
23	III	V	Pridie	VI Nonas	KAL. JUNII	V	IV Nonas	Pridie
24	Pridie	IV	KAL. APR.	V	IV Nonas	IV	III	Nonæ
25	KAL. INT.	III	IV Nonas	IV	III	III	Pridie	VIII Idus
26	IV Nonas	Pridie	III	III	Pridie	Pridie	Nonæ	VII
27	III	Nonæ	Pridie	Pridie	Nonæ	Nonæ	VIII Idus	VI
28	Pridie	VIII Idus	Nonæ	Nonæ	VIII Idus	VIII Idus	VII	V
29	Nonæ		VIII Idus	VIII Idus	VII	VII	VI	IV
30	VIII Idus		VII	VII	VI	VI	V	III
31	VII		VI		V		IV	Pridie

APPENDICE A.

	ANNÉE JULIENNE 62 AVANT J. C.				ANNÉE JULIENNE 61 AVANT J. C. (BISSEXTILE.)			
	SEPTEMBRE.	OCTOBRE.	NOVEMBRE.	DÉCEMBRE.	JANVIER.	FÉVRIER.	MARS.	AVRIL.
	AN DE ROME.							
	692	692	692	692 / 693	693	693	693	693
1	Idus Sept.	Pr. Idus Oct.	XVII K. Dec.	XVI Kal. Jan.	XIV K. Febr.	XI Kal. Mart.	XIII K. Apr.	XI Kal. Maii
2	XVII K. Oct.	Idus	XVI	XV	XIII	X	XII	X
3	XVI	XVII K. Nov.	XV	XIV	XII	IX	XI	IX
4	XV	XVI	XIV	XIII	XI	VIII	X	VIII
5	XIV	XV	XIII	XII	X	VII	IX	VII
6	XIII	XIV	XII	XI	IX	VI	VIII	VI
7	XII	XIII	XI	X	VIII	V	VII	V
8	XI	XII	X	IX	VII	IV	VI	IV
9	X	XI	IX	VIII	VI	III	V	III
10	IX	X	VIII	VII	V	Pridie	IV	Pridie
11	VIII	IX	VII	VI	IV	KAL. MART.	III	KAL. MAII
12	VII	VIII	VI	V	III	VI Nonas	Pridie	VI Nonas
13	VI	VII	V	IV	Pridie	V	KAL. APR.	V
14	V	VI	IV	III	KAL. FEBR.	IV	IV Nonas	IV
15	IV	V	III	Pridie	IV Nonas	III	III	III
16	III	IV	Pridie	KAL. JAN.	III	Pridie	Pridie	Pridie
17	Pridie	III	KAL. DEC.	IV Nonas	Pridie	Nonæ	Nonæ	Nonæ
18	KAL. OCT.	Pridie	IV Nonas	III	Nonæ	VIII Idus	VIII Idus	VIII Idus
19	VI Nonas	KAL. NOV.	III	Pridie	VIII Idus	VII	VII	VII
20	V	IV Nonas	Pridie	Nonæ	VII	VI	VI	VI
21	IV	III	Nonæ	VIII Idus	VI	V	V	V
22	III	Pridie	VIII Idus	VII	V	IV	IV	IV
23	Pridie	Nonæ	VII	VI	IV	III	III	III
24	Nonæ	VIII Idus	VI	V	III	Pridie	Pridie	Pridie
25	VIII Idus	VII	V	IV	Pridie	Idus	Idus	Idus
26	VII	VI	IV	III	Idus	XVII K. Apr.	XVII K. Maii	XVII K. Jun.
27	VI	V	III	Pridie	XVI K. Mart.	XVI	XVI	XVI
28	V	IV	Pridie	Idus	XV	XV	XV	XV
29	IV	III	Idus	XVII K. Feb.	XIV	XIV	XIV	XIV
30	III	Pridie	XVII K. Jan.	XVI	XIII		XIII	XIII
31		Idus		XV	XII		XII	

ANNÉE JULIENNE 61 AVANT J. C.
(BISSEXTILE.)

AN DE ROME.

JOURS DES MOIS JULIENS.	MAI.	JUIN.	JUILLET.	AOUT.	SEPTEMBRE.	OCTOBRE.	NOVEMBRE.	DÉCEMBRE.
	693	693	693	693	693	693	693	693 / 694
1	XII Kal. Jun.	X Kal. Quint.	XI Kal. Sext.	IX Kal. Sept.	VII Kal. Oct.	VIII K. Nov.	VI Kal. Dec.	V Kal. Jan.
2	XI	IX	X	VIII	VI	VII	V	IV
3	X	VIII	IX	VII	V	VI	IV	III
4	IX	VII	VIII	VI	IV	V	III	Pridie
5	VIII	VI	VII	V	III	IV	Pridie	KAL. JAN.
6	VII	V	VI	IV	Pridie	III	KAL. DEC.	IV Nonas
7	VI	IV	V	III	KAL. OCT.	Pridie	IV Nonas	III
8	V	III	IV	Pridie	VI Nonas	KAL. NOV.	III	Pridie
9	IV	Pridie	III	KAL. SEPT.	V	IV Nonas	Pridie	Nonæ
10	III	KAL. QUINT.	Pridie	IV Nonas	IV	III	Nonæ	VIII Idus
11	Pridie	VI Nonas	KAL. SEXT.	III	III	Pridie	VIII Idus	VII
12	KAL. JUNII	V	IV Nonas	Pridie	Pridie	Nonæ	VII	VI
13	IV Nonas	IV	III	Nonæ	Nonæ	VIII Idus	VI	V
14	III	III	Pridie	VIII Idus	VIII Idus	VII	V	IV
15	Pridie	Pridie	Nonæ	VII	VII	VI	IV	III
16	Nonæ	Nonæ	VIII Idus	VI	VI	V	III	Pridie
17	VIII Idus	VIII Idus	VII	V	V	IV	Pridie	Idus
18	VII	VII	VI	IV	IV	III	Idus	XVII K. Febr.
19	VI	VI	V	III	III	Pridie	XVII K. Jan.	XVI
20	V	V	IV	Pridie	Pridie	Idus	XVI	XV
21	IV	IV	III	Idus	Idus	XVII K. Dec.	XV	XIV
22	III	III	Pridie	XVII K. Oct.	XVII K. Nov.	XVI	XIV	XIII
23	Pridie	Pridie	Idus	XVI	XVI	XV	XIII	XII
24	Idus	Idus	XVII K. Sept.	XV	XV	XIV	XII	XI
25	XVII K. Quin.	XVII K. Sext.	XVI	XIV	XIV	XIII	XI	X
26	XVI	XVI	XV	XIII	XIII	XII	X	IX
27	XV	XV	XIV	XII	XII	XI	IX	VIII
28	XIV	XIV	XIII	XI	XI	X	VIII	VII
29	XIII	XIII	XII	X	X	IX	VII	VI
30	XII	XII	XI	IX	IX	VIII	VI	V
31	XI		X	VIII		VII		IV

APPENDICE A.

ANNÉE JULIENNE 60 AVANT J. C.

AN DE ROME.

JOURS DES MOIS JULIENS	JANVIER. 694	FÉVRIER. 694	MARS. 694	AVRIL. 694	MAI. 694	JUIN. 694	JUILLET. 694	AOUT. 694
1	III Kal. Febr.	VII Idus int.	Nonæ Mart.	VII Idus Apr.	VIII Idus Maii	VI Idus Jun.	VII Idus Qu.	V Idus Sext.
2	Pridie	VI	VIII Idus	VI	VII	V	VI	IV
3	KAL. FEB.	V	VII	V	VI	IV	V	III
4	IV Nonas	IV	VI	IV	V	III	IV	Pridie
5	III	III	V	III	IV	Pridie	III	Idus
6	Pridie	Pridie	IV	Pridie	III	Idus	Pridie	XVII K. Sept.
7	Nonæ	Idus	III	Idus	Pridie	XVII K. Quin.	Idus	XVI
8	VIII Idus	XVI K. Mart.	Pridie	XVII K. Maii	Idus	XVI	XVII K. Sext.	XV
9	VII	XV	Idus	XVI	XVII K. Jun.	XV	XVI	XIV
10	VI	XIV	XVII K. Apr.	XV	XVI	XIV	XV	XIII
11	V	XIII	XVI	XIV	XV	XIII	XIV	XII
12	IV	XII	XV	XIII	XIV	XII	XIII	XI
13	III	XI	XIV	XII	XIII	XI	XII	X
14	Pridie	X	XIII	XI	XII	X	XI	IX
15	Idus	IX	XII	X	XI	IX	X	VIII
16	XI Kal. int.	VIII	XI	IX	X	VIII	IX	VII
17	X	VII	X	VIII	IX	VII	VIII	VI
18	IX	VI	IX	VII	VIII	VI	VII	V
19	VIII	V	VIII	VI	VII	V	VI	IV
20	VII	IV	VII	V	VI	IV	V	III
21	VI	III	VI	IV	V	III	IV	Pridie
22	V	Pridie	V	III	IV	Pridie	III	KAL. SEPT.
23	IV	KAL. MART.	IV	Pridie	III	KAL. QUINT.	Pridie	IV Nonas
24	III	VI Nonas	III	KAL. MAII	Pridie	VI Nonas	KAL. SEXT.	III
25	Pridie	V	Pridie	VI Nonas	KAL. JUNII	V	IV Nonas	Pridie
26	KAL. INT.	IV	KAL. APR.	V	IV Nonas	IV	III	Nonæ
27	IV Nonas	III	IV Nonas	IV	III	III	Pridie	VIII Idus
28	III	Pridie	III	III	Pridie	Pridie	Nonæ	VII
29	Pridie		Pridie	Pridie	Nonæ	Nonæ	VIII Idus	VI
30	Nonæ		Nonæ	Nonæ	VIII Idus	VIII Idus	VII	V
31	VIII Idus		VIII Idus		VII		VI	IV

ANNÉE JULIENNE 60 AVANT J. C. | ANNÉE JULIENNE 59 AVANT J. C.

JOURS DES MOIS JULIENS	SEPTEMBRE.	OCTOBRE.	NOVEMBRE.	DÉCEMBRE.	JANVIER.	FÉVRIER.	MARS.	AVRIL.
	\multicolumn{4}{AN DE ROME.}				
	694	694	694	694 / 695	695	695	695	695
1	III Idus Sept.	IV Idus Oct.	Pr. Idus Nov.	Idus Dec.	XVI K. Febr.	XIII K. Mart.	XVI Kal. Apr.	XIV K. Maii
2	Pridie	III	Idus	XVII K. Jan.	XV	XII	XV	XIII
3	Idus	Pridie	XVII K. Dec.	XVI	XIV	XI	XIV	XII
4	XVII K. Oct.	Idus	XVI	XV	XIII	X	XIII	XI
5	XVI	XVII K. Nov.	XV	XIV	XII	IX	XII	X
6	XV	XVI	XIV	XIII	XI	VIII	XI	IX
7	XIV	XV	XIII	XII	X	VII	X	VIII
8	XIII	XIV	XII	XI	IX	VI	IX	VII
9	XII	XIII	XI	X	VIII	V	VIII	VI
10	XI	XII	X	IX	VII	IV	VII	V
11	X	XI	IX	VIII	VI	III	VI	IV
12	IX	X	VIII	VII	V	Pridie	V	III
13	VIII	IX	VII	VI	IV	KAL. MART.	IV	Pridie
14	VII	VIII	VI	V	III	VI Nonas	III	KAL. MAII
15	VI	VII	V	IV	Pridie	V	Pridie	VI Nonas
16	V	VI	IV	III	KAL. FEBR.	IV	KAL. APR.	V
17	IV	V	III	Pridie	IV Nonas	III	IV Nonas	IV
18	III	IV	Pridie	KAL. JAN.	III	Pridie	III	III
19	Pridie	III	KAL. DEC.	IV Nonas	Pridie	Nonæ	Pridie	Pridie
20	KAL. OCT.	Pridie	IV Nonas	III	Nonæ	VIII Idus	Nonæ	Nonæ
21	VI Nonas	KAL. NOV.	III	Pridie	VIII Idus	VII	VIII Idus	VIII Idus
22	V	IV Nonas	Pridie	Nonæ	VII	VI	VII	VII
23	IV	III	Nonæ	VIII Idus	VI	V	VI	VI
24	III	Pridie	VIII Idus	VII	V	IV	V	V
25	Pridie	Nonæ	VII	VI	IV	III	IV	IV
26	Nonæ	VIII Idus	VI	V	III	Pridie	III	III
27	VIII Idus	VII	V	IV	Pridie	Idus	Pridie	Pridie
28	VII	VI	IV	III	Idus	XVII K. Apr.	Idus	Idus
29	VI	V	III	Pridie	XVI K. Mart.		XVII K. Maii	XVII K. Junii
30	V	IV	Pridie	Idus	XV		XVI	XVI
31		III		XVII K. Febr.	XIV		XV	

APPENDICE A.

ANNÉE JULIENNE 59 AVANT J. C.

AN DE ROME.

	MAI.	JUIN.	JUILLET.	AOUT.	SEPTEMBRE.	OCTOBRE.	NOVEMBRE.	DÉCEMBRE.
	695	695	695	695	695	695	695	695 / 696
1	XV Kal. Jun.	XIII K. Quin.	XIV K. Sext.	XII K. Sept.	X Kal. Oct.	XI Kal. Nov.	IX Kal. Dec.	VIII Kal. Jan.
2	XIV	XII	XIII	XI	IX	X	VIII	VII
3	XIII	XI	XII	X	VIII	IX	VII	VI
4	XII	X	XI	IX	VII	VIII	VI	V
5	XI	IX	X	VIII	VI	VII	V	IV
6	X	VIII	IX	VII	V	VI	IV	III
7	IX	VII	VIII	VI	IV	V	III	Pridie
8	VIII	VI	VII	V	III	IV	Pridie	KAL. JAN.
9	VII	V	VI	IV	Pridie	III	KAL. DEC.	IV Nonas
10	VI	IV	V	III	KAL. OCT.	Pridie	IV Nonas	III
11	V	III	IV	Pridie	VI Nonas	KAL. NOV.	III	Pridie
12	IV	Pridie	III	KAL. SEPT.	V	IV Nonas	Pridie	Nonæ
13	III	KAL. QUINT.	Pridie	IV Nonas	IV	III	Nonæ	VIII Idus
14	Pridie	VI Nonas	KAL. SEXT.	III	III	Pridie	VIII Idus	VII
15	KAL. JUNII	V	IV Nonas	Pridie	Pridie	Nonæ	VII	VI
16	IV Nonas	IV	III	Nonæ	Nonæ	VIII Idus	VI	V
17	III	III	Pridie	VIII Idus	VIII Idus	VII	V	IV
18	Pridie	Pridie	Nonæ	VII	VII	VI	IV	III
19	Nonæ	Nonæ	VIII Idus	VI	VI	V	III	Pridie
20	VIII Idus	VIII Idus	VII	V	V	IV	Pridie	Idus
21	VII	VII	VI	IV	IV	III	Idus	XVII K. Febr.
22	VI	VI	V	III	III	Pridie	XVII K. Jan.	XVI
23	V	V	IV	Pridie	Pridie	Idus	XVI	XV
24	IV	IV	III	Idus	Idus	XVII K. Dec.	XV	XIV
25	III	III	Pridie	XVII K. Oct.	XVII K. Nov.	XVI	XIV	XIII
26	Pridie	Pridie	Idus	XVI	XVI	XV	XIII	XII
27	Idus	Idus	XVII K. Sept.	XV	XV	XIV	XII	XI
28	XVII K. Quin.	XVII K. Sext.	XVI	XIV	XIV	XIII	XI	X
29	XVI	XVI	XV	XIII	XIII	XII	X	IX
30	XV	XV	XIV	XII	XII	XI	IX	VIII
31	XIV		XIII	XI		X		VII

34.

ANNÉE JULIENNE 58 AVANT J. C.

AN DE ROME.

	JANVIER.	FÉVRIER.	MARS.	AVRIL.	MAI.	JUIN.	JUILLET.	AOUT.
	696	696	696	696	696	696	696	696
1	VI Kal. Febr.	Pr. Non. int.	III Non. Mart.	Nonæ Apr.	Pr. Non. Maii	VIII Idus Jun.	Nonæ Qu.	VII Idus Sext
2	V	Nonæ	Pridie	VIII Idus	Nonæ	VII	VIII Idus	VI
3	IV	VIII Idus	Nonæ	VII	VIII Idus	VI	VII	V
4	III	VII	VIII Idus	VI	VII	V	VI	IV
5	Pridie	VI	VII	V	VI	IV	V	III
6	KAL. FEBR.	V	VI	IV	V	III	IV	Pridie
7	IV Nonas	IV	V	III	IV	Pridie	III	Idus
8	III	III	IV	Pridie	III	Idus	Pridie	XVII K. Sept.
9	Pridie	Pridie	III	Idus	Pridie	XVII K. Quin.	Idus	XVI
10	Nonæ	Idus	Pridie	XVII K. Maii	Idus	XVI	XVII K. Sext.	XV
11	VIII Idus	XV K. Mart.	Idus	XVI	XVII K. Jun.	XIV	XVI	XIV
12	VII	XIV	XVII K. Apr.	XV	XVI	XV	XV	XIII
13	VI	XIII	XVI	XIV	XV	XIII	XIV	XII
14	V	XII	XV	XIII	XIV	XII	XIII	XI
15	IV	XI	XIV	XII	XIII	XI	XII	X
16	III	X	XIII	XI	XII	X	XI	IX
17	Pridie	IX	XII	X	XI	IX	X	VIII
18	Idus	VIII	XI	IX	X	VIII	IX	VII
19	XI Kal. int.	VII	X	VIII	IX	VII	VIII	VI
20	X	VI	IX	VII	VIII	VI	VII	V
21	IX	V	VIII	VI	VII	V	VI	IV
22	VIII	IV	VII	V	VI	IV	V	III
23	VII	III	VI	IV	V	III	IV	Pridie
24	VI	Pridie	V	III	IV	Pridie	III	KAL. SEPT.
25	V	KAL. MART.	IV	Pridie	III	KAL. QUINT.	Pridie	IV Nonas
26	IV	VI Nonas	III	KAL. MAII	Pridie	VI Nonas	KAL. SEXT.	III
27	III	V	Pridie	VI Nonas	KAL. JUNII	V	IV Nonas	Pridie
28	Pridie	IV	KAL. APR.	V	IV Nonas	IV	III	Nonæ
29	KAL. INT.		IV Nonas	IV	III	III	Pridie	VIII Idus
30	IV Nonas		III	III	Pridie	Pridie	Nonæ	VII
31	III		Pridie		Nonæ		VIII Idus	VI

APPENDICE A.

	ANNÉE JULIENNE 58 AVANT J. C.				ANNÉE JULIENNE 57 AVANT J. C. (BISSEXTILE.)			
	SEPTEMBRE.	OCTOBRE.	NOVEMBRE.	DÉCEMBRE.	JANVIER.	FÉVRIER.	MARS.	AVRIL.
				AN DE ROME.				
	696	696	696	696 / 697	697	697	697	697
1	V Idus Sept.	VI Idus Oct.	IV Idus Nov.	III Idus Dec.	Idus Jan.	XV Kal. Mart.	XVII K. Apr.	XV Kal. Maii
2	IV	V	III	Pridie	XVII K. Febr.	XIV	XVI	XIV
3	III	IV	Pridie	Idus	XVI	XIII	XV	XIII
4	Pridie	III	Idus	XVII K. Jan.	XV	XII	XIV	XII
5	Idus	Pridie	XVII K. Dec.	XVI	XIV	XI	XIII	XI
6	XVII K. Oct.	Idus	XVI	XV	XIII	X	XII	X
7	XVI	XVII K. Nov.	XV	XIV	XII	IX	XI	IX
8	XV	XVI	XIV	XIII	XI	VIII	X	VIII
9	XIV	XV	XIII	XII	X	VII	IX	VII
10	XIII	XIV	XII	XI	IX	VI	VIII	VI
11	XII	XIII	XI	X	VIII	V	VII	V
12	XI	XII	X	IX	VII	IV	VI	IV
13	X	XI	IX	VIII	VI	III	V	III
14	IX	X	VIII	VII	V	Pridie	IV	Pridie
15	VIII	IX	VII	VI	IV	KAL. MART.	III	KAL. MAII
16	VII	VIII	VI	V	III	VI Nonas	Pridie	VI Nonas
17	VI	VII	V	IV	Pridie	V	KAL. APR.	V
18	V	VI	IV	III	KAL. FEBR.	IV	IV Nonas	IV
19	IV	V	III	Pridie	IV Nonas	III	III	III
20	III	IV	Pridie	KAL. JAN.	III	Pridie	Pridie	Pridie
21	Pridie	III	KAL. DEC.	IV Nonas	Pridie	Nonæ	Nonæ	Nonæ
22	KAL. OCT.	Pridie	IV Nonas	III	Nonæ	VIII Idus	VIII Idus	VIII Idus
23	VI Nonas	KAL. NOV.	III	Pridie	VIII Idus	VII	VII	VII
24	V	IV Nonas	Pridie	Nonæ	VII	VI	VI	VI
25	IV	III	Nonæ	VIII Idus	VI	V	V	V
26	III	Pridie	VIII Idus	VII	V	IV	IV	IV
27	Pridie	Nonæ	VII	VI	IV	III	III	III
28	Nonæ	VIII Idus	VI	V	III	Pridie	Pridie	Pridie
29	VIII Idus	VII	V	IV	Pridie	Idus	Idus	Idus
30	VII	VI	IV	III	Idus		XVII K. Maii	XVII K. Junii
31		V		Pridie	XVI K. Mart.		XVI	

HISTOIRE DE JULES CÉSAR.

ANNÉE JULIENNE 57 AVANT J. C.
(BISSEXTILE.)

JOURS DES MOIS JULIENS	MAI.	JUIN.	JUILLET.	AOUT.	SEPTEMBRE.	OCTOBRE.	NOVEMBRE.	DÉCEMBRE.
				AN DE ROME.				
	697	697	697	697	697	697	697	697 / 698
1	XVI Kal. Jun.	XIV K. Quin.	XV Kal. Sext.	XIII K. Sept.	XI Kal. Oct.	XII Kal. Nov.	X Kal. Dec.	IX Kal. Jan.
2	XV	XIII	XIV	XII	X	XI	IX	VIII
3	XIV	XII	XIII	XI	IX	X	VIII	VII
4	XIII	XI	XII	X	VIII	IX	VII	VI
5	XII	X	XI	IX	VII	VIII	VI	V
6	XI	IX	X	VIII	VI	VII	V	IV
7	X	VIII	IX	VII	V	VI	IV	III
8	IX	VII	VIII	VI	IV	V	III	Pridie
9	VIII	VI	VII	V	III	IV	Pridie	KAL. JAN.
10	VII	V	VI	IV	Pridie	III	KAL. DEC.	IV Nonas
11	VI	IV	V	III	KAL. OCT.	Pridie	IV Nonas	III
12	V	III	IV	Pridie	VI Nonas	KAL. NOV.	III	Pridie
13	IV	Pridie	III	KAL. SEPT.	V	IV Nonas	Pridie	Nonæ
14	III	KAL. QUINT.	Pridie	IV Nonas	IV	III	Nonæ	VIII Idus
15	Pridie	VI Nonas	KAL. SEXT.	III	III	Pridie	VIII Idus	VII
16	KAL. JUNII	V	IV Nonas	Pridie	Pridie	Nonæ	VII	VI
17	IV Nonas	IV	III	Nonæ	Nonæ	VIII Idus	VI	V
18	III	III	Pridie	VIII Idus	VIII Idus	VII	V	IV
19	Pridie	Pridie	Nonæ	VII	VII	VI	IV	III
20	Nonæ	Nonæ	VIII Idus	VI	VI	V	III	Pridie
21	VIII Idus	VIII Idus	VII	V	V	IV	Pridie	Idus
22	VII	VII	VI	IV	IV	III	Idus	XVII K. Febr.
23	VI	VI	V	III	III	Pridie	XVII K. Jan.	XVI
24	V	V	IV	Pridie	Pridie	Idus	XVI	XV
25	IV	IV	III	Idus	Idus	XVII K. Dec.	XV	XIV
26	III	III	Pridie	XVII K. Oct.	XVII K. Nov.	XVI	XIV	XIII
27	Pridie	Pridie	Idus	XVI	XVI	XV	XIII	XII
28	Idus	Idus	XVII K. Sept.	XV	XV	XIV	XII	XI
29	XVII K. Quin.	XVII K. Sext.	XVI	XIV	XIV	XIII	XI	X
30	XVI	XVI	XV	XIII	XIII	XII	X	IX
31	XV		XIV	XII		XI		VIII

APPENDICE A.

ANNÉE JULIENNE 56 AVANT J. C.

AN DE ROME.

JOURS DES MOIS JULIENS.	JANVIER. 698	FÉVRIER. 698	MARS. 698	AVRIL. 698	MAI. 698	JUIN. 698	JUILLET. 698	AOUT. 698
1	VII K. Febr.	III Non. int.	V Non. Mart.	III Non. Apr.	IV Non. Maii	Pr. Non. Jun.	III Non. Quin.	Nonæ Sext.
2	VI	Pridie	IV	Pridie	III	Nonæ	Pridie	VIII Idus
3	V	Nonæ	III	Nonæ	Pridie	VIII Idus	Nonæ	VII
4	IV	VIII Idus	Pridie	VIII Idus	Nonæ	VII	VIII Idus	VI
5	III	VII	Nonæ	VII	VIII Idus	VI	VII	V
6	Pridie	VI	VIII Idus	VI	VII	V	VI	IV
7	KAL. FEBR.	V	VII	V	VI	IV	V	III
8	IV Nonas	IV	VI	IV	V	III	IV	Pridie
9	III	III	V	III	IV	Pridie	III	Idus
10	Pridie	Pridie	IV	Pridie	III	Idus	Pridie	XVII K. Sept.
11	Nonæ	Idus	III	Idus	Pridie	XVII K. Quin.	Idus	XVI
12	VIII Idus	XVI K. Mart.	Pridie	XVII K. Maii	Idus	XVI	XVII K. Sext.	XV
13	VII	XV	Idus	XVI	XVII K. Jun.	XV	XVI	XIV
14	VI	XIV	XVII K. Apr.	XV	XVI	XIV	XV	XIII
15	V	XIII	XVI	XIV	XV	XIII	XIV	XII
16	IV	XII	XV	XIII	XIV	XII	XIII	XI
17	III	XI	XIV	XII	XIII	XI	XII	X
18	Pridie	X	XIII	XI	XII	X	XI	IX
19	Idus	IX	XII	X	XI	IX	X	VIII
20	XI Kal. int.	VIII	XI	IX	X	VIII	IX	VII
21	X	VII	X	VIII	IX	VII	VIII	VI
22	IX	VI	IX	VII	VIII	VI	VII	V
23	VIII	V	VIII	VI	VII	V	VI	IV
24	VII	IV	VII	V	VI	IV	V	III
25	VI	III	VI	IV	V	III	IV	Pridie
26	V	Pridie	V	III	IV	Pridie	III	KAL. SEPT.
27	IV	KAL. MART.	IV	Pridie	III	KAL. QUINT.	Pridie	IV Nonas
28	III	VI Nonas	III	KAL. MAII	Pridie	VI Nonas	KAL. SEXT.	III
29	Pridie		Pridie	VI Nonas	KAL. JUNII	V	IV Nonas	Pridie
30	KAL. INT.		KAL. APR.	V	IV Nonas	IV	III	Nonæ
31	IV Nonas		IV Nonas		III		Pridie	VIII Idus

JOURS DES MOIS JULIENS.	ANNÉE JULIENNE 56 AVANT J. C.				ANNÉE JULIENNE 55 AVANT J. C.			
	SEPTEMBRE.	OCTOBRE.	NOVEMBRE.	DÉCEMBRE.	JANVIER.	FÉVRIER.	MARS.	AVRIL.
	\multicolumn{8}{c}{AN DE ROME.}
	698	698	698	698 / 699	699	699	699	699
1	VII Idus Sept.	VIII Idus Oct.	VI Idus Nov.	V Idus Dec.	III Idus Jan.	Idus Febr.	III Idus Mart.	Idus Apr.
2	VI	VII	V	IV	Pridie	XVI K. Mart.	Pridie	XVII K. Maii
3	V	VI	IV	III	Idus	XV	Idus	XVI
4	IV	V	III	Pridie	XVII K. Febr.	XIV	XVII K. Apr.	XV
5	III	IV	Pridie	Idus	XVI	XIII	XVI	XIV
6	Pridie	III	Idus	XVII K. Jan.	XV	XII	XV	XIII
7	Idus	Pridie	XVII K. Dec.	XVI	XIV	XI	XIV	XII
8	XVII K. Oct.	Idus	XVI	XV	XIII	X	XIII	XI
9	XVI	XVII K. Nov.	XV	XIV	XII	IX	XII	X
10	XV	XVI	XIV	XIII	XI	VIII	XI	IX
11	XIV	XV	XIII	XII	X	VII	X	VIII
12	XIII	XIV	XII	XI	IX	VI	IX	VII
13	XII	XIII	XI	X	VIII	V	VIII	VI
14	XI	XII	X	IX	VII	IV	VII	V
15	X	XI	IX	VIII	VI	III	VI	IV
16	IX	X	VIII	VII	V	Pridie	V	III
17	VIII	IX	VII	VI	IV	KAL. MART.	IV	Pridie
18	VII	VIII	VI	V	III	VI Nonas	III	KAL. MAII
19	VI	VII	V	IV	Pridie	V	Pridie	VI Nonas
20	V	VI	IV	III	KAL. FEBR.	IV	KAL. APR.	V
21	IV	V	III	Pridie	IV Nonas	III	IV Nonas	IV
22	III	IV	Pridie	KAL. JAN.	III	Pridie	III	III
23	Pridie	III	KAL. DEC.	IV Nonas	Pridie	Nonæ	Pridie	Pridie
24	KAL. OCT.	Pridie	IV Nonas	III	Nonæ	VIII Idus	Nonæ	Nonæ
25	VI Nonas	KAL. NOV.	III	Pridie	VIII Idus	VII	VIII Idus	VIII Idus
26	V	IV Nonas	Pridie	Nonæ	VII	VI	VII	VII
27	IV	III	Nonæ	VIII Idus	VI	V	VI	VI
28	III	Pridie	VIII Idus	VII	V	IV	V	V
29	Pridie	Nonæ	VII	VI	IV		IV	IV
30	Nonæ	VIII Idus	VI	V	III		III	III
31		VII		IV	Pridie		Pridie	

APPENDICE A. 537

ANNÉE JULIENNE 55 AVANT J. C.

JOURS DES MOIS JULIENS.	MAI.	JUIN.	JUILLET.	AOUT.	SEPTEMBRE.	OCTOBRE.	NOVEMBRE.	DÉCEMBRE.
				AN DE ROME.				
	699	699	699	699	699	699	699	699 / 700
1	Pr. Idus Maii	XVII K. Quin.	Idus Quint.	XVI K. Sept.	XIV Kal. Oct.	XV Kal. Nov.	XIII Kal. Dec.	XII Kal. Jan.
2	Idus	XVI	XVII K. Sext.	XV	XIII	XIV	XII	XI
3	XVII K. Junii	XV	XVI	XIV	XII	XIII	XI	X
4	XVI	XIV	XV	XIII	XI	XII	X	IX
5	XV	XIII	XIV	XII	X	XI	IX	VIII
6	XIV	XII	XIII	XI	IX	X	VIII	VII
7	XIII	XI	XII	X	VIII	IX	VII	VI
8	XII	X	XI	IX	VII	VIII	VI	V
9	XI	IX	X	VIII	VI	VII	V	IV
10	X	VIII	IX	VII	V	VI	IV	III
11	IX	VII	VIII	VI	IV	V	III	Pridie
12	VIII	VI	VII	V	III	IV	Pridie	KAL. JAN.
13	VII	V	VI	IV	Pridie	III	KAL. DEC.	IV Nonas
14	VI	IV	V	III	KAL. OCT.	Pridie	IV Nonas	III
15	V	III	IV	Pridie	VI Nonas	KAL. NOV.	III	Pridie
16	IV	Pridie	III	KAL. SEPT.	V	IV Nonas	Pridie	Nonæ
17	III	KAL. QUINT.	Pridie	IV Nonas	IV	III	Nonæ	VIII Idus
18	Pridie	VI Nonas	KAL. SEXT.	III	III	Pridie	VIII Idus	VII
19	KAL. JUNII.	V	IV Nonas	Pridie	Pridie	Nonæ	VII	VI
20	IV Nonas	IV	III	Nonæ	Nonæ	VIII Idus	VI	V
21	III	III	Pridie	VIII Idus	VIII Idus	VII	V	IV
22	Pridie	Pridie	Nonæ	VII	VII	VI	IV	III
23	Nonæ	Nonæ	VIII Idus	VI	VI	V	III	Pridie
24	VIII Idus	VIII Idus	VII	V	V	IV	Pridie	Idus
25	VII	VII	VI	IV	IV	III	Idus	XVII K. Febr.
26	VI	VI	V	III	III	Pridie	XVII K. Jan.	XVI
27	V	V	IV	Pridie	Pridie	Idus	XVI	XV
28	IV	IV	III	Idus	Idus	XVII K. Dec.	XV	XIV
29	III	III	Pridie	XVII K. Oct.	XVII K. Nov.	XVI	XIV	XIII
30	Pridie	Pridie	Idus	XVI	XVI	XV	XIII	XII
31	Idus		XVII K. Sept.	XV		XIV		XI

ANNÉE JULIENNE 54 AVANT J. C.

AN DE ROME. 700

JOURS DES MOIS JULIENS	JANVIER.	FÉVRIER.	MARS.	AVRIL.	MAI.	JUIN.	JUILLET.	AOUT.
1	X Kal. Febr.	Prid. Kal. int.	KAL. MART.	KAL. APR.	VI Non. Maii	IV Non. Jun.	V Non. Quin.	III Non. Sext.
2	IX	KAL. INT.	VI Nonas	IV Nonas	V	III	IV	Pridie
3	VIII	IV Nonas	V	III	IV	Pridie	III	Nonæ
4	VII	III	IV	Pridie	III	Nonæ	Pridie	VIII Idus
5	VI	Pridie	III	Nonæ	Pridie	VIII Idus	Nonæ	VII
6	V	Nonæ	Pridie	VIII Idus	Nonæ	VII	VIII Idus	VI
7	IV	VIII Idus	Nonæ	VII	VIII Idus	VI	VII	V
8	III	VII	VIII Idus	VI	VII	V	VI	IV
9	Pridie	VI	VII	V	VI	IV	V	III
10	KAL. FEBR.	V	VI	IV	V	III	IV	Pridie
11	IV Nonas	IV	V	III	IV	Pridie	III	Idus
12	III	III	IV	Pridie	III	Idus	Pridie	XVII K. Sept.
13	Pridie	Pridie	III	Idus	Pridie	XVII K. Quin.	Idus	XVI
14	Nonæ	Idus	Pridie	XVII K. Maii	Idus	XVI	XVII K. Sext.	XV
15	VIII Idus	XV K. Mart.	Idus	XVI	XVII K. Jun.	XV	XVI	XIV
16	VII	XIV	XVII K. Apr.	XV	XVI	XIV	XV	XIII
17	VI	XIII	XVI	XIV	XV	XIII	XIV	XII
18	V	XII	XV	XIII	XIV	XII	XIII	XI
19	IV	XI	XIV	XII	XIII	XI	XII	X
20	III	X	XIII	XI	XII	X	XI	IX
21	Pridie	IX	XII	X	XI	IX	X	VIII
22	Idus	VIII	XI	IX	X	VIII	IX	VII
23	XI Kal. int.	VII	X	VIII	IX	VII	VIII	VI
24	X	VI	IX	VII	VIII	VI	VII	V
25	IX	V	VIII	VI	VII	V	VI	IV
26	VIII	IV	VII	V	VI	IV	V	III
27	VII	III	VI	IV	V	III	IV	Pridie
28	VI	Pridie	V	III	IV	Pridie	III	KAL. SEPT.
29	V		IV	Pridie	III	KAL. QUINT.	Pridie	IV Nonas
30	IV		III	KAL. MAII	Pridie	VI Nonas	KAL. SEXT.	III
31	III		Pridie		KAL. JUNII		IV Nonas	Pridie

APPENDICE A.

	ANNÉE JULIENNE 54 AVANT J. C.				ANNÉE JULIENNE 53 AVANT J. C. (BISSEXTILE.)			
	SEPTEMBRE.	OCTOBRE.	NOVEMBRE.	DÉCEMBRE.	JANVIER.	FÉVRIER.	MARS.	AVRIL.
	\multicolumn{8}{c}{AN DE ROME.}							
	700	700	700	700 / 701	701	701	701	701
1	Nonæ Sept.	Prid. Non. Oc.	VIII Id. Nov.	VII Idus Dec.	V Idus Jan.	III Idus Febr.	IV Idus Mart.	Pr. Idus Apr.
2	VIII Idus	Nonæ	VII	VI	IV	Pridie	III	Idus
3	VII	VIII Idus	VI	V	III	Idus	Pridie	XVII K. Maii
4	VI	VII	V	IV	Pridie	XVI K. Mart.	Idus	XVI
5	V	VI	IV	III	Idus	XV	XVII K. Apr.	XV
6	IV	V	III	Pridie	XVII K. Febr.	XIV	XVI	XIV
7	III	IV	Pridie	Idus	XVI	XIII	XV	XIII
8	Pridie	III	Idus	XVII K. Jan.	XV	XII	XIV	XII
9	Idus	Pridie	XVII K. Dec.	XVI	XIV	XI	XIII	XI
10	XVII K. Oct.	Idus	XVI	XV	XIII	X	XII	X
11	XVI	XVII K. Nov.	XV	XIV	XII	IX	XI	IX
12	XV	XVI	XIV	XIII	XI	VIII	X	VIII
13	XIV	XV	XIII	XII	X	VII	IX	VII
14	XIII	XIV	XII	XI	IX	VI	VIII	VI
15	XII	XIII	XI	X	VIII	V	VII	V
16	XI	XII	X	IX	VII	IV	VI	IV
17	X	XI	IX	VIII	VI	III	V	III
18	IX	X	VIII	VII	V	Pridie	IV	Pridie
19	VIII	IX	VII	VI	IV	KAL. MART.	III	KAL. MAII
20	VII	VIII	VI	V	III	VI Nonas	Pridie	VI Nonas
21	VI	VII	V	IV	Pridie	V	KAL. APR.	V
22	V	VI	IV	III	KAL. FEB.	IV	IV Nonas	IV
23	IV	V	III	Pridie	IV Nonas	III	III	III
24	III	IV	Pridie	KAL. JAN.	III	Pridie	Pridie	Pridie
25	Pridie	III	KAL. DEC.	IV Nonas	Pridie	Nonæ	Nonæ	Nonæ
26	KAL. OCT.	Pridie	IV Nonas	III	Nonæ	VIII Idus	VIII Idus	VIII Idus
27	VI Nonas	KAL. NOV.	III	Pridie	VIII Idus	VII	VII	VII
28	V	IV Nonas	Pridie	Nonæ	VII	VI	VI	VI
29	IV	III	Nonæ	VIII Idus	VI	V	V	V
30	III	Pridie	VIII Idus	VII	V		IV	IV
31		Nonæ		VI	IV		III	

ANNÉE JULIENNE 53 AVANT J. C.
(BISSEXTILE.)

AN DE ROME.

JOURS DES MOIS JULIENS.	MAI. 701	JUIN. 701	JUILLET. 701	AOUT. 701	SEPTEMBRE. 701	OCTOBRE. 701	NOVEMBRE. 701	DÉCEMBRE. 701 / 702
1	III Idus Maii	Idus Junii	Pr. Id. Quin.	XVII K. Sept.	XV Kal. Oct.	XVI Kal. Nov.	XIV Kal. Dec.	XIII Kal. Jan
2	Pridie	XVII K Quin.	Idus	XVI	XIV	XV	XIII	XII
3	Idus	XVI	XVII K. Sext.	XV	XIII	XIV	XII	XI
4	XVII K. Jun.	XV	XVI	XIV	XII	XIII	XI	X
5	XVI	XIV	XV	XIII	XI	XII	X	IX
6	XV	XIII	XIV	XII	X	XI	IX	VIII
7	XIV	XII	XIII	XI	IX	X	VIII	VII
8	XIII	XI	XII	X	VIII	IX	VII	VI
9	XII	X	XI	IX	VII	VIII	VI	V
10	XI	IX	X	VIII	VI	VII	V	IV
11	X	VIII	IX	VII	V	VI	IV	III
12	IX	VII	VIII	VI	IV	V	III	Pridie
13	VIII	VI	VII	V	III	IV	Pridie	KAL. JAN.
14	VII	V	VI	IV	Pridie	III	KAL. DEC.	IV Nonas
15	VI	IV	V	III	KAL. OCT.	Pridie	IV Nonas	III
16	V	III	IV	Pridie	VI Nonas	KAL. NOV.	III	Pridie
17	IV	Pridie	III	KAL. SEPT.	V	IV Nonas	Pridie	Nonæ
18	III	KAL. QUINT.	Pridie	IV Nonas	IV	III	Nonæ	VIII Idus
19	Pridie	VI Nonas	KAL. SEXT.	III	III	Pridie	VIII Idus	VII
20	KAL. JUNII	V	IV Nonas	Pridie	Pridie	Nonæ	VII	VI
21	IV Nonas	IV	III	Nonæ	Nonæ	VIII Idus	VI	V
22	III	III	Pridie	VIII Idus	VIII Idus	VII	V	IV
23	Pridie	Pridie	Nonæ	VII	VII	VI	IV	III
24	Nonæ	Nonæ	VIII Idus	VI	VI	V	III	Pridie
25	VIII Idus	VIII Idus	VII	V	V	IV	Pridie	Idus
26	VII	VII	VI	IV	IV	III	Idus	XVII K. Febr.
27	VI	VI	V	III	III	Pridie	XVII K. Jan.	XVI
28	V	V	IV	Pridie	Pridie	Idus	XVI	XV
29	IV	IV	III	Idus	Idus	XVII K. Dec.	XV	XIV
30	III	III	Pridie	XVII K. Oct.	XVII K. Nov.	XVI	XIV	XIII
31	Pridie		Idus	XVI		XV		XII

APPENDICE A.

ANNÉE JULIENNE 52 AVANT J. C.

AN DE ROME.

	JANVIER. 702	FÉVRIER. 702	MARS. 702	AVRIL. 702	MAI. 702	JUIN. 702	JUILLET. 702	AOUT. 702
1	XI Kal. Febr.	III Kal. int.	III Kal. Mart.	III Kal. Apr.	Pr. Kal. Maii	Pr. Kal. Junii	KAL. QUINT.	KAL. SEXT.
2	X	Pridie	Pridie	Pridie	KAL. MAII	KAL. JUNII	VI Nonas	IV Nonas
3	IX	KAL. INT.	KAL. MART.	KAL. APR.	VI Nonas	IV Nonas	V	III
4	VIII	IV Nonas	VI Nonas	IV Nonas	V	III	IV	Pridie
5	VII	III	V	III	IV	Pridie	III	Nonæ
6	VI	Pridie	IV	Pridie	III	Nonæ	Pridie	VIII Idus
7	V	Nonæ	III	Nonæ	Pridie	VIII Idus	Nonæ	VII
8	IV	VIII Idus	Pridie	VIII Idus	Nonæ	VII	VIII Idus	VI
9	III	VII	Nonæ	VII	VIII Idus	VI	VII	V
10	Pridie	VI	VIII Idus	VI	VII	V	VI	IV
11	KAL. FEBR.	V	VII	V	VI	IV	V	III
12	IV Nonas	IV	VI	IV	V	III	IV	Pridie
13	III	III	V	III	IV	Pridie	III	Idus
14	Pridie	Pridie	IV	Pridie	III	Idus	Pridie	XVII K. Sept.
15	Nonæ	Idus	III	Idus	Pridie	XVII K.Quin.	Idus	XVI
16	VIII Idus	XVI K. Mart.	Pridie	XVII K. Maii	Idus	XVI	XVII K. Sext.	XV
17	VII	XV	Idus	XVI	XVII K. Jun.	XV	XVI	XIV
18	VI	XIV	XVII K. Apr.	XV	XVI	XIV	XV	XIII
19	V	XIII	XVI	XIV	XV	XIII	XIV	XII
20	IV	XII	XV	XIII	XIV	XII	XIII	XI
21	III	XI	XIV	XII	XIII	XI	XII	X
22	Pridie	X	XIII	XI	XII	X	XI	IX
23	Idus	IX	XII	X	XI	IX	X	VIII
24	XI Kal. int.	VIII	XI	IX	X	VIII	IX	VII
25	X	VII	X	VIII	IX	VII	VIII	VI
26	IX	VI	IX	VII	VIII	VI	VII	V
27	VIII	V	VIII	VI	VII	V	VI	IV
28	VII	IV	VII	V	VI	IV	V	III
29	VI		VI	IV	V	III	IV	Pridie
30	V		V	III	IV	Pridie	III	KAL. SEPT.
31	IV		IV		III		Pridie	IV Nonas

HISTOIRE DE JULES CÉSAR.

JOURS DES MOIS JULIENS	ANNÉE JULIENNE 52 AVANT J. C.				ANNÉE JULIENNE 51 AVANT J. C.			
	SEPTEMBRE.	OCTOBRE.	NOVEMBRE.	DÉCEMBRE.	JANVIER.	FÉVRIER.	MARS.	AVRIL.
	702	702	702	702 / 703	703	703	703	703
1	III Non. Sept.	IV Non. Oct.	Pr. Non. Nov.	Nonæ Dec.	VII Idus Jan.	V Idus Febr.	VII Id. Mart.	V Idus Apr.
2	Pridie	III	Nonæ	VIII Idus	VI	IV	VI	IV
3	Nonæ	Pridie	VIII Idus	VII	V	III	V	III
4	VIII Idus	Nonæ	VII	VI	IV	Pridie	IV	Pridie
5	VII	VIII Idus	VI	V	III	Idus	III	Idus
6	VI	VII	V	IV	Pridie	XVI K. Mart.	Pridie	XVII K. Maii
7	V	VI	IV	III	Idus	XV	Idus	XVI
8	IV	V	III	Pridie	XVII K. Febr.	XIV	XVII K. Apr.	XV
9	III	IV	Pridie	Idus	XVI	XIII	XVI	XIV
10	Pridie	III	Idus	XVII K. Jan.	XV	XII	XV	XIII
11	Idus	Pridie	XVII K. Dec.	XVI	XIV	XI	XIV	XII
12	XVII K. Oct.	Idus	XVI	XV	XIII	X	XIII	XI
13	XVI	XVII K. Nov.	XV	XIV	XII	IX	XII	X
14	XV	XVI	XIV	XIII	XI	VIII	XI	IX
15	XIV	XV	XIII	XII	X	VII	X	VIII
16	XIII	XIV	XII	XI	IX	VI	IX	VII
17	XII	XIII	XI	X	VIII	V	VIII	VI
18	XI	XII	X	IX	VII	IV	VII	V
19	X	XI	IX	VIII	VI	III	VI	IV
20	IX	X	VIII	VII	V	Pridie	V	III
21	VIII	IX	VII	VI	IV	KAL. MART.	IV	Pridie
22	VII	VIII	VI	V	III	VI Nonas	III	KAL. MAII
23	VI	VII	V	IV	Pridie	V	Pridie	VI Nonas
24	V	VI	IV	III	KAL. FEBR.	IV	KAL. APR.	V
25	IV	V	III	Pridie	IV Nonas	III	IV Nonas	IV
26	III	IV	Pridie	KAL. JAN.	III	Pridie	III	III
27	Pridie	III	KAL. DEC.	IV Nonas	Pridie	Nonæ	Pridie	Pridie
28	KAL. OCT.	Pridie	IV Nonas	III	Nonæ	VIII Idus	Nonæ	Nonæ
29	VI Nonas	KAL. NOV.	III	Pridie	VIII Idus		VIII Idus	VIII Idus
30	V	IV Nonas	Pridie	Nonæ	VII		VII	VII
31		III		VIII Idus	VI		VI	

APPENDICE A.

ANNÉE JULIENNE 51 AVANT J. C.

AN DE ROME.

	MAI.	JUIN.	JUILLET.	AOUT.	SEPTEMBRE.	OCTOBRE.	NOVEMBRE.	DÉCEMBRE.
	703	703	703	703	703	703	703	703 / 704
1	VI Idus Maii	IV Idus Junii	V Idus Quin.	III Idus Sext.	Idus Sept.	Pr. Idus Oct.	XVII K. Dec.	XVI Kal. Jan.
2	V	III	IV	Pridie	XVII K. Oct.	Idus	XVI	XV
3	IV	Pridie	III	Idus	XVI	XVII K. Nov.	XV	XIV
4	III	Idus	Pridie	XVII K. Sept.	XV	XVI	XIV	XIII
5	Pridie	XVII K. Quin.	Idus	XVI	XIV	XV	XIII	XII
6	Idus	XVI	XVII K. Sext.	XV	XIII	XIV	XII	XI
7	XVII K. Jun.	XV	XVI	XIV	XII	XIII	XI	X
8	XVI	XIV	XV	XIII	XI	XII	X	IX
9	XV	XIII	XIV	XII	X	XI	IX	VIII
10	XIV	XII	XIII	XI	IX	X	VIII	VII
11	XIII	XI	XII	X	VIII	IX	VII	VI
12	XII	X	XI	IX	VII	VIII	VI	V
13	XI	IX	X	VIII	VI	VII	V	IV
14	X	VIII	IX	VII	V	VI	IV	III
15	IX	VII	VIII	VI	IV	V	III	Pridie
16	VIII	VI	VII	V	III	IV	Pridie	KAL. JAN.
17	VII	V	VI	IV	Pridie	III	KAL. DEC.	IV Nonas
18	VI	IV	V	III	KAL. OCT.	Pridie	IV Nonas	III
19	V	III	IV	Pridie	VI Nonas	KAL. NOV.	III	Pridie
20	IV	Pridie	III	KAL. SEPT.	V	IV Nonas	Pridie	Nonæ
21	III	KAL. QUINT.	Pridie	IV Nonas	IV	III	Nonæ	VIII Idus
22	Pridie	VI Nonas	KAL. SEXT.	III	III	Pridie	VIII Idus	VII
23	KAL. JUNII	V	IV Nonas	Pridie	Pridie	Nonæ	VII	VI
24	IV Nonas	IV	III	Nonæ	Nonæ	VIII Idus	VI	V
25	III	III	Pridie	VIII Idus	VIII Idus	VII	V	IV
26	Pridie	Pridie	Nonæ	VII	VII	VI	IV	III
27	Nonæ	Nonæ	VIII Idus	VI	VI	V	III	Pridie
28	VIII Idus	VIII Idus	VII	V	V	IV	Pridie	Idus
29	VII	VII	VI	IV	IV	III	Idus	XVII K. Febr.
30	VI	VI	V	III	III	Pridie	XVII K. Jan.	XVI
31	V		IV		Pridie	Idus		XV

	ANNÉE JULIENNE 50 AVANT J. C.							
JOURS DES MOIS JULIENS.	JANVIER.	FÉVRIER.	MARS.	AVRIL.	MAI.	JUIN.	JUILLET.	AOUT.
	\multicolumn{8}{c}{AN DE ROME.}							
	704	704	704	704	704	704	704	704
1	XIV Kal. Feb.	XI Kal. Mart.	XIV Kal. Apr.	XII Kal. Maii	XIII Kal. Jun.	XI Kal. Quin.	XII Kal. Sext.	X Kal. Sept.
2	XIII	X	XIII	XI	XII	X	XI	IX
3	XII	IX	XII	X	XI	IX	X	VIII
4	XI	VIII	XI	IX	X	VIII	IX	VII
5	X	VII	X	VIII	IX	VII	VIII	VI
6	IX	VI	IX	VII	VIII	VI	VII	V
7	VIII	V	VIII	VI	VII	V	VI	IV
8	VII	IV	VII	V	VI	IV	V	III
9	VI	III	VI	IV	V	III	IV	Pridie
10	V	Pridie	V	III	IV	Pridie	III	KAL. SEPT.
11	IV	KAL. MART.	IV	Pridie	III	KAL. QUINT.	Pridie	IV Nonas
12	III	IV Nonas	III	KAL. MAII	Pridie	VI Nonas	KAL. SEXT.	III
13	Pridie	V	Pridie	VI Nonas	KAL. JUNII	V	IV Nonas	Pridie
14	KAL. FEBR.	IV	KAL. APR.	V	IV Nonas	IV	III	Nonæ
15	IV Nonas	III	IV Nonas	IV	III	III	Pridie	VIII Idus
16	III	Pridie	III	III	Pridie	Pridie	Nonæ	VII
17	Pridie	Nonæ	Pridie	Pridie	Nonæ	Nonæ	VIII Idus	VI
18	Nonæ	VIII Idus	Nonæ	Nonæ	VIII Idus	VIII Idus	VII	V
19	VIII Idus	VII	VIII Idus	VIII Idus	VII	VII	VI	IV
20	VII	VI	VII	VII	VI	VI	V	III
21	VI	V	VI	VI	V	V	IV	Pridie
22	V	IV	V	V	IV	IV	III	Idus
23	IV	III	IV	IV	III	III	Pridie	XVII K. Oct.
24	III	Pridie	III	III	Pridie	Pridie	Idus	XVI
25	Pridie	Idus	Pridie	Pridie	Idus	Idus	XVII K. Sept.	XV
26	Idus	XVII K. Apr.	Idus	Idus	XVII K. Quin.	XVII K. Sext.	XVI	XIV
27	XVI K. Mart.	XVI	XVII K. Maii	XVII K. Jun.	XVI	XVI	XV	XIII
28	XV	XV	XVI	XVI	XV	XV	XIV	XII
29	XIV		XV	XV	XIV	XIV	XIII	XI
30	XIII		XIV	XIV	XIII	XIII	XII	X
31	XII		XIII		XII		XI	IX

APPENDICE A.

JOURS DES MOIS JULIENS.	ANNÉE JULIENNE 50 AVANT J. C.				ANNÉE JULIENNE 49 AVANT J. C. (BISSEXTILE.)			
	SEPTEMBRE.	OCTOBRE.	NOVEMBRE.	DÉCEMBRE.	JANVIER.	FÉVRIER.	MARS.	AVRIL.
	\multicolumn{8}{c}{AN DE ROME.}							
	704	704	704	704 / 705	705	705	705	705
1	VIII Kal. Oct.	IX Kal. Nov.	VII Kal. Dec.	VI Kal. Jan.	IV Kal. Febr.	KAL. MART.	III Kal. Apr.	KAL. MAII
2	VII	VIII	VI	V	III	VI Nonas	Pridie	VI Nonas
3	VI	VII	V	IV	Pridie	V	KAL. APR.	V
4	V	VI	IV	III	KAL. FEBR.	IV	IV Nonas	IV
5	IV	V	III	Pridie	IV Nonas	III	III	III
6	III	IV	Pridie	KAL. JAN.	III	Pridie	Pridie	Pridie
7	Pridie	III	KAL. DEC.	IV Nonas	Pridie	Nonæ	Nonæ	Nonæ
8	KAL. OCT.	Pridie	IV Nonas	III	Nonæ	VIII Idus	VIII Idus	VIII Idus
9	VI Nonas	KAL. NOV.	III	Pridie	VIII Idus	VII	VII	VII
10	V	IV Nonas	Pridie	Nonæ	VII	VI	VI	VI
11	IV	III	Nonæ	VIII Idus	VI	V	V	V
12	III	Pridie	VIII Idus	VII	V	IV	IV	IV
13	Pridie	Nonæ	VII	VI	IV	III	III	III
14	Nonæ	VIII Idus	VI	V	III	Pridie	Pridie	Pridie
15	VIII Idus	VII	V	IV	Pridie	Idus	Idus	Idus
16	VII	VI	IV	III	Idus	XVII K. Apr.	XVII K. Maii	XVII K. Jun.
17	VI	V	III	Pridie	XVI K. Mart.	XVI	XVI	XVI
18	V	IV	Pridie	Idus	XV	XV	XV	XV
19	IV	III	Idus	XVII K. Febr.	XIV	XIV	XIV	XIV
20	III	Pridie	XVII K. Jan.	XVI	XIII	XIII	XIII	XIII
21	Pridie	Idus	XVI	XV	XII	XII	XII	XII
22	Idus	XVII K. Dec.	XV	XIV	XI	XI	XI	XI
23	XVII K. Nov.	XVI	XIV	XIII	X	X	X	X
24	XVI	XV	XIII	XII	IX	IX	IX	IX
25	XV	XIV	XII	XI	VIII	VIII	VIII	VIII
26	XIV	XIII	XI	X	VII	VII	VII	VII
27	XIII	XII	X	IX	VI	VI	VI	VI
28	XII	XI	IX	VIII	V	V	V	V
29	XI	X	VIII	VII	IV	IV	IV	IV
30	X	IX	VII	VI	III		III	III
31		VIII		V	Pridie		Pridie	

ANNÉE JULIENNE 49 AVANT J. C.
(BISSEXTILE.)

AN DE ROME.

JOURS DES MOIS JULIENS	MAI. 705	JUIN. 705	JUILLET. 705	AOUT. 705	SEPTEMBRE. 705	OCTOBRE. 705	NOVEMBRE. 705 / 706	DÉCEMBRE. 706
1	Pr. Kal. Jun.	VI Non. Quin.	KAL. SEXT.	III Non. Sept.	III Non. Oct.	Pr. Non. Nov.	VIII Id. Dec.	VII Idus Jan.
2	KAL. JUNII	V	IV Nonas	Pridie	Pridie	Nonæ	VII	VI
3	IV Nonas	IV	III	Nonæ	Nonæ	VIII Idus	VI	V
4	III	III	Pridie	VIII Idus	VIII Idus	VII	V	IV
5	Pridie	Pridie	Nonæ	VII	VII	VI	IV	III
6	Nonæ	Nonæ	VIII Idus	VI	VI	V	III	Pridie
7	VIII Idus	VIII Idus	VII	V	V	IV	Pridie	Idus
8	VII	VII	VI	IV	IV	III	Idus	XVII K. Febr.
9	VI	VI	V	III	III	Pridie	XVII K. Jan.	XVI
10	V	V	IV	Pridie	Pridie	Idus	XVI	XV
11	IV	IV	III	Idus	Idus	XVII K. Dec.	XV	XIV
12	III	III	Pridie	XVII K. Oct.	XVII K. Nov.	XVI	XIV	XIII
13	Pridie	Pridie	Idus	XVI	XVI	XV	XIII	XII
14	Idus	Idus	XVII K. Sept.	XV	XV	XIV	XII	XI
15	XVII K. Quin.	XVII K. Sext.	XVI	XIV	XIV	XIII	XI	X
16	XVI	XVI	XV	XIII	XIII	XII	X	IX
17	XV	XV	XIV	XII	XII	XI	IX	VIII
18	XIV	XIV	XIII	XI	XI	X	VIII	VII
19	XIII	XIII	XII	X	X	IX	VII	VI
20	XII	XII	XI	IX	IX	VIII	VI	V
21	XI	XI	X	VIII	VIII	VII	V	IV
22	X	X	IX	VII	VII	VI	IV	III
23	IX	IX	VIII	VI	VI	V	III	Pridie
24	VIII	VIII	VII	V	V	IV	Pridie	KAL. FEBR.
25	VII	VII	VI	IV	IV	III	KAL. JAN.	IV Nonas
26	VI	VI	V	III	III	Pridie	IV Nonas	III
27	V	V	IV	Pridie	Pridie	KAL. DEC.	III	Pridie
28	IV	IV	III	KAL. OCT.	KAL. NOV.	IV Nonas	Pridie	Nonæ
29	III	III	Pridie	VI Nonas	IV Nonas	III	Nonæ	VIII Idus
30	Pridie	Pridie	KAL. SEPT.	V	III	Pridie	VIII Idus	VII
31	KAL. QUINT.		IV Nonas	IV		Nonæ		VI

APPENDICE A.

ANNÉE JULIENNE 48 AVANT J. C.

AN DE ROME.

JOURS DES MOIS JULIENS	JANVIER. 706	FÉVRIER. 706	MARS. 706	AVRIL. 706	MAI. 706	JUIN. 706	JUILLET. 706	AOUT. 706
1	V Idus Febr.	IV Idus Mart.	V Idus Apr.	V Idus Maii	IV Idus Jun.	IV Idus Quin.	III Idus Sext.	Idus Sept.
2	IV	III	IV	IV	III	III	Pridie	XVII K. Oct.
3	III	Pridie	III	III	Pridie	Pridie	Idus	XVI
4	Pridie	Idus	Pridie	Pridie	Idus	Idus	XVII K. Sept.	XV
5	Idus	XVII K. Apr.	Idus	Idus	XVII K. Quin.	XVII K. Sext.	XVI	XIV
6	XVI K. Mart.	XVI	XVII K. Maii	XVII K. Jun.	XVI	XVI	XV	XIII
7	XV	XV	XVI	XVI	XV	XV	XIV	XII
8	XIV	XIV	XV	XV	XIV	XIV	XIII	XI
9	XIII	XIII	XIV	XIV	XIII	XIII	XII	X
10	XII	XII	XIII	XIII	XII	XII	XI	IX
11	XI	XI	XII	XII	XI	XI	X	VIII
12	X	X	XI	XI	X	X	IX	VII
13	IX	IX	X	X	IX	IX	VIII	VI
14	VIII	VIII	IX	IX	VIII	VIII	VII	V
15	VII	VII	VIII	VIII	VII	VII	VI	IV
16	VI	VI	VII	VII	VI	VI	V	III
17	V	V	VI	VI	V	V	IV	Pridie
18	IV	IV	V	V	IV	IV	III	KAL. OCT.
19	III	III	IV	IV	III	III	Pridie	VI Nonas
20	Pridie	Pridie	III	III	Pridie	Pridie	KAL. SEPT.	V
21	KAL. MART.	KAL. APR.	Pridie	Pridie	KAL. QUINT.	KAL. SEXT.	IV Nonas	IV
22	VI Nonas	IV Nonas	KAL. MAII	KAL. JUNII	VI Nonas	IV Nonas	III	III
23	V	III	VI Nonas	IV Nonas	V	III	Pridie	Pridie
24	IV	Pridie	V	III	IV	Pridie	Nonæ	Nonæ
25	III	Nonæ	IV	Pridie	III	Nonæ	VIII Idus	VIII Idus
26	Pridie	VIII Idus	III	Nonæ	Pridie	VIII Idus	VII	VII
27	Nonæ	VII	Pridie	VIII Idus	Nonæ	VII	VI	VI
28	VIII Idus	VI	Nonæ	VII	VIII Idus	VI	V	V
29	VII		VIII Idus	VI	VII	V	IV	IV
30	VI		VII	V	VI	IV	III	III
31	V		VI		V		Pridie	Pridie

35.

JOURS DES MOIS JULIENS	ANNÉE JULIENNE 48 AVANT J. C.				ANNÉE JULIENNE 47 AVANT J. C.			
	SEPTEMBRE.	OCTOBRE.	NOVEMBRE.	DÉCEMBRE.	JANVIER.	FÉVRIER.	MARS.	AVRIL.
	\multicolumn{8}{c}{AN DE ROME.}							
	706	706	706 / 707	707	707	707	707	707
1	Idus Oct.	XVII K. Dec.	XV Kal. Jan.	XIV K. Febr.	XI Kal. Mart.	XI Kal. Apr.	XII Kal. Maii	XII Kal. Jun.
2	XVII K. Nov.	XVI	XIV	XIII	X	X	XI	XI
3	XVI	XV	XIII	XII	IX	IX	X	X
4	XV	XIV	XII	XI	VIII	VIII	IX	IX
5	XIV	XIII	XI	X	VII	VII	VIII	VIII
6	XIII	XII	X	IX	VI	VI	VII	VII
7	XII	XI	IX	VIII	V	V	VI	VI
8	XI	X	VIII	VII	IV	IV	V	V
9	X	IX	VII	VI	III	III	IV	IV
10	IX	VIII	VI	V	Pridie	Pridie	III	III
11	VIII	VII	V	IV	KAL. MART.	KAL. APR.	Pridie	Pridie
12	VII	VI	IV	III	VI Nonas	IV Nonas	KAL. MAII	KAL. JUNII
13	VI	V	III	Pridie	V	III	VI Nonas	IV Nonas
14	V	IV	Pridie	KAL. FEBR.	IV	Pridie	V	III
15	IV	III	KAL. JAN.	IV Nonas	III	Nonæ	IV	Pridie
16	III	Pridie	IV Nonas	III	Pridie	VIII Idus	III	Nonæ
17	Pridie	KAL. DEC.	III	Pridie	Nonæ	VII	Pridie	VIII Idus
18	KAL. NOV.	IV Nonas	Pridie	Nonæ	VIII Idus	VI	Nonæ	VII
19	IV Nonas	III	Nonæ	VIII Idus	VII	V	VIII Idus	VI
20	III	Pridie	VIII Idus	VII	VI	IV	VII	V
21	Pridie	Nonæ	VII	VI	V	III	VI	IV
22	Nonæ	VIII Idus	VI	V	IV	Pridie	V	III
23	VIII Idus	VII	V	IV	III	Idus	IV	Pridie
24	VII	VI	IV	III	Pridie	XVII K. Maii	III	Idus
25	VI	V	III	Pridie	Idus	XVI	Pridie	XVII K.Quin.
26	V	IV	Pridie	Idus	XVII K. Apr.	XV	Idus	XVI
27	IV	III	Idus	XVI K. Mart.	XVI	XIV	XVII K. Jun.	XV
28	III	Pridie	XVII K.Febr.	XV	XV	XIII	XVI	XIV
29	Pridie	Idus	XVI	XIV	XIV		XV	XIII
30	Idus	XVII K. Jan.	XV	XIII	XIII		XIV	XII
31		XVI		XII	XII		XIII	

APPENDICE A.

ANNÉE JULIENNE 47 AVANT J. C.

JOURS DES MOIS JULIENS.	MAI.	JUIN.	JUILLET.	AOUT.	SEPTEMBRE.	OCTOBRE.	NOVEMBRE.	DÉCEMBRE.
				AN DE ROME.				
	707	707	707	707	707	707	707 / 708	708
1	XI Kal. Quin.	XI Kal. Sext.	X Kal. Sept.	VIII Kal. Oct.	VIII Kal. Nov.	VII Kal. Dec.	V Kal. Jan.	IV Kal. Febr
2	X	X	IX	VII	VII	VI	IV	III
3	IX	IX	VIII	VI	VI	V	III	Pridie
4	VIII	VIII	VII	V	V	IV	Pridie	KAL. FEBR.
5	VII	VII	VI	IV	IV	III	KAL. JAN.	IV Nonas
6	VI	VI	V	III	III	Pridie	IV Nonas	III
7	V	V	IV	Pridie	Pridie	KAL. DEC.	III	Pridie
8	IV	IV	III	KAL. OCT.	KAL. NOV.	IV Nonas	Pridie	Nonæ
9	III	III	Pridie	VI Nonas	IV Nonas	III	Nonæ	VIII Idus
10	Pridie	Pridie	KAL. SEPT.	V	III	Pridie	VIII Idus	VII
11	KAL. QUINT.	KAL. SEXT.	IV Nonas	IV	Pridie	Nonæ	VII	VI
12	VI Nonas	IV Nonas	III	III	Nonæ	VIII Idus	VI	V
13	V	III	Pridie	Pridie	VIII Idus	VII	V	IV
14	IV	Pridie	Nonæ	Nonæ	VII	VI	IV	III
15	III	Nonæ	VIII Idus	VIII Idus	VI	V	III	Pridie
16	Pridie	VIII Idus	VII	VII	V	IV	Pridie	Idus
17	Nonæ	VII	VI	VI	IV	III	Idus	XVI K. Mart.
18	VIII Idus	VI	V	V	III	Pridie	XVII K. Febr.	XV
19	VII	V	IV	IV	Pridie	Idus	XVI	XIV
20	VI	IV	III	III	Idus	XVII K. Jan.	XV	XIII
21	V	III	Pridie	Pridie	XVII K. Dec.	XVI	XIV	XII
22	IV	Pridie	Idus	Idus	XVI	XV	XIII	XI
23	III	Idus	XVII K. Oct.	XVII K. Nov.	XV	XIV	XII	X
24	Pridie	XVII K. Sept.	XVI	XVI	XIV	XIII	XI	IX
25	Idus	XVI	XV	XV	XIII	XII	X	VIII
26	XVII K. Sext.	XV	XIV	XIV	XII	XI	IX	VII
27	XVI	XIV	XIII	XIII	XI	X	VIII	VI
28	XV	XIII	XII	XII	X	IX	VII	V
29	XIV	XII	XI	XI	IX	VIII	VI	IV
30	XIII	XI	X	X	VIII	VII	V	III
31	XII		IX	IX		VI		Pridie

ANNÉE JULIENNE 46 AVANT J. C.

AN DE ROME.

JOURS DES MOIS JULIENS	JANVIER. 708	FÉVRIER. 708	MARS. 708	AVRIL. 708	MAI. 708	JUIN. 708	JUILLET. 708	AOUT. 708
1	KAL. MART.	KAL. APR.	Pr. Kal. Maii	Pr. Kal. Junii	KAL. QUINT.	KAL. SEXT.	IV Non. Sept.	IV Non. Oct.
2	VI Nonas	IV Nonas	KAL. MAII	KAL. JUNII	VI Nonas	IV Nonas	III	III
3	V	III	VI Nonas	IV Nonas	V	III	Pridie	Pridie
4	IV	Pridie	V	III	IV	Pridie	Nonæ	Nonæ
5	III	Nonæ	IV	Pridie	III	Nonæ	VIII Idus	VIII Idus
6	Pridie	VIII Idus	III	Nonæ	Pridie	VIII Idus	VII	VII
7	Nonæ	VII	Pridie	VIII Idus	Nonæ	VII	VI	VI
8	VIII Idus	VI	Nonæ	VII	VIII Idus	VI	V	V
9	VII	V	VIII Idus	VI	VII	V	IV	IV
10	VI	IV	VII	V	VI	IV	III	III
11	V	III	VI	IV	V	III	Pridie	Pridie
12	IV	Pridie	V	III	IV	Pridie	Idus	Idus
13	III	Idus	IV	Pridie	III	Idus	XVII K. Oct.	XVII K. Nov.
14	Pridie	XVII K. Maii	III	Idus	Pridie	XVII K. Sept.	XVI	XVI
15	Idus	XVI	Pridie	XVII K. Quin.	Idus	XVI	XV	XV
16	XVII K. Apr.	XV	Idus	XVI	XVII K. Sext.	XV	XIV	XIV
17	XVI	XIV	XVII K. Jun.	XV	XVI	XIV	XIII	XIII
18	XV	XIII	XVI	XIV	XV	XIII	XII	XII
19	XIV	XII	XV	XIII	XIV	XII	XI	XI
20	XIII	XI	XIV	XII	XIII	XI	X	X
21	XII	X	XIII	XI	XII	X	IX	IX
22	XI	IX	XII	X	XI	IX	VIII	VIII
23	X	VIII	XI	IX	X	VIII	VII	VII
24	IX	VII	X	VIII	IX	VII	VI	VI
25	VIII	VI	IX	VII	VIII	VI	V	V
26	VII	V	VIII	VI	VII	V	IV	IV
27	VI	IV	VII	V	VI	IV	III	III
28	V	III	VI	IV	V	III	Pridie	Pridie
29	IV		V	III	IV	Pridie	KAL. OCT.	KAL. NOV.
30	III		IV	Pridie	III	KAL. SEPT.	VI Nonas	IV Nonas
31	Pridie		III		Pridie		V	III

APPENDICE A.

	ANNÉE JULIENNE 46 AVANT J. C.				ANNÉE JULIENNE 45 AVANT J. C. (BISSEXTILE.)			
JOURS DES MOIS JULIENS	SEPTEMBRE.	OCTOBRE.	NOVEMBRE.	DÉCEMBRE.	JANVIER	FÉVRIER.	MARS.	AVRIL.
				AN DE ROME.				
	708	708	708	708	709	709	709	709
1	Pr. Non. Nov.	Non. int. pr.	VII Id. int. post.	III Kal. Dec.	KAL. JAN.	KAL. FEBR.	KAL. MART.	KAL. APR.
2	Nonæ	VIII Idus	VI	Pridie	IV Nonas	IV Nonas	VI Nonas	IV Nonas
3	VIII Idus	VII	V	KAL. DEC.	III	III	V	III
4	VII	VI	IV	IV Nonas	Pridie	Pridie	IV	Pridie
5	VI	V	III	III	Nonæ	Nonæ	III	Nonæ
6	V	IV	Pridie	Pridie	VIII Idus	VIII Idus	Pridie	VIII Idus
7	IV	III	Idus	Nonæ	VII	VII	Nonæ	VII
8	III	Pridie	XXVI K. Dec.	VIII Idus	VI	VI	VIII Idus	VI
9	Pridie	Idus	XXV	VII	V	V	VII	V
10	Idus	XVII K. int. p.	XXIV	VI	IV	IV	VI	IV
11	XVII K. int. pr.	XVI	XXIII	V	III	III	V	III
12	XVI	XV	XXII	IV	Pridie	Pridie	IV	Pridie
13	XV	XIV	XXI	III	Idus	Idus	III	Idus
14	XIV	XIII	XX	Pridie	XIX K. Febr.	XVI K. Mart.	Pridie	XVIII K. Maii
15	XIII	XII	XIX	Idus	XVIII	XV	Idus	XVII
16	XII	XI	XVIII	XVII K. Jan.	XVII	XIV	XVII K. Apr.	XVI
17	XI	X	XVII	XVI	XVI	XIII	XVI	XV
18	X	IX	XVI	XV	XV	XII	XV	XIV
19	IX	VIII	XV	XIV	XIV	XI	XIV	XIII
20	VIII	VII	XIV	XIII	XIII	X	XIII	XII
21	VII	VI	XIII	XII	XII	IX	XII	XI
22	VI	V	XII	XI	XI	VIII	XI	X
23	V	IV	XI	X	X	VII	X	IX
24	IV	III	X	IX	IX	Bissext.	IX	VIII
25	III	Pridie	IX	VIII	VIII	VI	VIII	VII
26	Pridie	K. INT. POST.	VIII	VII	VII	V	VII	VI
27	K. INT. PRIOR.	IV Nonas	VII	VI	VI	IV	VI	V
28	IV Nonas	III	VI	V	V	III	V	IV
29	III	Pridie	V	IV	IV	Pridie	IV	III
30	Pridie	Nonæ	IV	III	III		III	Pridie
31		VIII Idus		Pridie	Pridie		Pridie	

ANNÉE JULIENNE 45 AVANT J. C.
(BISSEXTILE.)

AN DE ROME.

JOURS DES MOIS JULIENS.	MAI. 709	JUIN. 709	JUILLET. 709	AOUT. 709	SEPTEMBRE. 709	OCTOBRE. 709	NOVEMBRE. 709	DÉCEMBRE. 709
1	KAL. MAII	KAL. JUNII	KAL. QUINT.	KAL. SEXT.	KAL. SEPT.	KAL. OCT.	KAL. NOV.	KAL. DEC.
2	VI Nonas	IV Nonas	VI Nonas	IV Nonas	IV Nonas	VI Nonas	IV Nonas	IV Nonas
3	V	III	V	III	III	V	III	III
4	IV	Pridie	IV	Pridie	Pridie	IV	Pridie	Pridie
5	III	Nonæ	III	Nonæ	Nonæ	III	Nonæ	Nonæ
6	Pridie	VIII Idus	Pridie	VIII Idus	VIII Idus	Pridie	VIII Idus	VIII Idus
7	Nonæ	VII	Nonæ	VII	VII	Nonæ	VII	VII
8	VIII Idus	VI	VIII Idus	VI	VI	VIII Idus	VI	VI
9	VII	V	VII	V	V	VII	V	V
10	VI	IV	VI	IV	IV	VI	IV	IV
11	V	III	V	III	III	V	III	III
12	IV	Pridie	IV	Pridie	Pridie	IV	Pridie	Pridie
13	III	Idus	III	Idus	Idus	III	Idus	Idus
14	Pridie	XVIII K. Qu.	Pridie	XIX K. Sept.	XVIII K. Oct.	Pridie	XVIII K. Dec.	XIX K. Jan.
15	Idus	XVII	Idus	XVIII	XVII	Idus	XVII	XVIII
16	XVII K. Jun.	XVI	XVII K. Sext.	XVII	XVI	XVII K. Nov.	XVI	XVII
17	XVI	XV	XVI	XVI	XV	XVI	XV	XVI
18	XV	XIV	XV	XV	XIV	XV	XIV	XV
19	XIV	XIII	XIV	XIV	XIII	XIV	XIII	XIV
20	XIII	XII	XIII	XIII	XII	XIII	XII	XIII
21	XII	XI	XII	XII	XI	XII	XI	XII
22	XI	X	XI	XI	X	XI	X	XI
23	X	IX	X	X	IX	X	IX	X
24	IX	VIII	IX	IX	VIII	IX	VIII	IX
25	VIII	VII	VIII	VIII	VII	VIII	VII	VIII
26	VII	VI	VII	VII	VI	VII	VI	VII
27	VI	V	VI	VI	V	VI	V	VI
28	V	IV	V	V	IV	V	IV	V
29	IV	III	IV	IV	III	IV	III	IV
30	III	Pridie	III	III	Pridie	III	Pridie	III
31	Pridie		Pridie	Pridie		Pridie		Pridie

APPENDICE B.

CONCORDANCE DES HEURES ROMAINES ET MODERNES
POUR L'AN 699 DE ROME (55 AVANT J. C.) ET SOUS LA LATITUDE DE PARIS.

Les dates sont rapportées au style julien.
Les heures romaines sont comptées à partir du coucher et du lever du soleil.
Les heures modernes sont données en temps solaire vrai.

Équinoxe du printemps. 23 mars, 5^h du soir.
Solstice d'été. . . . . . 25 juin, 5^h du soir.
Équinoxe d'automne . . 26 septembre, 3^h du matin.
Solstice d'hiver. . . . . 23 décembre, 7^h du soir.

NUITS.		Ire VEILLE.			IIe VEILLE.			IIIe VEILLE.			IVe VEILLE.			JOURS.	
		Ire h.	IIe h.	IIIe h.	IVe h.	V^e h.	VIe h.	VIIe h.	VIIIe h.	IXe h.	X^e h.	XIe h.	XIIe h.		
Juin 25		8^h	$8^h 41^m$	$9^h 20^m$	$10^h 0^m$	$10^h 40^m$	$11^h 20^m$	$12^h 0^m$	$0^h 40^m$	$1^h 20^m$	2^h	$2^h 40^m$	$3^h 19^m$	$3^h 59^m$	Décembre 23	
Juill. 5	Juin 15	7.58	8.39	9.19	9.59	10.40	11.20	12.0	0.40	1.20	2. 1	2.41	3.21	4. 2	Janv. 1	Déc. 14
Juill. 16	Juin 4	7.51	8.33	9.14	9.56	10.37	11.19	12.0	0.41	1.23	2. 4	2.46	3.27	4. 9	Janv. 11	Déc. 4
Juill. 26	Mai 25	7.41	8.24	9. 7	9.51	10.34	11.17	12.0	0.43	1.26	2. 9	2.53	3.36	4.19	Janv. 21	Nov. 25
Août 5	Mai 15	7.28	8.13	8.59	9.44	10.29	11.15	12.0	0.45	1.31	2.16	3. 1	3.47	4.32	Janv. 31	Nov. 15
Août 16	Mai 4	7.11	8. 0	8.48	9.36	10.24	11.12	12.0	0.48	1.36	2.24	3.12	4. 0	4.49	Fév. 10	Nov. 5
Août 26	Avril 24	6.55	7.46	8.37	9.27	10.18	11. 9	12.0	0.51	1.42	2.33	3.23	4.14	5. 5	Fév. 20	Oct. 26
Sept. 5	Avril 13	6.37	7.31	8.25	9.19	10.13	11. 6	12.0	0.54	1.47	2.41	3.35	4.29	5.23	Mars 2	Oct. 16
Sept. 16	Avril 2	6.18	7.15	8.12	9. 9	10. 6	11. 3	12.0	0.57	1.54	2.51	3.48	4.45	5.42	Mars 13	Oct. 6
Sept. 26	Mars 23	6. 0	7. 0	8. 0	9. 0	10. 0	11. 0	12.0	1. 0	2. 0	3. 0	4. 0	5. 0	6. 0	Mars 23	Sept. 26
Oct. 6	Mars 12	5.42	6.45	7.48	8.51	9.54	10.57	12.0	1. 3	2. 6	3. 9	4.12	5.15	6.18	Avril 2	Sept. 16
Oct. 16	Mars 2	5.23	6.29	7.35	8.41	9.47	10.51	12.0	1. 6	2.13	3.19	4.25	5.31	6.37	Avril 13	Sept. 5
Oct. 25	Fév. 21	5. 6	6.15	7.24	8.33	9.42	10.51	12.0	1. 9	2.18	3.27	4.36	5.45	6.54	Avril 23	Août 26
Nov. 4	Fév. 11	4.49	6. 1	7.13	8.25	9.36	10.48	12.0	1.12	2.24	3.35	4.47	5.59	7.11	Mai 3	Août 16
Nov. 14	Fév. 1	4.33	5.48	7. 2	8.17	9.31	10.46	12.0	1.14	2.29	3.43	4.58	6.12	7.27	Mai 14	Août 6
Nov. 24	Janv. 22	4.19	5.36	6.53	8.10	9.27	10.43	12.0	1.17	2.33	3.50	5. 7	6.24	7.41	Mai 24	Juill. 27
Déc. 3	Janv. 12	4. 9	5.28	6.46	8. 5	9.23	10.42	12.0	1.18	2.37	3.55	5.14	6.32	7.51	Juin 3	Juill. 17
Déc. 13	Janv. 2	4. 2	5.22	6.41	8. 1	9.21	10.40	12.0	1.20	2.39	3.59	5.19	6.38	7.58	Juin 14	Juill. 6
Décembre 23		3.59	5.20	6.40	8. 0	9.20	10.40	12.0	1.20	2.40	4. 0	5.20	6.40	8. 1	Juin 25	
NUITS.		Ire h.	IIe h.	IIIe h.	IVe h.	V^e h.	VIe h.	VIIe h.	VIIIe h.	IXe h.	X^e h.	XIe h.	XIIe h.		JOURS.	

Les heures romaines sont inscrites en tête des colonnes, en chiffres romains. Les heures modernes sont en chiffres ordinaires. Deux exemples feront comprendre l'usage du tableau.

Division de la nuit le 16 août. — Pour l'obtenir, on cherche la date dans la colonne indicatrice de gauche, intitulée NUITS. On conclut de la ligne en face : à $7^h 11^m$, coucher du soleil, commencement de la première heure et de la première veille; à $9^h 36^m$, fin de la première veille et commencement de la seconde; à $12^h 0^m$, il est minuit, la seconde veille finit, la troisième commence; à $2^h 24^m$, fin de la troisième veille, commencement de la quatrième; à $4^h 49^m$, le soleil se lève et la quatrième veille finit.

Division du jour le 16 août. — On cherche la date dans la colonne indicatrice de droite, intitulée JOURS. On conclut de la ligne en face : à $4^h 49^m$, lever du soleil, commencement de la première heure; la troisième heure finit à $8^h 25^m$; la sixième heure a midi; la neuvième heure à $3^h 35^m$; à $7^h 11^m$, le soleil se couche.

Au solstice d'été, chaque veille embrasse deux de nos heures; au solstice d'hiver, elle en embrasse quatre.

APPENDICE C.

NOTE SUR LES MONNAIES ANTIQUES
RECUEILLIES DANS LES FOUILLES D'ALISE.

Le résultat des fouilles exécutées autour d'Alise-Sainte-Reine serait bien suffisant pour établir l'identité de cette localité avec l'*Alesia* de César; mais l'abondance des preuves ne peut nuire à la thèse, et il en est une dont la valeur ne saurait être contestée : nous voulons parler de celle que fournissent les monnaies antiques trouvées dans les fossés du camp D. (*Voir planche* 25.) Perdues dans un combat et tombées dans un fossé plein d'eau, elles ont été soustraites aux recherches immédiates qui se font d'ordinaire sur les champs de bataille.

Pour établir la date d'un événement qui a occasionné l'enfouissement de certaines monnaies, il faut d'abord constater que ces monnaies ont été frappées à une époque antérieure à cet événement. Ainsi les monnaies perdues à Alesia doivent naturellement appartenir à une époque antérieure au siége de cette ville.

Les monnaies recueillies sont au nombre de six cent dix-neuf; elles se répartissent en deux groupes distincts : les unes portent l'empreinte du monnayage romain, les autres du monnayage gaulois.

Cela posé, examinons séparément l'âge des deux groupes. M. le comte de Salis et M. de Saulcy ont bien voulu se charger d'en établir la classification.

Toutes les monnaies romaines, sans exception, ont été fabriquées par l'ordre et sous la surveillance des magistrats monétaires institués par le gouvernement de la République : elles appartiennent à la période républicaine et rentrent dans la classe des monnaies dites *consulaires*. Grâce aux travaux des Morell, des Borghesi, des Cavedoni, des Cohen, des Mommsen, et surtout de M. le comte de Salis, l'âge des monnaies de cette classe est aujourd'hui assez nettement déterminé. Sur la date de leur émission, en général, il serait, pour ainsi dire, impossible de commettre une erreur de quelques années. La série des deniers et quinaires nous offre les noms de quatre-vingt-deux magistrats, et la massue, symbole d'un quatre-vingt-troisième; quatre de ces deniers ne présentent ni nom ni symbole; il en est de même d'un as de cuivre au type de Janus avec la proue de navire, lequel n'a probablement pas porté d'autre légende que le mot ROMA. Les plus récentes de ces monnaies remontent à l'an 700 de Rome, 54 avant Jésus-Christ. L'année dans laquelle eut lieu le siége d'Alesia est l'année 702; ce fait seul servirait au besoin à démontrer qu'Alise et Alesia sont une même localité.

L'examen des monnaies de fabrication gauloise n'a pas une moindre importance. Elles appartiennent à vingt-quatre *civitates* ou peuplades différentes. Des contingents militaires accourus de tous les points du territoire gaulois ont donc pris part à la guerre dans laquelle ces monnaies ont été perdues et éparpillées sur le sol. Mais ce qui est décisif, c'est que, dans le nombre, nous en trouvons cent trois qui sont incontestablement d'origine arverne; l'une d'elles porte en toutes lettres le nom de Vercingetorix. Sur quatre cent quatre-vingt-sept monnaies gauloises, cent trois appartiennent aux Arvernes.

Ajoutons que, parmi ces dernières, soixante et une pièces portent le nom d'Epasnactus, qui devint, après la capitulation d'Alesia, un allié fidèle des Romains et le chef de l'Arvernie. (*Guerre des Gaules*, VIII, XLIV.) Or les monnaies d'Epasnactus sont bien connues depuis longtemps; elles se subdivisent en deux classes : les unes, antérieures à la soumission de ce personnage, présentent des types gaulois purs; les autres, postérieures, n'offrent plus que des types romanisés, s'il est permis de s'exprimer ainsi. Dans les fossés du camp D on n'a trouvé que des monnaies d'Epasnactus au type primitif : la bataille dans laquelle ces monnaies ont été perdues par des Arvernes devant Alise est donc antérieure à l'année 51 avant Jésus-Christ, année de la soumission d'Epasnactus.

CATALOGUE GÉNÉRAL DES MONNAIES ANTIQUES
TROUVÉES DANS LES FOUILLES D'ALISE.

MONNAIES FRAPPÉES PAR L'ATELIER DE ROME.

NOMBRE D'EXEMPLAIRES.	NOMS OU SYMBOLES DES MAGISTRATS INSCRITS SUR LES MONNAIES.	DATES PROBABLES A. U. C.	NUMÉROS DES PLANCHES DU RECUEIL DE COHEN.
1	Anonyme	485-537	Pl. XLIII *Incertaine* 1. (Le nom ROMA n'est pas en lettres incuses.)
1	Anonyme	558-579	Pl. XLIII *Incertaine* 2. (Le nom ROMA est dans un rectangle.)
1	M. ATILI. SARAN.	580-588	Pl. VII Atilia 2.
1	NAT.	589-595	Pl. XXXI Pinaria 2.
1	L. CVP.	602-605	Pl. XVI Cupiennia.
1	M. IVNI.	602-605	Pl. XXIII Junia 2.
1	C. RENI.	606-609	Pl. XXXVI Renia.
1	P. PAETVS	606-609	Pl. I Aelia 1.
1	CN. LVCR. TRIO	624-627	Pl. XXV Lucretia 1.
1	M. MARC.	640-643	Pl. XXVI Marcia 3.
1	M. PORC. LAECA	644-647	Pl. XXXIV Porcia 2.
1	Q. METE.	648-651	Pl. VIII Caecilia 3.
1	M. VARG.	652	Pl. XL Varguntcia.
1	T. CLOVLI. (quinaire)	653	Pl. XII Cloulia 2.
1	Q. PILIPVS	658	Pl. XXVI Marcia 4.
1	L. LIC. CN. DOM. L. PORCI. LICI.	662	Pl. XXXIV Porcia 1.
1	M. HERENNI.	663	Pl. XIX Herennia.
2	L. IVLI. L. F. CAESAR	664	Pl. XX Julia 4.
1	C. COIL. CALD.	664	Pl. XIII Coelia 2.
1	CALD.	664	Pl. XIII Coelia 3.
1	Q. THERM. M. F.	664	Pl. XXVIII Minucia 5.
1	L. THORIVS BALBVS	664	Pl. XXXIX Thoria.
1	P. SERVILI M. F. RVLLI	665	Pl. XXXVIII Servilia 6.
1	C. ALLI. BALA	665	Pl. I Aelia 3.
1	L. PISO FRVGI (quinaire)	666	Pl. IX Calpurnia 5.
2	L. PISO FRVGI	666	Pl. IX Calpurnia 10.
1	Q. TITI.	667	Pl. XXXIX Titia 1.
4	Q. TITI.	667	Pl. XXXIX Titia 2.
4	C. VIBIVS C. F. PANSA	667	Pl. XLI Vibia 4.
1	L. TITVRI. SABIN.	667	Pl. XXXIX Tituria 4.
2	L. TITVRI. SABIN.	667	Pl. XXXIX Tituria 5.
1	C. CENSO.	668	Pl. XXVI Marcia 7.

NOMBRE D'EXEMPLAIRES	NOMS OU SYMBOLES DES MAGISTRATS INSCRITS SUR LES MONNAIES.	DATES PROBABLES A. U. C.	NUMÉROS DES PLANCHES DU RECUEIL DE COHEN.
3	CN. LENTVL.	668	Pl. XIV Cornelia 7.
1	L. RVBRI. DOSSEN.	668	Pl. XXXVI Rubria 1.
3	L. C. MEMIES L. F. GAL.	668	Pl. XXVII Memmia 3.
1	MN. FONTEI. C. F.	669	Pl. XVIII Fonteia 4.
1	GAR. OCVL. VER.	670	Pl. XI Carvilia 3.
2	C. LIMETA. P. CREPVSI. L. CENSORIN.	671	Pl. XXVI Marcia 10.
1	L. CENSOR.	671	Pl. XXVI Marcia 9.
2	P. CREPVSI.	671	Pl. XVI Crepusia.
4	C. MAMIL. LIMETAN.	671	Pl. XXV Mamilia.
1	C. ANNI. T. F. T. N. L. FABI. L. F.	672	Pl. II Annia 2.
1	C. NAE. BALB.	672	Pl. XXIX Naevia.
1	L. PAPI.	673	Pl. XXX Papia 1.
2	TI. CLAVD. TI. F. AP. N.	673	Pl. XII Claudia 3.
1	C. MARI. C. F. CAPIT.	674	Pl. XXVI Maria 3.
1	L. PROCILI. F.	675	Pl. XXXV Procilia 1.
2	L. PROCILI. F.	675	Pl. XXXV Procilia 2.
1	P. SATRIENVS	676	Pl. XXXVI Satriena.
1	L. RVTILI. FLAC.	676	Pl. XXXVI Rutilia.
1	L. LVCRETI. TRIO	677	Pl. XXV Lucretia 2.
1	MN. AQVIL. MN. F. MN. N.	682	Pl. VI Aquillia 2.
6	PAVLLVS LEPIDVS	683	Pl. I Aemilia 9.
2	PAVLLVS LEPIDVS LIBO	683	Pl. I Aemilia 10.
2	LIBO	683	Pl. XXXVI Scribonia 2.
2	C. HOSIDI. C. F. GETA	683	Pl. XIX Hosidia 1.
1	C. HOSIDI. C. F. GETA	683	Pl. XIX Hosidia 2.
1	P. GALB.	683	Pl. XXXVIII Sulpicia 2.
2	L. ROSCI FABATI	684	Pl. XXXVI Roscia.
1	M. PLAETORI. CEST.	686	Pl. XXXII Plaetoria 3.
1	M. PLAETORIVS M. F. CESTIANVS	686	Pl. XXXII Plaetoria 9.
1	C. PISO L. F. FRVGI	690	Pl. IX Calpurnia 15.
1	C. PISO L. F. FRVGI	690	Pl. IX Calpurnia 16.
1	Q. CASSIVS	695	Pl. XI Cassia 6.
5	M. SCAVR. P. HYPSAE.	696	Pl. I Aemilia 1.
2	Q. POMPEI. RVF.	697	Pl. XV Cornelia 20. (Cette pièce devrait se classer à la Pompeia.)
1	PHILIPPVS	698	Pl. XXVI Marcia 8.
1	P. CRASSVS M. F. (incuse)	699	Pl. XXIV Licinia 2.
1	FAVSTVS (en monogramme)	700	Pl. XV Cornelia 23.
1	A. PLAVTIVS	700	Pl. XXXIII Plautia 6.

Les monnaies de la guerre sociale (664-665), de l'époque de Marius et Sylla (666-674), et des deux dernières années de la guerre de Spartacus (682-683), sont extrêmement communes, et le plus souvent d'une fabrication très-grossière.

APPENDICE C.

MONNAIES FRAPPÉES DANS L'ITALIE MÉRIDIONALE.

NOMBRE D'EXEMPLAIRES	NOMS OU SYMBOLES DES MAGISTRATS INSCRITS SUR LES MONNAIES.	DATES PROBABLES A. U. C.	NUMÉROS DES PLANCHES DU RECUEIL DE COHEN.
1	Massue	485-537	Cette pièce ne se trouve pas dans Cohen.
1	Anonyme	538-557	Pl. XLIII *Incertaine* 2. (Le nom à l'exergue est écrit ROMΛ.)
1	Anonyme	558-579	Pl. XLIII *Incertaine* 2. (Le nom à l'exergue est écrit ROMA.)
3	Q. FABI. LABEO	653	Pl. XVII Fabia 2.
1	M. TVLLI.	653	Pl. XXXIX Tullia.
1	M. SERGI.	655	Pl. XXXVII Sergia.
3	L. FLAMINI. CILO	656	Pl. XVIII Flaminia 1.
1	M. CIPI. M. F. (incuse)	658	Pl. XII Cipia.
1	P. NERVA	659	Pl. XXXVIII Silia.
1	L. PHILIPPVS	660	Pl. XXVI Marcia 5.
2	M. FOVRI L. F. PHILI	662	Pl. XIX Furia 3.
1	MN. AEMILIO LEP.	663	Pl. I. Aemilia 3.
1	CN. BLASIO CN. F.	663	Pl. XIV Cornelia 4.
1	L. CAESI.	663	Pl. VIII Caesia.
1	Q. LVTATI.	664	Pl. XXV Lutatia 2.
3	L. MEMMI.	664	Pl. XXVII Memmia 1.
1	L. VALERI FLACCI	664	Pl. XL Valeria 3.
1	M. CATO	664	Pl. XXXV Porcia 6.
1	A. ALBINVS S. F.	665	Pl. XXXV Postumia 2.

Cette suite cesse à la fin de la guerre sociale, en 665.

MONNAIES FRAPPÉES HORS DE L'ITALIE.

NOMBRE D'EXEMPLAIRES	NOMS OU SYMBOLES DES MAGISTRATS INSCRITS SUR LES MONNAIES.	DATES PROBABLES A. U. C.	NUMÉROS DES PLANCHES DU RECUEIL DE COHEN.
2	CN. LEN. Q.	678-682	Pl. XIV Cornelia 10.
2	LENT. CVR. X FL.	678-682	Pl. XIV Cornelia 11.

Ces monnaies ont été frappées en Espagne pendant la guerre de Sertorius. Il n'a pas été frappé de monnaies provinciales pendant l'intervalle entre les deux guerres civiles, de 682 à 704.

MONNAIES GAULOISES (CAMP D, AU BORD DE L'OSE).

ARVERNES.

MONNAIES ANÉPIGRAPHES.

	Nombre d'exemplaires
Electrum. Statères aux types de Vercingetorix.	3
Electrum. Statère avec effigie ornée d'une coiffure singulière.	1
Argent. Deniers épais et anciens, de types variés.	13
Argent. Denier épais et ancien, avec oiseau sous le cheval.	1
Argent. Denier épais et ancien, types des statères de Vercingetorix.	1

MONNAIES AVEC NOMS DE CHEFS.

VERCINGETORIXS. Cette pièce semble être de cuivre, et pourrait cependant n'être qu'un statère de très-bas electrum.	1
Æ. CVNVANOS.	5
Æ. CALIIDV.	7
Æ. A. derrière l'effigie	2
R. PICTILOS.	8
R. EPAD. Epasnactus, avant sa soumission.	3
Æ. IIPAD·R·CICIIDV·BRI. Epasnactus.	59

Nota. Trois de ces dernières pièces sont collées ensemble.

AULERQUES-ÉBUROVICES.

Æ. CAMBIL. (Camulogène?)	5

BITURIGES.

MONNAIES ANÉPIGRAPHES.

Electrum. Statères au paon placé au-dessus du cheval.	2
R. Tête. R. Cheval et sanglier.	1
R. Tête coiffée de longues mèches de cheveux.	1
R. Même type. Rameau au-dessus du cheval.	1
R. Même type. Épée et pentagramme.	1

MONNAIES AVEC LÉGENDES.

Electrum. ABVDOS. Statère.	1
Æ. Même légende.	9
Æ. Même type. OSNAII.	1
Æ. Même type. ISVNIS.	1
Electrum. SOLIMA. Statère.	1
R. Même légende.	6
R. DIASVLOS.	7
Æ. Même type. YNO.	4
R. Même type. ЯIOV.	1
Æ. Sous le cheval ƆΣN.	1
Æ. Sous le cheval CAM. (Cambolectres?)	1

BUCIOS.

Æ. Monnaie indéterminée, unique jusqu'ici.	1

CADURQUES.

Æ. Anépigraphe. Types des monnaies de Lucterius.	1

CARNUTES.

MONNAIES ANÉPIGRAPHES.

Potin	7
Æ. Tête. R. Aigle et serpent.	4
Æ. Tête. R. Aigle et aiglon.	1

MONNAIES AVEC LÉGENDES.

Æ. VANDIILIOS.	19
Æ. CALIAGIIS.	12
Æ. TASGIITIOS. Tasgetius.	1

APPENDICE C.

ÉDUENS.

MONNAIES ANÉPIGRAPHES.

	Nombre d'exemplaires
℟. Deniers anciens	27

MONNAIES AVEC LÉGENDES.

℟. ΚΑΛ—ΕΔΟΥ. (Celtes-Éduens).	2
℟. ANORBO-DVBNOREX. (Dumnorix)	14
℟. DVBNOREX-DVBNOCOV. (Dumnorix)	4
℟. DVBNOREX-DVBNOCOV. (Dumnorix.) Le chef tient à la main une tête coupée	1
℟. LITA. Litavicus	12

HELVIENS?

℟. EPOMIID. Lion. ℟. Deux têtes accolées	4

LÉMOVICES.

℟. Tête humaine au-dessus du cheval	5

LEUQUES.

Potin au sanglier	1

LIGUE CONTRE LES GERMAINS.

℟. Quinaires au cavalier	2

MANDUBIENS (OU LINGONS)?

Potin	32

MASSALIÈTES.

Æ Oboles à la roue	2

PÉTROCORIENS.

℟. Au sanglier couché	4

PICTONS.

Electrum. Statère à la main	1
Æ. Anépigraphe	1

MONNAIES AVEC NOMS DE CHEFS.

℟. VIIROTAL. Guerrier debout	10
℟. VIIROTAL. Lion	1

RÈMES.

	Nombre d'exemplaires
Æ. Aux trois têtes accolées	2

SANTONS.

Electrum. Statère. Sous le cheval SA.	1

SÉNONAIS.

Potin, anépigraphe. Animaux affrontés	1
Æ. YLLYCCI	6

SÉQUANES.

Potin, anépigraphe	12
℟. SEQVANOIOTVOS	16
℟. TOGIRIX	72
℟. Q·DOCI·SAM·F.	18

SUESSIONS.

Æ. Divitiac. ΔΕΙΟVICIACOS	1

TRÉVIRES.

℟. Anépigraphe	1

TRICASSES (OU LINGONS)?

Potin	2

VÉLIOCASSES.

Æ. Figure agenouillée	1

VOLCES-ARÉCOMICES.

℟.	1

VOLCES-TECTOSAGES.

℟.	3

VOLCES-TECTOSAGES, ÉMIGRÉS EN GERMANIE.

℟.	1

INCERTAINE DU MIDI.

Æ. Cheval buvant dans un vase	3

INDÉTERMINABLES.

℟.	1
Æ et Potin	14

APPENDICE D.

NOTICE SUR LES LIEUTENANTS DE CESAR.

Dans sa campagne contre Arioviste César avait six légions; il mit à la tête de chacune d'elles soit un de ses lieutenants, soit son questeur. (*Guerre des Gaules*, I, LII.) Ses principaux officiers étaient donc, à cette époque, au nombre de six; savoir : T. Labienus, portant le titre de *legatus pro prætore* (I, XXI), Publius Crassus, L. Arunculeius Cotta, Q. Titurius Sabinus, Q. Pedius et S. Sulpicius Galba.

1. — T. ATTIUS LABIENUS.

T. Attius Labienus avait été tribun du peuple en 694 et s'était, en cette qualité, porté accusateur de C. Rabirius. Il servit avec zèle César pendant huit années dans les Gaules. Quoiqu'il eût été comblé de ses faveurs et qu'il eût, grâce à lui, amassé une grande fortune (Cicéron, *Lettres à Atticus*, VII, VII. — César, *Guerre civile*, I, xv), il déserta sa cause dès qu'éclata la guerre civile, et en 706 devint lieutenant de Pompée en Grèce. Après la bataille de Pharsale, il alla, avec Afranius, rejoindre Caton à Corcyre, et passa ensuite en Afrique. Scipion vaincu, Labienus se rendit en Espagne, près de Cn. Pompée. Il trouva la mort à la bataille de Munda. César fit faire des funérailles solennelles à celui qui avait payé ses bienfaits par tant d'ingratitude. (Florus, IV, II. — Appien, *Guerres civiles*, II, cv. — Dion-Cassius, XLIII, xxx, xxxviii.)

2. — PUBLIUS LICINIUS CRASSUS.

Publius Licinius Crassus Dives, fils puîné du célèbre triumvir, partit avec César pour la guerre des Gaules, fit la conquête de l'Aquitaine, et fut chargé de conduire à Rome les soldats qui devaient voter en faveur de Pompée et de Crassus. Il quitta l'armée de César à la fin de 698 ou au commencement de 699. Emmené par son père en Syrie, il périt en 701 dans la guerre contre les Parthes, encore fort jeune, car Cicéron, lié avec lui d'une étroite amitié (*Lettres familières*, V, VIII), le qualifie d'*adolescens*, dans une lettre à Quintus (II, IX), écrite en mai 699. Il était néanmoins déjà augure, et le grand orateur lui succéda dans cette dignité. (Cicéron, *Lettres familières*, XV, IV. — Plutarque, *Cicéron*, XLVII.)

3. — L. ARUNCULEIUS COTTA.

La biographie de L. Arunculeius Cotta avant son arrivée dans la Gaule n'est point connue. Son nom fait supposer qu'il descendait d'une famille de clients ou d'affranchis de la *gens Aurelia*, chez laquelle le nom de *Cotta* était héréditaire. La mère de César était une Aurelia.

4. — QUINTUS TITURIUS SABINUS.

Les antécédents de Quintus Titurius Sabinus ne sont pas plus connus que ceux d'Arunculeius Cotta, dont il partagea le triste sort. Son nom montre qu'il appartenait à la famille d'origine sabine des *Titurii*, laquelle avait donné divers magistrats à la République; le nom de Titurius se lit sur plusieurs médailles consulaires; on le trouve aussi dans quelques inscriptions postérieures au temps de César.

5. — Q. PEDIUS.

Q. Pedius était le fils d'une sœur de César. (Suétone, *César*, LXXXIII.) Élu édile en l'an 700 (Cicéron, *Discours pour Plancius*, VII), il doit avoir quitté l'armée des Gaules au plus tard en 699. Quand éclata la guerre civile, il demeura un des plus fermes adhérents de son oncle, dont il soutenait, en 705, les intérêts à Capoue. (Cicéron, *Lettres à Atticus*, IX, XIV.) Il était préteur lorsqu'il fut assiégé dans Cosa, par Milon, partisan de Pompée. Il fut envoyé en Espagne avec Q. Fabius. (César, *Guerre civile*, III, XXII; — *Guerre d'Espagne*, II. — Dion-Cassius, XLIII, XXXI.) Institué, par le testament de César, héritier d'un huitième de ses biens, il abandonna à Octave ce qui lui était légué. (Suétone, *César*, LXXXIII. — Appien, *Guerres civiles*, III, XCIV.) C'est sur la proposition de Q. Pedius, devenu consul, que fut rendue la loi qui a reçu son nom et qui était dirigée contre les meurtriers du dictateur. (Velleius Paterculus, II, LXV. — Suétone, *Néron*, III.) Q. Pedius resta fidèle à Octave; il proposa néanmoins le retrait de la déclaration de guerre lancée contre Antoine et Lépide. Il fut mis dans le secret du triumvirat qui allait se conclure, et mourut subitement avant l'expiration de l'année 711. (Dion-Cassius, XLVI, LII. — Appien, *Guerres civiles*, IV, VI.)

6. — SERVIUS SULPICIUS GALBA.

Servius Sulpicius Galba, que l'empereur Galba comptait parmi ses ancêtres, était de l'illustre famille des *Sulpicii;* il descendait de Sulpicius Galba, consul en 610, qui avait laissé la réputation de grand orateur. S. Sulpicius Galba, le lieutenant de César en Gaule, avait déjà fait la guerre dans ce pays sous C. Pomptinus, en 693 (Dion-Cassius, XXXVII, XLVIII); ce qui explique le choix que fit de lui le futur dictateur. Il doit avoir quitté l'armée de César au plus tard en 699, car il fut, sur la recommandation de celui-ci, élu préteur en 700.

(Dion-Cassius, XXXIX, LXV.) Il brigua vainement le consulat en 705. Pressé par les créanciers de Pompée, pour lequel il s'était porté caution, il fut tiré d'embarras par César, qui paya ses dettes. (Valère Maxime, VI, II, § 11.) Se voyant définitivement déçu dans son espoir d'arriver au consulat, S. Galba entra dans la conjuration contre son ancien chef. (Suétone, *Galba*, III. — Appien, *Guerres civiles*, II, CXIII.) Il servit dans la guerre contre Antoine, sous le consul Hirtius. On a de lui une lettre à Cicéron, écrite du camp de Modène. (Cicéron, *Lettres familières*, X, XXX.) Poursuivi, en vertu de la loi Pedia, comme meurtrier de César (Suétone, *Galba*, III), il fut condamné, et mourut vraisemblablement en exil.

Le Sénat accorda à César, en 698, dix lieutenants : Labienus, Arunculeius Cotta, Titurius Sabinus, déjà dans la Gaule, Decimus Brutus, P. Sulpicius Rufus, Munatius Plancus, M. Crassus, C. Fabius, L. Roscius et T. Sextius. Quant à Sulpicius Galba, à P. Crassus et à Q. Pedius, ils étaient retournés en Italie.

7. — DECIMUS JUNIUS BRUTUS.

Decimus Junius Brutus, appartenant à la famille des *Junii*, était fils de Decimus Junius Brutus, élu consul pour l'an 677, et de Sempronia, qui joua un rôle si célèbre dans la conjuration de Catilina. Il fut adopté par A. Postumius Albinus, consul en 655, et prit, pour ce motif, le surnom d'Albinus, par lequel on le trouve quelquefois désigné. Quand César l'emmena dans les Gaules, il était encore fort jeune : les Commentaires lui donnent l'épithète d'*adolescens*. Il devait être de retour à Rome en janvier 704, puisqu'une lettre de Cicéron y signale sa présence à cette époque. (*Lettres familières*, VIII, VII.) L'année suivante il commandait la flotte de César devant Marseille. (César, *Guerre civile*, I, XXXVI. — Dion-Cassius, XLI, XIX.) Il remporta, bien qu'avec des forces inégales, une victoire navale sur L. Domitius. (César, *Guerre civile*, LI.) Ayant reçu de César, en 706, le gouvernement de la Gaule transalpine, il réprima, en 708, une insurrection des Bellovaques. (Tite-Live, *Epitome*, CXIV.) Objet des faveurs les plus particulières de son ancien général, qui éprouvait pour lui une vive affection, D. Brutus fut associé, avec Antoine et Octave, au triomphe que César célébra en 709, à son retour d'Espagne, et monta avec eux sur son char. (Plutarque, *Antoine*, XIII.) Par son testament des ides de septembre, le dictateur le nommait un des tuteurs d'Octave, et l'instituait un de ses seconds héritiers (Dion-Cassius, XLIV, XXXV. — Appien, *Guerres civiles*, II, CXLIII. — Suétone, *César*, LXXXIII); il lui fit attribuer, pour l'année 712, le gouvernement de la Gaule cisalpine. Malgré cette amitié dont César lui avait donné tant de preuves, et que celui-ci croyait payée de retour, Brutus, resté fidèle à son bienfaiteur dans la guerre civile, prêta l'oreille aux propositions des conjurés et se laissa séduire par M. Brutus, son parent. Non-seulement il vint au sénat pour frapper aussi la victime, mais il accepta la mission d'aller engager le dictateur, qui hésitait, à se rendre dans la curie. (Dion-Cassius, XLIV, xiv, xviii. — Appien, *Guerres civiles*, II, cxv. — Plutarque, *César*, lxx.) En butte à la haine publique (Cicéron, *Philippiques*, X, vii), et intimidé par les menaces d'Antoine, il quitta Rome pour aller prendre possession de la province que César lui avait fait assigner. (Cicéron, *Lettres à Atticus*, XIV, xiii.)

Il paraît d'ailleurs n'avoir agi qu'assez mollement en faveur du parti qu'il avait embrassé. Antoine s'étant fait donner par le peuple, en échange de la Macédoine, la province que Brutus commandait (Appien, *Guerres civiles*, III, xxx), ce dernier se refusa à abandonner son gouvernement, et, appuyé par Cicéron, il obtint du sénat un édit qui le lui maintenait (Cicéron, *Philippiques*, III, iv. — Appien, *Guerres civiles*, III, xlv); ce qui amena une lutte à main armée entre les deux compétiteurs. Poursuivi par son rival, Brutus se jeta dans Modène et y soutint un long siége (Appien, *Guerres civiles*, III, xlix. — Tite-Live, *Epitome*, CXVII), qui eut pour résultat final la bataille célèbre où Antoine fut défait. D. Brutus, effacé par de nouveaux acteurs dans ce drame sanglant, y demeura presque simple spectateur. (Dion-Cassius, XLVI, xl.) Il se rangea alors du côté d'Octave, sans toutefois que le rapprochement de ces deux hommes ait été bien étroit et bien sincère. Il continua à exercer un commandement important pendant la guerre, mais la fortune ne tarda pas à lui devenir contraire. Pressé par Antoine, qui s'était uni à Lépide, menacé personnellement par les poursuites qu'Octave, armé de la loi Pedia, dirigeait contre les meurtriers de César (Tite-Live, *Epitome*, CXX. — Dion-Cassius, XLVI, liii), il se vit abandonné de ses troupes, et, après avoir vainement tenté de passer en Macédoine, il se dirigea avec une faible escorte vers Aquilée; mais un chef gaulois, Camillus, trahit à son égard les droits de l'hospitalité, le retint prisonnier, et manda à Antoine ce qu'il avait fait. L'ancien lieutenant de César expédia aussitôt Furius avec des cavaliers, qui tuèrent Brutus et lui rapportèrent sa tête. (Appien, *Guerres civiles*, III, xcvii-xcviii. — Velleius Paterculus, II, lxiii-lxiv.) Brutus a été l'un des correspondants de Cicéron, qui lui donne des éloges, notamment sur sa constance dans l'amitié, éloges dont il était assurément peu digne.

8. — PUBLIUS SULPICIUS RUFUS.

Publius Sulpicius Rufus, qui appartenait à la même famille que S. Sulpicius Galba, servit, en 705, la cause de César en Espagne (César, *Guerre civile*, I, lxxiv); il commanda, l'année suivante, avec le titre de préteur, la flotte qui croisait à Vibo, sur la côte du Bruttium (César, *Guerre civile*, III, ci); plus tard il obtint le gouvernement d'Illyrie, contrée où il avait fait la guerre dans les rangs des Césariens, et succéda conséquemment à Q. Cornificius. (César, *Guerre d'Afrique*, x; — *Guerre d'Alexandrie*, xlii.) Une lettre de Cicéron, à lui adressée (*Lettres familières*, XIII, lxxvii), montre qu'il était encore dans cette province en 709. On ne sait rien de certain sur ses actes. On a supposé avec vraisemblance qu'il est le même qu'un P. Sulpicius, censeur sous le triumvirat, et mentionné dans une inscription latine (*Tabula Collatina*), à laquelle renvoie Drumann (t. I, p. 528).

9. — LUCIUS MUNATIUS PLANCUS.

Lucius Munatius Plancus, dont le nom se lit sur plusieurs inscriptions et sur un assez grand nombre de médailles (voy. notamment Orelli, *Inscript.* n° 591), appartenait à une famille plébéienne illustre. Lié d'abord avec Caton, il gagna ensuite toute l'affection de César (Plutarque, *Caton d'Utique*, XLII. — Cicéron, *Lettres familières*, X, xxiv), et lui demeura fidèle jusqu'à la fin. Après avoir servi en Gaule, il devint, en 705, un de ses plus actifs lieutenants en Espagne (César, *Guerre civile*, I, XL), puis en Afrique. (César, *Guerre d'Afrique*, IV.) César lui fit attribuer, pour l'année 710, le gouvernement de la Gaule transalpine, moins les Gaules narbonnaise et belgique (Appien, *Guerres civiles*, III, XLVI. — Cicéron, *Philippiques*, III, xv), et le désigna pour prendre, avec D. Brutus, le consulat en 712 (Velleius Paterculus, II, LXIII. — Dion-Cassius, XLVI, LIII); il était alors en grande faveur près du dictateur : Cicéron s'adressait à lui pour obtenir les bonnes grâces de César. (*Lettres familières*, X, III; XIII, xxix.)

Après le meurtre de César, Plancus, qui redoutait sans doute, comme Antoine, la vengeance du parti des conjurés, proposa une amnistie, de concert avec lui et Cicéron (Plutarque, *Brutus*, XXII), et se hâta d'aller dans la province qui lui avait été assignée. En Gaule, il fonda les colonies de Lugdunum et de Raurica (Orelli, *Inscriptions*, n° 590. — Dion-Cassius, XLVI, L); plus tard, gagné par Antoine, il abandonna à la vengeance de celui-ci, durant la proscription, Plotius, son propre frère. (Appien, *Guerres civiles*, IV, XII. — Valère Maxime, VI, VIII, § 5.) En 712, Plancus prit avec Lépide, au 1ᵉʳ janvier, le consulat que César lui avait destiné. (Dion-Cassius, XLVI, LIII; LXVII, XVI.) Dans la guerre de Pérouse, il commanda les troupes d'Antoine, qui l'envoya, en 714, en Asie. En 719, il gouvernait encore la Syrie pour ce triumvir, et on l'a accusé de la mort de Sextus Pompée. (Appien, *Guerres civiles*, V, CXLIV.) Il se rendit en Égypte avec Antoine, près de Cléopâtre. (Velleius Paterculus, II, LXXXIII.) Prévoyant la ruine d'Antoine, dont on lui reproche d'avoir été le bas adulateur, il n'attendit pas la défaite d'Actium pour embrasser le parti d'Octave; il rentra à Rome, et attaqua vivement son ancien ami dans le sénat. (Velleius Paterculus, II, LXXXIII.) Dion-Cassius (L., III) l'accuse d'avoir révélé le contenu du testament d'Antoine. Dévoué désormais à Octave, il proposa, en 727, de lui déférer le titre d'Auguste. (Suétone, *Octave*, VII. — Velleius Paterculus, II, XCI.) En 732, il exerça la censure. (Dion-Cassius, LIV, II.) Les monuments épigraphiques et les médailles nous montrent qu'il fut aussi revêtu d'autres dignités. On ignore la date de sa mort. Horace lui a adressé une de ses odes. (Livre I, ode VII.)

10. — MARCUS LICINIUS CRASSUS.

Marcus Licinius Crassus Dives était le frère aîné du jeune Crassus, dont il avait pris la place en qualité de lieutenant de César dans la Gaule. On sait peu de chose de sa vie : Cicéron, moins lié avec lui qu'avec son frère cadet, en a peu parlé. (*Lettres familières,* V, viii.) Il se rangea du côté de César, lors de la guerre civile, et devint, en 705, gouverneur de la Gaule citérieure. (Appien, *Guerres civiles,* II, xli. — Justin, XLII, iv.) On ignore l'époque de sa mort.

11. — CAIUS FABIUS.

On ne sait pas ce qu'avait été Caius Fabius avant la campagne des Gaules. Quand la guerre civile éclata, il resta fidèle à César, qui lui donna l'ordre de se rendre de la Gaule narbonnaise en Espagne. Avec sa célérité ordinaire il se porta à marches forcées sur Ilerda (*Lerida*), ville près de laquelle campait Afranius. Il se distingua dans toute cette campagne, où l'armée de César, qui l'avait rejoint, se trouva un instant compromise.

Il n'est plus fait mention ultérieurement de C. Fabius. Son nom ne se retrouve ni dans le récit des campagnes de Grèce, d'Alexandrie, d'Afrique, ni dans celui de la seconde guerre d'Espagne, ni ailleurs.

12. — L. ROSCIUS.

L. Roscius, qui n'a joué qu'un rôle secondaire dans la guerre des Gaules, paraît être le même que le personnage auquel Cicéron donne le nom de L. *Fabatus,* et qui périt à la bataille de Modène, en 711. (*Lettres familières,* X, xxxiii.) Il fut préteur en 705, et Pompée, qui savait l'amitié que César avait pour Roscius, le lui députa à Ariminum avec des propositions de paix. (César, *Guerre civile,* I, viii, x. — Dion-Cassius, XLI, v.) On croit que c'est son nom qui, suivi du surnom de Fabatus, figure sur des deniers romains portant l'image de Junon Lanuvina. On a cru aussi le retrouver sur une inscription latine.

13. — TITUS SEXTIUS.

Titus Sextius, dont on ignore l'histoire avant son arrivée dans les Gaules, devint, en 710, gouverneur de Numidie. (Dion-Cassius, XLVIII, xxi.) Selon Appien (*Guerres civiles,* IV, liii), il se rangea du côté d'Octave; suivant Dion-Cassius (XLVIII, xxi), du côté d'Antoine. Il fit la guerre à Q. Cornificius, qui voulait garder l'ancienne province d'Afrique, que le sénat lui avait attribuée. Sextius aspirait au même gouvernement, et il s'apprêtait à l'exercer pour Octave, auquel l'Afrique avait été assignée dans le partage des triumvirs. (Appien, *Guerres civiles,* IV, liii.) La défaite et la mort de Cornificius lui permirent de réaliser ses projets, et il resta en possession de sa province jusqu'en 713. Appien et Dion-Cassius ont raconté différemment les événements qui contraignirent Sextius, après la bataille de Philippes, à abandonner la Numidie, où Octave avait envoyé un nouveau gouverneur. On ne sait rien de plus sur sa biographie.

Dans l'année 700, on voit apparaître deux nouveaux lieutenants, Q. Tullius Cicéron et C. Trebonius, qui venaient remplacer Arunculeius Cotta et Titurius Sabinus, tués par les Gaulois à Tongres.

14. — Q. TULLIUS CICÉRON.

Quintus Tullius Cicéron, frère puîné du grand orateur, était né en 652, et alla avec celui-ci à Athènes se perfectionner dans les lettres, qu'il cultiva aussi avec succès. La correspondance des deux frères que nous avons conservée en fait foi, et nous savons, d'autre part, que Quintus avait composé divers ouvrages qui se sont perdus. Quintus avait épousé, antérieurement à l'an 686, Pomponia, sœur d'Atticus (Cicéron, *Lettres à Atticus*, I, v, vi), avec laquelle il vécut en assez mauvaise intelligence, et dont il finit par se séparer. Il fut édile en 688, année de la préture de son frère; et, en 691, lors du consulat de celui-ci, il lui prêta, dans l'affaire de Catilina, son intelligent appui et partagea les mêmes dangers. (Cicéron, *Lettres à Quintus*, I, 1; — *Quatrième Catilinaire*, ii, iii.) Toutefois il n'opina pas comme lui dans le jugement des conjurés, où il vota, avec César, contre la peine de mort. (Suétone, *César*, xiv.) Il devint préteur en 692, défit, dans le Bruttium, la bande du Catilinaire Marcellus (Orose, VI, vi), et présida le tribunal qui jugea Archias. (*Scholiaste de Bobbio sur le Discours pour Archias*, p. 354, éd. Orelli.) En mars de l'année 693, il se rendit dans la province d'Asie, dont il avait obtenu le gouvernement (Cicéron, *Discours pour Flaccus*, xiv); il administra cette province avec autant d'équité que de talent, secondé par d'habiles lieutenants. (Cicéron, *Lettres à Quintus*, I, i.) On eut cependant à lui reprocher de fréquents emportements, ce qui lui attira les remontrances de son frère. A la fin d'avril 696, Quintus quitta l'Asie pour se rendre directement à Rome, sans prendre le temps d'aller voir, à Thessalonique, M. Cicéron, encore sous le poids de sa condamnation à l'exil. C'est qu'il redoutait une accusation de concussion, que s'efforçaient de préparer contre lui ses ennemis et ceux de son frère. (Cicéron, *Lettres à Atticus*, III, ix; — *Lettres à Quintus*, I, iii; — *Discours pour sa maison*, xxxvi.) Il s'employa activement en faveur de ce dernier, et faillit être tué dans la sédition excitée par Clodius, le 8 des calendes de février 697, lors de la proposition du tribun Fabricius. (Cicéron, *Discours pour Sextius*, xxxv. — Plutarque, *Cicéron*, xliv.) Quand ce même Clodius s'opposait à la reconstruction de la maison de M. Cicéron, Quintus vit la sienne, qui en était voisine, incendiée par les partisans du turbulent démagogue. (Cicéron, *Lettres à Atticus*, IV, iii.) Vers la fin de cette même année, Quintus fut un des quinze lieutenants donnés à Pompée pour diriger les approvisionnements, et c'est en cette qualité qu'il se rendit en Sardaigne. (Cicéron, *Lettres à Quintus*, II, II.) Il partit pour les Gaules au commencement de 700, et l'on voit, par un passage du *Discours pour Milon*, qu'il y était encore en 702. Il laissa l'armée de César en 703, et alla rejoindre, en qualité de légat, son frère devenu proconsul de Cilicie, auquel il prêta l'indispensable appui de son expérience et de son habileté dans les choses de la guerre. (Cicéron, *Lettres familières*, XV, IV; — *Lettres à Atticus*, V, xx.) Durant la guerre civile, Quintus se rangea du côté de Pompée, mais il imita la circonspection de son frère, et, après la bataille de Pharsale, il mit tout en œuvre pour se disculper aux yeux de César, vers lequel il députa, en Asie, son propre fils, et c'est ainsi qu'il obtint son pardon. Après la mort de César, Quintus se prononça énergiquement, comme M. Cicéron, contre Antoine, opposition qui lui devint également fatale, car il fut, ainsi que son frère, enveloppé dans la proscription. Ayant vainement tenté, avec celui-ci, de gagner la Macédoine, il revint à Rome en compagnie de son fils, et tous deux furent livrés par des esclaves aux mains qui les frappèrent. (Appien, *Guerres civiles*, IV, xx. — Plutarque, *Cicéron*, LXII.)

15. — CAIUS TREBONIUS.

Caius Trebonius était fils d'un chevalier romain dont Cicéron parle dans ses *Philippiques* (XIII, x). Questeur en 694, il combattit la loi Herennia, qui autorisait l'adoption de Clodius par un plébéien; tribun du peuple en 699, il proposa les célèbres lois qui donnaient à Pompée et à Crassus d'importantes provinces et prorogeaient pour cinq ans le commandement de César en Gaule. Appelé par César l'année suivante, en qualité de légat, il demeura en Gaule jusqu'au moment de la guerre civile. Il fut ensuite envoyé en Espagne contre Afranius, puis chargé d'assiéger Marseille par terre. (César, *Guerre civile*, I, xxxvi. — Dion-Cassius, XLI, xix.) En 706, il devenait préteur urbain (Dion-Cassius, XLII, xx); un an après, il succédait à Cassius Longinus dans le gouvernement d'une des deux Espagnes. (César, *Guerre d'Alexandrie*, LXIV; — *Guerre d'Espagne*, VII. — Dion-Cassius, XLIII, xxix.) Contraint de quitter la Péninsule, après des revers, il revint à Rome, où César le fit nommer consul en octobre 709, et lui fit assigner, pour sa sortie de charge, la province d'Asie. (Dion-Cassius, XLIII, XLVI. — Appien, *Guerres civiles*, III, II.) Tous ces bienfaits ne purent cependant assurer au dictateur le dévouement de son lieutenant : Trebonius n'avait pas encore pris possession de son proconsulat d'Asie qu'il entrait dans la conjuration tramée contre la vie de César. Mais, retenu par Antoine hors de la curie, il ne put le frapper de sa propre main. (Appien, *Guerres civiles*, II, cxvII. — Dion-Cassius, XLIV, xix. — Cicéron, *Philippiques*, II, xiv; XIII, x.) César mort, Trebonius partit tranquillement pour son gouvernement d'Asie, et il se trouvait en mai 710 à Athènes. (Cicéron, *Lettres familières*, XII, xvi.) Durant son proconsulat, il soutint le parti de Brutus et de Cassius. En février 711, Dolabella, qui était venu pour le remplacer, l'attira à Smyrne dans un piége, le tua et jeta sa tête au pied d'une statue de César, vengeant ainsi son ami, si indignement trahi. (Cicéron, *Philippiques*, XIII, x. — Appien, *Guerres civiles*, III, xxvi. — Velleius Paterculus, II, lxix. — Dion-Cassius, XLVII, xxix.) Cicéron, dont Trebonius a été le correspondant, stigmatise ce guet-apens, où Antoine voyait la juste punition d'un scélérat et d'un parricide. Il est certain que Trebonius était entré dans la conspiration sans remords, puisque plus tard il écrivait à Cicéron : « Si vous composez quelque chose sur le meurtre de César, ne m'en attribuez pas une faible part. » (Cicéron, *Lettres familières*, XII, xvi.)

Pendant les années 701 à 705, de nouveaux lieutenants vinrent rejoindre César dans les Gaules : ce furent Minucius Basilus, Antistius Reginus, M. Silanus, Caninius Rebilus, Sempronius Rutilus, Marcus Antonius, P. Vatinius, Q. Calenus et Lucius César.

16. — L. MINUCIUS BASILUS.

L. Minucius Basilus avait pris son nom et son surnom d'un riche Romain qui l'avait adopté. Il s'appelait auparavant L. Satrius. Cicéron le nomme ainsi dans un de ses traités (*Des Devoirs*, III, xviii), quoique ailleurs (*Lettres à Atticus*, XI, v) il le désigne par ses nom et surnom. Il devint préteur en 709. (Dion-Cassius, XLIII, xlvii.) Irrité de n'avoir point obtenu, pour sa sortie de charge, la province qu'il convoitait, et de n'avoir reçu de César que de l'argent, il entra dans la conspiration tramée contre le dictateur. (Appien, *Guerres civiles*, II, cxiii. — Dion-Cassius, XLIII, xlvii.) Quelques mois après, il fut assassiné par ses esclaves, qui se vengèrent ainsi de ce qu'il avait soumis plusieurs d'entre eux au supplice de la castration. (Appien, *Guerres civiles*, III, xcviii.)

17. — C. ANTISTIUS REGINUS.

On ne possède aucun renseignement sur les antécédents et la fin de ce lieutenant de César. A en juger par son nom, il devait appartenir à la famille des *Antistii*, d'où sont sortis divers magistrats de la République, et dont plusieurs membres ont perpétué leur mémoire dans des inscriptions.

18. — M. SILANUS.

Marcus Junius Silanus, fils de Servilie, était frère utérin de M. Brutus. Après le meurtre de César, il accompagna son beau-frère Lépide dans sa campagne au nord de l'Italie, et fut envoyé par lui, en 711, à Modène, sans instructions précises (Dion-Cassius, XLVI, xxxviii); au grand dépit de Lépide, il passa du côté d'Antoine. (Cicéron, *Lettres familières*, X, xxx, xxxiv.) Antoine ayant été battu, Silanus, qui avait perdu la confiance de Lépide, se rendit en Sicile près de Sext. Pompée et ne revint à Rome que quand la paix de Misène eut été conclue avec celui-ci, en 715. (Velleius Paterculus, II, LXXVII.) On ne sait rien de plus sur sa vie, si ce n'est qu'Auguste le prit, en 729, pour son collègue au consulat. (Dion-Cassius, LIII, xxv.)

19. — C. CANINIUS REBILUS.

Caius Caninius Rebilus, arrière-petit-fils, selon toute vraisemblance, du personnage de ce nom qui fut préteur en 583, n'apparaît dans l'histoire qu'au moment de la guerre des Gaules. César l'envoya, en 705, à Scribonius Libon pour traiter de la paix avec Pompée. (César, *Guerre civile*, I, XXVI.) Rebilus accompagna ensuite Curion en Afrique, et n'échappa qu'avec un petit nombre à la défaite que leur fit éprouver le roi Juba. (*Guerre civile*, II, XXIV.) En 708, il guerroyait encore dans la même province, et il s'empara de Thapsus après la défaite de Scipion. (César, *Guerre d'Afrique*, LXXXVI, XCIII.) En 709, il commandait en Espagne la garnison d'Hispalis. (César, *Guerre d'Espagne*, XXXV.) A la fin de cette même année, César le fit nommer consul, en remplacement de Q. Fabius, mort subitement; c'était la veille des calendes de janvier que cet événement était arrivé. Rebilus ne fut ainsi consul que quelques heures, et la courte durée de sa charge a excité les plaisanteries de Cicéron. (*Lettres familières*, VII, XXX. — Dion-Cassius, XLIII, XLVI. — Plutarque, *César*, LXIII.) On n'a pas d'autres détails sur la vie de ce lieutenant de César.

20. — M. SEMPRONIUS RUTILUS.

L'histoire se tait sur ce que devint ce lieutenant de César après la guerre des Gaules.

21. — MARCUS ANTONIUS (MARC-ANTOINE).

La biographie de Marc-Antoine est trop connue, elle se mêle trop à l'histoire des événements qui suivirent la guerre des Gaules, pour qu'on ait besoin de l'esquisser ici. On sait que Marc-Antoine, né en 671, était le fils d'un Marc-Antoine qui avait fait la guerre en Crète, et petit-fils du célèbre orateur du même nom. Sa mère était une Julia, et appartenait par conséquent à la famille de César. Après avoir encouragé et soutenu celui-ci dans ses projets sur Rome, il devint son *magister equitum* lorsque la dictature lui eut été conférée. A Pharsale, il commandait l'aile gauche de l'armée de César. Après le meurtre du grand homme, il fut le rival d'Octave, et plus tard, avec Lépide, son collègue au triumvirat. Lorsque la désunion se fut mise entre le futur Auguste et l'ancien lieutenant de son oncle, la bataille d'Actium consomma la ruine d'Antoine, qui, s'étant sauvé en Égypte, se tua de désespoir, sur l'avis que Cléopâtre, dont il était violemment épris, lui donna de son imminent suicide.

22. — PUBLIUS VATINIUS.

Le rôle joué par Publius Vatinius avant de devenir lieutenant en Gaule a été exposé dans le cours de cet ouvrage. C'est au sortir de son tribunat qu'il fut employé dans l'armée de César; mais il avait déjà, après sa questure, servi en Espagne, avec cette même qualité de lieutenant, sous le proconsul C. Cosconius. Menacé par la loi Licinia et Junia, Vatinius revint à Rome et réussit, grâce à l'appui de Clodius, à éviter le procès qui allait lui être intenté. Il échoua dans sa candidature pour l'édilité, figura comme témoin à charge dans le procès de Sextius, où il montra une vive animosité contre l'accusé et contre Cicéron, son défenseur. Des événements importants marquèrent sa préture en 699. Lieutenant de César dans la guerre civile (César, *Guerre civile*, III, xix), après la bataille de Pharsale, il défendit Brindes contre Lelius. (*Guerre civile*, III, c.) En 706 et 707, il continua à servir dans les rangs des partisans du dictateur, qui lui fit, à la fin de cette dernière année, conférer le consulat pour quelques jours. (Dion-Cassius, XLII, lv. — Macrobe, *Saturnales*, II, III.) En 709, il était envoyé par César, avec le titre de proconsul, en Illyrie (Appien, *Guerre d'Illyrie*, xiii), province d'où il adressa des lettres obligeantes à Cicéron. (*Lettres familières*, V, ix, x.) Après le meurtre du dictateur, les Dalmates s'étant révoltés et ayant fait subir une défaite à un corps considérable de son armée, Vatinius, auquel la fidélité de ses soldats inspirait de la défiance, se retira à Épidamnus et remit sa province, ses légions à M. Brutus. (Tite-Live, *Epitome*, CXVIII. — Velleius Paterculus, II, lxix. — Appien, *Guerre d'Illyrie*, xiii.) Néanmoins il obtint, à la fin de cette année (711), un triomphe pour ses victoires. On ignore ce qu'il devint par la suite.

23. — Q. FUFIUS CALENUS.

Q. Fufius Calenus, d'une des familles les plus illustres de Rome, la *gens Fufia*, fut tribun du peuple en 693, et servit alors activement les intérêts de Clodius, accusé d'avoir violé les mystères de la Bonne Déesse. (Cicéron, *Lettres à Atticus*, I, xiv.) Préteur durant le consulat de César et de Bibulus, il a attaché son nom à une loi judiciaire et servi avec zèle, pendant sa magistrature, les projets de celui dont il devint le lieutenant en Gaule. Il soutint également Clodius dans l'affaire de Milon. Quand la guerre civile éclata, Fufius Calenus alla rejoindre César à Brindes; il le suivit ensuite en Espagne, en qualité de lieutenant. (*Lettres à Atticus*, IX, v. — César, *Guerre civile*, I, lxxxvii.) Envoyé plus tard en Épire, il s'empara, avant la bataille de Pharsale, des principales villes de la Grèce. En 707, il devint consul avec Vatinius (Dion-Cassius, XLII, lv), se rangea, après la mort de César, du côté d'Antoine, qu'il défendit contre les attaques de Cicéron (*Philippiques*, VIII, iv. — Dion-Cassius, XLVI, i à xxviii), et fut son lieutenant pendant les luttes qui suivirent. Il commandait une armée dans la Gaule transalpine en 713, quand une mort subite l'enleva, au moment où il allait se mesurer avec les troupes d'Octave. (Appien, *Guerres civiles*, V, III, LI. — Dion-Cassius, XLVIII, xx.)

24. — L. CÉSAR.

L. Julius César, qui n'apparaît comme lieutenant du grand César qu'à la fin de la guerre des Gaules, appartenait à la même famille que lui; il était fils de L. Julius César, consul au temps de la guerre contre les Marses, lequel périt assassiné par Fimbria, et frère de Julie, mère de Marc-Antoine. Il brigua sans succès l'édilité (Cicéron, *Discours pour Plancius*, xxi), fut plus heureux dans sa pétition du consulat, et exerça cette haute magistrature en 690. (Cicéron, *Discours pour Murena*, xxxiv; — *Lettres à Atticus*, I, I, II. — Dion-Cassius, XXXVII, vi.) Il fut avec César, l'année suivante, l'un des juges (*duumvir perduellionis*) dans le procès de C. Rabirius. (Dion-Cassius, XXXVII, xxvii.) Lors de la délibération du sénat sur la conspiration de Catilina, la parenté qui l'unissait à P. Lentulus ne l'empêcha pas d'opiner pour sa condamnation à mort. Après la guerre des Gaules, il retourna à Rome, et, en l'an 707, Marc-Antoine l'investit des fonctions de préfet de la ville; il était alors fort âgé. (Dion-Cassius, XLII, xxx.) César assassiné, L. César s'éloigna du parti d'Antoine, bien que celui-ci fût son neveu; ce qui lui a valu les éloges de Cicéron. (*Lettres familières*, XII, II.) Mais son opposition s'adoucit ensuite, et il repoussa la proposition de déclarer la guerre à l'ancien lieutenant de César, faite par le grand orateur. (Cicéron, *Philippiques*, VIII, i; — *Lettres familières*, X, xxviii.) Ce fut l'effet de l'influence qu'exerçait sur lui sa sœur Julie, à laquelle il dut son salut dans la proscription qui suivit la conclusion du triumvirat. (Appien, *Guerres civiles*, IV, xii. — Plutarque, *Cicéron*, lxi; — *Antoine*, xx. — Florus, IV, vi. — Velleius Paterculus, II, lxvii.) On ne sait rien sur sa destinée ultérieure.

TABLE DES MATIÈRES.

Pages

Note de l'éditeur. v

LIVRE TROISIÈME.
GUERRE DES GAULES D'APRÈS LES COMMENTAIRES.

CHAPITRE PREMIER.
CAUSES POLITIQUES DE LA GUERRE DES GAULES.

I. Caractère aventureux des Gaulois. 1
II. Guerres des Romains au delà des Alpes. 3
III. Constante préoccupation des Romains à l'égard des Gaulois. 7
IV. Plan suivi dans le récit de la guerre des Gaules. 11

CHAPITRE DEUXIÈME.
ÉTAT DE LA GAULE A L'ÉPOQUE DE CÉSAR.

I. Description géographique (*Voir planche* 1). 13
II. Divisions politiques (*Voir planche* 2). 19
III. Mœurs. 29
IV. Institutions. 37

CHAPITRE TROISIÈME.
CAMPAGNE CONTRE LES HELVÈTES.
AN DE ROME 696.
(Livre I des Commentaires.)

I. Projets d'invasion des Helvètes (*Voir planche* 3). 45
II. Arrivée de César à Genève. 47
III. Description du retranchement du Rhône (*Voir planche* 3). . 48

		Pages
IV.	Les Helvètes se mettent en marche vers la Saône. César réunit ses troupes (*Voir planches* 2 *et* 4).	55
V.	Défaite des Helvètes sur la Saône (*Voir planches* 2 *et* 4).	60
VI.	Défaite des Helvètes près de Bibracte (*Voir planches* 4 *et* 5).	66
VII.	Poursuite des Helvètes.	71
VIII.	Observations.	73

CHAPITRE QUATRIÈME.
CAMPAGNE CONTRE ARIOVISTE.
AN DE ROME 696.
(Livre I des Commentaires.)

I.	Emplacement des Suèves et des autres peuplades germaines (*Voir planche* 2).	74
II.	Les Gaulois appellent César à leur secours.	77
III.	Marche de César sur Besançon (*Voir planche* 4).	79
IV.	Panique de l'armée romaine.	81
V.	Marche vers la vallée du Rhin (*Voir planche* 4).	83
VI.	Entrevue de César et d'Arioviste (*Voir planche* 6).	86
VII.	Manœuvres des deux armées (*Voir planches* 2 *et* 6).	88
VIII.	Bataille contre les Germains (*Voir planche* 4).	90
IX.	Observations.	94

CHAPITRE CINQUIÈME.
GUERRE CONTRE LES BELGES.
AN DE ROME 697.
(Livre II des Commentaires.)

I.	Ligue des Belges. César s'avance de Besançon vers l'Aisne (*Voir planche* 4).	96
II.	César campe à Berry-au-Bac (*Voir planches* 2, 7, 8 *et* 9).	99
III.	Combat sur l'Aisne.	103
IV.	Retraite des Belges.	104
V.	Prises de Noviodunum et de Bratuspantium (*Voir planche* 7):	105
VI.	Marche contre les Nerviens (*Voir planches* 7 *et* 10).	107
VII.	Bataille sur la Sambre (*Voir planche* 10).	109
VIII.	Siége de l'oppidum des Aduatuques (*Voir planche* 11).	115
IX.	Soumission de l'Armorique par P. Crassus.	118
X.	Expédition de Galba dans le Valais.	119

CHAPITRE SIXIÈME.

AN DE ROME 698.

(Livre III des Commentaires.)

GUERRE DES VÉNÈTES. — VICTOIRE SUR LES UNELLES. — SOUMISSION DE L'AQUITAINE. MARCHE CONTRE LES MORINS ET LES MÉNAPIENS.

		Pages
I.	Insurrection des peuples maritimes (*Voir planche* 12)...	121
II.	Guerre contre les Vénètes (*Voir planche* 12)........	123
III.	Combat naval contre les Vénètes (*Voir planche* 12)....	126
IV.	Victoire de Sabinus sur les Unelles (*Voir planche* 13)...	129
V.	Conquête de l'Aquitaine par P. Crassus..........	131
VI.	Marche contre les Morins et les Ménapiens.........	134
VII.	Observations........................	135

CHAPITRE SEPTIÈME.

AN DE ROME 699.

(Livre IV des Commentaires.)

INCURSIONS DES USIPÈTES ET DES TENCTÈRES. — PREMIER PASSAGE DU RHIN. PREMIÈRE DESCENTE EN BRETAGNE. CHATIMENT DES MORINS ET DES MÉNAPIENS.

I.	Marche de César contre les Usipètes et les Tenctères (*Voir planche* 14).....................	137
II.	Déroute des Usipètes et des Tenctères...........	142
III.	Premier passage du Rhin (*Voir planches* 14 *et* 15)....	143
IV.	Description de la Bretagne au temps de César.......	147
V.	Première expédition de Bretagne (*Voir planches* 16 *et* 17).	154
VI.	Châtiment des Morins et des Ménapiens..........	165
VII.	Ordre de construire la flotte. Départ pour l'Illyrie.....	165
VIII.	Points d'embarquement et de débarquement. Date de l'arrivée en Bretagne (*Voir planche* 16)............	166
IX.	Résumé des dates de la campagne de 699..........	181

CHAPITRE HUITIEME.
AN DE ROME 700.
(Livre V des Commentaires.)

MARCHE CONTRE LES TRÉVIRES. — SECONDE DESCENTE EN BRETAGNE.

		Pages
I.	Inspection de la flotte. Marche contre les Trévires	182
II.	Départ pour l'île de Bretagne (*Voir planche* 16)	183
III.	Marche dans l'intérieur du pays (*Voir planche* 16)	186
IV.	Destruction d'une partie de la flotte	188
V.	César reprend l'offensive	189
VI.	Marche vers la Tamise (*Voir planche* 16)	191
VII.	Soumission d'une partie de la Bretagne (*Voir planche* 16)	192
VIII.	Rembarquement de l'armée	194
IX.	Observations (*Voir planche* 16)	195
X.	Dates présumées de la seconde campagne de Bretagne	199
XI.	Répartition des légions dans leurs quartiers d'hiver (*Voir planches* 14 *et* 18)	200
XII.	Défaite de Sabinus à Aduatuca	202
XIII.	Attaque du camp de Cicéron	208
XIV.	César marche au secours de Cicéron (*Voir planches* 14 *et* 27, *fig.* 8)	209
XV.	César met ses troupes en quartiers d'hiver. Labienus défait Indutiomare	217
XVI.	Observations	221

CHAPITRE NEUVIEME.
AN DE ROME 701.
(Livre VI des Commentaires.)

CAMPAGNE CONTRE LES NERVIENS ET LES TRÉVIRES — SECOND PASSAGE DU RHIN.
GUERRE CONTRE AMBIORIX ET LES ÉBURONS.

I.	César augmente son armée	224
II.	Guerre contre les Nerviens. Assemblée générale de la Gaule	225
III.	Soumission des Ménapiens	226
IV.	Succès de Labienus contre les Trévires	228
V.	Second passage du Rhin	230
VI.	Guerre contre Ambiorix (*Voir planches* 2 *et* 14)	232
VII.	Les Sicambres attaquent Aduatuca (*Voir planche* 18)	234

CHAPITRE DIXIÈME.

AN DE ROME 702.

(Livre VII des Commentaires.)

RÉVOLTE DE LA GAULE. — PRISES DE VELLAUNODUNUM, DE GENABUM ET DE NOVIODUNUM.
SIÉGES D'AVARICUM ET DE GERGOVIA.
CAMPAGNE DE LABIENUS CONTRE LES PARISIENS.
INVESTISSEMENT D'ALESIA.

		Pages
I.	Révolte de la Gaule.	240
II.	César entre en campagne (*Voir planche* 19).	243
III.	Prises de Vellaunodunum, de Genabum et de Noviodunum (*Voir planche* 19).	245
IV.	Siége d'Avaricum (*Voir planche* 20).	254
V.	Arrivée de César à Decetia et marche vers l'Auvergne (*Voir planches* 19 *et* 21).	264
VI.	Blocus de Gergovia (*Voir planches* 21 *et* 22).	268
VII.	Observations.	281
VIII.	César quitte Gergovia pour rejoindre Labienus.	282
IX.	Expédition de Labienus contre les Parisiens (*Voir planche* 23).	285
X.	Les Gaulois prennent l'offensive.	290
XI.	Jonction de César et de Labienus. Bataille de la Vingeanne (*Voir planches* 19 *et* 24).	292
XII.	Blocus d'Alesia (*Voir planches* 25, 26, 27 *et* 28).	298
XIII.	Détails sur les fouilles opérées à Alise (*Voir planches* 25, 27 *et* 28).	316

CHAPITRE ONZIÈME.

AN DE ROME 703.

(Livre VIII des Commentaires.)

I.	Expédition contre les Bituriges et les Carnutes.	324
II.	Campagne contre les Bellovaques (*Voir planches* 29 *et* 30).	326
III.	Combat sur l'Aisne.	332
IV.	Dévastation du pays des Éburons.	334
V.	Expédition contre Dumnacus.	335
VI.	Prise d'Uxellodunum (*Voir planches* 31 *et* 32).	337
VII.	Fouilles faites au Puy d'Issolu (*Voir planches* 31 *et* 32).	343
VIII.	Soumission complète de la Gaule.	347

LIVRE QUATRIÈME.

RÉSUMÉ DE LA GUERRE DES GAULES
ET
RÉCIT DES ÉVÉNEMENTS DE ROME
DE 696 A 705.

CHAPITRE PREMIER.
ÉVÉNEMENTS DE L'AN 696.

		Pages
I.	Difficultés de la tâche de César.	349
II.	Campagne contre les Helvètes.	352
III.	Campagne contre Arioviste.	354
IV.	Suite du consulat de L. Calpurnius Pison et d'Aulus Gabinius.	356
V.	Menées de Clodius.	358
VI.	Pompée consulte César sur le retour de Cicéron.	359
VII.	Pompée se croit menacé par un esclave de Clodius.	359

CHAPITRE DEUXIEME.
ÉVÉNEMENTS DE L'AN 697.

I.	Guerre contre les Belges.	361
II.	Retour de Cicéron.	364
III.	Pompée est chargé des approvisionnements.	366
IV.	Fêtes à l'occasion des victoires de César.	367
V.	Émeutes à Rome.	368

CHAPITRE TROISIEME.
ÉVÉNEMENTS DE L'AN 698.

I.	Présence à Rome de Ptolémée Aulètes.	371
II.	Clodius nommé édile. Procès de Milon.	373
III.	Retour de Caton.	375
IV.	État d'anarchie à Rome.	376
V.	Entrevue de Lucques.	379
VI.	Conséquences de l'entrevue de Lucques. Conduite de Cicéron.	383
VII.	Manœuvres de Pompée et de Crassus pour arriver au consulat.	388
VIII.	Campagne contre les peuples des côtes de l'Océan.	389

CHAPITRE QUATRIEME.

ÉVÉNEMENTS DE L'AN 699.

		Pages
I.	Campagne contre les Usipètes et les Tenctères.	393
II.	Première descente en Angleterre.	394
III.	Habitudes de César en campagne.	396
IV.	Consulat de Pompée et de Crassus.	396
V.	Proposition de Trebonius sur le gouvernement des provinces.	399
VI.	Loi somptuaire de Pompée.	403
VII.	Départ de Crassus pour la Syrie.	404
VIII.	Caton propose de livrer César aux Germains.	406

CHAPITRE CINQUIÈME.

ÉVÉNEMENTS DE L'AN 700.

I.	Seconde descente en Angleterre.	408
II.	Dislocation de l'armée. Catastrophe de Sabinus.	409
III.	L. Domitius Ahenobarbus et Appius Claudius Pulcher, consuls.	411
IV.	Rétablissement de Ptolémée en Égypte.	412
V.	Corruption des élections.	414
VI.	Mort de la fille de César.	416
VII.	Constructions de César à Rome.	417
VIII.	Ses relations avec Cicéron.	417

CHAPITRE SIXIÈME.

ÉVÉNEMENTS DE L'AN 701.

I.	Expédition au nord de la Gaule. Deuxième passage du Rhin.	423
II.	Poursuite d'Ambiorix.	424
III.	C. Domitius Calvinus et M. Valerius Messala, consuls.	425
IV.	Expédition de Crassus contre les Parthes, et sa mort.	426
V.	Conséquences de la mort de Crassus.	435

CHAPITRE SEPTIEME.

ÉVÉNEMENTS DE L'AN 702.

I.	Meurtre de Clodius.	437
II.	La République est déclarée en danger.	440

		Pages
III.	Pompée seul consul.	441
IV.	Procès de Milon.	443
V.	Pompée s'associe Cæcilius Metellus Pius Scipion.	449
VI.	Insurrection de la Gaule et campagne de 702.	450

CHAPITRE HUITIEME.
ÉVÉNEMENTS DE L'AN 703.

I.	Nouveaux troubles dans la Gaule et campagne sur l'Aisne.	460
II.	Politique de César dans les Gaules et à Rome.	462
III.	S. Sulpicius Rufus et M. Claudius Marcellus, consuls.	466
IV.	Esprit qui anime les adversaires de César.	468
V.	La question de droit entre le sénat et César.	471
VI.	Intrigues pour ôter à César son commandement.	477

CHAPITRE NEUVIÈME.
ÉVÉNEMENTS DE L'AN 704.

I.	C. Claudius Marcellus et L. Emilius Paulus, consuls.	482
II.	César se rend dans la Cisalpine.	487
III.	Pompée reçoit des ovations et redemande à César deux légions.	491
IV.	Le sénat vote avec impartialité.	495
V.	Mesures violentes adoptées contre César.	496
VI.	État de l'opinion publique.	498

CHAPITRE DIXIÈME.
ÉVÉNEMENTS DU COMMENCEMENT DE L'AN 705.

I.	C. Claudius Marcellus et L. Cornelius Lentulus, consuls.	504
II.	Lentulus entraîne le sénat contre César.	506
III.	César harangue ses troupes.	511
IV.	César est forcé à la guerre civile.	513
V.	César passe le Rubicon.	515

APPENDICES.

APPENDICE A.

Pages

Concordance des dates de l'ancien calendrier romain avec le style Julien pour les années de Rome 691-709. 521

APPENDICE B.

Concordance des heures romaines et modernes, pour l'an 699 de Rome (55 avant J. C.) et sous la latitude de Paris. 553

APPENDICE C.

Note sur les monnaies antiques recueillies dans les fouilles d'Alise. 555
Catalogue général des monnaies antiques trouvées dans les fouilles d'Alise. 557

APPENDICE D.

Notice sur les lieutenants de César. 563

Table des Planches. 584

FIN DE LA TABLE.

TABLE DES PLANCHES DU TOME DEUXIÈME.

Planches
1. Carte générale de la Gaule.
2. Carte générale des peuples de la Gaule au temps de César.
3. Cours du Rhône, depuis Genève jusqu'au Pas-de-l'Écluse.
4. Carte générale de la campagne de l'an 696.
5. Plan du champ de bataille des Helvètes.
6. Plan du champ de bataille d'Arioviste.
7. Carte générale de la campagne de l'an 697.
8. Plan du champ de bataille de l'Aisne.
9. Camp de César sur l'Aisne.
10. Plan du champ de bataille de la Sambre.
11. Plan de l'oppidum des Aduatuques.
12. Carte de la campagne contre les Vénètes.
13. Expédition de Sabinus chez les Unelles.
14. Carte générale de la campagne de l'an 699.
15. Pont de pilotis construit sur le Rhin.
16. Carte de Bretagne pour les deux expéditions.
17. Plan de Douvres.
18. Plan d'Aduatuca.
19. Carte générale de la campagne de l'an 702.
20. Plan d'Avaricum.
21. Plan de Gergovia.
22. Camps de César à Gergovia.
23. Carte de la campagne de Labienus à Lutetia.
24. Plan du champ de bataille de la Vingeanne.
25. Plan d'Alesia.
26. Vues du mont Auxois.
27. Détails des travaux romains à Alesia.
28. *Idem.*
29. Carte de la campagne contre les Bellovaques.
30. Camp de César au mont Saint-Pierre.
31. Plan d'Uxellodunum.
32. Détails des travaux romains à Uxellodunum.

ERRATUM

DU TOME II DE L'*HISTOIRE DE JULES CÉSAR.*

Page 125, ligne dernière, et page 126, lignes 1ʳᵉ et 2ᵉ, *au lieu de :* Les bordages (*transtra*) étaient fixés avec des clous en fer, de la grosseur d'un pouce, aux membrures, qui avaient un pied d'épaisseur,

Lisez : Les baux (*transtra*), faits de poutres d'un pied d'épaisseur, étaient fixés avec des clous en fer de la grosseur d'un pouce; et les ancres, etc.

www.ingramcontent.com/pod-product-compliance
Lightning Source LLC
Chambersburg PA
CBHW070359230426
43665CB00012B/1178